ESTUDOS
DO INSTITUTO DE DIREITO
DO TRABALHO

VOL. III

ESTUDOS DO INSTITUTO DE DIREITO DO TRABALHO

VOL. III

II Curso de Pós-Graduação
em Direito do Trabalho

Organização:
Instituto de Direito do Trabalho

Coordenação:
Pedro Romano Martinez

ALMEDINA

TÍTULO:	ESTUDOS DO INSTITUTO DE DIREITO DE TRABALHO
COORDENAÇÃO:	PEDRO ROMANO MARTINEZ
EDITOR:	LIVRARIA ALMEDINA – COIMBRA www.almedina.net
LIVRARIAS:	LIVRARIA ALMEDINA ARCO DE ALMEDINA, 15 TELEF. 239851900 FAX 239851901 3004-509 COIMBRA – PORTUGAL livraria@almedina.net LIVRARIA ALMEDINA – PORTO R. DE CEUTA, 79 TELEF. 222059773 FAX 222039497 4050-191 PORTO – PORTUGAL porto@almedina.net EDIÇÕES GLOBO, LDA. R. S. FILIPE NERY, 37-A (AO RATO) TELEF. 213857619 FAX 213844661 1250-225 LISBOA – PORTUGAL globo@almedina.net LIVRARIA ALMEDINA ATRIUM SALDANHA LOJAS 71 A 74 PRAÇA DUQUE DE SALDANHA, 1 TELEF. 213712690 atrium@almedina.net LIVRARIA ALMEDINA – BRAGA CAMPUS DE GUALTAR UNIVERSIDADE DO MINHO 4700-320 BRAGA TELEF. 253678822 braga@almedina.net
EXECUÇÃO GRÁFICA:	G.C. – GRÁFICA DE COIMBRA, LDA. PALHEIRA – ASSAFARGE 3001-453 COIMBRA E-mail: producao@graficadecoimbra.pt MAIO 2002
DEPÓSITO LEGAL:	179031/02

Toda a reprodução desta obra, por fotocópia ou outro qualquer processo, sem prévia autorização escrita do Editor, é ilícita e passível de procedimento judicial contra o infractor.

APRESENTAÇÃO

Depois do I Volume, onde se reuniram algumas das intervenções no I Curso de Pós-Graduação em Direito do Trabalho, e do II Volume, que inclui diversos artigos sobre justa causa, o Instituto de Direito do Trabalho publica o III Volume de Estudos. Deste III Volume constam os textos correspondentes a algumas das aulas ministradas no II Curso de Pós--Graduação em Direito do Trabalho, cujo programa se inclui no início do livro. Diferentemente do que ocorreu no I Volume, optou-se por só publicar os textos e não os sumários das intervenções, pois estes nem sempre satisfazem a expectativa do leitor; por outro lado, entendeu-se que seria útil publicar alguns trabalhos dos alunos da pós-graduação, o que se faz numa rubrica inserida no final dos Estudos.

Resta referir que, no ano de 2001, o Instituto de Direito do Trabalho da Faculdade de Direito de Lisboa, além de ter promovido a publicação de dois volumes de Estudos a que já se aludiu e de ter terminado a leccionação do II Curso de Pós-Graduação em Direito do Trabalho, deu início ao III Curso de Pós-Graduação — em que, mais uma vez, os candidatos excederam o *numerus clausus* estabelecido —, organizou um Curso de Pós-Graduação em Direito do Trabalho na Região Autónoma da Madeira, um colóquio sobre as Especificidades do Direito do Trabalho no Sector Bancário, nos dias 25 e 26 de Outubro, e uma sessão de debate sobre a proposta de um novo articulado de Lei Geral do Trabalho (relações individuais), elaborada pela Comissão de Análise e Sistematização da Legislação Laboral, no dia 15 de Novembro.

O Vice-Presidente do IDT
PEDRO ROMANO MARTINEZ

II CURSO DE PÓS-GRADUAÇÃO EM DIREITO DO TRABALHO

Ano lectivo 2000/2001 — Programa

Módulo I — DIREITO DO TRABALHO: QUESTÕES GERAIS (6 h)

1) Constituição laboral — *Prof. Doutor Jorge Miranda* (Professor da Faculdade de Direito de Lisboa), 26/10/2000
2) Princípio da igualdade e Direitos de Personalidade — *Mestre Guilherme Machado Dray* (Assistente da Faculdade de Direito de Lisboa), 2/11/2000
3) Proposta de revisão de leis laborais — *Mestre António Monteiro Fernandes* (Professor do ISCTE), 5/4/2001

Módulo II — DIREITO PÚBLICO E DIREITO DO TRABALHO (4 h)

4) Direito Administrativo do Trabalho — *Prof. Doutor Vasco Pereira da Silva* (Professor da Faculdade de Direito de Lisboa), 7/11/2000
5) Organização da Administração Laboral — *Dr. João Miranda* (Assistente Estagiário da Faculdade de Direito de Lisboa), 11/12/2000

Módulo III — DIREITO COMUNITÁRIO DO TRABALHO (4 h)

6) Princípios gerais — *Prof.ª Doutora Maria Luísa Duarte* (Professora da Faculdade de Direito de Lisboa), 14/11/2000
7) Especificidades do Direito Comunitário Laboral — *Prof.ª Doutora Maria Luísa Duarte* (Professora da Faculdade de Direito de Lisboa), 15/11/2000

Módulo IV — DIREITO INTERNACIONAL DO TRABALHO (6 h)

8) Princípios gerais de Direito Internacional Privado no âmbito laboral — *Prof. Doutor António Marques dos Santos* (Professor da Faculdade de Direito de Lisboa), 21/11/2000
9) Problemas específicos da aplicação das normas de Direito do Trabalho no plano internacional — *Prof. Doutor António Marques dos Santos* (Professor da Faculdade de Direito de Lisboa), 22/11/2000
10) Princípios gerais de Direito Internacional Público no âmbito laboral — *Prof. Doutor António Marques dos Santos* (Professor da Faculdade de Direito de Lisboa), 22/11/2000
11) As organizações internacionais e o seu papel no desenvolvimento do Direito do Trabalho — *Mestre José Alberto de Azeredo Lopes* (Assistente da Faculdade de Direito da Universidade Católica — Porto), 29/11/2000

Módulo V — CONTRATO DE TRABALHO (10 h)

13) Trabalho subordinado e trabalho autónomo — *Prof. Doutor Pedro Romano Martinez* (Professor da Faculdade de Direito de Lisboa), 5/12/2000
14) Direitos e deveres dos sujeitos laborais — *Mestre Pedro Madeira de Brito* (Assistente da Faculdade de Direito de Lisboa), 6/12/2000
15) Categoria profissional — *Mestre Luís Miguel Monteiro* (Assistente da Faculdade de Direito de Lisboa), 12/12/2000
16) Polivalência funcional — *Mestre Luís Miguel Monteiro* (Assistente da Faculdade de Direito de Lisboa), 13/12/2000
17) Férias, feriados e faltas I — *Mestre José Manuel Mesquita* (Assistente da Faculdade de Direito de Lisboa), 3/1/2001
18) Férias, feriados e faltas II — *Mestre José Manuel Mesquita* (Assistente da Faculdade de Direito de Lisboa), 9/1/2001

Módulo VI — CONTRATOS DE TRABALHO
COM REGIME ESPECIAL (8 h)

19) Contrato de trabalho a termo — *Prof. Doutor José João Nunes Abrantes* (Professor da Faculdade de Direito da Universidade Nova), 10/1/2001
20) Contrato de trabalho temporário — *Mestre Maria Regina Redinha* (Assistente da Faculdade de Direito da Universidade do Porto), 16/1/2001

21) Contrato de Trabalho Desportivo — *Mestre João Leal Amado* (Assistente da Faculdade de Direito de Coimbra), 17/1/2001
22) Contrato de Trabalho com Profissionais de Espectáculos — *Mestre António Nunes Carvalho* (Assistente da Faculdade de Direito da Universidade Católica), 23/1/2001

Módulo VII — ORGANIZAÇÃO DO TEMPO DE TRABALHO (10 h)

23) Horário de trabalho — *Prof. Doutor António Menezes Cordeiro* (Professor da Faculdade de Direito de Lisboa), 24/1/2001
24) Especificidades na organização do tempo de trabalho — *Mestre Alberto de Sá e Mello* (Docente do ISG), 30/1/2001
25) Trabalho suplementar — *Dra. Isabel Ribeiro Parreira* (Assistente Estagiária da Faculdade de Direito de Lisboa), 31/1/2001
26) Do eventual *ius variandi* temporal — *Mestre Helena Tapp Barroso* (Assistente da Faculdade de Direito de Lisboa), 6/2/2001
27) Trabalho a tempo parcial — *Mestre Paula Ponces Camanho* (Assistente da Faculdade de Direito da Universidade Católica — Porto), 7/2/2001

Módulo VIII — NOVOS MODELOS RETRIBUTIVOS (6 h)

28) Aspectos económicos da retribuição — *Prof. Doutor Fernando Araújo* (Professor da Faculdade de Direito de Lisboa), 13/2/2001
29) Delimitação do conceito de retribuição — *Dr. Pedro Paes de Vasconcelos* (Assistente Estagiário da Faculdade de Direito de Lisboa), 14/2/2001
30) Aspectos fiscais e parafiscais do processamento dos salários — *Prof. Doutor José Luís Saldanha Sanches* (Professor da Faculdade de Di-reito de Lisboa), 20/2/2001

Módulo IX — MOBILIDADE EMPRESARIAL (8 h)

31) Contrato de Trabalho e grupos de empresa — *Mestre Abel Sequeira Ferreira* (Assistente da Faculdade de Direito de Lisboa) e *Mestre Catarina Carvalho* (Assistente da Faculdade de Direito da Universidade Católica — Porto), 21/2/2001
32) Transmissão do estabelecimento — *Prof. Doutor Júlio Vieira Gomes* (Professor da Faculdade de Direito da Universidade Católica — Porto), 6/3/2001

Estudos do Instituto de Direito do Trabalho

33) Local de trabalho – *Mestre Abel Sequeira Ferreira* (Assistente da Faculdade de Direito de Lisboa), 7/3/2001
34) Cedência ocasional – *Mestre Abel Sequeira Ferreira* (Assistente da Faculdade de Direito de Lisboa), 13/3/2001

Módulo X – DIREITO DAS CONDIÇÕES DE TRABALHO (6 h)

35) Regime legal da prevenção dos acidentes de trabalho – *Dr. Fernando Ribeiro Lopes* (Director-Geral das Condições de Trabalho), 14/3/2001
36) Responsabilidade por acidentes de trabalho e doenças profissionais — *Prof. Doutor Luís Menezes Leitão* (Professor da Faculdade de Dreito de Lisboa), 20/3/2001
37) Seguros laborais — *Dr. Pedro Paes de Vasconcelos* (Assistente Estagiário da Faculdade de Direito de Lisboa), 20/3/2001

Módulo XI — CESSAÇÃO DO CONTRATO DE TRABALHO (12h)

38) Regras gerais da cessação — *Prof. Doutor Pedro Romano Martinez* (Professor da Faculdade de Direito de Lisboa), 27/3/2001
39) Concretização do conceito de justa causa — *Mestre Joana Vasconcelos* (Assistente da Faculdade de Direito da Universidade Católica), 28/3/2001
40) Despedimento colectivo — *Prof. Doutor Bernardo Lobo Xavier* (Professor da Faculdade de Direito da Universidade Católica), 3/4/2001
41) Procedimento disciplinar — *Mestre Maria do Rosário Palma Ramalho* (Assistente da Faculdade de Direito de Lisboa), 4/4/2001
42) Falência. Repercussões no contrato de trabalho — *Prof. Doutor Luís Carvalho Fernandes* (Professor da Faculdade de Direito da Universidade Católica), 2/5/2001
43) Reintegração — *Mestre Pedro Furtado Martins* (Assistente da Faculdade de Direito da Universidade Católica), 3/5/2001

Módulo XII — NOVAS TECNOLOGIAS (4 h)

44) Teletrabalho — *Mestre Guilherme Machado Dray* (Assistente da Faculdade de Direito de Lisboa), 8/5/2001
45) Bases de dados — *Prof. Doutor Jorge Bacelar Gouveia* (Professor da Faculdade de Direito da Universidade Nova), 9/5/2001

Módulo XIII — SITUAÇÕES JURÍDICO-COLECTIVAS (6 h)

46) Sujeitos colectivos — *Mestre Luís Gonçalves da Silva* (Assistente da Faculdade de Direito de Lisboa), 15/5/2001
47) Convenções colectivas I — *Mestre Luís Gonçalves da Silva* (Assistente da Faculdade de Direito de Lisboa), 16/5/2001
48) Convenções colectivas II — *Mestre Luís Gonçalves da Silva* (Assistente da Faculdade de Direito de Lisboa), 22/5/2001

Módulo XIV — CONFLITOS COLECTIVOS (4 h)

49) Conflitos colectivos: questões gerais — *Mestre Maria do Rosário Palma Ramalho* (Assistente da Faculdade de Direito de Lisboa), 23/5/2001
50) Greve — *Mestre Maria do Rosário Palma Ramalho* (Assistente da Faculdade de Direito de Lisboa), 29/5/2001

Módulo XV — CONTRA-ORDENAÇÕES E PROCESSO DO TRABALHO (8 h)

51) Contra-ordenações laborais — *Mestre José Manuel Vilalonga* (Assistente da Faculdade de Direito de Lisboa), 30/5/2001

Processo do Trabalho:
52) a) Princípios gerais — *Mestre Isabel Alexandre* (Assistente da Faculdade de Direito de Lisboa), 5/6/2001
53) b) Tramitação — *Mestre Pedro Madeira de Brito* (Assistente da Faculdade de Direito de Lisboa), 6/6/2001
54) c) Especificidades do novo Código de Processo do Trabalho — *Mestre Pedro Madeira de Brito* (Assistente da Faculdade de Direito de Lisboa), 19/6/2001
55) d) Regime processual dos acidentes de trabalho — *Mestre Ana Estela Leandro* (Assistente da Faculdade de Direito de Lisboa), 20/6/2001.

ALGUNS PRINCÍPIOS DE DIREITO INTERNACIONAL PRIVADO E DE DIREITO INTERNACIONAL PÚBLICO DO TRABALHO

António Marques dos Santos[1]

INTRODUÇÃO

Solicitado pelo meu ilustre colega Professor Doutor Pedro Romano Martinez, Presidente do Instituto de Direito do Trabalho da Faculdade de Direito da Universidade de Lisboa, a participar no **Módulo IV — Direito Internacional do Trabalho** —, do II Curso de Pós-Graduação em Direito do Trabalho, decidi aceitar este desafio, apesar de não ser especialista em matéria laboral, agradecendo a confiança em mim depositada para focar um certo número de questões extremamente relevantes em matéria de relações internacionais de trabalho.

No que toca ao plano de exposição, ele está naturalmente encontrado: numa primeira parte (**I**), tratarei de algumas questões de Direito Internacional Privado do Trabalho e, numa segunda parte (**II**), versarei alguns problemas que são do âmbito do Direito Internacional Público do Trabalho.

I — DIREITO INTERNACIONAL PRIVADO DO TRABALHO

Nesta primeira parte serão focadas algumas questões atinentes às matérias tradicionais do Direito Internacional Privado, com incidência

---

[1] Professor da Faculdade de Direito da Universidade de Lisboa.

Este texto foi elaborado a partir das intervenções proferidas em 21 e 22 de Novembro de 2000, no âmbito do **Módulo IV — Direito Internacional do Trabalho** —, do II Curso de Pós-Graduação em Direito do Trabalho, organizado pelo Instituto de Direito do Trabalho da Faculdade de Direito da Universidade de Lisboa.

especial nos aspectos laborais: **1)** Direito da nacionalidade; **2)** Direito dos estrangeiros; **3)** Conflitos de leis; **4)** Direito Processual Civil Internacional.

1. Direito da nacionalidade

A nacionalidade portuguesa do trabalhador pode relevar em certos casos, como, por exemplo, no domínio dos acidentes de trabalho, já que o artigo 5.º da Lei n.º 100/97, de 13 de Setembro, que aprovou o novo regime jurídico dos acidentes de trabalho e das doenças profissionais — e que entrou em vigor em 1.1.2000[2] —, determina que "[o]s trabalhadores *portugueses* e os trabalhadores estrangeiros residentes em Portugal sinistrados em acidentes de trabalho no estrangeiro ao serviço de empresa *portuguesa* terão direito às prestações previstas nesta lei, salvo se a legislação do Estado onde ocorreu o acidente lhes reconhecer direito à reparação, caso em que o trabalhador poderá optar por qualquer dos regimes".

Neste caso, a simples circunstância da nacionalidade portuguesa do trabalhador ao serviço de uma *empresa portuguesa*[3], no que toca a acidentes de trabalho ocorridos no estrangeiro, acarreta a aplicação deste preceito, ao passo que, no que tange aos trabalhadores estrangeiros vítimas de acidentes de trabalho verificados nas mesmas circunstâncias, a lei exige um requisito suplementar, ou seja, a sua residência em Portugal.

Outro exemplo de relevância da nacionalidade portuguesa em matéria laboral, nas relações privadas internacionais, consta do artigo 1.º, n.º 2, da Lei n.º 15/97, que estabelece o regime jurídico do contrato individual de trabalho a bordo das embarcações de pesca: depois de o artigo 1.º, n.º 1, determinar a aprovação do "regime jurídico do contrato

---

[2] A eficácia da Lei n.º 100/97, de 13 de Setembro, nos termos do seu artigo 41.º, n.º 1, ficou dependente "da entrada em vigor do decreto-lei que a regulamentar". A Lei foi regulamentada pelo Decreto-Lei n.º 143/99, de 30 de Abril, que, por força do seu artigo 71.º, n.º 1, deveria entrar em vigor em 1.10.1999; porém, o artigo 1.º do Decreto-Lei n.º 382-A/99, de 22 de Setembro, alterou para 1.1.2000 a data da entrada em vigor do Decreto-Lei n.º 143/99, de 30 de Abril, e, por conseguinte, a data da produção de efeitos da Lei n.º 100/97, de 13 de Setembro.

[3] Sobre o que se deva entender por *empresa portuguesa* — que, em nosso modo de ver, significa o mesmo que *empresa de nacionalidade portuguesa* —, cf. A. MARQUES DOS SANTOS, "Algumas reflexões sobre a nacionalidade das sociedades em Direito Internacional Privado e em Direito Internacional Público", *in Estudos de Direito da Nacionalidade*, Coimbra, Almedina, 1998, p. 8 ss., *maxime* a adenda, pp. 195-196: será portuguesa a empresa — ou a sociedade — cuja sede principal e efectiva se situe em Portugal.

Alguns Princípios de Direito Internacional Privado 15

individual de trabalho a bordo das embarcações de pesca como tal registadas nos portos nacionais", o n.º 2 do mesmo preceito acrescenta: "[a]s embarcações de pesca estrangeiras afretadas por *pessoas singulares ou colectivas nacionais*, para tal autorizadas nos termos da lei, ficam igualmente sujeitas ao regime jurídico referido no número anterior".

Como no caso anterior, releva aqui a nacionalidade portuguesa de pessoas singulares ou colectivas que tenham afretado embarcações de pesca estrangeiras — que, após cotejo com o n.º 1 do mesmo artigo, parecem dever ser as que estejam registadas em portos estrangeiros —, sendo este mais um preceito a acrescentar àqueles em que o legislador se referiu, entre nós, recentemente e de modo expresso à nacionalidade das pessoas colectivas[4].

A nacionalidade portuguesa dos trabalhadores pode ainda ter relevância como elemento de ligação especial com a ordem jurídica portuguesa a ter em conta para a intervenção, num dado caso concreto, da reserva ou excepção de *ordem pública internacional do Estado Português*, consagrada no artigo 22.º do Código Civil, constituindo aquilo que os alemães designam por *Inlandsbeziehung* ou *Binnenbeziehung*.

É assim, por exemplo, que no Acórdão do Supremo Tribunal de Justiça de 30.9.1998[5], foi considerada contrária à ordem pública internacional do Estado Português a aplicação, em concreto, da lei francesa que admite o despedimento sumário, por carta registada com aviso de recepção, de uma trabalhadora portuguesa que prestava serviço assalariado no consulado de Portugal em Nantes, em situação de baixa por doença, e com fundamento na desorganização que a sua ausência prolongada provocava no serviço: "[e] é esta situação legitimada pelos preceitos da legislação francesa sobre despedimentos que repugna profundamente àquele princípio fundamental de segurança no emprego e da proibição dos despedimentos sem justa causa, verdadeiro princípio estruturante do direito laboral português. Por isso, não pode esse princípio deixar de fazer parte do conteúdo da ordem pública internacional do Estado Português ..."[6].

---

[4] Cf. também o artigo 1100.º, n.º 2, do Código de Processo Civil, na versão resultante do Decreto-Lei n.º 329-A/95, de 12 de Dezembro, em vigor desde 1.1.1997 ["pessoa singular ou colectiva de nacionalidade portuguesa"]: cf. A. MARQUES DOS SANTOS, *ibidem*, p. 196.

Sobre o contrato de trabalho a bordo, também designado por contrato de matrícula, cf. P. ROMANO MARTINEZ, *Direito do Trabalho*, II volume — 2.º tomo, *Contrato de Trabalho*, 3.ª edição, Lisboa, Pedro Ferreira — Editor, 1999, pp. 82-84.

[5] *BMJ*, n.º 479, Outubro de 1998, pp. 358 ss.

[6] *Ibidem*, p. 362, citando João REIS, "Contrato de trabalho plurilocalizado e ordem pública internacional", *QL*, Ano III, 1996, n.º 8, p. 159 ss. (p. 179). O STJ não deixa, aliás,

Finalmente, a nacionalidade portuguesa dos trabalhadores pode ainda relevar para determinar o âmbito de aplicação no espaço de uma *norma de aplicação imediata portuguesa*: é assim que o Acórdão da Relação de Lisboa de 10.3.1993, a propósito, designadamente, do artigo 53.º da CRP, declarou: "[s]endo o próprio R[éu] [=o Estado Português] quem, através da Constituição, preceituou a proibição dos despedimentos sem justa causa e suas consequências, garantindo desse modo a segurança no emprego como um valor fundamental, terá de entender-se que desejou ver aplicadas, nas questões submetidas ao foro nacional, as normas relativas à justificação dos despedimentos sem justa causa, *quando o trabalhador tiver a nacionalidade portuguesa*"[7].

Dados alguns exemplos acerca da tomada em consideração da nacionalidade portuguesa dos trabalhadores nas relações laborais internacionais, cabe agora passar ao Direito dos estrangeiros.

2. Direito dos estrangeiros

O Direito dos estrangeiros (do alemão *Fremdenrecht*) é o conjunto de normas materiais que regulam a capacidade de gozo de direitos, públicos

---

de acrescentar — talvez *ex abundantia* — que o artigo 53.º da CRP, sobre a segurança no emprego, nos termos do qual "[é] garantida aos trabalhadores a segurança no emprego, sendo proibidos os despedimentos sem justa causa ou por motivos políticos ou ideológicos", é "uma verdadeira norma de aplicação necessária e imediata", citando R.M. MOURA RAMOS, *Da lei aplicável ao contrato de trabalho internacional*, Coimbra, Almedina, 1991, p. 790; quanto a nós, havíamos chegado autonomamente à mesma conclusão, considerando o referido artigo 53.º da CRP uma *norma de aplicação imediata*, segundo a terminologia de Ph. Francescakis que preferimos: cf. A. MARQUES DOS SANTOS, *As normas de aplicação imediata no Direito Internacional Privado — Esboço de uma teoria geral*, vol. II, Coimbra, Almedina, 1991, p. 833, nota 2681, e p. 851, nota 2718, *in fine* [a propósito do Acórdão da Relação de Lisboa, de 18.11.1987 (inédito, mas cujo texto pudemos consultar; cf. o respectivo sumário *in BMJ*, n.º 371, Dezembro de 1987, p. 534)]; cf. também, citando outras decisões, P. ROMANO MARTINEZ, *Direito do Trabalho*, I volume, *Parte Geral*, 3.ª edição, Lisboa, Pedro Ferreira — Editor, 1998, p. 324, nota 2.

Em sentido contrário, não fazendo intervir a reserva de ordem pública internacional num caso em tudo semelhante, cf. o Acórdão do STJ de 26.10.1994, *BMJ*, n.º 440, Novembro de 1994, p. 253 ss., no qual se afirma, a dado passo: "... constata-se que o autor foi contratado para desempenhar a sua actividade laborativa no estrangeiro, onde residia, *apenas estando ligado à ordem jurídica do foro pela nacionalidade*. Daí que ... se não justifique a intervenção da *reserva de ordem pública* ..." (pp. 260-261); parece-nos que a justificação da decisão reside na insuficiência da *Inlandsbeziehung*.

[7] *CJ*, 1993, tomo II, p. 156 (sublinhado meu).

Alguns Princípios de Direito Internacional Privado

ou privados, dos estrangeiros — isto é, dos que não são nacionais —, designadamente em relação aos nacionais, quer essas regras pertençam ao direito interno dos Estados quer façam parte do Direito Internacional Público[8].

No direito português existe um princípio geral de *equiparação*, que consta do artigo 15.º, n.º 1, da CRP[9] e do artigo 14.º, n.º 1, do CC[10], mas que deve ser entendido em termos hábeis, isto é, como um princípio de equiparação em abstracto, que depende, no que toca à sua concretização, do funcionamento das regras de conflitos de leis no espaço[11].

Trataremos sucintamente nesta rubrica, a título exemplificativo, [**A**)] da Lei n.º 20/98, de 12 de Maio, [**B**)] do Decreto-Lei n.º 244/98, de 8 de Agosto, [**C**)] da Lei n.º 100/97, de 13 de Setembro, e [**D**)] da Convenção Internacional do Trabalho n.º 19 Relativa à Igualdade de Tratamento dos Trabalhadores Estrangeiros e Nacionais em Matéria de Reparação de Desastres no Trabalho, assinada em Genebra em 5.6.1925.

A — Lei n.º 20/98, de 12 de Maio

A Lei n.º 20/98, de 12 de Maio, que estabelece a regulamentação do trabalho de estrangeiros em território português, consagra, no seu artigo 2.º, o princípio da equiparação de direitos em matéria laboral entre trabalhadores estrangeiros e portugueses[12], enquanto o artigo 3.º, relativo às condições de trabalho, contém determinadas exigências específicas, resultantes do facto de o trabalhador ser estrangeiro, designadamente no n.º 1, alínea a)[13] e no n.º 3[14].

---

[8] Cf., neste sentido, A. MARQUES DOS SANTOS, *Direito Internacional Privado — Introdução*, I Volume, Lisboa, AAFDL, 2001, pp. 51-52.

[9] "Os estrangeiros e os apátridas que se encontrem ou residam em Portugal gozam dos direitos e estão sujeitos aos deveres do cidadão português".

[10] "Os estrangeiros são equiparados aos nacionais quanto ao gozo de direitos civis ...".

[11] Cf., neste sentido, A. FERRER CORREIA (com a colaboração de L. Barreto Xavier), *Lições de Direito Internacional Privado*, I, Coimbra, Almedina, 2000, pp. 73-77; J. BAPTISTA MACHADO, *Lições de Direito Internacional Privado*, 2.ª edição, Coimbra, Almedina, 1982, p. 19; L. LIMA PINHEIRO, *Direito Internacional Privado — Parte Especial (Direito de Conflitos)*, Coimbra, Almedina, 1999, pp. 131-133.

[12] "Os cidadãos estrangeiros, com residência ou permanência legal em território português, beneficiam, no exercício da sua actividade profissional, de condições de trabalho nos mesmos termos que os trabalhadores com nacionalidade portuguesa".

[13] "O contrato de trabalho celebrado entre um cidadão estrangeiro e uma entidade empregadora, que exerça a sua actividade em território português, e que neste deva ser

No que toca aos apátridas, o artigo 9.º determina que "[o] regime constante do presente diploma [se] aplica ... ao trabalho de apátridas em território português".

B — Decreto-Lei n.º 244/98, de 8 de Agosto

O Decreto-Lei n.º 244/98, de 8 de Agosto, na redacção que lhe foi dada pelo Decreto-Lei n.º 4/2001, de 10 de Janeiro[15], que regula as condições de entrada, permanência, saída e afastamento de estrangeiros do território nacional, refere, entre os vistos concedidos no estrangeiro, o visto de trabalho [artigo 27.º, alínea f)], que se destina "a permitir ao seu titular a entrada em território português a fim de exercer temporariamente uma actividade profissional, subordinada ou não, nos termos do disposto nos números seguintes" (artigo 36.º, n.º 1, que se reporta aos n.ºs 2 a 4 do mesmo artigo), e do qual existem quatro tipos diferentes (vistos de trabalho I a IV — artigo 37.º).

O Decreto Regulamentar n.º 5-A/2000, de 26 de Abril[16], que regulamenta o Decreto-Lei n.º 244/98, de 8 de Agosto, trata, no seu artigo 14.º, dos trâmites relativos à obtenção do visto de trabalho.

C — Lei n.º 100/97, de 13 de Setembro

Como já se viu acima[17], o artigo 5.º da Lei n.º 100/97, de 13 de Setembro, que aprovou o novo regime jurídico dos acidentes de trabalho e

---

executado, está sujeito a forma escrita, devendo ser assinado por ambas as partes e conter as seguintes indicações:

  a) A identidade das partes, o ramo de actividade da entidade empregadora e *a menção do título de autorização de residência ou permanência do trabalhador em território português* (sublinhado meu).

[14] "Ao contrato de trabalho, feito em triplicado, deve ser apenso documento comprovativo do *cumprimento das disposições legais relativas à entrada e à permanência ou residência do cidadão estrangeiro em Portugal*" (sublinhado meu).

[15] Rectificado pela declaração de rectificação n.º 3-A/2001 (*DR*, n.º 26, I Série-A, 2.º Suplemento, de 31.1.2001).

[16] Publicado originariamente no *DR*, n.º 97, I Série-A, de 26.4.2000, como Decreto-Lei n.º 65/2000; rectificado pela Declaração de rectificação n.º 7-B/2000 para Decreto Regulamentar n.º 5-A/2000 (*DR*, n.º 149, I Série-A, de 30.6.2000). Embora erradamente referido como Decreto Regulamentar n.º 65/2000, mantém-se em vigor por força do artigo 163.º do Decreto-Lei n.º 244/98, de 8 de Agosto, na redacção que lhe foi dada pelo Decreto-Lei n.º 4/2001, de 10 de Janeiro.

[17] Cf. *supra*, nota 2 e texto correspondente.

das doenças profissionais, equipara os trabalhadores estrangeiros residentes em Portugal aos trabalhadores portugueses quanto aos acidentes ocorridos no estrangeiro ao serviço de empresa portuguesa, ao passo que o artigo 4.º, n.º 1, da mesma Lei determina que "[o]s trabalhadores estrangeiros que exerçam actividade em Portugal são, para os efeitos desta lei, equiparados aos trabalhadores portugueses", a nosso ver, *desde que estejam ao serviço de empresas portuguesas*, já que o n.º 3 do mesmo artigo 4.º da Lei n.º 100/97, de 13 de Setembro, admite que "[o]s trabalhadores estrangeiros sinistrados em acidentes em Portugal *ao serviço de empresa estrangeira, sua agência, sucursal, representante ou filial*, podem ficar excluídos do âmbito desta lei desde que exerçam uma actividade temporária ou intermitente e, por acordo entre Estados, se tenha convencionado a aplicação da legislação relativa à protecção dos sinistrados em acidentes de trabalho em vigor no Estado de origem"[18].

D — Convenção Internacional do Trabalho n.º 19 Relativa à Igualdade de Tratamento dos Trabalhadores Estrangeiros e Nacionais em Matéria de Reparação de Desastres no Trabalho, assinada em Genebra em 5.6.1925

Trata-se de uma convenção fechada, que só se aplica aos trabalhadores nacionais dos Estados Partes na Convenção, e que garante uma igualdade de tratamento entre trabalhadores nacionais e estrangeiros quanto aos acidentes ocorridos no território de cada Estado Parte, sem condição de residência (artigo 1.º, parágrafos 1.º e 2.º), sendo certo que — tal como acontece hoje, no direito interno, com o n.º 3 do artigo 4.º da Lei n.º 100/97, de 13 de Setembro[19] — o artigo 2.º da Convenção estabelece que, "[n]a reparação dos desastres no trabalho sobrevindos a trabalhadores empregados temporária ou intermitentemente no território de um Membro por conta de qualquer empresa estabelecida em território de outro Membro, [se] pode determinar ... que se aplique a legislação deste último, mediante acordo especial entre os Membros interessados".

Cabe passar agora ao ponto seguinte, relativo aos conflitos de leis.

---

[18] Sublinhado meu.
[19] Cf. *supra*, o texto correspondente à nota anterior.

3. Conflitos de leis

Nesta rubrica, consideraremos [A)] os conflitos de leis *stricto sensu*, regulados por regras de conflitos de leis, e [B)] os conflitos de leis *lato sensu*, onde versaremos, por razões de ordem prática, a problemática das normas de aplicação imediata.

A — Conflitos de leis *stricto sensu*

Segundo uma velha ideia, representada na jurisprudência portuguesa pelo Acórdão do Tribunal da Relação de Lisboa de 24.11.1980[20], as relações de trabalho estão sujeitas a leis de ordem pública e não a normas de conflitos de leis no espaço, como as demais relações privadas internacionais, aplicando-se sempre necessariamente a *lex loci solutionis* (ou *lex loci laboris*), isto é, a lei do país onde é prestado o trabalho[21].

Antes da entrada em vigor, em 1.9.1994, entre nós, da Convenção sobre a Lei Aplicável às Obrigações Contratuais, aberta à assinatura em Roma em 19 de Junho de 1980, os tribunais portugueses aplicaram os artigos 41.º[22] ou 42.º[23] do Código Civil para determinar a lei aplicável ao

---

[20] Cf. *CJ*, 1980, tomo V, p. 56 ss. e, sobre este acórdão, A. MARQUES DOS SANTOS, *op. cit. supra*, nota 6, p. 913 ss.

[21] *Contra*, defendendo o recurso às normas de conflitos de leis para determinar a lei aplicável às relações laborais, F. GAMILLSCHEG, *Rules of Public Order in Private International Labour Law*, RCADI, tomo 181, 1983-III, p. 305 ss., e "A autonomia da vontade no direito internacional privado do trabalho", *RDES*, 1987, n.º 2, p. 145 ss.; M.ª Elena ZABALO ESCUDERO, *El contrato de trabajo en el Derecho Internacional Privado Español*, Barcelona, Bosch, 1983, pp. 77 ss.; A. MENEZES CORDEIRO, *Manual de Direito do Trabalho*, Coimbra, Almedina, 1991, pp. 201 ss.; R.M. MOURA RAMOS, *op. cit. supra*, nota 6, pp. 812 ss.; Rolf BIRK, *Internationales und Europäisches Arbeitsrecht, in* R. RICHARDI-O. WLOTZKE, *Münchener Handbuch zum Arbeitsrecht*, vol. I, 2.ª edição, Munique, Verlag C.H. Beck, 2000, § 20, anotações 3 ss.; cf. também a jurisprudência portuguesa citada por A. MARQUES DOS SANTOS, *op. cit. supra*, nota 6, p. 915, nota 2859, bem como, por último, o Acórdão da Relação de Lisboa de 5.7.2000, *CJ*, 2000, tomo IV, pp. 160-161.

[22] Cf., *v.g.*, Acórdão da Relação de Lisboa de 26.10.1988, *CJ*, 1988, tomo IV, pp. 166-167 (aplicação do artigo 41.º, n.os 1 e 2, do CC); Acórdão do Supremo Tribunal de Justiça de 26.10.1994, *BMJ*, n.º 440, Novembro de 1994, p. 259 (aplicação do artigo 41.º, n.os 1 e 2, do CC); cf. igualmente, a este respeito, R.M. MOURA RAMOS, "La protection de la partie contractuelle la plus faible en droit international privé portugais", *in Droit International et Droit Communautaire — Actes du Colloque — Paris, 5 et 6 avril 1990*, Paris, Fondation Calouste Gulbenkian/Centre Culturel Portugais, 1991, p. 115, nota 47 (=*Das relações privadas internacionais — Estudos de Direito Internacional Privado*, Coimbra, Coimbra Editora, 1995, p. 218, nota 47).

[23] Cf., *v.g.*, o Acórdão da Relação de Lisboa de 10.3.1993, *CJ*, 1993, tomo II,

Alguns Princípios de Direito Internacional Privado

contrato de trabalho internacional, havendo, porém, decisões em que se recorreu a uma lei estrangeira por ter sido a que fora escolhida pelas partes, sem que o tribunal fizesse qualquer menção à norma de conflitos relevante[24].

Actualmente rege o artigo 6.º da Convenção de Roma, que determina, no seu n.º 1, que, "[s]em prejuízo do disposto no artigo 3.º, a escolha pelas partes da lei aplicável ao contrato de trabalho não pode ter como consequência privar o trabalhador da protecção que lhe garantem as disposições imperativas da lei que seria aplicável, na falta de escolha, por força do n.º 2 do presente artigo".

Ao deixar imprejudicada a aplicação eventual do artigo 3.º da Convenção de Roma, que permite a escolha pelas partes da *lex contractus*, o legislador convencional não suprimiu a autonomia da vontade em matéria de lei reguladora das relações contratuais laborais, mas apenas limitou essa autonomia, na medida em que a lei escolhida pelas partes não pode ir contra o disposto nas disposições internamente imperativas da lei que seria aplicável supletivamente, nos termos do artigo 6.º, n.º 2, sendo certo que

---

p. 156 (começa por aplicar o artigo 42.º, n.º 2, do CC), bem como o Acórdão do Supremo Tribunal de Justiça de 11.6.1996, *CJ-Acórdãos do STJ*, 1996, tomo II, p. 267 (aplicou o artigo 42.º, n.º 2, do CC); o Acórdão do Supremo Tribunal de Justiça de 7.6.1983, *BMJ*, n.º 328, Julho de 1983, p. 449, aplicou o artigo 41.º, n.º 1, e, a título supletivo, o artigo 42.º, n.º 1, do CC.

[24] Cf., *v.g.*, o Acórdão do Supremo Tribunal de Justiça de 19.10.1994, *BMJ*, n.º 440, Novembro de 1994, p. 240 (=*CJ-Acórdãos do STJ*, 1994, III, p. 275): "No tocante ao facto da aplicação da lei angolana ao contrato entre as partes, ele é indiscutível, *já que foram estas que, em tal contrato, convencionaram ser aquela lei que se aplicava*" (sublinhado meu); note-se que, nesta decisão, também se não fez qualquer referência ao artigo 40.º do CC, em matéria de prescrição — como se devia —, ao contrário do que aconteceu com o Acórdão da Relação de Lisboa de 26.10.1988, citado *supra*, nota 22, que mencionou e aplicou correctamente o artigo 40.º do CC (*loc. cit. supra*, nota 22, p. 167).

Também o Acórdão do Supremo Tribunal de Justiça de 19.3.1992, *BMJ*, n.º 415, Abril de 1992, p. 417, considerou aplicável a lei francesa ao contrato de trabalho celebrado entre o Consulado de Portugal em Tours e um cidadão português em 29.7.1969, sem mencionar qualquer regra de conflitos, mas citando abundantemente outros textos de fonte interna e internacional: "... a lei francesa foi considerada a aplicável, por ser a lei do local do contrato e da prestação das funções que o autor exercia e dos trabalhos que efectuou no consulado onde trabalhava, em Tours, de acordo com o Regulamento do Ministério dos Negócios Estrangeiros, aprovado pelo Decreto-Lei n.º 47 478, de 31 de Dezembro de 1966, da Convenção de Viena sobre relações diplomáticas e da Convenção Geral celebrada entre Portugal e França, sobre Segurança Social, constante do Decreto-Lei n.º 597/71, de 28 de Dezembro" (*sic*).

esta última não vem indicada no artigo 4.º da Convenção, como acontece em princípio — visto que o artigo 4.º trata justamente da determinação da lei aplicável na falta de escolha da *lex contractus* —, mas sim no próprio n.º 2 do artigo 6.º:

"Não obstante o disposto no artigo 4.º, e na falta de escolha feita nos termos do artigo 3.º, o contrato de trabalho é regulado:

a) Pela lei do país em que o trabalhador, no cumprimento do contrato, presta habitualmente o seu trabalho, mesmo que tenha sido destacado temporariamente para outro país; ou

b) Se o trabalhador não prestar habitualmente o seu trabalho no mesmo país, pela lei do país em que esteja situado o estabelecimento que contratou o trabalhador,

a não ser que resulte do conjunto das circunstâncias que o contrato de trabalho apresenta uma conexão mais estreita com um outro país, sendo em tal caso aplicável a lei desse outro país".

No sentido de proteger o contraente débil, que é, neste caso, o trabalhador, o legislador da Convenção de Roma garantiu, em qualquer caso — ainda que haja escolha da lei aplicável de acordo com o artigo 3.º —, a protecção do trabalhador pelas disposições internamente imperativas do país que apresenta *a conexão mais estreita* em matéria de contrato de trabalho, quer se trate do país em que o trabalhador, no cumprimento do contrato, presta habitualmente o seu trabalho, mesmo que tenha sido destacado temporariamente para outro país, quer se trate antes do país em que esteja situado o estabelecimento que contratou o trabalhador, se este não prestar habitualmente o seu trabalho no mesmo país, quer se trate, ainda, de um outro país, se resultar do conjunto das circunstâncias que o contrato de trabalho apresenta *excepcionalmente uma conexão mais estreita* com esse outro país. Se não houver escolha da lei aplicável nos termos do artigo 3.º da Convenção, a lei supletivamente aplicável será, consoante as circunstâncias, uma destas três leis.

A protecção do trabalhador não só tem *carácter material* — visto que ele nunca será privado da aplicação das disposições internamente imperativas das leis indicadas no n.º 2 do artigo 6.º, que o protegem no plano da justiça material, ainda que se aplique o artigo 3.º para reger a relação contratual laboral —, mas também tem *natureza conflitual*, já que, caso não haja escolha da lei competente pelas partes, será sempre aplicável uma lei com a qual o trabalhador está familiarizado, por ser quer a *lex loci solutionis* (ou *lex loci laboris*), quer a lei do país no qual está situado o estabelecimento que o contratou, quer, por força da *cláusula de excepção* constante da parte final da disposição, uma outra lei que, por força das cir-

Alguns Princípios de Direito Internacional Privado 23

cunstâncias concretas do caso, tenha uma *conexão ainda mais estreita* com o contrato do que qualquer uma das outras duas leis que acabam de ser mencionadas[25].

No que toca à problemática das *cláusulas de excepção em DIP* — sobre a qual já tivemos ensejo de discorrer mais de espaço em outros lugares —, basta que se diga aqui que ela tem subjacente a intenção de aplicar uma lei que, em certas circunstâncias excepcionais, tem um título *conflitual* de aplicação mais adequado, em tais situações, do que a lei normalmente competente, designada pela norma de conflitos de leis[26].

B — Conflitos de leis *lato sensu*

Por razões de ordem prática, como acima já se disse, versaremos agora, no âmbito desta rubrica, a problemática das *normas de aplicação*

---

[25] Cf., para uma análise do artigo 6.º da Convenção de Roma, entre muitos outros, P. LAGARDE, "Le contrat de travail dans les conventions européennes de droit international privé", *in Droit International et Droit Communautaire — Actes du Colloque — Paris, 5 et 6 avril 1990*, Paris, Fondation Calouste Gulbenkian/Centre Culturel Portugais, 1991, pp. 73-75; R.M. MOURA RAMOS, *op. cit. supra*, nota 6, pp. 807 ss.; João REIS, "Lei aplicável ao contrato de trabalho segundo a Convenção de Roma", *QL*, Ano II, 1995, n.º 4, p. 44 ss.; L. LIMA PINHEIRO, *op. cit. supra*, nota 11, pp. 187 ss.; P. ROMANO MARTINEZ, *op. cit. supra*, nota 6, pp. 323 ss.; T. BALLARINO (com a colaboração de A. Bonomi), *Diritto Internazionale Privato*, 3.ª edição, Pádua, Cedam, 1999, pp. 687 ss.; B. AUDIT, *Droit International Privé*, 3.ª edição, Paris, Economica, 2000, pp. 694 ss.; G. KEGEL-K. SCHURIG, *Internationales Privatrecht*, 8.ª edição, Munique, Verlag C.H. Beck, 2000, pp. 589 ss.; J.C. FERNÁNDEZ ROZAS-S. SÁNCHEZ LORENZO, *Derecho Internacional Privado*, 1.ª edição, Madrid, Civitas, 1999 (reimpressão, 2000), pp. 546 ss.; A.L. CALVO CARAVACA-J. CARRASCOSA GONZÁLEZ-P.BLANCO MORALES LIMONES-J.L. IRIARTE ÁNGEL-M. ESLAVA RODRÍGUEZ-M.Á. SÁNCHEZ JIMÉNEZ, *Derecho Internacional Privado*, vol. II, 2.ª edição, Granada, Editorial Comares, 2000, pp. 335 ss.; K. SIEHR, *Internationales Privatrecht — Deutsches und europäisches Kollisionsrecht für Studium und Praxis*, Heidelberga, C.F. Müller, 2001, pp. 175 ss; cf. igualmente o Acórdão da Relação de Lisboa de 5.7.2000, *CJ*, 2000, tomo IV, p. 161, onde se faz uma referência, assaz imprecisa, aliás, à Convenção de Roma e, designadamente, ao seu artigo 6.º, n.º 2, alínea a).

[26] Sobre as cláusulas de excepção, cf., entre nós, A. MARQUES DOS SANTOS, *op. cit. supra*, nota 6, vol. I, pp. 397-499, e *op. cit. supra*, nota 8, pp. 308-324; cf. ainda J.S. CUNHAL SENDIM, "Notas sobre o princípio da conexão mais estreita no Direito Internacional Privado Matrimonial Português", *Direito e Justiça*, vol. VII, 1993, pp. 311-375; R.M. MOURA RAMOS, "Les clauses d'exception en matière de conflits de lois et de conflits de juridictions — Portugal", *in Das relações privadas internacionais — Estudos de Direito Internacional Privado*, Coimbra, Coimbra Editora, 1995, pp. 295-323; L. LIMA PINHEIRO, *Direito Internacional Privado*, Volume I — *Introdução e Direito de Conflitos — Parte Geral*, Coimbra, Almedina, 2001, pp. 301-303.

imediata no direito internacional laboral, à luz sobretudo das já numerosas decisões da jurisprudência portuguesa.

Em nosso entender, as normas de aplicação imediata são normas de direito material espacialmente autolimitadas, dotadas de uma particular intensidade valorativa, a qual determina o seu âmbito de aplicação no espaço, por elas autonomamente traçado, independentemente das regras gerais de conflitos de leis no espaço do sistema a que pertencem[27].

Nas palavras do Supremo Tribunal de Justiça — que cita, a este propósito, J. Baptista Machado, I. Magalhães Collaço e R. M. Moura Ramos —, "... tem sido reconhecida a existência de normas jurídicas que, pela essencialidade dos seus comandos, como que transbordam a competência espacial do próprio sistema em que se integram, e se aplicam directamente a uma situação jurídica plurilocalizada, assimilando-a a uma situação interna — subtraindo assim ao direito conflitual próprio do D.I.P., qualquer influência na determinação da ordem jurídica competente para a solução do caso concreto. São as chamadas normas de aplicação necessária e imediata ..."[28].

Foi essencialmente a propósito da questão de saber se o artigo 53.º da CRP[29] se aplica ou não no espaço de modo autónomo, independentemente da lei (estrangeira) designada pelo sistema geral português de normas de conflitos de leis, dada a sua particular "intensidade valorativa", isto é, como *norma de aplicação imediata*, que a jurisprudência portuguesa se pronunciou, em grande parte acerca de casos de despedimento sumário e sem justa causa — estranhamente muito frequentes — de trabalhadores assalariados portugueses de consulados ou de outras entidades equivalentes portuguesas no estrangeiro, tendo-se, aliás, dividido bizarramente

---

[27] Cf., por último, A. MARQUES DOS SANTOS, *op. cit. supra*, nota 8, pp. 247 ss., 253 ss., 274 ss., bem como as demais referências aí citadas, das quais salientamos aqui A. MALINTOPPI, *Les rapports de travail en droit international privé*, RCADI, tomo 205, 1987--V, p. 358, onde o autor fala, a este respeito, de "intensité d'évaluation", sendo certo que já em trabalhos de 1952 e de 1961 havia falado da "intensità valutativa" destas normas (cf. A. MARQUES DOS SANTOS, *ibidem*, p. 274, nota 628).

[28] Cf. Acórdão do Supremo Tribunal de Justiça de 11.6.1996, *CJ-Acórdãos do STJ*, 1996, tomo II, p. 267; para uma crítica da terminologia, a nosso ver redundante, de *normas de aplicação necessária e imediata*, cf. A. MARQUES DOS SANTOS, *op. cit. supra*, nota 8, pp. 31-32; para uma crítica da pretensa "assimilação" (galicismo equivalente a *equiparação*) que estas normas fariam entre situações jurídicas plurilocalizadas e situações internas, cf. *ibidem*, pp. 277-278.

[29] Recorde-se que o artigo 53.º da CRP determina: "É garantida aos trabalhadores a segurança no emprego, sendo proibidos os despedimentos sem justa causa ou por motivos políticos ou ideológicos".

em duas correntes diametralmente opostas: enquanto algumas decisões dos tribunais nacionais consideraram, com fundamentos diversos, mas, no essencial, acertadamente, que a aplicação daquele preceito constitucional tinha primazia em relação à lei estrangeira em princípio competente[30], outras, ou iludiram pura e simplesmente esta questão[31], ou consideraram que

---

[30] Cf. a fundamentação do Acórdão da Relação de Lisboa de 10.3.1993, *CJ*, 1993, tomo II, p. 156, citada *supra*, nota 7, que decidiu aplicar o referido preceito constitucional sempre que estivessem em causa litígios relativos a trabalhadores de nacionalidade portuguesa, submetidos a órgãos jurisdicionais portugueses (estava em causa o despedimento de uma trabalhadora portuguesa da Comissão Permanente de Portugal junto da Organização das Nações Unidas, em Nova Iorque); sobre este acórdão, cf. José João ABRANTES, *Contrat de travail et droits fondamentaux*, Francoforte do Meno/Berlim/Berna/Bruxelas/Nova Iorque/Oxford/Viena, Peter Lang, 2000, p. 32, nota 35.

Cf., no mesmo sentido, o Acórdão da Relação de Lisboa de 10.1.1996, *CJ*, 1996, tomo I, pp. 161-162: "... a norma do art.º 53.º da Constituição da República Portuguesa proíbe expressamente os despedimentos [sem] justa causa ou por motivos políticos ou ideológicos. E esse princípio constitucional teve produção por parte do legislador ordinário na norma do art. 12.º do DL n.º 372-A/75, em que se determina a nulidade do despedimento ... sem que exista justa causa e se estabeleçam as suas razões. Trata-se de *normas de 'aplicação necessária e imediata'*, as quais não podem deixar de aplicar-se à relação laboral do Autor com o réu, não obstante a sua lei reguladora ser a lei jugoslava ... É que o próprio Réu — o Estado Português — erigiu em preceito constitucional a proibição dos despedimentos sem justa causa, visando a estabilidade do emprego e a protecção dos trabalhadores, como partes normalmente mais fracas nos contratos de trabalho. São valores constitucionais que o legislador constitucional entendeu por bem acautelar, dado o interesse público de que se revestem. O Estado Português quis assim, como não pode deixar de entender-se, *aplicar as normas respeitantes à proibição dos despedimentos sem justa causa e suas consequências a todas as questões, submetidas ao foro nacional, em que os trabalhadores despedidos por tal forma ilícita sejam de nacionalidade portuguesa*, e qualquer que seja a nacionalidade do empregador ... Sendo assim, não se compreende muito bem ... como é que o aqui Réu pretende nesta acção fugir à aplicação das normas e princípios que reputou essenciais, consagrados na sua Lei Fundamental" (sublinhado meu) (tratava-se do despedimento de um trabalhador português do consulado de Portugal em Belgrado); o aresto cita, na sua parte final, no mesmo sentido, o Acórdão da Relação de Lisboa de 23.10.1991, no recurso n.º 6147, "num caso de conflito entre a lei suíça e a portuguesa"; sobre este acórdão, cf. P. ROMANO MARTINEZ, *op. cit. supra*, nota 6, p. 321, nota 2.

Também o Acórdão do Supremo Tribunal de Justiça de 30.9.1998, *BMJ*, n.º 479, Outubro de 1998, pp. 361-363, aplicou o artigo 53.º da CRP em vez da lei francesa normalmente competente, mas por força da ordem pública internacional do Estado Português, citando João REIS, mas referindo também tratar-se, *in casu*, de uma verdadeira "norma de aplicação necessária e imediata", citando R.M. MOURA RAMOS (tratava-se do despedimento de uma trabalhadora portuguesa do consulado de Portugal em Nantes).

[31] Cf., *v.g.*, Acórdão do Supremo Tribunal de Justiça de 19.3.1992, *BMJ*, n.º 415, Abril de 1992, p. 412 ss., citado *supra*, nota 24 (despedimento de um trabalhador português do consulado de Portugal em Tours).

26   *Estudos do Instituto de Direito do Trabalho*

não havia razão para que a regra constitucional tivesse precedência sobre as leis estrangeiras, quer porque não estaria em causa a ordem pública internacional do Estado Português[32], quer porque se entendeu que era de aplicar, sem quaisquer outras considerações de maior, a lei estrangeira considerada competente pela norma de conflitos[33].

---

[32] Cf., *v.g.*, o Acórdão da Relação de Lisboa de 19.6.1991, *CJ*, 1991, tomo III, p. 221: "... a proibição constitucional dos despedimentos sem justa causa pode ser considerada como integrando a ordem *jurídica* [*sic*, em vez de *pública*] interna, *mas não a internacional* ... A aplicação *in casu* da lei francesa não envolve, portanto, ofensa *dos princípios fundamentais da ordem pública internacional do Estado português* ..." (sublinhado meu) (despedimento de uma trabalhadora portuguesa do consulado de Portugal em Clermont-Ferrand); cf., no mesmo sentido, o Acórdão do Supremo Tribunal de Justiça de 26.10.1994, *BMJ*, n.º 440, Novembro de 1994, pp. 260-261 (=*AD*, Ano XXXIV, n.º 400, Abril de 1995, p. 481;=*QL*, ano III, 1996, n.º 8, p. 166, com anotação discordante de João REIS, p. 166 ss., *maxime* 178 ss.), já citado *supra*, nota 6, *in fine*, e nota 22: "... o autor foi contratado para desempenhar a sua actividade laborativa no estrangeiro, onde residia, apenas estando ligado à ordem jurídica do foro pela nacionalidade. Daí que — não obstante a legislação do Estado de Rhode Island ser inteiramente permissiva em matéria de despedimento promovido pela entidade empregadora, ao invés do que sucede no ordenamento jurídico português, onde são proibidos os despedimentos sem justa causa e sem prévia instauração de processo disciplinar — *se não justifique a intervenção da reserva de ordem pública* (cf. *artigos 53.º da Constituição da República* e 12.º da lei do contrato colectivo de trabalho...). O resultado concreto da aplicação daquela legislação não se revela chocante, intolerável para as concepções ético-jurídicas fundamentais da ordem jurídica nacional ..." (despedimento de um trabalhador português do Consulado de Portugal em Providence) (sublinhado meu); cf., em sentido absolutamente contrário, o Acórdão do Supremo Tribunal de Justiça de 30.9.1998, *BMJ*, n.º 479, Outubro de 1998, p. 358 ss., citado *supra*, nota 5 e nota 30, *in fine*.

[33] Cf., *v.g.*, o Acórdão da Relação de Lisboa de 3.6.1992, *CJ*, 1992, tomo III, pp. 271-272 (despedimento de um trabalhador português animador sócio-cultural junto da comunidade portuguesa emigrada em França, posteriormente colocado no Consulado Geral de Portugal em Bordéus), cuja doutrina foi sumariamente confirmada pelo Acórdão do Supremo Tribunal de Justiça de 21.4.1993, *sub judice — novos estilos*, n.º 4, Abril de 1993, pp. 87-88, sob a rubrica significativa "Despedido à francesa" da parte do comentador J.R.S.; no mesmo sentido, cf. o Acórdão da Relação de Évora de 16.2.1993, *CJ*, 1993, tomo I, pp. 293-295 (despedimento de uma trabalhadora portuguesa do Consulado de Portugal em Lille), cuja doutrina foi laboriosa — mas inconvincentemente — confirmada pelo Acórdão do Supremo Tribunal de Justiça de 12.1.1994, *AD*, Ano XXXIII, Junho de 1994, n.º 390, pp. 757-764 (=*CJ-Acórdãos do STJ*, 1994, tomo I, pp. 274-276).

A referência em alguns destes acórdãos ao Parecer da Procuradoria-Geral da República de 12.3.1980, publicado no *DR*, n.º 250, II Série, de 28.10.1980, pp. 6950-6956, relativo à situação do pessoal assalariado das missões diplomáticas e consulares de Portugal no estrangeiro, é a meu ver totalmente irrelevante, pois o parecer não resolveu — nem tinha, aliás, obviamente que resolver — *os problemas de Direito Internacional Privado* suscitados pelos despedimentos abusivos levados a cabo pelas representações diplomá-

Alguns Princípios de Direito Internacional Privado

Em outros casos, porém, os tribunais portugueses consideraram — e bem — que a regra constitucional portuguesa do artigo 53.º da Lei Fundamental, relativa à segurança e à estabilidade do emprego, e, designadamente, à proibição de despedimentos sem justa causa, se aplicava a trabalhadores estrangeiros em Portugal[34] ou até mesmo a trabalhadores portugueses no estrangeiro, ao serviço de sociedades privadas com sede em Portugal[35], e não já de quaisquer consulados de Portugal ou organizações quejandas, onde tal preceito constitucional deveria ser acatado por excelência, ao contrário do que a prática tem demonstrado.

Sobre esta matéria, já tomámos posição há uma década, defendendo que a regra do artigo 53.º da CRP, bem como outras disposições que não são senão simples concretizações do preceito constitucional em causa, são normas de aplicação imediata, que têm precedência sobre qualquer lei estrangeira considerada competente, de acordo com a regra de conflitos geral[36]. Nesta medida, tais normas deverão ser hoje em dia aplicadas entre

---

ticas e consulares portuguesas no mundo inteiro, em flagrante violação da regra constante do artigo 53.º da CRP.

[34] Cf. o Acórdão da Relação do Porto de 25.11.1991, *CJ*, 1991, tomo V, pp. 233--234, que referiu, de modo notável, *avant la lettre*, o artigo 7.º, n.º 2, da Convenção de Roma sobre a Lei Aplicável às Obrigações Contratuais de 19.6.1980 e aplicou o artigo 53.º da CRP como "norma de aplicação necessária e imediata", num contrato de trabalho a prazo celebrado entre um cidadão alemão e uma sociedade com sede em Portugal, subsidiária de outra sociedade com sede na Dinamarca, contrato esse que era regido pelo direito dinamarquês, nos termos do artigo 41.º, n.ᵒˢ 1 e 2, do CC.

[35] Cf., *v.g.*, o Acórdão da Relação de Lisboa de 18.11.1987, inédito, mas sumariado no *BMJ*, n.º 371, Dezembro de 1987, p. 534, e o que sobre ele se diz em A. MARQUES DOS SANTOS, *op. cit. supra*, nota 6, p. 833, nota 2681 (tratava-se de um contrato individual de trabalho, a prazo, renovável, celebrado em Portugal, entre uma sociedade portuguesa e um trabalhador português, para ser cumprido na Arábia Saudita, e que foi resolvido antes do termo do prazo pela sociedade); cf., no mesmo sentido mas ainda mais incisivamente, o já citado (*supra*, nota 21, *in fine*, e nota 25, *in fine*) Acórdão da Relação de Lisboa de 5.7.2000, *CJ*, 2000, tomo IV, pp. 160-161, que considera o artigo 53.º da CRP uma norma "necessária e directamente aplicável" (despedimento de um trabalhador português da representação de um banco português em Francoforte).

Note-se, aliás, que o Acórdão do Supremo Tribunal de Justiça de 11.6.1996 (citado *supra*, nota 28) admite, em tese geral, a aplicação das "normas de aplicação necessária e imediata decorrentes do comando do art. 53.º da Constituição" (cf. *CJ-Acórdãos do STJ*, 1996, tomo II, p. 270); tratava-se do despedimento de uma trabalhadora de nacionalidade portuguesa num escritório de representações em Düsseldorf de uma instituição bancária com sede em Portugal.

[36] Cf. A. MARQUES DOS SANTOS, *op. cit. supra*, nota 6, p. 833, nota 2681, e p. 851, nota 2718, bem como, do mesmo autor, "Les règles d'application immédiate dans le droit international privé portugais", *in Droit International et Droit Communautaire — Actes*

nós por força do artigo 7.°, n.° 2, da Convenção de Roma sobre a Lei Aplicável às Obrigações Contratuais de 19.6.1980, devendo assim prevalecer a jurisprudência mais recente — mais bem informada e mais esclarecida sobre os problemas do Direito Internacional Privado —, como acima se demonstrou[37].

Quanto às *normas de aplicação imediata estrangeiras*, a que se refere o artigo 7.°, n.° 1, da Convenção de Roma, também já há uma década demonstrámos que, em certos casos, os tribunais portugueses as aplicaram ou, pelo menos, as tomaram em consideração.

Exemplo disso é, designadamente, o Acórdão do Supremo Tribunal de Justiça de 7.6.1983[38]: num contrato individual de trabalho, a prazo, celebrado entre uma sociedade com sede em Lisboa e um engenheiro português, para ser executado na Arábia Saudita, a que a empresa pôs fim após um período de três meses, o STJ considerou aplicável a lei portuguesa, como lei reguladora do contrato — na falta de escolha da lei aplicável —, a título de lei da residência habitual comum (lei da sede da sociedade e lei da residência habitual do trabalhador), nos termos do artigo 42.° do CC, e aplicou o artigo 8.°, n.° 2, do Decreto-Lei n.° 781/76, de 28 de Outubro, que determina que o contrato de trabalho se considera celebrado pelo período de seis meses.

Mas o que interessa sobremaneira realçar, neste contexto, é que o STJ — procedendo aparentemente a um *dépeçage* do contrato — considerou "perfeitamente compatível com a aplicação genérica da lei portuguesa", como *lex contractus*, a referência constante das cláusulas contratuais "... para a lei e usos locais [da Arábia Saudita] quanto a exigência de carácter sanitário, a horários de trabalho, descanso, actividade política ou religiosa, segredo profissional em obras de carácter militar ou de segurança, e respeito pelas leis, usos e costumes e religiões locais ..., dado versar sobre pontos específicos inerentes a trabalho prestado no território daquele país, *ou mesmo se impor por razões de soberania*"[39].

Parece-nos que este acórdão reconheceu, pelo menos implicitamente, nesta última passagem que foi aqui salientada, as normas de aplicação imediata de um Estado estrangeiro cuja lei não é a *lex contractus*, sem que

---

du Colloque — Paris, 5 et 6 avril 1990, Paris, Fondation Calouste Gulbenkian/Centre Culturel Portugais, 1991, pp. 204-206 (=*Estudos de Direito Internacional Privado e de Direito Processual Civil Internacional*, Coimbra, Almedina, 1998, pp. 148-151).

[37] Cf. as decisões citadas *supra*, nota 30.

[38] Cf. *BMJ*, n.° 328, Julho de 1983, p. 447 ss., já citado *supra*, nota 23.

[39] *Ibidem*, p. 449 (sublinhado meu).

Alguns Princípios de Direito Internacional Privado 29

tal tenha sido considerado incompatível com a aplicação da *lex fori* como *lex causae* (isto é, como lei reguladora do contrato); como a lei da Arábia Saudita era a lei do lugar da prestação do trabalho (*lex loci laboris*), parece que este aresto não está muito longe da teoria da *conexão especial para as regras de aplicação imediata estrangeiras* (*Sonderanknüpfung*), tal como foi formulada por Wilhelm Wengler, na Alemanha, em 1941[40].

Hoje em dia, o artigo 7.º, n.º 1, da Convenção de Roma sobre a Lei Aplicável às Obrigações Contratuais de 19.6.1980 trata da aplicação — ou, pelo menos, da atendibilidade ou da tomada em consideração (*Berücksichtigung*) — das normas de aplicação imediata estrangeiras[41], mas o facto de Portugal ter efectuado a reserva prevista no artigo 22.º, n.º 1, alínea a), da Convenção quanto à aplicação do referido preceito poderia suscitar dúvidas no que respeita à possibilidade de, actualmente, ser dado efeito, entre nós, às normas de aplicação imediata estrangeiras.

Como já dissemos noutro lugar[42], a reserva por parte de Portugal relativamente ao artigo 7.º, n.º 1, da Convenção de Roma não pode, de modo algum, ter esse significado, até porque existem no sistema jurídico português outras regras e princípios que apontam decididamente em sentido contrário[43].

---

[40] Cf. o que já foi dito há uma década, acerca desta decisão, em A. MARQUES DOS SANTOS, *op. cit. supra*, nota 6, p. 1013, nota 3090, bem como *op. cit. supra*, nota 36, p. 210; cf., aliás, o que, a este respeito, já anteriormente escrevera A. MENEZES CORDEIRO, *Direito do Trabalho*, vol. I, Lisboa, AAFDL, 1986/1987, p. 380, nota 5, que chamava expressamente a atenção para este ponto específico.

Sobre a teoria da *Sonderanknüpfung*, formulada por W. Wengler em 1941, cf. A. MARQUES DOS SANTOS, *op. cit. supra*, nota 6, pp. 993 ss. (e *op. cit. supra*, nota 8, pp. 291 ss.), bem como as demais referências aí citadas.

[41] O artigo 7.º, n.º 1, da Convenção de Roma reza assim:

"(Disposições imperativas)

Ao aplicar-se, por força da presente Convenção, a lei de um determinado país, pode ser dada prevalência às disposições imperativas da lei de outro país com o qual a situação apresente uma conexão estreita se, e na medida em que, de acordo com o direito deste último país, essas disposições forem aplicáveis, qualquer que seja a lei reguladora do contrato. Para se decidir se deve ser dada prevalência a estas disposições imperativas, ter-se-á em conta a sua natureza e o seu objecto, bem como as consequências que resultariam da sua aplicação ou da sua não aplicação"; para uma análise detida deste preceito, cf. A. MARQUES DOS SANTOS, *op. cit. supra*, nota 6, pp. 1011 ss., bem como as numerosas referências aí citadas.

[42] Cf. A. MARQUES DOS SANTOS, *op. cit. supra*, nota 8, pp. 305 ss.

[43] Cf., neste mesmo sentido, D. MOURA VICENTE, *Da responsabilidade pré--contratual em Direito Internacional Privado*, Coimbra, Almedina, 2001, p. 663 ss., que invoca, designadamente, o artigo 23.º, n.º 2, do Decreto-Lei n.º 446/85, de 25 de Outubro,

30   *Estudos do Instituto de Direito do Trabalho*

Trata-se, em primeiro lugar, do artigo 16.º da Convenção sobre a Lei Aplicável aos Contratos de Mediação e à Representação, concluída na Haia em 14.3.1978, que está em vigor em Portugal desde 1.5.1992, e que não distingue entre normas de aplicação imediata do foro e estrangeiras[44]. Em segundo lugar, desde o artigo 1.º do Decreto-Lei n.º 27.633, de 3.4.1937, passando pelo artigo 31.º, n.º 2, da Lei n.º 13/85, de 6 de Julho, até ao artigo 69.º da Lei n.º 107/2001, de 8 de Setembro (nova Lei do Património Cultural)[45], sempre têm tido relevância em Portugal as normas de aplicação imediata emanadas por outros Estados em matéria de protecção dos respectivos bens culturais.

Em terceiro lugar, o artigo 23.º, n.º 2, do Decreto-Lei n.º 446/85, de 25 de Outubro, que estabelece o regime jurídico das cláusulas contratuais gerais, na redacção que lhe foi dada pelo artigo 1.º do Decreto-Lei n.º 249/99, de 7 de Julho, manda aplicar normas de aplicação imediata estrangeiras[46].

Assim sendo, parece que nada obsta a que os órgãos portugueses de aplicação do direito possam dar relevância a normas de aplicação imediata estrangeiras em matéria laboral — se for caso disso —, como já o faziam anteriormente, como ficou demonstrado.

---

na sua nova versão, adiante citada no texto; em sentido contrário, segundo julgamos, cf. L. LIMA PINHEIRO, *op. cit. supra*, nota 26, p. 222, e *op. cit. supra*, nota 11, pp. 196, bem como M.ª Helena BRITO, *A representação nos contratos internacionais — Um contributo para o estudo do princípio da coerência em direito internacional privado*, Coimbra, Almedina, 1999, p. 716.

[44] Este preceito está assim redigido:

"Na aplicação da presente Convenção poderá atribuir-se efeito às disposições imperativas de qualquer Estado com o qual a situação apresente uma conexão efectiva, se e na medida em que, segundo o direito desse Estado, tais disposições forem aplicáveis, qualquer que seja a lei designada pelas suas regras de conflito".

[45] Cf., designadamente, o n.º 1 do artigo 69.º da Lei n.º 107/2001, de 8 de Setembro:

"Em condições de reciprocidade, consideram-se nulas as transacções realizadas em território português incidentes sobre bens pertencentes ao património cultural de outro Estado e que se encontrem em território nacional em consequência da violação da respectiva lei de protecção".

[46] Cf. o respectivo teor:

"Artigo 23.º (Direito aplicável)

1. Independentemente da lei escolhida pelas partes para regular o contrato, as normas desta secção aplicam-se sempre que o mesmo apresente uma conexão estreita com o território português.

2. No caso de o contrato apresentar uma conexão estreita com o território de outro Estado membro da Comunidade Europeia aplicam-se as disposições correspondentes desse país na medida em que este determine a sua aplicação".

Antes de passar à rubrica seguinte, cabe ainda mencionar a Directiva 96/71/CE, do Parlamento Europeu e do Conselho, de 16.12.1996[47], relativa ao destacamento de trabalhadores no âmbito de uma prestação de serviços, que foi transposta para a ordem jurídica interna pela Lei n.º 9/2000, de 15 de Junho.

O artigo 2.º da Lei n.º 9/2000, de 15 de Junho, ao traçar o âmbito de aplicação espacial e material do diploma, transforma as normas de direito material do artigo 3.º, que corresponde ao artigo 3.º da Directiva, em normas de aplicação imediata, não obstante este último preceito da Lei ressalvar a aplicação "de regimes mais favoráveis da legislação aplicável à relação de trabalho"[48].

Ainda no que toca a esta matéria do destacamento de trabalhadores, note-se que o Decreto-Lei n.º 64/93, de 5 de Março[49], regula o enquadramento no regime geral de segurança social dos trabalhadores por conta de outrem em situação de destacamento em Portugal e no estrangeiro.

Finalmente, decorre da noção que demos de normas de aplicação imediata que o seu âmbito de aplicação no espaço é autonomamente determinado por elas próprias, através de regras de conexão *ad hoc* que lhes estão acopladas, e que, portanto, elas não são nunca aplicáveis por força do sistema geral de normas de conflitos de leis; isto leva-nos a rejeitar uma concepção de A. Malintoppi e de outros autores, que distinguiam — nomeadamente no que toca às normas de aplicação imediata do domínio do direito do trabalho — um âmbito de aplicação necessário, traçado por elas próprias, e um campo de aplicação possível, sendo este último delimitado pelo sistema geral de regras de conflitos de leis, tornando assim as normas de direito do trabalho italianas aplicáveis não só aos contratos de trabalho cumpridos em Itália (como regras de aplicação imediata) mas também aos contratos executados no estrangeiro, por força das normas de conflitos gerais, o que levava a atribuir à *lex fori* um âmbito de aplicação espacial manifestamente exorbitante relativamente ao que era concedido às leis estrangeiras[50].

É tempo de passar à rubrica seguinte deste trabalho, relativa ao Direito Processual Civil Internacional.

---

[47] *JOCE* L 18, 21.1.1997, p. 1.

[48] Consideramos que se trata, ainda aqui, de *normas de aplicação imediata,* se bem que *atípicas:* cf. A. MARQUES DOS SANTOS, *op. cit. supra,* nota 6, p. 904, bem como as referências aí citadas, na nota 2841.

[49] Com as rectificações introduzidas pela Declaração de rectificação n.º 109/93 [*DR*, n.º 151, I Série-A, 4.º Suplemento, 30.6.1993, p. 3614-(13)].

[50] Cf. A. MARQUES DOS SANTOS, *op. cit. supra,* nota 6, p. 732, nota 2398, e pp. 895--896 e nota 2822; cf. também, do mesmo autor, *op. cit. supra,* nota 8, p. 279.

4. Direito Processual Civil Internacional

Trataremos aqui, sucintamente, da competência internacional [A)] e do reconhecimento das sentenças estrangeiras [B)] em material laboral.

A — Competência internacional

O Código do Processo de Trabalho, aprovado pelo Decreto-Lei n.º 480/99, de 9 de Novembro, consagra, nos artigos 10.º e 11.º, regras de competência internacional, assim redigidas:

"Artigo 10.º
Competência internacional dos tribunais do trabalho

Na competência internacional dos tribunais do trabalho estão in-cluídos os casos em que a acção pode ser proposta em Portugal, segundo as regras de competência territorial estabelecidas neste Código [que cons-tam dos artigos 13.º ss.], ou de terem sido praticados em território por-tuguês, no todo ou em parte, os factos que integram a causa de pedir na acção".

"Artigo 11.º
Pactos privativos de jurisdição

Não podem ser invocados perante tribunais portugueses os pactos ou cláusulas que lhes retirem competência internacional atribuída ou reco-nhecida pela lei portuguesa, salvo se outra for a solução estabelecida em convenções internacionais".

Pelo Aviso n.º 116/2000 do Ministério dos Negócios Estrangeiros[51], verifica-se que o artigo 11.º do Código do Processo de Trabalho continua a fazer parte do elenco das competências exorbitantes constante do artigo 3.º, 10.º travessão, da Convenção Relativa à Competência Judiciária e à Execução de Decisões em Matéria Civil e Comercial, assinada em Bruxe-las em 27.9.1968[52].

No que toca às regras de competência constantes da Convenção de Bruxelas de 27.9.1968, em matéria de contrato individual de trabalho,

---

[51] Publicado no *DR*, I Série-A, n.º 132, de 7.6.2000, p. 2594.
[52] Cf., a este respeito, M. TEIXEIRA DE SOUSA-D. MOURA VICENTE, *Comentário à Convenção de Bruxelas*, Lisboa, LEX, 1994, p. 81.

cabe referir o artigo 5.º, n.º 1, 2.ª parte[53], e o artigo 17.º, último pará-grafo[54], a que correspondem, *mutatis mutandis*, embora com um regime sensivelmente menos protector para o trabalhador, respectivamente, os artigos 5.º, n.º 1, 2.ª parte[55], e 17.º, n.º 5[56], da Convenção Relativa à Com-petência Judiciária e à Execução de Decisões em Matéria Civil e Comer-cial, celebrada em Lugano em 16.9.1988[57].

Cabe notar que há alguma jurisprudência portuguesa sobre questões de competência internacional dos tribunais portugueses em matéria labo-ral: assim, o Acórdão da Relação de Lisboa de 12.7.1989 considerou que os tribunais portugueses eram internacionalmente incompetentes para conhecer de acção cível ou laboral proposta contra um Estado estran-geiro[58], adoptando assim, mais uma vez, a sua posição tradicional no

---

[53] Assim redigido: "O requerido com domicílio no território de um Estado Con-tratante pode ser demandado num outro Estado Contratante: 1 — Em matéria contratual, perante o tribunal do lugar onde a obrigação que serve de fundamento ao pedido foi ou deva ser cumprida: em matéria de contrato individual de trabalho, esse lugar é o lugar onde o trabalhador efectua habitualmente o seu trabalho e, se o trabalhador não efectuar habitualmente o seu trabalho no mesmo país, a entidade patronal pode igualmente ser demandada perante o tribunal do lugar onde se situa ou se situava o estabelecimento que contratou o trabalhador".

[54] Cujo teor é o seguinte: "Em matéria de contrato individual de trabalho, os pactos atributivos de jurisdição só produzirão efeitos se forem posteriores ao nascimento do litígio ou se o trabalhador os invocar para submeter a acção à apreciação de tribunais que não sejam o do domicílio do requerido ou o referido no n.º 1 do artigo 5.º".

[55] Assim redigido: "O requerido com domicílio no território de um Estado Con-tratante pode ser demandado num outro Estado Contratante: 1 — Em matéria contratual, perante o tribunal do lugar onde a obrigação que serve de fundamento ao pedido foi ou deva ser cumprida: em matéria de contrato individual de trabalho, esse lugar é o lugar onde o trabalhador efectua habitualmente o seu trabalho e, se o trabalhador não efectuar habi-tualmente o seu trabalho no mesmo país, é o lugar onde se situa o estabelecimento que contratou o trabalhador".

[56] Cujo teor é o seguinte: "5 — Em matéria de contrato individual de trabalho, os pactos atributivos de jurisdição só produzirão efeitos se forem posteriores ao nascimento litígio".

[57] Sobre todos estes preceitos — e, designadamente, sobre o carácter mais favorável da Convenção de Bruxelas relativamente à Convenção de Lugano —, cf. M. TEIXEIRA DE SOUSA-D. MOURA VICENTE, *op. cit. supra*, nota 52, pp. 89-90, 120-121, e nota 5; cf. igualmente H. GAUDEMET-TALLON, *Les Conventions de Bruxelles et de Lugano — Compétence internationale, reconnaissance et exécution des jugements en Europe*, Paris, LGDJ, 1993, pp. 95-96, 116-120, 322, 324-325.

[58] *CJ*, 1989, tomo IV, pp. 178-179; *in casu*, tratava-se do despedimento de uma tra-balhadora portuguesa da Embaixada do Zaire em Lisboa; cf., no mesmo sentido, o Acórdão da Relação de Lisboa de 9.12.1998, *CJ*, 1998, tomo V, pp. 168-169 (despedi-mento de um trabalhador português da Embaixada de França em Portugal).

tocante à imunidade de jurisdição dos Estados estrangeiros em litígios de direito privado, ou seja, mesmo no âmbito do chamado *jus gestionis*[59]. Por seu lado, o Acórdão da Relação de Lisboa de 11.10.1995 considerou que os Tribunais do Trabalho portugueses são competentes, em razão da matéria — e implicitamente, portanto, também internacionalmente competentes — para conhecer de litígios relativos a contratos de trabalho de trabalhadores portugueses em Consulados de Portugal no estrangeiro, negando que tal competência coubesse aos tribunais administrativos, como havia sido decidido na primeira instância[60].

B — Reconhecimento das sentenças estrangeiras

Na medida em que foi revogada pelo Decreto-Lei n.º 329-A/95, de 12 de Dezembro, a antiga alínea c) do artigo 65.º-A do Código de Processo Civil[61], a qual parecia proscrever, em quaisquer casos, o reconhecimento de decisões estrangeiras em Portugal em matéria de relações de trabalho[62], já parece possível, hoje em dia, o reconhecimento no nosso país de sentenças estrangeiras em matéria laboral.

Assim sendo, seriam de aplicar, consoante os casos, os artigos 26.º e seguintes das Convenções de Bruxelas e de Lugano[63] acima citadas, os artigos 1094.º e seguintes do Código de Processo Civil[64], fora do âmbito

---

[59] Cf. P. ROMANO MARTINEZ, *op. cit. supra*, nota 6, p. 330, nota 3; cf. outras decisões jurisprudenciais citadas por A. MARQUES DOS SANTOS, *op. cit. supra*, nota 6, p. 809, nota 2612; em sentido contrário, porém, cf. o Acórdão do Supremo Tribunal de Justiça de 20.1.1999, *CJ-Acórdãos do STJ,* 1999, tomo I, pp. 263-265 (despedimento de uma trabalhadora portuguesa do *British Council* no Porto — implicitamente).

[60] *CJ,* 1995, tomo IV, pp. 161-162 (tratava-se do despedimento de um trabalhador português da Secção Consular da Embaixada de Portugal em Nova Delhi); em sentido contrário, cf., no entanto, o Acórdão da Relação de Lisboa de 3.3.1999, *CJ,* 1999, tomo III, pp. 153-155 (litígio relativo à remuneração de uma trabalhadora portuguesa do Consulado-Geral de Portugal em Nova Iorque).

[61] Que rezava assim: "A competência dos tribunais portugueses é exclusiva: c) Para as acções referentes às relações de trabalho"; cf., a este respeito, D. MOURA VICENTE, "A competência internacional no Código de Processo Civil revisto", *in* A. MARQUES DOS SANTOS *et alii, Aspectos do novo Processo Civil,* Lisboa, LEX, 1997, p. 89; R.M. MOURA RAMOS, *A reforma do Direito Processual Civil Internacional,* Coimbra, Coimbra Editora, 1998, p. 31.

[62] Cf., neste sentido, R.M. MOURA RAMOS, *op. cit. supra,* nota 6, pp. 778-779.

[63] Cf. M. TEIXEIRA DE SOUSA-D. MOURA VICENTE, *op. cit. supra,* nota 52, pp. 139 ss.; cf. também H. GAUDEMET-TALLON, *op. cit. supra,* nota 57, pp. 211 ss.; cf. ainda A. FERRER CORREIA (com a colaboração de L. Barreto Xavier), *op. cit. supra,* nota 11, pp. 495-499.

[64] Cf. A. MARQUES DOS SANTOS, "Revisão e confirmação de sentenças estrangeiras no novo Código de Processo Civil de 1997 (alterações ao regime anterior)", *in* A. MAR-

Alguns Princípios de Direito Internacional Privado 35

de aplicação dessas Convenções, ou ainda — na medida em que possa haver decisões arbitrais nesta matéria — a Convenção sobre o Reconhecimento e a Execução de Sentenças Arbitrais Estrangeiras, celebrada em Nova Iorque aos 10 de Junho de 1958[65].

Resta agora tratar, com muito maior brevidade e presteza, a II Parte deste trabalho, consagrada a alguns problemas do âmbito do Direito Internacional Público do Trabalho.

II — DIREITO INTERNACIONAL PÚBLICO DO TRABALHO

Na medida em que o Mestre J.A. Azeredo Lopes tratou, no âmbito do **Módulo IV — Direito Internacional do Trabalho —**, do II Curso de Pós-Graduação em Direito do Trabalho, das organizações internacionais e do seu papel no desenvolvimento do Direito do Trabalho, resta-nos, nesta rubrica, versar algumas questões relativas aos princípios gerais de Direito Internacional Público no âmbito laboral, ou seja, atinentes **1)** aos instrumentos de carácter universal e **2)** aos instrumentos de carácter regional, que focam estas matérias.

1. Instrumentos de carácter universal

Trataremos sucintamente, nesta rubrica, [**A**)] da Declaração Universal dos Direitos do Homem, de 10.12.1948, [**B**)] do Pacto Internacional sobre os Direitos Civis e Políticos, de 16.12.1966, [**C**)] do Pacto Internacional sobre os Direitos Económicos, Sociais e Culturais, de 16.12.1966, [**D**)] da Convenção Relativa ao Estatuto dos Refugiados, de 28.7.1951, e [**E**)] da Convenção Internacional sobre a Eliminação de Todas as Formas de Discriminação Racial, de 21.12.1965.

QUES DOS SANTOS *et alii, Aspectos do novo Processo Civil*, Lisboa, LEX, 1997, pp. 105--155 (=*Estudos de Direito Internacional Privado e de Direito Processual Civil Internacional*, Coimbra, Almedina, 1998, pp. 307-366); cf. também A. FERRER CORREIA (com a colaboração de L. Barreto Xavier), *ibidem*, pp. 453-483.

[65] Cf. o texto desta Convenção em A. MARQUES DOS SANTOS, *Direito Internacional Privado — Colectânea de textos legislativos de fonte interna e internacional*, 2.ª edição, Coimbra, Almedina, 2002, pp. 1375 ss.; cf., sobre este importante instrumento convencional, M.ª Cristina PIMENTA COELHO, "A Convenção de Nova Iorque de 10 de Junho de 1958 Relativa ao Reconhecimento e Execução de Sentenças Arbitrais Estrangeiras", *Revista Jurídica*, AAFDL, n.º 20, Nova Série, Novembro de 1996, pp. 37-71.

A — Declaração Universal dos Direitos do Homem

A Declaração Universal dos Direitos do Homem (DUDH), de 10.12.1948, é uma resolução da Assembleia Geral da ONU que, embora se não revista de carácter vinculante, tem um cunho proclamatório e solene que é um ponto de referência dos ordenamentos nacionais, como, *v.g.*, o português, que lhe faz expressamente referência no artigo 16.º, n.º 2, da CRP.

É nos artigos 22.º a 27.º que a DUDH refere alguns direitos de carácter económico e social[66], bastando-nos aqui citar apenas os artigos 23.º e 24.º, que têm um "significado fundamental" para o que ora nos importa, já que formulam "direitos fundamentais dos trabalhadores"[67]:

"Artigo 23.º

1 — Toda a pessoa tem direito ao trabalho, à livre escolha do trabalho, a condições equitativas e satisfatórias de trabalho e à protecção contra o desemprego.

2 — Todos têm direito, sem discriminação alguma, a salário igual por trabalho igual.

3 — Quem trabalha tem direito a uma remuneração equitativa e satisfatória, que lhe permita e à sua família uma existência conforme com a dignidade humana, e completada, se possível, por todos os outros meios de protecção social.

4 — Toda a pessoa tem o direito de fundar com outras pessoas sindicatos e de se filiar em sindicatos para a defesa dos seus interesses".

"Artigo 24.º

Toda a pessoa tem direito ao repouso e aos lazeres e, especialmente, a uma limitação razoável da duração do trabalho e a férias periódicas pagas".

---

[66] Cf. A. MARQUES DOS SANTOS, "As migrações de trabalhadores e o Direito Internacional (As organizações internacionais e a emigração)", *in Estudos de Direito Internacional Privado e de Direito Processual Civil Internacional*, Coimbra, Almedina, 1998, p. 9.

[67] Cf., neste sentido, Rolf BIRK, *op. cit. supra*, nota 21, anotações 8 e 9 do I Capítulo (*Internationales und supranationales Arbeitsrecht*), § 17 (*Arbeitsvölkerrecht*).

B — Pacto Internacional sobre os Direitos Civis e Políticos

O Pacto Internacional sobre os Direitos Civis e Políticos, aprovado pela Resolução 2200 (XX) da Assembleia Geral da ONU, de 16.12.1966, foi aberto à assinatura em Nova Iorque em 19.12.1966, entrou em vigor em 23.3.1976 (para Portugal a data de entrada em vigor foi a de 15.9.1978)[68].

No presente contexto, a disposição mais relevante é o artigo 22.º do Pacto, o único que tem algum significado em matéria de direito do trabalho[69], e que está redigido do seguinte modo:

"Artigo 22.º

1 — Toda e qualquer pessoa tem o direito de se associar livremente com outras, incluindo o direito de constituir sindicatos e de a eles aderir para a protecção dos seus interesses.

2 — O exercício deste direito só pode ser objecto de restrições previstas na lei e que são necessárias numa sociedade democrática, no interesse da segurança nacional, da segurança pública, da ordem pública e para proteger a saúde ou a moralidade públicas ou os direitos e as liberdades de outrem. O presente artigo não impede de submeter a restrições legais o exercício deste direito por parte de membros das forças armadas e da polícia.

3 — Nenhuma disposição do presente artigo permite aos Estados Partes na Convenção de 1948 da Organização Internacional do Trabalho respeitante à liberdade sindical e à protecção do direito sindical tomar medidas legislativas que atentem, ou aplicar a lei de modo a atentar, contra as garantias previstas na dita Convenção".

C — Pacto Internacional sobre os Direitos Económicos, Sociais e Culturais

O Pacto Internacional sobre os Direitos Económicos, Sociais e Culturais, aprovado pela Resolução 2200 (XX) da Assembleia Geral da ONU, de 16.12.1966, foi aberto à assinatura em Nova Iorque em 19.12.1966, entrou em vigor em 3.1.1976 (para Portugal a data de entrada em vigor foi a de 31.10.1978)[70].

---

[68] Para mais pormenores, cf. A. MARQUES DOS SANTOS, *op. cit. supra*, nota 66, pp. 11-12, nota 3.

[69] Cf., neste sentido, Rolf BIRK, *loc. cit. supra*, nota 67, anotação 11.

[70] Para mais pormenores, cf. A. MARQUES DOS SANTOS, *op. cit. supra*, nota 66, p. 14, nota 4.

São várias as disposições deste Pacto que interessam em matéria de relações laborais, designadamente os artigos 6.º (direito ao trabalho), 7.º (direito de gozar de condições de trabalho justas e favoráveis), 8.º (direitos sindicais e de greve) e 10.º, n.º 3 (protecção das crianças e adolescentes no trabalho e contra certas modalidades de trabalho)[71], que, pelo seu interesse, reproduzimos aqui:

"Artigo 6.º

1 — Os Estados Partes no presente Pacto reconhecem o direito ao trabalho, que compreende o direito que têm todas as pessoas de assegurar a possibilidade de ganhar a sua vida por meio de um trabalho livremente escolhido ou aceite, e tomarão medidas apropriadas para salvaguardar esse direito.

2 — As medidas que cada um dos Estados Partes no presente Pacto tomará com vista a assegurar o pleno exercício deste direito devem incluir programas de orientação técnica e profissional, a elaboração de políticas e de técnicas capazes de garantir um desenvolvimento económico, social e cultural constante e um pleno emprego produtivo em condições que garantam o gozo das liberdades políticas e económicas fundamentais de cada indivíduo".

"Artigo 7.º

1 — Os Estados Partes no presente Pacto reconhecem o direito de todas as pessoas de gozar de condições de trabalho justas e favoráveis, que assegurem em especial:

    a) Uma remuneração que proporcione, no mínimo, a todos os trabalhadores:

        i) Um salário equitativo e uma remuneração igual para um trabalho de valor igual, sem nenhuma distinção, devendo, em particular, às mulheres ser garantidas condições de trabalho não inferiores àquelas de que beneficiam os homens, com remuneração igual para trabalho igual;

        ii) Uma existência decente para eles próprios e para as suas famílias, em conformidade com as disposições do presente Pacto;

    b) Condições de trabalho seguras e higiénicas;

    c) Iguais oportunidades para todos de promoção no seu trabalho à categoria superior apropriada, sujeito a nenhuma outra consideração além da antiguidade de serviço e da aptidão individual;

---

[71] Cf., a este respeito, Rolf BIRK, *loc. cit. supra*, nota 67, anotações 17 a 21.

Alguns Princípios de Direito Internacional Privado 39

d) Repouso, lazer e limitação razoável das horas de trabalho e férias periódicas pagas, bem como remuneração nos dias de feriados públicos".

"Artigo 8.º

1 — Os Estados Partes no presente Pacto comprometem-se a assegurar:

a) O direito de todas as pessoas de formarem sindicatos e de se filiarem no sindicato da sua escolha, sujeito somente ao regulamento da organização interessada, com vista a favorecer e proteger os seus interesses económicos e sociais. O exercício deste direito não pode ser objecto de restrições, a não ser daquelas previstas na lei e que sejam necessárias numa sociedade democrática, no interesse da segurança nacional ou da ordem pública, ou para proteger os direitos e as liberdades de outrem;

b) O direito dos sindicatos de formar federações ou confederações nacionais e o direito destas de formarem ou de se filiarem às organizações sindicais internacionais;

c) O direito dos sindicatos de exercer livremente a sua actividade, sem outras limitações além das previstas na lei, e que sejam necessárias numa sociedade democrática, no interesse da segurança social ou da ordem pública ou para proteger os direitos e as liberdades de outrem;

d) O direito de greve, sempre que exercido em conformidade com as leis de cada país.

2 — O presente artigo não impede que o exercício desses direitos seja submetido a restrições legais pelos membros das forças armadas, da polícia ou pelas autoridades da administração pública.

3 — Nenhuma disposição do presente artigo autoriza aos Estados Partes na convenção de 1948 da Organização Internacional do Trabalho, relativa à liberdade sindical e à protecção do direito sindical, a adoptar medidas legislativas, que prejudiquem — ou a aplicar a lei de modo a prejudicar — as garantias previstas na dita Convenção".

"Artigo 10.º

...

3 — Medidas especiais de protecção e de assistência devem ser tomadas em benefício de todas as crianças e adolescentes, sem discriminação alguma derivada de razões de paternidade ou outras. Crianças e adolescentes devem ser protegidos contra a exploração económica e social. O seu emprego em trabalhos de natureza a comprometer a sua moralidade ou a sua saúde, capazes de pôr em perigo a sua vida, ou de prejudicar o seu desenvolvimento normal deve ser sujeito à sanção da lei. Os Estados devem

também fixar os limites de idade abaixo dos quais o emprego de mão-de-
-obra infantil será interdito e sujeito às sanções da lei".

D — Convenção Relativa ao Estatuto dos Refugiados

A Convenção Relativa ao Estatuto dos Refugiados, concluída em
Genebra em 28.7.1951, no âmbito da ONU, entrou em vigor em 22.4.1954
(para Portugal a data de entrada em vigor foi a de 22.3.1961).

O Capítulo III, relativo aos empregos lucrativos, contém três artigos
— 17.º (profissões assalariadas), 18.º (profissões não assalariadas) e 19.º
(profissões liberais), dos quais se transcreve aqui apenas o primeiro dentre
eles[72].

"Artigo 17.º
Profissões assalariadas

1 — Os Estados Contratantes concederão a todos os refugiados que
residam regularmente nos seus territórios o tratamento mais favorável concedido, nas mesmas circunstâncias, aos nacionais de um país estrangeiro no
que diz respeito ao exercício de uma actividade profissional assalariada.
2 — Em todo o caso, as medidas restritivas aplicadas aos estrangeiros
ou ao emprego de estrangeiros para protecção do mercado nacional do trabalho não serão aplicáveis aos refugiados que já estavam dispensados delas
à data da entrada desta Convenção em vigor pelo Estado Contratante interessado ou que preencham uma das condições seguintes:
a) Ter três anos de residência no país;
b) Ter por cônjuge uma pessoa com a nacionalidade do país de
residência. Nenhum refugiado poderá invocar o benefício desta
disposição abandonando o cônjuge;
c) Ter um ou mais filhos com a nacionalidade do país de residência.
3 — Os Estados Contratantes estudarão com benevolência a aprovação de medidas destinadas a assimilar os direitos de todos os refugiados
no que diz respeito ao exercício das profissões assalariadas aos dos seus
nacionais, isto em especial no que se refere aos refugiados que entraram nos
seus territórios em aplicação de um programa de recrutamento de mão-de-
-obra ou de um plano de imigração".

---

[72] O texto integral da Convenção está publicado em P. ROMANO MARTINEZ-J.A.
AZEREDO LOPES, *Textos de Direito Internacional Público*, 6.ª edição, Coimbra, Almedina,
2000, pp. 239-255.

E — Convenção Internacional sobre a Eliminação de Todas as Formas de Discriminação Racial

A Convenção Internacional sobre a Eliminação de Todas as Formas de Discriminação Racial, adoptada pela Assembleia Geral da ONU em 21.11.1965, foi aberta à assinatura em Nova Iorque em 7.3.1966, tendo sido aprovada para adesão por Portugal pela Lei n.º 7/82, de 29 de Abril[73].

É sobretudo na alínea e) do artigo 5.º que esta Convenção contém normas que nos interessam para o presente propósito: o artigo 5.º determina que "... os Estados Partes [se] obrigam ... a proibir e a eliminar a discriminação racial, sob todas as suas formas, e a garantir o direito de cada um à igualdade perante a lei sem distinção de raça, de cor ou de origem nacional ou étnica, nomeadamente no gozo dos seguintes direitos:

"*e*) Direitos económicos, sociais e culturais, nomeadamente:
   i) Direitos ao trabalho, à livre escolha do trabalho, a condições equitativas e satisfatórias de trabalho, à protecção contra o desemprego, a salário igual para trabalho igual e a uma remuneração equitativa e satisfatória;
   ii) Direito de fundar sindicatos e de se filiar em sindicatos;
   iii) Direito ao alojamento;
   iv) Direito à saúde, aos cuidados médicos, à segurança social e aos serviços sociais;
   v) Direito à educação e à formação profissional;
   vi) Direito de tomar parte, em condições de igualdade, nas actividades culturais"[74].

Depois de passados sumariamente em revista um certo número de instrumentos de carácter universal, cabe agora analisar, muito sucintamente, alguns instrumentos de carácter regional.

2. Instrumentos de carácter regional

Brevitatis causa, far-se-á tão-só uma curta menção [**A**)] à Convenção Europeia dos Direitos do Homem, concluída em Roma em 4.11.1950, e [**B**)] à Convenção Europeia de Segurança Social e seu Acordo Complementar, abertos à assinatura em Paris em 4.12.1972.

---

[73] Para mais pormenores, cf. A. MARQUES DOS SANTOS, *op. cit. supra*, nota 66, p. 16, nota 5.

[74] Cf. A. MARQUES DOS SANTOS, *ibidem*, p. 18.

A — Convenção Europeia dos Direitos do Homem

A Convenção Europeia dos Direitos do Homem entrou em vigor em 3.9.1953, tendo sido ratificada por Portugal em 9.11.1978. Para o que ora nos ocupa, basta apenas mencionar os artigos 11.º e 14.º da Convenção, que, aliás, só indirectamente dizem respeito aos direitos fundamentais dos trabalhadores[75]:

"Artigo 11.º
Liberdade de reunião e de associação

1. Qualquer pessoa tem direito à liberdade de reunião pacífica e à liberdade de associação, incluindo o direito de, com outrem, fundar e filiar--se em sindicatos para a defesa dos seus interesses.
2. O exercício deste direito só pode ser objecto de restrições que, sendo previstas na lei, constituírem disposições necessárias, numa sociedade democrática, para a segurança nacional, a segurança pública, a defesa da ordem e a prevenção do crime, a protecção da saúde ou da moral, ou a protecção dos direitos e das liberdades de terceiros. O presente artigo não proíbe que sejam impostas restrições legítimas ao exercício destes direitos aos membros das forças armadas, da polícia ou da Administração do Estado".

"Artigo 14.º
Proibição de discriminação

O gozo dos direitos e liberdades reconhecidos na presente Convenção deve ser assegurado sem quaisquer distinções, tais como as fundadas no sexo, raça, cor, língua, religião, opiniões políticas ou outras, a origem nacional ou social, a pertença a uma minoria nacional, a riqueza, o nascimento ou qualquer outra situação".

B — Convenção Europeia de Segurança Social
e seu Acordo Complementar

Abertos à assinatura em Paris em 4.12.1972, a Convenção Europeia de Segurança Social e o seu Acordo Complementar foram ratificados por Portugal, tendo o depósito do instrumento de ratificação ocorrido em 18.3.1983[76].

---

[75] Cf., neste sentido, Rolf BIRK, *loc. cit. supra*, nota 67, anotações 88-91.

[76] Para mais pormenores, cf. A. MARQUES DOS SANTOS, *op. cit. supra*, nota 66, p. 37, nota 15.

Alguns Princípios de Direito Internacional Privado 43

Visando proceder a uma coordenação multilateral das legislações de segurança social dos Estados Partes, no âmbito do Conselho da Europa, basta aqui fazer uma breve referência apenas ao n.º 1 do artigo 4.º, que define quem pode beneficiar da Convenção:

"Artigo 4.º

1 — Podem beneficiar das disposições da presente Convenção:
a) As pessoas que estão ou estiveram abrangidas pela legislação de uma ou de várias Partes Contratantes e que são nacionais de uma Parte Contratante, ou refugiados ou apátridas, residentes no território de uma Parte Contratante, assim como os seus familiares ou os seus sobreviventes;
b) Os sobreviventes das pessoas que estiverem abrangidas pela legislação de uma ou várias Partes Contratantes, sem ter em conta a sua nacionalidade, desde que estes sobreviventes sejam cidadãos de uma Parte Contratante, ou refugiados ou apátridas que residam no território de uma Parte Contratante;
c) Sem prejuízo das disposições do parágrafo 4 do artigo 2.º, os funcionários públicos e o pessoal que, de acordo com a legislação da Parte Contratante em causa, lhes é equiparado, na medida em que estejam abrangidos pela legislação desta Parte, à qual a Convenção é aplicável.
..."[77].

Assim sucintamente tratada esta II Parte do presente trabalho, dedicada ao Direito Internacional Público do Trabalho, cumpre agora tirar algumas conclusões finais.

CONCLUSÕES

Um dos aspectos fundamentais da mundialização — ou globalização — a que assistimos nos nossos dias é o que diz respeito às migrações internacionais de trabalhadores, que, em virtude das desigualdades abissais de desenvolvimento económico de país para país ou mesmo de continente para continente, se intensificam de dia para dia, muitas vezes à margem do direito ou mesmo contra o direito, sendo os trabalhadores frequentemente vítimas de tráficos vários, mas sempre muito gravosos para

---

[77] Com mais pormenores, cf. A. MARQUES DOS SANTOS, *ibidem*, pp. 37-40.

aqueles que são forçados a deixar a sua terra em busca do trabalho que lhes é negado na pátria.

No presente estudo foram focados alguns tópicos do Direito Internacional Privado do Trabalho, que os alemães designam, por vezes, por *Arbeitskollisionsrecht* ou, num sentido mais lato, *Internationales Arbeitsrecht*, à luz das soluções aplicáveis — e aplicadas na prática — em Portugal, e, com menor desenvolvimento, foram versados alguns aspectos do Direito Internacional Público do Trabalho (designado, na Alemanha, como *Arbeitsvölkerrecht*).

Muito mais haveria obviamente a dizer sobre estas questões, mas a intenção principal foi a de dar aos participantes do II Curso de Pós-Graduação em Direito do Trabalho, organizado pelo Instituto de Direito do Trabalho da Faculdade de Direito de Lisboa, algumas indicações úteis sobre estas importantes matérias.Que esta intenção se tenha concretizado em resultados práticos, eis o que ousamos esperar.

Novembro de 2001

REFERÊNCIAS

ABRANTES, José João — *Contrat de travail et droits fondamentaux*, Francoforte do Meno/Berlim/Berna/Bruxelas/Nova Iorque/Oxford/Viena, Peter Lang, 2000.

AUDIT, B. — *Droit International Privé*, 3.ª edição, Paris, Economica, 2000.

BALLARINO, T. — (com a colaboração de A. Bonomi), *Diritto Internazionale Privato*, 3.ª edição, Pádua, Cedam, 1999.

BAPTISTA MACHADO, J. — *Lições de Direito Internacional Privado*, 2.ª edição, Coimbra, Almedina, 1982.

BIRK, Rolf — *Internationales und Europäisches Arbeitsrecht*, in R. RICHARDI-O. WLOTZKE, *Münchener Handbuch zum Arbeitsrecht*, vol. I, 2.ª edição, Munique, Verlag C.H. Beck, 2000, §§ 17-23, pp. 190-468.

BRITO, M.ª Helena — *A representação nos contratos internacionais — Um contributo para o estudo do princípio da coerência em direito internacional privado*, Coimbra, Almedina, 1999.

CALVO CARAVACA, A.L.-CARRASCOSA GONZÁLEZ, J.-BLANCO MORALES LIMONES, P.-IRIARTE ÁNGEL, J.L.-ESLAVA RODRÍGUEZ, M.-SÁNCHEZ JIMÉNEZ, M.Á. — *Derecho Internacional Privado*, vol. II, 2.ª edição, Granada, Editorial Comares, 2000.

CUNHAL SENDIM, J.S. — "Notas sobre o princípio da conexão mais estreita no Direito Internacional Privado Matrimonial Português", *Direito e Justiça*, vol. VII, 1993, pp. 311-375.

FERNÁNDEZ ROZAS, J.C.-SÁNCHEZ LORENZO, S. — *Derecho Internacional Privado*, 1.ª edição, Madrid, Civitas, 1999 (reimpressão, 2000).

FERRER CORREIA A. (com a colaboração de L. Barreto Xavier) — *Lições de Direito Internacional Privado*, I, Coimbra, Almedina, 2000.

GAMILLSCHEG, F. — *Rules of Public Order in Private International Labour Law*, *RCADI*, tomo 181, 1983-III, pp. 287-347.

GAMILLSCHEG, F. — "A autonomia da vontade no direito internacional privado do trabalho", *RDES*, 1987, n.º 2, pp. 145-161.

GAUDEMET-TALLON, H. — *Les Conventions de Bruxelles et de Lugano — Compétence internationale, reconnaissance et exécution des jugements en Europe*, Paris, LGDJ, 1993.

KEGEL, G.-SCHURIG, K. — *Internationales Privatrecht*, 8.ª edição, Munique, Verlag C.H. Beck, 2000.

LAGARDE, P. — "Le contrat de travail dans les conventions européennes de droit international privé", *in Droit International et Droit Communautaire — Actes du Colloque — Paris, 5 et 6 avril 1990*, Paris, Fondation Calouste Gulbenkian/Centre Culturel Portugais, 1991, pp. 67-76.

LIMA PINHEIRO, L. — *Direito Internacional Privado — Parte Especial (Direito de Conflitos)*, Coimbra, Almedina, 1999.

LIMA PINHEIRO, L. — *Direito Internacional Privado*, Volume I — *Introdução e Direito de Conflitos — Parte Geral*, Coimbra, Almedina, 2001.

MALINTOPPI, A. — *Les rapports de travail en droit international privé*, *RCADI*, tomo 205, 1987-V, pp. 331-394.

MARQUES DOS SANTOS, A. — "Les règles d'application immédiate dans le droit international privé portugais", *in Droit International et Droit Communautaire — Actes du Colloque — Paris, 5 et 6 avril 1990*, Paris, Fondation Calouste Gulbenkian/Centre Culturel Portugais, 1991, pp. 187-211 (=*Estudos de Direito Internacional Privado e de Direito Processual Civil Internacional*, Coimbra, Almedina, 1998, pp. 129-157).

MARQUES DOS SANTOS, A. — *As normas de aplicação imediata no Direito Internacional Privado — Esboço de uma teoria geral*, vol. II, Coimbra, Almedina, 1991.

MARQUES DOS SANTOS, A. — "Revisão e confirmação de sentenças estrangeiras no novo Código de Processo Civil de 1997 (alterações ao regime anterior)", *in A. MARQUES DOS SANTOS et alii, Aspectos do novo Processo Civil*, Lisboa, LEX, 1997, pp. 105-155 (=*Estudos de Direito Internacional Privado e de Direito Processual Civil Internacional*, Coimbra, Almedina, 1998, pp. 307-366).

MARQUES DOS SANTOS, A. — "Algumas reflexões sobre a nacionalidade das sociedades em Direito Internacional Privado e em Direito Internacional Público", *in Estudos de Direito da Nacionalidade*, Coimbra, Almedina, 1998, pp. 7-209.

MARQUES DOS SANTOS, A. — "As migrações de trabalhadores e o Direito Internacional (As organizações internacionais e a emigração)", *in Estudos de Direito Internacional Privado e de Direito Processual Civil Internacional*, Coimbra, Almedina, 1998, pp. 7-49.

MARQUES DOS SANTOS, A. — *Estudos de Direito da Nacionalidade*, Coimbra, Almedina, 1998.

MARQUES DOS SANTOS, A. — *Estudos de Direito Internacional Privado e de Direito Processual Civil Internacional*, Coimbra, Almedina, 1998.

MARQUES DOS SANTOS, A. — *Direito Internacional Privado — Colectânea de textos legislativos de fonte interna e internacional*, 2.ª edição, Coimbra, Almedina, 2002.

MARQUES DOS SANTOS, A. — *Direito Internacional Privado — Introdução*, I Volume, Lisboa, AAFDL, 2001.

MARQUES DOS SANTOS, A. *et alii* — *Aspectos do novo Processo Civil*, Lisboa, LEX, 1997.

MENEZES CORDEIRO, A. — *Direito do Trabalho*, vol. I, Lisboa, AAFDL, 1986/1987.

MENEZES CORDEIRO, A. — *Manual de Direito do Trabalho*, Coimbra, Almedina, 1991.

MOURA RAMOS, R.M. — "La protection de la partie contractuelle la plus faible en droit international privé portugais", *in Droit International et Droit Communautaire — Actes du Colloque — Paris, 5 et 6 avril 1990*, Paris, Fondation Calouste Gulbenkian/Centre Culturel Portugais, 1991, pp. 97-133 (=*Das relações privadas internacionais — Estudos de Direito Internacional Privado*, Coimbra, Coimbra Editora, 1995, pp. 197-241).

MOURA RAMOS, R.M. — *Da lei aplicável ao contrato de trabalho internacional*, Coimbra, Almedina, 1991.

MOURA RAMOS, R.M. — "Les clauses d'exception en matière de conflits de lois et de conflits de juridictions — Portugal", *in Das relações privadas internacionais — Estudos de Direito Internacional Privado*, Coimbra, Coimbra Editora, 1995, pp. 295-323.

MOURA RAMOS, R.M. — *Das relações privadas internacionais — Estudos de Direito Internacional Privado*, Coimbra, Coimbra Editora, 1995.

MOURA RAMOS, R.M. — *A reforma do Direito Processual Civil Internacional*, Coimbra, Coimbra Editora, 1998.

MOURA VICENTE, D. — "A competência internacional no Código de Processo Civil revisto", *in* A. MARQUES DOS SANTOS *et alii*, *Aspectos do novo Processo Civil*, Lisboa, LEX, 1997, pp. 71-92.

MOURA VICENTE, D. — *Da responsabilidade pré-contratual em Direito Internacional Privado*, Coimbra, Almedina, 2001.

PIMENTA COELHO, M.ª Cristina — "A Convenção de Nova Iorque de 10 de Junho de 1958 Relativa ao Reconhecimento e Execução de Sentenças Arbitrais Estrangeiras", *Revista Jurídica*, AAFDL, n.º 20, Nova Série, Novembro de 1996, pp. 37-71.

REIS, João — "Lei aplicável ao contrato de trabalho segundo a Convenção de Roma", *QL*, Ano II, 1995, n.º 4, pp. 35-49.

REIS, João — "Contrato de trabalho plurilocalizado e ordem pública internacional", *QL*, Ano III, 1996, n.º 8, pp. 159-186.

ROMANO MARTINEZ, P. — *Direito do Trabalho*, I volume, *Parte Geral*, 3.ª edição, Lisboa, Pedro Ferreira — Editor, 1998; II volume — 2.º tomo, *Contrato de Trabalho*, 3.ª edição, *idem*, 1999.

ROMANO MARTINEZ, P.-AZEREDO LOPES, J.A. — *Textos de Direito Internacional Público*, 6.ª edição, Coimbra, Almedina, 2000.

SIEHR, K. — *Internationales Privatrecht — Deutsches und europäisches Kollisionsrecht für Studium und Praxis*, Heidelberga, C.F. Müller, 2001.

TEIXEIRA DE SOUSA, M.-MOURA VICENTE, D. — *Comentário à Convenção de Bruxelas*, Lisboa, LEX, 1994.

ZABALO ESCUDERO, M.ª Elena — *El contrato de trabajo en el Derecho Internacional Privado Español*, Barcelona, Bosch, 1983.

PRINCIPAIS SIGLAS E ABREVIATURAS UTILIZADAS

AAFDL	Associação Académica da Faculdade de Direito de Lisboa
AD	*Acórdãos Doutrinais do Supremo Tribunal Administrativo*
BMJ	*Boletim do Ministério da Justiça*
CC	Código Civil
CJ	*Colectânea de Jurisprudência*
CJ-Acórdãos do STJ	*Colectânea de Jurisprudência-Acórdãos do Supremo Tribunal de Justiça*
CRP	Constituição da República Portuguesa
D.I.P.	Direito Internacional Privado
DL	Decreto-Lei
DR	*Diário da República*
DUDH	Declaração Universal dos Direitos do Homem
JOCE	*Jornal oficial das Comunidades Europeias*
LGDJ	Librairie génerále de droit et de jurisprudence
loc. cit.	lugar citado
ONU	Organização das Nações Unidas
op. cit.	obra citada
QL	*Questões Laborais*
RCADI	*Recueil des Cours de l'Académie de Droit International*
RDES	*Revista de Direito e Estudos Sociais*
STJ	Supremo Tribunal de Justiça
v.g.	*verbi gratia*

A *POLIVALÊNCIA FUNCIONAL*
NA REGULAMENTAÇÃO COLECTIVA DO TRABALHO
1996 a 2000

LUÍS MIGUEL MONTEIRO
Assistente da Faculdade de Direito de Lisboa

SUMÁRIO: §1. Razão de ordem. §2. O trabalhador polivalente. §3. "Princípio da polivalência" e objecto contratual. §4. Ajustamento da polivalência funcional ao sector de actividade ou à empresa. §5. Aplicação do regime legal por convenção colectiva. §6. O acordo de polivalência. §7. Outros contributos. §8. Conclusão. §9. Abreviaturas utilizadas.

§1. Uma das questões jurídicas mais interessantes suscitadas pela Lei 21/96, de 23 de Julho, e pelas alterações que introduziu ao preceituado no artigo 22º do Regime Jurídico do Contrato Individual de Trabalho, aprovado pelo Decreto-Lei 49408, de 24 de Novembro de 1969 (LCT), respeita à articulação das soluções legais com a disciplina criada pela regulamentação colectiva.

Como se sabe, os *instrumentos de regulamentação colectiva de trabalho* [DL 519-C1/79, de 29 de Dezembro (LRCT), art. 1º[1]] são indispen-

---

[1] Os instrumentos de regulamentação colectiva podem ter natureza negocial, se celebrados entre entidades representativas dos trabalhadores (sindicatos) e empregadores, estes actuando individualmente ou através de associações representativas (associações patronais) [LRCT, art. 2º/1]. Assumirão neste caso as formas de convenção colectiva, se se tratar da criação de um novo regime de regulamentação, ou de acordo de adesão, se consistirem na vinculação de novos sujeitos colectivos a um instrumento pré-existente (*idem*, art. 28º). A convenção colectiva conhece, por sua vez, três modalidades: contrato colectivo de trabalho, quando celebrado por uma associação patronal; acordo colectivo de trabalho, quando celebrado por várias entidades patronais, para diversas empresas; acordo de empresa, quando firmado por uma entidade patronal para uma só empresa (*idem*, art. 2º/3). Também a decisão arbitral é um instrumento de regulamentação colectiva de trabalho,

50   *Estudos do Instituto de Direito do Trabalho*

sáveis à completa disciplina das relações emergentes do contrato de trabalho, por fornecerem quadro normativo integrador do regime legal, suprindo lacunas, interpretando normas gerais e impedindo que importantes domínios da relação laboral sejam objecto de decisão unilateral do empregador.

No domínio específico da polivalência funcional — o poder do empregador exigir do trabalhador o desempenho de outras actividades, afins ou funcionalmente ligadas às que correspondem à função normal deste, ainda que não compreendidas na categoria de que é titular, desde que para isso haja capacidade e qualificação (LCT, art. 22º/2) — a recepção do regime colectivo coloca, à partida, o problema da possibilidade legal.

Ao contrário do que acontece com o chamado *ius variandi*[2], o texto legal que criou a polivalência não contém referência expressa à admissibilidade de diversa estipulação contratual. Esta omissão tem conduzido a interpretações doutrinárias divergentes, entre a supletividade e a imperatividade absoluta da disciplina legal[3].

---

ainda com natureza voluntária ou negocial, com a especificidade de consistir no recurso a árbitros, designados pelas partes para solucionaram questões relativas à celebração ou revisão de uma convenção colectiva (LRCT, arts. 2º/1 e 34º). Os instrumentos de regulamentação colectiva de trabalho podem também assumir a natureza de acto administrativo, emergente de órgão da administração central do Estado. Estar-se-á, então, perante portaria de regulamentação de trabalho, regulando *ex novo* a relação laboral, ou portaria de extensão, alargando o âmbito de aplicação de convenção colectiva pré-existente (*idem*, art. 2º/2).

[2] Poder do empregador encarregar o trabalhador da prestação temporária de serviços não compreendidos no objecto do contrato, desde que tal mudança não implique diminuição na retribuição, nem modificação substancial da posição do trabalhador (LCT, art. 22º/7).

[3] Bernardo Lobo Xavier (*A mobilidade funcional e a nova redacção do art. 22.º da LCT*, Revista de Direito e de Estudos Sociais, 1997, n.os 1-2-3, p. 127) defende expressamente a supletividade do regime. Jorge Leite (*Flexibilidade funcional*, Questões Laborais, n.os 9 — 10, ano IV, 1997, pp. 19 e 20) e Pedro Romano Martinez (*Direito do Trabalho*, II, 1º tomo, Lisboa, 1999, pp. 395 e 403) parecem defender a imperatividade mínima, pela aproximação que fazem ao regime do *ius variandi*, o que tornaria lícitas as estipulações contratuais mais favoráveis ao trabalhador. Amadeu Dias (*Redução do Tempo de Trabalho, Adaptabilidade do Horário e Polivalência Funcional*, Coimbra, 1997, pp. 149 e 150) e Catarina Carvalho (*O exercício do Ius Variandi no âmbito das relações individuais de trabalho e a polivalência funcional*, Juris et de Jure, Porto, 1998, p. 1040) estão próximos da ideia de imperatividade absoluta, pois admitem a intervenção regulativa da contratação colectiva, mas limitada às "contrapartidas devidas aos trabalhadores em resultado do desempenho de funções em regime de polivalência" e ao ajustamento "das condições de exercício da polivalência às especificidades de cada sector económico ou empresa" (Amadeu Dias, *idem*, p. 150).

A Polivalência Funcional *na Regulamentação Colectiva do Trab.*   51

São conhecidos os dados legais da questão, concretamente, a revogação e substituição das disposições convencionais colectivas anteriores à entrada em vigor da Lei 21/96 (cfr. o seu artigo 7º), a intervenção da regulamentação colectiva limitada ao "ajustamento" do regime legal da polivalência (LCT, art. 22º/6) e a subordinação de qualquer nova disciplina convencional da matéria à adopção de soluções mais favoráveis aos trabalhadores e às empresas (Lei 21/96, art. 7º).

O propósito do presente estudo é o de detectar, na regulamentação colectiva publicada após a entrada em vigor da Lei 21/96, as referências à figura, designação ou regime da polivalência funcional, de modo a conhecer as inovações ou modificações assim introduzidas ao regime legal. Crê-se que o conhecimento da amplitude destas fornecerá ponto de apoio privilegiado para reflexão sobre a natureza do regime legal[4].

Foi consultada, em versão digital[5], a regulamentação colectiva oficialmente publicada entre Julho de 1996 e Dezembro de 2000. Adoptou--se como metodologia a procura através de palavras-chave, combinada com a análise específica da matéria do objecto do contrato de trabalho. Embora se tenha procedido à consulta integral dos textos publicados, não é possível garantir a exaustividade da busca.

§2. Como já muitos fizeram notar[6], a primeira questão suscitada pela análise da polivalência funcional não é exactamente de natureza jurídica, mas semântica. A expressão encerra uma pluralidade de significados e o seu aproveitamento como conceito jurídico-legal nem sequer assenta no que poderia considerar-se a sua acepção típica ou natural.

Na verdade, o que no artigo 22º/2 a 6 da LCT se designa por polivalência é o poder do empregador exigir do trabalhador determinada prestação e não a qualidade ou as características do trabalhador capaz de uma pluralidade de tarefas ou desempenhos e a quem se reconhecem múltiplas habilitações e conhecimentos.

---

[4] Análise semelhante fora já empreendida por António Nunes de Carvalho, em intervenção com o tema *Mobilidade Funcional*, proferida no IVº Congresso Nacional de Direito do Trabalho, em Lisboa, em 8 de Fevereiro de 2001. Também no estudo *Polivalência funcional — requisitos de concretização*, in AA, Estudos do Instituto de Direito do Trabalho, vol. I, Coimbra, 2001, pp. 302, 306 e 307, havíamos já procedido ao levantamento da regulamentação colectiva sobre a matéria, embora num âmbito temporal mais circunscrito.

[5] *Cd-Roms* editados pelo Departamento de Estudos, Prospectiva e Planeamento do Ministério do Trabalho e da Solidariedade.

[6] Cfr., do autor, *Polivalência funcional – requisitos* cit., pp. 295 e 296 e nota 2.

A contratação colectiva constitui retrato fiel da polissemia que caracteriza o conceito em apreço, pois utiliza-o a propósito de situações claramente distintas, com propósitos e finalidades bem diversas.

Na pesquisa das referências feitas à polivalência nesta fonte de Direito do Trabalho importa isolar, desde logo, uma dimensão subjectiva, na qual a polivalência surge como critério qualificativo de trabalhadores a quem são reconhecidas qualidades performativas individualizadoras e distintivas de outros de idêntica categoria, profissão ou nível de qualificação. Trabalhador polivalente é o capaz de exercer com regularidade tarefas de diversas profissões do mesmo nível de qualificação[7] ou funcional[8], razão por que merece o título de *oficial principal* da respectiva profissão, seja ela a de electricista[9], de construtor civil[10] ou de técnico de manutenção industrial[11].

A eficácia classificativa da polivalência não se esgota, porém, no estabelecimento de diferenças entre trabalhadores, visando a sua integração em níveis qualificativos, escalões ou categorias profissionais. De modo cada vez mais frequente, a polivalência e a ideia de multifuncionalidade que lhe está associada surgem como critérios decisivos na avaliação do mérito dos trabalhadores[12]. A "capacidade de polivalência", a aptidão para prestar para além do conteúdo funcional da categoria, constituem factores de qualificação do trabalhador[13], de expansão do respectivo estatuto remuneratório e de promoção da sua profissionalidade[14].

---

[7] É a definição constante dos Contratos Colectivos de Trabalho celebrados entre a FENAME, por um lado, e a FETESE (BTE n.º 28, de 29.07.96, cl.ª 40ª), o SITESC (BTE n.º 29, de 08.08.96, cl.ª 38ª) e o SIMA (*idem*, cl.ª 54ª), por outro, retomada nos seus exactos termos no CCT entre a AIMMAP e o SIMA (BTE n.º 29, de 08.08.98, cl.ª 54ª).

[8] CCT entre a APROSE e o SISEP, anexo III (BTE n.º 13, de 08.04.99).

[9] CCT entre a UIPSS e a FNE, anexo III (BTE n.º 4, de 20.01.99).

[10] CCTs entre a AECOPS e a FETESE e a AECOPS e a FNSCMMMC, anexos II (BTE n.º 15, de 22.04.99).

[11] CCTs entre a ACAP e a FETESE e a ACAP e o SITESC, anexos III (BTE n.º 4, de 29.01.99).

[12] A aptidão dos trabalhadores para o exercício da polivalência — entendida esta como forma natural de flexibilizar a prestação do trabalho no seio da empresa, através do alargamento do âmbito das funções tipificadas nas categorias profissionais — será um factor importante no processo de avaliação do mérito individual (AE entre a SIDERURGIA NACIONAL e o SIMA, Protocolo Maia, cl.ª 4ª; BTE n.º 1, de 08.01.97). A mesma ideia está presente no AE entre o METROPOLITANO DE LISBOA e a FESTRU (BTE n.º 48, de 29.12.96), como critério de avaliação de "não chefias" (anexo B ao anexo IV).

[13] CCT entre a AECOPS e a FEPCES, anexo III (BTE n.º 2, de 15.01.98): "o trabalhador do 1º escalão que, pelos seus conhecimentos técnicos, aptidão, experiência profissional e ou situações de *polivalência* no trabalho, desempenha, predominantemente,

A Polivalência Funcional *na Regulamentação Colectiva do Trab.* 53

Na linha deste aproveitamento da figura, a polivalência, a multifuncionalidade ou a mobilidade funcional são elevadas a valores a prosseguir pelas políticas de organização de recursos humanos, servindo, em última análise, os objectivos da modernização e competitividade das empresas[15]. Em síntese, através da previsão de novos modelos de utilização da mão-de-obra, pretende dotar-se as empresas de mecanismos de resposta rápida à mutação das condições, necessidades e preferências do mercado, à evolução tecnológica e ao desenvolvimento da concorrência.

§3. Na regulamentação colectiva, este plano subjectivo da polivalência, centrado sobre a pessoa do trabalhador, coexiste com perspectivas mais objectivas, ligadas prioritariamente à natureza ou qualidade das funções ou tarefas a desempenhar. Não se trata já de apurar o grau de proficiência do trabalhador, mas a extensão do que lhe é exigível.

No tratamento desta matéria pelos IRCs são frequentes as referências expressas ao chamado "princípio da polivalência". Este corresponde à qualificação das tarefas integradas no âmbito da polivalência como parte integrante do objecto do contrato, pelo que a sua prestação mais não é que o cumprimento do vínculo laboral.

O desenvolvimento deste princípio conhece depois abordagens bem diversas. Nalguns casos, o objecto do contrato abrange as actividades para as quais o trabalhador esteja qualificado e que tenham afinidade ou ligação funcional com o posto de trabalho que ocupa, ainda que não compreendidas na definição da respectiva categoria[16]. Noutros, dispensam-se os

---

funções inerentes a grau de qualificação superior às exigidas à sua profissão, será designado como «qualificado» e ser-lhe-á atribuído o grau de remuneração imediatamente superior". No mesmo sentido, o CCT entre a ACAP e a FETESE cit., anexo III.

[14] AE entre a SIDERURGIA NACIONAL e o SIMA, Protocolo Maia cit., cl.ª 8ª: "a progressão vertical na carreira profissional consiste na mudança de nível de enquadramento decorrente da requalificação do posto de trabalho ou do preenchimento definitivo de um posto de trabalho de nível superior. Esta progressão basear-se-á, cumulativamente, na capacidade de polivalência atingida, nos conhecimentos técnico-profissionais demonstrados e no mérito individual". Outras referências a este sentido da expressão constam, por exemplo, do AE entre a PARMALAT e o SINQUIFA (BTE n.º 25, 08.07.98, anexo I).

[15] Assim, expressamente, os AEs entre a CP e o SERS (BTE n.º 22, 15.06.96, §5) e a CP e o SINDEFER (BTE n.º 48, 29.12.96, anexo I). A ideia de polivalência como imperativo dos recursos humanos actuais é também referida na cláusula 1ª de todos os Protocolos Seixal dos AEs entre a SIDERURGIA NACIONAL e o SIMA, o SINDEL e a FENSIQ (BTE n.º 1, de 08.01.97).

[16] CCT entre a ANIMEE e o SIMA, cl.ª 3ª (BTE n.º 29, de 08.08.96).

requisitos da afinidade ou ligação funcional entre tarefas, substituindo-os pela ideia de idêntico âmbito profissional[17].

Curioso é verificar que partindo da mesma configuração do objecto contratual, algumas Convenções Colectivas de Trabalho dispensam a exigência legal de acessoriedade das "tarefas polivalentes"[18], enquanto outras lhe fazem directamente apelo[19].

Não obstante, a contratação colectiva também oferece exemplos de sinal contrário, que qualificam a polivalência, de modo expresso, como a prestação de serviços não compreendidos no objecto do contrato, ainda que, por vezes, se limitem a reproduzir o regime do correspondente preceito legal[20].

Ainda que sem referência ao objecto do contrato de trabalho, encontram-se múltiplos exemplos de regimes próximos dos referidos em primeiro lugar. Consagra-se a possibilidade de acumulação de funções de uma ou mais categorias profissionais com as que são próprias da categoria do trabalhador[21], sem restrições quanto capacidade deste, à afinidade ou ligação funcional entre as tarefas ou à acessoriedade da respectiva prestação. Prevê-se a acumulação de tarefas de diferentes categorias, se pertencentes ao mesmo âmbito profissional[22], à mesma área profissional — neste caso, com direito a formação adequada — ou se afins relativamente ao posto de trabalho ocupado e compatíveis com as qualificações do trabalhador[23]. Admite-se o alargamento do elenco das tarefas tipificadas nas diversas categorias, para funções conexas e enquadradas no mesmo nível profissional, cabendo ao empregador "facilitar a aquisição dos conhecimentos técnico-profissionais necessários"[24].

---

[17] CCT entre a ARESP e a FESHOT, cl.ª 78ª (BTE n.º 25, de 08.07.98).

[18] V.g., CCT entre a ANIMEE e o SIMA cit., cl.ª 3ª.

[19] CCT entre a AIMMP e a FETICEQ, cl.ª 44ª (BTE n.º 12, de 29.03.97).

[20] CCT entre a UNIHSNOR e a FESHOT, cl.ª 163ª (BTE n.º 29, de 08.08.98); CCT entre a UNIHSNOR e a FETESE, cl.ª 46ª-A (BTE n.º 31, de 22.08.98); CCT entre a AITVPP e a FETICEQ, cl.ª 32ª (BTE n.º 32, de 29.08.99); e CCT entre a ANASE e a FETESE, cl.ª 9ª (BTE n.º 42, de 15.11.99).

[21] AEs entre a ENATUR e a FESHOT, cl.ª 100ª (BTE n.º 29, de 08.08.97), a ENATUR e a FETESE, cl.ª 100ª (BTE n.º 35, de 22.09.97) e TORRALTA e a FESHOT, cl.ª 6ª (BTE n.º 28, de 29.07.99).

[22] CCT entre a ARESP e a FETESE, cl.ª 79ª (BTE n.º 27, de 22.07.99).

[23] CCT entre a AECOPS e a FETESE, anexo VI (actividades na zona de intervenção da Expo 98), D (cl.ª 20ª) [BTE n.º 12, de 29.03.97].

[24] AEs entre a SIDERURGIA NACIONAL e o SIMA, Protocolo Maia cit., cl.ª 4ª, entre a SIDERURGIA NACIONAL e a FENSIQ, cl.ª 4ª (BTE n.º 1, de 08.01.97) e entre a SIDERURGIA NACIONAL e o SINDEL (*idem, ib.*).

A Polivalência Funcional *na Regulamentação Colectiva do Trab.*   55

Em sintonia com o referido princípio da polivalência, é também referido o "princípio da plena utilização dos trabalhadores", o qual impõe mudanças de tarefas, serviços, local de trabalho ou mesmo de beneficiário da prestação[25]. Desenhado com esta amplitude, o princípio da plena utilização permite alterações significativas do objecto contratual, ainda que com respeito pela qualificação do trabalhador[26].

§4. Numa trajectória de alinhamento progressivo das propostas da regulamentação colectiva com o regime legal da polivalência, cumpre agora considerar aquelas soluções que, mais ou menos afastadas das condições legais do exercício da polivalência funcional[27], de algum modo as tomam como paradigma de regulamentação. Não se trata já de disciplinar, genericamente, a possibilidade ou os termos do exercício cumulativo de tarefas por um trabalhador, mas de introduzir adaptações, para a empresa ou sector de actividade, ao regime legal em vigor.

Na análise deste universo de regulamentação, encontram-se, porém, soluções bem distintas do regime legal no que respeita aos requisitos de aplicação do instituto em apreço. Nalguns regimes, a afinidade e a ligação funcional entre tarefas e o limite da proibição de desvalorização profissional são substituídos pela tutela genérica do "estatuto social e profissional" dos trabalhadores[28], cujo conteúdo não é concretizado, ou pela necessidade de determinar a valorização profissional do trabalhador[29], conceito que abandona a natureza programática que lhe é assinalada no regime legal[30]. Em ambos os casos, desaparece, como exigência expressa, o requisito da acessoriedade.

---

[25] CCT entre a ANESUL e o SDMT, cl.ªs 2ª e 25ª (BTE n.º 37, de 08.10.98).

[26] *Idem, ib.*

[27] O regime legal (LCT, art. 22º/2 a 6) sujeita o exercício da polivalência a condições subjectivas ou respeitantes à pessoa do trabalhador, e a condições objectivas, relativas à natureza da prestação. Entre as primeiras encontram-se a *qualificação* e a *capacidade* para o exercício das novas funções. As condições relativas à natureza da prestação podem ser positivas, se a sua verificação é necessária para o exercício lícito da actividade — a afinidade ou a ligação funcional, a acessoriedade, o carácter tendencialmente temporário, o interesse da empresa e o dever de comunicação – ou negativas, na medida em que impõem limites ou requisitos negativos ao mesmo exercício – é o caso das proibições de diminuição da retribuição e de desvalorização profissional e de ausência de estipulação em contrário (vd. o nosso *Polivalência funcional – requisitos* cit., pp. 299 a 307).

[28] CCT entre a UIPSS e a FNE, cl.ª 8ª (BTE n.º 2, de 15.01.99).

[29] AE entre a TORRALTA e a FESHOT cit., cl.ª 6ª.

Noutras disciplinas, a afinidade e a ligação funcional entre tarefas deixam mesmo de constituir condição essencial da polivalência, que assim permite vincular o trabalhador ao exercício de funções inerentes a categoria profissional diferente da sua, ainda que o conteúdo funcional desta deva manter predominância e o trabalhador não possa ser colocado em posição hierárquica e profissional inferior à de que era titular[31].

Ainda noutros casos, é a proibição de desvalorização profissional que deixa de constituir obstáculo, pelo menos expresso, ao exercício da polivalência[32].

Correspondendo, ainda mais de perto, ao convite expresso na norma do número 6 do artigo 22º da LCT, a contratação colectiva também adapta o âmbito legal da polivalência através da descrição das funções exigíveis ao trabalhador. Esta forma de aplicação do regime legal corresponde, no fundo, à concretização dos conceitos de *afinidade* e *ligação funcional*, de que a norma da LCT se serve para referenciar as tarefas polivalentes. Nalguns casos, as convenções concretizam mesmo aqueles conceitos[33]; noutros, limitam-se a elencar funções acumuláveis, numa lógica de exercício em polivalência[34]; noutros ainda, é o empregador que o deve fazer, de modo genérico e antes do recurso à polivalência[35]. O âmbito funcional da polivalência é ainda limitável por via negativa, através da indicação de tarefas vedadas a certos trabalhadores, ainda que em acumulação com as funções próprias[36].

Quanto aos efeitos, a polivalência convencional colectiva tanto supera o regime legal ao conferir direito a melhores "regalias"[37] e não ape-

---

[30] Do autor, *Polivalência funcional – requisitos* cit., p. 305.

[31] CCT entre a AIHSA e a FESHOT, cl.ª 58ª (BTE n.º 20, de 29.05.97) e ACT entre a CATERAIR e a FESHOT, cl.ª 57ª (BTE n.º 18, de 15.05.98), neste último caso com a especialidade das funções polivalentes não poderem ultrapassar os limites das categorias profissionais da mesma secção ou grupo.

[32] CCT entre a ANACPA e a FETESE, cl.ª 12ª (BTE n.º 8, de 29.02.00).

[33] CCT entre a APENC e a FETESE, cl.ª 8ª/3 (BTE n.º 30, de 15.08.97): "Entre outras, encontram-se funcionalmente ligadas às actividades de natureza técnica as de carácter administrativo complementares daquelas".

[34] CCT entre a AIHSA e a FESHOT cit., cl.ª 58ª; AEs entre a ENATUR e a FESHOT e a ENATUR e a FETESE cits., cl.ªs 100ª; AE entre a LUSOSIDER e a FETESE, cl.ª 20ª (BTE n.º 23, de 22.06.98); AE entre a SIDERURGIA NACIONAL e a FETESE, cl.ª 20ª (BTE n.º 5, de 08.02.97).

[35] ACT entre o BANCO COMERCIAL PORTUGUÊS e o SNQTB, cl.ª 29ª (BTE n.º 30, de 15.08.99).

[36] CCT entre a APENC e a FETESE cit., cl.ª 8ª.

[37] CCT entre a UIPSS e a FNE cit., cl.ª 8ª.

A Polivalência Funcional *na Regulamentação Colectiva do Trab.* 57

nas a maior retribuição (LCT, art. 22°/5), como parece ficar aquém dele, ao prever apenas o pagamento de compensação pecuniária, a ajustar casuisticamente[38] ou fixada na própria convenção[39]. Subjacente a este última solução encontra-se o entendimento segundo o qual, aferindo-se a acessoriedade das tarefas exercidas no âmbito da polivalência funcional, em primeira linha, pelo critério temporal ou quantitativo, a medida do aumento da retribuição deve ser proporcional ao tempo de serviço prestado nas novas funções[40].

No que respeita ao direito à reclassificação, outro efeito legal da polivalência, alguma regulamentação colectiva resolve, nos dois sentidos possíveis, a questão da contagem do prazo de 180 dias de exercício de funções em polivalência: nuns casos, exige-se que este exercício seja ininterrupto[41]; noutros, são aproveitados para o cômputo do prazo todos os períodos, seguidos ou interpolados, em que o mesmo desempenho funcional se verifique[42].

Próximos deste efeito, encontram-se exemplos de restrição temporal, a 120 dias, do exercício de funções em regime de polivalência[43]. Não se trata já de regular o aspecto referido no parágrafo anterior, em que o trabalhador se mantém obrigado a manter o exercício de funções polivalentes mesmo após 180 dias deste, seja porque não exerceu o direito à reclassificação, seja porque as funções acessoriamente exercidas pertencem ao conteúdo funcional de categoria inferior à de que o trabalhador é titular. Agora, ao invés, fixa-se um prazo peremptório ao exercício do poder patronal de polivalência, após o qual aquele se torna ilícito.

Não obstante, é certo que as situações descritas conhecem uma aproximação ao nível das consequências, pois para além do direito à desobediência do trabalhador [LCT, art. 20°/c), *in fine*], o exercício de funções decorrido o prazo assinalado também investe o trabalhador no direito à classificação na categoria superior que se mostre aplicável. Neste caso,

---

[38] CCT entre a AIHSA e a FESHOT e ACT entre a CATERAIR e a FESHOT cits., cl.ªs 58ª e 57ª, respectivamente.

[39] CCTs entre a FENAME e a FETESE, o SITESC e o SIMA cits., cl.ªs 40ª, 38ª e 54ª, respectivamente.

[40] Cfr. Romano Martinez, *op. cit.*, p. 403, particularmente a nota 2.

[41] CCT entre a UIPSS e a FNE cit., cl.ª 8ª.

[42] CCT entre a AECOPS e a FETESE, cl.ª 17ª (BTE n.º 15, de 22.04.99).

[43] CCT entre a AIHSA e a FESHOT e ACT entre a CATERAIR e a FESHOT cits., cl.ªs 58ª e 57ª, respectivamente. Ambas as convenções prevêm a possibilidade de extensão do prazo, por renovação por idênticos períodos, se nisso assentirem empregador e trabalhador.

porém, esse efeito verifica-se pelo facto da declaração do empregador para que se exerçam ou se prossiga no exercício de funções distintas das fixadas no contrato, fora do estrito âmbito da manifestação de poder patronal, consubstanciar proposta de modificação do contrato, a que o trabalhador dará ou não o seu assentimento.

§5. A análise empreendida também permite verificar exemplos de mera reprodução do regime legal da polivalência. Casos há em que a reprodução se faz com alterações de redacção, sem interferência no regime adoptado[44], ou acompanhada de epígrafe que caracteriza os serviços assim prestados como "não compreendidos no objecto do contrato"[45]. São, no entanto, diversos os exemplos de repetição exacta do texto legal[46].

§6. As soluções da contratação colectiva já referidas permitem verificar a diversidade de abordagens possíveis do tema da polivalência funcional. Subjacente a todas elas encontra-se, todavia, o propósito de agilizar ou flexibilizar a gestão empresarial, ora aproveitando as potencialidades de mão de obra qualificada e apta a responder a novas exigências, ora sujeitando os trabalhadores a modificações da prestação laboral, em sintonia com os interesses da produção.

É nesta concepção da polivalência funcional que se insere, por exemplo, a proibição de a ela recorrer após a emissão de pré-aviso de greve[47] , concretizando, neste domínio específico, a proibição de substituição de trabalhadores grevistas estatuída no artigo 6º da Lei da greve (Lei 65/77, de 26 de Agosto). A polivalência é encarada como modo de adaptação da empresa a necessidades decorrentes da vacatura, ainda que temporária, de postos de trabalho.

---

[44] CCTs entre a AECOPS e a FETESE, cl.ª 20ª (BTE n.º 15, de 22.04.99); entre a AECOPS e a FNSCMMMC (*idem, ib.*); entre a APICER e a FEPCES, cl.ª 7ª (BTE n.º 8, de 29.02.00); entre a APICER e o SITESE, cl.ª 7ª (BTE n.º 9, de 08.03.00); e entre a APICER e a FETESE (*idem, ib.*).

[45] CCTs entre a UNIHSNOR e a FESHOT, cl.ª 163 e entre a UNIHSNOR e a FETESE, cl.ª 46ª-A, ambos já citados; AE entre a SOPETE e o STIHTRSN, cl.ª 14ª (BTE n.º 25, de 08.07.99); CCT entre a AITVPP e a FETICEQ cit., cl.ª 32ª; e CCT entre a ANASE e a FETESE cit., cl.ª 9ª.

[46] AEs entre a SIDERURGIA NACIONAL e o SIMA, o SINDEL e a FENSIQ (BTE n.º 1, de 08.01.97, cl.ªs 9ª); CCT entre a AHETA e a FETESE, anexo VII (BTE n.º 11, de 22.03.98).

[47] CCT entre a AIHSA e a FESHOT, cl.ª 58ª e ACT entre a CATERAIR e a FESHOT, cl.ª 57ª, ambos já citados.

A contratação colectiva fornece exemplos dos quais resulta não apenas uma perspectiva oposta do significado e alcance da polivalência funcional, como a inutilização desta como instrumento de flexibilização do trabalho ao dispor do empregador. A polivalência deixa de constituir um mecanismo, accionável por simples declaração unilateral de vontade do empregador, para ultrapassar a rigidez ou a cristalização de objectos contratuais desenhados por referência às categorias normativas, ou constantes de IRCs. Torna-se sinónimo de pura alteração contratual, sujeita ao princípio basilar desta — a exigência de acordo das partes (Código Civil, art. 406º).

O acordo de polivalência constitui, no tema em análise, a mais significativa demonstração da autonomia regulamentar da contratação colectiva, enquanto fonte de Direito do Trabalho. O sentido da intervenção está muito para além do mero ajustamento do regime legal, por sector de actividade ou empresa, a que a norma do artigo 22º/6 da LCT faz referência. Num certo sentido, trata-se mesmo de contrariar a *ratio* da disciplina legal, o que não pode deixar de ter implicações significativas no juízo quanto à natureza, supletiva ou imperativa, desta.

Além do traço comum da bilateralidade, os regimes da regulamentação colectiva que submetem a polivalência ao acordo das partes convergem ainda na imposição de outras limitações, circunscrevendo o âmbito das tarefas que o trabalhador pode consentir exercer[48], mantendo a exigência da acessoriedade[49] ou, no mínimo, a da acumulação de funções[50].

O acordo de polivalência deve ser expresso[51], por vezes mesmo reduzido a escrito e com especificação das tarefas as exercer em seu cumprimento[52]. É denunciável por qualquer das partes nos primeiros

---

[48] CCTs entre a FENAME e a FETESE, o SITESC e o SIMA cits., cl.ªs 40ª, 38ª e 54ª, respectivamente; CCT entre a FENAME e a SQTD, cl.ª 39ª (BTE n.º 17, de 08.05.99); CCT entre a AIMMAP e o SIMA cit., cl.ª 54ª.

[49] CCT entre a AIHSA e a FESHOT cit., cl.ª 58ª; ACT entre a CATERAIR e a FESHOT cit., cl.ª 57ª; AEs entre a LUSOSIDER e a FETESE cit., cl.ª 20ª e entre a LUSOSIDER e a FSMMM, cl.ª 20ª (BTE n.º 7, de 22.02.98).

[50] AEs entre a ENATUR e a FESHOT e a ENATUR e a FETESE cits., cl.ªs 100ª.

[51] Cfr., por exemplo, o CCT entre a AIHSA e a FESHOT cit., cl.ª 58ª.

[52] CCTs entre a FENAME e a FETESE, o SITESC e o SIMA cits., cl.ªs 40ª, 38ª e 54ª, respectivamente; CCT entre a FENAME e a SQTD cit., cl.ª 39ª; CCT entre a AIMMAP e o SIMA cit., cl.ª 54ª; CCT entre a AIORN e o SIMA, cl.ª 31º-A (BTE n.º 28, de 29.07.99).

[53] CCTs citados na nota anterior.

[54] AEs entre a ENATUR e a FESHOT e a ENATUR e a FETESE cits., cl.ªs 100ª.

60   *Estudos do Instituto de Direito do Trabalho*

6 meses de vigência[53] ou revogável, a todo o tempo, pelo trabalhador[54]. Pode ser conjugado com alguns dos efeitos típicos da polivalência legal[55], ou dar origem a efeitos específicos, como o direito a compensação, em montante a acordar[56] ou determinado nos termos da própria convenção[57].

§7. Não obstante a diversidade assinalada, o tratamento da polivalência funcional e de matérias conexas nos instrumentos de regulamentação colectiva de trabalho não se esgota nos aspectos já referidos. Dois outros merecem referência especial.

Desde logo, verificam-se alguns exemplos de interpenetração das figuras da polivalência e do *ius variandi*, entendido este como o poder patronal de encarregar o trabalhador da prestação de serviços não compreendidos no objecto do contrato, a título temporário e desde que tal mudança não implique diminuição da retribuição, nem modificação substancial da posição do trabalhador (LCT, art. 22°/7 e 8). Interpenetração que se inicia, desde logo, no uso da expressão "polivalência de funções" para designar a figura do *ius variandi*[58], prosseguindo na previsão de regimes que combinam requisitos e características de ambos. Deste modo, o *ius variandi* recebe da polivalência o requisito expresso da capacidade para o exercício das novas funções[59], bem como a aquisição, a título definitivo, do direito a remuneração superior[60] ou mesmo a nova categoria[61], caso aquele exercício se mantenha por 180 dias.

Outro contributo da polivalência que importa salientar respeita ao aproveitamento significativo de um dos seus conceitos-chave, a afinidade entre funções, para a delimitação da prestação devida pelo trabalhador.

Essa utilização revela-se, desde logo, no funcionamento da afinidade como critério classificativo do trabalhador, permitindo atribuir-lhe uma das categorias previstas na convenção colectiva (normativas) sempre que as funções por ele exercidas não correspondam exactamente ao conteúdo

---

[55] AE entre a LUSOSIDER e a FSMMM cit., cl.ª 20ª.

[56] CCT entre a AIHSA e a FESHOT cit., cl.ª 58ª.

[57] CCTs entre a FENAME e a FETESE, o SITESC e o SIMA cits., cl.ªs 40ª, 38ª e 54ª, respectivamente; CCT entre a FENAME e a SQTD cit., cl.ª 39ª; CCT entre a AIMMAP e o SIMA cit., cl.ª 54ª; CCT entre a AIORN e o SIMA, cl.ª 31°-A (BTE n.º 28, de 29.07.99)

[58] CCT entre a AHETA e a FETESE cit., anexo VII, art. 22°.

[59] CCT entre a AECOPS e a FETESE, cl.ª 17ª (BTE n.º 15, de 22.04.99).

[60] CCT citado na nota anterior.

[61] AE entre a PORTUGAL TELECOM e o SINDETELCO, cl.ª 10ª (BTE n.º 2, de 15.01.99).

A Polivalência Funcional *na Regulamentação Colectiva do Trab.*   61

funcional daquelas. O trabalhador será então classificado na categoria que revelar maior afinidade com as funções que constituem o objecto do seu contrato de trabalho[62].

A constatação da afinidade funcional entre categorias profissionais permite ainda que o tempo de serviço prestado na categoria inferior possa ser aproveitado para determinação do nível remuneratório a aplicar ao trabalhador promovido automaticamente[63] ou por motivo da aquisição de habilitações profissionais ou escolares[64]. Regra de conteúdo idêntico se verifica com o tempo de aprendizagem, tirocínio ou estágio em profissões afins, agora para efeito de reconhecimento da antiguidade na contratação definitiva[65].

A afinidade também estabelece os limites da prestação devida pelo trabalhador, seja em caso de simples acumulação de funções[66], seja como limite às tarefas exigíveis no âmbito do *ius variandi*[67]. Contudo, a afinidade também pode servir de "fronteira interior" do *ius variandi*, pois através dele são exigíveis as funções *não afins* das que constituem o objecto do contrato de trabalho[68].

§8. A multiplicidade e diversidade dos exemplos de polivalência funcional recolhidos da análise da regulamentação colectiva fornecem argumento significativo para a caracterização do regime legal da figura em apreço.

Na verdade, sensíveis aos objectivos da flexibilidade e da adaptabilidade como necessidades da moderna gestão de recursos, empregadores e representantes de trabalhadores instituem mecanismos de alteração total ou parcial das prestações contratuais devidas. Fazem-no ultrapassando em larga medida o regime legal, pois não se limitam a adaptar e concretizar os

---

[62] ACT entre a CATERAIR e a FESHOT cit., cl.ª 87ª; ACT entre a CATERAIR e o SIMA, cl.ª 17ª (BTE n.º 41, de 08.11.97); CCT entre a ARESP e a FETESE, anexo III (BTE n.º 25, de 08.07.96); CCT entre a AHNP e a FETESE, §4. (BTE n.º 27, de 22.07.96).

[63] CCT entre a APIMINERAL e a FETICEQ, cl.ª 22ª (BTE n.º 30, de 15.08.99).

[64] AE entre a TAP e o SITAVA, cl.ª 17ª (BTE n.º 44, de 29.11.97).

[65] AEs entre a PORTUCEL, a PORTUCEL RECICLA e a PORTUCEL EMBA-LAGEM, por um lado, e a FETESE, por outro, cl.ªs 4ª (BTE n.º 7, de 22.02.99); CCTs entre a ACAP e a FETESE cit., cl.ª 21ª e a ACAP e o SITESC cit., cl.ª 21ª.

[66] AE entre a TAP e o SITAVA cit., anexos B e D, cl.ª 5ª.

[67] CCT entre a AABA e o SNTTAFP, cl.ª 33ª (BTE n.º 21, de 08.06.97).

[68] CCT entre a ANACPA e a FETESE cit., cl.ª 12ª.

critérios daquele. Definem hipóteses não contidas na previsão legal, estabelecem novos requisitos de funcionamento do instituto, criam efeitos jurídicos distintos.

A moldagem da polivalência funcional pela contratação colectiva chega mesmo à contratualização do instituto, eliminando, na prática, a anunciada vantagem da solução legal instituída em 1996: constituir impedimento à excessiva rigidez do objecto do contrato de trabalho, definido por via de remissão expressa ou tácita para o elenco das categorias profissionais constante do IRC aplicável.

As soluções contratuais inventariadas estão muito para lá do simples ajustamento do regime legal. E demonstram que, pelo menos na apreensão que dela fazem os sujeitos laborais, a disciplina plasmada no artigo 22º/2 a 6 da LCT não tem a pretensão de aplicação absoluta que caracteriza os regimes imperativos, devendo antes ser caracterizada como supletiva, isto é, susceptível de derrogação por estipulação dos contraentes.

Esta supletividade não pode ser confundida com imperatividade mínima, isto é, com a admissibilidade de estipulações distintas da solução legal apenas se mais favoráveis ao trabalhador. Mesmo a expressão curiosa da parte final da norma do artigo 7º da Lei 21/96 — "regular as mesmas matérias em sentido mais favorável aos trabalhadores e às empresas" — parece revelar que o legislador remeteu exclusivamente para as partes a composição dos respectivos interesses, nos termos que considerarem mais adequado.

Não obstante, parece também certa a limitação aos IRCs da possibilidade de tratamento da matéria, com exclusão dos contratos individuais de trabalho, atenta a regra interpretativa constante do artigo 13º/2 da LCT. Mais duvidosa se afigura a restrição aos IRCs negociais ou, mesmo, apenas às convenções colectivas de trabalho. A letra dos preceitos (art. 22º/6 da LCT e Lei 21/96, art. 7º) não impressiona, porquanto além de inexistirem razões de fundo para essa limitação, já noutras ocasiões o legislador adoptou a mesma fórmula, sem propósitos restritivos (cfr. DL 519-C1/79, de 29 de Dezembro, art. 12º). Apesar disso, cumpre assinalar que nenhuma das Portarias de Regulamentação de Trabalho compulsadas no período em apreciação introduz alterações ao regime legal da polivalência.

§9. Os instrumentos de regulamentação colectiva citados no presente estudo foram identificados pela indicação do primeiro outorgante patronal e do primeiro outorgante representativo dos trabalhadores, omitindo-se os restantes intervenientes. Encontram-se todos publicados na 1ª série do Boletim do Trabalho e Emprego, referida no texto pela sigla BTE.

A Polivalência Funcional *na Regulamentação Colectiva do Trab.* 63

Na elaboração do presente trabalho e para além das identificadas no próprio texto, foram ainda utilizadas as seguintes abreviaturas:

AABA	Associação dos Agricultores do Baixo Alentejo
ACAP	Associação do Comércio Automóvel de Portugal
ACT	Acordo Colectivo de Trabalho
AE	Acordo de Empresa
AECOPS	Associação de Empresas de Construção e Obras Públicas
AHETA	Associação dos Hotéis e Empreendimentos Turísticos do Algarve
AHNP	Associação dos Hotéis do Norte de Portugal
AIHSA	Associação dos Industriais Hoteleiros e Similares do Algarve
AIMMAP	Associação dos Industriais Metalúrgicos, Metalomecânicos e Afins de Portugal
AIMMP	Associação das Indústrias de Madeira e Mobiliário de Portugal
AIORN	Associação dos Industriais de Ourivesaria e Relojoaria do Norte
AITVPP	Associação dos Industriais Transformadores de Vidro Plano de Portugal
ANACPA	Associação Nacional dos Comerciantes de Produtos Alimentares
ANASE	Associação Nacional de Serviços de Limpeza a Seco
ANESUL	Associação dos Agentes de Navegação e Empresas Operadoras Portuárias do Sul
ANIMEE	Associação Nacional dos Industriais de Material Eléctrico e Electrónico
APENC	Associação Portuguesa de Electroencefalografia e Neurofisiologia Clínica
APICER	Associação Portuguesa da Indústria de Cerâmica
APIMINERAL	Associação Portuguesa da Indústria Mineral
APROSE	Associação Portuguesa dos Produtores Profissionais de Seguros
ARESP	Associação da Restauração e Similares de Portugal
BTE	Boletim do Trabalho e Emprego
CCT	Contrato Colectivo de Trabalho
FENAME	Federação Nacional do Metal
FENSIQ	Confederação Nacional de Sindicatos de Quadros
FEPCES	Federação Portuguesa dos Sindicatos do Comércio, Escritórios e Serviços
FESHOT	Federação dos Sindicatos da Hotelaria e Turismo de Portugal
FESTRU	Federação dos Sindicatos dos Transportes Rodoviários e Urbanos
FETESE	Federação dos Sindicatos dos Trabalhadores de Escritório e Serviços

FETICEQ	Federação dos Trabalhadores das Indústrias Cerâmica, Vidreira, Extractiva, Energia e Química
FNE	Federação Nacional dos Sindicatos da Educação
FNSCMMMC	Federação Nacional dos Sindicatos de Construção, Madeira, Mármores e Materiais de Construção
FSMMM	Federação dos Sindicatos da Metalurgia, Metalomecânica e Minas de Portugal
IRC	Instrumento de Regulamentação Colectiva de Trabalho
SDMT	Sindicato dos Descarregadores de Mar e Terra do Distrito de Setúbal
SERS	Sindicato dos Engenheiros da Região Sul
SIMA	Sindicato das Indústrias Metalúrgicas e Afins
SINDEFER	Sindicato Nacional Democrático da Ferrovia
SINDEL	Sindicato Nacional da Energia
SINDETELCO	Sindicato Democrático dos Trabalhadores das Telecomunicações e Correios
SINQUIFA	Sindicato dos Trabalhadores da Química, Farmacêutica, Petróleo e Gás do Centro, Sul e Ilhas
SISEP	Sindicato dos Profissionais de Seguros de Portugal
SITAVA	Sindicato dos Trabalhadores da Aviação e Aeroportos
SITESC	Sindicato dos Trabalhadores de Escritório, Serviços e Comércio
SNQTB	Sindicato Nacional dos Quadros e Técnicos Bancários
SNTTAFP	Sindicato Nacional dos Trabalhadores e Técnicos da Agricultura, Florestas e Pecuária
SQTD	Sindicato dos Quadros e Técnicos de Desenho
STIHTRSN	Sindicato dos Trabalhadores da Indústria de Hotelaria, Turismo, Restaurantes e Similares do Norte
UIPSS	União das Instituições Particulares de Solidariedade Social
UNIHSNOR	União das Associações da Hotelaria e Restauração do Norte de Portugal

O DIREITO A FÉRIAS[*]

JOSÉ ANDRADE MESQUITA
Mestre em Direito
Assistente da Faculdade de Direito de Lisboa

SUMÁRIO:

I. BREVE NOTA HISTÓRICA
II. CONSAGRAÇÃO POSITIVA: INTRODUÇÃO
   a) **Direito internacional**
   b) **Direito interno**
      1. *Normas constitucionais*
      2. *Normas infraconstitucionais*
III. FINALIDADE E DURAÇÃO
IV. O PRINCÍPIO DO AUTOMATISMO OU DA AQUISIÇÃO AUTOMÁTICA
 V. O PRINCÍPIO DA ABSOLUTIDADE
VI. O PRINCÍPIO DA ANUALIDADE
   a) **Vencimento e relação com o ano anterior**
      1. *Início da actividade no primeiro semestre*
      2. *Início da actividade no segundo semestre*
      3. *Cessação do contrato*
      4. *Conjugação das formas especiais de aquisição (art. 3.º, n.ºs 2 e 3) com o artigo 10.º, n.º 1, da LFFF* [**]
         4.1. *Início no primeiro semestre*
         4.2. *Início no segundo semestre*
      5. *Suspensão contratual*
         5.1. *Âmbito*
         5.2. *Regime*
      6. A cessação do contrato a seguir à suspensão
   b) **Efectivação**

---

[*] O presente texto corresponde, parcialmente, à exposição feita no âmbito de dois cursos de pós-graduação (na Faculdade de Direito de Lisboa e no Funchal), ambos sob a coordenação do Professor Doutor Pedro Romano Martinez, a quem agradecemos o honroso convite, com que fomos distinguidos, para participar nos referidos cursos.

[**] Insere-se, no fim, uma lista de siglas, abreviaturas e jurisprudência.

66 Estudos do Instituto de Direito do Trabalho

VII. O PRINCÍPIO DO CONSENSO
VIII. O PRINCÍPIO DA NÃO PENALIZAÇÃO REMUNERATÓRIA. O SUBSÍDIO ADICIONAL
    a) **Introdução**
    b) **A média dos salários anteriores e o juízo de prognose**
    c) **Eventuais limitações**
IX. O PRINCÍPIO DO VENCIMENTO ANTECIPADO
X. O PRINCÍPIO DA REALIZAÇÃO OU DA EFECTIVAÇÃO. A IRRENUNCIA-BILIDADE
    a) **Excepções**
    b) **Consequências da não efectivação imputável ao trabalhador**
    c) **Consequências processuais**
    d) **Âmbito do artigo 13.º da LFFF**
    e) **Consequências do artigo 13.º da LFFF:** *punitive damages*
XI. O PRINCÍPIO DA CONTINUIDADE
XII. A REGULAMENTAÇÃO ESPECIAL DOS CONTRATOS A TERMO
    a) **Contagem do tempo. O princípio da absolutidade**
    b) **Justificação do âmbito**
    c) **Cont.: concretizações**
    d) **Vencimento e gozo**
    e) **Suspensão e cessação**

I. BREVE NOTA HISTÓRICA

A consagração do direito a férias periódicas pagas, atribuído a quem realiza trabalho subordinado, independentemente da qualidade e quantidade deste e da antiguidade de quem o presta, não tem, entre nós, uma longa tradição.

No âmbito da Lei n.º 1952, de 10 de Março de 1937, o direito a férias pagas tinha uma duração muito reduzida (em alguns casos, apenas quatro dias) e um alcance bastante limitado, dependendo, desde logo, da dimensão e do tipo de empresa e ainda da antiguidade do trabalhador e do bom desempenho da actividade profissional (arts. 7.º e 8.º), o que conduzia a diferenciações também dentro da mesma empresa[1]. Sobre o trabalhador impendia, em rigor, o ónus de provar que tinha desempenhado "bom e efectivo serviço" no ano ou anos anteriores, para ver reconhecido judicialmente o direito a férias[2]. Todavia, a jurisprudência mitigou a importân-

---

[1] Cfr. MONTEIRO FERNANDES, *A irrenunciabilidade do direito a férias: algumas questões, in* ESC, ano VI, n.º 22, Junho de 1967, p. 14.
[2] Cfr. Ac. do STA de 29 de Março de 1955, p. 149 e s., e MONTEIRO FERNANDES, *loc. cit.*

O *Direito a Férias*

cia da qualidade do trabalho, presumindo-a quando a actividade tinha sido ininterruptamente prestada[3]. Apesar deste regime embrionário, estabeleceu-se, na Lei de 1937, o princípio da irrenunciabilidade (art. 7.º, § 3.º) e ainda uma importante sanção, que permanece no actual direito, no artigo 13.º da LFFF, embora com diferente redacção e alcance[4]. Com efeito, para melhor garantir o cumprimento da lei, o § 4.º do artigo 7.º estabelecia o seguinte: "as entidades patronais que não cumpram o disposto neste artigo e seus parágrafos pagarão a cada empregado o triplo do ordenado correspondente ao período de férias a que tinha direito, sem prejuízo da multa em que incorrerem". Por fim, saliente-se que, em qualquer caso, o pagamento durante o descanso correspondia apenas à remuneração, não compreendendo, nos termos da lei, qualquer subsídio.

O direito a férias foi adquirindo maior amplitude através de convenções colectivas, desligando-se simultaneamente da qualidade do trabalho prestado. Na primeira codificação do direito do trabalho efectuada em Portugal, pelo Decreto-Lei n.º 47032, de 27 de Maio de 1966 — diploma que deu origem à actual LCT —, estabeleceu-se, pela primeira vez a nível legal, o direito a férias pagas, independentemente da qualidade do trabalho realizado. Todavia, ainda aqui, as férias relacionavam-se com a antiguidade, variando entre um mínimo de seis dias úteis e um máximo (legal) de dezoito dias, fixando-se, para os menores, um mínimo de doze dias (art. 122.º). Continuava a não se prever o pagamento de qualquer subsídio adicional ao salário (art. 62.º).

A LCT veio rever todo este Decreto-Lei n.º 47032, esclarecendo, no preâmbulo, que "as alterações de maior relevo" incidiam sobre a matéria das férias. Além de alterações menores, relacionou-se o respectivo gozo com o trabalho efectivo (art. 55.º); modificou-se a relação entre a antiguidade e o número de dias de férias (sem alterar, portanto, a lógica do sistema: *v.* art. 57.º, n.º 1), e atribuiu-se à entidade patronal o direito de descontar faltas não justificadas no período de férias, segundo os parâmetros do artigo 68.º. Quanto à retribuição, acrescentou-se um n.º 2 ao artigo 62.º, mas apenas para dizer que para além da manutenção do salário poderiam "ser estabelecidos subsídios de férias", os quais, portanto, continuaram sem consagração legal, sendo gradualmente instituídos pela contratação colectiva[5]. Assim, este n.º 2 teve apenas a limitada relevância

---

[3] Cfr. Ac. do STA de 22 de Janeiro de 1957, p. 58.

[4] *V. infra*, sobre o *princípio da realização ou da efectivação*.

[5] Cfr. os dados relativos a esta evolução, entre 1966 e 1970, em Branca Amaral,

68   *Estudos do Instituto de Direito do Trabalho*

de evitar qualquer (infundada) dúvida, pois a solução que nele se explicitou resultava já do *princípio do tratamento mais favorável*, consagrado na LCT, para a resolução de conflitos hierárquicos.

O acréscimo salarial (subsídio) "equivalente ao da remuneração do respectivo período de férias" veio a obter directa consagração legislativa através do artigo 18.º, n.º 3, do Decreto-Lei n.º 292/75, de 16 de Junho, para os trabalhadores por conta de outrem, com exclusão do trabalho rural, do serviço doméstico, do trabalho portuário e a bordo (arts. 18.º, n.º 1, e 20.º, n.º 1). Este texto legal, imbuído de um espírito igualitarista, "a caminho de um socialismo português" (são as primeiras palavras do preâmbulo), estabeleceu, para além de um período mínimo de férias (quinze dias de calendário), um máximo inultrapassável de trinta dias seguidos (art. 18.º, n.ºs 1 e 2)[6]. O Decreto-Lei n.º 874/76, de 28 de Dezembro (LFFF), viria a revogar o diploma acabado de referir e, com posteriores alterações[7], regula ainda hoje a matéria.

II. CONSAGRAÇÃO POSITIVA: INTRODUÇÃO

a) **Direito internacional**

Ao nível do Direito Internacional, o direito a férias periódicas está consagrado no artigo 24.º da Declaração Universal dos Direitos do Homem, de 10 de Dezembro de 1948[8], no artigo 7.º, al. *d)*, do Pacto Internacional sobre Direitos Económicos, Sociais e Culturais[9], no artigo 2.º, al. *3)*, da Carta Social Europeia Revista[10], na Convenção sobre as Férias Anuais Remuneradas, da OIT[11], e, por último, no artigo 31.º, n.º 2, da

---

O subsídio de férias — os seus fundamentos e o seu regime, in ESC, ano IX, n.º 33, Março de 1970, p. 81, nota 41.

   [6] Este limite máximo manteve-se, no art. 4.º, n.º 1, da LFFF, até ao dia 1 de Janeiro de 1992, data em que entrou em vigor o Decreto-Lei citado na nota seguinte.

   [7] Introduzidas pelo Decreto-Lei n.º 397/91, de 16 de Outubro, e pela Lei n.º 118//99, de 11 de Agosto.

   [8] Publicada em Portugal por Aviso, *in* DR, I s., de 9 de Março de 1978, p. 488 a 493.

   [9] Aprovado para ratificação pela Lei n.º 45/78, de 11 de Julho.

   [10] Aprovada para ratificação pela Resolução n.º 64-A/2001, de 21 de Setembro, da Assembleia da República, *in* DR, I s.-A, n.º 241 (suplemento), de 17 de Outubro de 2001, p. 6604 (2) e s.

   [11] Convenção n.º 132, aprovada para ratificação pelo Decreto n.º 52/80, de 29 de Julho.

Carta dos Direitos Fundamentais da União Europeia, constante de Proclamação Solene do Parlamento Europeu, do Conselho e da Comissão[12].

A Declaração Universal dos Direitos do Homem assume particular relevo em virtude de o artigo 16.º, n.º 2, da Constituição mandar interpretar e integrar os preceitos constitucionais relativos aos direitos fundamentais de acordo com a DUDH, deixando o diploma fundamental de constituir a última referência interpretativa ou integrativa[13].

b) Direito interno

1. *Normas constitucionais*. O direito a férias periódicas pagas, no âmbito do trabalho subordinado, tem consagração no artigo 59.º, n.º 1, al. *d)*, da Constituição da República Portuguesa[14], o qual, por se encontrar fora do título II da parte I, não beneficia automaticamente do regime mais rigoroso dos direitos, liberdades e garantias. Este regime consiste na *regulamentação material* essencialmente contida no artigo 18.º (e ainda, nomeadamente, nos artigos 19.º; 20.º, n.º 5; 21.º; 22.º, e 272.º, n.º 3); na *reserva relativa* e, em alguns casos, *absoluta*, de competência legislativa da Assembleia da República (arts. 165.º, n.º 1, al. *b)*, e 164.º), à qual compete ainda *aprovar os acordos internacionais* nesta matéria (art. 161.º, *i)*; e, por fim, no *limite material à revisão constitucional* (art. 288.º, al. *d)*). Passam a explicitar-se sumariamente os pontos deste regime com mais relevância para a matéria de que nos ocupamos.

O artigo 18.º, n.º 1, estabelece que os "preceitos constitucionais respeitantes aos direitos, liberdades e garantias são directamente aplicáveis e vinculam as entidades públicas e privadas", traduzindo deste

---

[12] Publicada no "Jornal Oficial das Comunidades Europeias", série C, 43.º ano, n.º 364, de 18 de Dezembro de 2000, p. 364/1 a 364/22. Quanto ao *regime jurídico* dos direitos sociais previstos na "Carta", v. ANA GUERRA MARTINS, *A Carta dos Direitos Fundamentais da União Europeia e os Direitos Sociais,* a publicar brevemente na revista "Direito e Justiça".

[13] PAULO OTERO, *Declaração Universal dos Direitos do Homem e Constituição: a inconstitucionalidade de normas constitucionais?, in* "O Direito", ano 122.º, 1990, III-IV, p. 604. Cfr. também JORGE MIRANDA, *A Declaração Universal dos Direitos do Homem e a Constituição, in* "Estudos sobre a Constituição", Livraria Petrony, Lisboa, 1977, 1.º vol., p. 57 e s., e M. REBELO DE SOUSA/J. MELO ALEXANDRINO, *Constituição da República Portuguesa comentada*, Lex, Lisboa, 2000, anot. ao art. 16.º, p. 94.

[14] Todos os preceitos citados neste número, sem qualquer indicação, pertencem ao diploma fundamental.

70 Estudos do Instituto de Direito do Trabalho

modo o seu carácter *preceptivo* (e não meramente programático), apesar de nem sempre *auto-eficaz*, por ausência de concretização mínima necessária[15], como de resto acontece com a norma constitucional relativa às férias periódicas pagas[16]. Decorre igualmente daquele preceito que não são os direitos fundamentais a mover-se no âmbito da lei[17], mas esta no âmbito dos direitos fundamentais. Já a parte final configura uma mera explicitação da aplicabilidade directa[18], devendo entender-se que todas as entidades privadas se encontram abrangidas[19], apesar de os efeitos variarem, obviamente, de acordo com a concreta situação jurídica.

Por outro lado, os direitos, liberdades e garantias apenas podem restringir-se[20] nos casos expressamente previstos na Constituição[21], por lei geral e abstracta e não retroactiva (art. 18.º, n.ºs 2 e 3), devendo tais restrições obedecer ao princípio da "proporcionalidade, na sua tripla vertente (adequação, necessidade e proporcionalidade em sentido estrito)"[22]. Este princípio deriva do n.º 2, na medida em que limita as restrições ao necessário, e do n.º 3, ao consagrar que não podem "diminuir a extensão e o alcance do conteúdo essencial" do preceito restringido, constituindo ainda "componente essencial do princípio do Estado de direito democrático"[23]. Mostrando-se, em todos os casos, particularmente difícil definir com rigor aquele conteúdo essencial, a situação complica-se quando, como no direito a férias, a norma constitucional não é exequível por si mesma, necessitando de regulamentação legislativa que a concretize[24].

---

[15] Neste sentido, JORGE MIRANDA, *Manual de Direito Constitucional*, t. IV, 3.ª ed., Coimbra Editora, Coimbra, 2000, p. 312 e s. (v. também, nesta mesma obra, t. II — Constituição, 4.ª ed., 2000, p. 250 e s.); contra, GOMES CANOTILHO/VITAL MOREIRA, *Constituição da República Portuguesa anotada*, 3.ª ed., Coimbra Editora, Coimbra, 1993, anot. n.º II ao art. 18.º, p. 145 e s.

[16] *V. infra.*

[17] JORGE MIRANDA, *Manual de Direito Constitucional*, t. IV, cit., p. 311.

[18] Cfr. JORGE MIRANDA, *Manual...*, t. IV, cit., p. 314 e s.

[19] Neste sentido, GOMES CANOTILHO/VITAL MOREIRA, *Constituição...*, *cit.*, anot. n.º IV ao art. 18.º, p. 148; contra, VASCO PEREIRA DA SILVA, *A vinculação das entidades privadas pelos direitos, liberdades e garantias*, in RDES, ano XXIX, n.º 2, 1987, p. 268 e s.

[20] Sobre a importante distinção entre *restrição* e *limite*, JORGE MIRANDA, *Manual...*, t. IV, cit., p. 329.

[21] Ainda que apenas *indirectamente*: cfr. Acs. do TC n.ºs 225/85, *in* ATC, p. 799, e DR, p. 1546, e 244/85, *in* ATC, p. 218 e s., e DR, p. 1283.

[22] CARDOSO DA COSTA, *A hierarquia das normas constitucionais e a sua função na protecção dos direitos fundamentais*, in BMJ, n.º 396, Maio de 1990, p. 16, e Ac. do TC n.º 103/87, *in* ATC, p. 112, BMJ, p. 337, e DR, p. 1879.

[23] Ac. do TC n.º 282/86, *in* ATC, p. 217, e DR, p. 3388.

[24] *V.* JORGE MIRANDA, *Manual...*, t. IV, cit., p. 313 e s.

O Direito a Férias 71

Quanto à *reserva de competência legislativa* da Assembleia da República — estabelecida nos citados artigos 164.º e 165.º, n.º 1, alínea *b)* —, abrange todo o regime jurídico e não apenas as bases gerais, pelo que o Governo apenas pode intervir ao abrigo de autorizações legislativas. Esta regra mantém-se ainda que a intervenção legislativa venha ampliar o conteúdo do direito em causa[25]. Todavia, quando se verifica uma mera reprodução de normas vigentes, sem qualquer alteração de sentido, não se revela necessária a referida autorização[26]. Mas apenas pode concluir-se pela identidade normativa atendendo a todos os elementos de interpretação jurídica, devendo ter-se particular cuidado com o elemento sistemático[27].

Por último, a Constituição estabelece que as leis de revisão têm de respeitar os direitos, liberdades e garantias dos cidadãos, discutindo-se se esta restrição apenas abrange o conteúdo essencial de cada direito ou do próprio sistema na globalidade ou, muito mais extensamente, toda a expressão constitucionalmente consagrada. Parece que, como regra, a última opção corresponde melhor à intencionalidade normativa da garantia de revisão[28] e ao próprio *princípio do não retrocesso*, radicado no Estado de direito democrático. Todavia, é possível ao legislador constitucional restringir os direitos, liberdades e garantias segundo os parâmetros do artigo 18.º, n.ºs 2 e 3, por não se encontrar mais limitado que o legislador ordinário.

Na ausência de aplicação directa, como se disse, a tutela mais rigorosa, sumariamente referida, pode abranger o direito a férias por *analogia* com os direitos, liberdades e garantias (art. 17.º)[29]. Tal ideia tem sido sufragada, atribuindo ao direito a férias natureza essencialmente *negativa* e, portanto, possibilidade de *aplicação directa*[30]. Todavia, o direito a *férias periódicas pagas* é, na essência, *positivo*. Não se trata de uma possibilidade jurídica atribuída independentemente de uma prestação de quem

---

[25] JORGE MIRANDA, *Manual...*, t. IV, cit., p. 378.

[26] Neste sentido, Acs. do TC n.º 212/86, *in* ATC, p. 13 e s., e DR, p. 1604 e s., e, implicitamente, n.º 407/89, p. 9209. Contra, JORGE MIRANDA, *Manual...*, t. IV, cit., p. 379.

[27] *V*. Ac. do TC, n.º 373/91, *in* ATC, p. 124 e s., e DR, p. 5661 e s.

[28] Neste sentido, GOMES CANOTILHO/VITAL MOREIRA, *Constituição...*, *cit.*, anot. n.º IV ao art. 288.º, p. 1063 e s. Em sentido divergente, JORGE MIRANDA, *Manual...*, t. IV, cit., p. 382.

[29] Concluindo por esta analogia, JORGE MIRANDA, *Manual...*, t. IV, cit., p. 153; GOMES CANOTILHO/VITAL MOREIRA, *Constituição...*, *cit.*, anot. n.º III ao art. 17.º, p. 142; J. NUNES ABRANTES, *O Direito do Trabalho e a Constituição*, *in* "Estudos de Direito do Trabalho", 2.ª ed., reimp., Lisboa, AAFDL, 1995, p. 80; Ac. do TC n.º 373/91, *in* DR, p. 5664, e ATC, p. 131, e Ac. do TC de 23 de Novembro de 1999, p. 443.

[30] Neste sentido, GOMES CANOTILHO/VITAL MOREIRA, *Constituição...*, *cit.*, anots. n.ºs I e VI ao art. 59.º, p. 318 e 320.

quer que seja, ou, nas palavras de Georg Jellinek, de um *status negativo* ou de um *status libertatis* "no qual os fins estritamente individuais são prosseguidos mediante a livre actividade do indivíduo"[31]. Pelo contrário, está-se perante uma pretensão relativamente a outrem — o empregador —, o qual deve necessariamente assumir determinadas obrigações. O direito a férias não pode ser entendido como a possibilidade de alguém se ir embora do local de trabalho, licitamente, durante um certo período, sob pena de anarquização das relações laborais, mas, diferentemente, como o direito de exigir ao empregador não só um período de descanso, mas ainda a remuneração durante este tempo e, além disso, um subsídio adicional. Sob pena de inefectividade, exige-se também que a não concessão deste direito seja punida com alguma severidade, quer no plano contra-ordenacional, quer no plano civil. Esta visão realista afasta a situação jurídica em causa do conceito de direito negativo e, diferentemente, recorta-a como uma pretensão relativamente a outro sujeito de uma relação jurídica e, assim, integra-a nos *direitos positivos*. Esta definição conceitual não exclui a aplicação do regime dos direitos, liberdades e garantias[32], mas impõe, obviamente, outro tipo de fundamentação.

Em primeiro lugar, a norma constitucional é desde logo exequível e, portanto, *preceptiva* e não meramente programática, como nota Menezes Cordeiro[33]. Todavia, apesar de imediatamente exequível, não o é por si própria, não é auto-exequível, mostrando-se, pelo contrário, carecida de *concretização* legislativa. Esta, todavia, não se confunde com a concretização das normas programáticas porque, quanto a estas, o legislador pode avaliar da oportunidade da sua intervenção, a qual implica "modificações económicas, sociais, administrativas ou outras"[34]. Relativamente ao direito sobre que versa este texto (e a muitos semelhantes), o legislador tem a obrigação de intervir para lhe dar efectividade porque, sem pormenorização, não se realiza.

Em segundo lugar, o direito a férias encontra *concretização* na legislação ordinária desde o momento em que a Constituição entrou em vigor. Assim, desde o princípio, a norma constitucional revelou-se, para além de

---

[31] *Sistema dei diritti pubblici subbiettivi*, trad. italiana da 2.ª ed. alemã, Società Editrice Libraria, Milão, 1912, p. 97.

[32] Cfr. Casalta Nabais, *Os direitos na Constituição portuguesa, in* BMJ, n.º 400, Novembro de 1990, p. 21.

[33] *Manual de Direito do Trabalho*, reimp., Almedina, Coimbra, 1999, p. 147.

[34] Jorge Miranda, *Manual...*, t. IV, cit., p. 113 e 313 (v. também, nesta obra, t. II, cit., p. 251).

preceptiva, totalmente concretizada[35], por se bastar com os desenvolvimentos legislativos existentes à data da sua entrada em vigor, inseridos na LCT e no Decreto-Lei n.º 292/75, de 16 de Junho. Esta determinação da norma permite a analogia com os direitos, liberdades e garantias[36], porque torna o direito aplicável sem pôr em causa o princípio da separação de poderes[37], uma vez que os Tribunais não têm que se substituir ao legislador.

Quanto à teleologia da norma, atendendo aos interesses protegidos e a quanto acaba de ser dito, não exige do Estado "a transformação e modernização das estruturas económicas e sociais", tal como expressamente o exigem os direitos económicos, sociais, culturais e ambientais (art. 9.º, al. *d*), *in fine*). Pelo contrário, o direito a férias implica apenas que o Estado garanta a sua efectividade, como estabelece o preceito citado (al. *b*)), relativamente aos "direitos e liberdades fundamentais".

Deste modo, tanto a *estrutura normativa* (*preceptiva* e *concretizada*) como os *interesses* protegidos e o *objectivo* da norma conduzem à sua analogia com os direitos, liberdades e garantias.

Mesmo admitindo que o artigo 17.º da Constituição não é claro na definição do regime aplicável aos direitos de natureza análoga, deve entender-se que, desdobrando-se a tutela dos direitos, liberdades e garantias nas três vertentes acima enunciadas (regime material, reserva de competência e limite à revisão constitucional), todas elas concorrem na regulamentação dos direitos equiparados, a não ser que a teleologia de um particular preceito imponha solução diferente. Ora, em nossa opinião, tal não acontece[38]. Quanto à reserva parlamentar de competência legislativa (arts. 164.º e 165.º, n.º 1, *b*)), fundando-se esta, por um lado, na ideia de que a lei deve ser votada pelos representantes eleitos do povo, bem como na necessidade de debate público e contraditório que se crê clarificador e, por outro lado, no pressuposto de que uma assembleia pluralista tem uma melhor capacidade de ponderação de interesses, parece que todos estes fundamentos valem em relação aos direitos de natureza análoga[39],

---

[35] Utilizando este critério, JOÃO CAUPERS, *Os direitos fundamentais dos trabalhadores e a Constituição*, Almedina, Coimbra, 1985, p. 141, nota 215.

[36] Cfr. CASALTA NABAIS, *Os direitos...*, cit., p. 22.

[37] *V.* CARDOSO DA COSTA, *A hierarquia...*, cit., p. 8.

[38] Neste sentido, M. REBELO DE SOUSA/J. MELO ALEXANDRINO, *Constituição...*, cit., anot. ao art. 17.º, p. 95, e GOMES CANOTILHO/VITAL MOREIRA, *Constituição...*, *cit.*, anot. n.º III ao art. 17.º, p. 142; em sentido contrário, JORGE MIRANDA, *Manual...*, t. IV, cit., p. 153 e s.

[39] Neste sentido, Parecer da CCon n.º 32/82, p. 79 e s., e, já antes, declaração de

74   *Estudos do Instituto de Direito do Trabalho*

abrangendo também a competência para aprovar acordos internacionais que os incluam (art. 161.º, al. *i*)). Quanto aos limites à revisão constitucional, saliente-se que mesmo os direitos dos trabalhadores (tal como das comissões de trabalhadores e das associações sindicais), não equiparados a direitos, liberdades e garantias, constituem limite material de revisão constitucional, nos termos da alínea *e)* do artigo 288.º. Deste modo, o direito a férias encontra-se necessariamente abrangido pelos limites materiais da revisão constitucional. Ora, estranhar-se-ia tal integração apenas a título de direito dos trabalhadores e não enquanto direito fundamental análogo.

Importa ainda avaliar se os desenvolvimentos legislativos em cada momento vigentes, em matéria de férias, comungam também da natureza e do regime dos direitos, liberdades e garantias. O artigo 16.º, n.º 1, estabelece que "os direitos fundamentais consagrados na Constituição não excluem quaisquer outros constantes das leis e das regras aplicáveis de direito internacional". Esta norma dá sequência às ideias consagradas, ainda no século XVIII, pela Constituição Norte-Americana, através da nona alteração ou aditamento (*Amendment* IX), ao estabelecer que "the enumeration in the Constitution, of certain rights, shall not be construed to deny or disparage others retained by the people"[40]. Ora, esta consagração de *direitos fundamentais derivados* leva a que, por maioria de razão, neles se integrem os desenvolvimentos legais necessários para conferir exequibilidade a direitos constitucionais carecidos de concretização, como é o caso das férias. Deste modo, também as concretizações infraconstitucionais obedecem ao regime jurídico dos direitos, liberdades e garantias[41]. Qualquer solução que implique, nesta matéria, um retrocesso social, como a diminuição do número de dias de férias ou a sua dependência da assiduidade, deve igualmente respeitar o artigo 18.º. Assim, as alterações de regime, sob pena de inconstitucionalidade material, devem respeitar, nomeadamente, o *princípio da proporcionalidade*, acima referido, nas suas vertentes de adequação, necessidade e proporcionalidade em sentido estrito. Este problema de um eventual retrocesso social é, pois, sindicável

---

voto de Figueiredo Dias nos Pareceres da CCon n.º 14/79, p. 132 e s., e n.º 3/81, p. 185 e s. V. também Acs. do TC n.º 78/86, p. 5427, e n.º 373/91, *in* DR e ATC, *locs. cits.*

[40] Entre nós esta importante doutrina remonta à Constituição de 1919: cfr. Blanco de Morais, *Os direitos, liberdades e garantias na jurisprudência constitucional portuguesa: um apontamento*, *in* "O Direito", ano 132.º, n.ºs III-IV, 2000, p. 363.

[41] Gomes Canotilho/Vital Moreira, *Constituição*..., cit., anot. n.º IV ao art. 17.º, p. 143.

em sede de controlo da constitucionalidade, nos termos genéricos do artigo 277.º, n.º 1, da Constituição[42].

Note-se que o retrocesso deve apreciar-se numa perspectiva global, isto é, perante uma alteração legislativa procurar-se-á determinar se o novo quadro normativo, nesta específica matéria, é menos favorável para os trabalhadores, traduzindo um recuo na evolução da sociedade. Devem aqui observar-se os mesmos parâmetros seguidos na resolução dos conflitos hierárquicos entre fontes juslaborais, através da aplicação do princípio do *favor laboratoris* (art. 13.º, n.º 1, da LCT). Impõe-se comparar, não regras isoladas, mas *"grupos de normas incindíveis*, que se encontrem entre si numa particular conexão interna", aplicando assim a chamada *teoria da conglobação limitada* ou da *conexão interna*, para que se possam comparar "realidades substanciais e não meras proposições linguísticas"[43]. Pode assim eventualmente concluir-se que, por exemplo, apesar de se aumentar o número de dias de férias, o novo regime traduz, em virtude de outros aspectos, um retrocesso social.

2. *Normas infraconstitucionais.* O citado Decreto-Lei n.º 874/76, de 28 de Dezembro, com alterações posteriores, estabelece a regulamentação geral das férias, feriados, faltas e da licença sem retribuição no âmbito do trabalho subordinado[44], com excepção do trabalho rural, doméstico e a bordo (art. 1.º), dedicando o Capítulo II às férias.

Este diploma, em virtude do contexto económico em que foi elaborado, pretendeu servir — em matéria de faltas, segundo o preâmbulo – de "estímulo à produção e combate ao absentismo, visando a reconstrução da economia nacional". Tal facto conduziu à redacção de normas absolutamente imperativas ou, em outros casos, com essa aparência. A actual vigência de uma economia de mercado leva, por vezes, através de interpretação sistemática e actualista, a conferir carácter supletivo a certos preceitos (principalmente em matéria de *faltas*), sempre que isso não afecte a protecção mínima consagrada. "Assim se permite a adaptação de velhas fórmulas a novas necessidades e se evita ou se atenua o fenómeno, sempre de recear, do envelhecimento das estruturas normativas", como salienta OLIVEIRA ASCENSÃO[45], a propósito da interpretação das regras jurídicas.

---

[42] GOMES CANOTILHO/VITAL MOREIRA, últ. loc. cit.

[43] MENEZES CORDEIRO, *Manual de Direito do Trabalho*, cit., p. 209 e s.

[44] Todos os preceitos cuja origem não for doravante indicada pertencem a este diploma, o qual também pode citar-se por LFFF.

[45] *O Direito — Introdução e Teoria Geral*, 11ª ed., Almedina, Coimbra, 2001, p. 391.

76 *Estudos do Instituto de Direito do Trabalho*

De qualquer modo, o capítulo respeitante às férias foi menos afectado por esta tendência limitativa. A redacção originária estabelecia, de forma absolutamente imperativa — sem razão — no artigo 4.º, n.º 1, que o período anual de férias não podia exceder trinta dias. Tal regra era totalmente desadaptada a uma economia de mercado, em que deve apenas garantir-se um descanso mínimo, conferindo protecção à parte mais fraca da relação laboral, mas deixando o caminho livre à autonomia privada no sentido mais favorável aos trabalhadores. Este caminho veio a ser seguido pelo legislador em 1991[46], pelo que o artigo citado não estabelece, hoje, qualquer limite máximo. Também o n.º 4 do artigo 8.º, criticável por apenas permitir a marcação do tempo de repouso em "dois períodos interpolados", foi objecto de correcção por este último diploma.

Não obstante estas observações, sublinhe-se que vários preceitos se mantêm, desde a redacção originária, justificadamente dotados de imperatividade absoluta. Estão neste caso os artigos 2.º, n.º 4; 7.º, n.º 1; 8.º, n.º 5 (hoje, n.º 7); 9.º, n.º 3; 10.º, n.º 3, e 12.º, n.º 1. Já o artigo 14.º, n.º 1, que analisaremos mais adiante, revela-se discutível.

Deste modo, hoje, em matéria de férias, a LFFF não se afasta, a não ser em situações em que o interesse público conduz à imperatividade absoluta, do princípio estruturante do direito do trabalho, segundo o qual as fontes, ainda que inferiores (ou qualquer outra forma de revelação de regras), podem estabelecer "tratamento mais favorável para o trabalhador" (art. 13.º, n.º 1, da LCT)[47].

De seguida proceder-se-á, fundamentalmente, à análise daquele diploma, começando por definir os objectivos e a duração das férias. A maior parte das normas, todavia, será analisada a propósito dos vários princípios fundamentais que se podem formular nesta matéria: do *automatismo* ou da *aquisição automática*, da *absolutidade*, da *anualidade*, do *consenso*, da *não penalização remuneratória*, do *vencimento antecipado*, da *realização* ou da *efectivação* e da *continuidade*.

Por último, analisar-se-á o regime especial dos contratos a termo.

---

[46] *V. supra*, nota n.º 6.

[47] Com perspectiva diferente quanto a este princípio, ROSÁRIO PALMA RAMALHO, *Da autonomia dogmática do Direito do Trabalho*, Almedina, Coimbra, 2001, esp. p. 970 e s.

III. FINALIDADE E DURAÇÃO

Pode dizer-se que, genericamente, o objectivo da garantia de um certo nível de qualidade de vida aos trabalhadores subordinados está na base da criação do próprio Direito do Trabalho. Relativamente ao direito a férias, ele tem uma relevância muito directa, conformando alguns dos seus aspectos estruturais.

Assim, o direito a férias, nos termos do artigo 2.º, n.º 3, visa "possibilitar a recuperação física e psíquica dos trabalhadores e assegurar-lhes condições mínimas de disponibilidade pessoal, de integração na vida familiar e de participação social e cultural", permitindo a realização de projectos de índole extralaboral que as jornadas de trabalho diário não consentem[48]. O segundo conjunto de objectivos enunciados pela lei — condições mínimas de disponibilidade pessoal, integração na vida familiar e participação social e cultural — não é específico das férias, podendo atingir-se através de outras regras, como a limitação da jornada de trabalho diária e semanal, a limitação do recurso ao trabalho suplementar, o descanso semanal (obrigatório e complementar) e ainda os feriados obrigatórios. Assim, a *recuperação física e psíquica do trabalhador*, não no sentido mecânico de recarregar energias, mas principalmente no sentido de permitir a quebra da rotina diária e a possibilidade de realização de projectos extralaborais que exigem maior disponibilidade de tempo, constituem o objectivo específico, servindo de cânone para a interpretação teleológica de vários preceitos. De qualquer modo, a forma de utilização do tempo de repouso integra-se na esfera de liberdade individual, sem qualquer tipo de restrição específica. O Estado — ao contrário do que acontece em regimes totalitários — e os empregadores não devem estabelecer orientações quanto à utilização deste tempo, para além do âmbito dos deveres a que o trabalhador continua vinculado durante as férias[49].

Por forma a atingir os objectivos do instituto, o legislador fixou o período mínimo[50] anual de férias em vinte e dois dias úteis (art. 4.º, n.º 1)[51], isto é, de segunda a sexta-feira, com exclusão dos feriados, acres-

---

[48] Como bem salienta o Ac. do STJ de 11 de Dezembro de 1996, p. 264.

[49] Em sentido contrário, ORLANDO GOMES/ELSON GOTTSCHALK, *Curso de Direito do Trabalho*, actual. por RODRIGUES PINTO, 16.ª ed., Forense, Rio de Janeiro, 2000, p. 306.

[50] De acordo com o que se disse *supra*, esta norma não é absolutamente imperativa, estabelecendo apenas um mínimo.

[51] Nos exemplos apresentados em texto, para simplificar, não se considera a possibilidade de aumento convencional do número dos dias de férias. A título de exemplo, o "ACT bancário" consagra, na cl. 69.ª, n.º 1, vinte e cinco dias úteis.

centando a lei, de forma desnecessária — visando evitar infundadas dúvidas —, que o sábado e o domingo não se consideram dias úteis (art. 4.º, n.º 5)[52]. Esta determinação das férias em dias úteis afigura-se mais correcta do que a fixação em dias seguidos de calendário, por permitir igual período de ausência independentemente do momento em que o descanso se inicia, dos feriados que eventualmente ocorram e, também, da própria organização da semana de trabalho. Tal ideia transparece do preâmbulo do Decreto-Lei n.º 397/91, de 16 de Outubro[53], ao dizer que a solução evidencia "maior equilíbrio de interesses" do que o recurso a dias seguidos de calendário, acrescentando ainda um objectivo de harmonização global, ao considerar que, em alguns regimes convencionais e na função pública, as férias já se encontravam, à data, fixadas em dias úteis.

De qualquer modo, atendendo ao objectivo de proporcionar a recuperação física e psíquica, pretende-se que cada trabalhador tenha direito a permanecer cerca de um mês afastado do local de trabalho. É por este motivo que o sábado e o domingo nunca se consideram dias úteis, mesmo quando o horário os inclui como tempo de trabalho, o que frequentemente acontece com o sábado. Assim, as férias de quem trabalha seis dias por semana abrangem, em virtude desta ficção[54], mais dias úteis (reais) do que as de quem trabalha cinco dias. Contudo, o período de afastamento do local de trabalho é igual em ambos os casos, exactamente porque se pretende garantir um período mínimo de afastamento da rotina diária.

De igual forma, no caso de trabalho por *turnos* é indiferente, para a marcação de férias, avaliar os dias úteis reais, mantendo-se a regra geral, mais justa e mais igualitária, uma vez que a letra da lei não diferencia esta situação nem se impõe qualquer interpretação restritiva da mesma, no sentido de deixar de fora o trabalho por turnos[55]. Pelo contrário, tanto a letra como a teleologia da norma (acima enunciada), justificam sem dúvida a sua aplicação a estas situações. Deste modo, se um trabalhador, no regime de turnos, descansa um dia ao fim de três de trabalho, coincidindo o descanso semanal, de forma rotativa, com os vários dias da semana, tal é irrelevante para efeito de férias, uma vez que estas se contam pelos dias úteis ficcionados, entre segunda e sexta-feira, nos termos do artigo 4.º, n.º 5.

---

[52] De resto, a redacção deste n.º 5 é deficiente, porque a última frase parece referir-se aos feriados.

[53] Diploma que alterou a LFFF, nomeadamente fixando as férias em dias úteis.

[54] "A definição de dia útil, para efeito de férias, (...) não tem nada a ver com a efectiva prestação de trabalho nesse dia": Ac. da Relação de Coimbra de 1 de Junho de 1995, p. 84.

[55] Ac. da Relação de Coimbra de 1 de Junho de 1995.

Se o sábado e o domingo integram o horário, como acontece no regime de turnos, coloca-se ainda o problema do eventual regresso à actividade durante o fim de semana, quando o último dia de férias coincide com uma sexta-feira. Embora a lei não resolva o problema de forma expressa, contém critérios bastantes para avaliar a situação. Assim, iniciado o período de férias, entra-se num sistema ficcionado — como se disse — em que cada semana tem, na falta de feriados, cinco dias úteis. Ora, apenas deve abandonar-se esta forma de contagem num dia útil segundo a ficção do artigo 4.º, n.º 5, a que não correspondam férias. Até esse momento nenhuma regra impõe o abandono da forma especial de determinação dos dias. Deste modo, quando o último dia coincide com uma sexta-feira (situação vulgar) e, segundo o horário, competia trabalhar no sábado ou no domingo, apenas se deve iniciar a actividade na segunda-feira. Para além do invocado argumento, a solução decorre ainda da teleologia do artigo 4.º, ao pretender idênticos períodos de ausência, independentemente do horário, como se disse. Não deve, assim, tratar-se diferentemente o sábado ou o domingo durante as férias ou no fim das mesmas. Além disto, diferente solução impossibilitaria o gozo de uma semana de férias sempre que o sábado ou domingo integrassem o horário. Com efeito, as férias terminariam sempre à sexta-feira e não seria possível abranger também qualquer dia do fim-de-semana, em virtude do artigo 4.º, n.º 5. Este resultado, para além de absurdo, contrariaria a determinação legal de ficcionar que a semana tem cinco dias úteis.

No caso do trabalho a *tempo parcial* — isto é, correspondente a um período normal de trabalho por semana igual ou inferior a 75% do praticado a tempo completo em situação semelhante (art. 1.º, n.º 1, da LTP)[56] — a contagem dos dias de férias, por não haver regras especiais, obedece aos mesmos princípios. Assim, apesar de este tipo de actividade frequentemente se realizar apenas em alguns dias da semana (art. 4.º, n.º 1, da LTP), na falta de acordo, o empregador deve proceder à marcação de vinte e dois dias seguidos de férias, ficando este tipo de trabalhadores com um tempo de afastamento do local de trabalho igual ao dos contratados a tempo completo. Respeita-se assim, também, o artigo 2.º, n.º 1, da LTP, que estabelece que os trabalhadores a tempo parcial não podem ter um tratamento menos favorável do que os trabalhadores a tempo completo.

---

[56] Tal semelhança tem critérios definidos no art. 1.º, n.ºs 3 e 4, do diploma citado em texto, o qual, em vez de falar em situações semelhantes, fala em situações *comparáveis*. A terminologia da lei, não sendo incorrecta, parece menos precisa.

80   *Estudos do Instituto de Direito do Trabalho*

O trabalho a *tempo parcial* levanta ainda outra questão relativa à definição dos dias de férias, também verificável no trabalho a tempo completo quando se praticam *horários adaptáveis às necessidades do empregador*[57]. No trabalho a tempo parcial o período normal de trabalho diário, semanal ou mensal pode não ser uniforme (arts. 1.º, n.º 6, e 4.º, nº 1, da LTP), porque a prestação laboral, por definição, é inferior aos limites máximos. Deste modo, pode acontecer que as férias sejam marcadas, pelo empregador ou por acordo, para um período em que o trabalho seria prestado com a duração mínima (mais dificilmente ocorrerá a situação oposta). O mesmo problema coloca-se, como foi dito, quando se pratica a chamada adaptabilidade dos horários. Em todas estas situações deve entender-se que ao período de tempo utilizado para calcular a média (em princípio, de três ou de quatro meses[58]) se retiram os dias de férias, calculando-a a partir dos restantes. Isto porque as férias, por definição, não constituem tempo de trabalho e, por outro lado, retira-se ao empregador a possibilidade de manipular a sua marcação com vista a maximizar o tempo de trabalho. Sustenta esta solução, por analogia, o artigo 3.º, n.º 2, da Lei n.º 73/98, de 10 de Novembro, o qual, ao estabelecer um limite médio ao trabalho suplementar, impõe uma fórmula de cálculo em que se subtraem os dias de férias.

IV. O PRINCÍPIO DO AUTOMATISMO OU DA AQUISIÇÃO AUTOMÁTICA

Regra geral, o direito a férias *adquire-se* com a celebração do contrato de trabalho (art. 3.º, n.º 1). Esta construção jurídica, fazendo coincidir a aquisição do direito com a celebração do contrato, pretende dar cumprimento à norma constitucional que estabelece o direito a férias no âmbito do trabalho subordinado, mas necessita de alguns esclarecimentos.

---

[57] Nos termos do art. 5.º, n.ºs 7 e 8, do Decreto-Lei n.º 409/71, de 27 de Setembro (LDT), e dos arts. 2.º, 3.º e 4.º, da Lei n.º 21/96, de 23 de Julho. Deve entender-se que os citados preceitos da LDT estão em vigor: cfr., neste sentido, ROMANO MARTINEZ, *Direito do Trabalho*, vol. II, 1.º tomo, 3.ª ed., Pedro Ferreira — Editor, Lisboa, 1999, p. 274; contra, JORGE LEITE/COUTINHO DE ALMEIDA, *Legislação do Trabalho*, 16.ª ed., Coimbra Editora, Coimbra, 2001, p. 159 (em breve nota ao artigo em causa).

[58] O período de tempo supletivamente fixado para o cálculo da média é de *três meses* para a *adaptabilidade convencional* (art. 5.º, n.º 8, da LDT) e de *quatro meses* tanto nos casos de *adaptabilidade legal* (arts. 3.º, n.º 1, e 7.º da Lei n.º 21/96, de 23 de Julho) como nos de *trabalho a tempo parcial* (art. 1.º, n.º 6, da LTP).

O Direito a Férias 81

Em primeiro lugar, a aquisição do direito aquando da celebração do contrato deve interpretar-se correctivamente, no sentido de apenas se verificar no momento em que o contrato produz efeitos. Obviamente, não pode adquirir-se um direito com a celebração de um contrato sob condição ou a termo suspensivos (art. 9.º da LCT), enquanto este não se vence ou aquela não se verifica, porque do contrato não resulta, imediatamente, esse efeito[59]. Nestes casos, a aquisição dá-se com o vencimento do termo ou com a verificação da condição.

Por outro lado — e mais importante —, esta construção legal, ao considerar o direito adquirido com a celebração do contrato não tem, por si só, qualquer efeito. Os direitos de um trabalhador, em cada momento concreto, não decorrem deste princípio geral, mas do específico regime jurídico. Feita a análise deste conclui-se que, com a celebração de um contrato de trabalho (mesmo sem condição ou termo suspensivos), o trabalhador não tem, relativamente a férias, qualquer direito exercitável na vigência do contrato, não lhe sendo atribuída uma "posição de vantagem" de que possa imediatamente valer-se, "resultante da afectação de meios jurídicos" aos seus fins[60] ou, noutra formulação, qualquer "permissão normativa específica"[61].

Não podendo antecipar neste momento todo o regime jurídico das férias, dir-se-á que, nos primeiros tempos de execução de um contrato de trabalho, não pode exigir-se nenhum período de tempo, nem subsídio, a título de férias. Mas também é certo que, a partir do início dos efeitos de um contrato de trabalho, há posições subjectivas vantajosas, em formação quotidiana, que nada pode frustrar. Mesmo que, por exemplo, um trabalhador, quando devia começar a cumprir o contrato, sofra uma doença incapacitante, e venha a revogar o contrato por acordo com o empregador (arts. 7.º e 8.º da LCCT) passados dois meses, sem ter recuperado da doença, tem direito à retribuição correspondente a 2/12 das férias anuais e ao respectivo subsídio (art. 10.º, n.º 1)[62].

---

[59] *V.* OLIVEIRA ASCENSÃO, *Direito Civil. Teoria Geral*, vol. II — *Acções e factos jurídicos*, Coimbra Editora, Coimbra, 1999, p. 288 e s; MENEZES CORDEIRO, *Tratado de Direito Civil Português*, vol. I, Parte geral, t. I, 2.ª ed., Almedina, Coimbra, 2000, p. 509 e s., e PAIS DE VASCONCELOS, *Teoria Geral do Direito Civil*, vol. I, Lex, Lisboa, 1999, p. 361 e 368.

[60] Cfr. OLIVEIRA ASCENSÃO, *Teoria Geral do Direito Civil*, vol. IV, título V — *Relações e situações jurídicas*, polic., Lisboa, 1993, p. 90.

[61] Ou *permissão normativa específica de aproveitamento de um bem*. Sobre este conceito de direito subjectivo, MENEZES CORDEIRO, *Tratado...*, vol. e t. cit., p. 166 e s.

[62] O montante proporcional calcula-se, ao abrigo deste artigo, dividindo os dias de

V. O PRINCÍPIO DA ABSOLUTIDADE

Concretização muito próxima do genérico objectivo do ordenamento laboral da *garantia de um nível mínimo de qualidade de vida* aos trabalhadores subordinados, o *princípio da absolutidade* significa que o direito a férias não sofre nenhuma limitação em virtude da qualidade ou quantidade do trabalho produzido, não estando sequer "condicionado à assiduidade ou efectividade de serviço" (art. 2.º, n.º 2). As faltas, quer justificadas quer injustificadas, não têm qualquer efeito sobre o direito a férias, excepto em termos limitados, por vontade unilateral do trabalhador. Assim, nos termos do artigo 28.º o trabalhador pode, quando as faltas determinem perda de retribuição, optar por perder um dia de férias por cada falta de idêntica duração, sendo obrigatório o gozo de quinze dias úteis de férias (ou de cinco se se tratar do ano da admissão).

A redacção originária da LFFF não limitava o princípio da absolutidade, não contendo qualquer norma relacionando o direito a férias com a necessidade de efectividade de serviço ou de trabalho. Deste modo, o n.º 2 do artigo 2.º, tal como o n.º 2 do artigo 28.º, apresentavam-se totalmente coerentes. Com as alterações introduzidas de forma tecnicamente deficiente em 1991[63], restringiu-se este princípio, sem alterar os citados artigos, introduzindo na letra da lei uma incoerência sistemática. Assim, e ao contrário da versão de 1976, fez-se depender o vencimento ou a aquisição do direito a férias da prestação de serviço ou trabalho efectivo (n.ºs 2 e 3 do artigo 3.º e n.º 2 do artigo 11.º)[64], em três situações especiais.

Deste modo, quando o contrato começa a cumprir-se no segundo semestre, o vencimento do direito a férias, em lugar de acontecer incondicionalmente no dia 1 de Janeiro, verifica-se apenas passados seis meses de serviço efectivo (art. 3.º, n.º 2). Também o vencimento do período especial de férias atribuído a quem inicia funções no primeiro semestre, depende de dois meses de serviço efectivo (n.º 3 do mesmo preceito). Igualmente, aquando da cessação de impedimento prolongado respeitante ao trabalhador, nos termos do artigo 11.º, n.º 2, tornam-se necessários três meses de serviço efectivo para que o direito a férias se vença.

---

vigência do contrato por 365. Todavia, para simplificar os exemplos, far-se-ão as contas com base no número de meses utilizando, assim, o número 12 como denominador.

[63] Pelo já citado Decreto-Lei n.º 397/91, de 16 de Outubro.

[64] Como exemplo da má técnica legislativa diga-se que, para referir três vezes o mesmo conceito, utilizaram-se expressões não coincidentes: *serviço efectivo* e *trabalho efectivo* (n.ºs 2 e 3 do art. 2.º) e *efectivo serviço* (art. 11.º, n.º 2). Sobre estes preceitos, *vide* mais desenvolvidamente *infra*, a propósito do *princípio da anualidade*.

O Direito a Férias   83

Estas restrições, como normas especiais, produzem efeitos nas três situações referidas, de início ou reinício de funções, limitando o princípio geral da absolutidade. Tal facto obriga a uma interpretação correctiva e actualista da parte final do artigo 2.º, n.º 2, estendendo a sua ressalva aos citados preceitos introduzidos em 1991. Todavia, as limitações não atingem de forma alguma o conteúdo essencial do princípio da absolutidade, que vigora de forma irrestrita na generalidade das situações.

VI. O PRINCÍPIO DA ANUALIDADE

O *princípio da anualidade* comporta três vertentes: em primeiro lugar, implica que o direito a todos os dias de férias se *vence* em 1 de Janeiro de cada ano (art. 3.º, n.º 1); em segundo lugar, significa que as férias se *reportam* ao trabalho prestado no ano civil anterior (art. 2.º, n.º 2); por último, impõe que as férias sejam gozadas no ano civil em que se vencem (art. 7.º, n.º 1).

a) **Vencimento e relação com o ano anterior**

A primeira vertente, segundo a qual todas as férias se vencem no dia 1 de Janeiro de cada ano civil (art. 3.º, n.º 1), sofre limitações em virtude de várias vicissitudes. Estas, em alguns casos, implicam simultaneamente excepções à segunda vertente (a qual relaciona o descanso com o ano civil anterior). Passam, assim, a analisar-se em conjunto ambos os desvios.

1. *Início da actividade no primeiro semestre*

O artigo 3.º, n.º 3, quando o início da prestação ocorre no primeiro semestre, para evitar um longo período sem férias, atribui o direito de gozar oito dias úteis, decorridos sessenta dias de "trabalho efectivo". Esta *efectividade* deve interpretar-se nos termos a seguir enunciados a propósito do n.º 2 deste artigo 3.º[65] porque, apesar de no n.º 2 se falar em *serviço* e, no n.º 3, em *trabalho* (em ambos os casos *efectivo*), tal diversidade terminológica não acarreta qualquer alteração de significado[66].

---

[65] *V. infra*, n.º 2 da presente alínea.

[66] De qualquer modo, como já se referiu, o legislador não deve fazer uso de duas palavras para expressar o mesmo conceito, especialmente no mesmo artigo ou diploma.

Por outro lado, este n.º 3 fala em sessenta *dias*, enquanto os outros preceitos, que exigem serviço efectivo (arts. 3.º, n.º 2, e 11.º, n.º 2), contabilizam o tempo em *meses*. Poderia pensar-se que se abrangem apenas dias úteis de trabalho e que, portanto, só depois de trabalhar um total de sessenta dias se beneficiaria do descanso previsto nesta norma. Não deve, contudo, optar-se por esta solução mas, tal como nos outros casos em que se exige serviço efectivo, contar o tempo de forma seguida, descontando apenas as faltas injustificadas[67]. Em primeiro lugar, a diferente redacção explica-se pela deficiente técnica legislativa, já salientada. Em segundo lugar, o prazo conta-se, de acordo com as regras de direito substantivo, em dias seguidos de calendário. Por fim, se se tratasse de sessenta dias de trabalho chegar-se-ia, pelo menos em algumas situações de trabalho a tempo parcial, a resultados desrazoáveis. Com efeito, num contrato deste tipo em que o trabalho se realize apenas em dois dias por semana, seriam necessários cerca de sete meses para que se vencesse o período de férias em causa. Deste modo, em alguns casos, não seria sequer possível usufruir do repouso no próprio ano da admissão, contrariando o objectivo fundamental da norma. Ora, estes oito dias devem ser gozados no ano da admissão (segundo a regra geral do artigo 7.º, n.º 1), vencendo-se no dia 1 de Janeiro do ano seguinte um novo período de férias (agora, segundo a regra geral e, portanto, totalizando vinte e dois dias úteis).

2. *Início da actividade no segundo semestre*

Nos termos do artigo 3.º, n.º 2, quando a execução do contrato de trabalho se inicia no segundo semestre do ano civil, o direito a férias só se vence decorridos seis meses de "serviço efectivo", importando por isso definir com rigor esta noção, que se depara, desde logo, com um problema de ordem sistemática, devido à dificuldade de compatibilização com o princípio da absolutidade, tal como se encontra consagrado[68]. Pretende evitar-se, obviamente, que alguém possa adquirir o direito ao descanso durante um período prolongado (vinte e dois dias úteis) pouco tempo depois de iniciar a actividade (o que, sem esta regra, poderia acontecer, inclusivamente, no dia seguinte ao do início do trabalho, caso este

---

[67] *Infra*, n.º 2 desta alínea. Em sentido diferente, mas apenas com base na letra da lei, VÍTOR RIBEIRO, *Férias em Portugal — Pacote de notas breves sobre as recentes alterações ao regime legal (Dec.-Lei n.º 397/91, de 16/10)*, in RMP, ano 13.º, 1992, n.º 51, p. 69.

[68] Sobre este problema, cfr. *supra* (a propósito do *princípio da absolutidade*).

começasse no dia 31 de Dezembro). Por outro lado, o legislador não relacionou o vencimento com o início dos efeitos do contrato, mas com um determinado período de execução do mesmo (seis meses de serviço efectivo). A noção de *serviço efectivo* aponta decisivamente para o tempo durante o qual o trabalhador *cumpre o contrato* ou se *disponibiliza* para o fazer, relacionando-se, assim, com a de *tempo de trabalho*, isto é, "qualquer período durante o qual o trabalhador está a trabalhar ou se encontra à disposição da entidade empregadora e no exercício da sua actividade ou das suas funções", segundo o artigo 2.°, n.° 1, alínea *a)*, da Lei n.° 73/98, de 10 de Novembro. Assim, não contam para os seis meses os períodos em que não se executa o contrato, como acontece com as *faltas injustificadas*[69].

Todavia, estas duas noções não esgotam a realidade porque, além de serviço efectivo e da sua falta (ou do cumprimento e incumprimento do contrato pelo trabalhador), encontram-se situações equiparadas, pelo menos para alguns efeitos, a serviço efectivo, constituindo *faltas justificadas*. A interpretação sistemática do conceito de serviço efectivo leva a que nele se incluam as faltas dadas justificadamente, uma vez que estas, por um lado, correspondem a um incumprimento lícito do contrato e, por outro, a lei, ao consagrar as consequências destas faltas, não inclui qualquer efeito relativo a férias (art. 26.°). Isto implica uma interpretação actualista e correctiva do artigo 28.°, n.° 1. Quando as faltas justificadas dão lugar à suspensão do contrato, nos termos do artigo 26.°, n.° 3, a matéria das férias passa a cair no âmbito do artigo 11.°[70].

De acordo com tudo o que foi dito, um trabalhador contratado no dia 1 de Novembro apenas terá direito aos vinte e dois dias úteis de férias a partir de 1 de Maio, se não tiver faltado injustificadamente.

3. *Cessação do contrato*

A cessação do contrato também implica regras especiais, contidas no artigo 10.°. Independentemente da forma pela qual o contrato termina, o trabalhador tem direito à retribuição correspondente a um período de férias proporcional ao "tempo de serviço prestado" no ano da cessação e ainda ao subsídio correspondente (art. 10.°, n.° 1). Esta norma justifica-se porque as férias, vencendo-se em determinado momento, dizem respeito a um período anterior. Regra geral, as férias vencer-se-iam no dia 1 de Janeiro

---

[69] Vítor Ribeiro, *Férias...*, cit., esp. p. 70, integra as faltas injustificadas no serviço efectivo, acabando por esvaziar este conceito.

[70] *V. infra.*

seguinte, reportando-se a todo o ano em que o contrato, afinal, cessou. Deste modo, compreende-se a norma porque, tratando-se de um direito em formação, gera uma expectativa jurídica[71] ao trabalhador, merecedora de tutela.

A lei refere o *"tempo de serviço prestado* no ano da cessação", pelo que, atendendo apenas à letra, o sentido torna-se equívoco. O direito a uma fracção, relativo ao tempo de serviço prestado, pode aferir-se pelo *serviço efectivo*, nos termos acima definidos, ou, diferentemente, calcular-se com base no *tempo de duração contratual*, independentemente das respectivas vicissitudes. A letra, ao falar em serviço *prestado*, indicia tratar-se de serviço *efectivo* — apesar de não o referir expressamente — porque apela ao conceito de cumprimento do contrato. Acrescente-se ainda que teria sido fácil ao legislador falar em *produção de efeitos* do contrato ou, simplesmente, em *duração*, para expressar a irrelevância das faltas.

Em termos sistemáticos a letra perde, desde logo, alguma relevância porque, nos n.ºs 2 e 3 do artigo 3.º, como se viu, está expressamente consagrada a ideia de *efectividade*, isto é, de cumprimento do contrato — o que não acontece com o n.º 1 do artigo 10.º. Este aspecto, todavia, torna-se menos relevante atendendo ao facto de a redacção do artigo 3.º ser posterior[72], o que facilita o desencontro de terminologia (o art. 10.º conserva a redacção originária).

Mais relevante, em termos sistemáticos, é o confronto entre o artigo 10.º, n.º 1, e o n.º 2 do artigo 2.º, como salienta o Supremo Tribunal de Justiça[73]. Com efeito, ambos os preceitos pertencem à redacção originária e o artigo 2.º, n.º 2, estabelece que "o direito a férias reporta-se ao *trabalho prestado* no ano civil anterior e *não está condicionado à assiduidade ou efectividade de serviço*". Por sua vez, como se disse, o artigo 10.º, n.º 1, consagra o "direito a receber a retribuição correspondente a um período de férias proporcional ao *tempo de serviço prestado*". Ora, não se deve estabelecer qualquer distinção entre *serviço prestado* e *trabalho prestado*. Assim, a desnecessidade de serviço efectivo deve também valer no âmbito do artigo 10.º, n.º 1.

Conclui-se desta forma que, se algumas dúvidas existem à luz de uma interpretação literal, já uma completa análise sistemática leva a con-

---

[71] Sobre este conceito, *v.* OLIVEIRA ASCENSÃO, *Direito Civil. Teoria Geral*, vol. II — *Acções e factos jurídicos*, cit., p. 293, e *Teoria Geral do Direito Civil*, vol. IV, cit., p. 97 e s., e MENEZES CORDEIRO, *Tratado...*, vol. e t. cit., p. 181.

[72] Introduzida pelo Decreto-Lei n.º 397/91, de 16 de Outubro.

[73] Ac. de 27 de Setembro de 1995, p. 274.

O Direito a Férias 87

cluir pela irrelevância da efectividade de serviço para efeitos de cessação.

Todavia, de *iure condendo* podem justificar-se alterações. A solução vigente decorre do *princípio da absolutidade*[74], o qual consagra o direito a férias independentemente do cumprimento do contrato, estabelecendo a irrelevância da assiduidade (art. 2.º, n.º 2) e da qualidade do trabalho prestado. O vencimento do direito em formação, quando o contrato cessa, não encontra fundamento tão sólido para justificar a absolutidade, pelo que não deve seguir, forçosamente, o mesmo princípio.

O princípio da absolutidade deriva, directamente, do genérico objectivo da garantia de um nível mínimo de qualidade de vida, visando assegurar que a todos os trabalhadores, quer cumprindo os contratos, quer incumprindo-os com ou sem culpa, seja atribuído um período de tempo para, como já se referiu, possibilitar a recuperação física e psíquica e assegurar condições mínimas de disponibilidade pessoal, de integração na vida familiar e de participação social ou cultural (art. 2.º, n.º 3). Tal regra, compreendendo-se na situação normal em que as férias se vencem e se efectivam, pode eventualmente pôr-se em causa quando, cessando um contrato, se vencem apenas montantes pecuniários, porque os objectivos assinalados perdem algum sentido. Além disso, se o trabalhador, após a cessação, celebrar novo contrato, beneficia das regras do artigo 3.º, vencendo-se um novo período de férias, e muitas vezes efectivando-se, antes de um ano após o novo vínculo. Poderia assim, sem quebra do princípio da igualdade e da intencionalidade sistemática, excepcionar-se a absolutidade em matéria de cessação, *de iure condendo*.

De todo o modo, reafirma-se que, em face dos dados do sistema, não deve duvidar-se de que "tempo de serviço prestado", para efeito do artigo 10.º, equivale a *duração contratual*[75]. As considerações teleológicas acabadas de tecer não conduzem a solução diferente, apenas lhe abrindo eventualmente caminho, por intervenção legislativa.

Os direitos de crédito relativos a férias não vencidas aquando da cessação, na proporção do tempo decorrido, mantêm-se no caso de a caducidade se dever à morte do trabalhador (art. 4.º, al. *b*), da LCCT)[76].

---

[74] *V. supra*, p. 82 e s.

[75] Neste sentido, Ac. do STJ de 27 de Setembro de 1995, p. 274.

[76] Neste sentido, Ac. da Relação do Porto de 23 de Abril de 1979, *in* CJ, p. 517 e s., e AD, p. 815 e s.; em sentido contrário, Ac. da Relação de Coimbra de 7 de Fevereiro de 1980, p. 1361 e s.

Por um lado, o artigo 10.º, n.º 1, claramente determina a sua aplicação perante "qualquer forma" de cessação do contrato. Por outro lado, não está em causa o direito a férias, definitivamente frustrado, mas um crédito pecuniário, substitutivo daquele. Embora o direito tenha na génese uma finalidade específica que não pode mais atingir-se, ao transformar-se num crédito pecuniário liberta-se desse objectivo, nada na lei impondo o gozo do período proporcional, após a cessação. Por fim, embora o vencimento, normalmente, ocorra no dia 1 de Janeiro seguinte, a cessação antecipa-o na proporção do tempo de trabalho nesse ano, pelo que se está perante um direito de crédito vencido[77], o qual deve integrar o objecto da sucessão, seguindo o *princípio da sucessibilidade das situações jurídicas patrimoniais*[78] (contido no artigo 2024.º do CC). Com efeito, não deve considerar-se excluído pelo artigo 2025.º, n.º 1, do CC, o qual, no fundo, exclui "os direitos cujo termo, legal ou negocial, é a morte do autor da sucessão"[79], o que não se verifica no presente caso[80].

A aplicação do n.º 1 do artigo 10.º não tem qualquer relação com o período experimental, ao contrário do que foi defendido na vigência da redacção originária do Decreto-Lei n.º 874/76. Nesta, ao estabelecer-se, no artigo 3.º, n.º 2, que o exercício de funções por força de contrato de trabalho iniciado no primeiro semestre do ano civil dava direito, *após o decurso do período experimental*, a dez dias consecutivos de férias, podia eventualmente concluir-se que a cessação, antes deste momento, não conferia qualquer direito a férias[81-82]. A actual redacção afasta este entendimento, não deixando margem para se duvidar de que o período experimental é irrelevante em matéria de férias[83]. De resto, a solução oposta afronta o artigo 59.º, n.º 1, *d*), da Constituição, que não permite prestação de trabalho sem o correspondente tempo de descanso. Ora, o

---

[77] Em sentido contrário, Ac. da Relação de Coimbra de 7 de Fevereiro de 1980, p. 1363.

[78] OLIVEIRA ASCENSÃO, *Direito Civil — Sucessões*, 5.ª ed., Coimbra Editora, Coimbra, 2000, p. 236.

[79] OLIVEIRA ASCENSÃO, últ. loc. cit.

[80] Admitindo, em geral, a transmissão *mortis causa* dos direitos emergentes do contrato de trabalho, ROMANO MARTINEZ, *Incumprimento contratual e justa causa de despedimento*, in "Estudos do IDT", vol. II — *Justa causa de despedimento*, Almedina, Coimbra, 2001, p. 98 e s. No mesmo sentido, Ac. do STJ de 26 de Novembro de 1997, p. 252 e s.

[81] Cfr. Ac. da Relação de Lisboa de 12 de Junho de 1996, p. 168.

[82] Em Itália, solução idêntica foi considerada inconstitucional: cfr. G. PERA/V. POSO, *Codice del Lavoro*, 2.ª ed., Giuffrè, Milão, 1999, nota 2 ao art. 2109, p. 20.

[83] V., neste sentido, Ac. da Relação de Lisboa de 12 de Junho de 1996, p. cit.

O Direito a Férias   89

período experimental não pode considerar-se irrelevante, em termos de duração, dado poder atingir um máximo de duzentos e quarenta dias e, mesmo no regime geral, estende-se por sessenta ou noventa dias, conforme a dimensão da empresa (art. 55.º, n.º 2, da LCCT).

4. *Conjugação das formas especiais de aquisição (art. 3.º, n.ºs 2 e 3) com o artigo 10.º, n.º 1*

A conjugação destes dois conjuntos de regras que se afastam do princípio da anualidade, um relativo à aquisição de férias no ano da admissão (art. 3.º, n.ºs 2 e 3) e o outro disciplinando a cessação do contrato (art. 10.º, n.º 1), exige algum cuidado interpretativo, tendo sempre em vista a teleologia dos preceitos.

Como se disse, o n.º 2 do artigo 3.º pretende evitar que, por aplicação estrita do princípio da anualidade, o direito a vinte e dois dias úteis de férias se vença muito próximo da data do início do contrato; o n.º 3 tem como intenção evitar a situação contrária, isto é, que o vencimento das férias se afaste muito do começo da actividade. Por seu lado, o artigo 10.º, n.º 1, não permite que o direito em formação se frustre totalmente, pelo facto de o contrato não vigorar no dia em que as férias se venceriam.

4.1. *Início no primeiro semestre*

Algumas situações de conjugação de ambos os preceitos apresentam--se com relativa clareza. Assim, se a actividade se iniciar no primeiro semestre de 2000 e o contrato cessar no dia 1 de Junho de 2001, vencem--se *oito dias* úteis em 2000 (art. 3.º, n.º 3), mais *vinte e dois* em 1 de Janeiro de 2001 (art. 3.º, n.º 1), tendo o trabalhador ainda direito a 5/12 do subsídio e da remuneração de férias relativos a este último ano (art. 10.º, n.º 1). Trata-se de um caso linear, mas limite, em que há uma desproporção entre o direito a férias e o trabalho prestado, o qual deveria merecer uma ponderação legislativa no sentido de, minorando a referida desproporção, garantir maior igualdade entre as várias situações jurídicas[84].

O caso pode tornar-se mais complexo se, mantendo-se a admissão no primeiro semestre (p. ex., dia 1 de Fevereiro de 2001), a relação contratual cessar no próprio ano em que se inicia. Continuam a levantar-se poucas dúvidas se a cessação ocorrer antes de passados dois meses de serviço efectivo. Neste caso, o trabalhador tem direito apenas à proporção, nos ter-

---

[84] Contudo, a actual situação não viola o princípio da igualdade. Neste sentido, quanto à redacção originária do art. 3.º, Ac. do TC n.º 10/95.

90 Estudos do Instituto de Direito do Trabalho

mos do artigo 10.º, nº 1, dado não se verificar o pressuposto de que depende o vencimento dos oito dias (art. 3.º, n.º 3).

As dificuldades começam quando, partindo da mesma situação, o contrato cessa, por exemplo, no dia 1 de Outubro. Neste caso torna-se claro que, decorridos dois meses de serviço efectivo (a partir de 1 de Abril), se vencem oito dias úteis de férias (art. 3.º, n.º 3), começando as divergências quanto ao cálculo da proporção (nos termos do artigo 10.º, n.º 1). No pressuposto de que ambas as normas conflituam entre si, encontra-se defendido, coerentemente, que se torna necessária uma opção, a qual recairia no preceito que atribuísse, em concreto, o direito com maior amplitude (ou o art. 3.º, n.º 3, ou o 10.º, n.º 1)[85]. Não seguimos esta via porque o campo de aplicação de cada uma das normas pode delimitar-se por forma a evitar qualquer conflito.

Atendendo à intenção do artigo 10.º, n.º 1, de atribuir parte de um direito cuja formação se iniciou, os seus efeitos só fazem sentido a partir do momento em que se vencem os oito dias. Nos primeiros sessenta dias de trabalho efectivo iniciado no primeiro semestre vigora um regime excepcional[86] em matéria de férias, só começando a formar-se um novo direito quando se vencem os oito dias. Repare-se que também nas situações-regra, para as quais o regime da cessação foi pensado (em que se aplica o art. 3.º, n.º 1), só se começa a contar o tempo para efeitos do artigo 10.º, n.º 1, no momento em que o direito se vence (dia 1 de Janeiro).

Chegados a este ponto, e antes de avançar, é possível concretizar de forma mais nítida o sentido do artigo 10.º, n.º 1, através de interpretação correctiva. A norma pretende, sem dúvida, atribuir uma parte de um direito em formação, na proporção do tempo de duração contratual e, portanto, entre o dia em que, tendo-se vencido as últimas férias, se começou a formar um novo direito, e a data da cessação.

No exemplo em que o contrato dura de 1 de Fevereiro a 1 de Outubro, o trabalhador tem direito a oito dias de férias e ainda a um montante proporcional até ao dia da cessação, contado a partir do momento em que

---

[85] JORGE LEITE, *Direito do Trabalho*, vol. II, Serviços de Acção Social da Universidade de Coimbra, 1999, p. 161, nota 24. A esta posição veio a aderir RUI ASSIS, *O regime jurídico do direito a férias*, in "Direito e Justiça", vol. XIV, t. 3, 2000, p. 311.

[86] O art. 3.º, n.º 3, consagra uma regra *excepcional*: neste sentido, JORGE LEITE, últ. loc. cit. Já o art. 10.º, n.º 1, deve considerar-se *especial* relativamente ao art. 3.º, n.º 1, que estabelece o vencimento de vinte e dois dias em 1 de Janeiro de cada ano civil. Sobre o conceito de *regras especiais* e *excepcionais*, OLIVEIRA ASCENSÃO, *O Direito — Introdução e Teoria Geral*, cit., p. 512 e s. e 437 e s., respectivamente.

O Direito a Férias

se vencem os oito dias: assim, além destes dias (vencidos, em princípio, a 1 de Abril), há lugar ao pagamento de 1/2 da retribuição e subsídio correspondentes a vinte e dois dias (relativos ao período entre 1 de Abril e 1 de Setembro), em virtude dos seis meses decorridos desde o vencimento do período excepcional de férias até à cessação.

4.2. Início no segundo semestre

Pode acontecer que o contrato comece a cumprir-se no segundo semestre, cessando no ano imediato. Imagine-se que, iniciada a prestação em 1 de Novembro de 2000, o contrato cessa em uma de duas datas: 1 de Fevereiro ou 1 de Outubro do ano seguinte. Em qualquer dos casos, o direito a vinte e dois dias úteis de férias apenas se vence a 1 de Maio, caso o contrato seja normalmente cumprido (art. 3.º, n.º 2).

Na primeira hipótese, em que o contrato cessa a 1 de Fevereiro, o trabalhador apenas tem direito a um montante proporcional, totalizando 3/12 dos montantes anuais, nos termos do artigo 10.º, n.º 1. Não se chegando a vencer quaisquer férias, a lei atribui as várias fracções do direito em formação, devendo, neste ponto, interpretar-se *extensivamente* o artigo 10.º, que está redigido para as situações do regime geral. Nestas situações-regra, no dia 1 de Janeiro vence-se o direito até aí em formação, pelo que, cessado o contrato de trabalho, faz sentido atribuir o direito a um período "proporcional ao tempo de serviço prestado no ano da cessação", porque este tempo corresponde ao novo direito em formação gradual. Ora, na situação em análise — como em outras —, excepcionalmente, há tempo de trabalho do ano anterior que não deu lugar ao vencimento de férias, porque o princípio da anualidade não chegou a aplicar-se. Assim, sob pena de haver trabalho prestado sem dar lugar a férias (meses de Novembro e Dezembro do ano 2000), deve, como se disse, interpretar-se o artigo 10.º, n.º 1, extensivamente, contando para a proporção todo o tempo de trabalho que não deu lugar a férias, mesmo se prestado no ano anterior, por forma a respeitar a intenção normativa[87].

Se — segunda hipótese configurada — o contrato cessar no dia 1 de Outubro, vencem-se 22 dias úteis (em 1 de Maio) e, pelas razões acima expostas, mais 5/12 relativos aos meses de trabalho depois do vencimento das férias.

---

[87] Em sentido contrário, fazendo uma interpretação literal do art. 10.º, n.º 1, Ac. da Relação de Lisboa de 15 de Dezembro de 1999, p. 173.

5. *Suspensão contratual*

A suspensão do contrato por impedimento prolongado respeitante ao trabalhador, nos termos do artigo 11.º, origina excepções a vários princípios em matéria de férias, podendo, no que respeita ao princípio da anualidade, implicar o desrespeito de todas as suas vertentes. Importa aqui o n.º 2, na medida em que estabelece o vencimento em data diversa da do primeiro dia do ano, consagrando ainda, por vezes, uma relação apenas ficcionada com o trabalho no ano precedente.

5.1. *Âmbito*

Comecemos por identificar as situações regidas pela norma, que, na sua letra, apenas abrange a *suspensão por impedimento prolongado respeitante ao trabalhador*, especialmente regulada no Capítulo II do Decreto-Lei n.º 398/83, de 2 de Novembro (LSRT). Este diploma estabelece que o contrato de trabalho se supende quando a ausência por facto não imputável ao trabalhador se prolongue por mais de um mês (art. 3.º, n.º 1) ou, mesmo antes deste prazo, quando se preveja com segurança que tal lapso de tempo será atingido (art. 3.º, n.º 2). E, a título exemplificativo, menciona como factos suspensivos o *serviço militar ou cívico obrigatórios*, uma *doença* ou um *acidente* (n.º 1 do mesmo preceito). Da conjugação do artigo 23.º, n.º 1, al. *e*), com o art. 26.º, n.º 3, ambos da LFFF, resulta um expresso alargamento destes exemplos. Assim, para além do acidente e doença, acrescenta-se, genericamente, o *cumprimento de obrigações legais* e a *prestação de assistência necessária e inadiável a membros do próprio agregado familiar*. Em termos sistemáticos, estas constituem as situações típicas para as quais o artigo 11.º da LFFF expressamente remete.

Mas, desde logo, convém notar que pode haver situações abrangidas, em princípio, pela genérica previsão normativa acabada de referir, contempladas em regulamentação específica que se afasta do artigo 11.º da LFFF. Assim, no *regime de protecção da maternidade ou paternidade*[88], as licenças, apesar de genericamente inseridas na *prestação de assistência necessária e inadiável a membros do próprio agregado familiar*, não determinam a aplicação do regime do artigo 11.º. Neste caso, o único efeito em relação às férias consiste na suspensão do respectivo gozo,

---

[88] Lei n.º 4/84, de 5 de Abril (com alterações) e Decreto-Lei n.º 230/2000, de 23 de Setembro.

quando se verifique uma coincidência. A solução deriva, por um lado, do artigo 21.º, n.º 1, do Decreto-Lei n.º 230/2000, ao estabelecer que estas licenças "não determinam perda de quaisquer direitos, sendo consideradas como prestação efectiva de serviço para todos os efeitos, salvo quanto à remuneração"[89] e, por outro lado, do artigo 22.º, al. *a)*, do mesmo diploma, que apenas consagra a suspensão das férias em caso de coincidência com a licença de maternidade, paternidade ou adopção e a licença parental, devendo ser gozadas após o termo da licença. Os importantes valores tutelados na presente situação, concretizando o direito fundamental previsto no artigo 36.º, n.º 5, da Constituição e, ainda, mais especificamente, no artigo 68.º, n.º 4, também da CRP, e a sua duração previsivelmente limitada, justificam a solução.

A suspensão pode, diferentemente, derivar de factos imputáveis ao trabalhador, mas depende, aqui, de especial previsão legal (art. 3.º, n.º 4, da LSRT).

Para além disto, o contrato pode suspender-se fora das situações de *impedimento respeitante ao trabalhador*. Da própria LSRT consta uma específica suspensão por motivo respeitante à entidade empregadora (*lay-off*[90]) e, por outro lado, este diploma não esgota todas as hipóteses suspensivas[91]. Desde logo, genericamente, as várias situações de concessão de licenças, em que o trabalhador fica autorizado a não cumprir a sua obrigação principal, configuram suspensões contratuais, quer assentem no acordo de vontades, quer possam impor-se unilateralmente[92].

Ora, não pode excluir-se a aplicação do artigo 11.º da LFFF a estas suspensões do contrato que se encontram fora da hipótese nele prevista. Assim, perante cada suspensão contratual, na falta de regulamentação expressa, deve averiguar-se se a ponderação de interesses conduz à aplicação analógica do artigo 11.º. Note-se que a ausência de específicos valores que imponham solução diversa leva a optar pela analogia, uma vez que não existe, em matéria de férias, outra solução para casos de suspensão contratual. Analisemos algumas destas situações.

O caso da licença sem retribuição (arts. 16.º e 17.º da LFFF) constitui um dos exemplos em que, na ausência de normas específicas e de

---

[89] O art. 23.º, n.º 1, da citada Lei n.º 4/84 estabelece uma norma semelhante mas com conteúdo mais limitado, devendo entender-se que, em matéria de contrato individual de trabalho, este preceito se encontra derrogado.

[90] *Lay-off*, enquanto substantivo, escreve-se com hífen (na forma de *phrasal verb*, pelo contrário, não existe nenhum elemento de ligação entre as duas palavras).

[91] V. MENEZES CORDEIRO, *Manual de Direito do Trabalho*, cit., p. 768.

[92] ROMANO MARTINEZ, *Direito do Trabalho*, vol. II, 2.º t., cit., p. 101, nota 3.

94   *Estudos do Instituto de Direito do Trabalho*

interesses impondo diferente solução, se deve aplicar por analogia a regulamentação do artigo 11.º[93].

Já a licença a que os trabalhadores-estudantes têm direito ao abrigo do respectivo estatuto[94] não acarreta qualquer consequência a nível de férias, tudo se passando, para este efeito, como se a actividade continuasse a desenvolver-se. Igualmente os valores defendidos, também com directa expressão constitucional (arts. 73.º, n.ºs 1 e 2, e 74.º, n.º 1), e a limitada duração destas situações justificam o regime especial.

A greve suspende igualmente os contratos relativamente aos trabalhadores aderentes (art. 7.º da Lei da Greve)[95], não existindo qualquer norma específica relativa ao direito a férias. Na generalidade das situações, durante a greve menos de trinta dias, nenhum problema se coloca, por faltarem os pressupostos do artigo 11.º da LFFF. Todavia, greves com duração superior justificam a analogia, apesar da grande relevância dos objectivos prosseguidos pela greve, que justificam a sua consagração constitucional (art. 57.º).

Em primeiro lugar, não pode entender-se que o preceito da LFFF estabeleça uma discriminação relativamente aos aderentes, proibida pelo artigo 10.º da LG. Esta norma refere-se a distinções arbitrariamente estabelecidas entre trabalhadores grevistas e não grevistas e as soluções do artigo 11.º da LFFF encontram justificação material em virtude de a paralisação não ter duração máxima e de os deveres principais se suspenderem. A não aplicação desta regra podia levar ao vencimento e gozo das férias durante a greve, o que não faz sentido, desde logo por inexistir pagamento do salário durante a paralisação. Por outro lado, a aplicação do artigo 11.º, para além de não originar qualquer discriminação relativamente aos trabalhadores grevistas, traduz-se em soluções equilibradas que protegem, também, os interesses dos trabalhadores.

Já as suspensões de índole disciplinar[96] não geram qualquer efeito a este nível, tudo se passando como se o contrato fosse regularmente cumprido. Assim, a suspensão do trabalho com perda de retribuição (art. 27.º, n.º 1, al. *d)*, da LCT) não possibilita a analogia com o regime da suspen-

---

   [93] Igual solução vale para casos especiais de licenças sem retribuição, como a concedida a menores ao abrigo do art. 125.º, n.º 1, al. *a)*, da LCT.

   [94] Artigo 6.º, n.º 3, da Lei n.º 116/97, de 4 de Novembro.

   [95] Sobre os efeitos desta suspensão, ROSÁRIO PALMA RAMALHO, *Do fundamento do poder disciplinar laboral*, Almedina, Coimbra, 1993, p. 228 e s.

   [96] Sobre o enquadramento destas situações como *suspensões contratuais*, ROMANO MARTINEZ, *Direito do Trabalho*, vol. II, 2.º t., cit., p. 101. Fazendo uso de uma concepção mais restrita do conceito de suspensão, Ac. do STJ de 14 de Abril de 1993, p. 265 e s.

são por impedimento prolongado respeitante ao trabalhador, por não poder, em cada ano, exceder trinta dias (art. 28.º, nº 2, da LCT)[97].

Por seu lado, a suspensão preventiva imposta com a notificação de uma nota de culpa, ao abrigo do artigo 11.º da LCCT, não gera, em circunstância alguma, consequências ao nível do direito a férias porque, por um lado, tal efeito não está previsto e, por outro, não se verifica analogia com o regime da suspensão por impedimento prolongado respeitante ao trabalhador, mantendo-se o pagamento do salário. De resto, qualquer norma que, nesta fase processual do despedimento, se revelasse prejudicial para o trabalhador violaria o princípio da presunção de inocência, consagrado no artigo 32.º, n.º 2, da CRP, na medida em que este preceito proíbe a antecipação de verdadeiras sanções a título cautelar[98]. Note-se que, apesar de o artigo 32.º, n.º 2, da Constituição apenas reger directamente o Processo Penal, é aplicável a outros domínios sancionatórios, como o processo disciplinar, na medida em que tal aplicação seja imposta pelo princípio do Estado de direito democrático[99], como é o caso. De resto, a solução decorre ainda do artigo 269.º, n.º 3, da CRP, ao estabelecer que "em processo disciplinar são garantidas ao arguido a sua audiência e defesa", norma que, apesar de formulada relativamente à função pública, é extensível a todos os outros ordenamentos disciplinares. Ora, aquando da suspensão preventiva determinada pela entidade patronal com a notificação da nota de culpa, não se garantiram os indispensáveis meios de defesa, pelo que o pagamento do salário se mantém e não se pode afectar o direito a férias.

Quando, posteriormente a um despedimento ilícito, se verifica a reintegração, o contrato juridicamente nunca se suspendeu mas, entre o despedimento e a declaração de ilicitude, verificou-se, como salienta ROMANO MARTINEZ[100], um incumprimento por culpa da entidade empregadora. O trabalhador, nos termos do artigo 13.º, n.ºs 1 e 2, da LCCT fica tendencialmente colocado na situação em que estaria se o contrato tivesse sido cumprido, recebendo os salários intercalares, incluindo o subsídio de

---

[97] Neste sentido, Ac. do STJ de 14 de Abril de 1993, p. 267. A solução poderia ser diferente se houvesse um agravamento ao abrigo do artigo 29.º, nº 2, da LCT.

[98] Cfr. MÁRIO TORRES, *Suspensão e demissão de funcionários ou agentes como efeito de pronúncia ou condenação criminais*, *in* RMP, ano 7.º, 1986, n.º 26, p. 171 e s., e Ac. do TC n.º 198/90, *in* ATC, p. 477, e DR, p. 589.

[99] GOMES CANOTILHO/VITAL MOREIRA, *Constituição...*, *cit.*, anot. n.º XIII ao art. 32.º, p. 208.

[100] *Direito do Trabalho*, vol. II, 2.º t., 3.ª ed., Pedro Ferreira — Editor, Lisboa, 1999, p. 356.

férias. No ano da reintegração tem direito, obviamente, ao período de repouso vencido dia 1 de Janeiro, como se não tivesse havido qualquer despedimento[101]. Não se afigura correcto — e por vezes, sequer, possível — o gozo deste período durante o ano do regresso às funções, justificando-se a aplicação analógica do n.º 3 do artigo 11.º, que permite o respectivo gozo até ao dia 30 de Abril do ano seguinte.

A suspensão do contrato de trabalho em virtude de *salários em atraso* (art. 3.º, n.º 1, da LSA) opera-se, segundo a lei, "sem perda de qualquer dos direitos que para o trabalhador emergem do contrato de trabalho", mas acrescentando logo que se trata, designadamente, dos "direitos ao vínculo laboral e à retribuição vencida até ao início da suspensão e respectivos juros de mora" (art. 4.º, n.º 1, do mesmo diploma). Deste modo, torna-se claro que a suspensão atinge as prestações principais decorrentes do contrato, passando o trabalhador a receber o subsídio de desemprego (art. 7.º, n.º 1, da LSA), pelo que o direito a férias é necessariamente prejudicado. Justifica-se aqui, portanto, a aplicação analógica do artigo 11.º da LFFF, desde que, nomeadamente, a suspensão dure por período superior a trinta dias.

No caso de a situação de suspensão derivar de um *acordo de pré-reforma*[102], o cumprimento do contrato de trabalho, em princípio, não será retomado[103]. A execução contratual pode, todavia, voltar a efectivar-se, tanto por acordo (art. 11.º, n.º 1, al. *b)*), como em virtude de mora culposa do pagamento da prestação de pré-reforma, ou mesmo não culposa, se superior a trinta dias (art. 7.º). Deve também aplicar-se, nesta situação, o artigo 11.º da LFFF.

Já a suspensão do contrato (ou a redução do período normal de trabalho) ao abrigo do regime de *lay-off*[104] contém uma norma específica, em matéria de férias, mais favorável para os trabalhadores, tudo se passando, em termos de período de descanso e do respectivo subsídio, como se o contrato continuasse a cumprir-se (art. 8.º da LSRT). Compreende-se a solução porque o motivo, aqui, diz respeito à entidade empregadora e o regime origina, na sua globalidade, um grande sacrifício para os trabalhadores.

---

[101] Cfr. Ac. da Relação de Lisboa de 9 de Junho de 1999, p. 171.

[102] Ao abrigo do Decreto-Lei n.º 261/91, de 25 de Julho, alterado pela Lei n.º 118/99, de 11 de Agosto.

[103] A reversão da situação será, em termos fácticos, excepcional: cfr. MONTEIRO FERNANDES, *Direito do Trabalho*, 11.ª ed., Almedina, Coimbra, 1999, p. 502.

[104] Capítulo III da LSRT.

5.2. *Regime*

Em todas as situações regidas pelo artigo 11.º da LFFF, se no início do ano civil o contrato estiver suspenso, o vencimento das férias, em vez de ocorrer em Janeiro, tem lugar apenas quando, cessando o impedimento, o trabalhador preste "três meses de efectivo serviço" (art. 11.º, n.º 2)[105].

Caso o impedimento dure por mais de doze meses, pode acontecer que a um ou mais anos não corresponda qualquer direito a férias. Assim, se o impedimento ocorrer, *v. g.*, a 31 de Outubro de 1999, sendo retomado o trabalho no dia 1 de Fevereiro de 2001, nunca há, em virtude da suspensão, vencimento das férias do ano 2000, que normalmente aconteceria no dia 1 de Janeiro respectivo.

Por outro lado, quando o regresso posterior a um impedimento prolongado se verifica no último trimestre, as férias do ano do regresso só se vencem no seguinte, decorridos os três meses de "efectivo serviço". Esta solução decorre da conjugação dos números 2 e 3 do artigo 11.º, ao deixarem claro não se tornar necessário cumprir os três meses de espera no próprio ano do regresso.

Acontece que no ano seguinte ao do regresso se vence um novo período de vinte e dois dias, agora, na falta de qualquer regra específica, segundo o artigo 3.º, n.º 1. Assim, aparentemente, as férias do ano seguinte respeitariam o princípio da anualidade, vencendo-se a 1 de Janeiro. Todavia, a aceitar-se esta solução, vencer-se-iam antes das relativas ao ano anterior (em que, com o regresso ao trabalho, a suspensão terminou), em virtude do período de espera de três meses. Tal entendimento não faz, obviamente, sentido. Assim, deve interpretar-se correctivamente o artigo 3.º, n.º 1, no sentido de as férias se vencerem a 1 de Janeiro de cada ano civil *ou na data do vencimento das do ano anterior se esta se verificar depois de 1 de Janeiro*, o que, excepcionalmente, ocorre nos casos de suspensão acabados de referir. Deste modo, estende-se o período de espera às férias do ano seguinte, na medida e nas situações em que tal se justifica.

Para além das excepções ao princípio da anualidade, este exemplo demonstra que, nas hipóteses de suspensão em que o regresso se aproxima do fim do ano, se gera, pelo mecanismo do artigo 11.º, n.º 2, uma vantagem desproporcionada na esfera do trabalhador. Também aqui se verifica margem para uma intervenção legislativa, eventualmente restringindo o direito quando o regresso ao serviço se verifica no segundo semestre.

---

[105] No sentido, que se acompanha, de esta norma não se opor à existência de regimes mais favoráveis, Ac. da Relação de Coimbra de 23 de Março de 1995, p. 53 e s.

6. *A cessação do contrato a seguir à suspensão*

As situações de suspensão podem igualmente conjugar-se com a norma do artigo 10.º, n.º 1, que rege a cessação. Imagine-se que *A*, trabalhando há vários anos numa empresa, adoece no dia 1 de Dezembro de 1999 e regressa em 1 de Novembro de 2000, reformando-se no dia 1 de Maio seguinte. No ano 2000 tem direito a 22 dias de férias que, todavia, só se vencem dia 1 de Fevereiro de 2001 (podendo gozá-los até 30 de Abril deste ano). Neste mesmo momento vencem-se também os 22 dias do ano 2001, segundo a interpretação correctiva do artigo 3.º, n.º 1[106]. No momento da cessação o trabalhador tem direito, pelo artigo 10.º, n.º 2, às férias vencidas e não gozadas e ao respectivo subsídio (eventualmente, 22 dias do ano 2000 e outros tantos de 2001). Cabem-lhe ainda 3/12, nos termos do artigo 10.º, n.º 1, contados a partir de 1 de Fevereiro de 2001, altura em que começou a formar-se o direito relativo ao ano seguinte (2002).

Por outro lado, pode acontecer que, depois de uma suspensão, o contrato cesse antes de decorridos os três meses necessários para o vencimento das férias relativas ao ano do regresso. Partindo do mesmo exemplo, imagine-se que o trabalhador se reforma por velhice a 31 de Dezembro de 2000. Não se vencem as férias do ano do regresso por inexistência de três meses de efectivo serviço até à cessação. Assim, o trabalhador tem direito a 13/12 do salário e do subsídio, correspondentes aos onze meses de 1999 e aos dois do ano 2000 em que prestou a actividade[107]. Todo este tempo, por razões diversas, não chegou a dar lugar ao vencimento de férias, pelo que valem aqui as razões acima enunciadas, no sentido de interpretar extensivamente o artigo 10.º, n.º 1, por forma a abranger também um ano diferente do da cessação[108].

b) **Efectivação**

Pela terceira vertente do princípio da anualidade, atendendo aos interesses de ordem pública que o gozo das férias satisfaz (art. 2.º, n.º 3), estas devem, em princípio, usufruir-se no ano civil em que se vencem, não se permitido, em circunstância alguma, acumulação superior a dois anos (art. 7.º, n.º 1). A junção do tempo de repouso correspondente a dois anos

---

[106] *Supra*, p. 97.

[107] *V.*, neste sentido, JORGE LEITE, *Direito do Trabalho*, vol. II, cit., p. 162.

[108] *Supra*, n.º 4. 2. da presente alínea.

apenas pode efectuar-se em certas condições (art. 7.º, n.ºs 2, 3 e 4), que passam a analisar-se.

Em primeiro lugar, podem gozar-se férias no 1.º trimestre do ano civil imediato àquele em que se vencem (juntamente ou não com as deste segundo ano) por dois motivos: evitar um *prejuízo grave* para a *empresa* ou para o *trabalhador*.

Nas situações de prejuízo grave para a *empresa* a transferência depende da concordância do trabalhador (art. 7.º, n.º 2). O prejuízo verifica-se quando a interrupção da prestação laboral perturba, anómala e significativamente, a actividade da empresa. Deve assim atender-se não só a critérios de *quantidade* (prejuízo grave) mas também de *excepcionalidade*, uma vez que, a relevar o prejuízo normalmente causado, poderia transformar-se esta possibilidade em regra. Importa atender a circunstâncias excepcionais, como a doença de colegas de trabalho, adicionada à dificuldade de contratar alguém a termo ou de recorrer ao *ius variandi*, nomeadamente devido à especificidade e importância das funções. Todavia, na prática, este segmento do artigo 7.º, n.º 2, conduz à pura e simples transferência das férias de um ano para o outro por acordo, invocando-se — sem razão — que o seu gozo, no ano do vencimento, causaria grave prejuízo à empresa. Mas, nos termos da lei, a transferência sem este fundamento (real) apenas pode abranger metade do tempo de férias (art. 7.º, n.º 4).

Na outra das excepções previstas pelo n.º 2, se o *trabalhador* provar que o gozo das férias, no ano em que se vencem, lhe causa grave prejuízo, tem o *direito potestativo* de as transferir para o primeiro trimestre do ano seguinte. Com isto excepciona-se igualmente o artigo 8.º, n.º 3, que atribui, na falta de acordo, o direito (*rectius*, o poder-dever ou poder funcional[109]) de a entidade patronal marcar as férias entre 1 de Maio e 31 de Outubro. Exercido o direito potestativo e transferidas as férias para o ano seguinte, cabe à entidade patronal (na falta de acordo) marcá-las para o primeiro trimestre.

Em segundo lugar, o n.º 3 do artigo 7.º prevê uma situação diferente, que consiste na possibilidade de cumular férias de dois anos em virtude de específicas situações de insularidade ou de emigração. Este direito potestativo pode exercer-se, verificados os pressupostos de alguma das alíneas do n.º 3, relativamente a todas ou apenas a parte das férias anuais. Mas, atendendo à finalidade da norma, as férias transferidas devem gozar-se juntamente com todas as do ano seguinte.

---

[109] Sobre esta figura, OLIVEIRA ASCENSÃO, *Teoria Geral do Direito Civil*, vol. IV, cit., p. 76 e s., e MENEZES CORDEIRO, *Tratado...*, vol. e t. cit., p. 181 e s.

Por fim, como já se referiu, estabelece-se no n.º 4 deste artigo 7.º a livre transferência de metade das férias para o ano seguinte, mediante acordo entre o trabalhador e a entidade patronal.

A suspensão contratual pode igualmente pôr em causa esta terceira vertente do princípio da anualidade. Aquando do regresso em virtude de impedimento prolongado, porque as férias apenas se vencem muito mais tarde do que o habitual (no mínimo, três meses), permite-se o seu gozo durante o primeiro quadrimestre do ano seguinte (art. 11.º, n.º 3). Sempre que o regresso se verifique a partir de 1 de Outubro, esta última alternativa converte-se numa necessidade, em virtude de o direito só se vencer no ano seguinte. Deve entender-se, inclusivamente, que o gozo destes vinte e dois dias pode ultrapassar o primeiro quadrimestre do ano imediato, perante situações que não correspondam à normal execução do contrato de trabalho, as quais, portanto, não foram tidas em vista pelo legislador. É o caso, por exemplo, de o trabalhador adoecer após o regresso à actividade, sem que isso implique nova suspensão contratual. Assim, por exemplo, efectivando-se o regresso no dia 28 de Dezembro, depois de uma doença prolongada, e verificando-se no primeiro quadrimestre seguinte algumas recaídas totalizando duas semanas, não é possível gozar os vinte e dois dias durante os primeiros quatro meses do ano. Na falta de uma norma que estabeleça a caducidade do direito (a qual, de resto, não seria adequada), tem de entender-se o artigo 11.º, n.º 3, de forma correctiva, por imperativo sistemático. Assim, as férias relativas ao ano do regresso, depois de suspenso um contrato, podem gozar-se até ao fim de Abril do ano seguinte, excepto se for impossível. Neste último caso, a teleologia do preceito impõe que se gozem o mais próximo possível do primeiro quadrimestre.

Saliente-se, contudo, que apesar destas várias e extensas excepções à terceira vertente do princípio da anualidade, as férias costumam, na prática — como é sabido —, gozar-se no ano em que se vencem.

VII. O PRINCÍPIO DO CONSENSO

Em regra, a marcação do período de descanso faz-se por acordo entre o trabalhador e o empregador (art. 8.º, n.º 1), mas este pode, frustrado o consenso, elaborar unilateralmente o mapa de férias, ouvidos os representantes dos trabalhadores, nos termos do artigo 8.º, n.º 2. O *princípio do consenso* é, talvez, como resulta do que acaba de dizer-se, o que sofre mais limitações, para salvaguardar interesses da empresa ou, em certas situações especiais, do trabalhador.

O Direito a Férias 101

Cabe à entidade patronal estabelecer os mecanismos para conseguir o acordo individual quanto à marcação das férias, incorrendo, caso contrário, numa contra-ordenação leve (art. 15.º, n.º 3). Todavia, neste caso, por falta de danos, dificilmente existirá responsabilidade civil para com o trabalhador, uma vez que, não havendo acordo, cabe à entidade patronal marcar unilateralmente o período de férias. Este tipo de situações (entre várias outras) justifica, *de iure constituendo*, a genérica consagração da possibilidade de arbitrar uma indemnização punitiva (*punitive damages*[110], como forma de reafirmar os valores do ordenamento jurídico, punindo o infractor e beneficiando aquele que, mesmo sem sofrer danos, viu o seu direito violado[111].

A marcação unilateral tem o âmbito restringido, podendo apenas compreender datas entre 1 de Maio e 31 de Outubro, salvo diferente regra em instrumento de regulamentação colectiva, ou acordo com os representantes dos trabalhadores (art. 8.º, n.º 3). Esta última possibilidade carece de cuidada interpretação tanto quanto à *comissão de trabalhadores*, como na parte em que prevê o acordo com a *comissão sindical* ou *intersindicatos* ou com os *delegados sindicais*.

A comissão de trabalhadores, eleita por voto directo e secreto dos trabalhadores permanentes da empresa, segundo o princípio da representação proporcional[112], representa-os a todos, com excepção dos contratados a termo, pelo facto de, atendendo à letra, não terem capacidade eleitoral, quer activa, quer passiva[113]. Se esta interpretação literal for observada, o acordo quanto às férias não pode abranger quem labora a termo, por falta de representatividade da comissão de trabalhadores.

Por seu lado, a representação sindical apenas abrange parte dos trabalhadores. Com efeito, os delegados sindicais são eleitos por voto directo e secreto, nos termos dos estatutos do respectivo sindicato (art. 29.º, n.º 1, da Lei Sindical), devendo respeitar-se o princípio da democracia sindical, estabelecido no artigo 17.º, n.º 1, segundo o qual todo o sócio tem o direito de eleger e ser eleito, sem prejuízo de eventuais requisitos de idade

---

[110] A expressão, em inglês, apenas se utiliza no plural (o singular, *damage*, tem diferente sentido).

[111] Sobre este tipo de responsabilidade civil, *v. infra*, a propósito do art. 13.º, p. 130 e s..

[112] Art. 2.º, n.º 1, da Lei n.º 46/79, de 12 de Setembro, com alterações.

[113] Pode colocar-se em dúvida este sentido da expressão "trabalhadores permanentes", tal como a sua eventual inconstitucionalidade: cfr. *As comissões de trabalhadores e o controlo de gestão — Guia prático*, relatado por BARROS MOURA, editado pela CGTP-IN e Edições Alavanca, Lisboa, 1979, p. 159 e s.

e de tempo de inscrição[114]. Apenas participando nesta eleição os trabalhadores sindicalizados[115], o acordo só a eles vincula porque, quanto aos outros, os delegados sindicais carecem totalmente de representatividade. Assim, também esta parte do preceito carece de interpretação restritiva, sistematicamente apoiada no *princípio da filiação*, consagrado no artigo 7.º da LRCT. Quanto aos sindicalizados que não tenham a idade mínima estabelecida nos estatutos (em princípio, dezoito anos) ou careçam de tempo suficiente de inscrição (normalmente, um ano), deve entender-se que são validamente representados pelo sindicato, embora tenham uma temporária e justificada *capitis deminutio*.

Por outro lado, a falta de acordo implica a marcação de todos os dias de forma consecutiva, uma vez que o artigo 8.º, n.º 6, consagra o consenso o como condição da marcação interpolada. Vale aqui, de forma ilimitada, o *princípio da continuidade*[116].

Caso o trabalhador, na data prevista para o início das férias, esteja "temporariamente impedido por facto que não lhe seja imputável", nomeadamente devido a doença, cabe à entidade patronal, na falta de consenso, marcar novamente o período de repouso, mas agora para qualquer altura do ano (art. 9.º, n.º 3). Terminando o impedimento antes de esgotado o período de férias inicialmente marcado, os dias restantes devem gozar-se, alterando-se os iniciais de acordo com as regras acabadas de enunciar (art. 9.º, n.º 4).

O empregador tem o direito de antecipar o período de férias para a data imediatamente anterior à prevista para a cessação do contrato quando esta depende de aviso prévio (art. 9.º, n.º 5). Estão em causa não apenas as situações em que a iniciativa da cessação parte do trabalhador, como é o caso da rescisão permitida pelos artigos 38.º e 52.º, n.º 5, da LCCT, mas ainda todos os casos de cessação com aviso prévio por iniciativa do empregador. Neste grupo encontram-se o *despedimento colectivo*, a *extinção de postos de trabalho* (respectivamente arts. 16.º e s. e 26.º e s. da LCCT) e a *cessação do contrato de trabalho por inadaptação do trabalhador* (art. 7.º do Decreto-Lei n.º 400/91, de 16 de Outubro). Acresce ainda a *comissão de serviço* (art. 4.º, n.º 2, do Decreto-Lei n.º 404/91, de

---

[114] O preceito consagra o princípio relativamente aos corpos gerentes, mas deve também aplicar-se à eleição de delegados sindicais, porque se trata apenas da manifestação do genérico princípio da democracia sindical, consagrado no artigo 55.º, n.º 3, da Constituição.

[115] MENEZES CORDEIRO, *Manual de Direito do Trabalho*, cit., p. 495 e s.

[116] JORGE LEITE, *Direito do Trabalho*, vol. II, cit., p. 159 e s.

16 de Outubro) que pode cessar, nos mesmos termos, quer por iniciativa do empregador quer do trabalhador.

O artigo 9.º, n.º 5, para além de estabelecer uma excepção ao princípio do consenso, possibilita ainda que uma decisão unilateral do empregador afecte toda a programação estabelecida, colocando em risco os objectivos inerentes às férias. Por este motivo, a constitucionalidade do conteúdo do preceito foi já questionada, mas, tal como entendeu o Tribunal Constitucional, parece que "a cessação do contrato de trabalho constitui uma alteração excepcional de circunstâncias atendível e que, pela própria extinção do vínculo laboral, se tornará impossível conseguir que o gozo das férias na época considerada no respectivo mapa corresponda efectivamente a uma interrupção da prestação de trabalho sem perda de remuneração"[117]. Deste modo, a norma respeita a Constituição, mas já é questionável se estabelece uma boa conciliação dos interesses em presença[118]. Melhor seria restringir esta possibilidade à cessação por iniciativa do trabalhador ou, mantendo a actual redacção, excepcionar as situações em que, cessando o contrato por vontade do empregador, a antecipação cause grave prejuízo ao trabalhador.

A entidade patronal tem o direito potestativo de alterar as férias, adiando o seu início ou interrompendo as já iniciadas, desde que *o funcionamento da empresa imperiosamente o exija*, devendo, todavia, metade do período em causa ser gozado de forma seguida (art. 9.º, n.ºs 1 e 2), mesmo perante qualquer situação muito excepcional ou grave. Os motivos para alterar as férias, ao abrigo deste artigo, só se verificam perante a inexigibilidade do recurso, por parte do empregador, a outras soluções. Desde logo, deve privilegiar-se a contratação a termo ou o recurso ao trabalho temporário. Por outro lado, não pode, em princípio, considerar-se imperiosamente exigido pelo funcionamento da empresa o facto de o empregador, depois da marcação individual, decidir encerrar a empresa, nos termos do artigo 4.º, a não ser que se verifiquem dificuldades económicas e tal decisão se inclua numa estratégia de recuperação. Não se está a pensar, propriamente, na declaração da empresa em situação económica difícil[119], a qual acarreta consequências muito mais gravosas. Todavia, faz sentido utilizar, com alguma flexibilidade, os indícios que podem conduzir a esta declaração, como o incumprimento reiterado de

---

[117] Ac. do TC n.º 64/91, *in* ATC, p. 89 e s., e DR, p. 1978 (10).

[118] O Código Civil italiano estabelece o contrário, no art. 2109, § 3: "Non può essere computato nelle ferie il periodo di preavviso indicato nell'articolo 2118".

[119] Ao abrigo do Decreto-Lei n.º 353-H/77, de 29 de Agosto.

obrigações para com o Estado, a Segurança Social ou o sistema bancário (art. 2.º, al. c)).

Qualquer interpretação do artigo 9.º no sentido de aligeirar os motivos que conferem à entidade patronal direito à alteração das férias pode torná-lo inconstitucional. Valem aqui as considerações feitas no citado Acórdão do TC, segundo as quais, por um lado, não se trata de um direito irrestrito, que permita descansar numa época determinada sem possibilidade de alteração, mas, por outro, a modificação do plano de férias tem de fundar-se em "alteração excepcional de circunstâncias atendível"[120], sob pena de violação do *princípio da necessidade,* consagrado no artigo 18.º da Constituição[121].

Estas alterações motivadas pelo funcionamento da empresa obrigam a indemnizar o trabalhador pelos prejuízos causados. Trata-se de um caso de responsabilidade por factos lícitos, dado que se atribui à entidade patronal um poder, sem possibilidade de oposição por parte do trabalhador, mas conferindo a este, por motivos de justiça, direito a uma indemnização. Aplicam-se os princípios gerais relativos ao ónus da prova dos danos (patrimoniais ou não), que recai sobre o lesado. Atendendo ao facto de se perturbar um direito de grande importância e ainda à dificuldade de provar e avaliar alguns danos (como as perturbações da vida familiar), parece que se devia estabelecer um montante de indemnização (que poderia ser igual ao subsídio das férias alteradas), deixando ao trabalhador a possibilidade de provar danos superiores, e ao empregador a possibilidade de fazer a prova inversa. Devia igualmente prever-se indemnização superior no caso de comportamento abusivo por parte da entidade patronal.

O artigo 12.º estabelece que, caso o trabalhador adoeça durante as férias, estas se suspendem durante esse período, sendo os dias correspondentes à doença marcados pelo empregador, na falta de acordo, para qualquer período do ano (art. 12.º, n.º 1). A entidade patronal deve ser informada da doença e, não se consagrando qualquer prazo, deve sê-lo tão cedo quanto possível, por imposição do princípio da boa fé e por analogia com o artigo 25.º, n.º 2, relativo à justificação de faltas. A *doença* pode derivar de um acidente, tal como, de resto, em matéria de acidentes de trabalho (*v.* art. 6.º, n.º 1, da LAT).

---

[120] *Loc. cit.* De forma análoga, o Tribunal Constitucional italiano exige, para o adiamento das férias para o ano seguinte, "eccezionali, motivate esigenze di servizio": cfr. GIUSEPPE PERA, *Diritto del Lavoro,* 6.ª ed., CEDAM, Pádua, 2000, p. 477.

[121] Cfr. *supra,* nota 22.

O *Direito a Férias* 105

Quando as férias são afectadas por uma licença de maternidade, paternidade ou adopção, ou parental, o respectivo gozo suspende-se, iniciando-se ou retomando-se após o termo da licença[122], o que constitui um regime especial, mais favorável ao trabalhador, porque retira à entidade patronal a possibilidade de marcar as férias para quando entender.

Quanto às situações inversas, em que, por desvio ao princípio do consenso, se pretere a vontade do empregador, saliente-se a situação dos trabalhadores-estudantes, isto é, daqueles que prestam a sua actividade de forma subordinada, através de qualquer tipo de vínculo jurídico, para entidades públicas ou privadas, e que frequentem "qualquer nível do ensino oficial ou equivalente, incluindo cursos de pós-graduação, realização de mestrados ou doutoramentos, em instituição pública, particular ou cooperativa" (art. 2.º, n.º 1, da Lei, n.º 116/97, de 4 de Novembro)[123]. Nestas situações prevalece, na marcação de férias, a vontade unilateral do trabalhador, desde que em conformidade com as suas necessidades escolares, a não ser em caso de incompatibilidade com o plano de férias traçado (art. 6.º, n.º 1, do citado diploma). De qualquer modo, não basta uma incompatibilidade factual, devendo o empregador demonstrar que não lhe é exigível a alteração global, em virtude de graves perturbações ao funcionamento da empresa. Quanto às necessidades escolares, que devem justificar a decisão do trabalhador, revelam-se um critério com pouca utilidade, porque a marcação tanto pode fazer-se para aproveitar dias de estudo, como para descansar durante as férias escolares. Prevalece ainda a vontade unilateral do trabalhador-estudante, sem qualquer limitação específica, quanto à marcação interpolada de quinze dias, salvo incompatibilidade resultante do encerramento do estabelecimento ou serviço, nos termos do artigo 4.º, n.º 2, da LFFF.

---

[122] Art. 22.º, al. *a)*, do Decreto-Lei n.º 230/2000, de 23 de Setembro.

[123] Nos termos do n.º 3 deste preceito, a situação de desemprego involuntário não retira o estatuto de trabalhador-estudante, mas este conceito alargado é, obviamente, irrelevante em termos laborais.

VIII. O PRINCÍPIO DA NÃO PENALIZAÇÃO REMUNERATÓRIA. O SUBSÍDIO ADICIONAL

a) Introdução

"A retribuição correspondente ao período de férias não pode ser inferior à que os trabalhadores receberiam se estivessem em serviço efectivo e deve ser paga antes do início daquele período", segundo o artigo 6.º, n.º 1, o qual, apesar de aparentemente muito claro, tem suscitado várias dúvidas e divergências quanto à sua aplicação.

Literalmente, ter-se-ão que determinar, mediante um juízo *hipotético* de *prognose* ou de apreciação *ex-ante*, os montantes que o trabalhador receberia caso estivesse ao serviço, averiguando, de seguida, os que não constituem retribuição, de acordo com os artigos 82.º e seguintes da LCT (dado presumir-se, nos termos do n.º 3 deste artigo, o carácter retributivo de todas as prestações efectuadas pela entidade patronal). Juízo de apreciação *ex-ante*, porque a remuneração deve ser paga antecipadamente (art. 6.º, n.º 1), e *hipotético*, porque se baseia no que presumivelmente aconteceria, em termos de remuneração, caso o trabalhador estivesse a desenvolver a actividade.

Importa realçar, neste momento, duas notas. A primeira para dizer que o compreensível objectivo do legislador consiste em que as férias não introduzam qualquer diminuição no salário anual, não podendo o trabalhador, como foi salientado pelo Supremo Tribunal de Justiça, "ser penalizado em termos retributivos relativamente à parte correspondente à actividade que não pode desenvolver"[124] em virtude do gozo de férias. O *princípio da não penalização remuneratória* significa, assim, que em termos de contrapartida pelo trabalho, *tudo se passa como se não existisse tempo de repouso*. Trata-se de uma regra imperativa quanto ao mínimo, garantindo apenas a ausência de impacto negativo patrimonial, nada obstando a que se retribua o período de férias com acréscimo. Tal, contudo, não faz grande sentido nem é usual, aparecendo todos os benefícios, para além do salário, integrados no subsídio de férias. A segunda nota para dizer que (como a seguir se ilustra a propósito das retribuições baseadas no desempenho profissional), avaliando-se a situação através de um juízo *ex-ante*, este assume carácter de provisoriedade, devendo fazer-se correcções *a posteriori* se os parâmetros de cálculo vierem a revelar-se infundados.

---

[124] Ac. de 11 de Dezembro de 1996, p. 264.

Se as ideias acabadas de expressar não levantam grandes problemas quanto à *retribuição certa* (art. 84.º, n.º 1, da LCT), já a *retribuição variável* revela-se muito mais complexa, por se calcular atendendo a factores diferentes do tempo de trabalho (art. 84.º, n.º 1 e 2, da LCT) como, *v. g.*, o desempenho profissional. Concretamente, as controvérsias surgem muitas vezes associadas aos prémios de produtividade ou, especificamente, aos prémios estabelecidos em função do volume de vendas (designadas, habitualmente, por *comissões*, apesar de estranhas ao contrato com o mesmo nome, regulado nos arts. 266.º e s. do CCom).

Normalmente, quando a situação apresenta contornos mais difíceis, a jurisprudência calcula a remuneração durante as férias com base na "retribuição média mensal auferida no ano anterior"[125], de acordo com o chamado *Lebensstandardprinzip*[126]. Trata-se, sem dúvida, de uma boa solução porque, desde logo, revela-se suficientemente prática, não levantando grandes problemas na sua aplicação e, por outro lado, é a única que permite, em certas situações, alcançar resultados justos, atendendo à globalidade do sistema jurídico-laboral.

Todavia, esta solução apresenta um aspecto negativo, que não permite considerá-la como resposta absoluta. Em primeiro lugar, não encontra, como se viu, apoio na letra do artigo 6.º, n.º 1, carecendo de diversa fundamentação normativa. Em segundo lugar, recorrendo apenas ao cálculo da média, o resultado a que se chega apresenta-se, em algumas situações, injusto e desconforme com o princípio da não penalização remuneratória consagrado neste preceito. Comece-se por este ponto.

Imagine-se que alguém trabalhou, no último ano, a tempo parcial, recebendo quarenta contos por mês e, no início de Janeiro, o contrato alterou-se para tempo integral, mediante a contrapartida de cento e cinquenta contos. O gozo do mês de férias no ano da alteração contratual, remunerado pela média, originaria um salário de quarenta contos. Deste modo, o período de repouso traduzir-se-ia numa perda salarial que o legislador não permite, em virtude do artigo 6.º, n.º 1. Igualmente se passam as coisas se, integrando a remuneração uma percentagem de vendas, a actividade da empresa tiver sido muito reduzida no ano anterior e, no ano em que as férias se efectivam, o volume de vendas for consideravelmente mais ele-

---

[125] Cfr. Acs. do STJ de 27 de Setembro de 1995, p. 273 e s., e de 11 de Dezembro de 1996, p. 262 e s.

[126] Cfr. SÖLLNER, *Grundriß des Arbeitsrechts*, 12.ª ed., Vahlen, Munique, 1998, p. 283, e ZÖLLNER/LORITZ, *Arbeitsrecht*, 5.ª ed., Beck, Munique, 1998, p. 214.

vado. Também aqui, o cálculo da média violaria o princípio da não penalização, tal como consagrado na LFFF.

Todavia, como acima se disse, o cálculo da média conduz muitas vezes à única solução aceitável (para além de prática). Basta inverter os exemplos apresentados. Assim, se o contrato de tempo integral no ano 2000 passar para tempo parcial em 2001, mediante um terço da retribuição, não é justo aplicar o juízo de prognose hipotética tal como literalmente consagrado no artigo 6.º. Com efeito, as férias reportam-se ao ano anterior (2000) quando o salário era o triplo e, por outro lado, o descanso proporcionado em 2001 deve servir para o trabalhador recuperar do esforço despendido em 2000, para o que é mais adequado o salário três vezes mais alto (em virtude do trabalho três vezes mais intenso). Acresce que, se se reparar, caso o contrato tivesse cessado no fim de 2000 (sem que, por um lado, as férias se tivessem vencido e, por outro, sem qualquer alteração contratual), o trabalhador receberia o salário relativo às férias segundo o artigo 10.º, n.º 1, nos termos do contrato a tempo integral.

Avalie-se ainda um exemplo de remuneração variável, com idêntica ponderação de interesses. Imagine-se que a parte variável da retribuição, em virtude do mercado, oscila entre um mínimo de cinquenta e um máximo de duzentos contos. Se se interpretasse à letra o artigo 6.º, n.º 1, a remuneração durante as férias variava fortemente de acordo com o momento em que estas fossem marcadas. Isso revelar-se-ia particularmente injusto, por tornar aleatório o montante em causa, cuja importância para a consecução dos objectivos das férias não é necessário sublinhar. Tal injustiça ainda se torna mais evidente se se pensar que, em princípio, os meses em que este prémio de produtividade é maior correspondem a períodos de maior esforço. Quem gozasse férias nestes momentos sairia duplamente beneficiado, trabalhando menos e recebendo maior subsídio, acontecendo o inverso com quem descansasse no mês de menos actividade. Por último, esta solução poderia permitir ao empregador beneficiar patrimonialmente alguns trabalhadores e prejudicar outros. Tudo prova que, nestas situações, apenas o cálculo da média pode conduzir a soluções sistematicamente defensáveis.

Demonstrado que o cálculo do salário com base na média das remunerações anteriores, não estando expressamente previsto no preceito que regula a matéria, conduz, em alguns casos, à única solução defensável mas, noutros, a resultados que contrariam o sistema jurídico, urge responder a duas perguntas: como fundamentar, no direito positivo, o cálculo do salário durante as férias com base na referida média e como evitar, simultaneamente, os efeitos injustos a que esta solução pode por vezes dar origem?

b) **A média dos salários anteriores e o juízo de prognose**

Comece por se fazer, primeiramente, uma pequena precisão. Tem-se falado em média das remunerações *do ano anterior*, por tal constituir a regra, mas o período de tempo relevante, por vezes, difere. A forma habitual de calcular a média faz sentido quando as férias dizem respeito, como normalmente acontece, ao ano transacto (art. 2.º, n.º 2). Todavia, quando se verificam excepções à *segunda vertente* do *princípio da anualidade*[127] e as férias dizem respeito ao próprio ano, a média deve calcular-se, obviamente, com base nas remunerações desse mesmo ano. Assim, no exemplo referido em que o contrato cessa no fim do ano 2000, e o direito se vence nos termos do artigo 10.º, n.º 1, ou quando a actividade se inicia no primeiro semestre e, nos termos do artigo 3.º, n.º 3, se vencem oito dias úteis no ano da admissão, o direito calcula-se por referência ao próprio ano. Para que todas as situações possam ser contempladas é necessário, assim, calcular a média relativamente ao período em que o direito se formou, designado por *período de referência*.

Quanto à fundamentação positiva do pagamento com base na média, poderia pensar-se em encontrá-la na LCT. Com efeito, o artigo 84.º, n.º 2, estabelece que "para determinar o valor da retribuição variável tomar-se-á como tal a média dos valores que o trabalhador recebeu ou tinha direito a receber nos últimos doze meses ou no tempo da execução do contrato, se este tiver durado menos tempo". A aplicação desta regra, contudo, oferece dificuldades.

Em primeiro lugar, o preceito apenas se refere à parte variável da retribuição e, para o cálculo dos montantes a pagar durante as férias, torna-se necessário entrar igualmente em linha de conta com a parte fixa da remuneração, a qual varia de acordo com o tempo de trabalho. Assim, o trabalho suplementar, quando habitualmente efectuado, integra a remuneração durante as férias, necessitando de um cálculo em termos médios. Deste modo, o próprio artigo 84.º, n.º 2, da LCT, carece de interpretação extensiva.

Por outro lado — aparentemente mais problemático —, a intenção do artigo 84.º, n.º 2, da LCT, desde a sua redacção originária, não parece ligada ao cálculo da retribuição durante as férias, uma vez que o artigo 62.º, n.º 1, da LCT estabelecia, de forma semelhante ao artigo 6.º, n.º 1, da LFFF, que "a retribuição aos trabalhadores durante as férias não pode ser inferior à que perceberiam se estivessem efectivamente em serviço...", não

---

[127] *V. supra.* p. 83 e s.

fazendo qualquer referência, pois, ao respectivo cálculo com base na média.

O âmbito do artigo 84.º, n.º 2, é tipicamente diverso, tendo tido, aquando da redacção originária da LCT, grande campo de aplicação. Por exemplo, na situação em que um contrato cessava por denúncia, sem justa causa nem aviso prévio (art. 98.º, n.º 2), a indemnização a pagar pelo denunciante calculava-se com base em toda a retribuição (fixa e variável), nos termos do artigo 109.º, n.º 1, implicando a parte variável, obviamente, o apuramento da média[128]. Igualmente, no caso de denúncia unilateral com aviso prévio, nos termos do artigo 107.º da LCT, havia lugar a uma indemnização por antiguidade, calculada com base em todo o salário[129].

Hoje, a regulamentação desta matéria é dificilmente comparável — como se sabe —, em virtude do princípio da segurança no emprego, mas, quanto ao ponto em análise (indemnização calculada a partir do salário), não se toma em conta toda a remuneração mas apenas o salário-base (art. 13.º, n.º 3, da LCCT), tornando o artigo 84.º, n.º 2, irrelevante neste ponto. Todavia, ele mantém aplicação directa em muitas situações.

Assim, se, por exemplo, um trabalhador tem direito a uma determinada percentagem do volume total de vendas da empresa e realiza trabalho nocturno, o cálculo da retribuição deste faz-se tomando em conta a retribuição global e, portanto, a média da parte variável (art. 30.º da LDT). De igual modo se fazem as contas no caso de faltas injustificadas, nos termos do artigo 29.º da LFFF. O mesmo acontece, também, se se admitir a alteração unilateral, pelo empregador, da estrutura da retribuição. Por vezes o empregador pretende, por exemplo, retirar uma percentagem relativa às vendas (*comissão*), integrando o montante no salário-base, porque os produtos da empresa já têm tal notoriedade no mercado que não se justifica incentivar as vendas e, com a subida previsível destas, a retribuição variável tornar-se-ia cada vez mais elevada. Esta alteração da estrutura da retribuição (para quem a admita) implica que se apure, através do cálculo da média, nos termos do artigo 84.º, n.º 2, o montante da retribuição variável a integrar na retribuição fixa[130].

---

[128] O mesmo acontecia no âmbito do art. 6.º da Lei n.º 1952, de 10 de Março de 1937: cfr. Ac. do STA de 10 de Outubro de 1967, p. 1813.

[129] Cfr. BERNARDO XAVIER, com a col. de ALEXANDRE XAVIER, *Regime jurídico do contrato de trabalho anotado*, 2.ª ed., Atlântida, Coimbra, 1972, p. 204.

[130] Como a retribuição variável está incluída nos subsídios de férias e de Natal, estes contam como parcelas, pelo que, em princípio, o quociente da divisão é de catorze: cfr., sobre a situação apresentada em texto, MONTEIRO FERNANDES, *A comissão como ele-*

Deste modo, numa primeira leitura, a interpretação sistemática do artigo 84.º, n.º 2, parece afastá-lo, desde a génese, do cálculo da retribuição durante as férias.

Outra norma importante para sustentar a relevância da média salarial encontra-se no regime do trabalho temporário. O artigo 17.º, n.º 4, da LTT estabelece que "a retribuição das férias e o subsídio de Natal do trabalhador contratado por tempo indeterminado são calculados com base na média das remunerações auferidas nos últimos 12 meses ou no período de execução do contrato, se este tiver durado menos tempo, sem incluir as compensações referidas no número anterior e os períodos correspondentes". Estas compensações respeitam ao tempo em que o trabalhador, por não se encontrar cedido a nenhuma empresa utilizadora, apenas recebe um salário reduzido como contrapartida da sua disponibilidade para ser cedido em qualquer momento. Para além desta última especificidade e de se mandar atender aos últimos doze meses, deve considerar-se que o preceito exprime o princípio geral de que a retribuição durante as férias se apura com base na *média das remunerações de um período de referência* (*Referenzperiodensystem*[131] ou *Bezugszeitraum*[132]). Tal montante, nos termos dos artigos 13.º, n.º 1, e 14, n.º 2, da LCT, constitui um mínimo.

Deste modo, tanto a interpretação extensiva do artigo 84.º, n.º 2, da LCT como a analogia com o artigo 17.º, n.º 4, da LTT permitem considerar a média das remunerações do período de referência como uma das fórmulas de cálculo da remuneração durante as férias, desde que se interprete o artigo 6.º, n.º 1, da LFFF restritivamente, de acordo com argumentos já avançados, mas que importa agora sistematizar de forma conclusiva.

Este último preceito, como se disse, impõe que tudo se passe como se o trabalhador continuasse ao serviço, através de *juízo hipotético* de *prognose*, consagrando o *princípio da não penalização remuneratória*. Ora, por um lado, como é regra em direito do trabalho, trata-se, sem qualquer dúvida, de um preceito imperativo quanto ao montante mínimo, apenas tendo de observar-se nessa medida; por outro, a sua interpretação

---

mento da retribuição, *in* "Temas laborais", Almedina, Coimbra, 1984, p. 84. Pela nossa parte, não deve aceitar-se a possibilidade de alteração unilateral da estrutura da retribuição, por constituir uma violação do princípio geral (da maior relevância numa economia de mercado) ínsito no artigo 406.º, n.º 1, do Código Civil, sem que para isso haja permissão legal (ou, sequer, um interesse com tal relevância que a justifique).

[131] Cfr. Söllner, *Grundriß des Arbeitsrechts*, cit., p. 283. Na Alemanha, o período de referência abrange as últimas treze semanas, nos termos do § 11 (1) da BUrlG.

[132] Zöllner/Loritz, *Arbeitsrecht*, cit., p. 213.

restritiva torna-se necessária para salvaguardar, desde logo, a harmonia sistemática.

Assim, se alguém tiver auferido, durante o ano 2000, um salário de duzentos contos, terminando o contrato no fim do ano, recebe, nos termos do artigo 10.º, n.º 1, igual montante quer a título de retribuição quer de subsídio. Verificar-se-ia uma contradição se, caso o contrato se mantivesse com um salário mais baixo, as férias fossem pior remuneradas, por aplicação de uma regra, o artigo 6.º, n.º 1, que pretende garantir um mínimo. A própria aleatoriedade resultante do momento em que o tempo de repouso fosse usufruído também contraria o *princípio da objectivização dos critérios de cálculo do salário*, decorrente do artigo 90.º, da LCT. Este artigo estabelece que a retribuição tem de se encontrar fixada ou resultar das normas aplicáveis ao contrato. Caso contrário, a sua fixação compete ao julgador. Ora, se, por decisão unilateral, o empregador, através da marcação unilateral das férias, fizesse oscilar a remuneração, sem existência de um montante mínimo fixo, contrariava-se o princípio ínsito neste artigo 90.º da LCT. Igualmente, o facto de o descanso nos períodos de menor trabalho gerar um menor rendimento, verificando-se o contrário com o descanso nas épocas de maior actividade, violaria frontalmente o princípio que faz corresponder salário igual a trabalho igual, consagrado tanto na Declaração Universal dos Direitos do Homem (artigo 23.º, n.º 2)) como, directamente, no artigo 59.º, n.º 1, al. *a*), da Constituição da República Portuguesa. Com efeito, quem mais trabalhasse, por permanecer na empresa nas alturas de maior actividade, menos receberia (porque o salário de férias, pago em dobro, seria mais baixo).

Tudo leva, portanto, a uma interpretação restritiva do artigo 6.º, n.º 1, o qual se aplica apenas na exacta medida em que se encontra teleologicamente justificado: como garantia de um montante mínimo. Saliente-se, de todo o modo, que encontra inúmeras vezes aplicação, porque, caso não fosse assim, através do simples cálculo da média, em muitas situações prejudicar-se-ia o trabalhador pelo facto de gozar o período de repouso, violando-se o mínimo legal. Para além das situações acima exemplificadas, em que o contrato passou para tempo integral ou em que no ano anterior a actividade da empresa foi muito reduzida, o simples cálculo da média produziria, em muitos outros casos, resultados desajustados. Com efeito, normalmente verificam-se quer promoções, quer simples aumentos do salário, pelo menos nominais, no início de cada ano.

Concluindo, o cálculo da média do período de referência apenas se aplica quando origine um montante superior àquele que o trabalhador receberia se estivesse ao serviço efectivo. O princípio da não penalização

O salário durante as férias tem, assim,
uma *dupla limitação mínima*: a *média do período de referência* e a *remuneração hipotética*.

Esta solução complexa e à qual se chega apenas por interpretação revela-se a única justa, dentro dos dados normativos do sistema. Idêntica resposta encontrou o legislador francês, de forma muito clara, em virtude das distorções a que o simples cálculo da média conduzia. Hoje, estabelece-se no artigo L. 223-11 do CT que "l'indemnité afférente au congé prévu par l'article L. 223-2 est égale au dixième de la rémunération totale perçue par le salarié au cours de la période de référence", para acrescentar que "toutefois...ne peut être inférieure au montant de la rémunération qui aurait été perçue pendant la période de congé si le salarié avait continué à travailler"[133].

Deste modo, o cálculo da média, apesar da sua vantagem prática, não prescinde do cálculo dos montantes "que os trabalhadores receberiam se estivessem em serviço efectivo". Para se chegar a este último valor tanto se pode partir da média como da última remuneração (critério acolhido pelo legislador francês), aplicando ao valor encontrado a ponderação das previsíveis e hipotéticas diferenças durante o tempo de gozo de férias.

Em todas as situações de retribuição variável torna-se muito difícil o juízo de apreciação *ex-ante* e *hipotético*. Apesar destas dificuldades, não deve colocar-se em causa o critério e muito menos se pode colocar em dúvida que os montantes variáveis, constituindo retribuição nos termos do artigo 82.º, n. 2, da LCT, são devidos durante as férias, integrando também o respectivo subsídio[134]. Nestas situações também a parte variável da remuneração não pode ser inferior, durante as férias, como se disse, àquilo que o trabalhador obteria se se encontrasse, nesse período de tempo, ao serviço. Deve recorrer-se a todos os elementos, tais como a produtividade na mesma altura em anos anteriores, nos meses imediatamente anteriores, ou à comparação com outros trabalhadores. Todos os valores referidos devem ponderar-se com factores que influenciem a actividade, como a variação previsível da clientela ou o tipo de tarefas a desempenhar nesse tempo. Mas o juízo *ex-ante* apenas fornece uma aproximação ao montante do salário (e do próprio subsídio de férias), o qual deverá corrigir-se, mais tarde, caso os parâmetros do seu cálculo se revelem infundados. Assim, paga a retribuição no pressuposto de que as vendas seriam iguais às do ano

---

[133] V. Jean-Claude Javillier, *Droit du Travail*, 7.ª ed., Librairie Générale de Droit e de Jurisprudence, Paris, 1999, p. 496 e s.

[134] Neste sentido, Ac. do STJ de 11 de Dezembro de 1996, p. 264.

anterior e de que o trabalhador contribuiria com 10% para a totalidade dos contratos celebrados, se vier a verificar-se que, por circunstâncias imprevistas de mercado, foram o dobro, far-se-á posteriormente o correspondente acerto.

Importa agora analisar o *subsídio de férias*, que é, nos termos do artigo 6.º, n.º 2, igual ao montante da retribuição durante as mesmas. Quanto ao quantitativo do subsídio, o *princípio da não penalização remuneratória* não faz o mesmo sentido. Não pode pretender-se que o subsídio deixe a remuneração intocada como se não houvesse férias, porque vai, por definição, acrescer a essa remuneração. Deve assim, à partida, obedecer fundamentalmente à teleologia do instituto, ao genérico objectivo de garantia de um nível mínimo de qualidade de vida, e ao princípio da igualdade, não introduzindo discriminações arbitrárias.

Mas o n.º 2 do artigo 6.º, ao configurar o montante do subsídio igual à retribuição durante as férias, leva a que o princípio da não penalização remuneratória se aplique por efeito de espelho. Deste modo, as considerações feitas a propósito do salário valem também — como, de resto, se foi dizendo — quanto ao subsídio.

Em face das considerações tecidas, verifica-se que tanto o cálculo da remuneração como o do próprio subsídio se tornam, em algumas situações, particularmente difíceis, motivando conflitos e custos acrescidos para as empresas. Em virtude destas dificuldades, os instrumentos de regulamentação colectiva, por vezes, contêm regras com vista à simplificação. A cláusula 102.ª, n.º 3, do "ACT bancário", por exemplo, estabelece que o subsídio corresponde à "maior retribuição mensal efectiva" no ano do gozo das férias, o que, geralmente, por ser mais favorável aos trabalhadores, prevalece sobre a norma legal[135]. Todavia, sempre que a aplicação de regras com este conteúdo diminua o subsídio (ou o salário) relativamente aos critérios legais acima enunciados, passa a reger a LFFF. Assim, se no ano em que as férias são fruídas o contrato é alterado para tempo parcial, a citada regra colectiva não prevalece caso gere — como em regra acontecerá — uma diminuição do valor.

·c) **Eventuais limitações**

O artigo 6.º, n.º 1, tem sido restritivamente interpretado, considerando que algumas prestações, vencendo-se a título de retribuição quando

---

[135] Nos termos dos arts. 13.º, n.º 1, da LCT, e 6.º, n.º 1, al. *c*), da LRCT: *vide supra*, sobre a supletividade da LFFF, p. 75 e s.

O Direito a Férias

o trabalhador presta a actividade, não integram a remuneração durante as férias, em virtude de assumirem uma finalidade específica, alheia a este tempo de descanso[136]. O subsídio de refeição costuma apresentar-se como exemplo, com o argumento de que, apesar do seu carácter remuneratório, tem uma ligação específica com a prestação do trabalho, não se justificando na ausência deste[137].

O artigo 6.º, n.º 2, ao consagrar um subsídio de montante pelo menos igual ao da remuneração, tem sido também objecto de interpretação restritiva, por duas vias. Por um lado, os montantes excluídos da remuneração, ao abrigo do raciocínio anteriormente exposto, são igualmente excluídos deste subsídio. Por outro lado, acrescenta-se que, por vezes, alguns montantes pagos durante as férias a título de retribuição não se devem duplicar, não integrando, deste modo, o subsídio, apontando como exemplo a verba destinada ao pagamento, total ou parcial, da renda de casa.

Importa avaliar toda esta teoria limitativa. Antes de mais, não deve esquecer-se que tais soluções decorrem de uma interpretação restritiva do artigo 6.º, n.ºs 1 e 2, a qual apenas pode ter cabimento em virtude de claros argumentos nesse sentido. Na dúvida, como salienta ROMANO MARTINEZ[138], os montantes pagos pelo empregador consideram-se retribuição, integrando-a durante as férias, tal como o respectivo subsídio. O critério legal, sendo discutível, não se filia no facto de uma determinada prestação se justificar durante as férias ou se justificar apenas em singelo. Não pode, todavia, excluir-se a interpretação restritiva quando solidamente fundamentada, sem esquecer, como parâmetro fundamental, a intenção legislativa de que dê entrada no património do trabalhador o dobro das prestações normalmente atribuídas — segundo as fórmulas acima descritas — para se atingir o objectivo fundamental, atrás enunciado, da recuperação física e psíquica e quebra da rotina diária. Nesta perspectiva, por exemplo, o Supremo Tribunal de Justiça decidiu que o pagamento de uma ou duas horas de trabalho suplementar por dia, a determinado trabalhador ou categoria, quando habitual, integra o conceito de retribuição, nos termos dos artigos 82.º e 86.º, segunda parte, da LCT, devendo manter-se durante o tempo de descanso[139]. Por outro lado, a regulamentação especial do contrato de trabalho doméstico (LTD) estabelece expressamente que o valor do alojamento e da alimentação integram o salário durante as férias, em

---

[136] ROMANO MARTINEZ, *Direito do Trabalho*, vol. II, 1.º tomo, cit., p. 309 e s.

[137] V., por exemplo, o citado Ac. do STJ de 27 de Setembro de 1995.

[138] *Direito do Trabalho*, vol. II, 1.º tomo, cit., p. 310.

[139] Ac. de 12 de Fevereiro de 1992, p. 365 e s.

116   *Estudos do Instituto de Direito do Trabalho*

princípio através da sua conversão em dinheiro (art. 17.º, n.º 2), e o respectivo subsídio (art. 18.º).

O objectivo do descanso implica ainda que, mesmo suspenso um contrato (ou reduzido o período normal de trabalho) em regime de *lay-off*[140], com redução do salário (arts. 6.º e 12.º) e do subsídio de Natal (art. 9.º), o subsídio de férias não sofra qualquer redução, mantendo-se igual ao "devido em condições normais de trabalho" (art. 8.º, n.º 2, da LSRT)[141].

Por fim, a redução do período de férias para compensar faltas que determinem perda de retribuição não prejudica o salário e o subsídio de férias (art. 6.º, n.º 3). Quanto à não redução da retribuição, resulta do próprio objectivo do artigo 28.º, n.º 2, ao permitir a compensação. A conservação do subsídio de férias compreende-se porque, caso contrário, não haveria verdadeira compensação, mas renúncia ao subsídio. Não obstante, relativamente aos dias de descanso prejudicados pela compensação, o subsídio não serve para atingir os típicos objectivos das férias.

IX. O PRINCÍPIO DO VENCIMENTO ANTECIPADO

Como já se referiu, a retribuição correspondente às férias deve pagar-se antes do seu início (art. 6.º, n.º 1)[142]. Deste modo, o gozo do tempo de repouso introduz necessariamente alterações na habitual rotina dos pagamentos, resultante de várias regras, nomeadamente do artigo 93.º da LCT. Mas, na prática, as empresas não costumam respeitar, relativamente ao salário, o princípio do vencimento antecipado.

Quanto ao subsídio, não se diz expressamente no n.º 2 do artigo 6.º que o mesmo deve pagar-se antes de iniciado o período de descanso. Todavia, tanto a interpretação teleológica como sistemática conduzem, sem qualquer dúvida, a esse resultado, pelo que o princípio do vencimento antecipado encontra também aqui consagração. De forma algo contraditória com a descrita situação salarial, apesar de a antecipação não estar consagrada de forma expressa quanto ao subsídio, este montante costuma ser pago antecipadamente.

---

[140] Capítulo III do Decreto-Lei n.º 398/83, de 2 de Novembro (LSRT).

[141] Neste sentido, Ac. da Relação de Évora de 16 de Janeiro de 1990, p. 315 e s. Sobre a matéria, incluindo o ponto em análise, ROMANO MARTINEZ, *Direito do Trabalho*, vol. II, 2.º t., p. 105 e s.

[142] O § 11 (2) da BUrlG estabelece, igualmente, que "das Urlaubsentgelt ist vor Antritt des Urlaubs auszuzahlen".

A violação deste princípio não está directamente tipificada como contra-ordenação (*v.* art. 15.º), pelo que apenas, eventualmente, se poderá encontrar uma reacção de direito público no âmbito do artigo 13.º, na medida em que este declara ilícita a obstaculização, por parte do empregador, do gozo das férias nos termos previstos na LFFF. Por seu lado, o artigo 15.º, n.º 1, *in fine*, tipifica a violação do artigo 13.º como contra-ordenção grave.

Quanto ao exacto âmbito do artigo 13.º, remete-se para o *princípio da realização ou da efectivação* (*infra*), interessando aqui focar apenas alguns aspectos. Em primeiro lugar, não pode fazer-se uma interpretação literal, no sentido de qualquer falta por parte da entidade patronal, relativamente às suas obrigações, constituir um obstáculo a que as férias se concretizem *segundo a LFFF*. Têm-se aqui em vista comportamentos ilícitos do empregador que impedem a efectivação do período de repouso. Estão neste caso, como se especificará no local próprio, não só uma eventual ordem no sentido de não se gozar o período de férias, como a celebração de um acordo nesse mesmo sentido, ou a pura e simples não marcação das mesmas (nomeadamente não elaborando o respectivo mapa). Já, por exemplo, a inviabilização, sem motivo, do gozo das férias em simultâneo pelos cônjuges, nos termos do artigo 8.º, n.º 5, constituindo um obstáculo ao gozo das mesmas segundo a LFFF, não é abrangida pelo artigo 13.º. Este vale apenas, como se disse, para situações em que um comportamento do empregador impossibilita a efectivação do período de descanso.

Dito isto, não pode contudo concluir-se precipitadamente que o desrespeito do princípio da antecipação está excluído do âmbito do artigo 13.º. Com efeito, a antecipação retributiva, relativamente à concessão das férias, constitui um dever secundário[143] particularmente importante e cujo incumprimento pode inviabilizar de forma absoluta a obrigação principal. Nesta eventualidade, o desrespeito pelo princípio da antecipação integra-se no âmbito do artigo 13.º, mas tudo depende da prova de que a não antecipação inviabilizou do gozo das férias, levando nomeadamente o trabalhador a procurar outra actividade remunerada para compensar a falta da prestação com que (legitimamente) contava. Só no caso de estes pressupostos se verificarem é possível integrar a situação no artigo 13.º.

---

[143] Sobre esta noção *v.* ANTUNES VARELA, *Das Obrigações em geral*, vol. I, 9.ª ed., Almedina, Coimbra, 1996, p. 124 e s.; ALMEIDA COSTA, *Direito das Obrigações*, 8.ª ed., Almedina, Coimbra, 2000, p. 66 e s., e RUI DE ALARCÃO *Direito das Obrigações*, texto escrito por colaboradores, polic., Coimbra, 1983, p. 66. Com especial importância para a relativização, pressuposta no texto, entre deveres principais e secundários, MENEZES CORDEIRO, *Da boa fé no Direito Civil*, vol. I, Almedina, Coimbra, 1984, p. 590 e s.

X. O PRINCÍPIO DA REALIZAÇÃO OU DA EFECTIVAÇÃO. A IRRENUNCIABILIDADE

Tem sido defendido que o princípio da irrenunciabilidade se apresenta como um dos mais importantes em matéria de férias[144], mas não seguimos esta ideia, por duas ordens de razões. Por um lado, a *irrenunciabilidade*, expressamente prevista no artigo 2.º, n.º 4, apenas configura uma expressão parcial do *princípio*, mais vasto, *da realização ou da efectivação*. Isto porque o legislador, mais do que proibir a renúncia, estabelece normas no sentido de que os dias de férias correspondam a um efectivo descanso. Por outro lado, a renúncia "efectiva-se através de uma declaração unilateral, em que o titular de um direito exprime a vontade de abdicar dele, sem o atribuir ou ceder a outrem"[145]. Ora, parece que a generalidade de situações de renúncia caem no âmbito de um acordo com o empregador (mesmo tácito) no sentido de trabalhar durante as férias, pelo que a vontade unilateral apenas marginalmente pode fazer sentido. É preferível, por isso, falar em *indisponibilidade*[146] do direito para abranger a generalidade das situações.

a) **Excepções**

Dúvidas não existem de que se trata de um direito subjectivo particularmente limitado, sendo obrigatório o seu efectivo exercício, através da inacção laboral do trabalhador[147]. Deste modo, não se pode exercer outra actividade remunerada durante o tempo de repouso, excepto nas situações de pluri-emprego, em que as férias podem não ser marcadas simultaneamente, ou, fora destes casos, com autorização da entidade patronal (art. 14.º, n.º 1). Ambas as ressalvas levantam problemas.

Por um lado, ao permitir que, nas situações de pluri-emprego, possa não existir um único dia de coincidência entre os dias de descanso relativos às várias ocupações, restringe-se fortemente o objectivo de possibilitar um corte com a rotina diária.

---

[144] A irrenunciabilidade está consagrada, inclusivamente, no art. 36, § 3, da Constituição da República Italiana.

[145] HENRIQUE MESQUITA, *Obrigações reais e ónus reais*, Almedina, Coimbra, 1990, p. 209, nota 131.

[146] Assim, JORGE LEITE, *Direito do Trabalho*, vol. II, cit., p. 157.

[147] O mesmo princípio resulta do § 8 (*Erwerbstätigkeit während des Urlaubs*) da BUrlG.

O Direito a Férias

Já a segunda ressalva permite, na prática, uma forma mitigada de disposição das férias por acordo entre o trabalhador e o empregador, pelo que se trata de solução ainda mais criticável do que a primeira, que só pode justificar-se pelo facto de o trabalho durante as férias ser importante ou mesmo fundamental para garantir um rendimento necessário, em virtude dos baixos salários praticados no nosso país[148]. Todavia, não parece adequado colocar na dependência da vontade do empregador um direito constitucionalmente consagrado, análogo aos direitos, liberdades e garantias, embora se reconheça que ele pode ter interesse no seu efectivo exercício. De qualquer modo, a autorização não é válida se o trabalho for prestado ao mesmo empregador[149], mesmo em funções ou empresas diferentes. Esta situação violaria o espírito da lei e contrariaria o artigo 2.º, n.º 4. Na realidade, se, por exemplo, o acordo valesse para empresas em relação de grupo, facilitar-se-ia a substituição de férias por trabalho remunerado, frustrando-se importantes interesses de ordem pública. Em França estabelece-se expressamente, no artigo D. 223-1 do CT, que "l'employeur qui occupe pendant la période fixée pour son congé légal un salarié à un travail rémunéré, même en dehors de l'entreprise, est considéré comme ne donnant pas le congé légal...".

De qualquer modo, seria melhor possibilitar o trabalho durante as férias, para diferente empregador, sem necessidade de autorização, mas apenas nas situações em que motivos económicos evidenciassem não ser razoável exigir a inactividade, o que se avaliaria caso a caso, atendendo à situação do trabalhador e do agregado familiar.

O direito a férias é *indisponível*, como se disse, não podendo o gozo, em regra, substituir-se por nenhuma solução alternativa, nomeadamente compensação pecuniária, mesmo com o acordo do trabalhador (art. 2.º, n.º 4, e ainda artigo 12.º da citada Convenção n.º 132 da OIT). Prevê todavia o artigo 4.º (n.ºs 2, 3 e 4) que, nos casos de encerramento da empresa para efeito de férias, quem tenha direito a um período superior ao do fecho possa optar por receber a retribuição e o subsídio de férias correspondentes à diferença, desde que goze quinze dias úteis.

A conformidade desta regulamentação com fontes superiores já foi questionada porque, estabelecendo-se a possibilidade de dispor de parte das férias, isso envolveria uma inconstitucionalidade, se se entendesse que o artigo 59.º, n.º 1, al. *d)*, da Constituição afasta em absoluto aquela solução. Todavia, necessitando o preceito constitucional, como já se disse,

---

[148] Neste sentido, JORGE LEITE, *Direito do Trabalho*, vol. II, cit., p. 163.
[149] Ac. da Relação de Évora de 6 de Novembro de 1990, p. 277 e s.

120 *Estudos do Instituto de Direito do Trabalho*

de concretização legislativa, nada obsta a que o legislador fixe dois mínimos de tempo de férias: um, mais curto, indisponível em qualquer circunstância; outro, mais longo, disponível quando se verifiquem certos pressupostos justificativos de uma limitada abdicação das férias. Deve, assim, a norma considerar-se conforme com a Constituição, dado não afectar o período mínimo necessário para satisfazer os interesses que as férias pretendem garantir[150].

Por outro lado, estabelecendo-se expressamente na citada Convenção n.º 132 da OIT a necessidade absoluta de se efectivar o descanso correspondente ao período mínimo de 21 dias de calendário (conjugação do art. 3,º n.º 3, com o art. 12.º), e atendendo a que estas normas vigoram na ordem jurídica portuguesa com valor supralegal[151], a renúncia não pode atingir esse mínimo. Dada a forma como os dias úteis são contados, também aqui não se verifica qualquer desconformidade[152] capaz de atingir o preceito[153].

Fora das situações excepcionalmente previstas na lei, o acordo de substituição das férias por qualquer compensação constitui contra-ordenação grave (art. 15.º, n.º 1). Por esta responde, nos termos do artigo 4.º do RGCOL, a entidade patronal, a empresa de trabalho temporário e o utilizador e, nos casos de cedência ocasional de trabalhadores, tanto o cedente como o cessionário. Não se prevendo a responsabilidade do trabalhador pelas contra-ordenações — o que, de resto, se compreende pela teleologia deste ramo do ordenamento sancionatório[154] — a renúncia, só

---

[150] Neste sentido, Ac. do TC n.º 64/91, *in* ATC, p. 86 e s., e DR, p. 1978 (8) e s.

[151] No sentido de que o art. 8.º, n.º 2, da Constituição atribui valor supralegal ao direito internacional convencional, JORGE MIRANDA, *Direito Internacional Público*, vol. I, Pedro Ferreira — Editor, Lisboa, 1995, p. 197 e s.; ROMANO MARTINEZ, *Relações entre o direito internacional e o direito interno*, *in* "Direito e Justiça", vol. IV, 1989/1990, p. 171 e s., e *Direito do Trabalho*, vol. I, 3.ª ed., Pedro Ferreira — Editor, Lisboa, 1998, p. 253, e AZEVEDO SOARES, *Relações entre o direito internacional e o direito interno — O problema na Constituição portuguesa de 1976*, *in* "Estudos em homenagem ao Prof. Doutor J. J. Teixeira Ribeiro, vol. II, Coimbra, 1979, p. 35 e s., e *Lições de Direito Internacional Público*, 4.ª ed., Coimbra Editora, Coimbra, 1988, p. 97 e s.

[152] Qualificada como *ineficácia* por A. GONÇALVES PEREIRA/FAUSTO DE QUADROS, *Manual de Direito Internacional Público*, 3.ª ed., Almedina, Coimbra, 1993, p. 123, e JORGE MIRANDA, *Direito Internacional Público*, vol. I, cit., p. 208. No sentido da *inconstitucionalidade material*, AZEVEDO SOARES, *Relações entre o direito internacional...*, p. 36, e *Lições...*, cit, p. 99.

[153] Ac. do TC n.º 64/91, p. 86, e DR, p. 1978 (8) e s.

[154] Neste sentido, MONTEIRO FERNANDES, *Direito do Trabalho*, cit., p. 57 e s. Contra, SOARES RIBEIRO, *Contra-ordenações laborais*, Almedina, Coimbra, 2000, p. 55 e s. e 202 e s.

por si, não faz incorrer em contra-ordenação. Mas já há lugar a responsabilidade quando aquele acto esconder um acordo expresso ou tácito com a entidade patronal, o que em princípio sucederá, para a renúncia produzir os seus efeitos. Nesta situação apenas a entidade patronal incorre em contra-ordenação, como se disse.

A suspensão do contrato de trabalho, para além de acarretar excepções ao princípio da anualidade, pode igualmente originar excepções ao princípio da efectivação. Nos termos do artigo 11.º, n.º 1, suspenso o contrato, se não for possível gozar total ou parcialmente as férias já vencidas, há lugar ao pagamento da remuneração e do subsídio respeitantes ao período não gozado. No ano em que cessa o impedimento, retoma-se o sistema de vencimento e de gozo de férias, com as aludidas excepções ao princípio da anualidade.

O n.º 2 do artigo 10.º estabelece uma regra isenta de dúvidas, ao afirmar que a cessação do contrato, na ausência do gozo das férias vencidas no início do ano da cessação (e que dizem respeito ao anterior) confere o direito a receber o montante relativo a esse tempo e o correspondente subsídio. Trata-se da única solução admissível, em virtude de o direito estar vencido no momento da cessação, proporcionando a ausência ao trabalho durante vinte e dois dias úteis, e o crédito, durante esse tempo, relativo ao salário e ao subsídio. Cessado o contrato, coloca-se o trabalhador na situação patrimonial em que estaria se houvesse beneficiado das férias. O período efectivamente não gozado conta-se para efeitos da antiguidade, nos termos do n.º 3 do artigo 10.º, o que reforça a ideia de tudo se passar, para este efeito, como se o trabalhador iniciasse as férias já vencidas no momento em que o contrato termina.

O artigo 10.º, nos n.ºs 2 e 3, apenas ficciona o gozo das férias, não obrigando ao descanso efectivo. Não faz aqui sentido impor um período de repouso, uma vez que há, em princípio, interesses mais importantes a satisfazer, como a necessidade de iniciar imediatamente um novo trabalho, deixando-se ao critério do trabalhador a forma de utilização do tempo correspondente às férias. Trata-se de uma situação excepcional, não se aplicando a norma que exige a autorização do empregador para trabalhar durante as férias (citado art. 14.º, n.º 1), uma vez que este perdeu o interesse quanto às futuras prestações. A solução aplica-se igualmente à caducidade de um contrato a termo nos casos (que serão excepcionais) em que há dias de férias ainda não gozados[155].

---

[155] V. infra, p. 145 e s, sobre o contrato a termo.

b) Consequências da não efectivação imputável ao trabalhador

Fora das situações de pluri-emprego, se o trabalhador exercer uma actividade remunerada durante as férias sem acordo do empregador, para além da eventual responsabilidade disciplinar (que decorre do dever de descansar), a entidade empregadora tem direito de reaver a retribuição correspondente às férias e o respectivo subsídio, dos quais 50% revertem para o Instituto de Gestão Financeira da Segurança Social (art. 14.º, n.º 2), evidenciando esta solução que o empregador, para além do dever de atribuir férias, tem direito a que o trabalhador as goze[156], o que é criticável[157]. Estamos perante uma *indemnização punitiva (punitive damages)*[158], sendo-lhe aplicáveis os comentários feitos a propósito do artigo 13.º[159]. A divisão do montante entre o Estado e o credor particular, consagrada pelo Decreto-Lei n.º 397/91, afasta-se dos bons princípios da *common law*, encontrando, todavia, algum eco no Reino Unido[160].

A devolução dos montantes recebidos, ao contrário do que parece decorrer da letra da lei, abrange apenas os dias de trabalho e não todas as quantias. Por outro lado, exercendo-se uma actividade a tempo parcial durante as férias, por exemplo, durante duas horas por dia, apenas esse tempo releva (duas horas por dia de remuneração acrescida do subsídio, e não a totalidade do dia), utilizando-se a fórmula do artigo 29.º. Diferentemente, se o trabalho iniciado durante as férias, atendendo ao horário e à intensidade, for não só teórica mas praticamente compatível com a actividade habitual, o artigo 14.º, mercê de interpretação correctiva, não deve aplicar-se, apreciando-se a situação no âmbito do pluri-emprego. Deste modo, se pelas regras do contrato não se limitar a acumulação, nada obsta à nova actividade, a qual se poderá, licitamente, prolongar indefinidamente. Não faria sentido permitir a acumulação caso ela tivesse começado pouco tempo antes das férias e considerá-la ilícita apenas porque se iniciou mais tarde.

---

[156] Sobre esta complexidade, ROMANO MARTINEZ, *Direito do Trabalho*, vol. II, 1.º tomo, cit., p. 300.

[157] De qualquer modo, o correspectivo do direito do empregador consiste apenas no *dever negativo* de *não trabalhar durante as férias* e nunca, em virtude dos direitos fundamentais consagrados nos artigos 26.º e 27.º da CRP, no dever de regressar com as "energias restauradas". Em sentido contrário, no ordenamento jurídico brasileiro, ORLANDO GOMES/ELSON GOTTSCHALK, *Curso de Direito do Trabalho*, cit., p. 298.

[158] Como já se disse *supra*, nota n.º 110, a expressão, em inglês, apenas se utiliza no plural.

[159] *V. infra*, p. 130 e s.

[160] Cfr. MARKESINIS/DEAKIN, *Tort law*, 3.ª ed., reimp., Oxford, 1996, p. 690 e s.

O Direito a Férias

O legislador veio acrescentar, através do Decreto-Lei n.º 397/91, que a entidade patronal, para efectivar o direito à repetição previsto no n.º 2 do artigo 14.º, pode "proceder a descontos na retribuição do trabalhador até ao limite de um sexto, em relação a cada um dos períodos de vencimento posteriores" (n.º 3 deste preceito). Deve entender-se que esta norma, apesar de especial, não contém qualquer desvio relativamente às excepções ao *princípio da efectividade mínima*[161] contidas no artigo 95.º, n.º 2, da LCT, que estabelece, de forma taxativa, os casos em que o empregador pode efectuar descontos no salário, nomeadamente para compensar créditos a seu favor ou fazer pagamentos a entidades estatais.

O artigo 95.º, n.º 2, al. *b)*, da LCT apenas permite atingir o salário para satisfazer indemnizações à entidade patronal quando o montante se encontre liquidado por *decisão judicial transitada em julgado* ou por *auto de conciliação*. Os descontos para a Segurança Social podem ter por fonte, para além destes dois títulos, directamente a lei, segundo a al. *a)* do mesmo preceito. Todavia, apesar de os montantes devidos pelo trabalhador ao abrigo do artigo 14.º da LFFF se destinarem parcialmente à Segurança Social, não se está no âmbito de aplicação da citada al. *a)*. Esta abrange apenas *descontos* em sentido estrito, isto é, situações em que a aplicação da lei obedece a um processo de decisão extremamente simples, de mero cálculo de uma percentagem. Estão em causa, nesta alínea, situações em que, por um lado, dificilmente há lugar a controvérsia e, por outro, se pretendem atingir finalidades públicas do maior relevo.

O desconto ao abrigo do artigo 14.º, n.ºs 2 e 3, da LFFF subsume-se na citada al. *b)*, dependendo sempre de uma *decisão judicial transitada em julgado* ou de um *auto de conciliação*[162], não havendo, portanto, aqui, qualquer excepção aos princípios gerais, que estabelecem um correcto equilíbrio de interesses. A entidade empregadora, depois de recebido o montante em causa, deve transferir 50% para o "Instituto de Gestão Financeira da Segurança Social".

Por outro lado, o n.º 3 do artigo 95.º da LCT estabelece que as indemnizações, multas e certos pagamentos (als. *b)*, *c)*, *e)*, *f)*, do n.º 2 deste artigo) não podem exceder, no seu conjunto, um sexto da retribuição. O

---

[161] Sobre este princípio, MENEZES CORDEIRO, *Manual de Direito do Trabalho*, cit., p. 733 e s.

[162] A conciliação (arts. 51.º e s. do CPT) não está excluída porque, embora o direito a férias seja indisponível, a indemnização prevista pelo art. 14.º, n.º 2, está no "âmbito dos poderes de disposição das partes" (art. 509.º, n.º 1, do CPC). *V. infra*, mais desenvolvidamente, al. *c)* do presente n.º.

artigo 14.º, n.º 3, da LFFF estipula igualmente que os descontos a efectuar na retribuição têm por limite um sexto desta, em cada um dos períodos de vencimentos posteriores. Este quantitativo não acresce ao do citado n.º 3 do artigo 95.º, situação em que se atingiriam dois sextos do salário. Pelo contrário, por interpretação sistemática deve entender-se que o limite de um sexto estabelecido na LFFF está compreendido no do artigo 95.º, apenas podendo realizar-se o desconto do artigo 14.º da LFFF em seis vezes se não houver qualquer outro ao abrigo das citadas als. *b)*, *c)*, *e)*, *f)*.

Acresce que nem a Lei de autorização legislativa (Lei n.º 42/91, de 27 de Julho), nem o Decreto-Lei n.º 397/91 fazem qualquer referência ao alargamento das excepções ao artigo 95.º, n.º 1, da LCT.

c) **Consequências processuais**

O princípio da efectivação manifesta-se ainda a nível processual. Prevê-se, no processo de trabalho declarativo comum, que a confissão, desistência ou transacção efectuadas na audiência de conciliação não carecem de ser homologadas para produzir efeitos de caso julgado, embora o juiz deva certificar-se da "legalidade do resultado" (art. 52.º do CPT). A desistência pode abranger tanto a instância como o pedido, nos termos do artigo 295.º do CPC[163]. Deste modo, aparecem aqui previstas três causas de *extinção da instância* (a *confissão*, a *desistência da instância* e a *transacção*) e uma de *extinção do direito* (a *desistência do pedido*, nos termos do art. 295.º, n.º 1).

Todas estas figuras, genericamente referidas em processo do trabalho, estão excluídas desde que importem "a afirmação da vontade das partes relativamente a direitos indisponíveis" (art. 299.º do CPC). Assim, na generalidade das situações, não se aplicam relativamente ao direito a férias. Importa explicitar essas situações, esclarecendo, antes de mais, o conteúdo do citado artigo 299.º do CPC.

Literalmente, parece que tanto a confissão, como a desistência e a transacção estão totalmente excluídas relativamente a qualquer direito indisponível, mas, como se verá, não é necessariamente assim. O preceito tem de interpretar-se no mesmo sentido da correspondente norma do CPC de 1939 (art. 304.º), ao estabelecer idêntica proibição que importasse "a afirmação da vontade das partes em qualquer domínio jurídico em que ela

---

[163] Aplicável por força do art. 1.º, n.º 2, al. *a)*, do CPT.

não" pudesse "manifestar-se validamente"[164]. Esta fórmula era interpretada pela doutrina, correctamente, como referindo-se a direitos indisponíveis, fundamentalmente concernentes ao estado das pessoas[165]. "Entendeu a lei — dizia MANUEL DE ANDRADE — que a confissão, a desistência, e a transacção não podem ser admitidas quando levarem a um resultado que as partes não pudessem obter por meio de negócio jurídico abertamente destinado a tal efeito. E está certo. De outro modo poderia obter-se por via indirecta ou oblíqua aquilo que directamente não pode ser alcançado"[166]. A fórmula legal, no CPC de 1939, era assim muito mais correcta ao mandar avaliar, em cada caso, a possibilidade de a vontade das partes se manifestar validamente.

Apesar da sua letra, o actual artigo 299.º, n.º 1, do CPC deve interpretar-se no sentido do velho Código, como se disse. Há direitos que, sendo indisponíveis, permitem ainda assim, de alguma forma, a manifestação da vontade de uma das partes, como acontece com as férias. Só a análise das normas substantivas permite avaliar se algum dos negócios de autocomposição do litígio é admissível[167] (caso em que se está perante uma situação de *indisponibilidade relativa*) ou se todos estão vedados (*indisponibilidade absoluta*)[168]. Tal avaliação compete ao juiz, na medida em que tem de certificar-se da legalidade do resultado da conciliação[169]. Vejamos, sumariamente, as várias situações.

A *confissão* é um acto do réu pelo qual este "reconhece efectivamente que o autor *tem razão*, que a sua pretensão é fundada"[170]. Nas disputas sobre direito a férias, a confissão cabe ao empregador, contra quem o trabalhador intente a acção para fazer valer o seu direito. Na situação

---

[164] Neste sentido, LEBRE DE FREITAS/JOÃO REDINHA/RUI PINTO, *Código de Processo Civil anotado*, vol. 1.º, Coimbra Editora, Coimbra, 1999, anot. ao art. 299.º, p. 530.

[165] ALBERTO DOS REIS, *Código de Processo Civil anotado*, vol. I, 3.ª ed., Coimbra Editora, Coimbra, 1948, anot. ao art. 304.º, p. 404.

[166] *Lições de Processo Civil* (texto elaborado por T. Moreno, S. Seco, e P. A. Junqueiro), Casa do Castelo Ed., Coimbra, 1945, p. 531.

[167] De acordo com o *princípio da submissão aos limites substantivos*: cfr. CASTRO MENDES, *Direito Processual Civil*, vol. I, AAFDL, Lisboa, 1980, p. 238 e s.

[168] Cfr. M. TEIXEIRA DE SOUSA, *Estudos sobre o novo processo civil*, Lex, Lisboa, 1997, p. 201, e LEBRE DE FREITAS/JOÃO REDINHA/RUI PINTO, *últ. loc. cit.*

[169] V. CARLOS ALEGRE, *Código de Processo do Trabalho anotado*, Almedina, Coimbra, 2001, anot. n.º 3 ao art. 52.º, p. 163.

[170] ALBERTO DOS REIS, *Comentário ao Código de Processo Civil*, vol. 3.º, Coimbra Editora, Coimbra, 1946, p. 485 e s., e *Código...*, cit., anot. ao art. 298.º, p. 400. V. também o art. 293.º, n.º 1, 2.ª parte, do CPC.

inversa, em que, por exemplo, o trabalhador goze dias em excesso, a disputa traduzir-se-á numa questão sobre faltas. Ora, a entidade patronal, na medida em que confesse o direito contra si invocado, não está a efectuar uma manifestação de vontade em domínio vedado à sua autonomia. Ela pode — e deve (*v.* nomeadamente, arts. 8.°, n.° 2, e 13.° da LFFF) — reconhecer o direito do trabalhador.

Não deve confundir-se a *confissão* acabada de descrever com a prevista pelo artigo 352.° do CC, que consiste no reconhecimento da realidade de um facto desfavorável a quem o reconhece e favorável à parte contrária. Esta última efectua-se relativamente a *factos*, e "situa-se no domínio da prova", não exercendo "nenhuma influência *directa* e *imediata*" sobre a relação processual; "a instância subsiste, o processo continua a correr"[171]. A confissão de factos é igualmente admitida e, relativamente ao empregador, pode valer como prova plena, interpretando as normas correspondentes a esta matéria segundo os parâmetros acabados de enunciar (arts. 353.°, n.° 1; 354.°, al. *b)*, e 358.°, todos do CC).

Quanto à *transacção (judicial)* — contrato segundo o qual as partes põem termo ao litígio mediante concessões recíprocas (art. 1248.°, n.° 1, do CC) —, está excluída porque pressupõe, em qualquer caso, uma concessão por parte do trabalhador. O carácter indisponível do direito a férias não o permite, reafirmando o artigo 1249.° do CC a insusceptibilidade de transacção deste tipo de direitos.

A *desistência do pedido* por parte do autor (trabalhador), em virtude de implicar a extinção do direito (art. 295.°, n.° 1, do CPC), está totalmente excluída.

A *desistência da instância*, por seu lado, uma vez que apenas faz cessar o processo (art. 295.°, n.° 2, do CPC), pode efectivar-se relativamente a férias com mais de cinco anos (sendo necessária a aceitação do empregador, caso este tenha já contestado, nos termos do art. 296.°, n.° 1, do CPC). Com efeito, não se verifica aqui qualquer manifestação de vontade num domínio indisponível. O trabalhador pode intentar em qualquer altura uma acção idêntica, sem qualquer prejuízo para a sua posição jurídica. Pelo contrário, quando esteja em causa o direito a férias relativo aos últimos cinco anos, não deve admitir-se a desistência da instância, a qual poderia implicar uma disposição do direito porque, decorrido o prazo de cinco anos, as férias apenas se podem provar por documento (art. 38.°, n.° 2, da LCT). Quanto à desistência já depois de cessado o contrato de tra-

---

[171] ALBERTO DOS REIS, *Comentário...*, cit., p. 486. V. também CASTRO MENDES, *Direito Processual Civil*, vol. III, AAFDL, Lisboa, 1982, p. 217 e s.

O Direito a Férias

balho, considerando que o trabalhador tem um ano a partir do dia seguinte ao da cessação para fazer valer os seus direitos (art. 38.º, n. 1, da LCT), a desistência da instância pode acarretar a prescrição do direito, em virtude da doutrina do artigo 327.º, n.º 2, do CC, pelo que não deve aceitar-se. Com efeito, este artigo estabelece, além do mais, que no caso de desistência da instância "o novo prazo prescricional começa a correr logo após o acto interruptivo", que terá sido, em princípio, a citação judicial relativa à acção da qual se desistiu. Assim, como se disse, admitindo a desistência da instância, colocar-se-ia o direito em risco de prescrição.

d) Âmbito do artigo 13.º da LFFF

O princípio da efectivação, atendendo a motivos de ordem pública, implica ainda que a entidade patronal colabore com o trabalhador na materialização das férias. Caso o empregador obste ao respectivo gozo, o trabalhador tem direito, nos termos do artigo 13.º, a uma indemnização legalmente fixada no triplo da retribuição do período em falta, para além de lhe dever ser proporcionado esse descanso no primeiro trimestre do ano civil seguinte.

Importa, antes de mais, definir o conceito de *obstrução* ao gozo de férias. Numa *interpretação literal*, restrita, poder-se-ia pensar que nele cabem apenas actos *positivos*, *dolosos* e *unilaterais*, praticados pelo empregador para impedir a realização do direito. Com semelhante entendimento, as situações integrantes desta noção reduzir-se-iam a um número insignificante[172]. Atendendo à típica relação laboral, em que os sujeitos não se encontram em situação de igualdade, e ao conjunto de normas aplicáveis, outros actos, positivos ou negativos, integram também o conceito em análise, conferindo-lhe um sentido lato[173].

Em primeiro lugar, cabe à entidade patronal organizar o plano de férias, tentando o acordo com cada trabalhador e, em última análise (na falta de consenso), proceder à marcação unilateral nos termos do artigo 8.º, n.º 3. Consequentemente, se o empregador, independentemente de tentar o acordo, não incluir um trabalhador no mapa de férias, obsta ao seu gozo. Com efeito, na falta de marcação, o trabalhador não pode entrar de férias

---

[172] Não é do nosso conhecimento um único caso em que tal se tenha provado em Tribunal.

[173] Neste sentido, MOTTA VEIGA, *Lições de Direito do Trabalho*, 8.ª ed., Universidade Lusíada, 2000, p. 417; Acs. do STJ de 27 de Janeiro de 1989, p. 469 e s., de 3 de Maio de 1989, p. 1279 e s., e de 6 de Dezembro de 2000, p. 1208 e s.

por sua decisão no momento em que entender e, se o fizer, em princípio, sujeita-se ao regime das faltas injustificadas que pode, até, conduzir ao despedimento[174]. Ora, não sendo lícito gozar férias sem a respectiva marcação, a falta desta é um obstáculo intransponível, da responsabilidade da entidade patronal, regida pelo artigo 13.º. Contudo, as situações de negligência inconsciente merecem especial ponderação, exigindo também particular atenção o comportamento do lesado. Em primeiro lugar, a indemnização punitiva não é compatível com mera negligência inconsciente[175]. Deste modo, perante um simples lapso na elaboração do mapa de férias, o trabalhador deve alertar para esse facto, a fim de que, mantendo-se a situação, possa beneficiar da indemnização punitiva (agora com base em negligência consciente ou dolo). À mesma solução se chegaria com base no artigo 570.º, n.º 1, do Código Civil, na medida em que permite excluir a indemnização no caso de culpa do lesado. Se o trabalhador não chamar a atenção para a falha, desrespeita o princípio da boa fé e contribui, decisivamente, para a violação do seu direito. Saliente-se, mais uma vez, que estas soluções pressupõem negligência inconsciente do empregador. Perante outro tipo de culpa, o artigo 13.º aplica-se imediatamente e não é exigível ao trabalhador reclamar da situação, atendendo à posição de inferioridade fáctica em que se encontra.

Por outro lado, se posteriormente à marcação das férias o empregador celebrar (ilicitamente) qualquer acordo no sentido de não serem gozadas, cai no âmbito da mesma norma[176]. Com efeito, tratando-se de um direito indisponível, o acordo não liberta o empregador do cumprimento das obrigações acabadas de enunciar e o seu comportamento só formalmente difere da pura e simples falta de marcação. Igual entendimento vale para a situação em que o trabalhador vai continuando ao serviço, não iniciando as férias na respectiva data, com conhecimento e, consequentemente, acordo tácito do empregador (ou do responsável hierárquico). A equiparação deste acto negativo à obstrução explica-se igualmente porque, na presença de um acordo tácito para se manter a actividade com prejuízo

---

[174] Neste sentido, Ac. do STJ de 23 de Fevereiro de 2000, p. 132 e s., Ac. da Relação de Coimbra de 3 de Fevereiro de 1994, p. 73 e s., e Ac. da Relação do Porto de 22 de Maio de 2000, p. 250 e s. Neste último caso, perante a marcação unilateral de apenas dez dias seguidos de férias, a trabalhadora prolongou o descanso por mais cinco, até perfazer o mínimo legal (art. 4.º, n.º 4). O Tribunal afastou a justa causa em virtude de considerar a culpa pouco grave, decisão que merece inteira concordância.

[175] V. infra, p. 131 e s.

[176] Ac. da Relação de Évora de 6 de Novembro de 1990.

das férias, a situação, materialmente, equipara-se à falta de marcação das mesmas.

Deste modo, o empregador apenas não obsta ao gozo quando ignora — hipótese de difícil verificação — que o trabalhador continua ao serviço. Pode dar-se o exemplo de um trabalhador da construção civil que, entendendo ter cometido alguns erros nas suas tarefas, para evitar eventuais sanções disciplinares, aproveita os primeiros dias de férias para se deslocar à obra, furtando-se ao controlo da hierarquia, e corrige os defeitos da sua responsabilidade; ou o do distribuidor de mercadorias que, não tendo terminado as tarefas no dia antes de férias, por culpa sua, utiliza o primeiro dia destas para entregar as coisas que ficaram na sua detenção.

Por outro lado, atendendo ao princípio da antecipação do pagamento, tanto do salário como do subsídio, e ao facto de este se revelar fundamental para a prossecução dos objectivos das férias, também o não cumprimento de alguma destas obrigações pode constituir violação do artigo 13.º, nos termos já explicitados[177].

De qualquer modo, a obstrução do gozo é um facto constitutivo do direito do trabalhador, devendo este provar não só a falta de gozo das férias como ainda qualquer dos actos acima identificados como obstrutivos, nos termos do artigo 342.º, n.º 1, do Código Civil[178]. Contudo, deve admitir-se que, feita a prova de que as férias não foram gozadas, se considera provada a obstrução por parte do empregador, nos moldes acima descritos, em virtude de uma *presunção judicial, natural* ou *de facto*, nos termos do artigo 351.º do Código Civil. Este tipo de presunções, baseadas nas regras da experiência da vida, permitem firmar um facto desconhecido a partir da prova de um outro facto[179] (no caso, a falta de gozo de férias). Transcrevendo VAZ SERRA, "objecto obrigatório de prova são aqui apenas os factos de que o julgador infere outros; quanto às regras de experiência, não têm de ser provadas pelas partes, pois são material que o tribunal deve usar no exercício das suas funções e cujo conhecimento deve ter ou, se não o tem, deve procurar obter"[180]. Feita a prova, portanto, de que as férias não foram gozadas, deve o empregador, para não indemnizar

---

[177] *V. supra*, p. 117, quanto ao *princípio do vencimento antecipado*.

[178] Cfr. Acs. do STJ de 5 de Maio de 1993, p. 277 e s., de 3 de Julho de 1996, p. 1335 e s., de 16 de Outubro de 1996, p. 394, e de 13 de Maio de 1998, p. 258, e da Relação de Lisboa de 28 de Janeiro de 1998, p. 165.

[179] VAZ SERRA, *in* RLJ, ano 108.º, n.º 3559, 15 de Março de 1976, p. 352, e Ac. do STJ de 29 de Janeiro de 1992, p. 120.

[180] *Últ. loc. cit.* Cfr ainda, do mesmo autor, *Provas (Direito probatório material)*, *in* BMJ, n.º 110, Novembro de 1961, p. 98.

nos termos do artigo 13.º, provar que desconhecia a situação (o mesmo se passando com as chefias responsáveis)[181]. Todavia a presunção judicial só funciona relativamente aos últimos cinco anos. O citado artigo 351.º do Código Civil apenas admite as presunções judiciais nos casos em que se admite prova testemunhal e esta está excluída, pelo artigo 38.º, n.º 2, da LCT, quanto a "créditos resultantes de indemnização por falta de férias" vencidos há mais de cinco anos.

e) Consequências do artigo 13.º da LFFF: *punitive damages*

Por fim, algumas palavras sobre a consequência estabelecida no artigo 13.º, ao dizer que "o trabalhador receberá, a título de indemnização, o triplo da retribuição correspondente ao período em falta". Este montante configura uma *indemnização moratória* pela obstrução do gozo das férias no devido tempo, mantendo-se o direito de beneficiar do período de repouso prejudicado (art. cit., *in fine*). Verifica-se, assim, uma importante evolução relativamente à fonte (já remota) desta norma, uma vez que, no artigo 7.º, § 4.º, da Lei n.º 1952, de 10 de Março de 1937, apenas se estabelecia o pagamento do triplo do salário correspondente ao período de férias não gozado, não se atribuindo o direito de, ainda assim, beneficiar do período de repouso. Tratava-se de uma *indemnização pelo não cumprimento*, o que se compreende, atendendo a que, nos anos trinta, o direito a férias assumia pouca consistência.

Por outro lado, deve atribuir-se a este preceito, em simultâneo, uma dupla finalidade: em primeiro lugar, pune o empregador pela sua conduta particularmente censurável e previne condutas similares; em segundo lugar, estabelece uma presunção do montante dos danos moratórios. Deve entender-se que, na generalidade das situações, o triplo do salário é suficiente para atingir ambos os objectivos (de indemnização e de punição) em virtude de os danos, em princípio, não atingirem este montante. Importa precisar a qualificação e o regime jurídico que esta dupla finalidade acarreta.

Comece-se pela vertente *punitiva* e *preventiva*. A indemnização assim determinada é, em princípio, superior ao dano real, como se disse,

---

[181] A jurisprudência, apesar de reconhecer que, para além de a entidade empregadora colocar algum obstáculo ao gozo das férias, basta que "possa ser responsabilizada pelo seu não gozo" para incorrer no dever de indemnizar nos termos do art. 13.º (cfr. Ac. do STJ de 11 de Março de 1999, p. 299 e s.), tem feito, por vezes, uma aplicação restritiva do preceito.

O Direito a Férias

mantendo-se o montante inalterado mesmo na ausência de qualquer prejuízo. Assim, atendendo à finalidade prosseguida, de nada adianta ao empregador provar a inexistência de danos. Trata-se, sem dúvida, de um caso excepcional em se confere um escopo *punitivo* e *preventivo* à responsabilidade civil, para além dos traços de prevenção e de punição que tendencial e difusamente sempre acompanham este instituto[182].

O artigo 13.º, tanto quanto ao *objectivo* como quanto ao *regime*, identifica-se com as chamadas *punitive* ou *exemplary damages* (*indemnizações punitivas*)[183], do Direito anglo-saxónico. Concretamente, no Direito Norte-Americano considera-se que "punitive damages are damages, other than compensatory or nominal damages, awarded against a person to punish him for his outrageous conduct and to deter him and others like him from similar conduct in the future", como se pode ler no § 908, n.º 1, do "Restatement of the Law second"[184]. Este tipo de medida sancionatória, ao ter como finalidade, para além da punição, ainda a prevenção geral e especial[185], pode designar-se em português por *indemnização* ou *obrigação punitiva*. A primeira, apesar de mais expressiva, é todavia pouco correcta porque o montante a pagar não se afere pelo dano, não tendo por objectivo tornar indemne um determinado sujeito[186], mas punir o autor de uma conduta[187]. Por outro lado, a expressão *obrigação punitiva* apresenta alguma vacuidade, não se associando imediatamente ao instituto da responsabilidade civil, ou da *tort law*, em que as *punive damages* se integram. Em virtude desta dificuldade, utilizar-se-ão ambas as designações, importando reter, fundamentalmente, que a indemnização vai para além do dano e, por vezes, como acontece nos Estados Unidos da América, atinge um montante várias vezes superior a este.

As *punitive damages* implicam, em princípio, uma conduta dolosa, mas podem também arbitrar-se em virtude de *reckless indifference to the*

---

[182] V. MENEZES CORDEIRO, *Direito das obrigações*, 2.º vol., reimp., AAFDL, Lisboa, 1987, p. 277.

[183] Também designadas, embora menos frequentemente, por *vindictive damages* ou *smart money*.

[184] *Torts second*, vol. 4, American Law Institute Publishers, St. Paul, Minesota, 1979, p. 464.

[185] Cfr., também, DOUG RENDLEMAN, *Remedies — Cases and materials*, 6.ª ed., West, St. Paul, Minesota, 1999, p. 104.

[186] Sobre este sentido etimológico v. ROMANO MARTINEZ, *Direito das Obrigações (parte especial) — Contratos*, 2.ª ed., Almedina, Coimbra, 2001, p. 462.

[187] "The emphasis is not on the plaintiff and his hurt but on the defendant and his conduct", salientam MARKESINIS/DEAKIN, *ob. cit.*, p. 687.

132 Estudos do Instituto de Direito do Trabalho

rights of others[188], figura que pode abranger não só o nosso *dolo eventual* como também a *negligência grave ou lata*[189], surgindo ainda, por vezes, com base apenas nesta última (*gross negligence*)[190]. Como acima se disse, estas várias gradações da culpa podem gerar igualmente a aplicação do artigo 13.º, que não depende, em sintonia com a *common law*, de dolo do empregador.

Por outro lado, na *common law* exige-se, também por via de princípio, uma avaliação do dano real para, a partir dele, arbitrar a indemnização punitiva, mas há igualmente preceitos que, tal como o artigo 13.º da LFFF, fixam montantes predeterminados e tipificam casos geradores de indemnizações agravadas[191].

Apesar de ligadas, por norma, à responsabilidade extracontratual, a doutrina admite *punitive damages* na responsabilidade contratual, embora apenas excepcionalmente, para não minar a estabilidade e a previsibilidade das transacções comerciais[192], pelo que o artigo 13.º, também sob este ponto de vista, não é criticável.

O empregador, ao obstar ao gozo das férias, para além de pagar uma indemnização agravada, pratica ainda um ilícito contra-ordenacional grave, nos termos do artigo 15.º, n.º 1, da LFFF, verificando-se, deste modo, uma dupla punição. Também aqui não se diverge do direito anglo--saxónico que, mesmo quando faltam regras especiais consagrando *punitive damages*, considera, embora sem unanimidade, que a responsabilidade de tipo penal não interfere com a indemnização[193].

No Direito Norte-Americano entende-se que, de acordo com o seu escopo, esta responsabilidade civil não se transmite aos sucessores *mortis*

---

[188] *Restatement...*, cit., anot. *b*), p. 465.

[189] A "recklessness" consiste no "state of mind accompanying an act, which either pays no regard to its probably or possibly injurious consequences, or which, though forseeing such consequences, persists in spite of such knowledge", pode ler-se no Black's Law dictionary, 6.ª ed., 5.ª reimp, West, St. Paul, Minesota, 1995, p. 880. V. ainda, com muito interesse, a anot. *a*) ao § 500 do *Restatement...*, cit., p. 587 e s.

[190] Cfr. DOUG RENDLEMAN, *Ob. cit.*, p. 110 e s. Quanto a este tipo de negligência, ALMEIDA COSTA, *Direito das Obrigações*, cit., p. 498, e MENEZES LEITÃO, *Direito das Obrigações*, vol. I, Almedina, Coimbra, 2000, p. 285.

[191] Quanto ao Direito Estadunidense, cfr. *Restatement...*, cit., anot. *a*), p. 464; no que ao Reino Unido diz respeito, MARKESINIS/DEAKIN, *Ob. cit.*, p. 689.

[192] *V.* DOUG RENDLEMAN, *Ob. cit.*, p. 112.

[193] *V.* neste sentido, com grande clareza e poder de síntese, o Ac. do Supremo Tribunal Judicial do Maine, no caso Tuttle *v.* Raymond, III, *in* DOUG RENDLEMAN, *ob. cit.*, p. 106; *v.* ainda, nesta obra, p. 111. No Reino Unido, MARKESINIS/DEAKIN, *ob. cit.*, p. 690, manifestam opinião contrária.

causa. Não se torna evidente, entre nós, a mesma solução, relativamente à responsabilidade agravada do artigo 13.º. O artigo 2068.º do CC estabelece que a herança responde pelo cumprimento das dívidas do falecido, pelo que a indemnização prevista no artigo 13.º encontra aqui fundamento para se transmitir por morte.

Todavia, em razão da finalidade punitiva, devem ter-se em conta as normas do artigo 127.º do Código Penal, que decreta a extinção da responsabilidade criminal com a morte, e do artigo 128.º, n.º 1, do mesmo diploma, ao estabelecer que "a morte do agente extingue tanto o procedimento criminal como a pena ou a medida de segurança"[194]. Também o artigo 90.º, n.º 1, do "Regime geral das contra-ordenações" (RGCOL) estipula que a morte do arguido extingue a execução da coima e das sanções acessórias, entendendo-se que termina igualmente o procedimento contra-ordenacional[195], por remissão do artigo 32.º deste regime para as citadas normas do Código Penal. Ora, o fundamento destes preceitos está intimamente ligado ao escopo sancionatório dos ramos do direito em causa, porque a possibilidade de censura[196] termina com a morte da pessoa física que dela é merecedora. Deve aplicar-se, por analogia, o mesmo regime ao artigo 13.º da LFFF, atendendo à sua finalidade igualmente punitiva. Não se ignora que o montante a pagar se destina ao lesado (trabalhador), como de resto é característico das *punitive damages*, e não ao Estado, como acontece quanto ao pagamento de coimas ou de multas. Mas não pode igualmente esquecer-se o objectivo que caracteriza e molda esta responsabilidade.

Frustrando-se assim, com a morte do agente, uma das dimensões do artigo 13.º, mantém-se ainda a responsabilidade nele prevista na medida em que, como acima se assinalou, se imbricam neste artigo, para além da finalidade punitiva e preventiva, uma presunção de danos. Esta última mantém-se. Deste modo, morrendo o empregador, podem os sucessores, para se furtar ao pagamento do triplo da retribuição, provar que os danos sofridos com a falta de gozo das férias foram de montante inferior, só por ele respondendo a herança, nos termos gerais. O trabalhador pode sempre

---

[194] Com excepção do recurso de revisão, nos termos do art. 450.º, n.º 2, do CPP. *V*., no âmbito do anterior Código, Figueiredo Dias, *Direito Processual Penal*, 1.º vol., Coimbra Editora, Coimbra, 1974, p. 464.

[195] Soares Ribeiro, *Contra-ordenações...*, cit., p. 113.

[196] Ou de aplicação de um "justo castigo" segundo um sistema, fundamentalmente, *ético-retributivo*: cfr. Eduardo Correia, *Direito Criminal*, vol. I, com a col. de Figueiredo Dias, reimp., Almedina, Coimbra, 1971, p. 62 e s.

fazer prova inversa, beneficiando, de qualquer modo, da presunção em seu favor.

A presunção de danos acarreta, ainda, outra consequência. Mesmo fora da situação acabada de referir, o trabalhador pode, em qualquer caso, fazer prova de danos superiores. Porque a entidade patronal praticou um acto ilícito e culposo ao obstar ao gozo das férias, nada afasta os princípios gerais, pelo que o empregador (devedor) responde pelo prejuízo causado ao credor, devendo reconstituir a situação que existiria se não tivesse praticado o facto danoso (arts. 798.º e 562.º do CC). O artigo 13.º favorece a posição jurídica do trabalhador ao consagrar também uma presunção de danos, dispensando a respectiva prova. A presunção justifica-se, desde logo, em virtude da dificuldade da prova, impondo-se um montante elevado (o triplo da retribuição) para, em simultâneo, atingir as citadas finalidades preventivas e punitivas. Quando — o que se afigura excepcional — os danos sofridos se revelem superiores, a norma perde grande parte da sua justificação, devendo aplicar-se as citadas regras gerais.

Por fim, nada impede que, por qualquer fonte de direito de trabalho (*maxime*, por instrumento de regulamentação colectiva) ou de obrigações, se estabeleça indemnização superior[197].

Em qualquer caso, para além da indemnização, o trabalhador recebe a retribuição durante as férias e o respectivo subsídio. Todavia, parte da jurisprudência não tem arbitrado este último, reconhecendo apenas o direito ao salário[198], apesar de nenhuma norma extinguir o direito ao subsídio e de o art. 13.º dizer claramente que o *triplo* da retribuição é devido a *título de indemnização, mantendo-se o direito às férias*. Ora, estas, nos termos do artigo 6.º, n.º 2, implicam o pagamento da retribuição em dobro[199]. A referida orientação jurisprudencial, ao não atribuir o subsídio, acaba por reduzir a indemnização ao dobro, em vez do triplo consagrado na lei. Com efeito, o património do trabalhador, ao beneficiar do artigo 13.º, apenas fica aumentado no dobro do salário por comparação com as situações normais. Na base da interpretação correctiva jurisprudencial encontra-se seguramente a falta de costume na atribuição de indemnizações elevadas. Contudo, essa tendência geral deve inverter-se porque, ao não desin-

---

[197] Neste sentido e com grande clareza, Ac. da Relação de Coimbra de 31 de Janeiro de 1991, p. 113 e s.

[198] Cfr. Ac. do STJ de 3 de Maio de 1989, p. 1286, e Ac. da Relação de Évora de 6 de Novembro de 1990.

[199] O Ac. da Relação de Lisboa de 28 de Janeiro de 1998, p. 165, estabelece muito claramente estas distinções.

O Direito a Férias

centivar suficientemente os comportamentos ilícitos, revela-se socialmente perniciosa.

XI. O PRINCÍPIO DA CONTINUIDADE

O *princípio da continuidade*[200], segundo o qual todos os dias de férias devem gozar-se num único período, de forma seguida (sem interpolar dias de trabalho), começou por não apresentar excepções, na Lei n.º 1952, de 10 de Março de 1937 (art. 7.º, § 2.º). A solução compreende-se porque, para além do interesse público de fazer corresponder ao período de repouso uma quebra com a rotina diária, a duração das férias era muito curta (em alguns casos apenas quatro dias). O Decreto-Lei n.º 47032, mantendo o princípio da continuidade (art. 59.º, n.º 1), possibilitou o gozo interpolado de metade das férias, mediante acordo ou autorização do INTP (art. 59.º, n.ºs 2 e 3). Estas regras transitaram para o artigo 59.º da LCT e, desde então, o princípio da continuidade tem vindo sempre a conhecer excepções, muito limitadas na redacção originária da LFFF (apenas podendo dividir-se as férias em dois períodos), e bastante mais latas actualmente, como passa a explicitar-se.

Na falta de acordo entre trabalhador e empregador, o artigo 8.º, n.º 6, por interpretação *a contrario*, consagra o princípio da continuidade sem restrições. Estas, todavia, derivam de várias normas.

Em primeiro lugar, mediante acordo podem marcar-se férias para tantos períodos quantos permita o número total de dias, desde que se gozem *dez dias úteis* de forma *consecutiva* (art. 8.º, n.º 6).

O artigo 7.º, n.º 4, ao consentir o gozo de metade do período de repouso no ano seguinte, especifica uma das possibilidades a que o artigo 8.º, n.º 6, conduz, sem introduzir qualquer outra excepção ao princípio da continuidade. Devem, assim, gozar-se no próprio ano pelo menos dez dias seguidos. Isto impossibilita, nomeadamente, a transferência do período excepcional de oito dias, consagrado pelo artigo 3.º, n.º 3.º, o que de resto se confirma pela teleologia desta norma[201].

As férias também podem interromper-se em virtude de "exigências imperiosas do funcionamento da empresa", sem prejudicar o gozo

---

[200] MONTEIRO FERNANDES, *Direito do Trabalho*, cit., p. 401, e JORGE LEITE, *Direito do Trabalho*, vol. II, cit., p. 159 e s.

[201] *Supra*, VI, *a*), 1, p. 83 e s.

seguido de metade do período a que se tem direito (art. 9.º, n.ºs 1 e 2)[202].

Se, aquando do início do período de descanso, o trabalhador estiver impedido por facto que não lhe seja imputável, o empregador marca unilateralmente os dias correspondentes a esta situação (todos os decorridos até o impedimento cessar) para qualquer época do ano (art. 9.º, n.ºs 3 e 4). A imputabilidade interpreta-se sistematicamente no mesmo sentido do artigo 23.º, n.º 2, al. *e*), incluindo apenas os comportamentos dolosos[203]. Se o impedimento, atendendo à duração, suspender o contrato, pode levar a solução diferente, prevista pelo artigo 11.º, n.º 1, transformando-se o período de repouso numa prestação pecuniária.

Por outro lado, se o trabalhador adoecer durante as férias, com conhecimento da entidade patronal, o gozo suspende-se, sendo os dias respectivos marcados pelo empregador para qualquer momento do ano (art. 12.º, n.º 1), mas de forma contínua, dado não se excepcionar o artigo 8.º, n.º 6.

Por fim, as situações de *encerramento da empresa ou estabelecimento* para efeito de férias não constituem excepção ao princípio da continuidade, segundo a melhor interpretação do artigo 4.º, n.º 4. Este preceito atribui, a quem tenha mais férias do que o período de encerramento, a possibilidade de optar por receber o salário e o subsídio correspondentes à diferença, desde que goze quinze dias úteis (seguidos, ou interpolados segundo o artigo 8.º, n.º 6). A outra opção conferida ao trabalhador pelo artigo 4.º, n.º 4, consiste em gozar os dias para além do encerramento "prévia ou posteriormente" a este. Deve entender-se que a norma confere o direito a gozar estes dias *imediatamente* antes ou depois, respeitando o princípio da continuidade, por dois motivos. Por um lado, a regra seria totalmente inútil caso não se referisse ao tempo *imediatamente* anterior ou posterior ao encerramento. Por outro lado, na falta de critérios especiais quanto a esta marcação, vale a regra do artigo 8.º, n.º 6, que apenas permite a interpolação mediante acordo. Deste modo, na falta de consenso, o empregador apenas pode marcar as férias em ligação ao encerramento, escolhendo livremente os dias anteriores ou posteriores[204].

---

[202] *Supra*, VII, p. 103 e s.

[203] MONTEIRO FERNANDES, *Direito do Trabalho*, cit., p. 481 e s., e ANDRADE MESQUITA, *Tipificações legais da justa causa. A "lesão de interesses patrimoniais sérios da empresa" e a "prática intencional, no âmbito da empresa, de actos lesivos da economia nacional"*, in "Estudos do IDT", vol. II, cit., p. 160.

[204] Assim, no caso decidido pelo Ac. da Relação do Porto de 22 de Maio 2000, a trabalhadora tinha direito a gozar continuamente a totalidade das férias e não apenas os quinze dias que reivindicou.

XII. A REGULAMENTAÇÃO ESPECIAL DO CONTRATO A TERMO

O contrato a termo tem regras específicas (art. 5.º) quando, incluindo as renovações, não atinge um ano. Neste caso o direito a férias equivale "a dois dias úteis por cada mês completo de serviço", contando-se para o efeito todos os dias, seguidos ou interpolados, em que se prestou trabalho (art. 5.º, n.ºs 1 e 2). Esta regra especial levanta vários problemas.

a) **Contagem do tempo. O princípio da absolutidade**

Desde logo, importa averiguar se se está perante outra excepção ao *princípio da absolutidade*, na medida em que para o cômputo do mês apenas releve o trabalho efectivo. A letra do artigo 5.º, n.º 2, parece conduzir a uma resposta afirmativa, ao dizer que "para efeitos da determinação do mês completo de serviço devem contar-se todos os dias, seguidos ou interpolados, em que foi prestado trabalho". Não é esta, contudo, a melhor interpretação.

Antes de mais, releva o elemento histórico-sistemático. A redacção acabada de transcrever mantém-se desde 1976, quando o princípio da absolutidade, consagrado no n.º 2 do artigo 2.º, não conhecia excepções, não estando as férias condicionadas "à assiduidade ou efectividade de serviço". Apesar disto, no regime geral consagrado neste n.º 2 relacionavam-se as férias com o "trabalho prestado" (no ano civil anterior), tal como no artigo 5.º se falava já nos dias em que foi "prestado trabalho". A semelhança de expressões aponta para a irrelevância, também nesta última, do trabalho efectivo.

Por outro lado, e mais importante, interpretando-se o artigo 5.º, n.º 2, como ligando o vencimento das férias ao trabalho efectivo, criar-se-ia uma desigualdade relativamente aos trabalhadores contratados sem termo, uma vez que estes se regem pelo princípio da absolutidade, apenas com limitadas restrições com relevo para o período de espera, não afectando a quantidade de dias de descanso. De resto, a justificar-se alguma diferença entre contratados com ou sem termo, seria no sentido de melhor garantir os primeiros, em virtude da maior dificuldade que têm em usufruir das férias. Deste modo, a interpretação segundo a qual o artigo 5.º, n.º 2, se refere à duração do contrato e não ao trabalho efectivo decorre ainda do *princípio da igualdade* e, consequentemente, segundo uma interpretação conforme com a Constituição, na medida em que esta impõe, entre dois sentidos possíveis, a escolha do que salve a conformidade constitucional do preceito ([205]).

Interpretada a norma importa, ainda, estabelecer um sentido útil para a fórmula do artigo 5.º, n.º 2. Inexistindo no regime do contrato a termo regras sobre suspensão do contrato, semelhantes às do artigo 11.º, o preceito tem o sentido de mandar atender ao tempo de execução do contrato excluindo qualquer eventual suspensão, a qual não releva, obviamente, para o cálculo das férias. Assim, a parte final do artigo 5.º, n.º 2, fala em dias "em que foi prestado trabalho" para referir o tempo durante o qual se produziram os efeitos típicos da relação jurídica.

b) **Justificação do âmbito**

O contrato a termo segue este regime especial apenas quando a sua duração, "inicial ou renovada, não atinja um ano", como se disse, obedecendo ao regime geral desde que dure, pelo menos, doze meses.

Na redacção originária, ao referirem-se os "contratados a prazo inferior a um ano", parecia que apenas o prazo inicial — e não as eventuais renovações — relevava para a escolha do regime[206]. Actualmente, depois das alterações de 1991[207], falando expressamente nas renovações, tornou-se claro que a aplicação do regime geral não depende da duração inicial de um ano: releva a totalidade do vínculo, na medida em que se renove, em sintonia com o artigo 44.º, n.º 4, da LCCT, que considera o contrato como uma unidade.

O prazo mínimo para aplicação do regime geral, assim aferido, compreende-se melhor se se atender a elementos históricos. No Decreto-Lei 47032, de 27 de Maio de 1966[208], só havia "direito a gozar as primeiras férias decorrido um ano após o início da execução do contrato". Deste modo, o regime geral negava totalmente dias de descanso aos contratados a termo inferior a um ano e, por este motivo, estabeleceu-se no artigo 66.º, n.º 2, um regime especial, atribuindo nestes casos meio dia útil de férias por cada mês completo de serviço[209]. Tal preceito manteve-se quase

---

[205] Sobre esta interpretação, por todos, MENEZES CORDEIRO, *Manual de Direito do Trabalho*, cit., p. 154 e s.

[206] Cfr. Ac. da Relação Évora de 17 de Setembro de 1991, p. 328, onde este problema, de resto, se mostrava irrelevante para a questão de fundo.

[207] Pelo já citado Decreto-Lei n.º 397/91, de 16 de Outubro.

[208] Como se disse *supra*, este diploma deu origem à actual LCT.

[209] Cfr. MONTEIRO FERNANDES, *A irrenunciabilidade...*, cit., p. 31.

inalterado na LCT mas perdeu, a partir daqui, a absoluta razão de ser porque, neste diploma, deixou de se exigir um ano de serviço para obter as primeiras férias.

Assim, a partir da LCT, o prazo mínimo de um ano, enquanto pressuposto da aplicação do regime geral, apenas pode encontrar algum sentido porque, por um lado, garante, em termos de calendário, o vencimento dos vinte e dois dias úteis anuais, nos termos do artigo 3.º, n.º 1, da LFFF; e, por outro lado, diminui a aleatoriedade associada ao momento em que o contrato começa a produzir efeitos.

Começando pelo primeiro aspecto, quando o contrato dura um ano, está necessariamente em execução no momento do vencimento das férias anuais (1 de Janeiro). Mesmo no caso-limite de um contrato a termo, por doze meses, se iniciar no primeiro dia do ano, vem a cessar a 1 de Janeiro seguinte (nos termos do art. 279.º, al. *c)*, do Código Civil), pelo que se vence, no último dia, o período anual de férias[210].

Por vezes, as partes fixam a duração de um ano, com início, por exemplo, no dia 1 de Janeiro, e cessação a 31 de Dezembro do mesmo ano civil[211]. A vontade das partes revela-se, aqui, contraditória, devendo valer as datas de início e de termo e estabelecer-se a qualificação de acordo com o citado preceito do CC. Tais contratos, por não chegarem a durar um ano (faltando-lhes um dia), regem-se pelo artigo 5.º, dando lugar ao vencimento de vinte e quatro dias úteis de férias. Se se aplicassem as regras gerais, nestes casos, não se venceriam os normais vinte e dois dias. Reconheça-se que, apesar disso, em termos patrimoniais, o resultado seria parecido. Assim, pelo regime geral, vencer-se-iam oito dias úteis (art. 3.º, n.º 3) mais a retribuição correspondente a 10/12 de vinte e dois, segundo a interpretação que se preconiza para o artigo 10.º, n.º 1. Tal solução traduzir-se-ia, em termos patrimoniais, num resultado global muito semelhante, embora ligeiramente mais benéfico para o trabalhador.

O exemplo acabado de dar serve, simultaneamente, para demonstrar a evanescência da primeira justificação (para o prazo de um ano). Com efeito, na generalidade das situações, a aplicação conjugada das várias normas gerais (nomeadamente, o artigo 10.º) conduziria a resultados semelhantes ao do regime especial dos contratos a termo. Todavia, nem sempre assim acontece. O vencimento das primeiras férias depende, no

---

[210] Neste caso, no dia em que o contrato se inicia (1 de Janeiro) não se vencem quaisquer férias, o que, fazendo todo o sentido, decorre do artigo 2.º, n.º 2, da LFFF.

[211] Cfr. duas situações similares nos Acs. do STJ de 26 de Abril de 1999, p. 266 e s., e da Relação de Lisboa de 21 de Junho de 2000, p. 169 e s.

140 Estudos do Instituto de Direito do Trabalho

regime geral, em qualquer caso, da prestação de um período de serviço efectivo (art. 3.º, n.ºs 2 e 3). Este facto condiciona, também, os direitos em caso de cessação, os quais dependem do vencimento das últimas férias. Deste modo, num contrato de curta duração é mais difícil ao trabalhador ultrapassar a desvantagem de eventuais faltas injustificadas[212]. Um contrato com a duração de um ano permite, em princípio, o vencimento do período anual, mesmo verificando-se incumprimento. Estas primeiras considerações, de todo o modo, apenas fornecem uma justificação parcial para o regime. Torna-se, assim, fundamental conjugá-las com a segunda ordem de motivos enunciados.

Os contratos com duração inferior a um ano ficam demasiado dependentes da aleatoriedade derivada do momento em que se celebram e das vicissitudes que os acompanham. Atente-se nos exemplos seguintes. Num contrato a termo celebrado por um mês, vencem-se dois dias de férias e, pelo regime geral, 1/12 de vinte e dois dias. Se o contrato perfizer dois meses, vencem-se quatro dias pelo artigo 5.º mas, pelo regime geral, oito dias, se iniciado no primeiro semestre (art. 3.º, n.º 3), e apenas 2/12 do período anual se iniciado no segundo semestre. Ainda outra situação. Um contrato a termo por seis meses, celebrado quer no primeiro, quer no segundo semestre, dá lugar a 12 dias de férias. A duração destas, aplicando o regime geral, dependeria da metade do ano em que o contrato se iniciasse e da assiduidade. No primeiro semestre, vencer-se-ia o período excepcional conferido pelo artigo 3.º, n.º 3, e ainda 4/12 das férias anuais, não havendo faltas injustificadas. Assim, iniciado o contrato na primeira metade do ano, haveria cerca de quinze dias de descanso, pagos a dobrar. Se a vigência ocorresse a partir de 1 de Julho, vencer-se-iam vinte e dois dias, inexistindo faltas injustificadas. Mas, basta uma falta injustificada para haver direito, apenas, a um pouco menos de onze dias de descanso, pagos a dobrar (6/12 de vinte e dois dias, nos termos do artigo 10.º, n.º 1).

Compreende-se, assim, para introduzir algum equilíbrio no sistema, tanto a necessidade de um regime especial, como o prazo mínimo de um ano para aplicação do regime geral.

Poder-se-ia argumentar, contra as ideias expostas, que se a lei permite, no regime geral, as criticadas soluções aleatórias nos contratos sem termo que vêm a durar curtos períodos, dificilmente se compreende que as tente evitar nos contratos a termo. A crítica revela-se parcialmente infundada. Com efeito, nos contratos sem termo há uma expectativa da sua per-

---

[212] O valor deste argumento também é relativo porque o trabalhador, atingindo um grande número de faltas injustificadas, fica sujeito ao despedimento com justa causa.

O Direito a Férias 141

manência, em virtude do princípio da segurança no emprego. Nas situações em que é aposto um termo, a situação revela-se oposta. Deste modo, quando o legislador institui oito dias de férias para contratos celebrados no primeiro semestre, fá-lo na perspectiva de que a relação contratual perdurará, o que justifica o período de descanso excepcional.

Todavia, na medida em que se revela parcialmente correcta, a crítica apenas poderia conduzir à alteração do próprio regime geral, estabelecendo normas semelhantes às do artigo 5.º para todos os contratos, até concluírem um ano. Atingida esta duração, passar-se-ia para o regime geral, nos mesmos moldes em que hoje acontece com o contrato a termo que chega, por renovação, aos doze meses[213]. Trata-se de solução a considerar *de iure constituendo*.

A justificação histórica do preceito — apesar de ultrapassada —, aliada à sua intencionalidade, deixam assim clara a ideia de que as normas do contrato a termo, tendo começado por se justificar plenamente nas situações em que o regime geral era em absoluto inaplicável, mantêm-se como forma de evitar eventuais injustiças. Estas poderiam nascer, por um lado, das grandes diferenças em virtude do momento em que o contrato começa a produzir efeitos e, por outro, da ausência de férias nos contratos com menor duração. Todavia, tal como em 1966, apesar da alteração do contexto, o artigo 5.º só faz sentido como alternativa ao regime geral, resultando, da aplicação de um, a exclusão do outro. A alternidade resulta também, claramente, da letra do artigo 5.º.

c) Cont.: concretizações

Alguns vínculos a termo certo não levantam dúvidas quanto à escolha do regime jurídico. Assim, um contrato celebrado por dois meses em que, nos termos da LCCT, qualquer das partes comunique à outra a intenção de não o renovar[214], segue o regime do artigo 5.º. O termo inicial de, pelo menos, doze meses, revela-se igualmente isento de dúvidas, seguindo o regime geral estabelecido, nomeadamente, no artigo 3.º. Já se verificam algumas dificuldades quando não se sabe se a situação vai durar

---

[213] *Infra*, p. 142 e s.

[214] Sobre esta comunicação, MENEZES CORDEIRO, *Manual de Direito do Trabalho*, cit., p. 637 e s.; ROMANO MARTINEZ, *Direito do Trabalho*, vol. II, 2.º t., cit., p. 35 e s., e PAULA PONCES CAMANHO, *Algumas reflexões sobre o regime jurídico do contrato de trabalho a termo*, in "Juris e de Jure", Universidade Católica Portuguesa, Porto, 1998, p. 981 e s.

mais ou menos de um ano. No caso típico de um contrato celebrado por seis meses, ignorando-se se caducará após o decurso deste prazo, ou de um contrato a termo incerto em que não há, sequer, uma ideia definida sobre a sua duração, observa-se o regime geral quando o *contrato dure*, ou se *torne absolutamente certo que irá durar*, pelo menos, um ano (podendo apenas cessar, antes deste período, nos mesmos termos de um contrato sem termo).

Considerem-se alguns exemplos. Num contrato a termo por seis meses, com posterior renovação, sem que o trabalhador tenha gozado qualquer dia de férias, aplica-se, sem dúvida, o regime geral à globalidade do contrato. A solução decorre, desde logo, da letra do artigo 5.º, n.º 1, ao estabelecer que o regime nele contido apenas abrange os contratos cuja *duração, inicial ou renovada*, não atinja um ano, remetendo para o regime geral as situações que, através de renovação, perduram pelo menos doze meses. Quanto à teleologia, acima assinalada, entende-se que um ano constitui o lapso de tempo suficiente para dispensar as regras especiais. Assim, no caso de renovação contratual, se não se tratasse o contrato como uma unidade, desrespeitava-se a letra e o objectivo da norma.

Mas pode acontecer, por exemplo, que o trabalhador goze dez dias úteis, ao abrigo do artigo 5.º, passados cinco meses de trabalho, importando definir as consequências deste facto. A aplicação do regime dos contratos a termo assume, nesta situação, carácter provisório, devendo os dias assim vencidos (e gozados) descontar-se naqueles a que o regime geral conferir direito. De resto, a solução contrária subverteria o equilíbrio de interesses estabelecido pelo artigo 3.º. Imagine-se um contrato com duração de seis meses, iniciado no dia 1 de Setembro do ano 2000 e posteriormente renovado. A lei atribui o período anual de férias, em princípio, no dia 1 de Março (art. 3.º, n.º 2). Caso se aplicasse o regime dos contratos a termo até à renovação entrava-se no regime geral apenas a 1 de Março. Deste modo, na falta de segunda renovação, não se chegava a vencer qualquer período anual. Por outro lado, entrando no regime do artigo 3.º no primeiro semestre, parece que se venceriam oito dias, nos termos do n.º 3, o que não faz, obviamente, qualquer sentido, atendendo à teleologia deste preceito, porque o contrato já estava em execução anteriormente. Por outro lado, se à primeira metade do contrato se aplicasse o artigo 5.º e à segunda o regime geral, este disciplinava um contrato a termo com duração de seis meses, o que, para além de contrariar a letra da lei, constituía uma desigualdade relativamente aos contratos em que não há renovação. Por outro lado, não se compreenderia que um trabalhador, por ter gozado férias antes de se tornar certo que o contrato iria durar um ano, fosse discrimi-

O Direito a Férias 143

nado (positiva ou negativamente) relativamente àquele que não o tivesse feito. Acresce que a solução contrária levaria à recusa, por parte das entidades patronais, de marcar férias enquanto fosse duvidosa a duração por mais ou menos de um ano.

Repare-se em mais um exemplo: celebra-se um contrato a termo por seis meses, no dia 1 de Janeiro de 2000, gozando o trabalhador dez dias (úteis) de férias entre os dias 2 e 15 de Maio (inclusive). Se o contrato se renovar por mais meio ano, passa para o regime geral, tendo o trabalhador, no ano 2000, direito a oito dias úteis de férias passados sessenta dias de trabalho efectivo. Como já gozou dez, terá que descontar dois dias no próximo período de férias. Assim, dia 1 de Janeiro de 2001, vencem-se vinte e dois dias, mas o trabalhador apenas terá direito a vinte, depois da compensação. Ultrapassa-se, desta forma, a aplicação provisória do artigo 5.º, uma vez que um pressuposto deste artigo — de o contrato não atingir um ano — desapareceu.

Os contratos a *termo incerto* revelam também dificuldades, embora não deva duvidar-se de que, quando inferiores a um ano, seguem o regime especial do artigo 5.º. Isto porque, por um lado, o legislador não distingue entre os dois tipos contratuais e, por outro, as razões justificativas das especificidades valem igualmente para o termo incerto. A grande diferença, relativamente à situação anterior, reside na acrescida imprevisibilidade que justifica algumas especificidades.

Em primeiro lugar, se a duração previsível da relação contratual for superior a um ano, não faz sentido começar por aplicar o regime especial do artigo 5.º, para, em princípio, passado um ano, reenquadrar a situação no regime geral, devendo, neste caso, seguir-se desde logo este último. A aplicação do regime jurídico geral a estes casos, com base na duração previsível, encontra analogia no regime do artigo 43.º, n.º 2, da LCCT. Todavia, se o termo se verificar antes de decorrido um ano, aplica-se o regime dos contratos a termo, prejudicando os efeitos produzidos ao abrigo do regime geral provisoriamente aplicado. Diferentemente, se o contrato cessar antes de decorrido um ano por motivo diverso da caducidade originada pela ocorrência do termo, nenhuma alteração se produz em matéria de férias.

Em segundo lugar, na situação inversa, em que a duração previsível é inferior a um ano, deve começar-se por aplicar o regime do artigo 5.º. Mas, também aqui, a efectiva duração revela-se determinante e, caso a relação jurídica se prolongue durante doze meses, dará lugar a um reenquadramento no regime geral, nos termos já vistos.

Verifica-se, deste modo, que a duração previsível, nos contratos a termo incerto, apenas releva para o regime provisoriamente aplicável. O

144   *Estudos do Instituto de Direito do Trabalho*

regime definitivo, tal como nos contratos a termo certo, depende da efectiva duração contratual. Como justificação adicional, para além da letra e da finalidade do artigo 5.º, pode aduzir-se a analogia com o artigo 52.º, n.º 7, da LCCT, de onde se retira o princípio segundo o qual a duração efectiva de um contrato a termo incerto, quando determinada, releva em lugar da duração previsível.

No caso de um contrato a termo (certo ou incerto) se converter em contrato sem termo, por vontade das partes, vale a regra da unidade contratual, contando-se a antiguidade do trabalhador desde o início, nos termos do art. 47.º da LCCT, por identidade da razão. Valem aqui os princípios acabados de enunciar, regendo-se toda a situação, desde o início, pelas normas gerais. Havendo dias de férias gozados ao abrigo do regime dos contratos a termo, devem, igualmente, descontar-se.

Importa, por fim, analisar as soluções enunciadas à luz da problemática do respeito pelos direitos adquiridos, normalmente associada à aplicação das leis no espaço ou no tempo. Trata-se aqui de algo que só na aparência afecta direitos adquiridos porque, desde o início, ambos os regimes concorrem na regulamentação da situação jurídica, aplicando-se um (normalmente, o dos contratos a termo) a título provisório, até ocorrerem os pressupostos que permitam o tratamento definitivo da situação.

d) **Vencimento e gozo**

Outro problema diz respeito ao vencimento do direito, dado o artigo 5.º não o fixar expressamente, estabelecendo apenas a equivalência entre cada mês completo de serviço e dois dias de férias. Na falta de preceitos limitativos do vencimento, deve entender-se que os dois dias se vencem ao fim de cada mês de trabalho.

Contudo, o gozo, em virtude do objectivo assinalado às férias, nem sempre deve realizar-se ao fim deste limitado período. Num contrato por meio ano, por exemplo, não é aceitável que, mesmo com acordo do trabalhador, se gozem dois dias por mês, para não frustrar o objectivo das férias. Muitas vezes acontece até que, a um contrato destes se segue outro, igualmente inferior a um ano, com diferente empregador[215]. Mantendo-se o mecanismo de gozo, aqui criticado, a situação tornava-se mais nitida-

---

[215] Como regra, apenas se pode celebrar novo contrato a termo com o mesmo empregador para *diferentes funções ou necessidades* (art. 41.º - A, n.º 1, da LCCT).

mente inadmissível. Deve, por isso, aplicar-se, na medida do possível, a norma do artigo 8.º, n.º 6, embora intencionalmente dirigida aos casos normais em que as férias contabilizam vinte e dois dias. Deste modo, só um contrato a termo superior a cinco meses possibilita que, por acordo, se marquem férias interpoladamente, respeitado sempre um período de dez dias seguidos. Esta regra encontra-se claramente formulada em França, onde as férias se vencem, em qualquer caso, à razão de dois dias e meio *ouvrables* por cada mês de trabalho efectivo (art. L. 223-2 do CT). O artigo L. 223-8 do CT, considerado absolutamente imperativo (*d'ordre public*[216]), estabelece que "le congé payé ne dépassant pas douze jours ouvrables doit être continu". Na medida em que cada semana normal tem seis dias *ouvrables*, isto é, em que tipicamente se desenvolve a actividade laboral (portanto, todos excepto o domingo e os feriados[217])), a regra francesa produz os mesmos efeitos do artigo 8.º, n.º 6, da LFFF.

Não definindo a lei o momento em que as férias devem ser gozadas, pode pensar-se em concedê-las quando o contrato cessa, situação em que acabam por se transformar em mera compensação pecuniária. O problema já se colocava no âmbito do Decreto-Lei n.º 47032, apesar de este, no artigo 66.º, n.º 3, regular a situação de uma forma correcta, estabelecendo que era devida a retribuição correspondente ao período de férias *se não fosse possível* concedê-las durante a execução do contrato. Este texto era interpretado como dispensando a efectiva concessão das férias, durante a execução contratual, apenas quando esta fosse *objectivamente* impossível[218]. Deve, hoje, na falta de um preceito específico, manter-se idêntica doutrina, porque, por um lado, a solução oposta aproxima-se da violação do direito a férias (art. 13.º) e, por outro, porque vale também aqui o *princípio geral da realização ou da efectivação*[219]. Deste modo, apenas a

---

[216] Cfr. B. Lardy-Pélissier/Jean Pélissier/Agnès Roset/Lysiane Tholy, *Le code du travail annoté*, 19.ª ed., Groupe Revue Fiduciaire, Paris, 1999, p. 491.

[217] V. Lyon-Caen/Jean Pélissier/Alain Supiot, *Droit du travail*, 19.ª ed., Dalloz, Paris, 1998, p. 924.

[218] Monteiro Fernandes, *A irrenunciabilidade...*, cit., p. 32 e s. (embora manifestando algumas dúvidas).

[219] Sobre este princípio, *v. supra*. Em sentido muito próximo do texto, Barros Moura, *Compilação de Direito do Trabalho sistematizada e anotada*, Almedina, Coimbra, 1980, p. 124. Diferentemente, a PRT para a agricultura, de 8 de Junho de 1979, estabelece, no n.º 2 da Base XXV, que as férias dos contratados a termo "podem ser marcadas para serem gozadas após o termo de vigência do contrato"; também o n.º 4, al. *c*), do Despacho do Ministro do Trabalho de 3 de Abril de 1978, *in* BTE, 1.ª série, n.º 15, de 22 de Abril de 1978, p. 964, considera que "nos casos de contrato a prazo com duração

impossibilidade objectiva do gozo de férias permite a sua substituição pelos correspondentes montantes pecuniários, findo o contrato. O facto de um trabalhador se revelar imprescindível à empresa não configura, obviamente, um válido motivo para não conceder férias durante o contrato[220]. Todavia, se, por exemplo, o trabalhador adoecer durante as férias, já tal facto pode justificar o adiamento do período de descanso para depois da cessação do contrato. No contrato a termo incerto, o facto de este cessar antes do momento previsto pode igualmente conduzir a idêntica solução. O mesmo pode passar-se, obviamente, no contrato a termo certo quando cesse prematuramente por causa diferente da caducidade (prevista pelo art. 4.º, al. *a*), da LCCT). Pelo contrário, quando haja caducidade, no momento previsto, pode e deve conceder-se o gozo das férias durante a vigência contratual, inclusivamente os dois dias de férias correspondentes ao último mês, nos dois últimos dias úteis de contrato. Igual solução pode aplicar-se, por vezes, nos contratos a termo incerto, quando se respeite o pré-aviso para a sua cessação (arts. 50.º, n.º 1, e 52.º, n.º 5, da LCCT).

O artigo 21.º, n.º 3, da LTT consagra, supletivamente, a regra de que nos contratos de utilização de trabalho temporário com duração que não ultrapasse doze meses, as férias se podem gozar depois de terminado o contrato. Trata-se de um regime especial que nada leva a estender à generalidade dos contratos.

Quando as férias não são concedidas durante a normal vigência do contrato, coloca-se ainda o problema da contabilização deste tempo como duração (embora extraordinária) do mesmo. O art. 5.º, n.º 3, na redacção originária, estabelecia que "o período de férias resultante da aplicação do n.º 1" se contava "para todos os efeitos, nomeadamente para o de passagem de eventual a permanente, como tempo de serviço". Este número não foi reproduzido na actual redacção do artigo 5.º, resultante do citado Decreto-Lei n.º 397/91. Todavia, não há qualquer alteração, mas antes o reconhecimento de que os contratos a termo, neste ponto, não apresentam especificidades, regendo-se pelo artigo 10.º, n.º 3, que manda igualmente contar as férias não gozadas para efeitos de antiguidade, sem limitações. Duas ordens de motivos justificam o que acaba de dizer-se.

---

não superior a um ano, o direito a férias respectivo pode ser gozado após o termo da vigência do contrato, contando-se todo o tempo decorrido durante a mesma".

[220] Admitindo a solução oposta, MONTEIRO FERNANDES, *A irrenunciabilidade...*, cit., p. 33.

Em primeiro lugar, caso se pretendesse excluir da antiguidade o tempo de férias, dever-se-ia fazê-lo expressamente, uma vez que a solução contraria a tradição legislativa e ainda a regra geral, nesta matéria.

Em segundo lugar, e mais importante, a alteração material do anterior n.º 3 do artigo 5.º implicava, desde logo, autorização por Lei do Parlamento, por força do artigo 165.º, n.º 1, al. *b*), da CRP[221]. Ora, a Lei de autorização legislativa (Lei n.º 42/91, de 27 de Julho), que em matéria de férias pretende o reforço da "garantia do gozo efectivo das mesmas e contribuir para uma maior eficácia da organização do trabalho", não contempla, em nenhuma das alíneas, a possibilidade de alterar o conteúdo do artigo 5.º, n.º 3. Deste modo, a interpretação conforme com a Constituição, que obriga a "evitar as vias interpretativas que conduzam *a resultados inconstitucionais*"[222], impõe que o artigo 10.º, n.º 3, se aplique, por forma a manter a solução originária, apenas com diferente positivação.

e) **Suspensão e cessação**

O regime especial acabado de descrever revela-se, por natureza, impermeável a algumas regras do regime geral. Assim, no caso de *suspensão* do contrato não tem lugar a aplicação do artigo 11.º e, por conseguinte, a contagem das férias faz-se nos termos do artigo 5.º, não contabilizando para o "mês completo de serviço", evidentemente, o tempo durante o qual o contrato se suspenda.

O artigo 10.º, n.º 1, relativo à cessação, poder-se-ia aplicar com adaptações, mas não se torna necessário, porque idêntica solução resulta directamente do artigo 5.º. Este preceito estabelece uma proporção, de dois dias de descanso por cada mês de trabalho, com vencimento mensal, como se disse. Assim, a qualquer período inferior a um mês aplica-se directamente a proporção estabelecida no artigo 5.º, dando-se o vencimento, nestes períodos inferiores a um mês, no fim do contrato. Trata-se, rigorosamente, da solução do artigo 10.º, n.º 1. Por conseguinte, num contrato a termo com duração de cinco meses e meio, vencem-se dez dias durante a execução do contrato, mais um dia no momento da cessação. De igual modo, por exemplo, um contrato a termo certo de uma semana dá lugar ao pagamento de meio dia, mais o respectivo subsídio, no momento em que cessa.

---

[221] V. *supra*, II, *b*), 1, esp. p. 72 e s.

[222] MENEZES CORDEIRO, *Manual de Direito do Trabalho*, cit., p. 155.

Quanto ao n.º 2 deste artigo 10.º, aplica-se de forma adaptada. Cessando o contrato antes de gozadas as férias vencidas, há lugar ao pagamento da retribuição, acrescida do subsídio, relativos a esse período. A solução resulta, de resto, dos princípios gerais do cumprimento das obrigações.

Por seu turno, o artigo 10.º, n.º 3, ao estabelecer que as férias não gozadas se contam para efeitos de antiguidade, estava igualmente consagrado no artigo 5.º, n.º 3, na redacção originária que, de forma mais pormenorizada, mandava contar estes dias "para todos os efeitos, nomeadamente para o de passagem de eventual a permanente, como tempo de serviço", como já se disse. Pelas razões acima aduzidas[223], hoje aplica-se directamente a solução do n.º 3 do artigo 10.º.

Siglas e abreviaturas utilizadas, para além das que têm significado mais notório, e publicações periódicas

AAFDL	Associação Académica da Faculdade de Direito de Lisboa
ACT bancário	Acordo Colectivo de Trabalho para o sector bancário, celebrado entre várias instituições de crédito e três sindicatos do sector bancário e publicado do BTE, 1.ª série, vol. 57, n.º 31, de 22 de Agosto de 1990, p. 2418 e s. (com alterações posteriores)
AD	Acórdãos Doutrinais do Supremo Tribunal Administrativo, Simões Correia Editores, L.da, Rio de Mouro
ATC	Acórdãos do Tribunal Constitucional, Imprensa Nacional — Casa da Moeda, Lisboa
BTE	Boletim do Trabalho e Emprego, Departamento de Estudos, Prospectiva e Planeamento do Ministério do Trabalho e da Solidariedade, Lisboa
BUrlG	Lei alemã relativa às férias, isto é, "Bundesurlaubsgesetz", de 8 de Janeiro de 1963, com alterações
CC	Código Civil, aprovado pelo Decreto-Lei n.º 47344, de 25 de Novembro de 1966, com alterações
CCom	Código Comercial, aprovado por Carta de Lei de 28 de Junho de 1888, com alterações

---

[223] P. 146 e s.

CCon	Comissão Constitucional
CJ	Colectânea de Jurisprudência, Palácio da Justiça, Coimbra
CJ (STJ)	Colectânea de Jurisprudência — Acórdãos do Supremo Tribunal de Justiça, Palácio da Justiça, Coimbra
Código Civil italiano	Aprovado a 16 de Março de 1942 e publicado a 4 de Abril do mesmo ano, com alterações
Código Penal	Aprovado pelo Decreto-Lei n.º 400/82, de 23 de Setembro, com alterações
Constituição da República Italiana	Aprovada pela Assembleia Constituinte a 22 de Dezembro de 1947, e entrada em vigor a 1 de Janeiro de 1948, com alterações posteriores
CPC	Código de Processo Civil, aprovado pelo Decreto-Lei n.º 44129, de 28 de Dezembro de 1961, com alterações
CPC de 1939	Código de Processo Civil, aprovado pelo Decreto-Lei n.º 29637, de 28 de Maio de 1939
CPP	Código de Processo Penal, aprovado pelo Decreto-Lei n.º 78/87, de 17 de Fevereiro, com alterações
CPT	Código de Processo do Trabalho, aprovado pelo Decreto--Lei n.º 480/99, de 9 de Novembro
CRP	Constituição da República Portuguesa, aprovada pela Assembleia Constituinte a 2 de Abril de 1976, com alterações
CT	Código do Trabalho francês, aprovado pela Lei n.º 73-4, de 2 de Janeiro de 1973, com alterações
Direito e Justiça	Faculdade de Direito da Universidade Católica Portuguesa, Lisboa
ESC	Estudos Sociais e Corporativos, edição da "Junta da Acção Social", Lisboa
IDT	Instituto de Direito do Trabalho, Lisboa
INTP	Instituto Nacional do Trabalho e Previdência
LAT, ou Lei dos acidentes de trabalho	Lei. n.º 100/97, de 13 de Setembro
LCCT	Regime jurídico da cessação do contrato individual de trabalho e da celebração e caducidade do contrato de trabalho a termo, aprovado pelo Decreto-Lei n.º 64-A/89, de 27 de Fevereiro, alterado pelo Decreto-Lei n.º 403/91, de

	16 de Outubro, e pelas Leis n.ºs 32/99, de 18 de Maio, 118/99, de 11 de Agosto, e 18/2001, de 3 de Julho
LCT	Regime jurídico do contrato individual de trabalho, aprovado pelo Decreto-Lei n.º 49408, de 24 de Novembro de 1969, com alterações
LDT	Decreto-Lei n.º 409/71, de 27 de Setembro, com alterações
LFFF, ou Lei das férias, feriados e faltas	Decreto-Lei n.º 874/76, de 28 de Dezembro, alterado pelo Decreto-Lei n.º 397/91, de 16 de Outubro, e pela Lei n.º 118/99, de 11 de Agosto
LG, ou Lei da Greve	Lei n.º 65/77, de 26 de Agosto, alterada pelas Leis n.ºs 30/92, de 20 de Outubro, e 118/99, de 11 de Agosto
LRCT, ou Lei das relações colectivas de trabalho	Decreto-Lei n.º 519-C1/79, de 29 de Dezembro, com alterações
LS, ou Lei sindical	Decreto-Lei n.º 215-B/75, de 30 de Abril, com alterações
LSA, ou Lei dos salários em atraso	Lei n.º 17/86, de 14 de Junho, com alterações
LSRT ou Lei da suspensão ou redução do trabalho, contendo o *lay-off*	Decreto-Lei n.º 398/83, de 2 de Novembro, com alterações
LTD ou Lei do contrato de trabalho doméstico	Decreto-Lei n.º 235/92, de 24 de Outubro, alterado pela Lei n.º 114/99, de 3 de Agosto
LTP	Lei n.º 103/99, de 26 de Julho, sobre o trabalho a tempo parcial
LTT, ou Lei sobre o trabalho temporário e a cedência ocasional de trabalhadores	Decreto-Lei n.º 358/89, de 17 de Outubro, alterado pelas Leis n.ºs 39/96, de 31 de Agosto, e 146/99, de 1 de Setembro
O Direito	Editora Internacional, L.da, Portela
OIT	Organização Internacional do Trabalho
PCCon	Pareceres' da Comissão Constitucional, Imprensa Nacional — Casa da Moeda, Lisboa
Regime geral das contra-ordenações	Decreto-Lei n.º 433/82, de 27 de Outubro, alterado pelos Decretos-Leis n.º 356/89, de 17 de Outubro, e 244/95, de 14 de Setembro

RGCOL	Regime geral das contra-ordenações laborais, aprovado pela Lei n.º 116/99, de 4 de Agosto
RLJ	Revista de Legislação e de Jurisprudência, Coimbra Editora, Coimbra
RMP	Revista do Ministério Público, Sindicato dos Magistrados do Ministério Público, Lisboa
STA	Supremo Tribunal Administrativo
STA — CA	Supremo Tribunal Administrativo (Secção do Contencioso do Trabalho e Previdência Social), Colecção de Acórdãos, Lisboa, Imprensa Nacional
TC	Tribunal Constitucional

ÍNDICE DE JURISPRUDÊNCIA
(e Pareceres da Comissão Constitucional)

Tribunal Constitucional

Ac. n.º 225/85, de 15 de Novembro de 1985, *in* ATC, 6.º vol., 1985, p. 793 a 812, e DR, II s., de 18 de Fevereiro de 1986, p. 1545 a 1549

Ac. n.º 244/85, de 22 de Novembro de 1985, *in* ATC, 6.º vol., 1985, p. 211 a 235, e DR, II s., de 7 de Fevereiro de 1986, p. 1282 a 1286

Ac. n.º 78/86, de 5 de Março de 1986, *in* DR, II s., de 14 de Junho de 1986, p. 5423 a 5430

Ac. n.º 212/86, de 18 de Junho de 1986, *in* ATC, 7.º vol., t. I, 1986, p. 7 a 17, e DR, I s., de 4 de Julho de 1986, p 1602 a 1606

Ac. n.º 282/86, de 21 de Outubro de 1986, *in* ATC, 8.º vol., 1986, p. 207 a 231, e DR, I s., de 11 de Novembro de 1986, p. 3385 a 3393

Ac. n.º 103/87, de 24 de Março de 1987, *in* ATC, 9.º vol., 1987, p. 83 a 182, BMJ n.º 365, Abril de 1987, p. 314 a 392, e DR, I s., de 6 de Maio de 1987, p. 1871 a 1903

Ac. n.º 407/89, de 31 de Maio de 1989, *in* DR, II s., de 14 de Setembro de 1989, p. 9206 a 9210

Ac. n.º 198/90, de 7 de Junho de 1990, *in* ATC, 16.º vol., 1990, p. 473 a 479, e DR, II s., de 17 de Janeiro de 1991, p. 588 a 589

Ac. n.º 64/91, de 4 de Abril de 1991, *in* ATC, 18.º vol., 1991, p. 67 a 136, e DR, I s.-A, de 11 de Abril de 1991, p. 1978 (2) a 1978 (29)

Ac. n.º 373/91, de 17 de Outubro de 1991, *in* ATC, 20.º vol., 1991, p. 111 a 133, e DR, I s.–A, de 6 de Novembro de 1991, p. 5657 a 5665

Ac. n.º 10/95, de 11 de Janeiro de 1995, *in* ATC, 30.º vol., 1995, p. 351 a 358, e DR, II s., de 22 de Março de 1995, p. 3164 a 3165

Ac. de 23 de Novembro de 1999, *in* AD, ano XXXIX, n.º 459, Março de 2000, p. 431 a 453

Supremo Tribunal de Justiça

Ac. de 27 de Janeiro de 1989, *in* BMJ, n.º 383, Fevereiro de 1989, p. 469 a 475

Ac. de 3 de Maio de 1989, *in* AD, ano XXVIII, n.º 334, Outubro de 1989, p. 1279 a 1286

Ac. de 29 de Janeiro de 1992, *in* AD, ano XXXII, n.º 373, Janeiro de 1993, p. 117 a 121

Ac. de 12 de Fevereiro de 1992, *in* BMJ, n.º 414, Março de 1992, p. 365 a 371

Ac. de 14 de Abril de 1993, *in* CJ (STJ), ano I, t. II, 1993, p. 265 a 268

Ac. de 5 de Maio de 1993, *in* CJ (STJ), ano I, t. II, 1993, p. 276 a 279

Ac. de 27 de Setembro de 1995, *in* CJ (STJ), ano III, t. III, 1995, p. 273 a 275

Ac. de 3 de Julho de 1996, *in* AD, ano XXXV, n.º 419, Novembro de 1996, p. 1335 a 1341

Ac. de 16 de Outubro de 1996, *in* AD, ano XXXVI, n.º 423, Março de 1997, p. 388 a 395

Ac. de 11 de Dezembro de 1996, *in* CJ (STJ), ano IV, t. III, 1996, p. 262 a 264

Ac. de 26 de Novembro de 1997, *in* BMJ, n.º 471, Dezembro de 1997, p. 248 a 253

Ac. de 13 de Maio de 1998, *in* BMJ, n.º 477, Junho de 1998, p. 251 a 262

Ac. de 11 de Março de 1999, *in* CJ (STJ), ano VII, t. I, 1999, p. 299 a 300

Ac. de 26 de Abril de 1999, *in* CJ (STJ), ano VII, t. II, 1999, p. 266 a 267

Ac. de 23 de Fevereiro de 2000, *in* AD, ano XL, n.º 469, Janeiro de 2001, p. 114 a 134

Ac. de 6 de Dezembro de 2000, *in* AD, ano XL, n.ºs 476-477, Agosto/Setembro de 2001, p. 1202 a 1210

Supremo Tribunal Administrativo

Ac. de 29 de Março de 1955, *in* STA — CA, vol. XVII, 1957, p. 146 a 150

Ac. de 22 de Janeiro de 1957, *in* STA — CA, vol. XIX , 1959, p. 54 a 58

Ac. de 10 de Outubro de 1967, *in* AD, ano VI, n.º 72, Dezembro de 1967, p. 1807 a 1814

Tribunal da Relação de Lisboa

Ac. de 12 de Junho de 1996, *in* CJ, ano XXI, t. III, 1996, p. 167 a 169

Ac. de 28 de Janeiro de 1998, *in* CJ, ano XXIII, t. I, 1998, p. 164 a 166

Ac. de 9 de Junho de 1999, *in* CJ, ano XXIV, t. III, 1999, p. 170 a 171

Ac. de 15 de Dezembro de 1999, *in* CJ, ano XXIV, t. V, 1999, p. 172 a 173

Ac. de 21 de Junho de 2000, *in* CJ, ano XXV, t. III, 2000, p. 169 a 173

Tribunal da Relação do Porto

Ac. de 23 de Abril de 1979, *in* CJ, ano IV, t. 2, 1979, p. 517 a 519, e AD, ano XVIII, n.º 210, Junho de 1979, p. 815 a 818

Ac. de 22 de Maio de 2000, *in* CJ, ano XXV, t. III, 2000, p. 249 a 251

Tribunal da Relação de Coimbra

Ac. de 7 de Fevereiro de 1980, *in* AD, ano XIX, n.º 227, Novembro de 1980, p. 1361 a 1364

Ac. de 31 de Janeiro de 1991, *in* CJ, ano XVI, t. I, 1991, p. 113 a 115

Ac. de 3 de Fevereiro de 1994, *in* CJ, ano XIX, t. I, 1994, p. 73 a 75

Ac. de 23 de Março de 1995, *in* CJ, ano XX, t. II, 1995, p. 53 a 55

Ac. de 1 de Junho de 1995, *in* CJ, ano XX, t. III, 1995, p. 83 a 85

Tribunal da Relação de Évora

Ac. de 16 de Janeiro de 1990, *in* CJ, ano XV, t. I, 1990, p. 315 a 317

Ac. de 6 de Novembro de 1990, *in* BTE, vol. 61, 2.ª s., n.ºs 1-2-3,1994, p. 277 a 279

Ac. de 17 de Setembro de 1991, *in* CJ, ano XVI, t. IV, 1991, p. 327 a 328

Pareceres da Comissão Constitucional

Parecer n.º 14/79, de 17 de Maio de 1979, *in* PCCon, 8.º vol., 1980, p. 119 a 133

Parecer n.º 3/81, de 5 de Fevereiro de 1981, *in* PCCon, 14.º vol., 1983, p. 163 a 192

Parecer n.º 32/82, de 16 de Setembro de 1982, *in* PCCon, 21.º vol., 1985, p. 63 a 82

CONTRATO DE TRABALHO A TERMO[*]

JOSÉ JOÃO ABRANTES
*Professor da Faculdade de Direito
da Universidade Nova de Lisboa*

O presente texto pretende fundamentalmente dar uma ideia do actual regime legal do contrato de trabalho a termo, regime que resulta, no essencial, dos artigos 41º e seguintes da LCCT[1], e que tem como principais aspectos caracterizadores a *excepcionalidade* da contratação a termo, a admissibilidade quer do termo *certo* quer do termo *incerto*, a *possibilidade de renovação* do contrato a termo certo e *as especialidades em matéria de cessação*.

É o que se vai ver de seguida[2].

---

[*] Breve apontamento que serviu de base à lição proferida pelo autor, em 10 de Janeiro de 2001, no âmbito do II Curso de Pós-Graduação em Direito do Trabalho, promovido pela Faculdade de Direito de Lisboa.

[1] "Regime jurídico da cessação do contrato individual de trabalho e da celebração e caducidade do contrato de trabalho a termo", aprovado pelo Decreto-Lei nº 64-A/89, de 27 de Fevereiro. Trata-se, nos termos do seu próprio art. 2º, de um regime dotado de imperatividade absoluta. Já era assim, aliás, com o Decreto-Lei nº 781/76, de 28.10 (*ex vi* art. 7º/1). Sobre o ponto, v. o nosso *Do contrato de trabalho a prazo* (1982), p. 75 s.

[2] Salvo nas matérias referidas, a regra é a igualdade de direitos entre os trabalhadores contratados a termo e os restantes trabalhadores.

Sobre o regime de férias dos trabalhadores contratados por prazo inferior a um ano, v. art. 5º do Decreto-Lei nº 874/76, de 28.12; sobre o regime de invalidade do contrato a termo, n.ºs 4 a 6 do art. 15º da LCT.

§ 1 – REGRAS GERAIS

1. Requisitos gerais de validade da cláusula de termo

1.1. *Requisitos materiais*

1.1.1. Se se proceder a uma pesquisa de direito comparado sobre o tema que aqui nos propomos tratar, ter-se-á oportunidade de verificar que a afirmação do carácter excepcional do contrato de trabalho a termo corresponde hoje a uma tendência das diversas legislações nacionais, que, de forma geral, exigem a verificação de uma razão objectiva como requisito de validade da aposição da cláusula de termo resolutivo ao contrato de trabalho.

Tal tendência é bem detectável, desde logo, na maior parte dos países europeus. É assim que, por exemplo, a jurisprudência alemã[3] tem repetidamente afirmado esse carácter de excepcionalidade da contratação a termo, confinando a sua possibilidade a situações em que objectivamente se encontre justificada, *maxime* pela natureza temporária do trabalho a ser prestado.

A necessidade de uma *razão específica* ("*sachlicher Grund*") que objectivamente justifique o termo é requisito de validade da sua estipulação[4].

Não obstante o § 620 do *BGB* consagrar o *princípio da liberdade contratual*, a jurisprudência do BAG e dos restantes tribunais alemães impedem o recurso abusivo à contratação a termo, entendendo por tal o que seja motivado pela vontade do empregador de se furtar à aplicação das

---

[3] Tal, aliás, como as legislações laborais da maior parte dos referidos países, que, de uma forma geral, limitam a possibilidade de recurso ao contrato a prazo a casos em que objectivamente se encontre justificada, designadamente a casos em que o carácter temporário da relação é directamente imposto pela natureza do trabalho a prestar ou, ainda, a casos em que as partes podem ser consideradas como estando em pé de igualdade, como acontece nos contratos dos quadros superiores das empresas. Veja-se, a título meramente exemplificativo, a regulamentação introduzida em França pela Lei nº 90/613, de 12 de Julho de 1990.

Sobre a evolução dos direitos europeus relativamente ao tema, v. António MENEZES CORDEIRO, *Manual de Direito do Trabalho*, 2ª edição, reimpressão (1996), p. 617 ss.

[4] DÄUBLER, *Arbeitsrecht II*, 10ª edição (1995), 15.1.2.

Contrato de Trabalho a Termo

regras que, no contrato de duração indeterminada, rodeiam a cessação do vínculo contratual[5].

De acordo com esta jurisprudência — que tem por essa via reconduzido o contrato a termo à sua verdadeira função, normalmente identificada com o preenchimento de uma necessidade meramente temporária de trabalho, a aposição de termo resolutivo ao contrato de trabalho será fraudulenta — e, como tal, ilícita — sempre que não exista razão alguma que objectivamente determine o empregador a contratar um trabalhador por tempo determinado.

O controlo dos motivos que levam as partes a concluir o contrato a termo conduz à protecção dos interesses do trabalhador, sem que, no entanto, seja posta em causa a sua eventual qualificação como contrato de duração determinada, quando a mesma resulte justificada por uma qualquer *razão objectiva*.

Pode dizer-se que, de acordo com o BAG, a admissibilidade dessa forma de contratação laboral é restringida a situações excepcionais, em que se mostra objectivamente justificada, *maxime* por corresponder a uma necessidade transitória de mão-de-obra (acréscimo temporário do volume de trabalho de uma empresa, substituição temporária de trabalhador que, por qualquer razão, se encontre impedido de prestar serviço, etc.)[6]. A celebração de contratos a termo fora dessas situações importa a nulidade da estipulação do termo, com a consequente conversão do contrato em contrato sem termo, contando-se a antiguidade do trabalhador desde o início da prestação de trabalho[7].

1.1.2. Ora, o actual regime legal português representou, como o próprio preâmbulo do diploma que o aprovou reconhece, uma clara aproximação a tais legislações estrangeiras, vindo também, aliás, na linha

---

[5] Cfr., por exemplo, BAG AP nº 16 relativo ao § 620 do BGB (*Befristeter Arbeitsvertrag*) ou BAG BB 1982, 434, e, na doutrina, PEISELER, NZA 1985, 238.

[6] Cfr. BAG BB 1982, 434.

[7] É a jurisprudência constante do BAG, pelo menos desde 20.10.54. Cfr., por todos, DÄUBLER, *cit.*, 15.1.2., bem como, por exemplo, BAG BB 1982, 434.

No que toca ao ónus da prova, entende-se que, dado o carácter excepcional do contrato a termo, aquele recai sobre o empregador, incumbindo-lhe, pois, fazer prova do facto constitutivo do direito a celebrar o contrato, que normalmente residirá na natureza temporária do trabalho a ser prestado.

Para maiores desenvolvimentos sobre a admissibilidade de relações laborais precárias, à luz do direito alemão, cfr. DÄUBLER, *cit.*, 15.1 (*Befristet Beschäftigte*), e HANAU/ ADOMEIT, *Arbeitsrecht*, 10ª edição (1992), p. 257 ss.

lógica da evolução sofrida pelo direito laboral português. Com efeito, aquelas ideias — do *carácter excepcional do contrato a termo* e da *necessidade de uma razão específica que objectivamente o justifique*[8] — já podiam, em nosso entender, ser consideradas válidas à luz do Decreto-Lei nº 781/76, de 28.10[9].

Elas correspondem mesmo a uma imposição constitucional.

Na verdade, o direito fundamental dos trabalhadores à segurança no emprego, consagrado no art. 53º da Constituição, não se esgota na proibição dos despedimentos sem justa causa, antes impregna todo o regime do contrato de trabalho, designadamente o da sua cessação[10].

Um seu corolário é o *princípio da indeterminação da duração do contrato de trabalho*: a aposição de termo resolutivo ao contrato de trabalho, precisamente porque conflitua com aquela garantia constitucional, só será, em princípio, admissível em situações excepcionais, em que a capacidade ou a necessidade de manter o posto de trabalho surge como

---

[8] Normalmente reconduzível à natureza transitória da necessidade do trabalho a ser prestado.

[9] Com efeito, o nº 2 do art. 3º deste diploma (que, aliás, reproduzia *ipsis verbis* o nº 3 do art. 10º da LCT) pressupunha inequivocamente a existência dessa razão objectiva para a válida aposição de termo ao contrato de trabalho: perante uma necessidade permanente de trabalho, que mais poderia, com efeito, justificar a contratação a termo, senão o procurar iludir as disposições próprias do contrato sem termo, *maxime* em matéria de cessação?

Cfr., nesse sentido, entre outros, o nosso *Do contrato de trabalho a prazo*, p. 56 ss., Jorge LEITE/ Coutinho de Almeida, *Colectânea de leis do trabalho* (1985), anot. I ao art. 1º e II ao art. 3º do Decreto-Lei nº 781/76, e J. BARROS MOURA, *Compilação de Direito do Trabalho* (1980), p. 68 ss.

Havia, contudo, quem, interpretando *a contrario sensu* o nº 2 do art. 1º, defendesse que uma tal exigência apenas valeria para os contratos a prazo de duração inferior a 6 meses [era o caso, entre outros, de Bernardo XAVIER, "Contrato de trabalho a prazo (Desnecessidade de fundamentação objectiva)", anotação ao acórdão STJ 20.06.86, RDES 1988-IV, p. 424 ss.].

Sobre a evolução histórica do regime jurídico do contrato a prazo desde o Código de Seabra, v. José João ABRANTES, *Do contrato de trabalho a prazo*, p. 39 ss.

[10] Cfr. José João ABRANTES, "O Direito do Trabalho e a Constituição", in *Direito do Trabalho. Ensaios* (1995), p. 39 ss. (46-48), J. J. GOMES CANOTILHO/ Vital MOREIRA, *Constituição da República Portuguesa Anotada*, 3ª edição (1993), p. 287 ss., Jorge LEITE/ Coutinho de Almeida, *Colectânea ...*, *cit.*, p. 247, e J. BARROS MOURA, *Compilação ...*, *cit.*, p. 189.

Para uma visão geral das relações entre contrato de trabalho e direitos fundamentais, v. a nossa dissertação *Contrat de travail et droits fondamentaux* (2000), *passim*.

Contrato de Trabalho a Termo

provisória ou incerta e em que, por essa razão, não seria justo que se impusesse ao empregador uma vinculação de carácter permanente[11].

1.1.3. Em consonância com tal princípio, o actual regime jurídico do contrato de trabalho a termo apenas admite a aposição da cláusula de termo resolutivo ao contrato de trabalho em determinadas situações, taxativamente enumeradas no nº 1 do art. 41º da LCCT[12].

Com efeito, sob a epígrafe *"Admissibilidade do contrato a termo"*, dispõe este preceito que, *"sem prejuízo do disposto no artigo 5.º,*

---

[11] José João ABRANTES, *Do contrato de trabalho a prazo*, p. 54 ss. (56-60), e "Breve apontamento sobre o regime jurídico do contrato de trabalho a prazo", in *Direito do Trabalho. Ensaios, cit.*, p. 93 ss.

Referindo-se ao que designa pela "preferência do ordenamento pelos contratos sem tempo determinado", diz, porém, Bernardo XAVIER, *Curso de Direito do Trabalho*, 2ª edição, reimpressão (1996), p. 468, que "a questão não é linear". Em sentido próximo, afirma Albino BAPTISTA, *Jurisprudência do Trabalho Anotada*, 3ª edição (2000), p. 298, não sufragar "a opinião daqueles que entendem que o direito à segurança no emprego pressupõe que, em princípio, a relação de trabalho é temporalmente indeterminada".

A referida ideia de estabilidade no emprego [sobre o tema em geral, v. Bernardo XAVIER, "A estabilidade no direito do trabalho português", ESC nº 31 (1970)] subjaz a todo o regime legal da contratação a termo. Ela está presente, por exemplo, não só quando a lei apenas admite essa forma de contratação em determinadas situações, taxativamente enumeradas, ou a sujeita à exigência de forma escrita (arts. 41º e 42º), mas também quando fixa determinados limites à *renovação* e à *duração* do contrato a termo certo (art. 44º), enuncia taxativamente as situações em que podem ser celebrados *contratos de duração inferior a 6 meses* (art. 45º), prevê diversos mecanismos tendentes a desincentivar a contratação a termo (cfr., entre outros, os n.os 3 e 4 do art. 46º, respeitantes, respectivamente, à *compensação por caducidade do contrato* e à *proibição de rotação de trabalhadores* para o mesmo posto de trabalho), enuncia taxativamente as situações em que podem ser celebrados *contratos a termo incerto* (art. 48º), ou determina a *conversão* em contrato sem termo quando excedidos os limites de duração admissíveis (arts. 47º e 51º), etc.

Pelo contrário, as soluções legais, adiante referidas, em matéria de período experimental e de renovação do contrato são, desse ponto de vista, discutíveis. V., *infra*, § **1** – 2 e § **2** – 2.1.

[12] Está-se a pensar apenas em termos de regime geral; no âmbito de regimes especiais, poder-se-ia fazer referência, por exemplo, à legislação aplicável aos desportistas profissionais ou ao art. 173º do Código dos Processos Especiais de Recuperação de Empresa e de Falência. Cfr. também o nº 6 do art. 3º da Lei nº 103/99 (substituição parcial de trabalhador que temporariamente passa a tempo parcial).

Obviamente que, tendo as normas que admitem o recurso à contratação a termo carácter excepcional, não são as mesmas susceptíveis de aplicação analógica.

160 Estudos do Instituto de Direito do Trabalho

a celebração de contrato de trabalho a termo só é admitida nos casos seguintes:

a) Substituição temporária de trabalhador que, por qualquer razão, se encontre impedido de prestar serviço ou em relação ao qual esteja pendente em juízo acção de apreciação da licitude do despedimento[13];

b) Acréscimo temporário ou excepcional da actividade da empresa;

c) Actividades sazonais[14];

d) Execução de uma tarefa ocasional ou serviço determinado precisamente definido e não duradouro;

e) Lançamento de uma nova actividade de duração incerta, bem como o início de elaboração de uma empresa ou estabelecimento[15];

f) Execução, direcção e fiscalização de trabalhos de construção civil, obras públicas, montagens e reparações industriais, incluindo os respectivos projectos e outras actividades complementares de controlo e acompanhamento, bem como outros trabalhos de análoga natureza e temporalidade, tanto em regime de empreitada como de administração directa;

g) Desenvolvimento de projectos, incluindo concepção, investigação, direcção e fiscalização, não inseridos na actividade corrente da entidade empregadora;

---

[13] Sobre as situações a que se refere esta alínea, v. Paula CAMANHO, "Algumas reflexões sobre o regime jurídico do contrato de trabalho a termo", in *Juris et de jure (Nos 20 anos da Universidade Católica Portuguesa. Porto)* (1998), p. 969 ss. (970 ss.); especificamente sobre o alcance da expressão *"impedido de prestar serviço"*, Pedro BETTEN-COURT, *Contrato de trabalho a termo* (1996), p. 132 ss.

Abrangem-se aqui hipóteses como a suspensão do contrato, a licença de maternidade, a doença, etc., não sendo, pois, necessário que o impedimento seja imputável ao trabalhador; exige-se apenas que a substituição seja temporária e que o trabalhador substituído esteja impedido (*"por qualquer razão"*) de prestar serviço.

[14] Actividades sazonais são, na definição subjacente, por exemplo, ao acórdão RL 12.06.85, in Col. Jur. 1985-III, 216, as que dependem de ciclos produtivos ou de exploração, isto é, as que surgem em determinado período do ano, perdendo posteriormente a sua utilidade (nas palavras de um despacho normativo do Governo francês, de 30.10.90, *"les travaux saisonniers sont ceux qui se repètent chaque année à date à peu près fixe, en fonction du rythme des saisons ou des modes de vie collectifs, et qui sont effectués pour le compte d'une entreprise dont l'activité obéit aux mêmes variations"*). Exemplos por excelência são as actividades agrícolas e hoteleiras.

[15] Sobre esta alínea, v. Jorge LEITE, "Contrato a termo para lançamento de uma nova actividade", in Questões Laborais nº 5 (1995), p. 76 ss.

h) Contratação de trabalhadores à procura de primeiro emprego ou de desempregados de longa duração ou noutras situações previstas em legislação especial de política de emprego[16]".

Em relação a estas situações o legislador considerou que ao interesse das partes – *maxime*, do trabalhador – na vinculação por tempo indeterminado deveriam ser sobrepostos outros valores.

Entre esses valores avulta a existência de uma necessidade meramente transitória de mão-de-obra, que objectivamente não justifique a contratação de um trabalhador por tempo indeterminado.

É por isso que os casos, taxativamente enumerados, em que, legitimamente, é possível recorrer à contratação a termo correspondem normalmente a essas situações de transitoriedade do trabalho a ser prestado, que, em termos objectivos, não justificam outra modalidade de contratação[17].

Mas o legislador foi igualmente sensível a outros valores, como, por exemplo, à necessidade de incentivar a iniciativa económica, tentando diminuir os riscos a ela inerentes [alínea *e*)[18]], ou a razões de combate ao desemprego, criando condições para absorção de um maior volume de emprego [alínea *h*)][19].

As situações previstas constituem *requisitos materiais de validade do termo*[20], de onde decorre que a celebração de contratos a termo fora dessas situações importa a nulidade da estipulação do termo, com a consequente conversão do contrato em contrato sem termo (nº 2 do mesmo preceito).

---

[16] V. nº 1 do art. 4º do Decreto-Lei nº 64-C/89, de 27.02.

[17] Uma ideia que claramente subjaz [de forma expressa, na alínea *g*)] ao enunciado da maior parte das situações previstas é a de justificação da precariedade do vínculo pela não inserção das tarefas na actividade normal da empresa.

[18] Nesta alínea (relativa à abertura de um estabelecimento ou de um novo departamento que se dedique a uma nova actividade), garante-se ao empregador que, se essa actividade não resultar, ele não ficará onerado com vínculos laborais permanentes; todavia, o legislador procurou encontrar uma solução equilibrada, prevendo igualmente, que, nesse caso, a duração do contrato, haja ou não renovação, nunca poderá exceder os dois anos. Sobre o ponto, Jorge LEITE, "Contrato a termo para lançamento de uma nova actividade", *cit.*, p. 79 ss.

[19] Sobre o ponto, Paula CAMANHO, *cit.*, p. 970 s.

[20] Conforme se refere adiante e é, aliás, entendimento unânime da doutrina (v., por todos, Paula CAMANHO, *cit.*, p. 971), esta exigência de motivo mantém-se para a eventual *renovação* do contrato.

162   *Estudos do Instituto de Direito do Trabalho*

1.1.4. Tudo isto mais não é, afinal, do que o corolário dos já mencionados princípios constitucionais e uma expressão da regra da indeterminação da duração do contrato de trabalho.

Em nosso entender, há, aliás, que levar às últimas consequências as ideias do carácter excepcional do contrato a termo e da necessidade de razões específicas que objectivamente o justifiquem.

A jurisprudência e a doutrina deverão extrair todas as consequências destes princípios, aproveitando designadamente as lições de direito comparado.

Assim, certas práticas, como a dos chamados *pactos novatórios*, devem ser consideradas ilegais, sendo nula a aposição de termo a uma relação estabelecida inicialmente por tempo indeterminado[21].

Também a *sucessão de contratos a prazo entre as mesmas pessoas* constitui, em princípio, *fraude à lei*, devendo o conjunto desses contratos ser qualificado como contrato por tempo indeterminado[22].

Tal regra é aceite como plenamente válida, por exemplo, no direito alemão[23], onde os tribunais, com particular destaque para o BAG, têm proibido essas *relações laborais em cadeia* (*Kettenverträge*), isto é, a conclusão de sucessivos vínculos laborais a prazo entre as mesmas pessoas, com pequenos intervalos de tempo entre si[24], sustentando-se que uma tal

---

[21] V., neste sentido, acórdãos RE 5.11.87, in Col. Jur. 1987-V, 289, e RL 15.01.97, in Col. Jur. 1997-I, 177; em sentido contrário, ou seja, admitindo tal prática como legal, acórdãos RL 25.11.87, in Col. Jur. 1987-V, 176, STJ 9.03.90, in BMJ 395, 414, e RP 9.12.97, in Col. Jur. 1997-V, 250, e, a nível doutrinário, Albino BAPTISTA, *cit.*, p. 295 s.

Pela mesma lógica subjacente à nossa posição, também nos parece que um contrato a termo certo não poderá passar a contrato a termo incerto.

[22] Assim, acórdão RE 31.01.85, in Col. Jur. 1985-I, 337.

[23] E também no direito francês, onde vale mesmo para o caso de esses contratos sucessivos prosseguirem um objecto diferente e, de acordo com a jurisprudência, para o caso dos contratos sazonais reconduzidos de um ano para o outro. Considera-se, nesta última situação, que, embora cada um dos diferentes contratos seja celebrado a termo, o conjunto constitui uma relação por tempo indeterminado (refira-se, a título de exemplo, o caso em que a Secção Social do Supremo Tribunal considerou ilícita a não renovação do contrato de um chefe de cozinha, que há 22 anos trabalhava no hotel durante uma determinada estação do ano). Cfr. Marie-Claire BONNETETE, "Le contrat de travail à durée déterminée", in *Revue Pratique de Droit Social* nº 407 (1979), p. 92.

[24] Ou, até mesmo, sem interrupção. A *relação laboral em cadeia* (*Kettenvertrag*) acontece, nas palavras de DÄUBLER, *cit.*, 15.1.2.4., "quando se estabelecem ao menos duas relações de trabalho a termo consecutivas".

A questão da sua validade tem sido enquadrada na perspectiva mais geral da admissibilidade ou não – e em que termos – de relações laborais precárias. V., por todos, DÄUBLER, *cit.*, 15.1 (*Befristet Beschäftigte*), e HANAU/ ADOMEIT, *cit.*, p. 257 ss.

Contrato de Trabalho a Termo   163

prática mais não visaria que fazer perder aos trabalhadores as vantagens decorrentes do regime dos contratos de duração indeterminada; daí que a estipulação do termo seja considerada inválida e o conjunto da relação contratual tida como uma *relação de duração indeterminada*[25]. A mesma ordem de ideias tem sido aplicada em matéria de trabalhos sazonais[26] e noutras situações idênticas[27].

1.1.5. Dado que o contrato a termo tem carácter excepcional, é ao empregador que compete a prova da natureza transitória do trabalho a prestar, enquanto facto constitutivo do seu direito de celebrar o contrato a termo.

No fundo, regem aqui as regras gerais do art. 342° do Código Civil: constituindo o enquadramento numa das situações típicas do n° 1 do art. 41° requisito de validade do contrato a termo, será obviamente ao empregador que compete alegar e provar os elementos constitutivos do seu direito de contratar a termo, enquanto direito de carácter excepcional[28].

---

[25] De acordo com a primitiva jurisprudência do BAG (cfr., ainda em 1985, BAG DB 1985, 2152), nestas relações laborais em cadeia, seria necessário examinar se em cada segmento da cadeia existia uma *razão objectiva* para a contratação a termo como tal e para a duração da mesma. Desde que tal razão faltasse num só caso, produzir-se-ia *automaticamente* uma relação laboral de duração indeterminada.

Hoje, o critério do BAG não é tão rígido; podemos sintetizá-lo na ideia de que a existência de relações a prazo em cadeia apenas estabelece uma *presunção* de inexistência de razões objectivas para a contratação de duração determinada. Cfr. BAG DB 1986, 1826; BAG DB 1987, 2210; e BAG DB 1988, 1704. Para uma análise mais pormenorizada, DÄUBLER, *cit.*, 15.1.2.4.

Entre as decisões dos tribunais alemães, é possível encontrar alguns casos bastante interessantes. Assim, por exemplo, já se julgou (LAG Hamburg DB 1988, 970) que, se a Administração Federal dos Correios contratava um trabalhador durante anos para realizar o seu trabalho 3 dias por mês, a fim de efectuar o pagamento de pensões, o que aí havia, materialmente, era uma verdadeira relação de trabalho a tempo parcial (limitada a 3 dias por mês), mas *de duração indeterminada*, dado não existir uma *razão objectiva* para celebrar todos os meses um contrato de trabalho a prazo.

[26] Cfr., por exemplo, BAG AP n° 16 relativo ao § 620 do BGB (*Befristeter Arbeitsvertrag*) ou ArbG Rheine DB 1985, 2303.

[27] V. o exemplo, dado por DÄUBLER, *cit.*, 15.1.2.2, de alguém que trabalha durante 5 meses por ano, nas temporadas de Inverno, como monitor de ski: entende o autor que existe aí uma relação de trabalho *por tempo indeterminado*, mas ocupando temporalmente apenas aqueles 5 meses.

[28] É a posição que já sustentávamos à luz do direito anterior (*Do contrato de trabalho a prazo*, p. 60); no mesmo sentido, entre outros, Sérgio Gonçalves do CABO, p. 43 ss., e Albino BAPTISTA, *cit.*, p. 296.

A nível da jurisprudência, pronunciam-se igualmente nesse sentido, por exemplo, os acórdãos RL 13.04.91, in Col. Jur. 1991-II, 107, RE 18.11.97, in BMJ 471, 480, e

1.1.6. Uma questão que, de forma pertinente, tem sido levantada é a de saber se o contrato para substituição temporária de um trabalhador que, por qualquer razão (por exemplo, por doença ou por acidente), se encontre impedido de prestar serviço, será um verdadeiro contrato a termo ou, antes, um contrato sob condição resolutiva[29]: o que há aí, de facto, é a previsão de um acontecimento futuro e incerto, não só quanto ao momento da sua ocorrência, mas quanto à sua própria verificação, dado que o trabalhador substituído pode não regressar ao serviço (porque, por exemplo, não se cura, morre ou mesmo, pura e simplesmente, não pretende regressar ao serviço).

Quais serão então as consequências do facto de o trabalhador não regressar?[30].

Dar-se-á a conversão automática em contrato sem termo? Ou, pelo contrário, poderá o empregador fazer cessar o contrato, por caducidade?

Em nosso entender, a primeira solução – de que o contrato se converte automaticamente em contrato sem prazo, logo que se torne certa a natureza permanente do trabalho — é de repudiar[31]. Ela é contrária, desde logo, aos princípios da boa fé e do cumprimento pontual dos contratos[32].

Com efeito, a validade do termo, com *todos* os seus efeitos, deve ser avaliada no momento da formação do acordo. Ora, no caso que estamos a

---

RL 5.05.99, Col. Jur. 1999-III, 158; em sentido contrário, v., entre outros, os acórdãos RL 27.05.98, in Col. Jur. 1998-III, 164, e STJ 20.10.99, in Col. Jur. 1999-III, 267.

[29] Sobre o ponto, v., por exemplo, Pedro ROMANO MARTINEZ, *Direito do Trabalho*, II (1998), p. 299 s.

[30] É, no fundo, a questão mais geral de saber o que acontece se, no decurso da execução de um contrato a termo, a necessidade da empresa que havia permitido a válida estipulação do termo deixar de ser temporária.

[31] Foi, contudo, essa a posição por nós inicialmente defendida sobre esta questão, na nossa monografia *Do contrato de trabalho a prazo*, p. 65 ss. A nível da jurisprudência, também sufragou tal posição, por exemplo, o acórdão da RL 28.02.96, in Col. Jur. 1996--I, 178.

[32] E também à própria *causa* do contrato a termo, havendo, designadamente, que ponderar que o empregador, ao recrutar o trabalhador substituto, pode não ter tido o mesmo grau de exigência que teria no caso de pretender contratar alguém por tempo indeterminado.

Cremos, além disso, que, na economia do contrato, o termo (ou, na perspectiva de alguns, a condição) a que as partes subordinaram a cessação do vínculo foi, não o regresso do trabalhador ausente, mas sim a cessação do seu impedimento temporário; ora, esse termo verifica-se quando se torna certo que o impedimento deixa de ser temporário e passa a definitivo.

Contrato de Trabalho a Termo

165

analisar, o pressuposto da necessidade temporária de trabalho por parte da empresa está presente ao tempo da estipulação da cláusula de termo, pelo que essa cláusula é válida.

Acontece, porém que, durante a execução do contrato, se vai verificar uma alteração das suas condições objectivas, desaparecendo o carácter transitório daquela necessidade de trabalho. Mas desse facto, isto é, do facto de o trabalhador substituído não regressar, não decorre automaticamente a conversão do contrato em contrato de duração indeterminada.

Essa conversão em contrato sem termo poderá, na verdade, ocorrer, mas apenas se, de acordo com as regras gerais[33] e verificada a certeza do não regresso do trabalhador substituído, o empregador, depois do conhecimento desse facto, mantiver o trabalhador ao seu serviço. Ou seja, após o decurso do termo inicialmente fixado, o contrato ou caduca ou passa a contrato de duração indeterminada: caduca, se lhe preceder a comunicação da entidade patronal nesse sentido[34]; passa a contrato de duração indeterminada, se o trabalhador continuar ao serviço[35-36].

1.2. *Requisitos formais.*

O contrato deve ser reduzido a escrito e assinado por ambas as partes e conter as indicações constantes das diversas alíneas do nº 1 do art. 42º.

De acordo com este preceito, *"o contrato de trabalho a termo, certo ou incerto, está sujeito a forma escrita, devendo ser assinado por ambas as partes e conter as seguintes indicações:*

a) Nome ou denominação e residência ou sede dos contraentes;

---

[33] Do nº 1 do art. 46º ou do nº 1 do art. 51º, consoante se trate de termo certo ou de termo incerto.

[34] Essa declaração (que normalmente reveste a natureza de uma *declaração de ciência*, com que a empresa informa o trabalhador da impossibilidade de continuar a receber o seu trabalho) será aqui, neste caso concreto, uma *declaração de vontade*.

[35] O que tal contrato não poderá é ser objecto de renovação, uma vez que esta apenas pode ser utilizada para satisfazer necessidades de trabalho de carácter temporário.

[36] Em sentido idêntico ao aqui defendido, v. os acórdãos RL 28.02.96, in Col. Jur. 1996-I, 178, RC 16.05.96, in Col. Jur. 1996-III, 63, e RP 5.07.99, in Col. Jur. 1999-IV, 250, e ainda Pedro BETTENCOURT, *cit.*, p. 215 ss., e João RATO, "Contrato de trabalho a termo para substituição de trabalhador ausente", in *Prontuário de Direito do Trabalho* nº 48/96, p. 103 ss.

b) Categoria profissional ou funções ajustadas e retribuição do tra-balhador;

c) Local e horário de trabalho;

d) Data de início do trabalho;

e) Prazo estipulado com indicação do motivo justificativo ou, no caso de contratos a termo incerto, da actividade, tarefa ou obra cuja execução justifique a respectiva celebração ou o nome do trabalhador substituído;

f) Data da celebração".

Há que realçar a necessidade de indicação expressa no contrato do motivo justificativo do mesmo, constante da alínea *e)*, à qual se reporta também o art. 3º da Lei nº 38/96, de 31.08[37], segundo o qual "a indicação do motivo justificativo da celebração do contrato de trabalho a termo ... só é atendível se mencionar concretamente *os factos e circunstâncias* que integram esse motivo"[38]. Num exemplo simples, dir-se-á que não será suficiente invocar a alínea *a)* da referida disposição legal, devendo antes ser explicitado, por hipótese, que se pretende substituir o trabalhador *x*, impedido por estar a prestar serviço militar ou por se encontrar no gozo de uma licença de paternidade, etc.[39].

Para a hipótese de faltar a referência exigida pela alínea d) do nº 1 do art. 41º, estatui o nº 2 do preceito que se considera "que o contrato tem início na data da sua celebração".

---

[37] Sobre este preceito, António MONTEIRO FERNANDES, *Direito do Trabalho*, 11ª edição (1999), p. 308.

[38] Esta necessidade já era de há muito sustentada pela jurisprudência. V., a mero título exemplificativo, os acórdãos RE 8.11.94, in Col. Jur. 1994-V, 298, e RP 20.03.95, in Col. Jur. 1995-II, 246.

Para que se considere satisfeita a exigência legal, é necessário, de acordo com o acórdão STJ 23.09.99, in Col. Jur. 1999-III, 246, que no contrato figurem "dados que, no seu conjunto, expressem a razão de ser do mesmo", preenchendo um dos motivos legal-mente admissíveis como *causa* do contrato a termo.

Também o acórdão RL 28.04.99, in BMJ 486, 357, entende que "não é suficiente mencionar um dos enunciados genéricos e abstractos da lei para se haver por satisfeita a exigência da indicação da justificação dos termos, sendo antes necessário designar a factualidade concreta que permita identificar a situação que se diz constituir acréscimo temporário ou excepcional da actividade da empresa e, assim, apreciar o seu carácter não duradouro".

[39] É assim também que, por exemplo, no caso da alínea *d)*, será preciso esclarecer que uma secretária vai ser contratada a termo, porque irá desempenhar as tarefas (que não correspondem às atribuições normais ou regulares da empresa) de informatização dos seus arquivos.

Por seu turno, de acordo com o n° 3 do mesmo preceito, "considera-se contrato sem termo aquele em que falte a redução a escrito, a assinatura das partes, o nome ou denominação, bem como as referências exigidas na alínea e) do n° 1 ou, simultaneamente, nas alíneas *d*) e *f*) do mesmo número"[40].

2. Período experimental

O n° 1 do art. 43° estabelece que, "*salvo acordo em contrário*, durante os primeiros trinta dias de execução do contrato a termo, qualquer das partes o pode rescindir, sem aviso prévio nem invocação de justa causa, não havendo lugar a qualquer indemnização". Nos termos do n° 2 do mesmo preceito, "o prazo previsto no número anterior é reduzido a quinze dias no caso de contrato com prazo não superior a seis meses e no caso de contratos a termo incerto cuja duração se preveja não vir a ser superior àquele limite".

Esta solução legal — de que, na falta de estipulação das partes em contrário, haverá um período experimental – é diferente, quer da solução que aparecia consagrada no n° 2 do art. 44° da LCT[41], quer da tendência das legislações estrangeiras[42], em que, no contrato de trabalho a termo, o período experimental apenas aparece previsto a título meramente supletivo[43].

---

[40] Porque as regras formais visam, no essencial, assegurar o esclarecimento dos trabalhadores (cfr., expressamente neste sentido, o acórdão STJ 23.09.99, in Col. Jur. 1999-III, 246), deverá entender-se que a não redução a escrito dos elementos contidos nas alíneas *b*) e *c*) não prejudica a validade do contrato.

Já poderá haver dúvidas se houver apenas assinatura de uma das partes, devendo então entender-se que o termo será válido se tal assinatura for a do trabalhador.

Em qualquer das hipóteses desta nota, segue-se A. MENEZES CORDEIRO, *cit.*, p. 631 ss.

[41] Que dispunha que "nos contratos com prazo, certo ou incerto, só haverá o período experimental (...), se for convencionado por escrito".

[42] Cfr., por exemplo, o art. L.122-3-3 do *Code du Travail* francês (na redacção da Lei n° 82-130).

[43] Estas soluções, quer da LCT, quer destas legislações estrangeiras, em matéria de período experimental afiguram-se-nos mais conformes à ideia de estabilidade no emprego, que deveria informar toda esta problemática. Cfr., *supra*, nota (11).

3. Obrigações resultantes da admissão de trabalhadores a termo

Segundo o art. 53º, o empregador é obrigado a comunicar à comissão de trabalhadores, no prazo de cinco dias úteis, a admissão de trabalhadores em regime de contrato de trabalho a termo (nº 1), devendo, por outro lado, esses trabalhadores serem incluídos, segundo um cálculo efectuado com recurso à média no ano civil anterior, no total dos trabalhadores da empresa para determinação das obrigações sociais ligadas ao número de trabalhadores ao serviço (nº 2).

4. Preferência na admissão

O art. 54º estatui, por sua vez, que, até ao termo da vigência do respectivo contrato, os trabalhadores contratados a termo têm, em igualdade de condições, preferência na passagem ao quadro permanente, sempre que o empregador proceda a recrutamento externo para o exercício, com carácter permanente, de funções idênticas àquelas para que foram contratados (nº 1); a violação desta disposição obriga a entidade patronal a pagar ao trabalhador uma indemnização correspondente a meio mês de remuneração de base (nº 2).

§ 2 — CONTRATO A TERMO CERTO

A lei portuguesa actual admite tanto a aposição de termo certo como de termo incerto, sendo que, contrariamente ao que se passa com o segundo – que, por razões que têm a ver com a ideia de estabilidade no emprego, vê a sua admissibilidade restringida a situações excepcionais, taxativamente enunciadas no art. 48º, o primeiro pode ser aposto em todas as situações enumeradas no nº 1 do art. 41º.

1. Duração

1.1. A lei não consagra qualquer prazo de duração máxima do contrato a termo, com excepção dos casos previstos na alínea *e*) do nº 1 do artigo 41º[44]: com efeito, e como se verá, o limite de 3 anos, estipulado pelo

---

[44] Em que "a duração do contrato, haja ou não renovação, não pode exceder dois anos" (nº 3 do art. 44º).

Contrato de Trabalho a Termo

n.º 2 do art. 44.º, vale apenas como limite máximo do período de renovações sucessivas do contrato a termo — e já não como limite de duração do próprio contrato.

1.2. Por sua vez, no que respeita a um eventual prazo de duração mínima, estatui o art. 45º que o contrato de trabalho a termo só pode ser celebrado por prazo inferior a seis meses nas situações previstas nas alíneas *a*) a *d*) do nº 1 do artigo 41º (nº 1), não podendo, todavia, a sua duração ser inferior à prevista para a tarefa ou serviço a realizar (nº 2); sempre que se verifique a violação do disposto no nº 1 do preceito, o contrato considera-se celebrado pelo prazo de seis meses (nº 3)[45].

Nas restantes situações em que é admissível, o contrato de trabalho a termo está, pois, sujeito ao prazo de duração mínima de seis meses.

2. Renovação

2.1. Um dos aspectos característicos do contrato a termo certo é, porém, a possibilidade da sua renovação, que a lei admite, dado ser o mecanismo que permite aproximar, tanto quanto possível, o termo do contrato do fim da necessidade temporária do trabalho por parte da empresa[46].

Tal renovação pode ser *expressa* (através de novo documento escrito) ou *automática*.

A renovação automática[47] ocorre se o empregador não fizer a declaração de caducidade prevista no nº 2 do art. 46º[48] e o trabalhador também não preferir a cessação do contrato[49-50].

---

[45] Obviamente, desde que seja válida a aposição do termo, de acordo com as regras gerais, *maxime* dos arts. 41º e 42º. Neste sentido, Pedro BETTENCOURT, *cit.*, p. 193.

[46] Cfr. Fernando RIBEIRO LOPES, *Direito do Trabalho* (1978), p. 161, nota 1.

Dispõe o nº 4 do art. 44º que se considera "como um único contrato" o que seja objecto de renovação; trata-se de uma regra que tem consequências particulares quer para o cálculo da antiguidade quer das férias.

[47] Pelo mesmo prazo anteriormente estipulado e com idênticas condições.

[48] Esta declaração é, pois, concebida pelo legislador, não como uma declaração de vontade extintiva, mas como uma declaração de vontade de não renovar o contrato, isto é, uma declaração que terá por efeito impedir tal renovação.

[49] Preferindo antes continuar ao serviço para além do prazo estipulado.

Como se verá, no caso de ser o trabalhador a querer aproveitar-se do termo do prazo, para fazer caducar o contrato, o mesmo não está obrigado a qualquer declaração

170 Estudos do Instituto de Direito do Trabalho

Mas — e ao contrário do que parece resultar da letra do mesmo n° 2 do art. 46° — nada obsta à renovação expressa do contrato[51], hipótese em que o prazo respectivo tanto poderá ser o mesmo como um outro, diferente do inicial[52].

Em qualquer caso, tal como a estipulação do prazo inicial, também a renovação apenas pode ser utilizada para satisfazer necessidades de trabalho que revistam um carácter temporário, objectivamente fundamentado. Ou seja: os pressupostos de admissibilidade do contrato inicial têm que continuar a existir no momento do renovação[53].

2.2. O n° 2 do art. 44° permite que o contrato seja sucessivamente renovado, até ao limite de 2 renovações e de 3 anos[54].

Estes limites, impostos pela lei à duração global dos contratos objecto de renovação, valem tanto para a renovação automática como para a renovação expressa: em qualquer das situações, ao serem atingidos tais limites, o contrato a termo transforma-se automaticamente em contrato de duração indeterminada.

A necessidade de conjugar o mecanismo de renovação do contrato com os limites impostos à sua duração leva igualmente a que, nos casos em que a renovação do contrato conduzisse a uma duração global dos

---

prévia. É a solução que resulta, não só deste n° 2 do art. 46° *a contrario*, como do princípio da liberdade de trabalho, consagrado no n° 1 do art. 47° da CRP.

[50] Refira-se que, nesta hipótese de o trabalhador continuar ao serviço para além do prazo inicialmente fixado, a generalidade dos ordenamentos europeus não admite como regra a renovação automática do contrato, havendo, pelo contrário, uma tendência geral para a *conversão* (automática) do contrato em contrato sem termo. É assim que, por exemplo, nos direitos francês e italiano, a renovação tem de ser expressa e só pode ocorrer uma única vez e por período que não exceda a duração do contrato inicial.

Tais soluções coadunam-se melhor, segundo nos parece, com a ideia do carácter excepcional do contrato a termo (nada impedindo, aliás, face a elas, que, se se mantiver a razão justificativa do carácter temporário da necessidade de trabalho, as partes estipulem um novo termo).

Também no regime da LCT (art. 10°/2), a continuação da prestação de trabalho para além do prazo a que o contrato estava sujeito originava a conversão em contrato de duração indeterminada, salvo se as partes outra coisa houvessem disposto por escrito.

[51] Neste sentido, acórdão RC 18.01.96, in Col. Jur. 1996-I, 55.

[52] Valendo então o disposto no n° 2 do art. 3° da Lei n° 38/96.

[53] Conforme entendimento unânime da doutrina. Cfr., neste sentido, Paula CAMANHO, *cit.*, p. 971, e A. MONTEIRO FERNANDES, *cit.*, p. 309.

[54] Como já se disse, o n° 3 do mesmo art. 44° estatui que "nos casos previstos na alínea *e*) do n° 1 do art. 41°, a duração do contrato, haja ou não renovação, não pode exceder dois anos".

Contrato de Trabalho a Termo 171

períodos de renovação superior ao limite de 3 anos, o contrato se converta *ope legis*[55], a partir do momento em que tal renovação ocorreria, em contrato de duração indeterminada.

Assim, um contrato de trabalho a termo por 30 meses (dois anos e meio) não poderá ser objecto de renovação automática, uma vez que a sua duração total[56] não poderá exceder o limite total de 3 anos.

Num caso desses, se não houver declaração de caducidade por parte do empregador e se o trabalhador não preferir a cessação, o contrato converter-se-á em contrato sem prazo, a não ser que as partes estipulem por escrito a renovação[57].

2.3. O referido limite de 3 anos vale apenas como limite máximo de duração dos períodos de renovação sucessiva do contrato a termo — e já não como limite de duração do próprio contrato. Este pode destinar-se a preencher uma necessidade de trabalho com maior duração e não valerão então as razões pelas quais o legislador terá entendido impor esses limites.

Com efeito, radicam essas razões em que o preenchimento de um período de 3 anos por sucessivas renovações de um contrato a termo revela de forma inequívoca a existência de uma situação à qual se ajustaria antes a vinculação por tempo indeterminado. O encadeamento de contratos por tão longo tempo manifesta, no fundo, um vínculo de duração indefinida – pelo que, perante a lei, ele deve, a partir daquele limite temporal, passar a ser em tudo tratado como aquilo que substancialmente é, ou seja, como um contrato sem prazo.

Ora, tais razões já não valem para os contratos únicos por prazo superior a 3 anos, cuja duração corresponda ao tempo previsível da própria necessidade temporária da empresa. Por isso, pensamos que, à face da lei, eles serão admissíveis[58].

---

[55] Cfr. A. MENEZES CORDEIRO, *cit.*, p. 639.

[56] Isto é, contada do início do primeiro contrato, englobando, pois, o período inicial e as renovações.

[57] Que não poderá, então, exceder a duração de seis meses.

[58] Assim, por exemplo, acórdão RL 26.01.94, in Col. Jur. 1994-I, 172; no mesmo sentido, entre outros, Pedro BETTENCOURT, *cit.*, p. 186 ss., Bernardo XAVIER, *Curso ...*, *cit.*, p. 470, nota (3), e Albino BAPTISTA, *cit.*, p. 295 s.

Diferente é a opinião de A. MENEZES CORDEIRO, *cit.*, p. 637, para quem a lei fixa um prazo geral máximo de 3 anos, dado que todos os contratos a termo certo estarão sujeitos a renovação, nos termos do nº 2 do art. 46º. Não nos parece de acolher este raciocínio, desde logo porque, se os contratos não sujeitos a renovação fossem apenas os contratos a termo incerto, o preceito — até pela secção em que está inserida — não faria sentido.

3. Caducidade

3.1. O contrato de trabalho a termo tem uma causa específica de extinção, que é a *caducidade*

No caso do contrato a termo certo, ela verifica-se, no termo do prazo estipulado, desde que a entidade empregadora comunique ao trabalhador até oito dias antes de o prazo expirar, por forma escrita, a vontade de o não renovar.

A caducidade não é, pois, automática, isto é, não tem lugar pelo simples decurso do prazo: ela só se verificará se o empregador fizer a declaração a que se refere o art. 46° ou se o trabalhador não quiser continuar ao serviço no fim do prazo. Se assim não for, o contrato renovar-se-á[59], nos termos já conhecidos.

A declaração de caducidade por parte do empregador está sujeita à forma escrita[60] e deve ser feita até 8 dias antes do prazo expirar, sob pena de o contrato se renovar[61].

Caso seja o trabalhador a querer aproveitar-se do termo do prazo, não está obrigado a qualquer declaração prévia. É a solução que resulta, *a contrario*, do art. 46° e que é conforme ao princípio da liberdade de trabalho, consagrado no n° 1 do art. 47° da CRP[62].

3.2. Nos termos do n° 3 art. 46°, a caducidade do contrato confere ao trabalhador o direito a uma *compensação* correspondente a dois dias de remuneração de base por cada mês completo de duração, calculada segundo a fórmula estabelecida no artigo 2.° do Decreto-Lei n° 69-A/87, de 9 de Fevereiro[63].

---

[59] Ou converter-se-á.

[60] Trata-se de uma formalidade *ad substantiam*. Neste sentido, Pedro BETTENCOURT, *cit.*, p. 226, e A. MONTEIRO FERNANDES, *cit.*, p. 310.

[61] Obviamente, desde que o trabalhador queira continuar ao serviço.

[62] Contra, v., por exemplo, a posição sufragada por Albino BAPTISTA, *cit.*, p. 305 s.

[63] No sentido de que o preceito deve ser objecto de uma interpretação restritiva, existindo este direito à compensação apenas no caso de a caducidade do contrato ser imputável ao empregador – e já não se for o trabalhador a dar-lhe origem, cfr. Paula CAMANHO, *cit.*, p. 984 ss., que invoca, não só a inserção sistemática da disposição no conjunto do art. 46° (ela surge, com efeito, na sequência dos n.os 1 e 2, que se referem apenas à caducidade invocada pela entidade patronal), como um argumento de ordem teleológica, assente no reconhecimento de que aquele direito tem por finalidade "indemnizar" o trabalhador pelo fim da sua relação de trabalho, não se justificando, pois, que lhe seja

Por sua vez, o nº 4 do mesmo preceito dispõe que a cessação, por motivo *não imputável* ao trabalhador, de um contrato de trabalho a prazo que tenha durado mais de doze meses impede uma nova admissão, a termo certo ou incerto, para o mesmo posto de trabalho antes de decorridos três meses[64].

4. Conversão

De acordo com o art. 47º, "o contrato converte-se em contrato sem termo se forem excedidos os prazos de duração fixados de acordo com o disposto no artigo 44.º, contando-se a antiguidade do trabalhador desde o início da prestação de trabalho".

---

reconhecido no caso em que é ele próprio a dar-lhe origem. A autora reconhece, contudo, que, contra tal interpretação, poderá ser invocado o confronto com o nº 4 do mesmo preceito.

Também Pedro FURTADO MARTINS, "Questões sobre trabalho temporário", in RDES 1999-I, p. 51 ss. (77 ss.) (cfr. igualmente *A cessação do contrato de trabalho*, p. 30 s.), sustenta não haver motivos para compensar o trabalhador pela perda do emprego "quando essa perda não ocorreria se não fosse o concurso da sua própria vontade". Por isso, acrescenta, "a compensação só será devida quando for o empregador a impedir a renovação do contrato ou a sua conversão em contrato sem prazo e nos casos em que as partes tenham expressamente acordado, aquando da celebração do contrato de trabalho, em que o mesmo não seria renovável".

Em idêntico sentido pronunciam-se ainda, entre outros, Ana Rita CARVALHO, "Compensação por caducidade de contrato de trabalho a termo celebrado com a Administração Pública", in *XX Aniversário do Provedor de Justiça – Estudos* (1995), p. 170 ss., e Vitor FERRAZ, "A estabilidade da relação laboral", in *I Congresso Nacional de Direito do Trabalho. Memórias* (1998), p. 360, bem como o Parecer da PGR nº 23/97, de 14.10.99, in D.R., II série, nº 1, de 3.01.00.

[64] Para Filomena LEÃO e Francisco LIBERAL FERNANDES, em artigos publicados no *Prontuário da Legislação do Trabalho* (n.os 34/90 e 39/92, respectivamente), a violação desta norma implica que o contrato celebrado nestas circunstâncias deva ser tido por contrato sem termo, quer seja concluído com o mesmo ou com outro trabalhador; em sentido contrário, pronuncia-se, também no *Prontuário* (nº 36/91), João LEAL AMADO, para quem a sanção para o desrespeito da norma em questão consistirá apenas numa *multa*, nos termos da alínea *a*) do nº 1 do art. 60º.

§ 3 — CONTRATO A TERMO INCERTO

Como já se salientou, a lei portuguesa actual – contrariamente ao que se passava com o regime do Decreto-Lei nº 781/76 — admite a aposição de termo incerto ao contrato de trabalho.

Essa modalidade de termo pode ser aposta, não em todas as situações enumeradas no nº 1 do art. 41º, mas apenas em algumas delas, mais concretamente, naquelas a que se refere o art. 48º.

Voltou-se, por conseguinte, à tradição do ordenamento laboral português[65], procedendo-se, todavia, a uma enunciação taxativa das situações em que é legítimo o recurso a tal forma de contratação e prevendo-se determinadas garantias e compensações para os trabalhadores abrangidos, com destaque para a obrigação de aviso prévio do art. 50º[66].

É assim que a celebração de um contrato de trabalho a termo incerto é admitida apenas nas situações previstas nas alíneas *a)*, *c)*, *f)* e *g)* do nº 1 do artigo 41º (art. 48º), sendo que tal contrato dura por todo o tempo necessário à substituição do trabalhador ausente ou à conclusão da actividade, tarefa ou obra cuja execução justifica a sua celebração (art. 49º)[67].

O nº 1 do art. 50º estatui, por seu turno, que "o contrato caduca quando, prevendo-se o regresso do trabalhador ausente ou a conclusão da actividade, tarefa ou obra cuja execução justifica a sua celebração, a entidade patronal comunique ao trabalhador o termo do mesmo, com a antecedência mínima de 7, 30 ou 60 dias, conforme o contrato tenha durado até 6 meses, de 6 meses a 2 anos ou por período superior"[68].

Parece resultar de uma tal disposição que a caducidade do contrato a termo incerto depende da comunicação aí referida.

---

[65] V. art. 13º da Lei nº 1952, de 10.03.1937, e artºs 10º/2 e 100º/1-*b*) da LCT.

[66] A proibição desta modalidade de termo no contrato de trabalho, contida no Decreto-Lei nº 781/76, não era, com efeito, uma solução adequada, pois não atendia à realidade económica e laboral (v. a crítica que lhe fazíamos no nosso *Do contrato de trabalho a prazo*, p. 55).

[67] Não havendo, portanto, necessidade de quaisquer ajustamentos em termos temporais (entre o termo do contrato e o fim da necessidade temporária do trabalho por parte da empresa) – ao contrário do que pode acontecer no contrato a termo certo, em relação ao qual, por isto mesmo, a lei admite a sua renovação.

[68] Tratando-se de situações previstas nas alíneas *c)*, *f)* e *g*) do nº 1 do artigo 41º que dêem lugar à contratação de vários trabalhadores, tal comunicação deve, de acordo com o nº 2 deste art. 50º, ser feita, sucessivamente, a partir da verificação da diminuição gradual da respectiva ocupação, em consequência da normal redução da actividade, tarefa ou obra para que foram contratados.

Não é, contudo, assim. O nº 3 mostra claramente a desnecessidade de tal comunicação para que se verifique a caducidade: a inobservância do pré-aviso referido implica para o empregador apenas o pagamento da retribuição correspondente ao período de aviso prévio em falta, pelo que, se a comunicação não for feita, o empregador deve manter a retribuição pelo período correspondente ao pré-aviso em falta[69].

A cessação do contrato a termo incerto confere também ao trabalhador o direito a uma *compensação*, calculada nos termos do nº 3 do artigo 46º.

O contrato a termo incerto converte-se em contrato sem termo[70], sempre que o trabalhador (com o consentimento do empregador) continue a prestar o seu serviço após algum dos seguintes marcos:

— decorrido o prazo do aviso prévio;
— na falta de aviso prévio, passados 15 dias sobre a conclusão da actividade, serviço ou obra para que havia sido contratado ou sobre o regresso do trabalhador substituído.

§ 4 — OUTRAS FORMAS DE CESSAÇÃO DO CONTRATO DE TRABALHO A TERMO

Para além da causa específica de extinção já mencionada, que é a *caducidade*, aplicam-se aos contratos de trabalho a termo, de acordo com o nº 1 do art. 52º, as disposições gerais relativas à cessação do contrato, com as alterações constantes dos restantes números desse mesmo preceito.

Essas alterações dizem respeito ao despedimento promovido pelo empregador e à rescisão do contrato por iniciativa do trabalhador.

É assim que, de acordo com o nº 2 daquele preceito, se o despedimento promovido pela entidade empregadora for declarado ilícito, esta será condenada:

a) Ao pagamento da importância correspondente ao valor das retribuições que o trabalhador deixou de auferir desde a data do

---

[69] Ou pode, como alternativa, manter o trabalhador ao seu serviço por mais algum tempo, até perfazer o prazo de pré-aviso, mas correndo aí o risco de ver o contrato passar a contrato sem termo (pela eventual ultrapassagem do prazo do nº 1 do art. 51º). Neste sentido, A. MENEZES CORDEIRO, *cit.*, p. 641.

[70] Aplicando-se a uma tal situação o disposto no artigo 47º, no que respeita à contagem da antiguidade.

despedimento até ao termo certo ou incerto do contrato, ou até à data da sentença, se aquele termo ocorrer posteriormente;

b) À reintegração do trabalhador, sem prejuízo da sua categoria, caso o termo do contrato ocorra depois da sentença[71].

Nos termos do nº 3, da importância calculada nos termos da citada alínea *a*) é deduzido o montante das importâncias relativas a rendimentos de trabalho auferidos pelo trabalhador em actividades iniciadas posteriormente à cessação do contrato.

Para o caso de rescisão do contrato por iniciativa do trabalhador, dispõe o nº 4 que, havendo justa causa, tem aquele direito a uma indemnização correspondente a mês e meio[72] de remuneração de base por cada ano de antiguidade ou fracção, até ao limite do valor das remunerações de base vincendas; não existindo justa causa, deve o trabalhador avisar a entidade empregadora com a antecedência mínima de 30 dias, se o contrato tiver duração igual ou superior a 6 meses, ou de 15 dias, se for de duração inferior (nº 5)[73], sob pena de ter que lhe pagar, a título de indemnização, o valor da remuneração de base correspondente ao período de aviso prévio em falta (nº 6)[74].

---

[71] Em nosso entender, existe aqui, embora não referido expressamente, o *direito de opção* entre esta reintegração e a indemnização de antiguidade. Tal direito encontra-se, segundo pensamos, abrangido pela referência feita pelo nº 1 do artigo às "disposições gerais relativas à cessação do contrato". Pronuncia-se igualmente neste sentido Vítor RIBEIRO, em texto publicado no *Prontuário da Legislação do Trabalho* nº 34/90, p. 19 s.
Convirá, todavia, lembrar que a matéria não assume grande relevância prática, dado que o mais frequente será, de facto, o termo do contrato ocorrer antes da sentença.

[72] E não apenas a "*um mês*", como no caso dos contratos sem termo (v. art. 36º).

[73] Para o cálculo deste prazo de aviso prévio atender-se-á, nos contratos a termo incerto, ao tempo de duração efectiva do contrato (nº 7).

[74] Sobre a hipótese em que o trabalhador pretende denunciar o contrato, mas o prazo que falta para atingir o seu termo já não permite a concessão do aviso prévio, v. João RATO, "Contrato de trabalho a termo", *Prontuário da Legislação do Trabalho* 44/93, p. 27 ss. (32 ss.).

ADENDA

O texto que antecede foi escrito, conforme nele se assinala, para servir de base a uma lição proferida em 10 de Janeiro de 2001. Posteriormente a essa data, foi publicada a Lei n.º 18/2001, de 3 de Julho, que introduziu várias alterações ao regime jurídico do contrato de trabalho a termo constante do Decreto-Lei n.º 64-A/89, de 27 de Fevereiro; mais concretamente, aditou-lhe o artigo 41.º-A e alterou os artigos 41.º, 42.º, 46.º, 53.º e 54.º (tendo procedido igualmente à alteração do artigo 3.º da Lei n.º 38/96, de 31 de Agosto).

Muitas dessas alterações — v.g., a aquisição pelo trabalhador da qualidade de trabalhador permanente como consequência da nulidade da estipulação do termo (novo *n.º 2 do art. 41.º*), a nulidade dessa estipulação sempre que tiver por fim iludir as disposições que regulam os contratos sem termo (novo *n.º 3 do art. 41.º*), o ónus da prova dos factos e circunstâncias que fundamentam a celebração de um contrato a termo a cargo do empregador (novo *n.º 4 do art. 41.º*), a conversão automática da relação jurídica em contrato sem termo como consequência da celebração sucessiva e ou intervalada de contratos de trabalho a termo, entre as mesmas partes, para o exercício das mesmas funções ou para satisfação das mesmas necessidades do empregador (novo *art. 41.º-A,* no seu n.º 1, com a excepção a que se refere o n.º 2), a nulidade do contrato de trabalho a termo que seja celebrado posteriormente à aquisição pelo trabalhador da qualidade de trabalhador permanente (novo *art. 41.º-A,* no seu nº 3) — limitaram-se, em nosso entender, a consagrar de forma expressa soluções já antes acolhidas na lei, devidamente interpretada à luz dos princípios constitucionais e da regra da indeterminação da duração do contrato de trabalho*.

---

* Tal como sustentámos no texto que agora se publica (cfr. pontos 1.1.4 e 1.1.5.) – bem como, aliás, noutros escritos anteriores (v., por ex., José João ABRANTES, "Breve apontamento sobre o regime jurídico do contrato de trabalho a prazo", in *Direito do Trabalho. Ensaios,* p. 93ss.).

Para além delas, haverá ainda que chamar a atenção para as alterações introduzidas através da nova *alínea f) do n.º 1 do art. 42.º* (o contrato a termo deve conter a necessidade do cumprimento do disposto no n.º 1 do art. 53.º, norma esta, aliás, também modificada, no sentido de que a celebração, a prorrogação e a cessação do contrato devam ser comunicadas, não só à comissão de trabalhadores, mas também às estruturas sindicais existentes na empresa), dos novos *n.ºs 3* (a compensação pela caducidade do contrato passou a ser de três dias de remuneração base por cada mês completo de duração, não podendo ser inferior a um mês) *e 4* (o impedimento para uma nova admissão a termo, para o mesmo posto de trabalho passou agora a ter o prazo de seis meses) *do art. 46.º* e, ainda, dos novos *n.ºs 2 e 3 do art. 54.º* (a violação do disposto no n.º 1 do mesmo preceito, relativo à preferência na passagem ao quadro permanente, obriga o empregador a pagar uma indemnização ao trabalhador correspondente a 6 meses de remuneração base, cabendo também ao empregador o ónus da prova de não ter preterido o trabalhador).

José João Abrantes
Lisboa, 15.10.2001

CESSAÇÃO DO CONTRATO DE TRABALHO; ASPECTOS GERAIS

PEDRO ROMANO MARTINEZ
*Professor da Faculdade de Direito de Lisboa
e da Faculdade de Direito da Universidade Católica*[1]

SUMÁRIO:

1. **Cessação dos contratos; regime comum**
   a) *Extinção de vínculos obrigacionais*
   b) *Formas de cessação do contrato*
      1) *Resolução*
      2) *Revogação*
      3) *Denúncia*
      4) *Caducidade*
2. **Particularidades no regime da extinção de relações duradouras**
3. **Importância da cessação do contrato no domínio laboral**
4. **Regime geral da cessação do contrato de trabalho no enquadramento do Direito Privado**
   a) *Segurança no emprego*
   b) *Evolução legislativa*
   c) *Uniformidade e imperatividade do regime da cessação*
   d) *Causas de cessação*
   e) *Enquadramento das causas de cessação do contrato de trabalho no regime comum de extinção de contratos de Direito Privado*
      1) *Caducidade*
      2) *Revogação*
      3) *Despedimento*
      4) *Rescisão*

---

[1] O presente texto corresponde, com adaptações, à aula sobre cessação do contrato de trabalho, proferida a 27 de Março de 2001, no II Curso de Pós-Graduação em Direito do Trabalho, na Faculdade de Direito de Lisboa.

1. Cessação dos contratos; regime comum

a) *Extinção dos vínculos obrigacionais*

Tendencialmente, o vínculo obrigacional tem uma duração limitada e, por via de regra, a obrigação extingue-se com o seu exercício. Daí que, não raras vezes, a dissolução do vínculo contratual resulte do cumprimento das prestações a que as partes se vincularam; por isso, normalmente, por exemplo os efeitos de um contrato de compra e venda cessam quando o vendedor entrega a coisa e o comprador paga o preço.

Pode, assim, dizer-se que a causa natural de cessação de um contrato advém do cumprimento das respectivas obrigações, ou seja por via da extinção das prestações das partes, que se encontram realizadas (art. 762.º, n.º 1 do Código Civil [CC]), ou em razão de uma causa de extinção das obrigações além do cumprimento, como a dação em cumprimento (art. 837.º CC), a consignação em depósito (art. 841.º CC) ou a compensação (art. 847.º CC).

Independentemente do cumprimento das respectivas prestações, as relações obrigacionais extinguem-se por via da resolução, da revogação e da denúncia[2]. A resolução e a denúncia conduzem à cessação do vínculo por declaração unilateral de uma das partes dirigida à contraparte[3]. A revogação pressupõe a existência de um consenso das partes com vista à ces-

---

[2] É doutrina pacífica, apesar de, por vezes, se aludir à rescisão.

Quanto à tríade de formas de cessação do vínculo obrigacional, *vd.* MENEZES CORDEIRO, *Direito das Obrigações*, Vol. II, AAFDL, Lisboa, 1980, pp. 162 ss.; ALMEIDA COSTA, *Direito das Obrigações*, 8.ª ed., Almedina, Coimbra, 2000, pp. 279 ss.; ANTUNES VARELA, *Das Obrigações em Geral*, Vol. II, 7.ª ed., Almedina, Coimbra, 1999, pp. 274 ss.

GALVÃO TELLES, *Direito das Obrigações*, 6.ª ed., Coimbra Editora, Coimbra, 1989, pp. 462 ss. e PESSOA JORGE, *Direito das Obrigações*, Vol. I, AAFDL, Lisboa, 1975/76, pp. 629 ss., na sequência do disposto no Código Civil anterior, continuam a aludir ao termo rescisão, como sinónimo de resolução. Refira-se, porém, que GALVÃO TELLES, na 7.ª ed. do *Direito das Obrigações*, 1997, pp. 460 ss., altera a terminologia para resolução.

O termo rescisão, normalmente como sinónimo de resolução legal, surge em vários diplomas, em particular no âmbito da relação laboral, sendo também utilizado no Direito Administrativo, por exemplo no contrato de empreitada de obras públicas (arts. 234.º ss. do Decreto-Lei n.º 59/99, de 2 de Março). No Código Civil, o legislador só alude à rescisão no art. 702.º, n.º 1 CC, a propósito da hipoteca, onde se fala em «(...) rescindir o contrato [de seguro] (...)».

[3] Quanto à problemática da desvinculação unilateral no contrato, pode consultar-se a obra colectiva organizada por GIORGIO DE NOVA, *Recesso e Risoluzione nei Contratti*, Giuffrè, Milão, 1994.

Cessação do Contrato de trabalho; Aspectos Gerais   181

sação do vínculo. A esta tríade importa acrescentar a caducidade que determina a extinção do vínculo em virtude de facto superveniente.

Para além destas quatro situações, os efeitos do contrato também não se produzem, isto é, não têm de se cumprir as respectivas prestações, se o mesmo for inválido: nulo ou anulável. Porém, como à invalidade do contrato de trabalho se aplicam as regras gerais dos arts. 285.º ss. CC, não se justifica fazer referência a esta figura; a isto acresce que, em sentido técnico, a extinção dos efeitos de um contrato pressupõe a sua validade, pelo que a declaração de invalidade não se inclui entre os meios de cessação do contrato. Tal como a invalidade, a inexistência e a ineficácia de um contrato, pondo em causa o próprio negócio jurídico, não conduzem à cessação do vínculo. Em suma, a cessação do contrato relaciona-se com situações supervenientes surgidas após a celebração de um negócio jurídico válido e eficaz.

Em sentido estrito, a cessação do contrato relaciona-se, assim, com quatro figuras: resolução, revogação, denúncia e caducidade, cada uma delas com as suas particularidades, que se analisarão nos números seguintes.

b) *Formas de cessação do contrato*

1) *Resolução*

I. A resolução do contrato é um meio de dissolução do vínculo contratual por declaração unilateral e encontra-se condicionada por um motivo previsto na lei ou depende de convenção das partes (art. 432.º, n.º 1 CC). Há, pois, duas modalidades de resolução: a legal e a convencional.

No primeiro caso, o motivo que justifica a resolução do contrato tem uma previsão legal, por exemplo a resolução por incumprimento (art. 801.º CC)[4], com concretizações específicas em alguns contratos, nomeadamente no domínio laboral nos arts. 9.º e 35.º da Lei da Cessação do Contrato de Trabalho (LCCT)[5]. A resolução legal só pode efectivar-se nas hipóteses

---

[4] Muitas vezes designada por condição resolutiva tácita, cfr. ALMEIDA COSTA, *Direito das Obrigações*, cit., p. 282.

[5] Veja-se também por exemplo na compra e venda, a resolução da venda a contento (art. 924.º CC) ou da venda a retro (arts. 929.º ss. CC), na locação, o regime do art. 1047.º CC e dos arts. 63.º s. do Regime do Arrendamento Urbano (RAU), na empreitada, a resolução estabelecida no art. 1222.º CC e, na agência, o disposto no art. 30.º do Decreto--Lei n.º 178/86, de 3 de Julho.

182 Estudos do Instituto de Direito do Trabalho

tipificadas na lei, mas trata-se uma tipicidade aberta na qual se inclui uma multiplicidade de situações; em princípio, a violação de qualquer das obrigações emergentes de um contrato viabiliza que o lesado recorra à resolução do vínculo. Todavia, em determinadas circunstâncias e por motivos de protecção de uma das partes — concretamente dos arrendatários urbano e rural —, o legislador tipifica as situações em que a contraparte pode recorrer à resolução do contrato. Nestes termos, em caso de arrendamento urbano e rural só é possível recorrer à resolução nas situações de incumprimento que o legislador tipifica, respectivamente no art. 64.º RAU[6] e no art. 21.º do Regime do Arrendamento Rural (RAR). Em suma, no arrendamento urbano e rural, por motivos de protecção do locatário, estabeleceu-se um *numerus clausus* quanto às situações de incumprimento que podem dar azo à resolução do contrato[7]. Mas no plano laboral, atenta a exemplificação constante do n.º 2 do art. 9.º LCCT, não obstante se ter em conta a protecção do trabalhador, a tipificação das hipóteses de justa causa é aberta, não se tendo estabelecido um *numerus clausus* relativamente às situações de incumprimento que viabilizam o recurso ao despedimento.

A resolução convencional baseia-se num acordo, normalmente ajustado aquando da celebração do negócio jurídico, nos termos do qual uma das partes pode pôr termo ao contrato por qualquer motivo que as partes tenham aceitado. Atenta a liberdade contratual, é livre a inclusão de uma cláusula de resolução, que é, contudo, limitada no âmbito de alguns contratos, como o contrato de trabalho.

II. Por via de regra, só o incumprimento definitivo atribui à contraparte o direito de resolver o contrato, sendo necessário recorrer à previsão do art. 808.º CC, para se preencher o pressuposto do art. 801.º CC[8]. Este regime regra concretiza-se em diferentes contratos atendendo às respec-

---

[6] Acerca da resolução do contrato de arrendamento urbano, *vd*. ROMANO MARTINEZ, *Direito das Obrigações (Parte Especial). Contratos*, 2.ª ed., Coimbra, 2001, pp. 217 ss. e pp. 267 ss.

[7] A enumeração é taxativa e imperativa, pelo que são nulas as cláusulas contratuais no sentido de o contrato de arrendamento se extinguir por causas diversas das previstas na lei, como por exemplo se o senhorio necessitar da casa.

[8] O direito de resolver o contrato é atribuído à parte fiel e não a terceiro, mas nada impede que a declaração seja emitida por representante da parte; por isso, como bem critica RAÚL VENTURA, *Extinção das Relações Jurídicas de Trabalho*, Separata ROA, Lisboa, 1950, p. 276, parece estranho que o Supremo Tribunal Administrativo tenha considerado que havia despedimento feito pela mulher do patrão, sendo aquela terceiro relativamente à relação de trabalho.

Cessação do Contrato de trabalho; Aspectos Gerais   183

tivas particularidades; assim, por exemplo no contrato de trabalho, o incumprimento definitivo que determina a resolução aprecia-se em função da justa causa, dita subjectiva (arts. 9.º e 35.º LCCT)[9].

A resolução, em qualquer das suas modalidades, tanto pode conduzir à extinção de contratos de execução instantânea (p. ex., compra e venda), como de execução continuada (*v. g.*, locação, contrato de trabalho). No contrato de execução instantânea, a resolução tem efeitos retroactivos, salvo se contrariar a vontade das partes ou a finalidade da própria resolução (art. 434.º, n.º 1 CC), pelo que, por via de regra, como prescreve o art. 434.º CC, quanto aos efeitos, a resolução equipara-se à invalidade, não prejudicando, contudo, os direitos entretanto adquiridos por terceiros (art. 435.º CC)[10]. Tendo em conta o efeito retroactivo, diferentemente da invalidade, a resolução só pode ser invocada pela parte que estiver em condições de restituir o que houver recebido (art. 432.º, n.º 2 CC). Nos contratos de execução continuada, por via de regra, a resolução não abrange as prestações efectuadas (art. 434.º, n.º 2 CC), só produzindo efeitos para o futuro.

III. A resolução funda-se num direito potestativo e pressupõe uma declaração de vontade recipienda, sendo constitutiva de uma situação jurídica emergente da dissolução do vínculo, nomeadamente quanto à devolução da prestação ou ao pagamento de uma indemnização.

Excepcionalmente, a resolução pode não pressupor a imediata dissolução do contrato, sendo, então, o efeito extintivo diferido para momento posterior. Assim, no caso de despedimento colectivo — que pode corresponder a uma hipótese de resolução por alteração das circunstâncias — a extinção do vínculo não é imediata, carecendo de aviso prévio (art. 21.º LCCT).

O art. 436.º, n.º 1 CC estabelece unicamente que a resolução se faz mediante declaração e discute-se se a declaração tem de ser inequívoca ou se pode resultar de outras circunstâncias[11]. Parece que valem as regras gerais da interpretação negocial (arts. 236.º ss. CC), sendo suficiente que

---

[9] Sobre algumas das situações de justa causa previstas no art. 9.º LCCT, podem consultar-se os diversos estudos sobre *Justa Causa de Despedimento* no II Vol. dos *Estudos do Instituto de Direito do Trabalho*, Almedina, Coimbra, 2001.

[10] Quanto à distinção entre as consequências da invalidade e da resolução, *vd.* ROMANO MARTINEZ, *Direito das Obrigações*, cit., p. 125, nota 2.

[11] Cfr. RAÚL VENTURA, *Extinção das Relações Jurídicas de Trabalho*, cit., p. 282, esclarece que não vale como despedimento a informação prestada por um trabalhador, colega de trabalho do potencial destinatário, de que ouvira o patrão dizer que o ía despedir.

184   *Estudos do Instituto de Direito do Trabalho*

o destinatário da declaração, como um declaratário normal, possa deduzir do comportamento do declarante a intenção de resolver o contrato. Em qualquer caso, a declaração tem de ser emitida pelo declarante ou seu representante, não sendo suficiente uma intenção não declarada de que o suposto destinatário tomou conhecimento[12].

IV. A resolução dos contratos, nos termos gerais dos arts. 432.º ss. CC, não carece de qualquer forma, bastando a mera declaração de uma das partes à outra para produzir os seus efeitos (art. 436.º, n.º 1 CC). Há, todavia, excepções, prevendo-se que a resolução tem de ser decretada judicialmente (art. 1047.º CC e art. 63.º, n.º 2 RAU), mediante a designada acção de despejo, prevista nos arts. 55.º ss. RAU (cfr. também art. 35.º RAR e art. 27.º do Regime do Arrendamento Florestal [RAF])[13], ou que carece de um parecer prévio (art. 24.º, n.º 1, da Lei da Protecção da Maternidade e da Paternidade, Lei n.º 4/84, de 5 de Abril) ou ainda que, não obstante ser uma declaração livre de uma das partes, só pode ser emitida «(...) após decisão judicial (...)», se o parecer prévio for desfavorável à cessação do vínculo (art. 24.º, n.º 4, da Lei da Protecção da Maternidade e da Paternidade).

O regime excepcional de resolução decretada pelo tribunal, estabelecido em sede de locação, não encontra aplicação noutros casos em que, por motivos vários, se justifica conceder maior protecção a uma das partes no contrato. Por isso, na falta de regra idêntica à estabelecida a propósito da resolução do arrendamento, quanto ao despedimento do trabalhador, a resolução do contrato de trabalho, excluindo a situação de trabalhadoras grávidas, puérperas ou lactantes, produz efeitos pela mera declaração do empregador ao trabalhador sem qualquer intervenção judicial (arts. 9.º ss. LCCT).

---

[12] Cfr. RAÚL VENTURA, *Extinção das Relações Jurídicas de Trabalho*, cit., p. 280; o mesmo autor (ob. cit., p. 283), quanto a um comportamento concludente alude ao facto de o patrão riscar o nome do empregado das folhas de remuneração.

[13] Talvez seja justificável, em determinados casos, que a resolução do contrato de arrendamento seja decretada judicialmente, mas não tem qualquer sentido exigir-se o recurso a tribunal para resolver um contrato de aluguer de um animal ou de arrendamento de um espaço para instalar um painel publicitário, até porque, ao locatário, em caso algum, é requerido o recurso à via judicial. Exigindo a resolução judicial do contrato de aluguer, *vd.* Ac. Rel. Lx. de 2/7/1998, CJ XXIII, T. IV, p. 81. Diferentemente, no Ac. Rel. Lx. de 22/10/1998, CJ XXIII, T. IV, p. 128, entendeu-se que a intervenção obrigatória do tribunal para a resolução do contrato de aluguer de automóvel seria absurda, pelo que se considerou aplicável a regra geral do art. 436.º CC.

Cessação do Contrato de trabalho; Aspectos Gerais 185

V. O pedido de resolução do contrato não tem, em regra, de ser exercido num prazo curto, ou seja, o princípio geral aponta no sentido de a resolução, como consequência do incumprimento contratual, poder ser efectuada no prazo normal de prescrição; porém, a lei estabelece um prazo de caducidade para o exercício do direito de resolução do contrato de arrendamento, assim como no contrato de trabalho. No arrendamento urbano estabelece-se um prazo de um ano, subsequente ao conhecimento do facto, para ser pedida a resolução do contrato (art. 65.º, n.º 1 RAU). Decorrido esse prazo de caducidade de um ano, não obstante a violação do contrato, já não pode ser pedida a sua resolução; porém, se o facto gerador de resolução for continuado ou duradouro, o prazo de caducidade só se conta a partir da data em que ele tiver cessado (art. 65.º, n.º 2 RAU). A nível laboral, a resolução do contrato, sendo invocada pelo empregador, tem de ser precedida de um processo disciplinar, sujeito aos prazos do arts. 27.º, n.º 3 e 31.º, n.º 1, da Lei do Contrato de Trabalho (LCT) e art. 10.º LCCT, e, no caso de ser pedida pelo trabalhador, está sujeita ao prazo do art. 34.º, n.º 2 LCCT.

2) *Revogação*

I. A revogação do contrato corresponde a um acto bilateral, carecendo do assentimento das partes, mediante o qual estas decidem fazer cessar a relação contratual. Em qualquer contrato, por efeito da vontade das partes pode extinguir-se o vínculo[14]. Trata-se, pois, de um acordo que leva à cessação do vínculo obrigacional, a que GALVÃO TELLES[15] chama «distrate»[16]. Com base na liberdade contratual, aqueles que constituíram o vínculo contratual podem, depois, a todo o tempo, extinguir esse mesmo vínculo.

II. Por via de regra, a revogação de um contrato não tem eficácia retroactiva, pelo que a extinção do vínculo obrigacional só produz efeitos *ex nunc*, mas a autonomia privada permite que as partes acordem quanto ao efeito retroactivo deste meio de dissolução do vínculo contratual.

Como a revogação, salvo acordo em contrário, não abrange as prestações já efectuadas, assemelha-se à resolução nos contratos de exe-

---

[14] Cfr. Ac. STJ de 25/11/1997, CJ (STJ) 1997, T. III, p. 140.

[15] *Manual dos Contratos em Geral*, 3.ª ed., Coimbra, 1965, p. 348.

[16] No Código Civil, o legislador também usa o termo distrate (art. 1410.º, n.º 2 CC) e distratar (art. 596.º, n.º 1 CC).

cução continuada, mas distingue-se porque pressupõe um acordo de dissolução, não sendo tomada por decisão unilateral.

Excepcionalmente, encontram-se previstas hipóteses de revogação unilateral, que produz efeitos por declaração de uma das partes. Em tais situações, concede-se a uma das partes a possibilidade de, a todo o tempo, revogar o negócio jurídico, mediante comunicação a enviar à contraparte (*v. g.*, na procuração [art. 265.º, n.º 2 CC] e no mandato [art. 1170.º, n.º 1 CC]) ou através de declaração a endereçar com uma antecedência mínima (p. ex., no arrendamento a antecedência é de noventa dias no art. 100.º, n.º 4 RAU). Nestes casos, pode questionar-se se a designada revogação não corresponderá, antes, a uma denúncia. Ainda como situações atípicas é de referir a revogação do acordo revogatório, em que uma das partes (o trabalhador) põe termo à revogação, repristinando o contrato que havia cessado (art. 1.º da Lei n.º 38/96, de 31 de Agosto), que corresponde a uma deficiente qualificação jurídica.

III. O negócio jurídico de revogação não está sujeito à forma do contrato a que se pretende pôr termo, sendo inclusive válida a revogação implícita[17], estando prevista a revogação tácita no art. 1171.º CC.

Em determinadas circunstâncias, essencialmente para protecção de uma das partes no contrato, exige-se que a revogação seja feita por escrito (p. ex., art. 62.º, n.º 2 RAU e art. 8.º LCCT) e até com reconhecimento presencial por notário das assinaturas (art. 1.º da Lei n.º 38/96, de 31 de Agosto).

3) *Denúncia*

I. A denúncia distingue-se da resolução por implicar a cessação de vínculos obrigacionais duradouros; dir-se-á que é exclusiva dos contratos com prestações cuja execução se protela no tempo, tanto para impedir a prossecução da vigência de um negócio jurídico continuado, como obstando à não renovação por outro período de um acordo.

Diferentemente da resolução, por via de regra, a denúncia é de exercício discricionário, não sendo necessário invocar qualquer motivo. Há excepções, como seja no contrato de arrendamento e no contrato de trabalho, em que a denúncia está condicionada, só sendo possível ser invocada, respectivamente pelo senhorio e pelo empregador, nos casos previs-

---

[17] Cfr. Ac. STJ de 29/4/1992, RLJ 125 (1992/93), p. 86, com anotação de HENRIQUE MESQUITA, RLJ 125 (1992/93), pp. 92 ss.

Cessação do Contrato de trabalho; Aspectos Gerais   187

tos na lei. Todavia, no contrato de trabalho subsistem situações de liberdade de denúncia, invocáveis por qualquer das partes; concretamente, admite-se a denúncia imotivada durante o período experimental (arts. 43.º e 55.º LCCT) e no regime da comissão de serviço (Decreto-Lei n.º 404/91, de 16 de Outubro).

II. Pode aludir-se a dois tipos de denúncia.

Num primeiro sentido, que se designará técnico, a denúncia é uma forma de cessação de relações contratuais duradouras, estabelecidas por tempo indeterminado. Como, salvas raras excepções, não se admite que as partes fiquem vinculadas por um longo período contra a sua vontade, se de um contrato que se protela no tempo não consta o seu limite temporal, qualquer das partes pode fazê-lo cessar, denunciando-o[18].

Noutro sentido, a denúncia corresponde a uma declaração negocial por via da qual se obsta à renovação automática do contrato (p. ex., contrato de arrendamento, art. 1055.º, n.º 2 CC e contrato de trabalho, art. 46.º, n.º 1 LCCT). Neste caso, é pressuposto que o contrato, com um termo final estabelecido, se renove automaticamente, em regra por igual período, tendo em conta cláusula contratual ou preceito legal que assim disponha.

Há quem, diferentemente, considere ser a denúncia tão-só uma forma de cessação de relações contratuais duradouras, estabelecidas por tempo indeterminado[19]; mas sendo a denúncia um meio para evitar que a vin-

---

[18] Como refere MOTA PINTO, *Teoria Geral do Direito Civil*, 3.ª ed., reimpressão, Coimbra, 1986, pp. 622 e 623, «Deve reconhecer-se, nos contratos de duração ou por tempo indeterminado, a existência de um poder de denúncia sem uma específica causa justificativa. O fundamento desta denunciabilidade "ad nutum" é a tutela da liberdade dos sujeitos que seria comprometida por um vínculo demasiadamente duradouro. Cremos ser esta uma solução decorrente da impossibilidade de se admitirem vínculos contratuais ou obrigacionais de carácter perpétuo, eterno ou excessivamente duradouro. Uma tal vinculação ou "servidão" eterna ou excessivamente duradoura violaria a ordem pública, pelo que os negócios de duração indeterminada ou ilimitada só não serão nulos, por força do artigo 280.º, se estiverem sujeitos ao regime da livre denunciabilidade ou denunciabilidade *ad nutum*».

Com um sentido mais restrito, e como modo de contrariar uma situação pretérita de adstrição perpétua à prestação de serviços, nomeadamente dos servos da gleba, no art. 1780 do Código Civil Francês dispõe-se que ninguém pode obrigar-se a prestar serviços senão temporariamente ou para uma tarefa determinada e, sendo a prestação de serviços ajustada sem duração determinada, pode cessar por vontade de qualquer das partes.

[19] Cfr. MENEZES CORDEIRO, *Direito das Obrigações*, Vol. 2.º, Lisboa, 1986, p. 166; JANUÁRIO GOMES, *Em Tema de Revogação do Mandato Civil*, Coimbra, 1989, pp. 74 ss. PINTO MONTEIRO, *Contrato de Agência. Anotação*, 4.ª ed., Coimbra, 2000, p. 103.

culação dos contraentes se protele indefinidamente, vale nos mesmos moldes, tanto para relações duradouras sem limite temporal estabelecido, como para aquelas em que exista uma renovação automática. A diferença reside no facto de, por um lado, nas primeiras, a denúncia não estar sujeita a prazos, enquanto, nas segundas, é para se exercer no fim da vigência ou da renovação do contrato, e, por outro lado, porque nos contratos celebrados por tempo indeterminado a denúncia é o meio autónomo (directo) de cessação do negócio jurídico, enquanto nos contratos de renovação automática a denúncia conduz à cessação do vínculo conjugada com a caducidade, ou seja é um meio indirecto de extinção do contrato.

III. Em princípio, a denúncia é livre, podendo qualquer das partes denunciar o contrato, obstando a que se protele indefinidamente ou que se renove por um período seguinte. Porém, em certos casos, a denúncia está condicionada; assim, tanto no contrato de trabalho como no de arrendamento, limitou-se o exercício do direito de denúncia por parte, respectivamente, do empregador e do senhorio, só podendo ser usado dentro de determinados parâmetros.

Apesar de a denúncia ser em princípio livre, para se exercer, dever-se-á efectuar com alguma antecedência relativamente à cessação do vínculo, ou seja tem de ser feita dando um lapso para a cessação produzir efeitos (p. ex., no contrato de agência, art. 28.º, n.º 1, do Decreto-Lei n.º 178/86) ou previamente em relação à data do termo do período de vigência do contrato, em que a renovação se verificaria (art. 1055.º, n.º 1 CC e art. 46.º, n.º 1 LCCT). A antecedência exigida para a denúncia serve para que a parte destinatária dessa declaração se possa precaver para o facto de o vínculo contratual se extinguir em breve[20].

O prazo de antecedência para efectuar a denúncia pode ser estabelecido pelas partes ou fixado supletivamente, por via de regra com prazos mínimos. Para o arrendamento, o art. 1055.º, n.º 1 CC faz referência a diferentes prazos, relacionados com o período de duração do vínculo, que vão desde seis meses para os contratos que se destinavam a vigorar por prazo igual ou superior a seis anos (alínea a)) a um terço do prazo quando no contrato se estabeleceu uma vigência inferior a três meses (alínea d))[21];

---

[20] Como esclarece RAÚL VENTURA, *Extinção das Relações Jurídicas de Trabalho*, cit., pp. 259 s., a, por vezes, designada «denúncia com aviso prévio» não é senão a denúncia feita mediante aviso prévio, em que o aviso corresponde à própria denúncia, ficando a produção do efeito extintivo protelada para momento posterior.

[21] Quanto à sobreposição de prazos, optando por aplicar as alíneas na sequência exposta pelo legislador, isto é, dando precedência às situações em função da colocação no

Cessação do Contrato de trabalho; Aspectos Gerais 189

a situação é similar no âmbito da agência, onde se impõem prazos de ante-cedência de um a três meses (art. 28.°, n.° 1, do Decreto-Lei n.° 178/86); no contrato de trabalho, em relação ao empregador, impõe-se uma ante-cedência mínima de oito dias para obstar à renovação do contrato a termo (art. 46.°, n.° 1 LCCT), sendo de sessenta dias a antecedência no caso de contrato a termo celebrado com trabalhador reformado (art. 5.°, n.° 1, alínea c) LCCT).

Entre a data em que a declaração de denúncia chegou ao conheci-mento do destinatário e o termo do aviso prévio o contrato produz todos os seus efeitos, como se não tivesse sido denunciado; durante este período a relação contratual mantém-se inalterada, porque o efeito extintivo só opera no termo do período.

IV. Por via de regra, a denúncia não carece de qualquer forma, tal como acontece nas outras modalidades de extinção do contrato, nomeada-mente na resolução e na revogação. A denúncia é uma declaração negocial recipienda sem forma especial estabelecida por lei (art. 219.° CC).

Todavia, em determinadas circunstâncias exige-se forma escrita. É isso que se verifica no art. 18.°, n.° 1, alíneas a) e b) RAR em que, tanto o locador como o locatário, para denunciarem o contrato de arrendamento rural, têm de o fazer por escrito[22], no art. 46.°, n.° 1 LCCT, quando a denúncia do contrato de trabalho a termo é exercida pelo empregador e no art. art. 28.°, n.° 1, do Decreto-Lei n.° 178/86, para a denúncia no contrato de agência. Já no que respeita ao arrendamento urbano, a lei exige que a denúncia do senhorio seja feita valer em acção judicial (art. 70.° RAU); contudo, tratando-se de arrendamento urbano de duração limitada, a denúncia deverá ser feita mediante notificação judicial avulsa dirigida ao inquilino (art. 100.°, n.° 2 RAU).

V. A cessação do contrato em razão da denúncia, em princípio, não implica qualquer compensação para o destinatário da declaração. Se uma das partes pretende denunciar o contrato, impedindo que se protele indefinidamente, ou obstando a que se renove por um novo período, não tem de indemnizar a contraparte. A denúncia é um direito que assiste a qualquer das partes cujo exercício, mesmo que cause prejuízos à outra parte, não é fonte de responsabilidade civil. Todavia, além de previsões

---

preceito, de modo a preferirem as situações precedentes às sucessivas, *vd.* Ac. Rel. Cb. de 26/6/1996, CJ XXI, T. III, p. 29.

[22] Cfr. Ac. Rel. Év. de 20/11/1997, CJ XXII, T. V, p. 260.

legais em contrário — p. ex., no arrendamento (art. 72.º, n.º 1 RAU), na agência por via da indemnização de clientela (art. 33.º do Decreto-Lei n.º 178/86) e no contrato de trabalho a indemnização conferida ao trabalhador por cessação do contrato a termo (art. 46.º, n.º 3 LCCT) —, podem as partes acordar num montante indemnizatório em caso de denúncia.

4) *Caducidade*

I. A caducidade de um contrato, atento o disposto no art. 298.º, n.º 2 CC, dá-se pelo decurso do prazo para o qual ele foi celebrado. Porém, por vezes, associa-se também a caducidade do contrato à superveniência de um facto a que se atribui efeito extintivo[23], apesar de que estas situações podem corresponder, antes, a uma impossibilidade superveniente.

A caducidade, a que o Código Civil alude num capítulo relativo ao tempo e as suas repercussões nas relações jurídicas (arts. 296.º ss. CC), é um instituto que determina a extinção de direitos que não sejam exercidos durante certo prazo[24]. No domínio contratual, a caducidade implica a extinção do negócio jurídico sempre que as prestações devam ser realizadas num determinado prazo, fixado por lei ou convenção das partes. Como exemplo típico desta situação cabe indicar o contrato ao qual foi aposto um termo resolutivo.

A caducidade opera automaticamente, é de conhecimento oficioso pelo juiz (art. 333.º CC), não necessitando de ser invocada por qualquer das partes. Porém, nos contratos em que, por lei ou convenção, vigora o regime de renovação automática, a caducidade não opera *ipso iure*, pois carece de uma prévia denúncia para obstar a essa renovação automática. É isso que ocorre, nomeadamente no domínio do arrendamento e do contrato de trabalho. Nestes casos, é a denúncia que desencadeia a caducidade, na medida em que esta não opera de *per si*.

II. Frequentemente, em sentido impróprio, alude-se à caducidade como forma de extinção dos contratos em caso de impossibilidade não imputável a uma das partes de efectuar a sua prestação; de facto, num contrato sinalagmático, se uma das partes não pode realizar a sua prestação, a

---

[23] Cfr. GALVÃO TELLES, *Manual dos Contratos em Geral,* cit., pp. 351 s. Sobre a caducidade como meio de cessação do vínculo contratual, veja-se também CUNHA DE SÁ, *Caducidade do Contrato de Arrendamento*, Lisboa, 1968, pp. 53 ss.

[24] *Vd.* CARVALHO FERNANDES, *Teoria Geral do Direito Civil*, Vol. II, 2.ª ed., Lisboa, 1996, p. 555.

Cessação do Contrato de trabalho; Aspectos Gerais   191

contraparte fica desobrigada da contraprestação (art. 795.º, n.º 1 CC). Esta extinção recíproca das prestações contratuais designa-se, impropriamente, por caducidade; é este o sentido do art. 4.º, alínea b) LCCT, que inclui entre as causas de caducidade do contrato de trabalho a impossibilidade superveniente de prestar ou de receber o trabalho.

III. Em princípio, se o contrato for celebrado por um determinado prazo, decorrido esse período de tempo, o negócio jurídico caduca (cfr. *v. g.*, o art. 1051.º, alínea a) CC e o art. 26.º, alínea a), do Decreto-Lei n.º 178/86). Todavia, no domínio laboral e no regime do arrendamento, a regra aponta no sentido de, não obstante o contrato ser celebrado por um determinado prazo, se decorrer esse lapso, haverá uma renovação automática, e o contrato não caduca (art. 46.º, n.º 2 LCCT e art. 1054.º, n.º 1 CC). Mas nada obsta a que se celebre um contrato de trabalho ou de locação por um prazo determinado não renovável[25]; nesse caso, decorrido o prazo, o contrato caducará; ou seja, a caducidade opera, então, automaticamente, não carecendo de uma prévia denúncia, porque o contrato deixou de estar sujeito a renovação automática.

A renovação automática assenta no pressuposto de o contrato ter sido ajustado por um prazo determinado, pelo que não vale em caso de termo incerto. Assim, na hipótese de ter sido celebrado um negócio jurídico admitindo-se a eventualidade de, verificado certo facto, o contrato caducar, a caducidade opera de modo automático. Estar-se-á perante uma situação de caducidade deste tipo quando as partes subordinaram o contrato a uma condição resolutiva, nos termos dos arts. 270.º ss. CC; o contrato caducará automaticamente pela superveniência desse facto futuro e incerto ou pela certeza da sua não verificação[26].

---

[25] De modo diverso, PIRES DE LIMA/ANTUNES VARELA, *Código Civil Anotado*, Vol. II, 4.ª ed., Coimbra, 1987, anot. 5 ao art. 1054.º, p. 398, consideram inválida a «cláusula pela qual as partes convencionem a improrrogabilidade da locação, logo no momento da sua celebração». Não se vislumbra qual o motivo deste limite à autonomia privada: se qualquer das partes pode denunciar o contrato no dia seguinte ao da sua celebração, porque razão não poderá, no momento do ajuste, estabelecer que o contrato não se renova; esta última até corresponde a uma actuação mais consentânea com a boa fé. Em relação ao contrato de trabalho, para maiores desenvolvimentos, *vd.* ROMANO MARTINEZ, *Direito do Trabalho*, II Vol., *Contrato de Trabalho*, 2.º Tomo, 3.ª ed., Lisboa, 1999, pp. 35 ss.

[26] Por exemplo, o contrato de arrendamento feito a um trabalhador do senhorio pode caducar no termo do contrato de trabalho (Ac. Rel. Pt. de 8/4/1997, CJ XXII, T. II, p. 207). Sobre a questão, *vd.* ROMANO MARTINEZ, *Direito do Trabalho*, Vol. II, *Contrato de Trabalho*, Tomo 2.º, cit., pp. 20 ss. e RAÚL VENTURA, *Extinção das Relações Jurídicas de Trabalho*, cit., pp. 355 ss.

No caso de contrato de trabalho a termo incerto (arts. 48.º ss. LCCT) há uma situação similar, em que a caducidade não se encontra na dependência da comunicação que o empregador deve fazer ao trabalhador (art. 50.º, n.º 1 LCCT), pois o contrato caduca independentemente desta comunicação. Mas a caducidade do contrato de trabalho a termo incerto é atípica, porque, apesar de verificados os seus pressupostos, permite a conversão da situação jurídica temporária num contrato de trabalho sem termo; o contrato de trabalho não caduca se o trabalhador, decorrido o prazo de aviso prévio ou depois de verificado o termo ou a condição resolutiva, continuar ao serviço (art. 51.º, n.º 1 LCCT). Dir-se-á, assim, que a caducidade do contrato é condicional, pois depende de o trabalhador abandonar o serviço; deste modo, aos pressupostos comuns, a caducidade do contrato de trabalho a termo incerto está dependente da condição de a actividade não continuar a ser desenvolvida.

IV. Fala-se igualmente em caducidade num sentido amplo se, tendo o contrato sido celebrado com base em determinados pressupostos, estes desaparecem. Verdadeiramente, no rigor dos princípios, estas hipóteses em que deixam de existir os pressupostos nos quais as partes se basearam para a celebração do contrato melhor se enquadram na impossibilidade superveniente ou, eventualmente, na alteração das circunstâncias. É o que ocorre, por exemplo, quando alguém arrenda uma casa julgando que ia ser transferido para aquela localidade, ou se o trabalhador teve necessidade de cumprir obrigações legais incompatíveis com a continuação ao serviço ou se se verifica uma legítima alteração substancial e duradoura das condições de trabalho (art. 35.º, n.º 2, alíneas a) e b) LCCT).

V. Sempre que o contrato caducar por impossibilidade superveniente importa averiguar se há ou não culpa de uma das partes.

Havendo culpa, o responsável terá de indemnizar a contraparte por essa situação. O contrato, na realidade, caduca, mas sobre o faltoso impenderá uma obrigação de indemnizar a contraparte pelos prejuízos causados se tiver havido culpa sua no que respeita à produção do facto que desencadeou a caducidade.

Não existindo culpa de ambas as partes não haverá a obrigação de indemnizar. Este regime geral tem, todavia, excepções, por exemplo no caso de caducidade do contrato de trabalho motivada por morte ou extinção do empregador (art. 6.º, n.ºs 2 e 3 LCCT) ou por inadaptação do trabalhador

Cessação do Contrato de trabalho; Aspectos Gerais　　　193

(Decreto-Lei n.º 400/91)[27] e na hipótese de arrendamento urbano, rural e florestal, se houver extinção motivada por uma expropriação por utilidade pública (art. 67.º, n.º 1 RAU, art. 25.º, n.º 2 RAR e art. 20.º, n.º 2 RAF)[28].

VII. Não obstante a caducidade do contrato, a subsistência do vínculo contratual pode pressupor o seu renascimento, ou seja, a renovação do contrato[29]. Esta renovação do contrato, porém, por motivos lógicos, não pode valer para todas as hipóteses de caducidade; em certos casos em que a extinção da relação contratual opera *ipso iure* não se justifica o seu renascimento. Assim, no caso de morte do trabalhador (art. 4.º, alínea b) LCCT) ou de perda da coisa locada (alínea e) do art. 1051.º CC) não faz sentido aludir-se à subsistência do vínculo contratual. Mas ainda que a caducidade opere automaticamente — não havendo, pois, renovação do contrato — o cumprimento das prestações depois de o negócio jurídico ter caducado determina a sua subsistência. É isso que prescreve o art. 27.º, n.º 2 do Decreto-Lei n.º 178/86 a propósito da agência[30] e o art. 51.º, n.º 1 LCCT quanto ao contrato de trabalho a termo incerto. Em tais casos, do cumprimento das prestações do contrato caducado resulta uma vontade das partes no sentido da sua renovação. Estar-se-á, assim, perante uma hipótese de caducidade atípica, que, como já se indicou, além dos pressupostos comuns da caducidade, se impõe que as partes não tenham continuado a executar as prestações da relação jurídica que deveria caducar.

2. Particularidades no regime da extinção de relações duradouras

I. Do princípio geral *pacta sunt servanda* (art. 406.º, n.º 1 CC) resulta que as partes não podem desvincular-se dos contratos celebrados. O contrato deve ser pontualmente cumprido, pelo que qualquer das partes, sem motivo, não pode furtar-se à realização das suas prestações.

Como motivo para que uma das partes deixe de estar vinculada a cumprir as prestações a que se obrigou é de invocar, em especial, o

---

[27] Refira-se que em caso de caducidade fundada em invalidez do trabalhador (art. 4.º, alínea c) LCCT), apesar de não resultar directamente o pagamento de uma indemnização, pode esta ser devida se estiverem preenchidos os pressupostos do regime dos acidentes de trabalho. Sobre a questão, *vd*. ROMANO MARTINEZ, *Direito do Trabalho*, Vol. II, *Contrato de Trabalho*, Tomo 2.º, cit., pp. 155 ss., em especial pp. 192 ss.

[28] Sobre a questão, *vd*. ROMANO MARTINEZ, *Direito das Obrigações*, cit., p. 231.

[29] Cfr. Ac. Rel. Lx. de 30/5/1996, CJ XXI, T. III, p. 105.

[30] *Vd*. PINTO MONTEIRO, *Contrato de Agência,* cit., pp. 97 s.

incumprimento da contraparte, que permite o recurso à excepção de não cumprimento (art. 428.º CC) ou, inclusive, sendo o incumprimento definitivo, à resolução do contrato (art. 801.º CC).

II. Mas nos contratos de execução duradoura é necessário atender a um princípio de não vinculação indefinida de modo compulsório, com excepção no âmbito do arrendamento e do contrato de trabalho. Nas relações duradouras, que se protelam por tempo determinado ou indeterminado, além das particularidades já salientadas — nos termos do art. 434.º, n.º 2 CC, a resolução não afecta as prestações realizadas, pelo que o efeito extintivo só se produz para o futuro, por um lado, e a denúncia é exclusiva dos contratos com prestações duradouras, por outro —, a liberdade das partes não se coaduna com a perpetuidade dos vínculos contratuais[31]; ou seja, por via de regra, as partes não podem ser obrigadas a permanecer indefinidamente vinculadas às prestações a que se vincularam em determinado momento. Mesmo na falta de uma alteração das circunstâncias que justificasse, verificados os respectivos pressupostos (art. 437.º CC), a resolução do contrato, contraria a liberdade uma vinculação indefinida.

Em suma, independentemente de uma superveniente alteração das circunstâncias que justificaria a modificação ou a resolução do contrato, não se admite que uma parte fique vinculada indefinidamente a cumprir determinada prestação contratual, pelo que, nos contratos de execução continuada se alude, frequentemente, à designada denúncia *ad nutum* ou imotivada. Deste modo, nada obsta a que as partes se vinculem indefinidamente a cumprir as prestações emergentes de um negócio jurídico, desde que qualquer delas possa livremente denunciá-lo.

III. O regime de livre denúncia nos contratos de execução duradoura está sujeito a limites que decorrem tanto da natureza do vínculo assumido como da protecção que se pretende conferir a uma das partes. Assim, não é admissível que o obrigado contratualmente ao pagamento de uma renda vitalícia (art. 567.º, n.º 1 CC) possa denunciar o contrato para se furtar ao pagamento, pois isso opor-se-ia à natureza do vínculo. Por outro lado, no domínio do arrendamento e do contrato de trabalho, atendendo à especial protecção conferida ao arrendatário e ao trabalhador, não se admite, respectivamente, que o senhorio e o empregador possam livremente denunciar o contrato. Porém, mesmo neste âmbito, excepcionalmente, per-

---

[31] *Vd.* MOTA PINTO, *Teoria Geral do Direito Civil*, cit., pp. 622 s.

Cessação do Contrato de trabalho; Aspectos Gerais 195

mite-se que o senhorio e o empregador possam recorrer à denúncia discricionária, nomeadamente no caso de arrendamento de duração limitada (art. 100.º RAU), no período experimental do contrato de trabalho (art. 55.º LCCT) ou no contrato de trabalho em regime de comissão de serviço (Decreto-Lei n.º 404/91).

3. Importância da cessação do contrato no domínio laboral

A cessação do contrato de trabalho tem particular relevo no domínio laboral, essencialmente, por duas razões.

Em primeiro lugar, o Direito do Trabalho é particularmente sensível no que tange à protecção do trabalhador e um dos aspectos em que a tutela do prestador da actividade se apresenta de considerável relevância é o da segurança no emprego[32]. Principalmente quando as estatísticas apresentam taxas elevadas de desemprego, por motivos vários em particular de ordem social, torna-se premente a defesa da manutenção do emprego. Mas a segurança no emprego tem de ser ponderada atendendo à prossecução da finalidade da empresa, designadamente à sua competitividade[33].

Em segundo lugar, com alguma frequência, as questões jurídicas relacionadas com a aplicação de normas laborais de diferentes institutos, como o dever de lealdade, o valor da retribuição ou o gozo das férias, surgem a propósito da cessação do contrato; como causa de cessação (p. ex., a violação do dever de lealdade) ou como problema lateral à cessação (*v. g.*, direito a férias em caso de cessação)[34].

---

[32] Como refere MONTEIRO FERNANDES, *Direito do Trabalho*, 11.ª ed., Coimbra, 1999, p. 504, para o trabalhador, o vínculo laboral «é o suporte de um estatuto económico, social e profissional» ou na expressão elucidativa de BERNARDO XAVIER, *Curso de Direito do Trabalho*, 2.ª ed., Lisboa, 1993, p. 449, «(...) a garantia de estabilidade de emprego é a caução de sustento do trabalhador e de sua família, e um penhor de segurança de existência».

[33] Cfr. BERNARDO XAVIER, *Curso*, cit., pp. 450 s. E veja-se ROMANO MARTINEZ, «A Constituição de 1976 e o Direito do Trabalho», *Nos 25 anos da Constituição de 1976*, AAFDL, Lisboa, 2002.

[34] Sobre a questão, veja-se FURTADO MARTINS, *Cessação do Contrato de Trabalho*, Cascais, 1999, pp. 12 s.

4. Regime geral da cessação do contrato de trabalho no enquadramento do Direito Privado

a) Segurança no emprego

No art. 53.º da Constituição (CRP), sob a epígrafe «Segurança no emprego», prescreve-se que são proibidos os despedimentos sem justa causa. Com base nesta disposição, desde logo, encontra-se banida a denúncia discricionária, *ad nutum*, do contrato de trabalho por parte do empregador; o contrato de trabalho, não obstante ser de execução continuada, só pode cessar por vontade da entidade patronal se existir um motivo atendível.

O que se entenda por motivo atendível, ou na expressão da lei «justa causa», tem sido alvo de amplo debate, com tomadas de posição contraditórias por parte do Tribunal Constitucional[35]. A justa causa a que se alude no art. 53.º CRP não depende de um comportamento culposo do trabalhador, como se determina no art. 9.º LCCT, relacionando-se, antes, com o conceito de Direito Civil de justa causa como motivo atendível, que legitima a não prossecução de uma relação jurídica duradoura[36].

Assim sendo, o contrato de trabalho pode cessar por causas objectivas relacionadas com as partes ou com o objecto do negócio jurídico, por motivos subjectivos dependentes do comportamento do trabalhador ou do empregador e por vontade discricionária do trabalhador.

b) Evolução legislativa

O regime da cessação do contrato de trabalho consta da Lei da Cessação do Contrato de Trabalho (LCCT), completada por outros diplomas, como o Decreto-Lei n.º 400/91, de 16 de Outubro. O actual regime corresponde a uma solução de compromisso entre o sistema tradicional da cessação do contrato de trabalho, assente nos princípios de Direito Civil com ligeiras correcções (art. 98.º ss. LCT) e a regra de protecção da estabilidade do contrato de trabalho, constante do Decreto-Lei n.º 372-A/75, de

---

[35] Quanto a esta polémica e às posições do Tribunal Constitucional, *vd.* FURTADO MARTINS, *Cessação do Contrato de Trabalho*, cit., pp. 72 ss. Veja-se igualmente o Ac. Trib. Const. n.º 581/95, de 31/19/1995, BMJ 451 (Sup.), p. 497.

[36] Cfr., por todos, FURTADO MARTINS, *Cessação do Contrato de Trabalho*, cit., pp. 73 s.

Cessação do Contrato de trabalho; Aspectos Gerais

16 de Junho e, principalmente, dos Decretos-Leis n.º 84/76, de 28 de Janeiro e n.º 841-C/76 de 7 de Dezembro[37].

No art. 98.º, n.º 2 LCT admitia-se que o contrato de trabalho cessasse imediatamente por vontade de qualquer das partes (denúncia), sem invocar justa causa, desde que se indemnizasse a contraparte nos termos fixados nos arts. 109.º e 110.º LCT; além disso, a denúncia unilateral, respeitando a antecedência estabelecida nas alíneas do n.º 1 do art. 107.º LCT, podia ser licitamente declarada por qualquer das partes, cabendo tão-só ao empregador a obrigação de compensar o trabalhador nos termos prescritos no art. 107.º, n.º 4 LCT. Consagrava-se, pois, o regime da discricionariedade da denúncia com obrigação de compensar a contraparte, excepto quando a denúncia era invocada pelo trabalhador com aviso prévio.

Diferentemente, com a legislação de 1975 e de 1976 deixou de ser admissível a denúncia discricionária por parte do empregador, sendo unicamente válidos, por um lado, os despedimentos justificados com base num comportamento inadequado do trabalhador e, por outro, com causas objectivas, encontrava-se previsto o despedimento colectivo.

Com o regime instituído em 1989/91, assentando-se no princípio de não serem admitidos os despedimentos sem justa causa, flexibilizou-se a cessação do contrato por parte do empregador[38].

c) Uniformidade e imperatividade do regime da cessação

I. A Lei da Cessação do Contrato de Trabalho define o seu âmbito de aplicação em função do que foi prescrito a propósito da Lei do Contrato de Trabalho (art. 1.º LCCT); pretende-se que este regime de cessação seja válido em substituição dos anteriormente revogados arts. 98.º ss. LCT. Dito de outro modo, a Lei da Cessação aplica-se aos contratos de trabalho de regime comum, em que predomina uma relação laboral no seio empresarial.

---

[37] A limitação à livre denúncia do contrato de trabalho por parte do empregador foi introduzida em Itália a partir de 1966, na Alemanha a partir de 1969 e em França depois de 1973. Em relação ao regime da cessação do contrato de trabalho introduzido pelos citados diplomas de 1975 e 1976, *vd.* MOURA AZEVEDO, *Cessação do Contrato de Trabalho. Regime Jurídico Anotado e Comentado*, Coimbra, 1976, com actualização de 1977.

[38] Nos sistemas em que se estabelecem limitações ao despedimento, estas condicionantes têm de ser conjugadas com a admissibilidade de emprego precário, pois, como refere MONTEIRO FERNANDES, *Direito do Trabalho*, cit., p. 505, no limite, se o despedimento for inteiramente livre, nenhum empresário verá vantagens em contratar trabalhadores a termo.

198 Estudos do Instituto de Direito do Trabalho

Para além do regime comum de cessação do contrato, estabeleceram--se regras especiais em determinados tipos negociais, como os arts. 26.º ss. do Decreto-Lei n.º 205/96 (contrato de aprendizagem), arts. 27.º ss. do Decreto-Lei n.º 235/92 (contrato de serviço doméstico) e os arts. 26.º ss. da Lei n.º 28/98 (contrato de praticante desportivo)[39].

O regime comum de cessação do contrato propende para uma uniformidade[40], pois, por via de regra, não se estabelecem diferenças em função do tipo de trabalhador ou do género de empresa, equiparando-se situações distintas. Quanto a este último ponto cabe realçar que, a nível indemnizatório, o legislador não diferencia as situações culposas das isentas de culpa, nem estabelece distinções entre as várias causas de cessação do contrato. De facto, a indemnização constante do art. 13.º, n.º 3 LCCT vale para o despedimento ilícito — em que há uma atitude culposa do empregador —, para os despedimentos colectivo (art. 23.º, n.º 1 LCCT), por extinção do posto de trabalho (art. 31.º LCCT) e por inadaptação (art. 7.º Decreto-Lei n.º 400/91) — onde não há culpa do empregador — e ainda para a rescisão com justa causa, havendo culpa do empregador (art. 36.º LCCT); além disso, a caducidade do contrato pode implicar que o trabalhador receba uma indemnização idêntica à que obteria em caso de despedimento ilícito (art. 6.º, n.º 2 LCCT)[41].

II. A natureza injuntiva do regime da cessação do contrato de trabalho consta do art. 2.º LCCT; situação que não é exclusiva do âmbito laboral, pois no arrendamento urbano, o disposto sobre cessação do contrato também tem natureza imperativa (art. 51.º RAU).

A imperatividade constante do art. 2.º LCCT admite, contudo, excepções. Não se permite que, por instrumento de regulamentação colectiva ou por contrato de trabalho, se estatua qualquer alteração ao regime da cessação do contrato, ainda que mais favorável ao trabalhador,

---

[39] Cfr. uma referência a regimes especiais em ROMANO MARTINEZ, *Direito do Trabalho*, Vol. II, *Contrato de Trabalho*, Tomo 2.º, cit., pp. 65 ss. e FURTADO MARTINS, *Cessação do Contrato de Trabalho*, cit., pp. 16 s.

[40] Cfr. FURTADO MARTINS, *Cessação do Contrato de Trabalho*, cit., pp. 17 ss. A tentativa uniformizadora não é específica deste regime, pois a Lei do Contrato de Trabalho segue idêntico trilho, *vd.* ROMANO MARTINEZ, *Direito do Trabalho*, Vol. I, *Parte Geral*, 3.ª ed., Lisboa, 1998, pp. 146 ss.

[41] Há uma pequena diferença entre o disposto no art. 6.º, n.º 2 LCCT e no art. 13.º, n.º 3 LCCT; neste último caso, a indemnização não pode ser inferior a três meses. Mas se o trabalhador tem mais de três anos de serviço recebe a mesma indemnização em qualquer das referidas hipóteses de cessação do contrato.

Cessação do Contrato de trabalho; Aspectos Gerais

mas há que atender a disposições legais desta lei que permitem a sua derrogação[42].

De entre as normas que consubstanciam a «disposição legal em contrário» (art. 2.º LCCT), importa distinguir as que permitem uma derrogação do regime unicamente por instrumento de regulamentação colectiva do trabalho, daquelas outras que aceitam que a alteração possa constar de instrumento de regulamentação colectiva ou de contrato de trabalho[43].

No primeiro caso, há que aludir ao art. 59.º LCCT, onde se permite a regulamentação, por convenção colectiva ou outro instrumento colectivo de natureza convencional, dos valores e critérios das indemnizações, dos prazos do processo disciplinar, do período experimental e de aviso prévio, bem como os critérios de preferência na manutenção de emprego nos casos de despedimento colectivo. Daqui se infere que a convenção colectiva não poderá, por exemplo, restringir a noção de justa causa de despedimento ou os fundamentos do despedimento colectivo.

Diferentemente, podem ser alterados por convenção colectiva ou contrato de trabalho os prazos de aviso prévio da comunicação de despedimento colectivo (art. 21.º, n.º 1 LCCT) e de rescisão sem justa causa (art. 38.º, n.º 1 LCCT), assim como a duração do período experimental (art. 55.º, n.º 3 LCCT); no primeiro caso, entende-se que a alteração só poderá ser no sentido de aumento dos prazos[44], enquanto, na última hipótese, a lei só admite a redução do período. Cabe ainda referir que no art. 8.º, n.º 3 LCCT admite-se que as partes acordem quanto a outros efeitos não previstos na lei ao revogarem o contrato de trabalho.

d) *Causas de cessação*

I. No art. 3.º LCCT, depois de se reiterar a proibição de despedimento sem justa causa (n.º 1), mencionam-se as causas de cessação do contrato de trabalho (n.º 2)[45]. Neste preceito, como formas de cessação, indica-se:

---

[42] Sobre a questão, *vd.* Furtado Martins, *Cessação do Contrato de Trabalho*, cit., pp. 19 ss.

[43] Quanto à especificidade interpretativa a nível laboral, em que a supletividade da lei pode respeitar tão-só a regras de instrumento de regulamentação colectiva, como dispõe o art. 13.º, n.º 2 LCT, *vd.* Romano Martinez, *Direito do Trabalho*, Vol. I, *Parte Geral*, cit., pp. 287 s.

[44] O aumento dos prazos, principalmente no que diz respeito ao aviso prévio da rescisão está sujeito a limites de razoabilidade, relacionados com a sua justificação. Veja-se, designadamente, o disposto no art. 36.º, n.º 3 LCT.

[45] As diferentes formas ou causas de cessação do contrato de trabalho encon-

200 Estudos do Instituto de Direito do Trabalho

a) caducidade; b) revogação por acordo das partes; c) despedimento promovido pela entidade empregadora; d) rescisão, com ou sem justa causa, por iniciativa do trabalhador; e) rescisão por qualquer das partes durante o período experimental; f) extinção de postos de trabalho por causas objectivas de ordem estrutural, tecnológica ou conjuntural relativas à empresa. Atendendo a este elenco deve proceder-se ao seu enquadramento terminológico[46].

II. O contrato de trabalho caduca nos termos gerais de direito (arts. 4.º ss. LCCT), pode ser revogado por acordo das partes (arts. 7.º s. LCCT) e extingue-se por decisão unilateral de uma das partes. Quanto à decisão unilateral, importa distinguir três situações: a resolução, baseada no incumprimento da contraparte, a resolução por causas alheias à actuação das partes e a denúncia.

A resolução fundada na conduta indevida de uma das partes distingue-se, terminologicamente, consoante o incumprimento seja imputável ao trabalhador, designada despedimento com justa causa (arts. 9.º ss. LCCT), ou ao empregador, denominada rescisão (art. 34.º ss. LCCT).

A resolução por causas alheias à actuação das partes também se diferencia em moldes idênticos. Sendo a resolução promovida pelo empregador designa-se despedimento e abrange três situações: despedimento colectivo (arts. 16.º ss. LCCT), despedimento por extinção do posto de trabalho (arts. 26.º ss. LCCT) e despedimento por inadaptação (Decreto-Lei n.º 400/91); estas três hipóteses, por contraposição ao despedimento com justa causa, são por vezes denominadas despedimento por causas objectivas. No caso de a resolução ser requerida pelo trabalhador, a causa da cessação do contrato é apelidada de rescisão; à imagem do que foi referido no período anterior, deve contrapor-se a rescisão com justa causa subjectiva,

---

tram-se esquematizadas num quadro bastante elucidativo elaborado por FURTADO MARTINS, *Cessação do Contrato de Trabalho*, cit., p. 26.

[46] A flutuação terminológica, como esclarece MENEZES CORDEIRO, *Manual de Direito do Trabalho*, Coimbra, 1991, p. 778, não é exclusiva da legislação laboral, pois no Código Civil estes conceitos nem sempre são utilizados no mesmo sentido. Porém, há uma certa uniformização terminológica no Código Civil e na doutrina civilística, como se esclareceu no n.º 1 deste estudo, que não foi seguida no Direito do Trabalho.

Quanto ao termo «rescisão», a que o Direito Civil praticamente não recorre, veja-se RAÚL VENTURA, *Extinção das Relações Jurídicas de Trabalho*, cit., pp. 246 ss., que admite a sua utilização por ser essa a terminologia da Lei n.º 1952, de 10 de Março de 1937, diploma que esteve na base das actuais Lei do Contrato de Trabalho (1969) e Lei da Cessação do Contrato de Trabalho (1989).

em que há culpa do empregador (art. 35.º, n.º 1 LCCT) à rescisão com justa causa objectiva, sem culpa do empregador (art. 35.º, n.º 2 LCCT).

Por último, a denúncia implica a cessação do contrato de trabalho por declaração unilateral de qualquer das partes, sem invocação do motivo. O legislador alude a duas modalidades de denúncia: para obstar à renovação ou à conversão do contrato a termo certo (art. 46.º LCCT)[47]; e como modo de impedir a prossecução de uma relação jurídica duradoura. Nesta segunda modalidade cabe fazer referência a três situações: denúncia durante o período experimental (art. 55.º LCCT); denúncia no regime de comissão de serviço (Decreto-Lei n.º 404/91); rescisão por parte do trabalhador (arts. 38.º ss. LCCT).

III. Poder-se-ia questionar se há outras causas de cessação além das previstas no art. 3.º, n.º 2 LCCT, ou se, pelo contrário, a indicação legal é taxativa. A lei não pode prever todos os modos de cessação de um vínculo contratual e encontram-se hipóteses de extinção do contrato de trabalho não incluídas directamente no elenco daquele preceito. Assim, se um trabalhador adquiriu as participações sociais representativas da maioria do capital da sociedade empregadora não se pode admitir que a relação laboral subsista; neste caso, a inevitável cessação do contrato de trabalho não se enquadra em nenhuma das situações mencionadas no n.º 2 do art. 3.º LCCT.

Mas assentando numa noção de caducidade em sentido amplo, como a que resulta do corpo do art. 4.º LCCT, pode concluir-se que as situações atípicas de cessação do contrato de trabalho que não se reconduzem directamente às hipóteses previstas no art. 3.º, n.º 2 LCCT se podem enquadrar numa noção ampla de caducidade, que abrange diferentes situações jurídicas, como a do exemplo referido no parágrafo anterior.

IV. Deste elenco de causas de cessação do contrato de trabalho resulta, como melhor se verá na exposição subsequente, que não há paridade na posição das partes; dos mecanismos jurídicos conferidos ao empregador e ao trabalhador com vista à cessação do contrato, só em relação àquele se estabeleceram condicionantes à liberdade de livre desvinculação.

---

[47] Neste caso, a denúncia não tem autonomia como modo de cessação do contrato, pois conduz à caducidade; ou seja, como se referiu anteriormente, a denúncia funciona como meio indirecto de cessação do contrato, porque constitui o modo de fazer valer a caducidade, que sem a denúncia não operaria.

e) Enquadramento das causas de cessação do contrato de trabalho no regime comum de extinção de contratos de Direito Privado

Sem descurar a precisão terminológica referida na anterior alínea d), cabe fazer referência às modalidades de cessação do contrato de trabalho, usando as expressões constantes da lei laboral (LCCT), pelo que, nos números seguintes, se aludirá à caducidade, à revogação, ao despedimento e à rescisão.

1) Caducidade

I. No art. 4.º LCCT, a título exemplificativo, indicam-se três causas de caducidade do contrato de trabalho: a verificação do termo (alínea a)); a impossibilidade superveniente (alínea b)); a reforma do trabalhador (alínea c)). A estes três exemplos poder-se-ia acrescentar a perda da carteira profissional (art. 4.º, n.º 2 LCT), que, todavia, se pode enquadrar numa hipótese de impossibilidade superveniente e situações atípicas de cessação do contrato de trabalho como a do exemplo referido na alínea anterior.

II. A primeira hipótese de caducidade (alínea a)) corresponde à situação típica de extinção do negócio jurídico sempre que as prestações devam ser realizadas num determinado prazo, fixado por lei ou convenção das partes, em que o exemplo normalmente apontado é o do contrato ao qual foi aposto um termo resolutivo. Contudo, no contrato de trabalho, atenta a limitação à liberdade contratual, o termo resolutivo só pode ser aposto desde que respeitadas as condicionantes estabelecidas nos arts. 41.º ss. LCCT.

No contrato de trabalho a termo certo, diversamente do regime comum, a caducidade não opera *ipso iure*, pois estabeleceu-se a regra da renovação automática (art. 46.º LCCT) e da conversão (art. 47.º LCCT), havendo, por isso, a necessidade de ser invocada por qualquer das partes mediante denúncia. Não assim no contrato de trabalho a termo incerto em que a superveniência do facto determina a automática extinção do vínculo contratual (art. 50.º, n.º 1 LCCT), sendo a comunicação imposta neste preceito um dever que decorre da boa fé negocial, cuja falta não determina a manutenção do contrato, mas tão-só uma obrigação de indemnizar o trabalhador (art. 50.º, n.º 3 LCCT). Contudo, a caducidade do contrato de trabalho a termo incerto, como se referiu *supra*, encontra-se na dependência

Cessação do Contrato de trabalho; Aspectos Gerais

da condição de o trabalhador não permanecer ao serviço após a data em que se produziria o efeito extintivo, ou seja, é uma caducidade atípica, pois exige um pressuposto adicional para a produção de efeitos.

III. Na alínea b) estabeleceu-se a designada caducidade em sentido impróprio como forma de extinção do contrato de trabalho em caso de impossibilidade não imputável a nenhuma das partes de efectuar a sua prestação ou de receber a contraprestação. Esta extinção recíproca das prestações contratuais, nos termos do art. 795.º CC designa-se por caducidade no art. 4.º, alínea b) LCCT. Não obstante se reconhecer a distinção entre as duas situações[48], tendo em conta a estrutura da Lei da Cessação do Contrato de Trabalho, dever-se-á incluir a impossibilidade geradora da extinção de prestações contratuais no âmbito da caducidade em sentido amplo.

A impossibilidade a que alude a alínea b) do art. 4.º LCCT, até pela qualificação constante do preceito — «(...) impossibilidade superveniente absoluta e definitiva (...)» —, tem de ser enquadrada nos parâmetros constantes dos arts. 790.º ss. CC; ou seja, a impossibilidade de cumprimento de uma prestação emergente do contrato de trabalho é entendida nos mesmos moldes dos contratos em geral[49].

IV. Por último, a reforma do trabalhador (alínea c) do art. 4.º LCCT) corresponde a uma situação de caducidade com uma qualificação híbrida. Em princípio, a reforma por velhice ou invalidez poderia ser entendida como uma hipótese de impossibilidade superveniente de o trabalhador prestar o seu trabalho nos termos da alínea b) do mesmo preceito, mas no art. 5.º LCCT, a reforma por velhice não determina a automática caducidade do negócio jurídico, na medida em que se converte num contrato a termo certo, desde que não tenha sido denunciado, por qualquer dos contraentes, nos trinta dias imediatos ao conhecimento da reforma, por ambas as partes. Não há, pois, uma caducidade automática, sendo a situação idêntica à prevista na alínea a) do art. 4.º LCCT em relação ao contrato de trabalho a termo certo. Não assim quanto à invalidez do trabalhador, que

---

[48] Para uma contraposição entre a impossibilidade e a caducidade, *vd*. MENEZES CORDEIRO, *Manual*, cit., p. 779, autor que também inclui, na caducidade em sentido amplo, a impossibilidade (ob. cit., pp. 789 s.)

[49] É este o sentido que resulta da exposição de RAÚL VENTURA, *Extinção das Relações Jurídicas de Trabalho*, cit., p. 230, quando remete para o art. 705.º do Código Civil de 1867, então vigente, reiterando, na p. 241, que o caso fortuito e a força maior não apresentam especificidades no campo do trabalho.

204   *Estudos do Instituto de Direito do Trabalho*

determine a impossibilidade absoluta e definitiva de prestar trabalho, da qual resulta a caducidade automática do contrato de trabalho[50].

2) *Revogação*

O princípio da liberdade contratual, válido no domínio do contrato de trabalho, confere aos sujeitos autonomia, não só para celebrar contratos, como também para os fazer cessar por mútuo consenso. O empregador e o trabalhador têm liberdade para celebrar o contrato de trabalho e igualmente para lhe pôr termo mediante um acordo revogatório[51].

A revogação do contrato de trabalho segue o regime geral, excepto quanto à forma, em que se exige escrito com determinadas menções (art. 8.º LCCT). A isto acresce que na Lei n.º 38/96, de 31 de Agosto, se conferiu ao trabalhador o direito de arrependimento, mediante o qual pode, unilateralmente, revogar o acordo de cessação do contrato de trabalho até ao segundo dia útil seguinte à data da produção dos seus efeitos; em determinadas circunstâncias, pode obstar-se ao exercício do direito de arrependimento se o acordo revogatório for celebrado com as assinaturas reconhecidas presencialmente perante notário.

3) *Despedimento*

O despedimento é uma forma de cessação unilateral do contrato de trabalho em que a iniciativa cabe ao empregador. Pressupõe uma declaração de vontade da entidade patronal nos termos da qual se comunica ao trabalhador que o contrato cessa para o futuro, sem eficácia retroactiva[52]. Esta declaração de vontade é receptícia (art. 224.º CC), pelo que o efeito extintivo do contrato só se verifica depois de a mesma ser recebida pelo trabalhador[53] e, a partir desse momento, como qualquer declaração negocial, é irrevogável (art. 230.º CC).

---

[50] Sobre a dificuldade de determinar o que seja a impossibilidade absoluta e definitiva de prestar trabalho, *vd.* ROMANO MARTINEZ, *Direito do Trabalho*, Vol. II, *Contrato de Trabalho*, Tomo 2.º, cit., pp. 291 ss.

[51] Esta liberdade pode apresentar algumas condicionantes na relação que se pode estabelecer entre a revogação do contrato de trabalho e a reforma antecipada do trabalhador, cfr. BERNARDO XAVIER, *Curso*, cit., pp. 474 ss.

[52] Por isso, sendo despedido um trabalhador, independentemente da causa, terão de lhe ser pagos todos os créditos vencidos até à data em que o contrato de trabalho cessa.

[53] Tal como dispõe o art. 224.º, n.º 2 CC, o acto vale a partir do momento em que foi recebido ou devia ter sido recebido pelo destinatário sem culpa deste, pelo que se

Cessação do Contrato de trabalho; Aspectos Gerais

O legislador utiliza o termo «despedimento», nomeadamente nos arts. 9.º ss. LCCT, num sentido amplo, em que se incluem várias figuras[54]. Abrange a resolução do contrato por incumprimento do trabalhador (art. 9.º LCCT), a resolução do contrato por alteração das circunstâncias (p. ex., art. 16.º LCCT) e a caducidade por impossibilidade de realizar a prestação (p. ex., despedimento por inadaptação, Decreto-Lei n.º 400/91)[55]. Estas várias situações têm de comum que o contrato de trabalho cessa por iniciativa do empregador.

4) *Rescisão*

O princípio da denúncia livre do contrato mantém, na relação laboral, plena aplicação quando a iniciativa cabe ao trabalhador. O contrato de trabalho, sendo uma relação duradoura, não implica uma vinculação perpétua do trabalhador, que a todo o tempo se pode desvincular[56]. Neste caso, estar-se-á perante a designada rescisão com aviso prévio (art. 38.º LCCT), que só produz o efeito extintivo depois do decurso do prazo de aviso. O trabalhador que pretende pôr termo ao contrato pode recorrer à denúncia *ad nutum* e não tem de indemnizar a contraparte se comunicar por escrito essa sua intenção com a antecedência estabelecida no art. 38.º, n.º 1 LCCT; ainda que o aviso antecipado da rescisão não tenha sido feito, a declaração do trabalhador no sentido de se desvincular é eficaz, determinando a imediata cessação do contrato, sendo este, porém, obrigado a indemnizar o empregador pela falta de comunicação (art. 39.º LCCT). A declaração de rescisão do contrato pode resultar de comportamentos concludentes do trabalhador, como na hipótese de abandono do trabalho (art. 40.º LCCT).

---

o trabalhador se recusa a receber a carta registada onde é enviada a nota de despedimento, este produz efeitos nessa altura (Ac. STJ de 18/1/1995, BMJ 443, p. 205).

[54] Apesar de na linguagem corrente também se utilizar este vocábulo como sinónimo de rescisão, na lei, o despedimento designa tão-só a cessação do contrato decidida pelo empregador.

[55] Com uma formulação diversa, *vd.* FURTADO MARTINS, *Despedimento Ilícito, Reintegração na Empresa e Dever de Ocupação Efectiva*, Lisboa, 1992, pp. 54 ss.

[56] Há, todavia, excepções, como a que decorre do regime do contrato de trabalho dos desportistas profissionais (*vd.* ROMANO MARTINEZ, *Direito do Trabalho*, Vol. II, *Contrato de Trabalho*, Tomo 2.º, cit., pp. 90 s.). Quanto à liberdade de rescisão, veja-se RODRÍGUEZ-PIÑERO Y BRAVO FERRER/FERNÁNDEZ LÓPEZ, *La Voluntad del Trabajador en la Extinción del Contrato de Trabajo*, Madrid, 1998.

Por outro lado, o termo rescisão é igualmente usado no sentido de resolução do contrato invocada pelo trabalhador, tanto como reacção a um incumprimento culposo do empregador — rescisão com justa causa subjectiva (art. 35.º, n.º 1 LCCT) —, como na hipótese de alteração das circunstâncias ou de actuações não culposas do empregador — rescisão com justa causa objectiva (art. 35.º, n.º 2 LCCT).

A rescisão, independentemente de conformar uma hipótese de denúncia ou de resolução do contrato de trabalho, pode ser revogada pelo trabalhador até ao segundo dia útil seguinte à data da produção dos seus efeitos (art. 2.º, n.º 1 da Lei n.º 38/96, de 31 de Agosto).

CONCRETIZAÇÃO DO CONCEITO DE JUSTA CAUSA[*]

JOANA VASCONCELOS
*Assistente da Faculdade de Direito
da Universidade Católica*

1. Introdução

O art. 9°, n° 1, do DL n° 64-A/89, de 27 de Fevereiro (LDesp), afirma, numa formulação que radica na Lei n° 1952[1] e que se manteve — com uma única e breve interrupção[2] — através da evolução legislativa em

---

[*] O trabalho que agora se publica corresponde, no essencial, ao texto que serviu de base à nossa intervenção no II Curso de Pós-Graduação em Direito do Trabalho, organizado pelo Instituto de Direito do Trabalho da Faculdade de Direito da Universidade de Lisboa, no ano lectivo de 2000/2001.

[1] Sobre este ponto, v. BERNARDO XAVIER, "Justa Causa de Despedimento: conceito e ónus da prova" in RDES, 2ª Série, Ano III (1988), pp. 10 segs.; "A Extinção do Contrato de Trabalho" in RDES, 1989, n°s 3-4, pp. 437-438; *Curso de Direito do Trabalho*, 2ª ed., 1993, pág. 488; MENEZES CORDEIRO, *Manual de Direito do Trabalho*, 1991, pp. 803 segs.; e o nosso "O Conceito de Justa Causa de Despedimento — Evolução Legislativa e Situação Actual" in *Estudos do Instituto de Direito do Trabalho, Vol. II — Justa Causa de Despedimento*, 2001, pp. 15 segs..

[2] Com efeito, durante o período que decorreu entre a entrada em vigor do DL n° 372-A/75, de 16 de Julho, cujo art. 10°, n° 1, na sua versão originária, definia justa causa como o "comportamento culposo do trabalhador que, pela sua gravidade e consequências, constitua infracção disciplinar que não comporte a aplicação de outra sanção admitida por lei ou instrumento de regulamentação colectiva de trabalho" e a entrada em vigor do DL n° 841-C/76, de 7 de Dezembro, que alterou a redacção daquele preceito, o qual passou a definir justa causa como "o comportamento culposo do trabalhador que pela sua gravidade e consequências, torne imediata e praticamente impossível a subsistência da relação de trabalho", o nosso ordenamento, rompendo com o modelo que vinha já da Lei n° 1952, identificou justa causa com infracção disciplinar grave, pressuposto da aplicação do despedimento, sanção máxima do ordenamento disciplinar da empresa. Sobre este ponto, v. BERNARDO XAVIER, "Justa Causa de Despedimento: conceito e ónus da prova" cit., pp. 24

matéria de justa causa entre nós verificada nas últimas décadas, que "o comportamento culposo do trabalhador que, pela sua gravidade e consequências, torne imediata e praticamente impossível a subsistência da relação de trabalho constitui justa causa de despedimento". Esta noção é esclarecida e complementada pela enumeração, exemplificativa[3], nas várias alíneas do nº 2 do mesmo preceito, de comportamentos do trabalhador susceptíveis de constituir justa causa, nos termos descritos.

O tema que nos cabe tratar na presente sessão — concretização do conceito de justa causa — evidencia bem esta dupla técnica[4] utilizada pelo nosso legislador na definição do conceito legal de justa causa. Com efeito, a concretização do conceito de justa causa implica, antes de mais, o preenchimento, perante cada caso concreto, do conceito indeterminado contido no citado nº 1 do art. 9º, cujo núcleo essencial consiste na impossibilidade prática e imediata da subsistência da relação de trabalho. Paralelamente, a mesma concretização invoca os diversos tipos legais de justa causa constantes das alíneas do nº 2 do art. 9º, cuja articulação com o critério geral não reveste sempre o mesmo sentido, nem sequer a mesma intensidade. Justifica-se, a este propósito, uma especial referência à parte final da al. g), relativa às faltas injustificadas, por ser aquela em que, porventura, essa conjugação se tem revelado mais controvertida.

---

segs.; *Curso de Direito do Trabalho* cit., pp. 487-489; MENEZES CORDEIRO, *Manual de Direito do Trabalho* cit., pp. 808-809; e o nosso "O Conceito de Justa Causa de Despedimento — Evolução Legislativa e Situação Actual" cit., pp. 22 segs..

[3] Assim o têm entendido pacificamente a doutrina e a jurisprudência. Nesse sentido, v., entre outros, BAPTISTA MACHADO, *Introdução ao Direito e ao Discurso Legitimador,* 1985, pág. 117; BERNARDO XAVIER, "Justa Causa de Despedimento: conceito e ónus da prova" cit., pp. 6-7; "A Extinção do Contrato de Trabalho" cit., pág. 440; Curso de Direito do Trabalho cit., pp. 494 segs.; JORGE LEITE, *Direito do Trabalho — Da Cessação do Contrato de Trabalho,* 1978, pág. 130; MENEZES CORDEIRO, *Manual de Direito do Trabalho* cit., pág. 819; PEDRO FURTADO MARTINS, *A Cessação do Contrato de Trabalho,* 1999, pág. 77; PEDRO ROMANO MARTINEZ, Direito do Trabalho, II Vol. — 2º Tomo, 3ª ed., 1999, pág. 329; "Incumprimento Contratual e Justa Causa de Despedimento" in *Estudos do Instituto de Direito do Trabalho — Vol. II — Justa Causa de Despedimento,* 2001, pág. 116.

[4] MENEZES CORDEIRO, "Concorrência Laboral e Justa Causa de Despedimento" in ROA, 1986, pág. 517; "Justas Causas de Despedimento" in *Estudos do Instituto de Direito do Trabalho, Vol. II — Justa Causa de Despedimento,* 2001, pág. 11.

2. Concretização do conceito de justa causa e preenchimento da cláusula geral do art. 9.º, n.º 1, da LDesp

2.1 *A impossibilidade prática e imediata da relação de trabalho como critério básico da justa causa*

O cerne do conceito legal de justa causa, já houve ocasião de o antecipar, reside na impossibilidade prática e imediata de subsistência da relação de trabalho. Este o critério básico para averiguar, em cada caso concreto, da existência, ou não, de justa causa.[5] Com efeito, e muito embora o citado art. 9º, nº 1, da LDesp assente a justa causa num "comportamento culposo do trabalhador"[6], o qual integrará, as mais das vezes, a previsão de uma das alíneas do nº 2 do mesmo preceito, a ocorrência de um tal comportamento é, só por si, insuficiente para permitir concluir pela verfificação de uma situação de justa causa — isso só sucederá se se concluir ainda que esse comportamento revestitu tal "gravidade e consequências" que tornou inviável a prossecução da relação de trabalho.[7]

---

[5] Neste sentido, e com maior desenvolvimento, v. BERNARDO XAVIER, *Da Justa Causa de Despedimento no Contrato de Trabalho*, 1965, pp. 196 segs.; "Justa Causa de Despedimento: conceito e ónus da prova" cit., pp. 11 segs; "A Extinção do Contrato de Trabalho" cit., pp. 438 segs.; *Curso de Direito do Trabalho* cit., pp. 489 segs., em especial 494 segs.; PEDRO FURTADO MARTINS, *A Cessação do Contrato de Trabalho* cit., pp. 76 segs..

[6] A exigência de que a justa causa se funde num "comportamento culposo do trabalhador" remonta à *supra* citada versão originária do art. 10º, nº 1, do DL nº 372-A/75, de 16 de Julho, cuja alteração pelo DL nº 841-C/76, de 7 de Dezembro, — que, recorde-se, marcou o retomar da justa causa como impossibilidade prática e imediata de subsistência da relação de trabalho –, deixou, todavia, intocado este elemento do conceito, o qual, se passou a evidenciar a função acentuadamente sancionatória cometida ao despedimento com justa causa, operou também uma restrição do conceito de justa causa relativamente ao sistema da LCT, ao retirar do seu âmbito situações de não imputabilidade. Sobre este ponto, v. JORGE LEITE, *Direito do Trabalho — Da Cessação do Contrato de Trabalho* cit., pp. 117-118; LUÍS SILVA MORAIS, *Dois Estudos — Justa Causa e Motivo Atendível de Despedimento. O Trabalho Temporário*, 1991, pág. 23; MENEZES CORDEIRO, "Concorrência Laboral e Justa Causa de Despedimento" cit., pág. 521; BERNARDO XAVIER, *Curso de Direito do Trabalho* cit., pág. 490; PEDRO ROMANO MARTINEZ, "A Justa Causa de Despedimento" cit., pp. 176-177; "Incumprimento Contratual e Justa Causa de Despedimento" cit., pp. 112-113; e o nosso "O Conceito de Justa Causa de Despedimento: evolução legislativa e situação actual" cit., pág. 27.

[7] Assim, BERNARDO XAVIER, *Curso de Direito do Trabalho* cit., pp. 495-496; PEDRO FURTADO MARTINS, *A Cessação do Contrato de Trabalho* cit., pág. 76.

Significa isto que, para averiguar da verificação de uma situação de justa causa para despedir, necessário se torna reconduzir todos os factos que estão na sua base a uma dada situação: a impossibilidade de subsistência da relação de trabalho, a qual se "deve avaliar em concreto e de modo relacional", i.e., pelo confronto dos interesses contrastantes das partes, à luz dos valores presentes no ordenamento.[8]

Esta impossibilidade, ensina BERNARDO XAVIER, não é uma impossibilidade em sentido material, mas em sentido jurídico, enquanto sinónimo de inexigibilidade: a verificação da justa causa supõe que não seja exigível ao empregador a prossecução da relação laboral.[9] Por outro lado, essa impossibilidade ou inexigibilidade refere-se ao futuro da relação, pelo que a apreciação da justa causa sempre envolve um prognóstico sobre a viabilidade futura da relação de trabalho[10]. Finalmente, essa impossibilidade refere-se à posição do empregador, que invoca a justa causa, "libertando-o de todos os obstáculos postos por lei à desvinculação das relações de trabalho".[11] Em síntese, a ideia de "impossibilidade prática e imediata não respeita propriamente ao contrato ou às prestações contratuais: traduz um modo sintético de referir uma situação em que a emergência do despedimento ganha interesse prevalente sobre as garantias do despedido".[12] O que equivale a dizer que haverá justa causa sempre que um comportamento culposo do trabalhador, pela sua gravidade e consequências, crie uma situação de tal premência no despedimento que essa desvinculação se torne "tão valiosa juridicamente que a ela não pode obstar a protecção da lei à continuidade tendencial do contrato nem a defesa da especial situação do trabalhador"[13].

---

[8] BERNARDO XAVIER, "A Extinção do Contrato de Trabalho" cit., pp. 439 segs; *Curso de Direito do Trabalho* cit., pág. 496.

[9] BERNARDO XAVIER, *Da Justa Causa de Despedimento no Contrato de Trabalho* cit., pp. 200 segs.; *Curso de Direito do Trabalho* cit., pp 493-494.

[10] BERNARDO XAVIER, "A Extinção do Contrato de Trabalho" cit., pág. 442; Curso de Direito do Trabalho cit., pág. 493; JORGE LEITE, *Direito do Trabalho — Da Cessação do Contrato de Trabalho* cit., pág. 118; MONTEIRO FERNANDES, *Direito do Trabalho* 11ª ed., 1999, pág. 452; PEDRO FURTADO MARTINS, *A Cessação do Contrato de Trabalho* cit., pág. 76.

[11] BERNARDO XAVIER, *Curso de Direito do Trabalho* cit., pág. 494.

[12] BERNARDO XAVIER, "A Extinção do Contrato de Trabalho" cit., pág. 438; *Curso de Direito do Trabalho* cit., pág. 494.

[13] BERNARDO XAVIER, "Justa causa de despedimento: conceito e ónus da prova" cit., pág 17; "A extinção do contrato de trabalho" cit., pág. 438; *Curso de Direito do Trabalho* cit., pág. 494.

2.2 *A indeterminação do conceito de justa causa e o seu preenchimento no caso concreto*

"Justa causa" constitui uma cláusula geral ou conceito indeterminado[14] cuja formulação tem paralelo noutros ramos do direito, sempre como justificação para determinada actuação[15]: denominador comum a todas estas situações é uma ideia de inexigibilidade da prossecução de determinada relação duradoura. Igualmente comum é a flexibilidade própria deste tipo de conceitos, cuja adopção visa permitir a adaptação da norma às particularidades do caso, obtendo uma individualização da solução.

No domínio especificamente laboral, a justa causa de despedimento recebe uma maior explicitação através de outros conceitos, também eles indeterminados, presentes, quer na definição legal e nas exemplificações que a concretizam, quer nas próprias orientações estabelecidas pelo legislador para aferir da impossibilidade prática e imediata da relação de trabalho.[16]

A nossa doutrina tem sublinhado a abertura do conceito — que implica, quer o apelo ao "riquíssimo material de facto"[17] susceptível de

---

[14] Assim o entende pacificamente a nossa doutrina: BERNARDO XAVIER, "Justa causa de despedimento: conceito e ónus da prova" cit., pág. 30; *Curso* cit., pág. 491; MENEZES CORDEIRO, "Concorrência laboral e justa causa de despedimento" cit., pág. 516; *Manual de Direito do Trabalho* cit., pág. 820; "Justas Causas de Despedimento" cit., pág. 12; PEDRO SOUSA DE MACEDO, *Poder Disciplinar Patronal*, 1990, pág. 80; MONTEIRO FERNANDES, *Direito do Trabalho* cit., pág. 542; PEDRO FURTADO MARTINS, *A Cessação do Contrato de Trabalho* cit., pp. 74 e 76 segs.; PEDRO ROMANO MARTINEZ, "A justa causa de despedimento" cit., pág. 174. .

[15] A justa causa surge-nos, no direito civil, a propósito da resolução do comodato (art. 1140º do Cód. Civil), da revogação do mandato (art. 1170º, nº 2, do Cód. Civil) e da restituição da coisa pelo depositário antes de findo o prazo (art. 1201º); e, no domínio das sociedades comerciais, como fundamento da exoneração do sócio (arts. 185º, nº 1, al. b) e 240º, nº 1, do CSC), da exclusão de sócio (art. 186º, nº 1, al. e 240º, nº 1, al. b) e 241º do CSC), da destituição de gerente, administrador ou director e dos membros dos órgãos de fiscalização (arts. 257º, nºs 2 e 6, 254º, nº 5, 398º, nº 4, 430º, nº 2 e 447º, nº 8 do CSC) e ainda da resolução do contrato de subordinação entre sociedades (art. 506º, nº 3, al. c)).

[16] Assim sucede com as referências do nº 1 do art. 9º ao "comportamento culposo"; à sua "gravidade e consequências" e à "impossibilidade de subsistência da relação de trabalho"; mas também à "provocação repetida de conflitos", ao "desinteresse repetido pelo cumprimento com a diligência devida", ou à "lesão de interesses patrimoniais sérios" referidos nas als. c), d) e e) do nº 2 do art. 9º, tal como ao "grau de lesão dos interesses da entidade empregadora" ou ao "carácter da relação entre as partes ou entre os trabalhadores e os seus companheiros", previstos no nº 5 do art. 12º. Neste sentido, v. BERNARDO XAVIER, *Curso de Direito do Trabalho* cit., pág. 492.

[17] BERNARDO XAVIER, *Curso de Direito do Trabalho* cit., pág. 492.

relevar na sua aplicação, quer o seu "adequado preenchimento com valorações"[18] — bem como a inadequação do método subsuntivo[19] e, ainda, a necessidade de um juízo de prognose, de probabilidade sobre a viabilidade futura da relação de trabalho[20].

Por outro lado, se, como já se referiu, o recurso a conceitos indeterminados aponta para modelos de decisão elaborados em concreto, remetendo o intérprete aplicador para casuísmos e obrigando-o a uma ponderação dos valores vocacionados para intervir perante o caso concreto[21], sucede que, num aparente paradoxo, tais casuísmos, enquanto fórmulas concretizadoras, propiciam o repensar da própria fórmula indeterminada

---

[18] MENEZES CORDEIRO, "Concorrência laboral e justa causa de despedimento" cit., pág. 517; BERNARDO XAVIER, "A extinção do contrato de trabalho" cit., pp 442 segs.; *Curso de Direito do Trabalho* cit., pág. 494; PEDRO FURTADO MARTINS, *A Cessação do Contrato de Trabalho* cit., pág. 76.

Estas valorações, nota PEDRO FURTADO MARTINS, op. cit., pág. 76, sendo jurídicas, têm na sua base critérios de natureza muito diversa. Como demonstra MENEZES CORDEIRO, *Manual de Direito do Trabalho* cit., pp. 824-826, a justa causa convoca no seu preenchimento elementos normativos como os usos e costumes a observar, valores morais em jogo, igualdade e coerência disciplinar; elementos fácticos ambientais (como o lugar e o tempo em que foi cometido o facto, *maxime* se o foi no âmbito da empresa, posição do trabalhador na organização, ambiente de trabalho, tipo de linguagem corrente) e elementos relativos às consequências da decisão (*maxime* as previsíveis repercussões no nome e imagem da empresa, na sua disciplina interna). A própria LDesp., no art. 12º, nº 5, depois de acentuar a necessidade de atender "no quadro da gestão da empresa, ao grau de lesão dos interesses da entidade empregadora, ao carácter das relações entre as partes, ou entre os trabalhadores e os seus companheiros" apela a "todas as demais circunstâncias que no caso se mostrem relevantes", sendo certo que, nunca é demais sublinhá-lo, neste domínio, o "conjunto das circunstâncias relevantes é insusceptível de uma delimitação rigorosa" (PEDRO FURTADO MARTINS, op. cit., pág. 77). V., ainda RODRIGUES DA SILVA, "Modificação, Suspensão e Extinção do Contrato de Trabalho" in Supl. BMJ, 1979, pp. 211-212.

[19] BERNARDO XAVIER, "Justa causa de despedimento: conceito e ónus da prova" cit., pág. 48; "A extinção do contrato de trabalho" cit., pág. 444; *Curso de Direito do Trabalho* cit., pp. 493 e 496; MENEZES CORDEIRO, "Concorrência laboral e justa causa de despedimento" cit., pág. 518; "Justas Causas de Despedimento" cit., pág. 12; MONTEIRO FERNANDES, *Direito do Trabalho* cit., pág. 542; PEDRO FURTADO MARTINS, *Cessação do Contrato de Trabalho* cit., pág. 76.

[20] BERNARDO XAVIER, "Justa causa de despedimento: conceito e ónus da prova" cit., pp. 35-36; "A extinção do contrato de trabalho" cit., pág. 442; *Curso* cit., pág. 496.

[21] MENEZES CORDEIRO, MENEZES CORDEIRO, "Concorrência Laboral e Justa Causa de Despedimento" cit., pág. 519; *Manual de Direito do Trabalho* cit., pp. 819 segs; "Justas Causas de Despedimento" cit., pág. 12.

do início, pelo que devem ser confrontados com o conceito básico cujo sentido permitem esclarecer.[22]

Particularmente importante neste contexto é, ainda, a consideração da dimensão finalista do instituto[23], que se obtém pela ponderação da estatuição legal, consequência da verificação da justa causa. A noção de justa causa, sem mais, não revela, só por si, a sua consequência jurídica, podendo esta variar — ilustra-o bem a pluralidade de estatuições associadas no nosso direito à previsão de uma justa causa.[24] Donde a necessidade de atender também a finalidade do instituto — no caso, o despedimento, *i.e.* a resolução de uma situação contratual irremediavelmente comprometida na sua viabilidade.

No que se refere especialmente à concretização do conceito, e no tocante à apreciação da culpa, a jurisprudência e a doutrina tendem a fazer apelo ao art. 487-2 CCiv[25], o que nos remete para um critério abstracto, inspirado por elementos próprios do meio laboral, mas moldado em função de cada caso concreto: o *bonus pater familias* será, neste contexto, um quadro superior, um técnico altamente qualificado ou um operário

---

[22] V. sobre este ponto MENEZES CORDEIRO, "Concorrência Laboral e Justa Causa de Despedimento" cit., pág. 518; *Manual de Direito do Trabalho* cit., pp. 819 segs; "Justas Causas de Despedimento" cit., pág. 12.

[23] MENEZES CORDEIRO, "Justas Causas de Despedimento" cit., pág. 13.

[24] V., sobre este ponto, BERNARDO XAVIER, "A Extinção do Contrato de Trabalho" cit., pp. 444-445; *Curso de Direito do Trabalho* cit., pág. 498 e supra a n. 15.

[25] MENEZES CORDEIRO, *Manual de Direito do Trabalho* cit., pág. 821; PEDRO ROMANO MARTINEZ, "Incumprimento contratual e justa causa de despedimento" cit., pág. 114.

No se refere à jurisprudência, vejam-se, entre outros, na jurisprudência mais recente (1999/2001), o Ac. STJ de 10 de Fevereiro de 1999 (rec. nº 312/98), in CJ — STJ, 1999, I, pág. 275; Ac STJ de 10 de Fevereiro de 1999 (rec. nº 322/98) in CJ — STJ, 1999, I, pág. 281; Ac. STJ de 10 de Fevereiro de 1999 (rec. nº 346/98), in AD, nºs 452-453, pág. 1128; Ac. STJ de 14 de Abril de 1999, in AD, nº 456, pág. 1651; Ac. STJ de 9 de Junho de 1999, in AD, nº 459, pág. 460; Ac. STJ de 10 de Novembro de 1999, in AD, nºs 464-465, pág. 1198; Ac. RC de 2 de Dezembro de 1999, in CJ, 1999, V, pág. 69; Ac. RE de 7 de Dezembro de 1999, in CJ, 1999, V, pp. 295-296; Ac. STJ de 9 de Dezembro de 1999, in AD, nºs 464-465, pág. 1217; Ac. RL de 15 de Dezembro de 1999, in CJ, 1999, V, pág. 170; Ac. STJ de 23 de Fevereiro de 2000, in AD, nº 469, pág. 129; Ac. STJ de 8 de Março de 2000, in AD, nº 469, pp. 147-148; Ac. RP de 18 de Setembro de 2000, in CJ, 2000, IV, pág. 239; Ac. STJ de 17 de Outubro de 2000, in AD, nº 473, pág. 767; Ac. STJ de 31 de Outubro de 2000, in CJ- STJ, 2000, III, pág. 279; Ac. RP de 5 de Janeiro de 2001, in CJ, 2001, I, pág. 240; Ac. STJ de 17 de Janeiro de 2001, in CJ — STJ, 2001, T I, pp. 273-274; Ac. RL de 31 de Janeiro de 2001, in CJ, 2001, I, pág. 167; Ac. RP de 12 de Fevereiro de 2001, in CJ, 2001, I, pág. 251.

214   *Estudos do Instituto de Direito do Trabalho*

indiferenciado _ mas um quadro superior médio normal, um técnico altamente qualificado médio normal, um operário indiferenciado médio normal[26]: o padrão de aferição será então aquilo que pudesse razoavelmente exigir-se a qualquer trabalhador com aquele perfil (funções, habilitações, experiência) naquelas circunstâncias.[27] Por outro lado, essa apreciação deve fazer-se objectivamente, não fica dependente do critério subjectivo do empregador.[28]

2.3 *A abordagem jurisprudencial: os "elementos" ou "requisitos" da justa causa*

Justifica uma especial referência, a este propósito, a orientação, muito comum na nossa jurisprudência, que assenta a apreciação da existência de justa causa na verificação, cumulativa, dos seus três "elementos" ou "requisitos", enunciados no nº 1 do art. 9º e cuja prova cabe, nos termos gerais, ao empregador, a saber: um elemento subjectivo — o "comportamento culposo do trabalhador"; um elemento objectivo — a impossibilidade de subsistência da relação de trabalho — e, ainda, o nexo de causalidade um e outro — atenta a exigência legal de que tal comportamento "torne" imediata e praticamente impossível a manutenção da relação de trabalho.

---

[26] MENEZES CORDEIRO, *Manual de Direito do Trabalho* cit., pág. 822.

[27] V. sobre este ponto, com maior desenvolvimento, MENEZES CORDEIRO, *Manual de Direito do Trabalho* cit., pp. 822-823 e, ainda, RODRIGUES DA SILVA, "Modificação, Suspensão e Extinção do Contrato de Trabalho" cit., pág. 212.

[28] MENEZES CORDEIRO, *Manual de Direito do Trabalho* cit., pág. 823. Em sentido idêntico, PEDRO FURTADO MARTINS sublinha que sendo a existência de justa causa objecto de apreciação, num primeiro momento, pelo empregador, pode ser "posteriormente objecto de apreciação judicial, a efectuar na acção de impugnação judicial do despedimento" (*A Cessação do Contrato de Trabalho* cit., pág. 74.)

V. ainda, no mesmo sentido, os cits. Ac. STJ de 10 de Fevereiro de 1999 (rec. nº 312/98), pág. 275; Ac STJ de 10 de Fevereiro de 1999 (rec. nº 322/98), pág. 281; Ac. STJ de 10 de Fevereiro de 1999 (rec. nº 346/98), pág. 1128; Ac. STJ de 14 de Abril de 1999, pág. 1651; Ac. STJ de 9 de Junho de 1999, pág. 460; Ac. STJ de 10 de Novembro de 1999, pág. 1198; Ac. RC de 2 de Dezembro de 1999, pág. 69; Ac. RE de 7 de Dezembro de 1999, pp. 295-296; Ac. STJ de 9 de Dezembro de 1999, pág. 1217; Ac. RL de 15 de Dezembro de 1999, pág. 170; Ac. STJ de 23 de Fevereiro de 2000, pág. 129; Ac. STJ de 8 de Março de 2000, pp. 147-148; Ac. RP de 18 de Setembro de 2000, pág. 239; Ac. STJ de 17 de Outubro de 2000, pág. 767; Ac. STJ de 31 de Outubro de 2000, pág. 279; Ac. RP de 5 de Janeiro de 2001, pág. 240; Ac. STJ de 17 de Janeiro de 2001, pp. 273-274; Ac. RL de 31 de Janeiro de 2001, pág. 167; Ac. RP de 12 de Fevereiro de 2001, pág. 251.

Ao perspectivar, nos termos descritos, os factos cuja prova cabe ao empregador como "elementos" ou "requisitos" da justa causa, esta abordagem justifica algumas reservas, na medida em que parece reconduzir a impossibilidade e a própria culpa a questões de facto. Ora, conforme nota BERNARDO XAVIER, a impossibilidade prática da relação de trabalho, "emerge do quadro de facto que se apura e é mera conclusão desse quadro"[29]. Justamente por se tratar de uma impossibilidade prática, a avaliar por critérios jurídicos, a sua apreciação decorre, "para além de factos, de valorações e de todo um ambiente contratualmente relevante, a apurar pelo tribunal"[30]. É que, quer a justa causa, quer a impossibilidade, que constitui o seu critério básico, são questões de direito[31], a implicar juízos normativos. O mesmo se diga da culpa, *i.e.* do juízo de censura sobre a conduta do trabalhador em que esta se analisa. Apenas os factos que suportam tais juízos devem ser provados, nos termos gerais, pelo empregador.[32] Acresce que a ideia de um nexo de causalidade entre o comportamento e a impossibilidade, não parece inteiramente adequada à conformação de justa causa como conceito indeterminado: um tal raciocínio introduz rigidez e uma aparente linearidade numa apreciação que se pretende seja dominada pela abertura e flexibilidade próprios daqueles conceitos.[33]

Refira-se, em todo o caso, que, na jurisprudência recente[34], se se mantém o recurso aos "elementos" ou "requisitos" da justa causa, este se

---

[29] "Justa Causa de Despedimento: conceito e ónus da prova" cit., pág. 29.

[30] BERNARDO XAVIER, "Justa Causa de Despedimento: conceito e ónus da prova" cit., pág. 30.

[31] BERNARDO XAVIER, "Justa Causa de Despedimento: conceito e ónus da prova" cit., pág. 30; *Curso de Direito do Trabalho* cit., pp. 492-494; MENEZES CORDEIRO, *Manual de Direito do Trabalho* cit., pág. 823.

[32] MENEZES CORDEIRO, *Manual de Direito do Trabalho* cit., pág. 823.

A este propósito, explicita BERNARDO XAVIER, "a entidade patronal tem efectivamente o ónus de alegar e provar um conjunto de circunstâncias aptas a serem valoradas como justificativas do despedimento. Não tem (...) de provar tudo aquilo que possa interessar de perto ou de longe à definição de uma situação de justa causa, mas simplesmente de evidenciar um quadro de facto de que, de acordo com a normalidade das coisas, resulte algo que possa ser qualificado como impossibilidade prática de subsistência do contrato." ("Justa Causa de Despedimento: conceito e ónus da prova" cit., pp. 50-51).

[33] BERNARDO XAVIER, "Justa Causa de Despedimento: conceito e ónus da prova" cit., pp. 29-30; *Curso de Direito do Trabalho* cit., pág. 491, n. 2.

[34] V., entre outros, o Ac. STJ de 10 de Fevereiro de 1999 (rec. nº 312/98), cit., pág. 275; Ac. STJ de 10 de Fevereiro de 1999 (rec. nº 346/98), cit., pág. 1128; Ac. STJ de 14 de Abril de 1999, cit., pp. 1651-1652; Ac. STJ de 10 de Novembro de 1999, cit., pp. 1197-1198; Ac. RC de 2 de Dezembro de 1999, cit., pág. 69; Ac. RL de 15 de Dezembro de 1999, cit., pág. 170; Ac. STJ de 23 de Fevereiro de 2000, cit., pág. 129; Ac. STJ de

216   *Estudos do Instituto de Direito do Trabalho*

circunscreve à análise e explicitação do conceito legal[35], sem quaisquer reflexos no plano da sua concretização, *maxime* no que se refere à prova da justa causa.[36] Bem pelo contrário, não obstante a afirmação, sempre presente, de que "a existência de justa causa exige a verificação cumulativa" desses três requisitos, todo o subsequente desenvolvimento remete a questão da apreciação da justa causa para o domínio da impossibilidade prática de subsistência da relação de trabalho, enquanto "inexigibilidade de permanência do contrato de trabalho"[37] ou de "irremediável" ruptura ou crise contratual[38], e da sua apreciação em concreto, perante as circunstâncias do caso.[39]

---

31 de Outubro de 2000, cit., pág. 279; Ac. RP de 5 de Janeiro de 2001, cit., pág. 241; Ac. STJ de 17 de Janeiro de 2001, cit., pp. 273-27.

[35] A mesma utilização dos "requisitos" ou "elementos" da justa causa para a explicitação do conceito de justa causa teve alguma difusão na nossa doutrina. V., neste sentido, entre outros, RODRIGUES DA SILVA, "Modificação, Extinção, Suspensão do Contrato de Trabalho" cit., pág. 211, sublinhando ser "de um ponto de vista teórico" que a noção de justa causa comporta estes "elementos" (já que, prossegue, "de um ponto de vista prático, constitui uma «noção-critério» que se impõe ao intérprete, mas cuja «ratio» só «em concreto» pode alcançar-se"); MORAIS ANTUNES/RIBEIRO GUERRA, *Despedimentos e Outras Formas de Cessação do Contrato de Trabalho*, 1984, pág. 84; CARLOS ALEGRE/TERESA ALEGRE, *Lei dos Despedimentos Anotada*, 1989, com. ao art. 9.º

[36] Mais exactamente, não se depara com a exigência, estribada na necessidade de preencher tais requisitos, da alegação e prova, pelo empregador, da "situação de impossibilidade" ou da "culpa", que, tendo chegado a ser acolhida nalguma jurisprudência, motivou severas críticas de BERNARDO XAVIER in "Justa Causa de Despedimento: conceito e ónus da prova" cit., pp. 29-30.

[37] Ac. STJ de 23 de Fevereiro de 2000 cit., pág. 130; Ac STJ de 31 de Outubro de 2000 cit., pág. 280; Ac. RP de 17 de Janeiro de 2001 cit., pág. 274.

[38] Ac. STJ de 23 de Fevereiro de 2000 cit., pág. 129; Ac STJ de 31 de Outubro de 2000 cit., pág. 280; Ac. RP de 17 de Janeiro de 2001 cit., pág. 274.

[39] Assim, "existirá impossibilidade prática de subsistência da relação laboral sempre que, nas circunstâncias concretas, a permanência do contrato e das relações essoais e patrimoniais que ele importa, sejam de molde a ferir, de modo exagerado e violento, a sensibilidade e a liberdade psicológica de uma pessoa normal, colocada na posição do empregador, ou seja, sempre que a continuidade do vínculo represente uma insuportável e injusta imposição ao empregador" (Ac. RP de 17 de Janeiro de 2001 cit., pág. 274)

3. Concretização do conceito da justa causa e tipificação legal de justas causas no art. 9º, nº 2, da LDESP

3.1 *A tipologia exemplificativa do art. 9º nº 2*

Conforme houve já ocasião de referir, o critério geral da justa causa constante do nº 1 do art. 9º é completado com uma exemplificação, ao longo das treze alíneas do seu nº 2, de situações ou comportamentos do trabalhador susceptíveis de constituírem justa causa de despedimento[40].

Apresentando-se muito diversos entre si, quer quanto à sua origem e motivações, quer quanto à evolução sofrida até à formulação que presentemente ostentam[41], estes tipos visam, todos eles, melhor esclarecer, especificando, o conceito-base de justa causa definido no nº 1, situando-se, para tanto, numa posição intermédia entre aquele e o caso concreto.[42] Nesse sentido, os tipos legais de justa causa, ou explicitam algum dos pressupostos contidos na noção geral ou prevêm factos que auxiliam a ponderação dos mesmos.[43]

---

[40] Sobre a enumeração exemplificativa dos comportamentos susceptíveis de constituírem justa causa, v. JORGE LEITE, *Direito do Trabalho — Da Cessação do Contrato de Trabalho* cit., pp. 134 segs.; BERNARDO XAVIER, "Justa Causa de Despedimento: conceito e ónus da prova" cit.pp. 19 segs.; *Curso de Direito do Trabalho* cit., pp. 494 segs.; MENEZES CORDEIRO, *Manual de Direito do Trabalho* cit., pp. 829 segs.; PEDRO FURTADO MARTINS, *A Cessação do Contrato de Trabalho* cit., pp. 77-78; PEDRO ROMANO MARTINEZ, "Incumprimento Contratual e Justa Causa de Despedimento" cit., pp. 116-117.

[41] Com efeito, se alguns desses tipos legais de justa causa transitaram quase inalterados da Lei nº 1952 ou da LCT — como é o caso da "desobediência ilegítima às ordens" (com um breve interregno entre o DL nº 84/76, de 28 de Janeiro, e o DL nº 841-C/76, de 7 de Dezembro) ou da inobservância das regras de higiene e segurança no trabalho — outros há cuja explicitação como justa causa só se compreende à luz de certos eventos ocorridos em 1974/75, e cuja previsão se mostra, hoje, manifestamente datada — assim sucede como o "sequestro e, em geral crimes contra a liberdade das pessoas referidas na alínea anterior" (tabalhadores da empresa, membros dos corpos sociais , e entidade patronal individual os seus ógãos representantes) ou o "incumprimento ou oposição ao cumprimento de decisões judiciais ou actos administrativos definitivos e executórios". Sobre este ponto, para maiores desenvolvimentos, v. BERNARDO XAVIER, "Justa Causa de Despedimento: conceito e ónus da prova" cit., pág. 19, em especial a n. 33; e o nosso "O Conceito de Justa Causa de Despedimento: evolução legislativa e situação actual" cit., pp. 26-27.

[42] Sobre a relação entre conceito-base e tipo, v. OLIVEIRA ASCENSÃO, *A Tipicidade dos Direito Reais*, 1968, pp. 34 segs.: PEDRO PAIS DE VASCONCELOS, *Contratos Atípicos*, 1995, pp. 50 segs..

[43] JOSÉ ANDRADE MESQUITA, "Tipificações legais da justa causa. A «lesão de interesses patrimoniais sérios da empresa» e a «prática intencional, no âmbito da empresa, de

Esta tipologia é, nos próprios termos do nº 2 do art. 9º da LDesp, meramente exemplificativa.[44] Quanto aos diversos tipos de justa causa que a integram, estes evidenciam, em geral, se bem que em grau muito variável, uma fluidez na especificação a que procedem do conceito de justa causa, que vai condicionar decisivamente a sua articulação, para efeitos de aplicação ao caso, com o critério geral constante do nº 1. É o que veremos já em seguida.

3.2 *Cláusula geral e tipos legais de justa causa*

Não é de sentido único a relação entre o critério geral de justa causa, contido no nº 1 do art. 9º, e as suas exemplificações, previstas no nº 2.

Assim, a enumeração de factos que poderão constituir justa causa evidencia, antes de mais, o quadro valorativo que inspira o respectivo conceito e, muito especialmente, a noção de impossibilidade prática e imediata que é a sua pedra de toque, pois revela quais os interesses fundamentais cuja violação compromete, irremediavelmente, a manutenção das relações de trabalho[45].

Paralelamente, a mera verificação de um qualquer comportamento descrito numa das als. do nº 2 do art. 9º não permite, só por si, concluir pela verificação de justa causa: a relevância de tal comportamento como justificação do despedimento pressupõe a sua reponderação à luz do critério da justa causa contido no nº 1[46]. Do que se trata é de averiguar se esse comportamento, além de "culposo", foi de tal forma grave que inviabilizou a prossecução da relação de trabalho, *i.e.* se dele resulta a impossibilidade prática e imediata de subsistência da relação laboral a que se refere aquele preceito.

Isto deve-se ao facto de os comportamentos descritos nas várias alíneas do nº 2 do art. 9º não estarem, na sua maioria, "perfeitamente tipificados"[47]: com efeito, nota BERNARDO XAVIER, em cada uma das hipóte-

---

actos lesivos da economia nacional»" *in Estudos do Instituto de Direito do Trabalho, Vol. II -Justa Causa de Despedimento*, 2001, pág. 141.

[44] A tipologia exemplificativa admite, ao lado dos tipos em abstracto previstos, novas figuras igualmente integradas no conceito-base, do qual representem, também, uma especificação (OLIVEIRA ASCENSÃO, *A Tipicidade dos Direitos Reais* cit., pp. 51 segs.).

[45] BERNARDO XAVIER, "Justa Causa de Despedimento: conceito e ónus da prova" cit., pág. 20; "A Extinção do Contrato de Trabalho" cit., pág. 441; *Curso de Direito do Trabalho* cit., pp. 494-495.

[46] BERNARDO XAVIER, *Curso de Direito do Trabalho* cit., pp. 496.

[47] BERNARDO XAVIER, "Justa Causa de Despedimento: conceito e ónus da prova" cit., pág. 21; *Curso de Direito do Trabalho* cit., pág. 496.

ses elencadas, a previsão normativa limita-se a uma descrição genérica de comportamentos, sem "qualquer critério valorativo quanto ao sem número de casos que nelas podem caber, alguns dos quais possivelmente irrelevantes"[48]. Daí que se não possa dispensar "um juízo — em que se faça apelo ao critério geral de justa causa — sobre os efeitos reais e concretos, na vida da relação de trabalho, dos factos que porventura se integram na moldura factual expressamente indicada na previsão legal."[49]

Acresce que as sucessivas als. do nº 2 do art. 9º apresentam "graus diversos de indeterminação"[50] o que, salienta MENEZES CORDEIRO, condiciona decisivamente a sua relação com o conceito-base: "quanto mais indeterminada for a justa causa, mais necessário é recorrer à definição geral dada pela lei, para apurar a sua concretização"[51], tal como "o recurso ao nº 1 (...) é igualmente e pelas mesmas razões menos intenso perante fundamentos concretos de justa causa"[52]. O que significa, afinal, que "a densidade variável das hipóteses de justa causa implica, pois, que o recurso à cláusula geral varie, na sua intensidade, na razão inversa da consistência do fundamento verificado."[53]

---

[48] BERNARDO XAVIER, "Justa Causa de Despedimento: conceito e ónus da prova" cit., pág. 20; "A Extinção do Contrato de Trabalho" cit., pág. 441; *Curso de Direito do Trabalho* cit., pág. 495.

Poder-se-ia falar, a este propósito, em "tipos abertos": conforme resulta do exposto no texto, nas diversas alíneas do nº 2, a descrição típica não contém "todos os elementos relevantes para a produção do efeito prático que se prossegue com a tipificação", pelo que cada tipo representa "um quadro ou descrição fundamental, que não exclui outros elementos juridicamente relevantes que lhe sejam exteriores". Sobre este ponto, para maiores desenvolvimentos, v. OLIVEIRA ASCENSÃO, *A Tipicidade dos Direitos Reais* cit., pp. 63-64.

[49] O exposto no texto não resulta sequer infirmado pelo facto de numerosos factos referidos no elenco do nº 2 do art. 9º se apresentarem qualificados — "provocação repetida", "desinteresse repetido", "interesses sérios", "prejuízo ou riscos graves". É que, insiste BERNARDO XAVIER, "importa sempre averiguar qual a frequência da repetição, o grau de seriedade, a gravidade dos prejuízos ou riscos para efeitos de justa causa, sendo assim necessário recorrer ao critério geral". V. BERNARDO XAVIER, "Justa Causa de Despedimento: conceito e ónus da prova" cit., pág. 20; *Curso de Direito do Trabalho* cit., pp. 495-496.

[50] MENEZES CORDEIRO, *Manual de Direito do Trabalho* cit., pág. 824, exemplificando o Autor justas causas que são manifestamente mais concretas (mais densas, segundo a terminologia adoptada), como seja o caso da "desobediência ilegítima" em confonto com outras que são notoriamente mais indeterminadas (menos densas) como o "desinteresse repetido" ou as "reduções anormais da produtividade".

[51] MENEZES CORDEIRO, *Manual de Direito do Trabalho* cit., pág. 824.

[52] MENEZES CORDEIRO, *Manual de Direito do Trabalho* cit., pág. 826.

[53] MENEZES CORDEIRO, *Manual de Direito do Trabalho* cit., pág. 826.

Com efeito, e como mostra PEDRO FURTADO MARTINS, "a descrição da situação de justa causa oscila entre formulações nas quais é patente a necessidade de recurso à cláusula geral, desde logo porque nela se omite algum dos elementos que têm necessariamente de estar subjacentes à situação de justa causa"[54] — como seja a da al. e), que refere unicamente a «lesão de interesses patrimoniais sérios da empresa», "sendo óbvia a necessidade de comprovação de que essa lesão é o fruto de um «comportamento culposo do trabalhador»"[55] — e outras "em que o preenchimento da cláusula geral parece estar assegurado à partida e em que, por isso mesmo, o recurso à mesma se mostra sobretudo necessário para demonstrar o afastamento da qualificação da situação como justa causa no caso concreto" — assim sucederá, por via de regra quanto às faltas injustificadas a que se refere a segunda parte da al. g).

3.2 *Cont. A controvérsia em torno da parte final da al. g) do nº 2 do art. 9º: relevância de um certo número de faltas injustificadas como justa causa de despedimento*

A al. g) do nº 2 do art. 9º, relativa às faltas injustificadas — mais exactamente a sua parte final, que refere que haverá justa causa, "independentemente de qualquer prejuízo ou risco, quando o número de faltas injustificadas atingir, em cada ano, cinco seguidas, ou dez interpoladas" — é, de todos os tipos legais de concretização da justa causa aquele em que a articulação entre o critério geral contido no nº 1 e a sua especificação tem suscitado maior controvérsia.

Perante este preceito, defende JORGE LEITE que o número de faltas indicado constitui apenas um "elemento fortemente indiciador da gravidade das consequências do comportamento do trabalhador", mas que não dispensa a verificação do critério geral contido no nº 1: ou seja, o facto de a lei prever que constituem justa causa cinco faltas seguidas injustificadas

---

[54] PEDRO FURTADO MARTINS, *A Cessação do Contrato de Trabalho* cit., pág. 78
[55] PEDRO FURTADO MARTINS, *A Cessação do Contrato de Trabalho* cit., pág. 78; PEDRO ROMANO MARTINEZ, "Incumprimento Contratual e Justa Causa de Despedimento" cit., pp. 116-117. No mesmo sentido, considerando que o tipo de justa causa em apreço visa fundamentalmente "concretizar um dos elementos reveladores do nexo de causalidade, constituído pelas consequências do acto voluntário do trabalhador", JOSÉ ANDRADE MESQUITA, "Tipificações legais da justa causa. A «lesão de interesses patrimoniais sérios da empresa» e a «prática intencional, no âmbito da empresa, de actos lesivos da economia nacional»" cit., pág. 141.

Concretização do Conceito de Justa Causa

não exime de um juízo sobre tal conduta em termos de justiça individualizante, juízo que se deve subordinar ao critério geral de justa causa.[56]

Contra este entendimento desde cedo se manifestou BERNARDO XAVIER, evidenciando como na LDesp, contrariamente à LCT, o elenco exemplificativo constante do nº 2 contém, não só descrições genéricas, mas também "comportamentos descritos, de modo típico e objectivo, que dispensam aferição por qualquer critério", pelo que "não comportam a possibilidade de qualquer novo juízo sobre a conduta do agente à luz do já apontado critério geral"[57]. Exemplo de tais "proposições jurídicas completas" é a parte final da al. g), que "define taxativamente como determinante da justa causa a circunstância de as faltas atingirem em cada ano o número de cinco seguidas ou de dez interpoladas", em que é a própria lei que afasta expressamente as hipóteses de qualquer outra avaliação ("independentemente de qualquer prejuízo ou risco").[58] E são várias as razões apontadas em suporte de tal entendimento. As faltas, ao contrário de outros factos elencados, prestam-se a um tratamento objectivo e quantitativo, em termos de se poder definir um certo número apto para relevar para o efeito pretendido, que não é senão a repressão do absentismo[59]: ora, um certo número de faltas injustificadas revela um índice objectivo de absentismo que é de molde a fazer desaparecer a confiança da entidade patronal no exacto e pontual cumprimento futuro da prestação do trabalho. Depois, a falta injustificada é sempre uma falta culposa, sendo que no processo disciplinar tendente ao despedimento o trabalhador sempre pode demonstrar que tais faltas lhe não são imputáveis, descaracerizando-as como faltas injustificadas.[60]

---

[56] "As faltas ao trabalho no direito do trabalho português" in RDE, 1978, pp. 440 segs. V., no mesmo sentido, do A., *Direito do Trabalho — Da Cessação do Contrato de Trabalho* cit., pp. 143 segs..

[57] *Direito da Greve*, 1984, pág. 271.

[58] BERNARDO XAVIER, *Direito da Greve* cit., pp. 271-272, salientando ser igualmente revelador o cotejo com a primeira parte do preceito, que não dispensa o recurso ao critério geral do nº 1.

[59] Particularmente ilustrativo a este propósito é o relatório do DL nº 841-C/76, de 7 de Dezembro, citado por BERNARDO XAVIER in *Direito da Greve* cit., pp. 272-273. O argumento que daqui poderia resultar é desvalorizado por JORGE LEITE, in "As faltas ao trabalho no direito do trabalho português" cit., pág. 443.

[60] Na verdade, o necessário juízo de culpa quanto à conduta do agente tem lugar a propósito da justificação da falta. O que significa, afinal, que a tese de JORGE LEITE, ao exigir uma suplementar apreciação da culpa à luz do critério geral, postula uma dupla apreciação da culpa na conduta do trabalhador faltoso, tanto mais desacertada quanto se pense que essa dupla apreciação incidiria sobre situações de incumprimento contratual, em que a mesma culpa justamente se presume (BERNARDO XAVIER, *Direito da Greve* cit., pág. 273).

Próxima desta é a interpretação sufragada por MENEZES CORDEIRO, que, após verificar que, de entre os diversos tipos legais de justa causa, "o das «faltas injustificadas» é dos mais concretos, isto é, dos que menos dependem de valorações assentes, apenas, na cláusula geral do n° 1", porque a falta injustificada, enquanto tal, "já é, por si, ilícita e culposa, donde a sua relativa concretização: só falta ver a sua projecção na relação de trabalho". Ora, se perante faltas injustificadas seguidas, em número superior a cinco, e interpoladas, em número superior a dez, a lei suprime o requisito dos prejuízos ou riscos graves, ter-se-á que "admitir faltas que não obstante não causarem riscos ou prejuízos graves, tornem impossível a manutenção da relação de trabalho". Donde a conclusão, de que "provadas as faltas injustificadas (...) no máximo legal, está praticamente preenchido o tipo da justa causa".[61]

Numa posição que reputa intermédia entre as duas primeiras LUÍS SILVA MORAIS, reconhecendo que a al. g) do n° 2 do art. 9° difere das demais, não vai ao ponto de ver nela a fixação de uma situação objectiva e taxativa de justa causa, que dispense o recurso ao critério geral do n° 1: para o Autor a fixação pelo legislador de um certo número de faltas injustificadas "corresponde realmente a um índice objectivo de absentismo, potenciador de uma quebra irreparável da confiança necessária à relação de trabalho"[62], simplesmente "a razão para fixar um número certo de faltas injustificadas é inverter o ónus da prova da justa causa": uma vez apurado e demonstrado tal número de faltas injustificadas "o empregador nada mais terá que provar", cabendo ao trabalhador "provar a inexistência de justa causa"[63], pela alegação e prova de "factos que afectem decisivamente a base primária e só por si suficiente para o juízo de justa causa, que constituem aquelas faltas injustificadas"[64]. Tudo isto face ao critério geral do art. 9°, n° 1, que não é postergado nestes casos.

Um tanto à margem desta controvérsia, a nossa jurisprudência tende, sem grandes hesitações, a submeter, também as faltas injustificadas que perfaçam os números máximos fixados na lei, ao critério geral do art. 9.°, n.° 1, para aferir da sua relevância como justa causa de despedimento.

Com efeito, e com raras excepções[65], a maior parte das decisões proferidas nesta matéria afirma expressamente a necessidade dessa ponde-

---

[61] *Manual de Direito do Trabalho* cit,., pp. 837 segs.
[62] *Dois Estudos* cit., pág. 34
[63] LUÍS SILVA MORAIS, *Dois Estudos* cit., pág. 34.
[64] LUÍS SILVA MORAIS, *Dois Estudos* cit., pág. 34.
[65] Como os Acs. da RL de 18 de Janeiro de 1995 (CJ, 1995, I, pp. 175 segs.); e de

ração[66], atenta a insuficiência da "mera objectividade das faltas no número" legalmente fixado "para justificar o despedimento"[67]. Com alcance idêntico, acórdãos há que, parecendo bastar-se com a verificação do número de faltas indicado na lei, logo explicitam, contudo, que tais faltas constituem justa causa pois as circunstâncias em que foram dadas", o "desinteresse"[68] e "falta de colaboração"[69] que revelam, a "quebra de confiança" que provocam[70], ou a "desestabilização, perturbação e desordem na actividade da empresa"[71] que delas resulta, tornam impossível a subsistência da relação de trabalho.

Quanto a nós, não podemos concordar com qualquer uma destas orientações, tal, como nos parece de rejeitar a tese que as suporta, pelas razões evidenciadas por BERNARDO XAVIER e MENEZES CORDEIRO, cuja argumentação merece a nossa inteira adesão. No que se refere à posição "intermédia" referida, parece-nos que, na prática, pouco difere da sustentada por JORGE LEITE, já que sempre propicia a dupla apreciação da culpa do trabalhador e redunda numa reavaliação, à luz do crivo do n.º 1 do art. 9.º, de situações nitidamente definidas e qualificadas pela lei como de absentismo relevante para efeitos de despedimento com justa causa, pelo que suscita as objecções e reservas deduzidas quanto àquela.

---

17 de Maio de 1995 (CJ, 1995, III, pp. 183 segs.), que espressamente seguem o ensino de BERNADO XAVIER e de MENEZES CORDEIRO referidos no texto.

[66] Refiram-se, na jurisprudência mais recente, entre outros, o Ac. STJ de 19 de Fevereiro de 1997 (proc. n.º 1001/95) e o Ac. STJ de 19 de Fevereiro de 1997 (proc. 48/96), com sumário disponível na base de jurisprudência do Supremo Tribunal de Justiça, acessível em www.dgsi.pt; Ac. RC de 12 de Março de 1997, II, pp. 68 segs.; Ac. RL de 28 de Maio de 1997, com sumário disponível na base de jurisprudência do Tribunal da Relação de Lisboa, acessível em www.dgsi.pt; o Ac. STJ de 14 de Maio de 1997 in AD, Ano XXXVI, pp. 1523 segs.; Ac STJ de 2 de Julho de 1997, in cf. 1997 com sumário disponível na base de jurisprudência do Supremo Tribunal de Justiça, acessível em www.dgsi.pt; o Ac. RP de 1 de Junho de 1998, in CJ, 1998, III, pág. 251; Ac. STJ de 10 de Novembro de 1999, in CJ-STJ, 1999, III, pág. 274; Ac do STJ de 23 de Fevereiro de 2000 cit., pág. 131; Ac RP de 22 de Maio de 2000, in CJ, 2000, III, pág. 250.

[67] Ac RP de 22 de Maio de 2000 cit., pág. 250.

[68] Ac RL de 1 de Abril de 1998; Ac. RL de 14 de Junho de 2000, ambos com sumário disponível na base de jurisprudência do Tribunal da Relação de Lisboa, acessível em www.dgs.pt.

[69] Ac RL de 1 de Abril de 1998; com sumário disponível na base de jurisprudência do Tribunal da Relação de Lisboa. acessível em www.dgsi.pt.

[70] Ac RL de 14 de Junho de 2000, com sumário disponível na base de jurisprudência do Tribunal da Relação de Lisboa, acessível em www.dgsi.pt.

[71] Ac RC de 22 de Novembro de 2000, com sumário disponível na base de jurisprudência do Tribunal da Relação de Coimbra, acessível em www.dgsi.pt.

REGIME DO DESPEDIMENTO COLECTIVO
E AS ALTERAÇÕES DA L Nº 32/99[*]

Prof. Doutor BERNARDO LOBO XAVIER
Faculdade de Direito da Universidade Católica

SUMÁRIO:

A — INTRODUÇÃO
    1. As características correntes do despedimento colectivo
    2. Parâmetros constitucionais
    3. A directiva comunitária e o seu influxo
    4. Algumas observações sobre a originalidade do sistema português
B — O REGIME DA LDESP
    5. Conceito de despedimento colectivo
    6. Procedimento
    7. Tutela da posição do trabalhador
    8. Controlo jurisdicional
    9. Problema do ónus da prova e poderes de cognição do tribunal
C — AS INOVAÇÕES (PRINCIPALMENTE DA LEI N.º32/99 E DO CPT)
    10. As inovações procedimentais quanto à informação
        — o arco temporal
        — o método de cálculo das "compensações genéricas" para além das nor-
        mativamente fixadas
    11. Aconselhamento no procedimento (assistência de peritos)
    12. As inovações quanto à impugnação
    13. Breve referência a questões conexas
D — CONCLUSÕES

---

[*] *O presente texto foi preparado com base na contribuição do A. nos "Estudos em homenagem ao Prof. Doutor Raúl Ventura" e em que retoma, com acrescentos, o tema versado no Curso de Pós-Graduação em Direito do Trabalho. Mantém-se a índole de texto de apoio a uma exposição oral, fazendo-se um mínimo de referências bibliográficas.*

A — INTRODUÇÃO

1. As características correntes do despedimento colectivo[1]

O regime jurídico do despedimento colectivo responde à necessidade de reorganização das empresas (muitas vezes estratégica ou tecnológica, outras de simples ajustamento) e à crise de emprego emergente. Os sistemas jurídicos da nossa zona desistiram de apoiar empresas que não mantêm a devida *performance*, deixando de ser sustentáveis situações de subemprego ou de baixa tecnologia não consentidas por uma economia dita global. A mundialização do comércio, a manutenção na União Europeia e a evolução previsível deste espaço deixam sem dúvida o Direito do Estado nacional com reduzido campo de manobra.

Perdeu-se o paradigma da empresa estabilizada, organizada com rigidez num sistema de divisão do trabalho que possibilitava a definição de um quadro de pessoal constante, laborando numa tecnologia durável, para um mercado seguro ou defendido, com regras de jogo, que, pelo menos no espaço nacional, eram ditadas tendo em alguma conta os interesses e a sobrevivência das unidades produtivas e o emprego da mão-de--obra.

Por isto, hoje, num contexto internacional de mercado europeu, aliás constitucionalmente estabelecido, a protecção da segurança do emprego de cada um terá de salvaguardar a eficiência e sobrevivência das empresas, de que depende o emprego de todos. No nosso sistema jurídico, contido na lei dos despedimentos (LDesp.[2]), no que se reporta ao despedimento colectivo, relevam os interesses da empresa (ainda que mediatamente o sejam também da mão-de-obra que continua empregada). Há que contar com a economicidade do factor trabalho e, portanto, com a necessidade da melhor aplicação possível dos recursos humanos disponíveis e da libertação dos custos que estes mesmos recursos envolvem, quando antieconómicos.

---

[1] A maior parte dos problemas referidos foi pormenorizadamente tratada no nosso *O despedimento colectivo no dimensionamento da empresa* (Lisboa, 2000). As alterações e eventuais discrepâncias devem-se à necessidade de resumir e de simplificar.

[2] Designaremos assim, abreviadamente por LDesp., o regime jurídico constante do DL n.º 64-A-89, de 27 de Fevereiro, e suas alterações.

2. Parâmetros constitucionais.

2.1. *A liberdade de empresa e a defesa das posições dos trabalhadores.*

A eventualidade de despedimento patronal desenvolve-se num contrato particularmente estável, em que é constitucionalmente garantida a segurança no emprego (art. 53.º da Const.). Ao interesse do trabalhador na manutenção do contrato, opõe-se — do lado do empregador — um complexo de interesses legítimos já identificados: o ponto de equilíbrio encontra-se, caso a caso. Através desse sistema deve ser protegida a <u>segurança no emprego</u>: não seria conforme com a Constituição um regime legal que prescindisse de um procedimento justo, da hipótese de encontrar medidas alternativas, de tutela aos trabalhadores com compensações suficientes, ou que desprezasse o controlo das decisões empresariais no sentido da ruptura.

Teve assim o legislador de proceder a uma harmonização ou "<u>concordância prática</u>", entre os valores da segurança no emprego e *outros,* igualmente presentes no ordenamento constitucional. E o recurso a certas fórmulas expressivas, como a da TC ("não funcionalização do trabalhador aos interesses da entidade patronal"), presta-se à fácil resposta de que também a iniciativa privada não está funcionalizada ao interesse do trabalhador em manter o emprego.

Neste arriscado domínio não se devem olvidar as já apontadas questões de concorrência internacional na busca de resultados, a que será ingénuo dar resposta com regras só factíveis em sistemas fechados de antiga autarcia nacional.

As decisões sobre a continuação ou a não continuação do empreendimento, ou sobre o nível da mão-de-obra empregue, nas suas ligações com a estrutura produtiva, implicam decisões que — em economia livre — não podem estar em primeira linha nas mãos da Administração Pública ou sequer dos tribunais. O mercado repousa na crença de que são os empresários as pessoas idóneas para criar ou encerrar empresas e para as dimensionar e — mesmo no que se reporta ao pessoal ocupado — de que para isso devem gozar dos respectivos direitos. Estes direitos, se, porventura, podem e devem ser limitados e objecto de participação dos trabalhadores, não são, contudo, susceptíveis de expropriação.

Daqui resulta uma liberdade — ainda que não incondicionada — de fixação de efectivos e — numa palavra — do quadro de pessoal, cujo juízo pertence primordialmente ao empregador. Quando estamos a falar de despedimento colectivo, a realidade subjacente é a de um quadro de pessoal

228   *Estudos do Instituto de Direito do Trabalho*

de disfuncionalidade, com excessos gerais ou categoriais, sendo indispensável deixar a quem gere e suporta os riscos os meios necessários para o redefinir. Não se trata da mera viabilidade da empresa ou do *despedimento expediente de crise mas também do despedimento eficiente*. Controlos excessivos que substituíssem a racionalidade económica por uma qualquer teoria de *extrema ratio* não seriam compatíveis com aquele último reduto de liberdade da empresa, que é o de a manter com eficiência. O funcionamento da empresa no mercado exige uma continuada adaptação técnica e de resposta à procura perspectivada, que têm de ser deixadas ao critério do empregador: daqui decorrem despedimentos. Tal facto é relevante no sentido de não ser possível jurídico-constitucionalmente exigir ao empresário que siga a sua actividade apenas em benefício dos seus trabalhadores bem como as limitações que lhe advenham da própria segurança de emprego hão-de ser necessárias e proporcionais. O tema tem especial interesse, já que corresponde à legitimação constitucional dos direitos empresariais de que decorre a causação das situações de despedimento colectivo. E, na verdade, numa economia de mercado haverá que deixar de reserva a possibilidade de o empresário adequar a sua empresa à formatação que considera conveniente e pela qual se responsabiliza.

2.2. *Problemas de constitucionalidade na passagem do controlo administrativo para o controlo judicial*

O sistema de controlo dos despedimentos colectivos mudou a partir de 1989, substituindo-se o controlo administrativo pelo controlo judicial[3]. Não poderia deixar de ser assim. A liberdade de empresa e a autonomia colectiva não consentiam violentas limitações administrativas do tipo de ajuizamento pelo Governo quanto à indispensabilidade dos despedimentos e proibição discricionária dos despedimentos. E se essas faculdades administrativas logravam, porventura, algum apoio na redacção de 1976 do texto constitucional e um pouco no de 1982, em que se continuava funcionalizando a empresa privada ao "progresso colectivo", tal deixaria em absoluto de ser possível à luz do texto de 1989[4]. Por isso, não teria qual-

---

[3] Não se elimina, contudo, totalmente o controlo administrativo.

[4] Texto do art. 61.º, na fórmula do PS (não obtiveram maioria qualificada as propostas do PP/CDS nem as do PSD): "A iniciativa económica privada exerce-se livremente nos quadros definidos pela Const. e pela lei e tendo em conta o interesse geral". Como se vê, a iniciativa privada deixava assim, a partir da revisão de 1989, de estar demarcada pelo

Regime do Despedimento Colectivo e as Alterações da L n.º 32/99 229

quer viabilidade constitucional a manutenção dos poderes administrativos no sentido da proibição dos despedimentos. Nem o Governo poderia verificar administrativamente a prossecução pelas empresas privadas "do progresso colectivo" e nem, a título de controlo de legalidade, desapropriar os tribunais comuns das suas competências jurisdicionais num litígio entre privados[5]. E a atenção ao "interesse geral" não justificaria autorizações ou proibições administrativas com elevado grau de discricionariedade e que nem sequer assumiam essa referência.[6]

Tem sido recorrentemente colocado o problema, normalmente por motivos de falta de poderes conferidos pela LAL (conformidade do DL n.º 64-A/89, de 27 de Fevereiro com a L n.º 107/88, de 17 de Setembro, na parte em que esta não teria permitido a revogação da competência do Ministro do Trabalho para proibir ou autorizar os despedimentos colectivos).

Questão semelhante fora já resolvida pelo Tribunal Constitucional[7]. Tal questão — decidida que foi pelo TC — não merece demasiada atenção[8]. Por outro lado, entendemos sempre que não são estimulantes investigações sobre a constitucionalidade do procedimento legislativo muitos anos depois de os diplomas vigorarem, sobretudo se, quanto ao ponto, houve pronúncia conforme do TC. E não podemos deixar de reflectir nas consequências do levantamento à distância de questões formais: o aplicador do direito deve pensar nos efeitos das sentenças, conhecendo e ponderando o resultado de uma decisão demolidora[9].

3. A directiva comunitária e o seu influxo

O objectivo da Directiva de 1975[10] sobre despedimento colectivo foi desde logo a regulação do mercado (finalidade económica) e depois a

---

"progresso colectivo" e funcionalizada a tal progresso (o que envolvia considerável estatalização), apenas devendo <u>atender</u> ao interesse geral.

[5] Recordemos que o contencioso administrativo é que decidia sobre o controlo governamental quanto aos despedimentos colectivos.

[6] V. art 34.º do anteprojecto inicialmente junto pelo Governo.

[7] Ac. nº 581/95 (DR, 1ªA, de 22.1.96), relativo a dois pedidos de declaração de inconstitucionalidade de grupos de deputados do PCP

[8] Referimos a questão na nossa ob cit., 282.

[9] Estamos a pensar em situações como a recente decisão do TC ao considerar inconstitucional, por motivos de procedimento legislativo, a lei das relações colectivas de trabalho de 1979.

[10] O despedimento colectivo, no plano do Direito europeu, tem a ver com uma Directiva de 1975 (75/129/CEE, de 17.2.75, do Conselho, publicada no *J.O.*, nº L 48/29,

melhoria das condições dos trabalhadores (finalidade social). Em 1992 ganhou maior projecção a finalidade social[11], não havendo quaisquer mudanças no texto de 1998. De qualquer modo desta duplicidade de objectivos decorre uma contradição que a seguir referiremos.

Em linhas gerais como funciona a Directiva?

A Directiva aplica-se ao despedimento patronal por um ou mais motivos não inerentes à pessoa do trabalhador, quando atinja em empresas uma considerável expressão quantitativa dentro de determinado arco temporal, relativamente a uma dada dimensão empresarial (a Directiva não tem de se aplicar a micro empresas ou a muito pequenas empresas). A noção de despedimento colectivo assenta num critério simultaneamente negativo (cessação por motivos não inerentes à pessoa do trabalhador) e quantitativo (número de cessações de contratos de trabalho em determinado espaço de tempo em empresas de certas dimensões).

O alcance da Directiva é principalmente de carácter procedimental, no sentido de estabelecer um sistema organizado de consultas com os representantes dos trabalhadores e uma eficaz intervenção da autoridade pública.

Nos termos da Directiva as consultas incidirão, pelo menos, sobre as possibilidades de evitar ou reduzir os despedimentos, bem como sobre os meios de atenuar as suas consequências.

Para viabilizar uma intervenção construtiva dos representantes dos trabalhadores, o empregador deve fornecer-lhes todas as informações úteis (nomeadamente — através de informação escrita — os motivos do despedimento, o número de trabalhadores a despedir, o número de trabalhadores habitualmente empregados e o período no decurso do qual se pretende efectuar os despedimentos e — depois de 1992 — a indicação das categorias, os critérios de selecção dos trabalhadores a despedir e o método para o cálculo de indemnizações).Também partir de 1992 passou-se a prever expressamente que os trabalhadores possam recorrer a peritos.

---

de 22.2.75), revista em 1992 (modificações contidas na Directiva 92/56/CEE, de 24.6.92, do Conselho, publicada no *J.O.*, n° L 245/3, de 26.8.92) e consolidada em 1998 (*J.O.* n.° L 225, de 12.8.98).

[11] A Directiva teve nas suas origens não só num caso concreto de distorção de concorrência (empresa multinacional que pretendeu encerrar no país em que os custos de despedimento fossem mais baixos), mas também na consideração de que a constituição do espaço europeu proporcionaria mudanças estruturais e conjunturais das quais resultariam fenómenos de despedimento de massa. Tratava-se de proteger os trabalhadores do funcionamento do mercado comum, dizendo-se que aqueles não deveriam pagar o preço da instituição de um mercado mais alargado.

Regime do Despedimento Colectivo e as Alterações da L n.º 32/99   231

A alusão à Directiva que aqui fazemos justifica-se porque foi motivo para a recente alteração legislativa. De facto, as recentes modificações da L n.º 32/99 são introduzidas exactamente para o efeito de transposição de certos aspectos da Directiva.

Muito embora a Directiva tenha sido considerado um texto vazio (certamente porque, aludindo às indemnizações não as torna obrigatórias, e porque, referindo os critérios de selecção, não contém qualquer limite consistente à discricionariedade patronal), o facto é que pela norma comunitária ganhou peso a ideia de fortalecer as garantias dos trabalhadores em face de dificuldades específicas, podendo dizer-se que as alterações feitas em 1992 foram uma resposta ao incremento da concentração da indústria europeia[12].

Importante foi, ainda, em 1992, ter-se previsto que a circunstância do despedimento colectivo não ter sido decidido pela empresa em causa não podia envolver justificação para afastar o procedimento (pretendia aludir-se aos grupos de empresas e sobretudo às empresas transnacionais[13]).

Os problemas ligados à eficácia da Directiva têm sido colocados de modo a justificar uma referência. Obviamente as directivas — diferentemente dos regulamentos comunitários — não constituem Direito comunitário uniforme e, portanto, a transposição destas para o Direito nacional

---

[12] A Directiva generalizou as linhas de força das intervenções legislativas correntes nos países europeus na matéria de despedimento colectivo. Assim, na procedimentalização, seguindo-se os princípios de intervenção formal das entidades públicas e dos interessados, especialmente os representantes dos trabalhadores, com um esforço de transparência das situações e de proporcionalidade das medidas. Nesse mesmo aspecto, procura enfatizar-se a busca de meios alternativos aos despedimentos e a maneira de os minimizar. A transparência é conseguida pela ventilação dos problemas e pela necessidade de indicação dos motivos dos despedimentos e dos critérios de selecção dos trabalhadores a despedir e das indemnizações a satisfazer, e por uma discussão com os interessados. Nesses planos, assume relevo a intervenção informada dos representantes dos trabalhadores, com o objectivo de esclarecer, ouvir e encontrar soluções consensuais. Procura dar-se importância aos serviços oficiais, que deverão ser notificados das intenções e projectos de despedimento colectivo, com possibilidade de intervenção para dilatar prazos e com a missão, ao menos implícita, de encontrar soluções para tutela dos trabalhadores.

[13] Quanto a esse último aspecto merece especial referência a Directiva 94/45/CE, do Conselho que relativamente ao despedimento colectivo estabelece quanto aos conselhos de empresa europeus (ou do seu comité restrito) a possibilidade de intervenção. A L n.º 40/99, de 9 de Junho, adopta as disposições necessárias para a transposição de tal Directiva no nosso sistema quanto às empresas de dimensão comunitária, referindo-se especialmente a informação sobre despedimentos colectivos. Notar-se-á, contudo, um certo fatalismo, na prática, na discussão do despedimento colectivo quando as ERT sabem que a decisão de despedimento colectivo provém de centro de decisões fora do âmbito nacional.

poderá ser feita trilhando vários caminhos. Têm uma força menor que a das normas que se aplicam geral e directamente: "A directiva vincula o Estado membro destinatário quanto aos resultados a alcançar, deixando, no entanto, às instâncias nacionais a competência quanto à forma e aos meios". As directivas exigem, portanto, sempre uma leitura apropriada do próprio Direito interno para onde devem ser transportadas[14]. Não se deverá esquecer, contudo, que as directivas em regra (e ainda no nosso caso) são bastante elásticas, consentindo considerável autonomia às legislações nacionais, ou opções com assinalável diversidade[15]. Por outro lado, parece solidamente estabelecido o princípio da inaplicabilidade directa das directivas nas relações horizontais — no caso, entre empregadores e trabalhadores.

Num balanço pode dizer-se que, malgrado os aspectos de funcionamento de mercado na génese da Directiva de 1975, se está aqui muito longe de uma aproximação ou até harmonização, o que envolve uma insanável contradição na própria Directiva. O que resulta da Directiva é o estabelecimento de normas mínimas, admitindo-se disposições mais favoráveis para os trabalhadores (art. 5º). O intuito de uniformizar custos sociais não é — de facto — cumprido no Direito comunitário. A verdade é que há legislações onde se não prevê o pagamento de indemnizações e outras que apoiam o despedimento colectivo com o dinheiro dos contribuintes.

Podemos dizer que o nosso sistema legal cumpre adequadamente a Directiva. O Governo submeteu a este propósito a discussão pública um

---

[14] No fundo são as dificuldades de interpretação das várias ordens jurídicas relevantes, matéria consabidamente espinhosa e árdua no Direito internacional, somadas às próprias do plano metodológico, em que cada vez é menos lícita uma partição entre interpretação e aplicação, como chamou a atenção precisamente neste ponto o Prof. MOURA RAMOS. Aliás, como este Professor lembrou também, as directivas não são normas internas, pois não estão publicadas no *Diário da República* e são apenas notificadas aos Estados. A ideia de Directiva supõe um carácter substantivo na obtenção de resultados e não a de rigor conceitual e a adopção de formas idênticas. Deve lembrar-se o próprio princípio da subsidiariedade envolve que se deixe ao legislador (ou outro emissor de normas interno) um campo suficientemente extenso para adaptação. Ao contrário dos regulamentos, os esquemas emergentes das directivas têm de se compaginar com sistemas nacionais de normas e de práticas, de que resultam aplicações pouco compatíveis com formalismos e cumprimentos exegéticos, dos quais podem advir até um desrespeito mais marcado das normas comunitárias.

[15] Há obviamente alguma maleabilidade (e possibilidade de opção) na noção aplicável de despedimento colectivo, na marcação das dilações, etc. Outros aspectos são taxativos e possuem grande grau de concretização: as especificações informativas expressamente referenciadas, por exemplo, e que são pontos incontornáveis (ainda que um acentuado grau de concretização não seja estranho ao domínio institucional das directivas em Direito comunitário).

projeto de diploma que contemplava certos aspectos omissos na LDesp. e apresentou uma proposta de lei, depois aprovada na Assembleia da República e que constitui a L n.º 32/99. No caso português houve assim ultimamente transposição quase expressa[16]. De facto, resolveram-se as questões relativas ao *déficit* de informação, pormenorizando-se alguns aspectos relativos às informações a prestar aos representantes dos trabalhadores: 1º — indicação do <u>período</u> no decurso do qual se pretende efectuar os despedimentos; e, ainda, 2º — indicação do <u>método de cálculo</u> de compensações ou indemnizações aos trabalhadores a despedir. Previu-se também na lei, seguindo-se uma indicação da Directiva, que os parceiros sociais se façam acompanhar por <u>peritos</u>.

4. Originalidade do sistema legal português

Deve fazer-se uma brevíssima reflexão introdutória quanto ao nosso sistema de despedimentos colectivos, sem a qual a análise se poderá perder nos mimetismos culturais e nas transposições despropositadas de outros ordenamentos.

Com efeito, há vários aspectos em que o sistema português é original ou em que possui traços de especificidade. É afinal um sistema <u>abrangente, paradigmático e habilitante</u> (*rectius*, <u>expeditivo</u>).

Em primeiro lugar, o despedimento colectivo é <u>abrangente</u>: mantendo-se o carácter fundamentador da motivação de gestão, todos os despedimentos que atingem uma quantificação <u>minimamente expressiva</u> são contados como tal. Dois trabalhadores despedidos nas pequenas e micro-empresas e cinco trabalhadores nas empresas médias e grandes (acima de 50 trabalhadores em serviço) no decurso de 3 meses são números em absoluto desproporcionados — quase ridículos diríamos se não tivéssemos em conta o drama pessoal neles contidos — para dar relevo à realidade internacionalmente reconhecida como despedimento colectivo.

Em segundo lugar, o sistema normativo do despedimento colectivo não é uma excepção (ou uma forma de despedimento com regime especial), mas um verdadeiro <u>paradigma</u>, pois nas suas normas (1ª secção do cap. V da LDesp.) se contém quase todo o regime comum dos despedimentos. Diferentemente do que se passa em quase todos os outros países,

---

[16] A L não diz, no seu texto publicado, que realiza a transposição (como seria de rigor). Contudo, tal resulta expressamente da exposição de motivos da proposta de lei, do relatório e parecer da Comissão de Trabalho da AR (*DAR*,13.3.99,2.ªs.A,1157).

234   *Estudos do Instituto de Direito do Trabalho*

em que há um sistema de garantias próprio, em Portugal, o regime padrão, *i.e., o regime regra* é o dos despedimentos colectivos.

Do que decorre outra característica: o despedimento colectivo, longe de ser constringente como em toda a parte do mundo, é em Portugal habilitante ou expeditivo, sendo certamente a fórmula mais fácil no plano jurídico para pôr termo através de despedimento a relações contratuais (mais simples e expedito e menos "campo minado" para o empregador que o despedimento individual fundado em motivações empresariais). Mas deverá, em contrapartida, ter-se em conta que o despedimento – mesmo que seja para modernização – não tem o apoio estadual que é dado em outros sistemas estrangeiros (através de subsídios, de suporte de custos indemnizatórios ou de formação pelas instituições oficiais).

B — O REGIME DA LDESP.

5. Conceito de despedimento colectivo (art. 16.º)

O regime dos despedimentos colectivos é justificado pelo carácter de massa, o qual envolve potencialmente um considerável número de trabalhadores. Essas situações de massa ocorrem, inevitavelmente, quando estabelecimentos encerram, ou quando se modificam tecnologias, ou quando se verificam outros fenómenos geradores de desemprego. De qualquer modo, é necessário encontrar um critério certo e seguro que permita definir e identificar o despedimento colectivo. Superada a prática ingénua que igualiza o despedimento colectivo ao despedimento plural (mais de um ou — melhor dizendo — que atinge mais de um trabalhador), tem-se sobretudo afirmado um critério quantitativo ou numérico de identificação (n despedimentos em dado período, dentro de uma unidade produtiva) em termos de destruição de emprego. Ora se se adopta uma técnica de controle numérico haverá que definir exactamente o arco temporal em que se deve proceder ao respectivo cômputo.

O conceito de despedimento colectivo consta do art. 16.º da LDesp. O despedimento colectivo corresponde principalmente a uma decisão que representa *diminuição do nível de emprego de categoria determinadas* e se exprime em dois momentos: decisão de diminuição de quadros (com os respectivos números de postos de trabalho) e conversão desses números de postos de trabalho em decisões de despedimento (ou outras formas alternativas). Depreende-se da lei a necessidade de apresentação e escrutínio de um motivo que opere simultaneamente ou quase. Tudo isto acentua o carácter procedimental que já referimos.

Há, pois, antes de mais, uma decisão de gestão ao nível de empresa (decisão a vários tempos e modos — interna, externa preliminar, e — depois — definitiva) e finalmente um efeito em determinadas relações individuais de trabalho identificadas. Verifica-se, portanto, primeiro uma afecção da estrutura de emprego de determinada empresa, por motivação *grosso modo* económica, que implica potencial destruição da oferta de postos de trabalho.

As raízes da definição do art.16.º (tão prolixa que é) encontram-se no paradigma comunitário de que já falámos e também em vários textos congéneres de Direito comparado e da legislação precedente. Avultam os aspectos de dimensão da empresa, nas suas relações com o número de trabalhadores a despedir, o arco temporal de referência (período de 3 meses) e ainda o quadro fundamentador ou motivador dos despedimentos.

Há alguns pontos a dilucidar.

I — Importa saber que tipo de estrutura se tem em vista: a empresa ou estabelecimento? Parecendo-nos embora que alguns fundamentos há para considerar como unidade o estabelecimento, consideramos mais adequada a referência à empresa. Os argumentos que justificam esta conclusão são os seguintes:

a) A interlocução necessária com determinadas estruturas: no que se refere aos trabalhadores — nos termos da lei — verifica-se com as comissões de trabalhadores e, na sua falta, comissões intersindicais ou sindicais da empresa. Assim, a lei menciona estruturas de dimensão empresarial, e não outras que possam ter por horizonte o estabelecimento.

b) Há vantagens práticas em considerar a empresa: concentração da direcção do pessoal que existe na organização empresarial, globalização do próprio processo de despedimento colectivo; interlocução com a Administração Pública.

c) Por outro lado, o âmbito da discussão no seu conjunto deve ser o da empresa: na verdade, sobretudo no que se refere a soluções alternativas, há que ter em conta possibilidades de aproveitamento dos trabalhadores a despedir em todo o centro de influência da empresa e dos seus vários estabelecimentos.

d) O despedimento colectivo tem de ser alicerçado em motivos técnico-económicos controláveis, o que exige um quadro de referência que se preste minimamente a esse controlo. Ora só é possível

236   *Estudos do Instituto de Direito do Trabalho*

aquilatar razões técnico-económicas na unidade em que elas sejam avaliáveis[17].

e) Finalmente, o art 16.º, 2, do CPT supõe que um único procedimento de despedimento colectivo abranja vários estabelecimentos e, por isso, estabelece para o efeito como "competente o tribunal do lugar onde se situa o estabelecimento com maior número de trabalhadores despedidos".

II — Outro ponto a dilucidar é o do cômputo do número de trabalhadores da empresa (avaliação da dimensão da empresa). Aceite como referência a ideia de empresa, haverá, nos termos da própria lei, que distinguir as empresas de 2 a 50 trabalhadores ao serviço (pequenas empresas e micro-empresas) ou de mais de 50 trabalhadores (médias e grandes), porque nas primeiras o número relevante de despedimentos é de 2 e para as segundas de 5. O que é que se deve considerar número de trabalhadores da empresa para este efeito? O conceito aplicável deve ser rigoroso. A indicação da Directiva comunitária é a de que devem contar os trabalhadores habitualmente empregados nas unidades em questão. Afigura-se-nos relevante o número regular de trabalhadores em serviço como tais, correspondendo aos postos de trabalho remunerados existentes na empresa. Não relevam pois para o efeito os que prestam serviço não remunerado, como o empresário ou familiares, ou cooperadores de serviços os trabalhadores autónomos ou os trabalhadores dependentes de empresas de trabalho temporário[18]. Ponto mais duvidoso será o do trabalho em tempo parcial, inclinando-nos nós para a solução de considerar esses trabalhadores, quando — em conjunto — ocupem um ou mais postos de trabalho, nessa mesma medida. Duvidoso também é o problema dos trabalhadores contratados a prazo, que supomos merecer uma solução diversificada. Em teoria, e para este efeito, os trabalhadores a prazo deverão contar apenas quando

---

[17] Afigura-se-nos ainda relevante, por certo, a congruência entre a unidade empresarial elegida e a fenomenologia económico-organizacional descrita no art 16º. É óbvio que os factos apresentados pelo empregador como fundamentadores — encerramentos, redução de actividade ou de vendas, alterações tecnológicas, dificuldades financeiras — hão-de referir-se a uma unidade em que essa fenomenologia possa ser apreciada. Sobretudo teremos em conta um valor de segurança que, no caso, se nos afigura fundamental: a identificação da realidade da empresa como operador no Direito do trabalho (para efeitos da vigilância das normas laborais, da contratação colectiva, da organização sindical) é muito mais nítida que qualquer outra e é, portanto, a que deve ser levada em conta.

[18] Art. 13.º do DL n.º 358/89, de 17 de Outubro. Deve-se atender, contudo, a situações em que os trabalhadores temporários preenchem postos de trabalho permanentes.

ocupem uma posição permanente na empresa, pois casos há em que isso é legalmente possível. Supomos, contudo, que por uma questão de certeza na aplicação do Direito nos devemos socorrer de regras gerais e, portanto, do art. 53.º, 2, da LDesp, pelo qual "os trabalhadores admitidos a termo são incluídos, segundo um cálculo efectuado com recurso à média do ano civil anterior, no total dos trabalhadores da empresa para determinação das obrigações sociais ligadas ao número de trabalhadores ao serviço".

III — O momento para o cômputo do número de trabalhadores ocupados regularmente na empresa relevante para o despedimento colectivo é o da comunicação prevista no art. 17.º, já que este momento é o que faz surgir no mundo do Direito a intenção de despedimento que dá origem ao procedimento em causa.

IV — Natureza do acto extintivo. Não se poderá olvidar — aqui também — que para o legislador português o despedimento colectivo corresponde a uma forma maleável (*i.e.* habilitante) de cessação, não havendo razão para computar como despedimento, a todo o preço, as várias formas extintivas, de que em outros ordenamentos o empregador se socorre para evitar os ónus especiais do despedimento colectivo. Na verdade, entre nós, a questão coloca-se ao contrário. Por outro lado, as normas portuguesas sobre o despedimento colectivo aplicam-se a um número extremamente baixo (2 ou 5) de cessações, pelo que não parece muito adequado ficcionar despedimentos quando nos encontramos genuinamente em face de outras formas extintivas. Assim, devem ser excluídos do cômputo actos extintivos que não correspondam ao modelo de despedimento patronal (invalidade, despedimento por parte do trabalhador, caducidade, cessação de comissão de serviço, período experimental).

Quanto aos casos de extinção emergentes de actos voluntários, parece também de excluir aqueles que resultam da revogação ou distrate. Na verdade, a revogação ou distrate pressupõe o acordo de vontades entre o empregador e o trabalhador no sentido da cessação do contrato, por conveniências comuns, não sendo assim assimilável ao despedimento. Aliás, não é infrequente que a revogação seja proposta pelo trabalhador — que pretende, por exemplo, pôr termo imediato ao contrato de trabalho — e que tal proposta seja aceite pelo empregador. Mas vulgares são os casos em que o empregador dispõe de incentivos regulamentados à renovação do seu pessoal, com estímulo a situações de pré-reforma e reforma, aos quais liga uma complementação a cargo da empresa, em que se utilizam os mecanismos do distrate. Não se vê razão suficiente para que, em situações

238   *Estudos do Instituto de Direito do Trabalho*

deste tipo, se possa falar de cessações da relação de trabalho relevantes para efeitos de despedimento colectivo.

De facto, sabe-se que a revogação corresponde hoje — em face do bloqueamento do nosso sistema — a uma espécie de "despedimento pago". Na verdade, o empregador que pretende pôr termo ao contrato de trabalho procura muitas vezes negociar com o trabalhador no sentido de este aderir a um distrate a troco de compensações pecuniárias, em que são pagas necessariamente indemnizações superiores às previstas por lei nos casos em que se admite o despedimento. Não julgamos que esta circunstância permita equiparar a cessação por distrate ao despedimento dentro de um processo de cessação colectiva. Na prática nacional, a redução dos efectivos das empresas tem-se muitas vezes realizado por esses distrates. Poderia dizer-se que, através deste processo de distrate, os empregadores fogem às regras gerais do despedimento colectivo, privando os serviços públicos do adequado conhecimento do redimensionamento da empresa e deixando as estruturas representativas dos trabalhadores fora do processo, permitindo — por outro lado — uma certa manipulação patronal no diálogo individualizado com o trabalhador[19-20]. Aceitando embora a consistência desta argumentação, não nos parece que no nosso sistema a revogação possa ser considerada como despedimento para efeitos do <u>número mínimo</u> a que se refere o art. 16.º, ainda quando, porventura, tenha na sua base um objectivo de gestão na redução do pessoal. Não se vê que seja possível investigar, no âmbito de um distrate, se a iniciativa foi ou não patronal e se a motivação patronal foi exactamente a de restringir o emprego na empresa. Tudo isto envolve limitações à liberdade de movimentos dos contraentes que se nos afiguram excessivas. Ainda, o modelo contratual suposto no distrate e a sua imediata operatividade não se coa-

---

[19] V., contudo, o caso do AC. STJ de 16.4.97 *(Col. Jurisp.* 1997,II,265 ss), em que não se considera existir coacção moral se o empregador previne o trabalhador que fica na situação de excedentário numa situação de reestruturação.

[20] Certamente, por isso, a revisão da Directiva comunitária de 1992, nos termos já referidos, provocou uma mudança de perspectiva. No direito alemão contavam-se já certas revogações para atingir o número limiar que permite identificar esses processos como sujeito à *Anzeigepflicht*. Por outro lado, era essa também a tendência em França. As experiências destes países devem ter patrocinado a emenda já referenciada à Directiva, pela qual "são <u>equiparadas</u> a despedimentos as cessações do contrato de trabalho por iniciativa do empregador por um ou vários motivos não inerentes à pessoa dos trabalhadores, desde que o número de despedimentos seja, pelo menos, de cinco", recolhendo aqui apoio normativo a teoria que pretende assimilar aos despedimentos as revogações enquadradas numa política de redução de pessoal.

dunam com o procedimento dos despedimentos colectivos. Poderá sustentar-se que o distrate não opera os seus efeitos se se verificarem subsequentes despedimentos, para serem todos coenvolvidos num processo de despedimento colectivo? E então que o negócio revogatório vá ser novamente reapreciado nesse mesmo quadro? É óbvio que não.

Não tem sentido reconduzir à força os mecanismos desvinculativos a um procedimento de despedimento colectivo, integrando-os nele, quando o enquadramento legal é já abrangente, de modo a considerar a maior parte dos despedimentos não singulares (2 trabalhadores ou 5) como despedimento colectivo. É por isso que não nos parece bem inspirada qualquer opinião centrada na fórmula da Directiva, que não tenha em conta o alcance prático a que está ligada. Se é, porventura, certo que se tem interpretado a Directiva comunitária como visando os distrates motivados por um interesse patronal no sentido da redução do emprego, nem por isso tal interpretação deve ser estendida a um sistema como o nosso. Na verdade, não se pode no Direito português considerar que o processo de despedimento colectivo envolve um suplemento de encargos, convindo, pois, tapar outras formas de saída (como já temos dito muitas vezes, o processo de despedimento colectivo é, no nosso Direito, habilitante e não constringente). Por outro lado, a Directiva considera para efeitos do despedimento colectivo números muitíssimo superiores aos da nossa legislação (diríamos qualitativamente superiores) nos termos dos quais podem ganhar expressão o acréscimo de 5 revogações[21]. E, como já tivemos ocasião de dizer, a vinculatividade das Directivas comunitárias deve naturalmente ter em conta os objectivos principais que são no caso o melhoramento da protecção dos trabalhadores e a uniformização dessa protecção, o que é bem diverso de uma identidade comunitária, aliás impossível, na conceituação do despedimento colectivo.

Finalmente, e mesmo não tendo em conta a inaplicabilidade horizontal na nossa ordem interna da Directiva, não consideramos possível que um trabalhador invoque esse normativo comunitário para impugnar um despedimento que não seguiu o procedimento próprio dos despedimentos colectivos, mas o indicado na Secção II (cessação por extinção do posto de trabalho), quando deveria ser o primeiro procedimento o aplicável se se computassem os postos de trabalho dos seus camaradas "amorti-

---

[21] Notar-se-á que, para atingir os números impostos pela Directiva, às 5 revogações teriam de se somar pelo menos 5 despedimentos nas pequenas empresas (o número de dez cessações é o patamar para a aplicação da Directiva). Ora, este último número já envolve, pelo nosso Direito, um procedimento de despedimento colectivo.

zados" por distrate. Na verdade, o que realmente interessa é que o trabalhador tenha ao seu dispor um quadro de protecção que siga as linhas essenciais da mesma Directiva, quer a forma adoptada seja a própria dos despedimentos colectivos ou outra. Ora, no curso dos despedimentos promovidos segundo o processo da Secção II, são observados os aspectos substantivos da Directiva (audição das organizações dos trabalhadores[22], consultas e aviso às entidades públicas, definição de critérios, etc.). Por isso, não terá objecto útil qualquer solicitação do trabalhador nesse sentido.

V — O arco temporal de 3 meses definido pela lei é entre nós sem interesse, já que os despedimentos colectivos são, em regra, pronunciados simultaneamente. Por outro lado, a definição desse arco temporal tem internacionalmente o intuito de evitar fraudes à lei. No nosso caso, quer porque o despedimento colectivo habilita e não constringe, quer porque números baixíssimos são considerados como integrando despedimento colectivo não é de presumir intenção de defraudação.

VI — Motivo determinante. Costuma-se falar, a propósito do despedimento colectivo, da unicidade de motivo determinante, o que não é inteiramente exacto. Na realidade, apesar de o despedimento colectivo se basear em princípio numa motivação comum, tal motivação apenas se refere à decisão globalizada quanto ao nível de emprego. Assim, o tribunal pode considerar o despedimento procedente quanto a alguns trabalhadores e improcedente relativamente a outros[23], não dispensando uma análise em separado a congruência da motivação relativamente a cada posto de trabalho considerado redundante[24]. A nossa jurisprudência tem demasiada-

---

[22] Argumento pertinente para contar os distrates para este tipo de procedimentos é exactamente o da necessidade de assegurar, mesmo nesses casos, a audição das ERT's.

[23] Nosso, *O despedimento colectivo* cit, 401-2.

[24] Temos considerado sempre que — havendo embora unicidade de motivo determinante — diversificados fundamentos podem estar ligados às quedas dos postos de trabalho, entendendo-se assim com *grano salis* a necessidade de motivação comum no despedimento colectivo (v., exemplos na nossa ob e loc cit., nos termos dos quais no mesmo processo de despedimento colectivo a desaparição de alguns postos de trabalho pode estar ligada ao encerramento de uma linha de produção, a de outros à racionalização e ainda a de mais alguns à compra de equipamento). Contudo, já julgamos desacertada a necessidade de demonstração de que se trata dos postos de trabalho dos impugnantes. O despedimento colectivo, no seu quadro motivador, dirige-se ao nível de oferta de emprego (à queda de postos de trabalho) e não tem de destinar-se a certos e determinados trabalhadores. Este é um problema que se coloca a propósito da selecção, mas não para aprecia-

mente em conta as palavras da lei para designar essa motivação, quando as normas aplicáveis (art. 16.º e, analogicamente, o art. 26.º) consideram de modo desordenado um sem número de aspectos de gestão, apresentados sem qualquer racionalidade. Temos julgado que o nosso legislador, apesar de inábil, quis dar integral cobertura à racionalidade económica na fixação dos postos de trabalho na empresa. Pensamos pois que não vale muito a pena integrar no quadro exemplificativo do art. 26. (aspectos económicos, de mercado, tecnológicos, estruturais, conjunturais) a motivação de boa gestão apresentada pelo empregador.

6. Procedimento (boas práticas)
Natureza e fins.

No plano de instituir ou acentuar a <u>procedimentalização</u> ou <u>boas práticas</u> nos despedimentos colectivos, a LDesp. estabelece considerável formalização e participação dos interessados, num faseamento sequencial e medido por prazos. Temos aqui o *due process,* servindo os interesses de rigor, transparência, eficiência, bem como, no que especialmente toca aos trabalhadores, participação/colaboração, consensualização e menor exposição a prejuízos aquando do redimensionamento da empresa.

Estão em foco a formação e a externação da decisão genérica de redução do emprego, as quais antecedem a emissão do despedimento propriamente dito, e que devem ser autonomizadas dos despedimentos efectivos. A fractura no tempo dos momentos (formação da decisão gestionária sobre a mão-de-obra a ocupar na empresa (<u>gestão previsional</u>), externação do projecto preliminar de despedimento colectivo, decisão de despedimentos definitivos) favorece o enquadramento da procedimentalização dos despedimentos colectivos e as boas práticas. Neste ponto, destaca-se a intervenção das estruturas representativas dos trabalhadores, a intervenção dos serviços oficiais, o aproveitamento de alternativas e a fixação de critérios de selecção.

Quanto a esses <u>sub-pontos</u> diremos o seguinte:

I. Deve garantir-se a intervenção das ERT's (estruturas representativas dos trabalhadores — comissões de trabalhadores, organizações sindicais, comissões *ad hoc*), como representantes dos interesses dos atingidos

---

ção dos fundamentos do despedimento colectivo. Mais ainda excessiva ainda nos parece a demonstração da intercorrência de "nexo", o que conduz a uma *probatio diabolica.*

242   *Estudos do Instituto de Direito do Trabalho*

e com o papel insubstituível do conhecimento vivido da situação "no terreno" em todos os seus pormenores. Tais estruturas tornam-se instâncias de ponderação social das medidas empresariais, ponderação propiciadora de alternativas credíveis, exequíveis e até de soluções mais humanizadas nos casos individuais. E, seguramente, esta intervenção defende melhor a paz social, pelo entendimento do alcance económico da decisão, pela eventual adesão do conjunto do pessoal às medidas encaradas e, subsequentemente, favorece uma melhor implementação dessas mesmas medidas. Teremos, assim, informação, participação/negociação, controlo e melhor gestão do sistema.

II. Por outro lado, deve garantir-se a intervenção de serviços oficiais, para acompanhamento da situação, das propostas de minoração dos efeitos do projecto empresarial, com implementação de outras medidas estruturais (ligação à formação profissional ou a acções de reconversão) e ainda medidas activas e selectivas de emprego para reabsorção dos despedidos.

III. Aproveitar-se-ão, com este caminho, as <u>alternativas</u> ao despedimento, enquadrando todas as outras medidas de manutenção, ainda que modificada, da relação de trabalho (flexibilização de funções, de horário e tempo de trabalho, introdução do *lay-off*). As <u>consequências</u> do despedimento devem ser minimizadas (indemnizações, reemprego) e devem ser exploradas outras formas de extinção mais brandas.

IV. Ainda num plano de boas práticas devem fixar-se critérios justos de <u>selecção</u>, de modo a que a redução de emprego se individualize em despedimentos em que seja banido o arbítrio e se verifique abertura, não só a critérios de gestão, mas também a critérios sociais.

<u>O processamento do despedimento colectivo</u>

Consta essencialmente dos arts. 17º e ss da LDesp e inicia-se por <u>comunicações</u> à ERT e aos serviços do MT, com variados elementos informativos (fundamentos, quadro de pessoal, número de trabalhadores/categorias profissionais, critérios de selecção). Têm o carácter de preliminar negocial, de notificação, e da abertura do ciclo decisório.

Passa-se depois a uma <u>fase de consultas</u> com a ERT, para informação/audição/negociação. Processa-se sobretudo em reuniões presididas por um funcionário do MT. A lei é expressa no sentido de haver um objec-

Regime do Despedimento Colectivo e as Alterações da L n.º 32/99   243

tivo de chegar a acordo. Infelizmente esse objectivo não tem efectivação prática, até porque não é dada pela lei aos acordos qualquer vinculatividade. Verifica-se assim um relativo inêxito dos desígnios legais.

A decisão é tomada por comunicação aos trabalhadores com indicação de motivos e com o envio de mapa de medidas ao MT e à ERT (e de acta ou sucedâneo das reuniões de consulta). A decisão não pode ser tomada — a menos que se tenha verificado acordo (o que nunca acontece) — a não ser corridos 30 dias da comunicação inicial.

Este "processado" (como lhe chamam, por vezes, os tribunais) culmina assim numa decisão motivada, que deve ser congruente com o quadro inicial. Neste plano da motivação evidencia-se o carácter de projecto a cumprir pelo empregador, como fim a que tende o próprio procedimento de despedimento colectivo (redimensionamento da empresa pela queda de postos de trabalho operados pelo despedimento, queda emergente de encerramento ou de redução do pessoal). A montante estarão os motivos desse redimensionamento (*v.g.*, lucro, eficiência, retracção estratégica, etc.) e certo tipo de quadro factual a que esse redimensionamento está ligado (*v.g.*, falta de procura, de matérias primas, alterações nas técnicas, desinteresse nos produtos, encerramentos).

E esse discurso fundamentador, motivação, quadro motivacional, o que se queira, deve ser visto no seu plano formal, *i.e.*, na sua possibilidade de, independentemente da sua exactidão e verdade, ser congruente e suficiente para basear a decisão, e também no seu plano material (exactidão dos factos e sustentabilidade dos critérios e prognósticos). O quadro motivacional vai-se afinando e aperfeiçoando no desenvolvimento do procedimento com os contributos das várias instâncias e interventores e conflui, se for caso disso, numa decisão final de despedimento, que deve estar numa linha de continuidade e congruência com a exposição inicial. Dessa decisão emerge a queda de postos de trabalho ou da oferta de emprego que essencialmente caracteriza o despedimento colectivo, o que dá dimensão objectiva ao próprio acto (tornando-o menos apto a uma discussão individualizada empregador/trabalhador). O quadro final de despedimento pode, como veremos, ser sujeito a escrutínio também no plano substantivo, não tanto quanto à exactidão dos factos, à bondade dos critérios e ao acerto dos prognósticos, mas quanto a dois pontos fundamentais: (1) a efectiva queda dos postos de trabalho; e (2) a procedência da decisão de que emerge tal queda, como decisão recta e sustentável de gestão.

Obviamente, que se assim for, no plano material, o processo jurisdicional de impugnação correspondente tem como suposto um certo tipo de *judicium*. Não se trata de fazer valer um direito que se constitui à base de factos, mas de sustentar uma decisão, num sistema de processo próximo da jurisdição voluntária, com especial sistema de avaliação de factos e de respeito pelo critério do operador jurídico em causa. E daí também consequências especiais no capítulo do ónus da prova, como veremos.

7. Tutela da posição do trabalhador

Realiza-se desde logo pelo já descrito procedimento, que deveria tornar tendencialmente o procedimento transparente, justo e aceitável pelos próprios lesados, mas também pelas medidas alternativas previstas ou formas de minorar os prejuízos para os trabalhadores e, sobretudo, pela indemnização que se garante aos trabalhadores e ainda por um controlo jurisdicional (a descrever autonomamente).

As indemnizações são muito avultadas se as considerarmos no plano do Direito comparado (mínimo de 3 meses de retribuição de base e método geral de cálculo na razão de 1 mês de retribuição por ano de serviço — sem limites[25]). É frequente que as indemnizações efectivas sejam maiores, por estipulação das partes ou por inicial oferta dos empregadores[26].

8. Controlo jurisdicional

O problema da fundamento do controlo. Está em causa o escrutínio de um processo decisional que vive ao abrigo de cláusulas gerais de gestão previsional, em que é necessária observação ex ante e ex post, e em que existem legitimamente meras prognoses e representações. A avaliação judicial terá a ver com a plausibilidade do discurso fundamentador do empregador nos seus reflexos com os interesses dos atingidos, não com a protecção à formação da vontade do empregador.

Observe-se a estrutura da decisão patronal de despedimento e a factualidade demonstrável.

---

[25] Nos sistemas estrangeiros é corrente encontrar como limite o ano de retribuição (às vezes alguns meses mais para trabalhadores antigos de difícil colocação). Encontra-se também ligação aos sistemas de reforma, em moldes que provocam a diminuição das indemnizações dos trabalhadores prestes a atingir a idade de reforma.

[26] Muitas vezes estabelece-se como método de cálculo 1,5 da retribuição (global) mensal por ano de antiguidade.

Regime do Despedimento Colectivo e as Alterações da L n.º 32/99   245

Nas empresas, a gestão do pessoal tem carácter previsional e, portanto, deve fazer-se planeadamente, com antecipação às ocorrências das necessidades de postos de trabalho relativamente àquilo que se prevê como futuro da unidade produtiva. À entidade empregadora compete elaborar um plano de gestão previsional de pessoal, no qual terá de encarar e de imaginar com escalonamento temporal as necessidades futuras de trabalho, redefinindo a estrutura e os quadros e aplicando as correlativas técnicas de movimentação de pessoas: recrutamento, por um lado, redefinição de funções, e reconversão, por outro, e também processos de afastamento, entre os quais, o despedimento. O processo decisional tem em vista um complexo de facto *existente,* decomposto em muitos factores relevantes «lidos» pelo empresário (situação da empresa no plano da força de trabalho disponível, situação financeira, aprovisionamento, facturação, parque tecnológico, situação económica nacional e do espaço económico em que se move a empresa), e *um futuro,* mais ou menos previsível de acordo com os dados disponíveis (evolução do mercado, progresso da tecnologia, necessidades de pessoal com outras competências, etc.) sobre os elementos existentes ou futuros e tendo em conta o quadro de pessoal e os afastamentos voluntários ou previsíveis dos trabalhadores *(v. g.,* reformas, ocorrência dos prazos nos contratos a termo) se calculam os excedentes. Deve atentar-se nos contributos emergentes das consultas com as estruturas dos trabalhadores na decisão de despedimento colectivo. A decisão apoia-se na representação que o empregador faz de um conjunto de factos reais, supostos e hipotéticos, e ainda em prognósticos dos quais se parte, segundo critérios de pura gestão ou outros eventualmente relevantes, para a limitação da oferta *(rectius,* do próprio nível) de emprego. Lembramos que se formam decisões (uma preliminar e, depois, outra definitiva, amadurecida com os próprios contributos do procedimento) que serão comunicadas fundamentadamente e que têm a ver com a previsão de um quadro de pessoal de acordo com as necessidades quantitativas e qualitativas de mão-de-obra que se futuram.

Não se torna fácil promover um controlo jurisdicional de uma decisão cujo percurso possui esta complexidade. Poderemos traçar vários *pontos de controlo*

a) *Forma,* porque o correcto seguimento do *due process* constitui também uma garantia para os trabalhadores.

b) *Queda efectiva dos postos de trabalho*, para evitar despedimentos colectivos a pretexto, a que se seguem, fraudulentamente, admissões.

c) _Motivação_ (ponto a desenvolver seguidamente).

d) _Individualização,_ que tem a ver com as situações pessoais e, sobretudo com os critérios de selecção, ponto que ficará de remissa, já que supomos que a tutela indicada será indemnizatória.

O controlo jurisdicional não exprime tanto o reconhecimento ou denegação de um direito ao despedimento através de método subsuntivo, mas da certificação de um poder (ou direito potestativo), cujo exercício a lei entregou ao empresário como decisor, sendo que tal controlo jurisdicional só existe a pedido do trabalhador despedido, se for caso disso. Nessa actividade de controlo, o tribunal terá de ter em conta uma adequada ponderação dos vários interesses em presença, à luz dos factos apurados e, com respeito dos critérios empresariais[27], ajuizar da sustentabilidade da decisão patronal tomada. Se há que considerar que no despedimento se têm de tomar particularmente em conta os interesses na segurança e continuação do emprego — exigindo-se, assim, adequado controlo jurisdicional para evitar decisões sem equidade — nem por isso julgamos bem inspirada uma omnipotência judicial em tal matéria. É que, na realidade, poderemos divisar não só o interesse do empregador — titular do poder exercido — e ainda posições jurídicas contrapostas virtualmente lesadas pertinentes aos trabalhadores despedidos, mas também interesses colectivos na persistência da base de trabalho de todo o pessoal, interesses gerais (às vezes de sinal contrário) ligados à conservação das unidades económicas e do nível de emprego, etc. Um tal cruzamento de interesses, recomenda que a Poder Judicial assuma a missão de os ponderar, tutelar e fiscalizar, em termos de se encontrar solução adequada[28]. A sentença do tribunal terá em conta as razões de facto, *v.g.*, a verificação da queda efectiva dos postos de trabalho e efectivará um juízo crítico das decisões da empresa, cujos critérios terá de respeitar no plano gestionário, e que considerará improcederem se os encontrar viciados por incongruência, desproporção e injustiça[29].

---

[27] Conforme referia o antigo CPT. Não constando idêntico preceito do actual CPT, nem por isso entendemos que o julgador possa deixar de respeitar os critérios da empresa, a menos que eles possam ser considerados como irracionais ou injustos (gestão inadmissível ou grosseiramente errónea, que indicia a defraudação dos direitos dos trabalhadores). O Tribunal não deve substituir os critérios da empresa por aqueles que ele adoptaria se actuasse como gestor. V., para o ponto n.º12.

[28] Nossa ob cit, 668-9.

[29] Nossa ob cit, 686.

Dizendo de outra forma: o tribunal não poderá, no que se refere a critérios da empresa, deixar de os respeitar até ao limite em que funcionem como tais, isto é, na medida em que sejam razoáveis e congruentes. Quanto a juízos, como os económicos ou de gestão, só nas hipóteses em que o S.T.A. interfere na discricionariedade técnica é que o tribunal do trabalho deverá ter veleidade de intervir — isto é, nos casos de erro manifesto de apreciação. E deverá intervir não porque se trata de um erro — o erro dos privados apenas por eles próprios pode ser alegado — mas porque constata que tais juízos eram manifestamente inaceitáveis e susceptíveis de indiciar um intuito fraudulento do empregador. O controlo dirige-se à razoabilidade, rectidão e inteireza (*i.e.*, não parcialidade) da decisão: para o Direito apenas deve interessar que o empregador se tenha determinado por uma das opções possíveis para o redimensionamento decorrente de procedimento são e razoável[30].

9. Problemas do ónus da prova e poderes de cognição do tribunal

Pensamos que os nossos tribunais excedem os poderes judiciais de controlo quanto à motivação do despedimento colectivo e, sobretudo, não ponderam sempre a complexidade das questões do ónus da prova a este propósito. É certo que ao empregador compete o ónus de alegar os factos que integram os fundamentos apresentados. E também terá de quanto a eles fazer prova, mas não com a latitude e exigência a que é induzido por muitas decisões judiciais. Não se poderá com êxito tentar a este propósito a aplicação plena da doutrina tradicional, nos termos do art. 342.° do C.Civ., de molde a fazer recair sobre o empregador o ónus de demonstrar os factos constitutivos do seu direito. Como poderá funcionar completamente tal ónus numa decisão que se não baseia apenas em factos, mas em valorações, apreciações e juízos de prognose? Há, por certo, verificações materiais que podem ser confirmadas ou infirmadas (balanços de empresas, situações de tesouraria, cobranças, estado de aprovisionamento, queda da facturação e de encomendas, especificações e parque tecnológico). Mas, mesmo quando destinados a substanciar conceitos legais também eles próprios indeterminados («motivos tecnológicos», «automatização», «informatização»), verifica-se que os «dados de facto» têm carácter muito fluido e dependem de opiniões ou leituras porventura divergentes. Nem

---

[30] Nossa ob cit, 668.

248   *Estudos do Instituto de Direito do Trabalho*

tudo serão juízos de existência, devendo nós valer-nos de uma distinção que já abriu caminho a propósito do controlo jurisdicional: há, para além dos juízos de facto, os de probabilidade e outros de carácter opinativo e valorativo[31]. Ora estes últimos não podem estar submetidos aos modelos tradicionais relativos ao ónus da prova; por outro lado, muitos grupos de casos são refractários a um entendimento estrito desses modelos[32]. De qualquer modo, à empresa não compete <u>provar</u> a "justeza do despedimento" (tal não é matéria de prova), mas apenas uma estrutura fáctica de suporte, na qual releva essencialmente a queda dos postos de trabalho, bem como apresentar uma exposição convincente e sustentável no plano gestionário. Pensamos que haveria muito de insatisfatório ao considerar nesta matéria os factos relevantes como constitutivos, modificativos ou extintivos. Basta lembrar que os factos relevantes se combinam entre si e se articulam com valores, em termos de permitir um juízo sobre o despedimento, não se encontrando apenas operações lógico-subsuntivas[33]. Ora, as aplicações mecânicas do sistema do art. 342.º do C. Civ. estão profundamente ligadas ao método subsuntivo e só são válidas quando a previsão ou hipótese legal assenta em conceitos em que não entram valorações e prognósticos. Quando tal acontece, como no caso, o sistema falha. E falhará, sobretudo, acrescentamos agora, quando a sentença não possa revestir o modelo decisório típico da jurisprudência contenciosa (em que as partes procuraram na lide substanciar as normas favoráveis que invocaram), mas assuma outro modelo decisional, mais dependente de ponderações, equilíbrios e conciliações de interesses[34]. Na verdade, como havemos de ver, o direito ao despedimento colectivo não é propriamente *constituído* pela realidade do seu quadro fundamentador, *mas justificado* por uma correcta ou razoável representação dessa realidade[35]. Assim, não

---

[31] Nossa ob cit., 621e 644 e 655.

[32] Quanto a este aspecto, refira-se o notável estudo de PEDRO MÚRIAS, *Para uma distribuição fundamentada do ónus da prova*, ed. Lex (Lisboa, 2000) que reaprecia com originalidade as virtualidades da teoria das normas (*Normentheorie*, divulgada entre nós, sobretudo, por MANUEL DE ANDRADE na esteira de ROSENBERG e acolhida no C. Civ.) e constata a impossibilidade de tal teoria se aplicar a cláusulas gerais em áreas em que os factos relevantes não estão previstos na lei (v. especialmente p. 156-7).

[33] A carência do método subsuntivo evidencia-se em aspectos basilares já aludidos, que cremos estarem sempre presentes na mente do aplicador do Direito, mas que pensamos deverem ser salientados: referiremos a propósito a artificialidade da partição da norma em hipótese legal (factos e prognósticos que integram uma situação conjuntural ou estrutural ou financeira) e estatuição (despedimento colectivo). Nossa ob cit, 659.

[34] Nossa ob cit, 659.

[35] Nossa ob cit, 650.

Regime do Despedimento Colectivo e as Alterações da L n.º 32/99   249

basta para dar razão aos trabalhadores impugnantes que o tribunal fique com dúvidas sobre se os factos provados são suficientes para fundamentar o despedimento.

Com efeito, a apreciação da decisão não envolve apenas factos como matéria relevante. Em alguns casos, assim será, já que a matéria em causa pode ser efectivamente factual e observável pelos processos de cognição ao dispor do tribunal. Mas aqui não se trata apenas de matéria fáctica. Sobremaneira relevam as ponderações e critérios de avaliação relativamente aos factos e circunstâncias: na verdade, tais factos e circunstâncias têm de ser perspectivados nos seus influxos na situação *concreta* da empresa[36]. Não nos encontramos em face de factos, de evidências e de demonstrações: teremos prognósticos, possibilidades, probabilidades, verosimilhanças e preferências. Trata-se de uma razão prática em que se argumenta, mas não evidencia, procurando estabelecer uma "justificação" não incontestável ou sequer demonstrável, mas meramente razoável, *i.e.*, que não seja improcedente nos termos da lei[37]. O controlo jurisdicional existe a meio caminho entre a jurisdição contenciosa e a voluntária, com inerente adaptação dos princípios inerentes ao ónus da prova[38].

Pensamos que o <u>ónus</u> patronal deve ser, sobretudo, a da demonstração da efectiva queda dos postos de trabalho em causa[39]. É defensável ainda dizer-se, como por vezes o fazem os tribunais, que o empregador tem de provar os factos que fundam o despedimento colectivo; mas nem por isso se pode dizer que <u>tudo</u> o relacionado com a situação deva ser demonstrado em sentido que seja favorável a esse despedimento. Não terá de provar tudo aquilo que possa interessar, de perto ou de longe, à

---

[36] As políticas de «escudo caro» ou de «escudo barato» tiveram influxos diametralmente opostos, conforme as empresas estavam viradas para a exportação ou para a importação. A perda de certa posição no mercado pode ser insignificante para um estabelecimento e fatal para um outro. Problemas de tesouraria têm efeitos diversos consoante a facilidade das empresas no recurso ao crédito. Nossa ob cit, 650.

[37] Nossa ob cit, 670.

[38] Art.º 1409º,2 do CPC. V., nossa ob cit., 669. Tal adaptação é também referida em acórdão do STJ (de 9.5.86, em *Ac. Dout.*, n.º 298, 1251-2).

[39] Interessa que a diminuição real do volume de emprego decorra por facto dos despedimentos, *não sendo os trabalhadores substituídos,* verificando-se assim uma *concreta queda de postos de trabalho,* sem a qual não preencherá o empregador um dos principais requisitos do despedimento colectivo. É verificando-se a queda dos postos de trabalho (ou — pelo menos — uma representação razoavelmente fundada dessa queda), que decorrerão normalmente os correlativos despedimentos. No fundo, trata-se da ideia da *consequencialidade do despedimento colectivo,* relativamente a factos ou situações ocorridos na esfera da empresa e à decisão de redimensionamento. Nossa ob cit, 608.

definição de uma diminuição de emprego, mas simplesmente evidenciar uma situação (redução dos efectivos) que, de acordo com a normalidade das coisas, resulte de algo que possa ser qualificado entre os motivos admitidos na lei. É certo que o controlo judicial pode ainda incidir nos critérios de gestão, bons ou maus, exactos ou apenas supostos. Mas, sem olvidar que — quanto a esses critérios, apreciações e valorações — o ónus patronal se compendia numa correcta e completa exposição, não sendo matéria de prova. Não que deixem de ser controlados judicialmente para evitar "ajustes de contas" ou leviandades ou durezas excessivas em prejuízo da segurança no emprego. Tais critérios, apreciações e valorações serão sindicáveis na medida em que apresentem falta de razoabilidade, de congruência e de proporcionalidade, em termos de evidenciarem uma arbitrariedade que deslegitima qualquer despedimento. Por outro lado, — já o dissemos — a decisão do empregador não se fundamenta somente em factos, mas em previsões ou meras opções de gestão (v. g., o empregador encerra uma das suas linhas de produção porque *antevê* uma diminuição da procura ou dificuldades de obtenção de matéria-prima). Afigura-se-nos que o empregador não tem de comprovar a ocorrência dos factos que futurou, pois basta para o despedimento não pretender conviver com o risco que anteviu e nesse sentido decidir rectamente, no uso da liberdade de empresa, da reestruturação que programou.

Como dissemos em outro lugar: se o empregador deve demonstrar algo para exercício do seu direito, nem por isso é lícito partir do princípio de que age em fraude aos direitos dos trabalhadores, até porque utiliza um procedimento aberto, árduo e oneroso[40].

C — AS INOVAÇÕES (PRINCIPALMENTE DA L N.º 32/99 E DO CPT)

10. As inovações procedimentais quanto à informação

A L n° 32/99 introduziu várias alterações na LDesp, desde logo em aspectos procedimentais que se destinavam a transpor a directiva comunitária. Teremos, neste ponto, a considerar: 1 — As inovações procedimentais quanto à informação (indicação do arco temporal, do método de

---

[40] Nossa ob cit , 599.

cálculo da "compensações genéricas" para além das normativamente fixadas); 2 — As inovações procedimentais quanto à assistência de peritos. Fazendo uma apreciação mais detalhada, encontraremos que a Lei n.º32/99 pretende efectuar a transposição da directiva em três aspectos procedimentais, ampliando a informação dos trabalhadores quanto ao arco temporal em que se efectivam os despedimentos, quanto às indemnizações e, no plano de aconselhamento, estabelecendo a possibilidade de intervenção de peritos.

O despedimento colectivo ocorre num procedimento formal, em que existe uma externação preliminar no sentido de dar a conhecer uma intenção de futuro despedimento, intenção essa destinada a ser discutida, ponderada e se possível consensualizada. Isto ao menos teoricamente. Tal externação de intenções faz-se antes de mais pela comunicação à ERT, com indicação de vários elementos. A L n.º 32/99, de 18 de Maio, adiciona a esses elementos outros, como vamos pormenorizar.

<u>Elementos da comunicação (Período de tempo no decurso do qual se pretende efectuar o despedimento)</u>

Trata-se de um requisito de dimensionamento no tempo para exercício de certos actos jurídicos que fazia parte já do próprio conceito de despedimento colectivo (no fundo, é o problema do arco temporal). De qualquer modo, não constava na LDesp dos elementos de informação a fornecer às ERT's. A L n.º 32/99 acrescentou uma alínea ao art. 17.º 2, *e)* — pela qual deve ser feita "indicação do período de tempo no decurso do qual se pretende efectuar o despedimento". Na realidade, trata-se de definir uma intenção, havendo obviamente possibilidades de modificar o quadro temporal tal como intencionado no diálogo a estabelecer posteriormente.

Supomos que o requisito agora acrescentado não assume especial interesse, já que a informação tem carácter provisório e depende da marcha das negociações. Por outro lado, não cremos que vá interferir sensivelmente com a prática nacional de efectuar os despedimentos de modo simultâneo.

<u>Elementos de comunicação (Indicação do método de cálculo de compensações genéricas)</u>

Como já dissemos, a LDesp. estabelece a propósito do despedimento colectivo o parâmetro da indemnização para cada trabalhador atingido, basicamente como o produto da retribuição de base mensal pelo número de anos de serviço. Tal indemnização pode ser objecto de negociação colectiva, havendo de facto algumas convenções que melhoram as compensações devidas.

Acontece, contudo, que muitas vezes, para aliciamento à aceitação do despedimento colectivo, o empregador está disposto a conferir compensações mais elevadas. É neste aspecto que intervém a nova Lei ao aditar — às outras alíneas do art. 17.º, 2, — a alínea f), sobre "indicação do método de cálculo de qualquer compensação genérica a conceder aos trabalhadores para além das indemnizações" normativamente estabelecidas. Na realidade, como se disse, os quantitativos das indemnizações estão fixados claramente na lei e as convenções colectivas, quando dispõem sobre o ponto, são também claras. Ainda que a Directiva se refira à necessidade de indicação das indemnizações que não resultam das normas, tal objectivo da Directiva não se afigura nítido (porventura, a Directiva reportava-se a sistemas como o alemão, em que não há fixação legal de indemnizações). Não parecia haver grande razão — fora de um sistema igualitário — para se promover uma transposição referida às indemnizações que excedessem as normativas. Contudo, a L n.º 32/99 veio fazê-lo, dizendo as coisas em termos de haver informação sobre as compensações genéricas para além das normativas. Poderá compreender-se a tentativa bem intencionada do legislador de tornar mais transparentes as intenções compensatórias patronais. Contudo, não deve esquecer-se que o empregador, de início, não divulgará os tectos indemnizatórios a que está disposto a subir, pois não lhe interessa perder margem de manobra sem qualquer contrapartida e por isso, na prática, só subirá as paradas indemnizatórias no decorrer das negociações, ou no teórico acordo final, de que, aliás, praticamente quase não há exemplos.

11. Aconselhamento no procedimento (assistência de peritos)

Hoje, depois de a L n.º 32/99 ter introduzido um novo n.º no art. 18.º, a assistência por peritos está resolvida legalmente. "A entidade empregadora e a estrutura representativa dos trabalhadores podem cada qual fazer-se assistir por um perito nas reuniões de negociação".

Parece-nos que o nosso legislador disse menos do que queria (ou do que era devido) quando se limitou a falar na assistência de um perito por cada lado em reuniões de negociação. Na realidade, a intervenção de peritos (economistas, juristas, contabilistas, gestores) faz todo o sentido em fases prévias, de estudo. Sem esta intervenção prévia, os trabalhadores não podem sequer saber que elementos devem solicitar (na fase de informação e negociação, às ERT cabe solicitar os elementos necessários à elucidação dos problemas).

Notar-se-á um pendor excessivo de paridade, ao estabelecer a lei a possibilidade da presença de um perito do empregador e outro da ERT. Na realidade, os empregadores nunca precisaram que a lei os autorizasse a tal. "Um perito" — diz a lei na esteira da sempre deficiente formulação comunitária — mas supomos que se trata de redacção não pensadamente limitativa, cabendo uma interpretação extensiva. Desde que não se perturbe, pelo excessivo, para as reuniões poderão ser convocados vários peritos, sobretudo quando seja necessário na discussão das diversas áreas negociais (jurídica, financeira, contabilística).

12. As inovações quanto à impugnação

No anterior texto, a impugnação era limitada aos trabalhadores que não tivessem recebido a compensação legalmente prevista (art. 23.º, 3 e 25.º, 1 da L. Desp., antes da L n.º 32/99).

A L n.º 32/99 veio alterar profundamente os dados do problema. Deixando de remissa o problema da constitucionalidade da alteração (já diremos que se nos afigura ter havido pelo menos inconstitucionalidade procedimental), haverá que estudar o sentido da eliminação do requisito de não aceitação da compensação, que condicionaria a própria impugnação do despedimento colectivo.

A lei, nos termos da redacção da L n.º 32/99, revogando o antigo n.º 3 do art. 23.º, permite no art. 25.º, 1 a todos os trabalhadores a impugnação do despedimento, pondo fim à figura da "aceitação".

O sistema introduzido permite, sem dúvida, retirar uma restrição significativa à possibilidade de impugnação, já que os trabalhadores, oprimidos pela necessidade de receberem quantitativos indemnizatórios, não tinham alternativa ao percebimento desses quantitativos dos quais emergiria a "aceitação".

Não nos debruçamos sobre os trâmites procedimentais da aprovação desses preceitos pela AR, intransparentes e pouco ortodoxos no plano constitucional.

Na realidade, aboliu-se o regime da "aceitação do despedimento" pela percepção da indemnização pelo trabalhador como requisito negativo da impugnação. Recorde-se que o legislador da LDesp em 1989 tinha promovido um importante meio de efectivar os direitos dos trabalhadores quando considerou como determinante da ilicitude do despedimento colectivo a não disponibilidade dos quantitativos das indemnizações (bem como de outros créditos). Numa política de conciliação de interesses pre-

254   *Estudos do Instituto de Direito do Trabalho*

tendeu-se do mesmo passo encontrar uma contrapartida para as entidades empregadoras, estabelecendo uma espécie de *fictio juris* da aceitação do despedimento, de que resultaria a sua não impugnabilidade quando os trabalhadores recebessem as indemnizações. Se se punha fim ao indefensável sistema de "despedir já para pagar depois", em troca assegurava-se às empresas que não teriam surpresas contenciosas...

Poderão hoje as empresas queixar-se a justo título de terem sido defraudadas ou esbulhadas? A questão não vai ter a expressão prática que se lhe poderia atribuir. Na realidade, as empresas nunca confiaram na indemnidade judicial que lhes era conferida pelo antigo n.º 3 do art. 23.º da L Desp. Como vimos, na prática nacional, a redução dos efectivos das empresas tem-se muitas vezes realizado por distrate (ou "revogação" consensual, passe o termo).

Outro argumento que tem sido equacionado é o da eventual retenção pelo trabalhador da compensação paga de boa-fé pelo empregador enquanto decorre o processo de impugnação, com o qual não contava. O ponto não impressiona demais porque mesmo que o trabalhador perca o processo sempre terá direito à indemnização! O desembolso antecipado pela empresa num processo litigioso não será em absoluto justo, mas mais injusto será coagir o trabalhador à alternativa de aceitar uma indemnização ou de desistir do controlo judicial. Talvez surjam soluções de equilíbrio que atendam a interesses legítimos empresariais (reembolso pelo trabalhador das compensações na parte que exceda o montante normativamente fixado, intervenção do Fundo de Garantia Salarial), mas na verdade trata--se de problemas não especialmente agudos.

De qualquer modo, supomos que as empresas obterão a indemnidade judicial quer através do distrate, quer através do encorajamento a que o trabalhador se despeça por sua iniciativa. Em face das novas características quanto a estas figuras introduzidas pela L n.º 38/96, de 31 de Agosto, dificilmente se encontrarão aqui vestígios de "fraude à lei" no "despedimento negociado" e no distrate.

Haveremos de referir mais pormenorizadamente o esquema agora montado pela L n.º 32/99, que propicia um controlo sistemático pelos tribunais da licitude do despedimento colectivo, em termos de estímulo ao conflito. Aliás, tal estímulo é agora reforçado pelo aumento das possibilidades de requerimento de suspensão, anteriormente limitada a aspectos formais e agora estendido à procedência dos motivos (nova redacção do art. 25.º,1).

Regime do Despedimento Colectivo e as Alterações da L n.º 32/99   255

Problemas quanto ao processo de impugnação. Inovações processuais. A omissão de referência aos critérios de gestão. "Provocatio ad
litem".

Num plano relevante da matéria, vieram a ser introduzidos no novo
CPT dispositivos em conformidade quanto à suspensão cautelar. Os trabalhadores despedidos, antes de mais, poderão requerer a suspensão do
despedimento no prazo de 5 dias úteis contados da data da cessação do
contrato (art. 25.º, 1), providência que seguirá os trâmites previstos nos arts.
41.º a 43.º do novo CPT. A suspensão só seria decretada se manifestamente
tivessem deixado de observar-se as formalidades estabelecidas na lei.

Pode colocar-se assim um problema. A já assinalada L n.º 32/99 veio
alargar as possibilidades de suspensão, considerando a falta não só das formalidades, mas a dos requisitos substantivos. Contudo, subsequentemente,
o CPT, obviamente por lapso, não estabeleceu nem o rito nem os critérios
a observar para a suspensão motivada pela improcedência dos motivos.
Terá de considerar-se um modo de preencher a lacuna, talvez com recurso
ao art.39.º,1 do CPT[41]. Não estando os tribunais vocacionados para este
controlo, que exige compreensivelmente a intervenção de assessores técnicos em gestão, contabilidade, etc., a verdade é que — quanto supomos
— a suspensão só será obtida pela probabilidade séria de inexistência da
fundamentação apresentada (aplicação analógica do art. 43.,1 do CPT), em
casos especialmente nítidos.

Para além do pedido de suspensão, os trabalhadores poderão impugnar o despedimento no prazo de 90 dias, contados da data da cessação
do contrato de trabalho (art. 25.º, 2 da L. Desp.).

A lei predispõe uma espécie própria de processo, não só em termos
de distribuição (art. 21.º, 4 do novo CPT), mas ainda com os efeitos que
decorriam da insusceptibilidade de cumulação de pedidos (art. 30.º, 1, do
antigo CPT e art. 31.º, 1 do CPC, por força do art. 470º, 1 do mesmo
Código[42].

---

[41] BAPTISTA (Albino MENDES), *Código de Processo do Trabalho Anotado*, 96,
entende que o CPT, como lei posterior, prevalece. Consideramos, contudo, que o CPT não
estava habilitado pela respectiva LAL a introduzir esta modificação. Assim, a considerar-
-se constitucional a L n.º 32/99, as suas disposições não podem pura e simplesmente ser
ignoradas pela lei adjectiva, devendo procurar-se meios de suprir a lacuna.

[42] Não havendo dispositivo semelhante ao antigo art. 30.º do CPT sobre cumulação
inicial de pedidos, valem as regras gerais do CPC. Note-se que, nos termos do art. 28.º, 2
do CPT de 1999, só podem ser aditados novos pedidos ou causas de pedir se correspon-
derem à mesma espécie de processo.

256   *Estudos do Instituto de Direito do Trabalho*

Antes de emitida qualquer decisão, ocorrerá a importante diligência que agora se denomina audiência preliminar, nos termos do art. 508.º-A do CPC, expressamente referida no art. 160.º, 1 do CPT[43]. Parece óbvio que esta audiência preliminar se destinará à tentativa de conciliação [art. 508.º- -A, 1, a)], à discussão das excepções e da matéria de facto e de direito [1, b)], e à discussão da posição das partes [1, c)].

Como se viu, na maior parte dos casos não haverá lugar à selecção de matéria assente e da que constitui a base instrutória, bem como aos demais trâmites do n.º 2 do art. 508.º-A do CPC. Mas os tribunais têm assumido muitas vezes a necessidade de prosseguir a instrução, mesmo contra a letra da lei.

As acções de impugnação de despedimento colectivo admitem sem- pre recurso para a Relação [art. 79.º, a) do novo CPT].

Há ainda um ponto de especial importância que merece tratamento algo pormenorizado.

Na realidade, como já referimos, o art. 156.ºF, 4, do antigo CPT, dis- punha que "na apreciação dos factos deve o juiz respeitar os critérios do gestor da empresa". Esta regra, certamente por ser de si sensata e pouco discutível, nunca mereceu qualquer comentário, limitando-se os autores a transcrevê-la nos seus precisos termos. Contudo, sem que se encontre razão para tal, o novo CPT é em absoluto omisso a este propósito, tendo desaparecido da disposição correspondente (art. 160.º) a referida directiva dirigida ao juiz de respeito pelos critérios da empresa na apreciação dos factos.

Pode dizer-se desde logo que tal omissão é inconstitucional por não estar prevista na LAL (L n.º 42/99, de 9 de Junho), na parte em que se mar- cam os limites e sentido da autorização, num domínio relevante no plano dos direitos, liberdades e garantias. Contudo, bastará lembrar que a alte- ração ao antigo CPT de que emergiu essa prescrição não se baseava em autorização legislativa, pelo que resultaria a inconstitucionalidade desta mesma previsão do antigo CPT .

O ponto tem o seu melindre. Na realidade, não pensamos que o an- tigo art. 156.ºF — interpretado conforme a Constituição — tivesse carác- ter substantivo, porquanto não se traduzia numa limitação ao direito ao emprego ou num requisito de despedimento colectivo: possuía afinal carácter <u>adjectivo</u> reportando-se à avaliação da decisão quanto à matéria

---

[43] Omitimos a discussão sobre alguns problemas de constitucionalidade.

fáctica. O fundamento substantivo da obrigatoriedade de ponderação dos critérios da empresa está imediatamente nas regras constitucionais quanto à liberdade da empresa no dimensionamento dos efectivos e, também, no quadro motivacional que a própria lei convoca. Por outro lado, num caso certamente mais contestável como o da justa causa de despedimento, a mesma lei declara que o tribunal deve atender ao "quadro de gestão da empresa" (art. 12.º, 5 da L Desp.).

O art. 156.ºF, 4 do antigo CPT continha pois uma pura regra prudencial para consideração do julgador, a qual não tinha alcance substantivo. Supomos que nunca se poderá dizer que a omissão dessa regra no actual CPT envolve a desconsideração desses critérios. Na realidade, com ou sem norma, pertence desde logo ao empregador um poder próprio de apreciar os factos, o que representa um crivo de selecção e um sistema de avaliação que o juiz, que não decide da gestão, terá sempre de respeitar.

Ignoramos o que terá movido o legislador no novo CPT a omitir tal directriz, não excluindo que se trata de um simples lapso, o que se tem tornado muito frequente em legiferação nacional, nomeadamente na do trabalho. Admitimos, contudo, que — se a omissão foi consciente — ela se destinou a impedir que se criasse uma imagem de respeito absoluto pelos critérios empresariais, mesmo quando fossem irracionais ou injustos. Ora, parece-nos evidente que em tais casos estes critérios não deverão ser considerados. De qualquer modo, dessa mesma omissão do novo CPT não pode retirar-se que o juiz deva substituir os critérios de gestão da empresa pelos seus critérios pessoais, se actuasse como gestor: cumpre-lhe sempre respeitar a margem de discricionariedade do empregador.

Outro ponto: para além de ser eliminada a "aceitação" do despedimento, actualmente, devem ser chamados à demanda todos os trabalhadores despedidos. No prazo de contestação o R. deve "requerer o chamamento para intervenção dos trabalhadores que, não sendo autores, tenham sido abrangidos pelo despedimento" (art. 156.º, 3 do novo CPT). Esta fórmula processual envolve uma verdadeira *provocatio ad litem* por parte das empresas junto dos despedidos e choca-se profundamente com o carácter pacificador do processo do trabalho. Será de observar atentamente o efeito do espírito de estímulo à litigância emergente da nova lei.

258 *Estudos do Instituto de Direito do Trabalho*

13. Breve referência a questões conexas

Protecção das mulheres na maternidade
A L n.º 142/99, de 31 de Agosto[44], alterou e republicou os diplomas de protecção parental mantendo a ampliando a especial protecção no art. 24.º para as trabalhadoras grávidas, puérperas e lactantes. Continua o despedimento a exigir parecer prévio, mas já não parecer favorável, como se vê da regulamentação de tal diploma (art. 10.º do DL nº 230/2000, de 23 de Setembro) pelo qual o empregador é obrigado a remeter cópia do parecer depois das consultas referidas no art. 18.º.

Contra-ordenações
Na versão anterior, a LDesp apenas punia com multas as omissões patronais relativas aos elementos que devem acompanhar a comunicação preliminar e a falta ou irregularidades da acta da reunião das partes. Havia imensas lacunas e era sobretudo grave o não-sancionamento da omissão das diligências patronais que tornassem possível a intervenção oficial e da omissão das formalidades subsequentes ao despedimento relativamente a entidade oficiais e sindicais. Para além de outras correcções de pormenor, o novo sistema de contra-ordenações laborais e, especificamente, a L n.º118/99 preenchem estas lacunas, punindo as faltas de participação e o impedimento de intervenção dos serviços oficiais no processo.

Segurança social
Outro ponto a considerar é o da segurança social, sobretudo, quanto a um mais adequado controlo das cessações por mútuo acordo no âmbito da redução dos efectivos para efeitos de subsídio de desemprego. Paralelamente, coloca-se o problema da (não) consideração das indemnizações relativas à cessação do contrato de trabalho como base de incidência contributiva para o financiamento da segurança social.

Quanto à possibilidade de controlo das reestruturações para efeito de subsídio de desemprego, é de lembrar o seguinte: Se não tem de existir necessariamente homologia entre o conceito de despedimento colectivo no plano do Direito laboral e o de cessação por reestruturação para efeitos de segurança social, o facto é que os dinheiros relativos aos riscos sociais de desemprego não são inesgotáveis, devem ser adequadamente geridos e não

---

[44] O diploma foi integralmente publicado novamente, para corrigir vários lapsos e incorrecções da lição da L n.º 142/99, pelo DL n.º 70/2000, de 4 de Maio, no uso do que chama "republicação rectificativa"(*sic*).

terão de suportar situações de rescisão em pura vantagem dos desempregados (entre aspas) que porventura pretendem tomar um novo rumo
profissional.

D — CONCLUSÕES

Sendo o despedimento colectivo a forma mais fácil de despedir por
que razão há em Portugal tão poucos despedimentos colectivos, com
pequeníssima expressão estatística? Uma das facetas favoráveis da prática
nacional é o facto de as empresas — sobretudo as mais importantes —
considerarem um labéu a evitar o recurso ao despedimento colectivo, visto
que este normalmente está associado a carências económicas de vária sorte
e porque o processo envolve uma grande desestabilização. Há uma espécie de pudor em despedir — mesmo colectivamente — o que propicia a
negociação de saídas para dar uma ideia de pacificidade e gradualidade ao
processo de redução. Por outro lado, há uma ocultação estatística pelo
facto de no procedimento "caírem" vários propósitos de despedimento,
modificados em distrates negociados com muitos dos trabalhadores
envolvidos. A intenção do despedimento colectivo surge assim como meio
para pressionar os mais relutantes numa reestruturação de empresa.

Costumam a propósito em geral dos despedimentos colocar-se os
problemas de eficiência e de concorrência. Não se afigura preocupante o
problema da concorrência no espaço europeu e o "*dumpig* social". Para já
(antes do alargamento da UE), não são realmente preocupantes as ameaças
de deslocalização para outros países da comunidade. As ameaças de
deslocalização vão geograficamente muito mais longe e têm a ver com a
globalização (ou ao que chamo hemi-globalização). Porque nisto de internacionais, contrariando o que se passava há umas décadas, o Capital já ultra-
passou largamente o Trabalho! Os trabalhadores não manifestam demasiada
solidariedade com os seus camaradas de outros países e constantemente
reclamam dos Governos legislação de protecção nacional. Os financeiros —
esses — entoam alegremente a Internacional, ainda que com outra letra.

A lógica do mercado, ao considerar que três programadores indianos
custam o mesmo que um dinamarquês, torna as economias europeias
extremamente vulneráveis à concorrência e à deslocalização. É de supor pois
mais importante que a insistência numa regulação do mercado do trabalho e
dos direitos de quem trabalha pelas normas comunitárias, a defesa dos trabalhadores portugueses e europeus se faça pela pressão intensa no sentido da
generalização internacional de plataformas sociais mínimas e na reactivação

da OIT neste papel (em vez de preparar convenções irrealistas como a que se refere aos despedimentos — por exemplo, a convenção nº 158º).

Voltando ao espaço português, o ponto é o da segurança de emprego, que, se em Portugal proporciona ineficiências e injustiças, não mostrou na gestão privada dificuldades intransponíveis e tem sido compatível com boas taxas de emprego. Em reforma legislativa, espera-se que reunirá consenso um apelo a que na matéria se aja com o maior cuidado, mantendo o tecido social e empresarial. Não se deve ir além de experiências no sentido de facilitar o despedimento nas micro empresas e outras reformas incidindo nos esquemas indemnizatórios e tendentes a abrir excepções à reintegração dos trabalhadores despedidos.

Não penso dever tentar-se de momento maior facilitação. No nosso tema, antes pelo contrário: no plano dos despedimentos colectivos deve caminhar-se para estimular as possibilidades de negociação com as ERT no sentido da manutenção do emprego ou na protecção no despedimento e, sobretudo, para uma maior autenticidade na aplicação da lei.

Siglas

Ac. Dout.	*Acórdãos Doutrinais*;
AR	Assembleia da República;
BMJ	*Boletim do Ministério da Justiça*;
Col. Jurisp	*Colectânea de Jurisprudência*;
CPC	Código de Processo Civil;
CPT	Código de Processo do Trabalho;
DAR	*Diário da Assembleia da República;*
DL	decreto-lei;
DR	*Diário da* República;
ERT	estruturas representativas dos trabalhadores;
L	lei;
LAL	lei de autorização legislativa;
LCT	lei do contrato de trabalho;
LDesp	lei dos despedimentos (DL nº 64-A/89, de 27 de Fevereiro);
MT	Ministério do Trabalho;
s	série;
STA	Supremo Tribunal Administrativo;
STJ	Supremo Tribunal de Justiça;
TC	Tribunal Constitucional.

TELETRABALHO, SOCIEDADE DA INFORMAÇÃO E DIREITO[*]

GUILHERME MACHADO DRAY
Mestre em Direito
Assistente da Faculdade de Direito de Lisboa

> SUMÁRIO: Preliminares. § 1º — Sociedade da Informação, Sociedade do Conhecimento e Teletrabalho. § 2º — Conceito e características; distinção de figuras afins. § 3º — Vantagens e desvantagens. § 4º — Enquadramento jurídico. § 5º — Perspectivas futuras.

PRELIMINARES

1. A presente conferência inscreve-se no Módulo relativo às novas modalidades contratuais associadas ao contrato individual de trabalho e às formas de trabalho que tendem a marcar o futuro.

O teletrabalho inscreve-se com particular acuidade neste capítulo e surge, porventura, como a mais marcante de todas as novas formas de prestação laboral a que se irá assistir no século XXI. Mais do que uma possibilidade remota, o teletrabalho é actualmente uma realidade, que tende a consolidar-se e a desenvolver-se enquanto vector que integra o ideal de flexibilização laboral.

Os números actualmente existentes não enganam: na União Europeia, o número de teletrabalhadores ascendia em 1999 a cerca de 9 milhões, representativos de 6% da força de trabalho europeia, estimando-se a existência de 10 milhões em 2000[1]. O número aumenta, quando se

---

[*] Conferência proferida no âmbito do II Curso de Pós-Graduação de Direito do Trabalho, sob a coordenação do Prof. Doutor Pedro Romano Martinez.

[1] Cf. Relatório da Comissão Europeia, *"e-Work 2000 — Status Report on New Ways to Work in the Information Society"*, 2000, p. 29.

tem em conta a realidade dos Estados Unidos da América — cerca de 19 milhões de teletrabalhadores em Setembro de 1999, estimando-se um aumento para 20,4 milhões em 2000 — ou do Japão — onde se admite a existência, para o ano de 2001, de cerca de 2,09 milhões de teletrabalhadores altamente qualificados, denominados *"white collar workers*-[2].

Com as suas virtudes e defeitos, o teletrabalho tende a vulgarizar-se e a afirmar-se como uma realidade incontornável.

Assim o impõem a "sociedade da informação" e o advento das novas tecnologias de informação e comunicação, bem como a necessidade, cada vez mais premente, de descongestionamento dos grandes centros urbanos, de redução da poluição e de economia de factores energéticos.

2. Na base e origem do teletrabalho, está o advento da "sociedade da informação" e o surgimento das denominadas tecnologias de informação e conhecimento.

Na Europa comunitária, o desenvolvimento e incremento desta nova forma de trabalho funda-se actualmente na "sociedade do conhecimento" e no compromisso assumido no Conselho Europeu de Lisboa, de Março de 2000, no qual os Chefes de Estado dos Estados-membros elevaram a objectivo comum a criação, na Europa, da *"economia baseada no conhecimento mais dinâmica e competitiva do mundo, capaz de garantir um crescimento económico sustentável, com mais e melhores empregos, e com maior coesão social"*. É neste contexto que surge o Plano de Acção *"e-Europa"*, assinado em Junho de 2000, que aponta para o desenvolvimento de novas formas de trabalho, designadamente do teletrabalho, assentes nas novas tecnologias, na criatividade e inovação.

Importa atender ao conceito e sentido das aludidas "sociedade da informação" e do "conhecimento", que estão na base e desenvolvimento do teletrabalho.

§ 1º — SOCIEDADE DA INFORMAÇÃO, SOCIEDADE DO CONHECIMENTO E TELETRABALHO

1. A "sociedade da informação", também denominada "sociedade pós-industrial", "economia da informação" ou "terceira vaga", tem na sua origem o aparecimento das tecnologias de comunicação, remonta a mea-

---

[2] Cf. Relatório da Comissão Europeia, op. cit., pp. 111-113.

dos dos anos 70 e assenta na ideia de que a informação assume na sociedade hodierna um papel fulcral e decisivo. O centro da vida económica não reside na produção de bens ou serviços, mas sim na informação. A informação, sendo o recurso que está na base da produtividade e do crescimento económico, acaba por substituir o trabalho como fonte de valor.

Os elementos que marcam a sociedade da informação são de diversa natureza: em termos tecnológicos, a sociedade da informação tem as tecnologias de informação e de comunicação como força motriz; em termos sociais, a sociedade da informação aposta no aumento da qualidade de vida dos cidadãos; em termos económicos, eleva a informação a factor económico chave; em termos políticos, apoia-se na liberdade de informação; em termos espaciais, assenta na globalização da economia e na criação das "redes" ou "auto-estradas" da informação[3].

2. O interesse da União Europeia pela aludida "sociedade da informação" remonta no essencial a 1993, com o aparecimento do *Livro Branco* relativo ao *"Crescimento, competitividade e emprego: desafios e pistas para entrar no século XXI"*, que aponta para um conjunto de prioridades necessárias à "entrada" da Europa na "sociedade da informação". A questão fundamental subjacente ao Livro Branco era o desemprego. Nesse sentido, a Comunidade Europeia entendia que uma das medidas necessárias para reduzir o desemprego, de forma activa, consistia precisamente no desenvolvimento da sociedade da informação, mediante o incremento de um "mundo multimédia" (som/texto/imagem) comparável à primeira revolução industrial. O Livro Branco é claro quanto à necessidade de a Europa não perder mais terreno face aos Estados Unidos: na altura, os EUA contavam já com cerca de 6 milhões de teletrabalhadores e 200 das suas maiores empresas já utilizavam as denominadas "redes de banda larga", recorrendo às "auto-estradas da informação". A resposta da Europa deveria, consequentemente, passar pela criação de "redes de comunicação" dentro das empresas, pelo acesso generalizado a bases de dados científicas, pelo desenvolvimento das "auto-estradas da informação" e, enfim, pela difusão do teletrabalho. Mais do que isso: o Livro Branco aponta para a necessidade de flexibilização do trabalho, quer no que tange aos horários de trabalho, quer quanto ao local de trabalho, compreendendo-se a este nível o fenómeno do "teletrabalho".

---

[3] Cf. Paulo Serra, "O teletrabalho – conceito e implicações", Universidade da Beira Interior, 1995/96, p. 3.

Segundo o Livro Branco, enfim, a sociedade da informação é uma sociedade em que "(...) *a gestão, a qualidade e a rapidez da informação se transformam no factor-chave para a competitividade: como factor produtivo para todo o sector industrial e como serviço fornecido aos consumidores finais, as tecnologias da informação e da comunicação influenciam todos os níveis da economia*".

3. Em 1994, a Comissão elaborou um **Plano de Acção**, tendo em vista a criação de mais emprego na Europa. O teletrabalho é identificado naquele documento como a primeira de um conjunto de medidas necessárias à implementação da sociedade da informação.

4. Em 1996 e 1997, a Comunidade Europeia, preocupada com as questões sociais inerentes ao teletrabalho, cria dois *"livros verdes"*: o primeiro, intitulado *"Viver e Trabalhar na sociedade da informação: as pessoas em primeiro lugar"*, adoptado em meados de 1996, que tem por objecto *"o mercado de trabalho e a dimensão social da sociedade da informação"* e que apela ao diálogo entre os parceiros sociais e à criação de medidas de protecção aos teletrabalhadores; o segundo, em 1997, intitulado *"Parceria para uma nova organização do trabalho"*, que esteve na base da publicação *"Empregos na sociedade da informação"*.

5. Em 1998, a Comunidade Europeia cria o **Programa** *"Tecnologias da Sociedade da Informação"*, que aponta para a necessidade das empresas melhorarem a qualidade de vida dos seus trabalhadores e serem, em simultâneo, mais eficientes. Quanto às tecnologias da informação e do conhecimento, a Comunidade Europeia admite a implementação das seguintes aplicações: teleconferência, transferência electrónica de dados, sistemas de pagamento electrónicos, redes de ligação das PME' S aos mercados, a outras empresas, a universidades e institutos de investigação, telebanco, telecompras, entretenimento, etc.

6. Em Fevereiro de 2000, no âmbito do Conselho Europeu de Lisboa, a União Europeia elabora a *"Estratégia para o emprego na sociedade de informação"*, apontando para a necessidade dos Estados-membros actuarem em quatro áreas: aprendizagem na sociedade da informação; trabalho na sociedade da informação; serviços públicos na sociedade da informação e as empresas na sociedade da informação. A União Europeia admite, também, a regra segundo a qual as práticas de cada Estado-membro neste domínio devem ser objecto de relatórios anuais e de análises comparativas.

7. Por fim, em Junho de 2000, no Conselho Europeu de Santa Maria da Feira, a União Europeia adopta pela primeira vez o *"Plano de Acção eEuropa"*, na sequência dos Planos Nacionais de Emprego elaborados desde 1997.

O "Plano de Acção eEuropa" tem por objectivo criar uma "Europa *on-line*" até ao final de 2002, apontando várias áreas de eleição que devem ser objecto atenção por parte dos Estados-membros, em especial:

a) Criação de uma rede de *Internet* mais célere, barata e segura;
b) Investimento nas pessoas e nos jovens, tendo em vista sua adesão à sociedade digital, nomeadamente através da ligação das escolas à *internet;*
c) Combater a ileteracia digital da força de trabalho, facultando-lhe formação contínua;
d) Desenvolver e incrementar cursos de formação no domínio das tecnologias da informação e promover a igualdade de oportunidades entre os sexos neste domínio, mediante o recurso a fundos comunitários;
e) Suportar políticas de flexibilidade laboral, designadamente através do **teletrabalho** e do trabalho a tempo parcial, através de acordos a celebrar com todos os parceiros sociais;
f) Estimular a utilização da *internet*, acelerando o comércio electrónico, criando serviços públicos electrónicos e em sistema de "*on line*", sistemas de saúde "*on line*" e sistemas de transporte inteligentes;
g) Criar centros públicos de acesso à *internet*, "telecentros" de multimedia em todas as comunidades, garantindo o acesso ao teletrabalho, mediante a utilização de fundos comunitários.

8. Relativamente à sociedade do conhecimento, o Conselho Europeu de Lisboa elegeu os seguintes "desafios":

a) Educação e formação, em especial no domínio das tecnologias de informação e comunicação, combatendo-se a ileteracia digital;
b) Aumento do nível de emprego (até 2010) para cerca de 70% da população activa, designadamente através de medidas de acção positiva em favor das mulheres e trabalhadores da terceira idade e da flexibilidade laboral, nomeadamente através do teletrabalho;
c) Modernizar a organização laboral.

§ 2° — CONCEITO E CARACTERÍSTICAS; DISTINÇÃO DE FIGURAS AFINS

1. Não existe um conceito unívoco de teletrabalho e este não se mostra definido em qualquer tratado ou convenção de direito internacional.

A única definição legal existente é que resulta da Lei Italiana relativa ao teletrabalho na Administração Pública, na qual se define o teletrabalho como *"o trabalho prestado por qualquer forma mediante o emprego de instrumentos telemáticos, a partir de um local diverso e distante relativamente ao local onde vinha sendo habitualmente prestado"*[4].

De todo o modo, com maior ou menor similitude, a doutrina é unânime em definir o teletrabalho como sendo a modalidade de trabalho prestada por um trabalhador fora das instalações da empresa, mediante o recurso a tecnologias de informação e de comunicação, sendo as suas características principais, consequentemente, a distância do trabalhador em relação à sede social e instalações principais da empresa, por um lado, e o recurso a meios informáticos e/ou telemáticos, por outro lado.

A paternidade da expressão é correntemente atribuída a Jack Niles[5], o qual, em plena crise petrolífera, advogou a redução do consumo de petróleo através da supressão do *commuting* (deslocação diária dos trabalhadores do seu domicílio para o trabalho) e da sua substituição pelo *telecommuting* (deslocação do trabalho até à residência dos trabalhadores, através de meios telemáticos).

São possíveis outras definições de teletrabalho[6]: *"desenvolvimento do trabalho à distância através do emprego intensivo, mas não exclusivo, de tecnologias de informação e de comunicação"*[7]; *"trabalho baseado ou facilitado pelas tecnologias da rede da sociedade;"*[8] *"actividade laboral feita à distância fazendo uso das telecomunicações"*[9]; *"forma flexível de organização do trabalho que consiste no desempenho da actividade*

---

[4] Cf. artigo 1° da Legge 16 giugno 1998, n° 191.

[5] Cf. Jack Niles, Leila Niles, *"Esperienze di telelavoro"*, Mediamente, 1995.

[6] As várias definições que se enunciam e que seguidamente se transcrevem foram retiradas de Maria Regina Gomes Redinha, *"O Teletrabalho"*, in *II Congresso Nacional de Direito do Trabalho*, Almedina, 1999, p. 86.

[7] Cf. Giuseppe Cassana, Stefania Lopatriello, *Il telelavoro : profili giuridici e sociologi »*, in *Il Diritto dell'Informazione e dell'Informatica*, ano XIV, n° 2 , p. 388;

[8] Cf. *Status Report on European Telework — 98*, Comissão Europeia, 1998, p. 1.

[9] Cf. Antonio Barrero Fernández, *"El tetetrabajo"*, Agata, Madrid, 1999, p. 4.

profissional sem a presença física do trabalhador na empresa durante parte importante do horário laboral"[10].

2. Do exposto parece resultar, pelo menos, a existência de duas características absolutamente necessárias para definir o teletrabalho, descortinando-se ainda uma terceira, de natureza facultativa, da qual resulta — ou não — a caracterização do teletrabalhador como um trabalhador subordinado. Assim:

a) O teletrabalho é necessariamente *realizado à distância*, no sentido em que é realizado fora da sede social ou das instalações principais da empresa, podendo a sua prestação efectuar-se em casa do trabalhador (*home-based telework*), em vários locais de trabalho, tais como aeroportos, hotéis ou em instalações de clientes (*mobile telework),* em centros de multimedia especialmente concebidos para o efeito, em locais desconcentrados, em especial na periferia das grandes cidades (*telecentres*), ou em centros de multimedia criados em zonas rurais, especificamente destinados às respectivas comunidades locais (*telecottages*);

b) O teletrabalho envolve o recurso a *tecnologias de informação e de comunicação*, como sejam o telefone fixo ou móvel, um computador pessoal, a internet, a videoconferência e o correio electrónico, que garantam uma efectiva comunicabilidade entre o trabalhador, o beneficiário da sua actividade e os respectivos colegas de trabalho;

c) o teletrabalho, em regra, diz respeito a trabalhadores subordinados da empresa, que a dado momento adoptam esta nova modalidade de prestação laboral.

3. A existência de três características que tendencialmente marcam o teletrabalho, não afastam a possibilidade de nele serem recortadas várias modalidades. Pelo contrário: atenta a amplitude do conceito, justifica-se que nele se procurem recortar várias figuras.
Assim:

---

[10] Cf. Rosario Gallardo Moya, *"El viejo y el nuevo trabaljo a domicilio — de la maquina de hilar al ordenator"*, Ibidem Ediciones, Madrid, 1998, p. 51.

a) **Quanto ao local de trabalho, o teletrabalho pode ser exercido:**

   (i) **em casa do trabalhador**: neste caso, o trabalhador está ligado, em casa, a um escritório central ou à sede da empresa, através do recurso às tecnologias de informação e comunicação. Trata-se do tradicionalmente denominado *home-based telework*. É esta a modalidade em que se pensa habitualmente, quando se fala em teletrabalho e foi esta, de resto, a modalidade que em primeiro lugar foi concebida. Paradoxalmente, é esta, talvez, a modalidade mais criticada e a que porventura apresenta maiores desvantagens, atento o isolamento a que o trabalhador fica sujeito.

   (ii) **em locais não fixos:** nestes casos, fala-se em teletrabalho móvel, nómada ou itenerante (*mobile telework*), que assenta no conceito de "escritório móvel" ou "portátil", podendo ser realizado a partir de um hotel, aeroporto, estação de serviço, do automóvel, do avião, etc.

   (iii) **num centro-satélite ou escritório-satélite** (*satelite broad office*): trata-se de um local que pertence a uma empresa, mas que está situado em local diferente do da respectiva sede social, normalmente próximo da residência do trabalhador. Este local, por vezes, situa-se noutro país, em especial em países menos desenvolvidos, onde se pode ter acesso a mão de obra altamente qualificada a preços mais reduzidos. Neste caso, surge o chamado teletrabalho "*off-shore*".

   (iv) **num centro de teletrabalho ou centro de prestação de serviços partilhados** (*telecentre*): trata-se de um centro pertencente ao Estado ou a agentes privados, partilhados a título tendencialmente oneroso por utilizadores pertencentes a várias empresas. Situam-se em zonas próximas do local de residência dos utilizadores e dedicam-se, também, à prestação de serviços alternativos tais como o acesso à *internet*, a *sites* destinados a telecompras e a bibliotecas virtuais, a realização de cursos de formação ou a disponibilização de material de multimedia. Quando estes centros se situam em áreas rurais subdesenvolvidas e têm por objectivo aproximar os cidadãos dessas localidades às novas tecnologias e a novas oportunidades, designadamente de emprego, tais centros, muito em voga em Inglaterra, Irlanda e Hungria, denominam-se "*telecottages*".

A "deslocalização" laboral não gera, em regra, a criação de uma unidade produtiva autónoma. Por outras palavras: o trabalho realizado em casa do teletrabalhador, em telecentros ou em qualquer outro local, não deixa de depender e de estar intimamente associado ao trabalho resultante da unidade produtiva central, emergente das instalações principais da empresa. O teletrabalhador continua a pertencer e a depender de uma unidade produtiva originária.

b) Quanto ao horário de trabalho, o teletrabalho pode ser exercido:
   (i) a tempo inteiro, podendo o trabalhador gerir a seu bel prazer o tempo de prestação da sua actividade laboral, em função das suas conveniências.
   (ii) a tempo parcial, casos em que o trabalhador presta parte da sua actividade profissional em regime de teletrabalho e parte em regime de trabalho normal.

c) Quanto à ligação que mantêm com o empregador e demais colegas de trabalho, o teletrabalho pode ser exercido:
   (i) em sistema de *"on line"*, quando existe uma ligação informática e constante entre o trabalhador e o beneficiário da sua actividade. O seu computador pessoal está ligado a uma rede de comunicações electrónica (*intranet*), que permite o diálogo interactivo constante, em tempo real, não apenas com o computador matricial, mas com todos os terminais da rede. O teletrabalho *"on line"* permite, designadamente, o trabalho em grupo, realizado por via telemática, ou através de teleconferência.
   (ii) em sistema "off line", quando a aludida ligação informática e constante não existe. O teletrabalhador, com base em instruções e orientações prévias, executa o trabalho que lhe está destinado, findo o qual o envia para o empregador.

d) Quanto à situação sócio-profissional e à relação jurídica que se mantém entre o teletrabalhador e o beneficiário da respectiva actividade, o teletrabalho pode ser exercido:
   (i) por um trabalhador subordinado, que já era trabalhador da empresa ou que foi especialmente contratado para o efeito;
   (ii) por um trabalhador autónomo, que exerce a sua actividade em regime de autodeterminação e de forma independente (*self-employed teleworkers*).

4. Para além destas modalidades, admite-se também a existência de espécies combinadas de diversos tipos de teletrabalho, tendo em conta as características do tipo de actividade a prestar, o tipo de empresa que recorre a esta modalidade laboral e a própria disponibilidade do teletrabalhador. Assim, por exemplo, é concebível que um teletrabalhador altamente qualificado divida a sua actividade laboral entre um período de tempo passado nas instalações centrais da empresa — de forma a poder comunicar pessoalmente com os seus superiores hierárquicos e colegas de trabalho —, na estrada ou em viagem — para se manter em contacto com os clientes da empresa e os beneficiários da sua actividade — ou em casa, onde poderá, em bom rigor, realizar trabalho intelectual propriamente dito.

A autonomia privada e a flexibilidade laboral encarregar-se-ão de desenvolver novas e variadas modalidades de teletrabalho, que podem passar, designadamente, pela contratação a termo ou em regime de trabalho temporário do teletrabalhador, por contratos de formação de teletrabalho, etc.

5. O teletrabalho deve distinguir-se de uma figura afim, que com ele não se confunde. Trata-se do *"trabalho no domicílio"*, contemplado entre nós no Decreto-Lei nº 440/91, de 14 de Outubro.

O trabalho no domicílio cinge-se ao trabalho manual; o teletrabalho, pelo contrário, envolve a prestação de trabalho intelectual; o trabalho no domicílio está associado a trabalhadores pouco qualificados; o teletrabalho, pelo contrário, envolve trabalhadores qualificados ou altamente qualificados; os índices retributivos são significativamente reduzidos no trabalho no domicílio; o teletrabalho, pelo contrário, caracteriza-se por níveis de remuneração elevados; o trabalho no domicílio aplica-se a trabalhadores autónomos, mas que dependem economicamente do beneficiário da sua actividade; o teletrabalho, pelo contrário, pode aplicar-se a trabalhadores subordinados; o trabalho no domicílio não envolve, em regra, o recurso a instrumentos de informação e de comunicação; o teletrabalho envolve necessariamente o recurso a estes instrumentos.

§ 3º — VANTAGENS E DESVANTAGENS

1. Como qualquer realidade social, o teletrabalho é susceptível de ser avaliado positiva e negativamente, sendo-lhe habitualmente apontadas vantagens e desvantagens para os sujeitos laborais envolvidos e para a sociedade em geral.

2. No plano teórico, o teletrabalho apresenta várias **vantagens**, confirmadas à luz das várias experiências-piloto já realizadas um pouco por todo o mundo[11], quer para o trabalhador, quer para o empregador, quer para a sociedade em geral.

No que diz respeito ao **trabalhador**, é habitual indicarem-se as seguintes vantagens:

a) redução ou eliminação de tempo dispendido na deslocação casa--trabalho;
b) redução ou eliminação de despesas inerentes ao exercício de uma actividade profissional longe de casa, tais como despesas de transporte e alimentação;
c) diminuição do *stress;*
d) maior gosto pelo trabalho desenvolvido;
e) melhor conciliação da vida profissional e familiar;
f) flexibilização do horário de trabalho;
g) ambiente de trabalho mais confortável;
h) desempenho profissional com mais autonomia;
i) maiores possibilidades de emprego, face à possibilidade de oferecerem a respectiva mão-de-obra a empresas sediadas em locais distantes e ao consequente aumento da liberdade de trabalho.

3. Quanto ao **empregador**, as vantagens habitualmente apontadas são as seguintes:

a) diminuição de custos em instalações, energia, transportes e pessoal;
b) melhor optimização dos espaços disponíveis;
c) maior eficiência e produtividade relativamente ao trabalho desenvolvido pelos teletrabalhadores, de quem se exige maior responsabilidade e criatividade e cujo grau de motivação é maior;
d) possibilidade de adopção de esquemas de gestão por objectivos ou resultados;
e) maior flexibilização da gestão empresarial;
f) melhor fixação do trabalhador, que não carece de se desvincular da empresa caso pretenda, por exemplo, mudar de residência, para um local distante das instalações da empresa;

---

[11] Quanto às inúmeras experiências-piloto já realizadas e a projectos actualmente em execução na Alemanha, Áustria, Bélgica, Dinamarca, Espanha, Estados Unidos da América, França, Grécia, Holanda, Japão, Irlanda, Itália, Luxemburgo, Portugal, Reino Unido e Suécia, veja-se e *Work 2000*, op. cit., pp. 47ss.

272   *Estudos do Instituto de Direito do Trabalho*

g) maior facilidade de recrutamento de pessoal por força do aumento da mão-de-obra disponível, fruto da "deslocalização" da relação laboral;
h) maior resistência face a factores externos que poderiam pôr em causa o regular funcionamento da unidade produtiva, tais como greves de transportes, actos de terrorismo ou calamidades naturais.

4. Quanto à **sociedade** em geral, as vantagens emergentes do teletrabalho podem ser as seguintes:

a) diminuição do tráfego urbano e do *commuting* — deslocações diárias e maciças de trabalhadores dos subúrbios para os grandes centros urbanos;
b) redução dos níveis de poluição atmosférica;
c) melhor gestão dos espaços urbanos e requalificação das cidades, em especial dos subúrbios;
d) redução das disparidades e desníveis de natureza económico--social existentes entre os centros urbanos e os centros rurais, fruto da fixação, nestes, dos telecentros comunitários e rurais;
e) descongestionamento do centro das cidades e desenvolvimento de zonas menos favorecidas e mais remotas, designadamente rurais;
f) aumento da produtividade e eficiência no trabalho;
g) criação de novos empregos, designadamente para trabalhadores portadores de deficiências físicas;
h) contribuição para a divisão internacional do trabalho, através do teletrabalho *"off shore"*.

5. São conhecidas, todavia, **desvantagens** associadas ao teletrabalho, quer no que tange ao trabalhador, quer quanto ao empregador.

Relativamente ao **trabalhador**, a grande desvantagem associada ao teletrabalho, em especial quanto se trata de teletrabalho no domicílio, é a criação de uma situação de potencial isolamento do trabalhador, com nefastas consequências em termos sociais, profissionais e psicológicos. O desenraízamento social e profissional potencia o desleixo profissional, dificulta a progressão na carreira e as probabilidades de promoção e pode acarretar graves problemas de ordem psicológica.

Por outro lado, o teletrabalho pode acarretar uma diminuição salarial, fruto da supressão de determinadas prestações retributivas referentes, por exemplo, a subsídios de alimentação e de transporte.

Teletrabalho, Sociedade da Informação e Direito 273

A outro nível, admite-se que em certos casos a aparentemente inofensiva flexibilidade horária venha a redundar, afinal, na prestação de trabalho para além dos períodos normais de trabalho.

Por fim, o esbatimento entre a vida profissional e familiar do trabalhador pode acarretar uma obnubilação da sua vida privada, pondo em causa de forma inadmissível a reserva da intimidade da vida privada e familiar.

6. No que diz respeito ao **empregador**, a principal desvantagem associada ao teletrabalho prende-se com maiores dificuldades sentidas no exercício do poder de direcção, face ao distanciamento que se estabelece entre este e o teletrabalhador. O controlo da prestação laboral torna-se complexo, os riscos de violação de deveres de sigilo e não concorrência por parte do trabalhador aumentam; a organização do trabalho torna-se mais penosa; a articulação entre o trabalho prestado pelos vários teletrabalhadores é difícil e a transmissão de ordens ou instruções aos trabalhadores torna-se igualmente mais problemática.

Não são de menosprezar, por outro lado, os custos com a instalação e manutenção das tecnologias de informação e comunicação postas ao dispor do trabalhador, bem como a necessidade de serem contratados técnicos especificamente vocacionados para estas actividades.

7. Face a estas potenciais desvantagens, hoje demonstradas, têm sido vários os alertas para estas situações, os quais têm estado na base de directrizes e orientações elaboradas pela doutrina e por associações privadas de teletrabalho, que procuram indicar as linhas que devem nortear a implementação de esquemas de teletrabalho.

No essencial, têm sido estas as linhas preconizadas:

a) os teletrabalhadores devem, preferencialmente, ser trabalhadores subordinados das empresas;
b) a fim de evitar situações de isolacionismo, devem ser concebidos mecanismos de teletrabalho parciais, por força dos quais os teletrabalhadores devem deslocar-se periodicamente e pelo menos uma vez por semana às instalações da empresa;
c) o teletrabalho, quando se trate de teletrabalho no domicílio, deve ser prestado numa divisória autónoma e separada das demais divisórias familiares;
d) o material informático e de comunicação a utilizar pelo trabalhador deve ser autónomo e não se deve confundir com materiais similares de utilização pessoal e familiar;

274 *Estudos do Instituto de Direito do Trabalho*

e) deve ser previsto o pagamento de custos adicionais de energia e telefone por parte do empregador;

f) devem ser assegurados encontros periódicos entre os teletraba-lhadores e mantido o contacto permanente entre todos, através dos meios informáticos e de comunicação que utilizam;

g) deve ser assegurado, pelo menos, um encontro semanal entre o teletrabalhador e o seu superior hierárquico;

h) os teletrabalhadores devem beneficiar das mesmas regalias dos demais trabalhadores, não devendo aqueles ser discriminados do ponto de vista salarial;

i) devem ser assegurados aos teletrabalhadores idênticos mecanis-mos de promoção na carreira;

j) todos os equipamentos informáticos devem ser fornecidos, insta-lados e mantidos pelo empregador;

k) o empregador deve contribuir para que o trabalho se desenvolva em condições de segurança, higiene e saúde no trabalho;

l) deve ser facultado aos teletrabalhadores o direito de sindicaliza-ção e de reunião com os delegados sindicais na empresa;

m) a adesão ao teletrabalho deve ser feita numa base de volun-tariedade e reversibilidade, devendo ser facultado ao trabalhador, a qualquer momento o regressso ao esquema de prestação labo-ral normal, i.e., nas instalações do empregador.

§ 4º — ENQUADRAMENTO JURÍDICO

4.1. *Inexistência de legislação especial atinente ao teletrabalho*

1. O teletrabalho não é objecto de qualquer atenção por parte do legislador nacional, não se descortinando no nosso ordenamento jurídico qualquer legislação especial ou extravagante que regule esta realidade social.

Nem outra coisa seria de esperar: a realidade do teletrabalho no nosso país é ainda muito escassa, insignificante e pouco desenvolvida, quando comparada com a generalidade dos países que integram a União Europeia. Mesmo em países onde o teletrabalho representa uma realidade consolidada e em forte expansão, como a Alemanha, Suécia, Finlândia, Inglaterra, Irlanda, França ou mesmo Espanha, não é vulgar a existência de leis especificamente dedicadas a esta realidade.

Teletrabalho, Sociedade da Informação e Direito 275

Perante este cenário, a solução encontrada tem variado:

a) nalguns casos, opta-se pela pura e simples aplicação da lei geral aplicável ao contrato individual de trabalho, com as necessárias adaptações, como sucede designadamente em Espanha e na Finlândia[12];

b) noutros, admite-se a celebração de instrumentos de regulamentação colectiva de trabalho, em especial convenções colectivas de trabalho, que contemplem esta realidade e as suas especificidades, como sucede na Austrália, Inglaterra, Canadá e França[13];

---

[12] Cf., em **Espanha**, Michel Ickx, *"El futuro del Teletrabajo"*, 1998, segundo o qual a preocupação associada à falta de legislação autónoma sobre o teletrabalho não parece ter fundamento. Aspectos mais concretos e relacionados com o teletrabalho, tais como a liberdade de adesão dos trabalhadores, os custos adicionais que envolve a utilização dos meios de telecomunicação, a realização de contactos permanentes entre o teletrabalhador e a empresa, a formação e promoção profissional e os acidentes de trabalho, devem ser negociados *"con os sindicatos sin nayores problemas"*.

No mesmo sentido, na **Finlândia**, um dos países europeus com incidência de teletrabalhadores, não existe legislação especial aplicável a esta realidade, além de que as convenções colectivas de trabalho também não dispõem de referências específicas ao teletrabalho.Admite-se, consequentemente, a aplicação dos diplomas legislativos existentes — Employmente Contracts Act, Protection of Labour Act, Withholding Tax Act, Hours of Work Act, Accident Insurance Act, Annual Holidays Act, Unemployment Security Act, Act on Equality Between Women and Men — com as necessárias adaptações — cf. Asko Heikkilä, *"Labour Legislation and Social Security of Telework"*, 1995 — artigo publicado na internet, em http://www.uta.fi/telework/english/abstracts/article2.html.

[13] Na **Austrália**, a sociedade *Telstra* — a maior operadora de telecomunicações — celebrou com a organização sindical *PSU — Public Sector Union* um "contrato-tipo de teletrabalho", homologado em Maio de 1994 pela *Australian Industrial Relation Comission*. O Acordo contempla os seguintes aspectos:

a) a definição do tipo de trabalho apropriado para o teletrabalho;

b) as condições de trabalho exigíveis, que não diferem muito das habitualmente aplicáveis aos demais trabalhadores, exceptuando-se, porém, a obrigatoriedade de pagamento aos teletrabalhadores de subsídios de deslocação;

c) a organização do trabalho — o Acordo prevê que um teletrabalhador não possa trabalhar mais do que quinze dias seguidos fora do estabelecimento da empresa, devendo ser garantido, com essa periodicidade mínima, o encontro do teletrabalhador com os seus superiores hierárquicos, nas instalações da empresa;

d) a avaliação dos resultados — admite-se a utilização de mecanismos de avaliação dos resultados do trabalho prestado pelos teletrabalhadores;

e) ambiente de trabalho e segurança — o Acordo remete para a legislação australiana atinente à segurança, higiene e saúde no local de trabalho — *Commonwealth Health and Safety Act*, de 1991, ficando a cargo dos "delegados de segurança ambiental" a avaliação do integral cumprimento daquela legislação. Os resultados deverão ser comunicados a ambos os sujeitos laborais e à organizações sindicais.

276 Estudos do Instituto de Direito do Trabalho

c) noutros casos ainda, admite-se a criação de Códigos de Conduta, elaborados unilateralmente por alguns sindicatos ou por asso-

---

f) tecnologias de informação e comunicação – deverão ser suportadas, instaladas e mantidas pelo empregador, devendo ser utilizadas em exclusivo pelo trabalhador.

g) regras de sigilo — o Acordo manda a aplicar a legislação laboral aplicável à generalidade dos trabalhadores.

h) comunicabilidade entre o trabalhador, seus superiores hierárquicos e agentes sindicais – em regra, a comunicação com os superiores hierárquicos deve efectuar-se nas instalações da empresa. Os superiores hierárquicos podem, todavia, deslocar-se ao domicílio do teletrabalhador, para discutir assuntos de natureza exclusivamente laboral, desde que o façam; mediante pré-aviso. O teletrabalhador pode solicitar a uma terceira pessoa da sua confiança que esteja presente nesse encontro. O mesmo se passa com a visita de sindicalistas.

Para além destas questões genéricas, o Acordo remete para as disposições acordadas individualmente entre o empregador e o teletrabalhador, através de um contrato individual de trabalho, onde deverão ser regulamentados alguns aspectos tais como o número de dias que o teletrabalhador trabalha fora do estabelecimento.

Em **Inglaterra,** a *British Telecom* enveredou também pela experiência do teletrabalho, aplicável aos seus funcionários de nível médio-alto, tendo ajustado, em 1992, um Acordo de Empresa que assentava no essencial nos seguintes aspectos:

a) a retribuição e demais regalias devem manter-se inalteradas;

b) as despesas inerentes à utlização das tecnologias de informação e comunicação ficam a cargo da BT;

c) a instalação dos instrumentos e equipamento necessários fica a cargo da BT, tal como a sua manutenção e reparação;

d) a BT deve colaborar com o teletrabalhador em termos de diligências burocráticas, tendo em vista a obtenção de licença — quando necessária — ao exercício de uma actividade profissional no domicílio do trabalhador;

e) mantêm-se todas as regras de segurança no trabalho, aplicando-se o *Health and Safety Act Work* de 1974. A esse propósito, são lícitas as visitas periódicas do empregador ao domicílio do teletrabalhador, tendo em vista o cumprimento daquele diploma;

f) mantém-se a aplicação do regime jurídico dos acidentes de trabalho;

g) o teletrabalhador obriga-se a deslocar-se às instalações da empresa sempre que tal se afigure necessário, designadamente para efeitos de realização de reuniões.

No **Canadá,** a companhia telefónica *Bell Ontario* celebrou com o sindicato *CTEA* um Acordo de Empresa, o qual assenta, no essencial, em três grandes regras:

a) os contratos de teletrabalho devem assumir a forma escrita e conter um conjunto de menções consideradas obrigatórias, designadamente a definição do local de exercício da actividade e o horário de trabalho que deverá ser praticado pelo trabalhador;

b) o exercício de uma actividade em regime de teletrabalho implica, sempre, o acordo do trabalhador;

Teletrabalho, Sociedade da Informação e Direito

ciações privadas de teletrabalho, que tendem a ser utilizados como guias ou linhas gerais de orientação que devem pautar a actuação dos sujeitos laborais neste domínio, como sucede, por exemplo, na Suécia ou mesmo em Inglaterra[14].

---

c) o teletrabalho deve ser reversível, podendo o trabalhador, caso já fosse um trabalhador da empresa, retomar as funções que anteriormente detinha em regime normal.

Em **França**, a empresa de informática *Bull* celebrou um convénio com os sindicatos do sector, onde se previam, designadamente, as seguintes regras:

a) o teletrabalho deve ser um acto de vontade do trabalhador, podendo este, a qualquer momento, regeressar às funções anteriores desempenhadas;

b) o teletrabalhador deve deslocar-se obrigatoriamente às instalações do empregador, pelo menos uma vez por semana;

c) deve ser garantido ao teletrabalhador um tratamento idêntico, em termos salariais, de progressão na carreira e de formação profissional, em relação aos trabalhadores que desempenham a sua actividade na sede da empresa;

d) deve ser garantido o direito à privacidade: o trabalhador é livre de organizar a sua jornada de trabalho e apenas deverá ser contactado telefonicamente em caso de absoluta necessidade. Os contactos a encetar entre o empregador e o trabalhador devem ser realizados, preferencialemtne, através das tecnologias de informação e de comunicação, e não através de deslocações ao domicílio do teletrabalhador;

e) as despesas de instalação, manutenção e reparação dos equipamentos ficam a cargo do empregador;

f) os sindicatos podem entrar em contacto com os teletrabalhadores através dos equipamentos por este utilizados.

As informações em apreço foram retiradas do texto de Patrizio Di Nicola, *"Contratare il telelavoro"*, 1996, artigo publicado na internet, em http://www.telelavoro.rassegna.it/contr-tw.htm.

14 Na **Suécia**, o Código de Conduta sobre o teletrabalho (*" At Just the Right Distance"*) remonta a 1987, sendo da autoria do sindicato dos profissionais das tecnologias de informação e comunicação. O Código assenta sobre os seguintes pilares:

a) carácter voluntário do teletrabalho;

b) igualdade de condições entre o teletrabalhador e aquele que permanece no local de trabalho;

c) segurança no trabalho;

d) exercício de direito sindical por parte do teletrabalhador, nos mesmos termos do que qualquer outro trabalhador.

Em **Inglaterra,** o sindicato MSF elaborou, também, um *Code of Practice,* composto por catorze artigos:

a) o teletrabalho deve assumir natureza voluntária;

b) o teletrabalhador deve ser sempre um trabalhador subordinado;

c) as condições de trabalho ideiais de teletrabalho, quando este seja prestado no domicílio, devem envolver um compartimento separado do resto da habitação, a qual deverá reunir as condições necessárias de segurança, higiene e saúde no trabalho;

278 *Estudos do Instituto de Direito do Trabalho*

2. A União Europeia, até ao momento, não desenvolveu qualquer iniciativa legislativa sobre esta matéria, sem prejuízo de existir uma proposta dirigida à Comissão Europeia, da Confederação Europeia dos Sindicatos, destinada à elaboração de uma Directiva sobre o Teletrabalho, assente em cinco pilares básicos: liberdade de adesão por parte do trabalhador; obediência ao princípio da igualdade entre os teletrabalhadores e os trabalhadores sujeitos ao regime normal de trabalho; financiamento dos sistemas de informação e comunicação tecnológicos por parte do empregador; aplicação de regras de segurança no trabalho, quer quanto aos teletrabalhadores, quer quanto ao respectivo equipamento; possibilidade de exercício de direitos sindicais.

Por outro lado, no âmbito do Conselho Europeu de Lisboa, em Março de 2000, os Chefes de Estado, em especial o Primeiro-Ministro português, apadrinharam um Acordo firmado entre empresas europeias do sector das telecomunicações e os sindicatos representativos dos respectivos traba-

---

d) o teletrabalhador deve ter a possibilidade de se encontrar com colegas de trabalho, quer estes actuem em regime de teletrabalho, quer trabalhem nas instalações da empresa;

e) o teletrabalhador deve estar em condições de contactar com outros colegas de trabalho, através do equipamento que o empregador lhe forneceu, de forma a evitar situações de isolamento;

f) o teletrabalhador deve encontrar-se regularmente com um superior hierárquico da empresa;

g) o teletrabalhador deve usufruir da mesma retribuição e regalias que usufruem os trabalhadores que se encontram nas instalações da empresa;

h) o teletrabalhador deve ter acesso às mesmas oportunidades de formação profissional e à progressão na carreira;

i) as despesas adicionais de energia e telefone devem ser suportadas pelo empregador;

j) o empregador deve responsabilizar-se pelo cumprimento das regas de segurança, higiene e saúde no trabalho;

k) os teletrabalhadores devem ter representação nos comités empresariais de segurança, higiene e saúde no trabalho;

l) deve ser garantido aos teletrabalhadores o direito de adesão aos sindicatos, de comunicar com os delegados sindicais, os quais poderão desenvolver a sua actividade sindical, designadamente o direito de afixação de propaganda sindical, através das tecologias de informação e comunicação utilizadas pelo teletrabalhador;

m) o teletrabalhador que adere a este regime depois de ter desenvolvido as funções de trabalhador em regime normal, deve dispor de um período de experiência e do direito de renunciar ao teletrabalho, retomando as funções anteriormente desempenhadas.

Cf. patrizio Di Nicola, op,.cit.

lhadores, relativo às *"Novas modalidades de organização do trabalho e pistas para a modernização, desenvolvimento e competitividade na sociedade da informação"*. No essencial, as partes outorgantes[15] comprometeram-se a concertar esforços no sentido de se proporcionar, até ao final do ano de 2001, formação profissional a todo os trabalhadores do sector das telecomunicações no domínio das tecnologias da informação e comunicação. Mais do que isso: conscientes de que se está a desenvolver um novo paradigma de trabalho, fruto das novas tecnologias, da globalização das economias, das bruscas mutações económicas e do desenvolvimento das técnicas de comunicação, as partes outorgantes viram no teletrabalho uma nova forma de organização laboral, particularmente importante para o sector das telecomunicações. Preconizaram o seu desenvolvimento tendo em vista a criação de postos de trabalho de qualidade, móveis e flexíveis.

4.2. O caso italiano

1. A Itália, tanto quanto se sabe, é o único país do mundo onde existe uma legislação que tem por objecto o teletrabalho na Administração Pública.

O quadro legislativo, de resto, é completo, e não se cinge a um único diploma: para além da Lei de 16 de Junho de 1998, nº 191, o ordenamento jurídico italiano conta ainda com uma diploma regulamentar, aprovado em 25 de Fevereiro de 1999 e com um Acordo, firmado em 23 de Março de 2000.

2. A Lei de 16 de Junho de 1998, nº 191, é composta por dezoito artigos, divididos por seis títulos, assim distribuídos:

Título I — Disposições gerais
Título II — Direitos Fundamentais dos teletrabalhadores
Título III — Derrogação, modificação e integração da disciplina geral
Título IV — Manutenção de direitos sindicais e normas sobre contratação colectiva
Título V — Medidas de manutenção, promoção e incentivo em favor do teletrabalho.
Título VI — Organização administrativa e Fundo para o teletrabalho.

---

[15] Para além da Portugal Telecom, subscreveram este acordo as principais companhias de telecomunicação da Europa comunitária, designadamente a *Belgacom*, a *British Telecommunications*, a *Europa Telecom*, a *Deutshe TeleKom*, a *Eircom*, a *France Telecom*, entre outras.

280   *Estudos do Instituto de Direito do Trabalho*

3. No Título I, a propósito das disposições gerais, o legislador define o teletrabalho[16] e manda aplicar, com as necessárias adaptações, o regime jurídico habitualmente aplicável aos trabalhadores subordinados da administração pública (artigo 1º).

4. No Título II, o legislador enuncia os seguintes direitos fundamentais dos teletrabalhadores:
a) direito à *informação*: o teletrabalhador tem direito a ser informado a propósito de circunstâncias relevantes que digam respeito ao empregador, designadamente a propósito da dimensão da unidade produtiva, de circulares e notas de serviço nela aplicáveis (artigo 2º);
b) direito à *"sociabilidade"*: o teletrabalhador tem o direito de manter contactos permanentes com o empregador, através das tecnologias de informação e comunicação que são colocadas ao seu dispor, de forma a poder receber informações, mesmo que não directamente relacionadas com a actividade laboral, e a manter contactos com os representantes dos trabalhadores na empresa (artigo 3º);

5. No Título III, a propósito da derrogação, modificação e integração da disciplina geral, o legislador admite:
a) que não se aplicam ao teletrabalho as disposições do *Statuto dei Lavoratori* relativas ao controlo à distância: o teletrabalho pode admitir um controlo da actividade laboral do trabalhador por parte do empregador. Em tal caso, porém, o empregador deve informar o trabalhador da modalidade, instrumentos e dispositivos empregues para esse efeito (artigo 5º);
b) que o teletrabalhador possa participar, em sua própria casa e através das tecnologias de informação e comunicação que lhe foram facultadas, em sistema *"on line"*, nas reuniões sindicais que estejam a decorrer nas instalações da empresa (artigo 6º);
c) que os sindicatos e delegados sindicais exerçam o respectivo direito sindical de afixação de propaganda através das tecnologias de informação e comunicação utilizadas pelo teletrabalhador (artigo 7º);

---

[16] *"(...) trabalho prestado sob qualquer forma, mediante o emprego de instrumentos telemáticos, a partir de local diverso e distante daquele no qual o trabalho vinha sendo prestado"* (art. 1º nº 1).

d) que sejam exercidos através dos aludidos meios tecnológicos outros direitos sindicais (artigo 8º);
e) que se apliquem ao teletrabalhador as mesmas regras de saúde e segurança aplicáveis aos demais trabalhadores (artigo 9º).

6. No Título IV, a propósito da manutenção dos direitos sindicais e da contratação colectiva, o legislador admite a aplicação ao teletrabalhador, quando compatível, das normas emergentes de contratação colectiva aplicável aos demais trabalhadores subordinados da mesma categoria profissional (artigo 12º).

7. No Título V, a propósito de medidas de manutenção, promoção e incentivo a favor do teletrabalho, o legislador admite a aplicação das mesmas regras de incentivo à contratação já existentes no ordenamento jurídico italiano (artigo 14º) e a aplicação de medidas de redução dos preços das telecomunicações que possam favorecer o teletrabalho (artigo 15º).

5.3. O caso português

1. Em Portugal, como se afirmou, não existe qualquer legislação especificamente destinada a regular o fenómeno do teletrabalho, desconhecendo-se por outro lado a existência de qualquer instrumento de regulamentação colectiva de trabalho que o contemple.

No mesmo sentido, como facilmente se compreende, não se vislumbram decisões judiciais sobre a matéria.

2. Até à actualidade, as intervenções legislativas directa ou indirectamente relacionadas com o teletrabalho são escassas e resumem-se basicamente a dois documentos, de natureza essencialmente programática: o *Livro Verde para a Sociedade da Informação em Portugal*, de 1997, da autoria da Missão para a Sociedade da Informação, do Ministério da Ciência e da Tecnologia; e a Resolução do Conselho de Ministros nº 53/2001, de 24 de Maio, sobre o tema *"Competitividade, Inovação e Coesão"*.

3. No *Livro Verde para a Sociedade da Informação em Portugal*, afirma-se que "(..) *com a implementação do teletrabalho, as empresas podem alcançar maiores níveis de eficiência e flexibilidade, bem como redução de custos, nomeadamente instalações e logística, permitindo um aumento global da competitividade. (...) Por outro lado, a qualidade do*

282   *Estudos do Instituto de Direito do Trabalho*

trabalho é melhorada, uma vez que os teletrabalhadores poderão alcançar elevados níveis de concentração, nem sempre possível no local de trabalho, acusar menos fadiga, uma vez que não se deslocam, e ter a possibilidade de gerir o seu próprio tempo (...).. Sem prejuízo de se enunciarem estas vantagens, indica-se, também, que *"o teletrabalho pode ser (...) um meio de precarização do emprego, caso não veja associados meios cautelares de promoção da segurança na relação de trabalho"*[17]. Em todo o caso, a concepção de *"enquadramentos legislativos e organizacionais que reconheçam e incentivem o teletrabalho"* é uma das medidas preconizadas para promover o teletrabalho tanto nas empresas como na Administração Pública[18].

4. A Resolução do Conselho de Ministros nº 53/2001, de 24 de Maio, que aprovou o desenvolvimento de uma política integrada de apoio à inovação no quadro das políticas europeias e nacionais sobre *"Competitividade, Inovação e Coesão"*, bem como um *Programa Integrado de Apoio à Inovação*, aposta em *"desenvolver a sociedade de informação, estimulando o trabalho em rede, o acesso à informação, a investigação e o desenvolvimento e a valorização dos resultados do mercado, designadamente através de redes nacionais e internacionais de comércio electrónico (...)"*[19].

5. Para além destes enunciados gerais e meramente programáticos, nada mais se descortina na legislação nacional.

Perante este cenário, cumpre perguntar: qual o enquadramento jurídico a conferir a uma relação laboral com características próprias do teletrabalho, marcada pelo trabalho à distância e pela utilização de tecnologias de informação e de comunicação?

A resposta, à luz do direito constituído, parece simples: na ausência de disposição especial, devem reger as normas e os princípios gerais de natureza juslaboral aplicáveis ao trabalho subordinado.

7. O teletrabalho, não obstante as respectivas especificidades, pode configurar uma relação jurídico-laboral, sempre que se descortine no seu seio a presença de subordinação jurídica[20].

---

[17] Cf. **Livro Verde para a Sociedade da Informação em Portugal**, pp. 44ss.

[18] Cf. **Livro Verde para a Sociedade da Informação em Portugal**, pp. 51ss.

[19] Cf. ponto 2, § III da Lista de acções a desenvolver pelo *Programa Integrado de Apoio à Inovação*.

[20] Como sublinha Maria Regina Gomes Redinha, *"O Teletrabalho"*, in *II Congresso Nacional de Direito do Trabalho*, Almedina, 1999, pp. 95ss, a dificuldade reside,

Assim sendo, à falta de legislação especial, impõe-se a aplicação do acervo normativo laboral existente e, na sua falta, do próprio Direito Civil, enquanto direito privado comum.

Estamos perante uma *situação jurídica laboral*, não obstante a presença de alguns elementos estranhos — a deslocalização do posto de trabalho e a utilização de equipamento instalado pelo empregador no domicílio do trabalhador — que a afastam do paradigma da clássica relação jurídica de trabalho e que justificam, a esta luz, algumas cautelas e particularidades de regime.

8. Relativamente às situações jurídicas activas e passivas existentes na esfera jurídica de cada uma das partes, julga-se que a especificidade do teletrabalho justifica uma maior atenção relativamente ao elenco de direitos e deveres aplicáveis, quer no sentido do reforço de alguns deveres em especial, quer quanto à sua supressão.

9. Assim, no que tange ao trabalhador, julga-se justificar-se, em nome do instituto civil da boa fé, um reforço do dever de lealdade previsto na alínea d) do nº 1 do artigo 20º LCT: tratando-se de um trabalho subordinado desenvolvido com maior autonomia, em que se faculta ao trabalhador a livre organização da prestação laboral e o manuseamento, no seu próprio domicílio, de informações atinentes à vida da empresa, parece justificar-se um reforço do dever de lealdade. À ausência de controlo efectivo e directo por parte do empregador, deve corresponder uma maior responsabilização do trabalhador.

No mesmo sentido, ainda quanto ao trabalhador, parece justificar-se também um reforço dos deveres de custódia contemplados na alínea e) do nº 1 do artigo 20º LCT, relativamente aos equipamentos que lhe são facultados pelo empregador. Na medida em que tais equipamentos se encontram no seu próprio domicílio, justifica-se, consequentemente, a exigência de especiais deveres de cuidado e de cautela.

---

neste caso, no apuramento da subordinação jurídica. O método indiciário, habitualmente utilizado para efeitos de apuramento da subordinação jurídica, deve ser relativizado e adaptado: alguns elementos, tais como a *propriedade dos instrumentos de trabalho, a assunção dos encargos relativos ao consumo de energia eléctrica ou de telecomunicações,* ou *a incidência do risco de imperfeição ou inutilização do trabalho executado,* devem ser valorizados; inversamente, dever-se-ão desvalorizar enquanto indícios relevantes o *local de trabalho* e a *inexistência de um horário de trabalho pré-definido pelo beneficiário da prestação.*

284 *Estudos do Instituto de Direito do Trabalho*

Pelo contrário, torna-se despicienda a invocação do dever de comparecer ao serviço com assiduidade, prevista na alínea b) daquele mesmo preceito.

10. Quanto ao empregador, cumpre desde logo adiantar que o dever de proporcionar boas condições de trabalho, previsto na alínea c) do artigo 19º LCT, não deve ser comprimido pelo facto de o trabalhador exercer a sua actividade fora das instalações da empresa. O dever de proporcionar boas condições de trabalho, designadamente do ponto de vista ergonómico, mantém-se, ainda que a prestação laboral se realize no domicílio do trabalhador ou num telecentro equipado pelo empregador.

No mesmo sentido, devem manter-se as obrigações do empregador em matéria de segurança, higiene e saúde no trabalho, bem como no domínio dos acidentes de trabalho.

No que diz respeito à reserva da intimidade da vida privada do trabalhador, julga-se justificar-se um reforço deste direito de personalidade, contemplado no artigo 80º do Código Civil, ao qual corresponderá um dever reforçado de respeito pela vida privada do trabalhador. Na medida em que o trabalho é realizado no domicílio do trabalhador, junto da respectiva família, há que garantir que a sua vida privada e familiar não é objecto de devassa pelo empregador, ao abrigo de um pretenso direito de controlo da actividade laboral.

11. Para além destas prevenções, há um mundo de especificidades que justificariam a adopção de um corpo autónomo de normas, seja a nível legislativo, seja através de instrumentos de regulamentação colectiva de trabalho, nos mesmos moldes em que tal se verifica — como se viu — noutros ordenamentos jurídicos.

Assim, a relação jurídica de teletrabalho deve corresponder a uma actividade voluntária, livremente consentida; deve ser conferido ao trabalhador o direito de renúncia, podendo regressar ao seu posto de trabalho de origem, quando se trate de um trabalhador que já exercia anteriormente funções nas instalações da empresa; o teletrabalhador deve ser tratado em condições de igualdade com os demais trabalhadores subordinados da empresa, designadamente em termos retributivos, em matéria de progressão na carreira e no acesso a formação profissional; os teletrabalhadores devem dispor de idênticas condições quanto aos direitos sindicais, cujo exercício deverá ser assegurado através dos meios tecnológicos de informação e comunicação postos à disposição pelo empregador; o direito à reserva da intimidade da vida privada do teletrabalhador deve impor particulares limites às investidas e deslocações do empregador ao domicílio daquele, de forma a ser protegida a sua esfera privada, íntima e familiar; deve ser combatido o isolamento do teletrabalhador, facultando-lhe não apenas a possibilidade de comunicar, *on line*, com os seus colegas de trabalho e superiores hierárquicos, como a de se deslocar, pelo menos uma vez por semana, às instalações da empresa; o acordo e/ou contrato de teletrabalho deve prever, com exactidão, o período normal de trabalho diário e semanal do trabalhador, sendo certo que este não deverá exceder os limites máximos consagrados para a generalidade dos trabalhadores; o acordo em causa deverá, ainda, prever a obrigatoriedade de instalação e manutenção dos equipamentos fornecidos pelo empregador, bem como a modalidade de pagamento das despesas de energia e de utilização dos aludidos equipamentos, devendo estas ficar a cargo do empregador.

Trata-se de um conjunto significativo de regras especificamente destinadas ao teletrabalho. Portugal, na qualidade de Estado-membro em cuja Presidência do Conselho se suscitou com particular acuidade a necessidade de desenvolvimento da sociedade da informação e de se aprofundarem novas modalidades de trabalho, entre as quais o teletrabalho, não deveria ficar indiferente a esta matéria, justificando-se uma actuação legislativa neste domínio.

§ 6º — PERSPECTIVAS FUTURAS

1. Depois de um período de estagnação, em meados nos anos noventa, o teletrabalho encontra-se actalmente em franco desenvolvimento por toda a Europa. Não enquanto fenómeno isolado, mas enquanto um de entre os vários factores que tendem a contribuir para a flexibilização e modernização das formas de organização laboral.

O paradigma do "posto de trabalho" que marcou toda a segunda metade do século XX, assente em empregos permanentes, a tempo inteiro, em regime de exclusividade e tendo por base uma localização pré-determinada e tendencialmente definitiva tende a esvanecer-se e a dar lugar, no século XXI, a um novo paradigma, que tem por base a deslocalização laboral, a flexibilidade da mão-de-obra e o recurso a técnicas sofisticadas de comunicação e informação.

O teletrabalho, mais do que uma forma exótica de prestação laboral, tende paulatinamente a implementar-se como uma modalidade laboral entre tantas outras, que nos últimos tempos têm vindo a marcar a constante flexibilização da relação jurídico-laboral[21].

2. Do Direito do Trabalho, espera-se uma mobilidade e dinâmica próprias das disciplinas de direito privado especiais emergentes da terceira sistemática, "sistemática integrada" ou *savignyana*[22]: importa acompanhar o devir social e evoluir em conformidade, criando-se, com base nos princípios gerais desta disciplina, novas soluções e linhas de orientação em função dos influxos sociais emergentes da periferia.

Mais do que procurar encontrar no teletrabalho vestígios de uma ideia tradicional de subordinação jurídica com integração hierárquica organizacional, importará, acima de tudo, adaptar o Direito do Trabalho a uma nova modalidade juslaboral, na qual a subordinação jurídica — a existir — assenta em novas directrizes e formulações.

É caso para dizer que o paradigma do *contrato individual de trabalho* tende, irremediavelmente, a ser ultrapassado por uma concepção mais ampla de *situação jurídica laboral,* susceptível de abarcar modalidades juslaborais para além das emergentes daquele tipo contratual, na qual o teletrabalho encontrará — por certo — o seu espaço próprio.

---

[21] A propósito da flexibilização dos sistemas normativos laborais, veja-se Maria do Rosário Ramalho, "Da Autonomia Dogmática do Direito do Trabalho", Coimbra, 2001, pp. 581 e seguintes.

[22] Quanto aos fundamentos e à forma de funcionamento da terceira sistemática, veja-se, por todos, Menezes Cordeiro, *Tratado de Direito Civil Português,* I, Parte Geral, 1999, Almedina, pp. 40ss.

SUJEITOS COLECTIVOS*

LUÍS GONÇALVES DA SILVA
Mestre em Direito
Assistente da Faculdade de Direito de Lisboa
Membro-fundador do Instituto de Direito do Trabalho

SUMÁRIO: § 1.º — Introdução 1. Generalidades 2. Delimitação do Objecto § 2.º — Da Situação Jurídica dos Sujeitos Colectivos 3. Negociação e Celebração de Convenções Colectivas 4. Direitos de Participação 4.1. No Conselho Económico e Social 4.2. No Procedimento Legislativo 4.3. No Procedimento Administrativo § 3.º — Da Situação Jurídica dos Representantes dos Sujeitos Colectivos 5. Generalidades 6. Créditos de Tempo e Faltas 7. Inamobilidade 8. Presunção de Sanção Abusiva 9. Despedimento

§ 1.º — INTRODUÇÃO[1]

1. Generalidades

I. O ordenamento nacional permite que pessoas individuais se coliguem para um determinado fim. Noutro prisma, reconhece certas competências e atribuições a determinados entes colectivos que agrupam

---

* O presente texto corresponde, com algum desenvolvimento, à exposição feita, no dia 22 de Maio de 2001, no *II Curso de Pós-Graduação em Direito do Trabalho*, realizado na Faculdade de Direito de Lisboa, no ano lectivo 2000/2001, sob a coordenação do Senhor Professor Doutor Romano Martinez, a quem agradecemos o convite para participar.

[1] Principais abreviaturas utilizadas: a) CC — Código Civil; b) CPA — Código do Procedimento Administrativo (Decreto-Lei n.º 442/91, de 15 de Novembro); c) CRP — Constituição da República Portuguesa (de 1976); d) LAP — Lei das Associações Patronais (Decreto-Lei n.º 215-C/75, de 39 de Abril); e) LCOMT — Lei das Comissões de

288   *Estudos do Instituto de Direito do Trabalho*

sujeitos individuais; e fá-lo de forma a permitir e garantir que efectivamente pessoas reunidas em torno de um objectivo compatível com um Estado de Direito tenham meios para atingir os seus fins[2]. Com efeito, a Constituição Portuguesa (de 1976) consagra o direito geral de associação (art. 46.º)[3], considerando-o mesmo como um direito, liberdade e garantia pessoal (Capítulo I do Título II da Parte I), o que permite que goze do regime previsto no art. 18.º da Lei fundamental[4].

II. Como referem GOMES CANOTILHO e VITAL MOREIRA, o direito de associação é um direito complexo, sendo de salientar como elementos do seu conteúdo: a) o direito positivo de associação, segundo o qual *"os*

Trabalhadores (Lei n.º 46/79, de 12 de Setembro); f) LCT — Lei do Contrato de Trabalho (Decreto-Lei n.º 49 408, de 24 de Novembro de 1969); g) LFFF — Lei das Férias, Feriados e Faltas (Decreto-Lei n.º 874/76, de 28 de Dezembro); h) LS — Lei Sindical (Decreto-Lei n.º 215-B/75, de 30 de Abril); i) LRCT — Lei de Regulamentação Colectiva (Decreto-Lei n.º 519-C1/79, de 29 de Dezembro); j) NLDESP — Nova Lei dos Despedimentos (Decreto-Lei n.º 64-A/89, de 27 de Fevereiro).

O arestos do Tribunal Constitucional que não têm indicação do local de publicação foram consultados nos arquivos daquele órgão.

[2] Como escrevem LEONOR BELEZA e TEIXEIRA DE SOUSA, AAVV, "Direito de Associação e Associações", *Estudos sobre a Constituição*, coordenação de Jorge Miranda, volume III, Imprensa Nacional da Casa da Moeda, Lisboa, p. 125, "na sua configuração teórica o direito de associação surge-nos imbuído de um conteúdo essencialmente instrumental, pois que a sua titularidade não é reivindicada para o seu simples exercício, mas antes para a prossecução de determinados fins a atingir de uma forma organizada por um conjunto de indivíduos".

[3] Foi a Constituição belga (de 1831) a primeira Lei fundamental a plasmar expressamente a liberdade de associação (art. 20.º), tendo tido como seguidoras, nomeadamente, a francesa (de 1848, art. 8.º), as suíças (de 1848 e 1874, respectivamente, arts. 46.º e 56.º), a prussiana (de 1850, art. 30.º) e a espanhola (de 1869, art. 172.º). Em relação ao nosso ordenamento, a primeira Constituição a consagrar a liberdade de associação foi a de 1838, que no seu art. 14.º estabelecia que *«todos os cidadãos têm o direito de associação na conformidade das leis»*. Cfr. JORGE MIRANDA, "Liberdade de Associação e Alteração de Estatutos Sindicais", *Revista de Direito e de Estudos Sociais*, ano XXVIII, 1986 (I da 2.ª série), n.º 2, pp. 162 e 164; e do mesmo Autor, *Manual de Direito Constitucional — Direitos Fundamentais*, tomo IV, 2.ª edição, Coimbra Editora, pp. 414 e ss.

[4] Sobre o regime dos direitos, liberdades e garantias, *vd.*, entre outros, VIEIRA DE ANDRADE, *Os Direitos Fundamentais na Constituição Portuguesa de 1976*, Almedina, Coimbra, reimpressão, 1987, pp. 253 e ss; GOMES CANOTILHO e VITAL MOREIRA, *Fundamentos da Constituição*, Coimbra Editora, 1991, pp. 121 e ss; CASTRO MENDES, "Direitos, Liberdades e Garantias — Alguns Aspectos Gerais", AAVV, *Estudos sobre a Constituição*, coordenação de Jorge Miranda, 1.º volume, Imprensa Nacional da Casa da Moeda, Lisboa, 1977, pp. 93 e ss; JORGE MIRANDA, *Manual de Direito Constitucional — Direitos Fundamentais*, cit., pp. 275 e ss.

cidadãos têm o direito de, livremente e sem dependência de qualquer autorização, constituir associações (...)" (art. 46.º, n.º 1 da CRP), tal como o direito de se filiarem e associarem em associações já existentes; b) o direito de as próprias associações prosseguirem, sem quaisquer interferências, os seus objectivos, o que inclui, naturalmente, a auto-organização, auto-determinação e a possibilidade de se filiarem em associações de segundo grau[5], bem como o direito de não serem extintas ou suspensas sem uma prévia decisão judicial (art. 46.º, n.º 2 da CRP); c) e, ainda, a liberdade negativa de associação, ou seja, a faculdade que cada cidadão tem de não fazer parte de qualquer associação, tal como, no caso de se filiar, dela sair livremente (art. 46.º, n.º 3 da CRP)[6].

Igualmente importante é a dupla perspectiva que o legislador constitucional apresenta do direito de associação, pois não só considera relevante a vertente individual, i.e., os titulares do direito de associação — que são cada um dos cidadãos individualmente considerados —, como leva em linha de conta vertente colectiva — que se traduz nos direitos concedidos ao próprio ente colectivo[7] — e que com aquela se não confunde[8].

III. No entanto, não podia a Constituição deixar de estabelecer limites ao direito de associação, desde logo aqueles que são necessários para a compatibilização com outros direitos (*v.g.* direito à vida — art. 24.º da CRP — ou à não discriminação art. 13.º, n.º 2 da CRP), pelo que expressamente condiciona o exercício do direito de associação à inexistência de fins vio-lentos ou contrários à lei penal (art. 46.º, n.º 1, *in fine* da CRP) e, mais espe-cificamente, veda a existência de associações armadas militares

---

[5] A Lei Fundamental admite, de forma expressa, que pessoa colectivas (de natureza pública) se associem como são os casos de as freguesias e de os municípios poderem constituir associações (e federações, neste último caso) para a administração de interesses comuns (arts. 247.º e 253.º da CRP).

[6] GOMES CANOTILHO — VITAL MOREIRA, *Constituição da República Portuguesa Anotada*, 3.ª edição, Almedina, Coimbra, 1993, pp. 257 (II) e ss. *Vd.* também LEONOR BELEZA — TEIXEIRA DE SOUSA, "Direito de Associação ...", cit., pp. 127 e ss. Vd. Ac. do Tc. n.º 437/2000, de 18 de Outubro, *Diário da República*, de 24 de Novembro de 2000, I série, número 272, pp. 6712 e ss., onde se analisou, e declarou inconstitucional, o art. 16.º, n.º 4 *in fine* da LS.

[7] VIEIRA DE ANDRADE, *Os Direitos Fundamentais* ..., cit., por exemplo, pp. 94 e 180, defende, em vez de direitos, a utilização da expressão "competências das pessoas colectivas". No sentido do texto, JORGE MIRANDA, *Manual de Direito Constitucional — Direitos Fundamentais*, cit., pp. 75 e ss.

[8] Cfr. GOMES CANOTILHO – VITAL MOREIRA, *Constituição da República Portuguesa Anotada*, cit., p. 257 (II).

290   *Estudos do Instituto de Direito do Trabalho*

ou conexas, racistas ou que preconizem a ideologia fascista (art. 46.º, n.º 4 da CRP)[9].

IV. A par do direito de associação (geral), a Constituição prevê e regula de forma expressa outros tipos de associações: são, desde logo, o caso dos partidos políticos (art. 51.º) e das associações sindicais (arts. 55.º e 56.º)[10]. Nesta última situação, os fins são a defesa dos trabalhadores enquanto tais. Também referência expressa se encontra na Lei fundamental às comissões de trabalhadores, outro meio de defesa dos interesses dos trabalhadores (art. 54.º).

Inversamente, o outro sujeito da situação jurídica laboral — a entidade patronal — não tem quaisquer regras específicas, a nível constitucional, quanto à criação ou existência de associações, pelo que se lhes aplicará o direito de associação previsto no art. 46.º, sem prejuízo de considerarmos, com JORGE MIRANDA, que a liberdade de associação patronal prevista na Lei das Associações Patronais — Decreto-Lei n.º 215-C/75, de 30 de Abril — é um direito fundamental material proveniente da lei[11].

V. Deve, contudo, realçar-se que não é pelo facto de a coligação de entidades patronais não ter sido objecto de normas expressas e especiais que os seus direitos, seja ao abrigo do direito de associação (em geral) art. 46.º, seja ao abrigo do direito de iniciativa económica (art. 61.º) ou da propriedade privada (art. 62.º), merecem uma menor atenção ou tutela. Em

---

[9] Sobre a questão, *vd.* LEONOR BELEZA — TEIXEIRA DE SOUSA, "Direito de Associação ...", cit., pp. 128 e ss.

[10] Concordamos com GOMES CANOTILHO e VITAL MOREIRA, *Constituição da República Portuguesa* ..., cit., p. 299 (I), e LOBO XAVIER, *Curso de Direito do Trabalho*, 2.ª edição, Verbo, Lisboa, 1993, p. 125, e ainda deste Autor, "O Papel dos Sindicatos nos Países em Desenvolvimento — Monopólio e Pluralismo Sindicais", *Revista de Direito e de Estudos Sociais*, ano XXV, 1978, n.ºs 3-4, p. 296, quando afirmam que a liberdade de constituir um sindicato é um corolário da liberdade de associação em geral, não obstante as suas, e muitas, especificidades. Numa perspectiva diferente, cfr. MONTEIRO FERNANDES, *Direito do Trabalho*, 11.ª edição, Almedina, Coimbra, 1999, p. 647, nota 1; e VASCO LOBO XAVIER — BERNARDO LOBO XAVIER, "Inaplicabilidade do Código Civil às Associações Sindicais", *Revista de Direito e de Estudos Sociais*, ano XXX (III da 2.ª série), 1988, n.º 3, p. 309.

[11] JORGE MIRANDA, *Manual de Direito Constitucional — Direitos Fundamentais*, cit., pp. 158 e ss. Para GOMES CANOTILHO e VITAL MOREIRA, *Constituição da República Portuguesa Anotada*, cit., p. 300 (I), "a protecção exclusiva das associações sindicais, inserta aliás no âmbito da garantia especial dos direitos dos trabalhadores, é expressão do *favor laboratoris* perfilhado pela Constituição, que obviamente não se compaginaria com um estatuto de igualdade dos chamados «parceiros sociais»", itálico no original.

Sujeitos Colectivos

qualquer dos casos — normas sobre as associações em geral, associações sindicais, comissões de trabalhadores, direito de iniciativa económica ou de direito de propriedade privada[12] —, estamos ante direitos fundamentais, mais exactamente direitos, liberdades e garantias, pelo que a sua compatibilização tem de ser feita sempre com o objectivo último de salvaguardar o respectivo conteúdo essencial (art. 18.º, n.º 3, *in fine* da CRP).

VI. Temos, assim, constitucionalmente prevista a possibilidade de os trabalhadores se agruparem para defenderem os seus interesses, quer mediante associações sindicais[13], quer através de comissões de trabalhadores, tal como também acontece com as entidades patronais — mediante as associações patronais —, não obstante, como dissemos, não terem sido objecto de expressa previsão por parte da Lei fundamental.

---

[12] Quer o direito de iniciativa económica quer o direito de propriedade privada são considerados pela doutrina e pela jurisprudência constitucional como direitos, liberdades e garantias de natureza análoga. Em termos doutrinários, *vd.*, VIEIRA DE ANDRADE, *Os Direitos Fundamentais* ..., p. 211; GOMES CANOTILHO — VITAL MOREIRA, *Constituição da República Portuguesa Anotada*, cit., pp. 326 (I) e 331 (I), respectivamente; JORGE MIRANDA, *Manual de Direito Constitucional — Direitos Fundamentais*, cit., pp. 141 e ss, 454 e ss e 466 e ss, respectivamente; AFONSO VAZ, *Direito Económico — A Ordem Económica Portuguesa*, 4.ª edição, Coimbra Editora, 1998, p. 150). Na jurisprudência constitucional, *vd.*, por exemplo, aresto n.º 76/85, de 6 de Maio, *Boletim do Ministério da Justiça* n.º 360 (Novembro), suplemento, 1986, pp. 296 e ss. Sobre o conteúdo do direito de iniciativa económica privada, *vd.* COUTINHO DE ABREU, "Limites Constitucionais à Iniciativa Económica Privada", *Estudos em Homenagem ao Prof. Doutor Ferrer Correia*, Boletim da Faculdade de Direito da Universidade de Coimbra, número especial, volume III, Coimbra, 1991, pp. 411 e ss (previamente publicado, com o mesmo título, em *Temas de Direito do Trabalho — Direito do Trabalho na Crise, Poder Empresarial, Greves Atípicas*, AAVV, IV Jornadas Luso-Hispano-Brasileiras de Direito do Trabalho, Coimbra Editora, 1990, pp. 423 e ss); GOMES CANOTILHO — VITAL MOREIRA, *op. cit.*, pp. 326 e ss (I-IV); JORGE MIRANDA, *op. cit.*, pp. 454 e ss; AFONSO VAZ, *op. cit.*, pp. 164 e ss, LOBO XAVIER, *O Despedimento Colectivo no Dimensionamento da Empresa*, Verbo, Lisboa, 2000, pp. 262 e ss. Relativamente ao conteúdo do direito de propriedade privada, *vd.*, por exemplo, GOMES CANOTILHO — VITAL MOREIRA, *op. cit.*, pp. 330 e ss; JORGE MIRANDA, *op. cit.*, pp. 462 e ss.

[13] A expressão «associação sindical» é comummente utilizada em sinonímia com «sindicato»; no entanto, o termo «associação sindical» é mais amplo do que «sindicato» (art. 2.º, alínea c) da LS, pois não só abrange este — associação permanente de trabalhadores para defesa e promoção dos seus interesses socioprofissionais (art 2.º, alínea b) da LS) — como inclui ainda a união — associação de sindicatos de base regional (art. 2.º alínea e) da LS — a federação — associação de sindicatos de trabalhadores da mesma profissão ou do mesmo ramo de actividade (art. 2.º, alínea d) da LS — e a confederação geral — associação nacional de sindicatos (art. 2.º, alínea f) da LS.

292 *Estudos do Instituto de Direito do Trabalho*

VII. Os entes representativos dos trabalhadores têm, desde logo, uma particularidade, que resulta do exposto, mas que convém salientar: os fins em causa. De facto, "compete" às associações sindicais[14], conforme prescreve a Constituição, "(...) *defender e promover a defesa dos direitos e interesses dos trabalhadores que representem*" (art. 56.º, n.º 1), sendo "(...) *reconhecida aos trabalhadores a liberdade sindical, condição e garantia da construção da sua unidade para defesa dos seus direitos e interesses*" (art. 55.º, n.º 1). Formulação literal diferente consagra a Lei Sindical — Decreto-Lei n.º 215-B/75, de 30 de Abril —, segundo a qual "compete" às associações sindicais "(...) *defender e promover a defesa dos direitos e interesses socioprofissionais dos trabalhadores que representam*" *e, designadamente:* (proémio do art. 4.º da LS)[15]

> a) *celebrar convenções colectivas de trabalho;*
> b) *prestar serviços de carácter económico e social aos seus associados*" (art. 4.º da LS).

É certo que determinados estatutos alargam os objectivos das associações sindicais, por exemplo, às áreas da fiscalização ou da intervenção em procedimentos disciplinares[16], estando, de qualquer modo, assente que as associações sindicais possuem capacidade jurídica para, de acordo com o princípio da especialidade[17], praticarem todos os actos jurídicos

---

[14] A defesa e a promoção dos direitos e interesses socioprofissionais não são, para nós, não obstante a letra da lei, competências (i.e., "(...) *conjunto de poderes funcionais que a lei confere para a prossecução das atribuições das pessoas colectivas* (...)", mas sim atribuições (i.e., "(...) *os fins ou interesses que a lei incumbe as pessoas colectivas* (...) *de prosseguir* (...)", FREITAS DO AMARAL, *Curso de Direito Administrativo*, volume I, 2.ª edição, Almedina, Coimbra, 1994, p. 604, itálico no original.

[15] A letra dos dois preceitos citados deixa perpassar entendimentos diferentes da figura. É certo que não pode ser o conteúdo da lei ordinária a conformar o conteúdo da lei fundamental, pois isso corresponderia à inversão das regras da hierarquia das fontes. De qualquer modo, não podemos ignorar que as associações sindicais, seja com base, por exemplo, na letra dos preceitos constitucionais (arts. 55.º e 56.º), seja atendendo à própria inserção dos artigos em causa — capítulo III, do título II da Parte I, cuja denominação é direitos, liberdade e garantias dos trabalhadores — só podem ser entendidos como entes ao serviços dos trabalhadores que representam, pelo que quaisquer acções delas têm de ser reconduzidas aos interesses dos trabalhadores enquanto tais.

[16] Cfr., por exemplo, os Estatutos do Sindicato dos Bancários do Sul e Ilhas, art. 5.º (*www.sbsi.pt/estatutos.htm*); MENEZES CORDEIRO, *Manual de Direito do Trabalho*, cit., p. 458 (II). Aliás, a própria lei permite-o expressamente, por exemplo, arts. 2.º, 59.º e 10.º, da NLDESP.

[17] Sobre este princípio, *vd.*, entre outros, MOTA PINTO, *Teoria Geral do Direito Civil*, Coimbra Editora, 3.ª edição, reimpressão, 1991, pp. 317-319. No que respeita

Sujeitos Colectivos   293

necessários ou convenientes à prossecução dos seus fins (art. 160.º do CC).

Por sua vez, as comissões de trabalhadores[18], além da defesa dos trabalhadores, visam — o que também constitui uma forma de defesa, só que mais específica — a intervenção democrática na vida das empresas (art. 54.º, n.º 1 da CRP), ou seja, revelam uma perspectiva mais virada para o interior das empresas[19]. Saliente-se que enquanto as *associações sindicais* apenas representam os trabalhadores filiados no respectivo ente, as *comissões de trabalhadores* representam todos os trabalhadores que desenvolvam uma actividade subordinada numa empresa, estejam ou não inscritos em qualquer sindicato, pelo que, de certo modo, se completam na representação.

Em relação às associações patronais, o legislador nada disse de modo expresso. Resulta, no entanto, da conjugação do art. 1.º, n.º 2, alínea a) da LAP — que define entidade patronal como "*a pessoa, individual ou colectiva, de direito privado, titular de uma empresa que tenha, habitualmente, trabalhadores ao seu serviço*" — com o art. 17.º do mesmo diploma — que prescreve que "*os empresários que não empreguem trabalhadores, ou as suas associações, podem filiar-se em associações patronais, desde que*

---

especificamente aos sujeitos laborais, *vd.*, por exemplo, em relação aos sindicatos, MENEZES CORDEIRO, *Manual de Direito do Trabalho*, cit., p. 458.

[18] Sobre a sua personalidade jurídica, uma vez que a sua existência é discutida, *vd. infra* texto.

[19] *Vd.* sobre as diferenças entre as associações sindicais e as comissões de trabalhadores, por exemplo, GOMES CANOTILHO – VITAL MOREIRA, *Constituição da República Portuguesa Anotada*, cit., p. 291 (I); MONTEIRO FERNANDES, *Direito do Trabalho*, cit., pp. 688 e ss. Noutro plano, referindo-se à diferença entre as comissões de trabalhadores e as comissões sindicais, JORGE LEITE, *Direito do Trabalho*, volume I, cit., p. 219, escreve que "sendo certo que ambas instituições têm como fim principal a defesa dos interesses dos trabalhadores, é possível distinguir funções que a CRP e a lei atribuem às comissões de trabalhadores e não atribuem às comissões sindicais ou intersindicais de delegados: o direito à informação, o controle de gestão, a participação na elaboração dos planos sectoriais e regionais, a gestão, ou participação na gestão, de obras sociais da empresa, a promoção da eleição de representantes para os órgãos sociais das empresas pertencentes ao Estado ou a outras entidades políticas". Por sua vez, BRITO CORREIA, "A Lei Sobre as Comissões de Trabalhadores", *Revista da Ordem dos Advogados*, ano 40, II, 1980, p. 460, define as comissões de trabalhadores como "(...) conjunto de representantes de trabalhadores duma empresa, que se regem por estatutos próprios aprovados por estes, e que têm por missão a «defesa dos seus interesses e intervenção democrática na vida da empresa, visando o reforço da unidade das classes trabalhadoras e a sua mobilização para o processo revolucionário de construção do poder democrático dos trabalhadores». A seguir, o Autor, *ibidem*, conclui que a comissão de trabalhadores "(...) é um conjunto de representantes, não é uma associação de trabalhadores: não é, v.g., uma associação sindical".

294   *Estudos do Instituto de Direito do Trabalho*

preencham os requisitos de presente decreto-lei, não podendo, contudo, intervir nas decisões respeitantes às relações de trabalho" — que as associações patronais podem prosseguir além de fins relacionados com as situações laborais, outros que sejam relevantes para os seus filiados e desconexos com quaisquer matérias laborais[20] [21].

VIII. Para assegurar uma efectiva prossecução dos seus fins, tal como existe a liberdade de associação, há, atendendo às especificidades[22], a liberdade sindical, valor essencial dos sindicatos, e que se projecta, desde logo, numa dupla dimensão: (a) liberdades individuais e (b) colectivas. No primeiro caso, o que está em causa é o exercício de direitos dos sujeitos individualmente considerados, enquanto nas liberdades colectivas, o que está em presença são as actividades da própria associação sindical, como ente distinto daqueles.

Num sentido amplo, a liberdade sindical abarca no seu conteúdo o direito[23] [24]:

a) de constituir sindicatos e de aderir a sindicatos já formados (art. 55.º, n.º 2, alíneas a), da CRP);

---

[20] No mesmo sentido, ROMANO MARTINEZ, *Direito do Trabalho*, volume II, Lisboa, 1994/1995, p. 48. Parece ser também esta a posição de MENEZES CORDEIRO, *Manual de Direito do Trabalho*, cit., p. 479. Há que referir que estes fins não podem colidir, naturalmente, com regras legais (de carácter imperativo), como é o caso do art. 5.º, n.º 2 da LAP, que proíbe que as associações patronais se dediquem à produção ou comercialização de bens ou serviços ou que intervenham de qualquer modo no mercado.

[21] A diferença essencial e imediata, além, naturalmente, da diferente categoria dos representados, entre os entes que representam os trabalhadores e os que representam as entidades patronais, é que no primeiro caso, o fim último tem de ser a defesa dos interesses dos trabalhadores e, portanto, conexo com uma situação laboral, enquanto que nas associações patronais o objectivo é a defesa destes entes, que pode não ter que ver com qualquer situação laboral, embora nesta caso não possam intervir nas decisões atinentes a essa matéria (art. 17.º, *in fine* da LAP).

[22] Com interesse para o debate, *vd.* VASCO LOBO XAVIER-BERNARDO LOBO XAVIER, "Inaplicabilidade do Código Civil ...", cit., pp. 305 e ss, bem como a jurisprudência que antecede o estudo (pp. 285 e ss); GUILHERME DA FONSECA, Associações Sindicais — Liberdade de Organização e Regulamentação Interna — Aplicação dos arts. 162.º e 175.º, n.º 4 do Código Civil aos Estatutos", *Revista do Ministério Público*, ano 6.º, volume 24, 1985, pp. 173 e ss.

[23] Seguimos de perto a posição de MÁRIO PINTO, *Direito do Trabalho*, cit., pp. 181--182. Por sua vez, ROMANO MARTINEZ, *Direito do Trabalho*, volume II, cit., p. 12, salienta no princípio da liberdade sindical dois aspectos: a) a liberdade de os trabalhadores se associarem para formar sindicatos, de os trabalhadores se inscreverem nos sindicatos já constituídos e também a liberdade dos inscritos num sindicato se desfiliarem; b) a liber-

Sujeitos Colectivos

b) de inscrição sindical negativa — que abrange a não inscrição e a desfiliação — e positiva — que consiste na possibilidade de se filiar num sindicato à sua escolha, logicamente verificados os pressupostos necessários (arts. 55.°, n.° 2, alínea b), da CRP e 16.°, n.° 4, da LS);

c) de organização interna das associações (art. 55.°, n.° 2, alínea c), da CRP);

d) de auto-governo dos sindicatos (art. 55.°, n.° 4, da CRP);

e) de contratação colectiva (art. 56.°, n.°s 3 e 4, da CRP);

f) de organização na empresa (art. 55.°, n.° 2, alínea d), da CRP);

---

dade de as associações sindicais estipularem as próprias regras no que respeita, por exemplo, à sua organização, à sua regulamentação (estatutos), interesses a defender, actividades a exercer. Sobre a *liberdade sindical, vd.*, entre outros, NUNES AGRIA, "O Problema da Liberdade Sindical (Princípios e Realidades)", *Estudos Sociais e Corporativos*, ano IV, n.° 16, 1965, pp. 11 e ss, com amplas referências à OIT; JOÃO CAUPERS, *Os Direitos Fundamentais dos Trabalhadores e a Constituição*, Almedina, Coimbra, 1986, pp. 106 e ss; MENEZES CORDEIRO, *Manual de Direito do Trabalho*, cit., pp. 444 e ss; MONTEIRO FERNANDES, *Direito do Trabalho*, cit., pp. 647 e ss; ROMANO MARTINEZ, *Direito do Trabalho*, volume II, cit., pp. 11 e ss, que refere as diversas fontes que a consagram (pp. 11--12); GINO GIUGNI, "Direito do Trabalho", *Revista de Direito e de Estudos Sociais*, ano XXVIII (I da 2.ª série), 1986, n.° 3, pp. 305 e ss (tradução de João Cortez, revista por Mário Pinto, *Diritto del Lavoro — Voce per una Enciclopedia -*, Instituto dell'Enciclopedia Italiana, Treccani), pp. 334 e ss; JORGE LEITE, *Direito do Trabalho*, volume I, cit., pp. 174 e ss; MÁRIO PINTO, "Das Concepções da Liberdade Sindical às Concepções sobre o Homem e a Sociedade", *Direito e Justiça*, volume I, 1980, n.° 1, pp. 25 ss, e *Direito do Trabalho*, cit., pp. 181 e ss. Na doutrina espanhola, MARTIN VALVERDE, SAÑUDO GUTIÉRREZ — GARCIA MURCIA, *Derecho del Trabajo*, decima edición, Tecnos, Madrid, 2001, pp. 256 e ss; MONTOYA MELGAR, *Derecho del Trabajo*, vigésima segunda edición, Tecnos, Madrid, 2001, pp. 129 e ss. As diferentes fases da liberdade sindical (i.e., proibição, tolerância e reconhecimento jurídico) podem ser compulsadas em SALA FRANCO — ALBIOL MONTESINOS, *Derecho Sindical*, 5.ª edición, Tirant lo Blanch, Valencia, 1998, pp. 42 e ss. *Vd.* ainda da Organização Internacional do Trabalho, a compilação de *Derecho Sindical de la OIT — Normas y Procedimientos*, Oficina Internacioal del Trabajo, Ginebra, 1995; e *La Liberté Syndicale — Recueil de Décisions et de Principes du Comité de la Liberté Syndicale du Conseil d'Administration du BIT*, quatriéme édition, Bureau Internacional du Travail, Genéve, 1996.

[24] A liberdade sindical encontra arrimo, além da Constituição, em diversos textos internacionais como são os casos: (a) do art. 22.° do Pacto Internacional sobre Direitos Civis e Políticos; (b) do art. 8.° do Pacto Internacional sobre Direitos Económicos, Sociais e Culturais; (c) do art. 11.° da Convenção Europeia dos Direitos do Homem; (d) do art. 15.° da Carta Social Europeia. É ainda de salientar, no âmbito da Organização Internacional do Trabalho, as Convenções n.°s 87 — datada de 1948, ratificada pelo Decreto--Lei n.° 45/77, de 19 de Abril — e 98 — de 1949, pelo Decreto-Lei n.° 45 758, de 12 de Junho de 1964.

g) de participação (por exemplo, art. 56.º, n.º 2, alíneas a) e b), da CRP);
h) de declarar a greve (art. 57.º, n.ºs 1, 2 e 3, da CRP).

IX. Por sua vez, em relação às comissões de trabalhadores há a realçar, em termos constitucionais, a auto-organização (art. 54.º, n.º 2 da CRP), a participação nos processos de reestruturação das empresas, na elaboração da legislação do trabalho e na gestão das obras sociais (respectivamente, art. 54.º, n.º 5, alíneas c), d) e e) da CRP), além do controlo de gestão das empresas (alínea a) do n.º 5 do art. 54.º da CRP)[25].

No que respeita às associações patronais, podemos retirar alguns postulados da lei ordinária (LAP), idênticos aos da liberdade sindical, a saber o direito:
a) de constituição e filiação (respectivamente, arts. 1.º, n.º 1; 3.º e 10.º, n.ºs 2 e 3 da LAP);
b) de auto-organização (art. 2.º da LAP);
c) de auto-regulamentação e de auto-governo (respectivamente, arts. 10.º, n.º 1 e 13.º; 10.º, n.º 1 alínea a) da LAP)[26].

X. Atendendo às zonas de intervenção conferidas aos sujeitos colectivos referidos — sem ignorar que além destes existem estruturas (*v.g.*, representantes dos trabalhadores em matéria de segurança, higiene e saúde no trabalho ou os conselhos de empresa[27]) —, há a salientar, nomeadamente, competências tão dispares, e que podemos agrupar por facilidade expositiva em[28]:

a) Negociação e celebração de convenções colectivas (arts. 56.º, n.º 3 da CRP e 4.º da LS; em relação às associações patronais,

---

[25] Estes preceitos são objecto de concretização por parte dos arts. 18.º e ss da LCOMT.

[26] Cfr. MONTEIRO FERNANDES, *Direito do Trabalho*, cit. p. 681.

[27] *Vd.*, entre outros, os arts. 3.º, alínea d) e 10.º do Decreto-Lei n.º 441/91, de 14 de Novembro, o 2.º, alínea d) do Decreto-Lei n.º 26/94, de 1 de Fevereiro; relativamente aos conselhos de empresa europeus, *vd.*, nomeadamente, arts. 1.º, 2.º, 16.º e 30.º da Lei n.º 40/99, de 9 de Junho.

[28] As indicações são apenas exemplificativas, pois um estudo pormenorizado sobre todas as competências e atribuições não é exequível, desde logo, neste local. Consulte-se, no entanto, JORGE LEITE — COUTINHO DE ALMEIDA, *Colectânea de Leis do Trabalho*, Coimbra Editora, 1985, pp. 371-372 (I-IV), para mais indicações.

arts. 61.º, n.º 1 da CRP e 5.º da LAP; esta faculdade está (legalmente) vedada às comissões de trabalhadores, art. 3.º da LRCT[29]);

b) *Participação*[30]:

1) na Comissão Permanente da Concertação Social do Conselho Económico e Social (art. 92.º da CRP, Lei n.º 108/91, de 17 de Agosto e o Decreto-Lei n.º 90/92, de 21 de Maio, alterada pelo Decreto-Lei n.º 105/95, de 20 de Maio), a quem compete, nomeadamente, emitir pareceres na área das políticas económica e social, não obstante as situações mais relevante se referirem à celebração de Pactos Sociais, uma vez que permitem, em princípio, uma diminuição dos conflitos sociais;

2) na elaboração da legislação do trabalho (Leis n.ºs 16/79, de 26 de Maio e 36/99, de 26 de Maio);

3) no procedimento administrativo (Código do Procedimento Administrativo).

XI. Também é de referir, a tutela legalmente conferida aos representantes dos sujeitos colectivos[31], os das associações sindicais e das comis-

---

[29] A impossibilidade de as comissões de trabalhadores celebrarem convenções colectivas, é uma opção legal e não o resultado de uma injunção constitucional, pois na Lei fundamental não se vislumbra, pelo menos de forma expressa, qualquer proibição. *Vd.* sobre a questão, MÁRIO PINTO, *Direito do Trabalho,* cit., pp. 282 e ss.; LOBO XAVIER, «Alguns Pontos Críticos das Convenções Colectivas de Trabalho», AAVV, *II Congresso Nacional de Direito do Trabalho — Memórias,* coord. António Moreira, Almeida, Coimbra, 1999, p. 339, nota 11. Com posição diferente, GOMES CANOTINHO — VITAL MOREIRA, *Constituição da República Portuguesa Anotada,* cit., p. 307 (VIII), BARROS MOURA, *A Convenção Colectiva entre as Fontes de Direitos do Trabalho,* Almedina, Coimbra, 1984, pp. 232 e ss.

[30] A matéria seleccionada não pretende, nem o poderia, abarcar todas as situações.

[31] Resulta do até agora exposto, que é diferente a natureza dos diversos direitos conferidos. Podemos, então, referir que:

a) em relação à *liberdade de constituição dos entes colectivos*, estamos perante um direito fundamental individual de exercício colectivo;

b) no que respeita, aos *direitos dos entes colectivos*, estamos, em regra — dizemos «em regra», pois existem direitos (*v.g.* greve) que apresentam um conteúdo complexo, dificilmente subsumível, na sua plenitude, em qualquer classificação —, face a direitos fundamentais de pessoas colectivas de exercício individual, pois os titulares dos direitos são os entes colectivos — que são distintos dos trabalhadores ou entidades patronais que os compõem e que com eles se não confundem; por outro lado, o exercício é individual, uma vez que não carece de qualquer coligação ou outro tipo de situações (colectivas) para ser efectivado;

c) finalmente, existem direitos cujos titulares são os representantes dos traba-

298 Estudos do Instituto de Direito do Trabalho

sões de trabalhadores, uma vez que a lei, com o objectivo de assegurar que os representantes tenham as condições necessárias para agirem na prossecução dos fins dos entes que representam, lhes confere um especial estatuto face aos restantes trabalhadores, de que é exemplo:

a) os créditos de tempo (art. 32.º da LS e 20.º da LCOMT);
b) as faltas (arts. 22.º da LS, 20.º, n.º 9 da LCOMT, 20.º, n.º 9 da LCOMT);
c) a inamovibilidade (arts. 23.º, 34.º da LS e 16.º da LCOMT);
d) a presunção de sanção abusiva (arts. 32.º, n.º 1, alínea c), n.ºs 2 e 3, e 34.º da LCT)
e) o despedimento (art. 24.º, 35.º da LS e 16.º da LCOMT, art. 23.º, n.ºs 4 e 5 da NLDESP)).

2. Delimitação do Objecto

I. Os sujeitos colectivos são, como vimos, susceptíveis de ser analisados segundo uma dupla perspectiva: colectiva e individual. Ou seja, enquanto entes (colectivos) titulares de direitos e adstritos a obrigações, tal como mediante os direitos e as obrigações que os seus membros (individuais), e por o serem, têm na sua esfera jurídica.

---

lhadores nos entes colectivos e que são exercidos individualmente, ou seja, os titulares são os entes colectivos e são exercidos individualmente.

Em relação à classificação dos direitos fundamentais, atendendo à titularidade, *vd.* VIEIRA DE ANDRADE, *Os Direitos Fundamentais* ..., cit., pp. 171 e ss; BACELAR GOUVEIA, AAVV, "Elaboração da Legislação Laboral: Mitos e Especificidades", *Estudos do Instituto de Direito do Trabalho*, coordenação de Romano Martinez, volume I, Almedina, Coimbra, 2000, pp. 126 e ss, que aqui seguimos de perto; JORGE LEITE, *Direito do Trabalho*, volume I, cit., pp. 135 e 176, nota 26; JORGE MIRANDA, *Manual de Direito Constitucional — Direitos Fundamentais*, cit., pp. 77 e ss. Sobre os direitos fundamentais dos trabalhadores, *vd.* MENEZES CORDEIRO, *Manual de Direito do Trabalho*, cit., pp. 137 e ss; ROMANO MARTINEZ, *Direito do Trabalho — Parte Geral*, I volume, cit., pp. 206 e ss; e em especial, NUNES ABRANTES, *O Direito do Trabalho e a Constituição*, Associação Académica da Faculdade de Direito de Lisboa, 1990; JOÃO CAUPERS, *Os Direitos Fundamentais dos Trabalhadores e a Constituição*, Almedina, Coimbra, 1985; BARROS MOURA, "A Constituição Portuguesa e os Trabalhadores — Da Revolução à Integração na CEE", AAVV, *Portugal e o Sistema Político e Constitucional, 1974/1987*, coordenação de Mário Baptista Coelho, Instituto de Ciências Sociais da Universidade de Lisboa, Lisboa, 1989, pp. 813 e ss; e ainda, ALONSO OLEA, *Las Fuentes del Derecho — En Especial del De-recho del Trabajo segun la Constitucion*, segunda edicion, Civitas, Madrid, 1990, pp. 19 e ss.

Sujeitos Colectivos 299

II. Neste estudo, começaremos por analisar a situação jurídica dos sujeitos colectivos (§ 2.º), com especial incidência na faculdade de negociar e celebrar convenções colectivas (3), no conteúdo dos direitos de participação (4), nomeadamente no Conselho Económico e Social (4.1.), no procedimento legislativo (4.2.) e no procedimento administrativo (4.3.).

Posteriormente, estudaremos a situação jurídica dos representantes dos sujeitos colectivos (§ 3.º), em que daremos especial atenção ao regime dos créditos de tempo e das faltas (6), à inamovibilidade (7), à presunção de sanção abusiva (8) e ao despedimento (9).

§ 2.º — DA SITUAÇÃO JURÍDICA DOS SUJEITOS COLECTIVOS

3. Negociação e Celebração de Convenções Colectivas

I. Como ponto de partida, deve notar-se que a *autonomia colectiva*[32], garantida através da *liberdade sindical* e, mais especificamente, do *direito*

---

[32] Segundo o entendimento comum, "de autonomia usa falar-se como designando a possibilidade que uma determinada entidade tenha de estabelecer as sua próprias normas", MENEZES CORDEIRO, *Direito das Obrigações*, 1.º volume, Associação Académica da Faculdade de Direito de Lisboa, reimpressão da 1.ª edição de 1980, 1994, p. 49. Como diz BAPTISTA MACHADO, *Participação e Descentralização, Democratização e Neutralidade na Constituição de 76*, Almedina, Coimbra, 1982, p. 8, "o conceito de autonomia no seu sentido mais genérico significa o poder de se autodeterminar, de auto-regular os próprios interesses — ou o poder de se dar a própria norma. Neste sentido, opõe-se a *heteronomia*, que traduz a ideia de subordinação a normas dadas (e impostas) por outrem. Deste modo, e neste sentido amplo, o ente público autónomo exerce o seu poder de autonomia muito especialmente quando elabora os seus próprios estatutos e emana os seus regulamentos", itálico no original. Salienta BIGOTTE CHORÃO, "Autonomia", *Temas Fundamentais de Direito*, Almedina, Coimbra, 1991, p. 257 (previamente publicado no *Dicionário Jurídico da Administração Pública*, volume I, s.e., Coimbra, 1965, pp. 606--613), que "actualmente a doutrina, mas neste caso, sobretudo a jusprivatista, propõe um outro conceito de autonomia: a *autonomia colectiva*.

Segundo certa orientação, de que é expoente máximo Santoro-Passarelli, a autonomia colectiva situa-se no âmbito da autonomia privada, como espécie que se contrapõe à meramente individual", itálico no original. De facto, nota BIGOTTE CHORÃO, *op. cit.*, p. 258, "(...) a *autonomia colectiva* concerne a determinados corpos intermédios, grupos sociais ou comunidades de interesse (família, categoria profissional, etc.), com fins próprios superiores aos dos indivíduos seus componentes (*interesses colectivos*), mas não coincidentes com os interesses gerais de toda a colectividade juridicamente organizada

de contratação colectiva, não impossibilita que existam limites; o que impede é que a aniquilem — *vd*. art. 18.º, n.º 3, *in fine*, da CRP —, mas não que a conformem[33]. Devemos, por outro lado, reconhecer que a liberdade sindical, como se pode ler em aresto do Tribunal Constitucional, "(...) não se esgota na faculdade de criar associações sindicais e de a elas aderir ou não aderir. Antes supõe a faculdade de os trabalhadores defenderem, coligados, os respectivos direitos e interesses perante a sua entidade patronal, o que se traduz, nomeadamente, na contratação colectiva e, também, na possibilidade de, também colectivamente — porque só assim podem equilibrar as relações com os dadores de trabalho — assegurarem o cumprimento das normas laborais, designadamente das resultantes da própria negociação colectiva"[34]. De facto, a liberdade sindical é essencial para os

---

(*interesses privados*)", itálico no original. Dentro da *autonomia colectiva* pode ainda falar-se de "(...) uma espécime particularmente importante (...) atinente à tutela dos interesses colectivos profissionais (*autonomia colectiva profissional*), que aliás se realiza através de actos tipicamente colectivos na sua própria formação, como são por exemplo, o contrato colectivo e a greve", BIGOTTE CHORÃO, *op. cit*., p. 259, itálico no original. Com efeito, "o princípio de autodeterminação colectiva (*die Kollektive autonome Selbstbestimmung*), típica manifestação do moderno Estado Social de Direito, tem (...) larga aplicação na esfera juslaboral, com a disciplina das relações de trabalho em grande parte confiada, pelo ordenamento geral do Estado, aos próprios interessados, organizados nas respectivas associações profissionais. Uma das manifestações capitais dessa disciplina profissional traduz-se na emanação, através de negociação colectiva, de uma regulamentação de carácter normativo constitutiva do ordenamento geral (*Selbstgesetzgebung*).

Ora, justamente a propósito desta autodisciplina colectiva, de que a organização sindical é pressuposto, se tem utilizado amplamente o conceito de *autonomia colectiva* (*Kollektive autonomie*), ou ainda os de *auto-administração social* (*soziale Sebstverwaltung*) e *autonomia sindical*", itálico no original, (*ibidem*).

Para mais desenvolvimentos sobre o conceito de *autonomia* e as suas diferentes concepções, *vd*., por todos, BIGOTTE CHORÃO, *op. cit*., pp. 251e ss; MENEZES CORDEIRO, *op. cit*., pp. 49 e ss, para quem, p. 90, os contratos colectivos têm como fonte, no que respeita à sua técnica normativa, o Direito das Obrigações; MONTEIRO FERNANDES, *Direito do Trabalho*, cit., pp. 622 e ss; BAPTISTA MACHADO, *op. cit*., p. 8; e, em especial, ALARCÓN CARACUEL, "La Autonomia: Concepto, Legitimacion para Negociar y Eficacia de los Acuerdos", AAVV, *La Reforma de la Negociacion Colectiva*, coordinadores Manuel R. Alarcon — Salvador Del Rey, Marcial Pons, Madrid, 1995, pp. 51 e ss; SANTORO-PASSARELLI, "Autonomia", *Enciclopedia del Diritto*, volume IV (Atto-Bana), Giuffrè, Varese, 1959, pp. 349 e ss.

[33] Cfr. JOÃO CAUPERS, *Os Direitos Fundamentais dos Trabalhadores ...*, cit., p. 169, embora se refira à autonomia privada. Como nota BIGOTTE CHORÃO, "Autonomia", cit., p. 258, "(...) a autonomia colectiva, pela sua própria natureza, [está] duplamente limitada: no exterior, pelas normas imperativas que tutelam interesses públicos; no interior, pelo vínculo a que, em função da realização dos interesses do grupo, se acha submetido o poder".

[34] Ac. do Tc. n.º 118/97, de 19 de Fevereiro, *Diário da República*, de 24 de Abril de 1997, I série — A, n.º 96, p. 1844.

Sujeitos Colectivos

trabalhadores para o exercício do direito de contratação colectiva, que é exercido, como se sabe, mediante as suas associações sindicais.

Saliente-se ainda que a nossa Lei fundamental não determina qualquer divisão de matérias entre a competência legal e a competência convencional (convenções colectivas), pelo que inexiste uma reserva de convenção colectiva. Dito de outra forma, a lei pode ocupar-se de quaisquer matérias, tal como a convenção — competência concorrente —, salvo quando a lei, como fonte superior, o proibir nos termos do princípio da prevalência da lei[35] [36]. Se é verdade que podemos falar em competência concorrente, não podemos deixar de ter presente que a prevalência de lei delimita a área de intervenção das convenções, sendo certo que quaisquer restrições estão sujeitas ao art. 18.º, n.º 3 da CRP — o que impossibilita o aniquilamento —, uma vez que o direito de contratação colectiva é um direito, liberdade e garantia. Mesmo, no silêncio da lei a convenção pode regular, pois não carece de expressa autorização legal, i.e., não precisa de precedência de lei[37].

---

[35] Cfr. JORGE LEITE, *Direito do Trabalho*, volume I, cit., pp. 91, 234-235, 247-248. Sobre a relação entre a lei e a convenção colectiva, *vd.*, do mesmo Autor, *op. cit.*, pp. 246-248.

[36] É o caso, por exemplo, das limitações previstas no art. 6.º, n.º 1, alíneas d) e e) da LRCT. Como reconhece a *Comissão de Peritos da OIT* "alguns sistemas reservam ao legislador a competência de regular certas matérias, o que pode, por exemplo, excluir da negociação certos assuntos que normalmente pertencem à esfera das condições de trabalho. Segundo a Comissão, as medidas aplicadas unilateralmente pelas autoridades para restringir o conteúdo do que pode ser objecto de negociação são, a amiúde, incompatíveis com a Convenção [n.º 98]; o método particularmente adequado para resolver este género de situações é o estabelecimento de consultas de carácter tripartido [i.e., representantes de entidades patronais, de trabalhadores e do Governo] com o objectivo de estabelecer, de comum acordo, as linhas directrizes da matéria da negociação colectiva", *Informe de la Comisión de Expertos em Aplicación de Convenios y Recomendaciones, Libertad Sindical y Negociacion Colectiva*, Conferencia Internacional del Trabajo, 81.ª reunión, Oficina Internacional del Trabajo, Ginebra, 1994, p. 121.

A Comissão de Peritos tem, como sabemos, como finalidade apreciar se os instrumentos internacionais do trabalho são correctamente aplicados. No entanto, os peritos não se limitam a analisar factos: dirigem observações aos governos sobre as deficientes aplicações das convenções ratificadas, formulam perguntas para elucidar pontos obscuros e sanar lacunas de informação, e podem também ajudar os governos sugerindo medidas a adoptar para dar cumprimento às prescrições de certas convenções, cfr. *Los Sindicatos y la OIT, Manual de Educación Obrera*, segunda edición, Oficina Internacional del Trabajo, Ginebra, 1992, p. 52. Note-se que esta Comissão não é tripartida, i.e., não tem representantes dos trabalhadores, empregadores e governos, mas sim constituída por juristas dos Estados membros que devem actuar com toda a imparcialidade (*ibidem*) *Vd.* também ROMANO MARTINEZ, *Direito do Trabalho — Parte Geral*, cit., p. 261.

[37] Cfr. JORGE LEITE, *Direito do Trabalho*, volume I, cit., p. 247.

II. É preciso também não ignorar que a representação sindical, não obstante ser um relevante meio de tutela de interesses dos agentes laborais, não pode, no entanto, ter o objectivo de ser a guardiã exclusiva dos interesses existentes nas situações jurídico-laborais[38]. Devemos, desde logo, trazer à colação o facto da sua fraca representatividade, uma vez que em Portugal apenas cerca de 30% de trabalhadores estão sindicalizados[39]. Esta situação e faz com que os efeitos reais de alguma contratação colectiva[40] sejam algo diminutos. Por outro lado, a liberdade sindical e o consequente pluralismo sindical gera quer uma multiplicação de associações[41], quer uma pulverização de convenções, convenções essas que quando aplicadas na mesma empresa têm vários efeitos nefastos, por exemplo, na sua gestão, sem esquecer os custos da própria negociação para uma eficácia tão restrita. Por

---

[38] Em sentido próximo, JORGE LEITE, *Direito do Trabalho*, volume I, cit., p. 116. Com interesse para a questão, LOBO XAVIER, "O Papel dos Sindicatos ...", cit., pp. 289 e ss.

[39] Para mais desenvolvimentos, *vd.* MARIA DA CONCEIÇÃO CERDEIRA, *A Evolução da Sindicalização Portuguesa de 1974 a 1995*, «colecção estudos», série c — Trabalho, Ministério para a Qualificação e Emprego, Lisboa, 1997; JOANA RIBEIRO — NUNO LEITÃO — PAULO GRANJO, *Visões do Sindicalismo — Trabalhadores e Dirigentes*, Cosmos, Lisboa, 1994, em especial, pp. 61-113.

O número de comissões de trabalhadores também é diminuto, uma vez que apenas existem cerca de 400, embora pareçam estar a renascer. Cfr. JOSÉ ANTÓNIO MOREIRA, *Compêndio de Leis do Trabalho*, 9.ª edição, Almedina, Coimbra, 2001, pp. 31, nota 1. Sobre o seu aparecimento, que não é uma especificidade do nosso ordenamento, *vd.* BRITO CORREIA, *Direito do Trabalho — Participação nas Decisões*, volume III, Universidade Católica Portuguesa, Lisboa, 1984, pp. 240 e ss; ROMANO MARTINEZ, *Direito do Trabalho — Parte Geral*, cit., p. 186; e, em especial, LOBO XAVIER, "As Recentes Intervenções ...", cit., pp. 428 e ss. Sobre a gestão de empresas realizada por algumas comissões de trabalhadores, face à ocupação efectuadas por estas, *vd.* MENEZES LEITÃO, "A Aplicação do regime da Gestão de Negócios à Gestão de Empresa Efectuada por Comissão de Trabalhadores", *Revista da Ordem dos Advogados*, ano 51, 1991, pp. 751 e ss.

[40] Como sabemos, existe, entre nós, o princípio da dupla filiação (art. 7.º da LRCT), i.e., as convenções colectivas apenas se aplicam aos trabalhadores e empregadores filiados nas associações outorgantes, não obstante haver depois algumas especificidades complementares (por exemplo, art. 8.º da LCRT). Sobre a eficácia pessoal das convenções colectivas, *vd.* o nosso texto, "Notas sobre a Eficácia Normativa das Convenções Colectivas", AAVV, *Estudos do Instituto de Direito do Trabalho*, coordenação de Romano Martinez, volume I, Almedina, Coimbra, 2000, pp. 644 e ss.

[41] Se é certo que "(...) a unicidade sindical imposta directa ou indirectamente por via legislativa está em contradição com a Convenção [n.º 87], [é igualmente correcto que] a multiplicidade excessiva de organizações sindicais pode, também, debilitar o movimento sindical, e, em última instância, depreciar os interesses dos trabalhadores", *Informe de la Comisión de Expertos en Aplicación de Convenios y Recomendaciones...*, cit., p. 46. Sobre a questão, *vd.* LOBO XAVIER, "O Papel dos Sindicatos ...", cit., pp. 292 e ss.

Sujeitos Colectivos 303

isso mesmo, devemos equacionar se não devem ser atribuídas especiais pre-rrogativas aos sindicatos com maior representatividade, de que é exemplo a exclusivo da capacidade para celebrar convenções[42] [43].

É certo que o problema da maior representatividade exige a fixação de critérios objectivos para se poder aferir, com base em elementos não discriminatórios, quais as entidades que detém, de facto, tal estatuto[44]. Como refere a *Comissão de Peritos de Aplicação de Convenções e Recomendações da Organização Internacional do Trabalho*, "(...) a deter-minação da organização mais representativa deve basear-se em critérios objectivos, pré-estabelecidos e precisos, com o fim de evitar toda a decisão

---

[42] Referimo-nos a convenções nos termos da LRCT, mas nada impede a existência de contratos à margem daquele diploma, logicamente sem as consequências ali previstas. Com interessa para a questão, *vd*., entre outros, NUNES CARVALHO, "Primeiras Notas sobre a Contratação Colectiva Atípica", *Revista de Direito e de Estudos Sociais*, ano XXXX (XIII da 2.ª série), 1999, n.º 4, pp. 353-404, onde o Autor trata (pp. 355-364) do problema da desig-nação; e ano XXXXI (XIV da 2.ª série), 2000, n.ºs 1 e 2, pp. 9 e ss; JOÃO CAUPERS — PEDRO MAGALHÃES, *Relações Colectivas de Trabalho*, cit., p. 16; MONTEIRO FERNANDES, *Direito do Trabalho*, cit., pp. 605-606; JOÃO LOBO, "A Negociação Colectiva Informal na Ordem Jurídica Portuguesa", *Questões Laborais*, ano II, n.º 4, 1995, pp. 14-34. Com interesse para a questão, MICHEL DESPAX, *vd*. "La Mesure de l´Application de la Loi sur les Conventions Collectives à la Négociation d´Entreprise: les Accordes en Marge de la Loi", *Droit Social*, 1982, n.º 11, pp. 672-674.

[43] Sobre os problemas do pluralismo sindical, nomeadamente sobre a representação sindical e o estatuto da organização mais representativa, *vd*., entre nós, MENEZES CORDEIRO, "Representatividade e Maior Representatividade dos Sindicatos — A Expe-riência Portuguesa", *Tribuna da Justiça*, n.º 39, 1988, pp. 1 e ss; JORGE LEITE, *Direito do Trabalho*, volume I, cit., pp. 198 e ss; RIBEIRO LOPES, "A Contratação Colectiva", AAVV, *I Congresso Nacional de Direito do Trabalho — Memórias*, coordenação de António Moreira, Almedina, Coimbra, 1998, pp. 61 e ss; ROMANO MARTINEZ, «Os Novos Hori-zontes do Direito do Trabalho», AAVV, *III Congresso Nacional de Direito do Trabalho. Memórias*, coordenação de ANTÓNIO MOREIRA, Almedina, Coimbra, 2001, pp. 329 e ss. LOBO XAVIER, "O Papel dos Sindicatos ...", cit., pp. 294 e ss. Na doutrina estrangeira, entre outros, SALA FRANCO — ALBIOL MONTESINOS *Derecho Sindical*, cit., pp. 95 e ss; ALONSO OLEA — CASA BAAMONDE, *Derecho del Trabajo*, decimoquinta edicion, Civitas, Madrid, 1997, pp. 606 e ss; SANTORO PASSARELLI, "La Rappresentenza Sindicale", AAVV, *Cento Anni di Lavoro — Ricognizione Multidisciplinare sulle Transformazioni del Lavoro nel Corso de XX Secolo*, cura di G. Ciocca e D. Verducci, Università di Mace-rata, publicação dellla Facoltà di Giurisprudenza, Giuffrè, Milano, 2001, pp. 39 e ss; JEAN-MAURICE VERDIER, *Droit du Travail — Syndicats et Droit Syndical*, direction de G. H. Camerlynck, tome 5, volume I, deuxiéme édition, Dalloz, Paris, 1987 pp. 473 e ss; AAVV, *Rappresentanza e Rappresentatività del Sindicato*, Associazione Italiana di Di-ritto del Lavoro e della Sicurrezza Sociale, Annuario di Diritto del Lavoro, n.º 23, Milano, Giuffrè, 1990, *passim*.

[44] Como salienta JORGE LEITE, *Direito do Trabalho*, volume I, cit., p. 200.

parcial e abusiva"[45]. Ora, não temos, entre nós, quaisquer indicadores, ou sequer informações, que nos permitam de uma forma objectiva utilizar a representatividade como critério de qualquer selecção ou concessão de especiais prerrogativas.

Como escreve RIBEIRO LOPES, não obstante o regime de relações colectivas debater-se com problemas que justificam que se coloquem questões atinentes aos critérios de representatividade sindical, pelo menos para já, não há qualquer base consensual quer sobre os termos do problema, quer sobre os mecanismos de solução, para que uma tomada de decisão possa produzir efeitos favoráveis[46].

II. Vimos que o direito de contratação colectiva tem arrimo no art. 56.º, n.º 3, da Constituição, que prescreve que *"compete às associações sindicais exercer o direito de contratação colectiva, o qual é garantido nos termos da lei"*[47] [48]. Daqui se infere que o poder normativo das associações

---

[45] *Informe de la Comissión de Expertos em Aplicación de Convenios y Recomendaciones,* ..., cit., p. 47. De acordo ainda com a *Comissão de Peritos* — a quem compete avaliar a aplicação dos instrumentos internacionais do trabalho, emitindo um parecer que será apreciado pela Conferência Geral, para mais desenvolvimentos, *Los Sindicatos y la OIT, Manual de Educación Obrera,* segunda edición, Oficina Internacional del Trabajo, Ginebra, 1992, pp. 52 e ss — *ibidem*, "(...) as vantagens devem limitar-se de uma maneira geral ao reconhecimento de certos direitos preferenciais no que se refere a questões tais como a negociação colectiva, a consulta pelas autoridades ou a designação de delegados para organismos internacionais". Note-se, aliás, que o parágrafo 5 do art. 3.º, da Constituição da Organização Internacional do Trabalho consagra o conceito de "organização mais representativa".

[46] RIBEIRO LOPES, "A Contratação Colectiva", cit., p. 65.

[47] Como observa RIBEIRO LOPES, "A Contratação Colectiva", cit., p. 50, e nota 2, existe uma diferente abordagem dos instrumentos internacionais ratificados por Portugal e aquela que é apresentada pela nossa Lei Fundamental. Com efeito, enquanto as convenções n.ºs 87 — versa a liberdade sindical e a protecção do direito sindical — e 98 — incidem, respectivamente, sobre o direito de organização e de negociação colectiva — revelam uma igualdade, no que respeita à sua matéria, de tratamento entre trabalhadores e empregadores, a nossa Lei fundamental não consagrou (expressamente) o direito de os empregadores se associarem através de associações patronais para defesa dos seus direitos e, consequentemente, o direito de contratação colectiva, bem como qualquer referência à participação na elaboração da legislação do trabalho. Dizemos que a Constituição não consagrou «expressamente», pois, pelo menos no que respeita ao direito de contratação colectiva, somos da opinião que tal faz parte do conteúdo do direito de iniciativa privada — na sua vertente de direito de contratação -, que é considerado pela doutrina, como dissemos (nota 12) como um direito fundamental de natureza análoga aos direitos, liberdades e garantias.

Para JOÃO CAUPERS, "Direitos dos Trabalhadores em Geral e Direito de Contratação Colectiva em Especial", AAVV, *Nos Dez Anos da Constituição,* organização de Jorge Miranda, Imprensa Nacional Casa da Moeda, Lisboa, 1986, p. 48, "a omissão de qualquer referência à competência para outorgar convenções colectivas de trabalho pode explicar-se facilmente:

— por um lado, a convenção colectiva é uma conquista dos trabalhadores colectivamente organizados, podendo mesmo dizer-se que o direito de contratar colectivamente, mais do que um direito de negociar *com*, é um direito de negociar *contra*;

— por outro lado, o carácter colectivo só é típico da convenção quando vista do lado dos trabalhadores pois, se um trabalhador não pode, isoladamente, promover a celebração de uma convenção colectiva, nada obsta a que esta seja outorgada apenas por um empresário e, até, somente para um dos seus estabelecimentos".

[48] Tem sido discutida entre nós a questão de saber se o "direito de contratação colectiva" é um direito ou uma garantia institucional (sobre a diferença entre direito e garantia, *vd*. VIEIRA DE ANDRADE, *Os Direitos Fundamentais* ..., cit., pp. 76, 95 e ss; GOMES CANOTILHO, *Direito Constitucional e Teoria da Constituição*, Almedina, Coimbra, 1998, pp. 363-364; JORGE MIRANDA, *Manual de Direito Constitucional — Direitos Fundamentais*, cit., pp. 68 e ss.

Face à redacção originária, a Comissão Constitucional, no *Parecer n.º 18/78*, de 27 de Julho, 6.º volume, Imprensa Nacional da Casa da Moeda, Lisboa, 1979, p. 23, entendeu "(...) poder concluir-se, sem mais investigação, que da parte organizatória implícita no seu conceito (pressuposto do reconhecimento) cometida ao legislador (art. 58.º n.º 4 [, actual, 56.º, n.º 4], como (possível) condição do próprio reconhecimento do exercício do direito de contratação colectiva, não permite configurá-lo como incluído nos direitos fundamentais dos trabalhadores a que se refere o art. 17.º da Constituição". No mesmo Parecer, *idem*, p. 20, escreveu-se ainda que "através da normatividade derivada da lei ordinária desprende-se na convenção colectiva, uma força que transcende o direito subjectivo de exercer a contratação. A que está ligada a função social da convenção". "Outra coisa seria confundir, aliás, a titularidade do exercício do direito de contratação colectiva com a capacidade plena da modelação das condições e efeitos negociais, o que esqueceria justamente a função social da contratação colectiva que a integra previamente", *Parecer* citado, p. 20, nota 27.

No seu voto de vencido NUNES DE ALMEIDA, *op. cit.*, defendeu (pp. 51-53) que "(...) a Constituição configura a contratação colectiva não como um direito mas como uma garantia institucional; o direito de contratação colectiva é, assim, conferido directamente pela lei a qual deve respeitar apenas a essência da instituição" (p. 52).

Por sua vez FERNANDA PALMA — tendo presente a versão originária —, no voto de vencida do aresto n.º 966/96, de 11 de Julho, publicado na *Revista de Direito e de Estudos Sociais*, ano XXXIX, (XII da 2.º série), 1997, n.ºs 1-2-3, p. 144, defendeu que "o direito de contratação colectiva deveria ser entendido, na verdade, como um direito fundamental dos trabalhadores, no âmbito da versão originária da Constituição de 1976. Tal direito caracteriza, decisivamente, o trabalho subordinado como trabalho prestado por pessoas livres, numa sociedade essencialmente liberal e fundada na dignidade da pessoa humana (artigo 1.º da Constituição)".

No sentido de garantia institucional parece pronunciar-se VIEIRA DE ANDRADE, *op. cit.*, p. 92, nota 30, ao afirmar que "neste caso [direito de contratação colectiva], não se trata de um direito das associações sindicais, pois é referido a *todos os trabalhadores*, embora não propriamente como direito, senão como garantia institucional (neste sentido convergem o Parecer relatado por Eduardo Correia [n.º 18/78] e a declaração de voto de NUNES DE ALMEIDA. Que estamos perante matéria de direitos fundamentais decorre ainda (...) da circunstância de o instituto da contratação colectiva se destinar principalmente à garantia das posições subjectivas e da dignidade dos trabalhadores", itálico no original

Também ASSUNÇÃO ESTEVES, Ac. do Tc. n.º 118/97, de 19 de Fevereiro, cit., p. 1845, em voto de vencida, defendeu que "as normas do artigo 55.º (*liberdade sindical*) e do artigo 56.º (*direitos das associações sindicais*) não têm uma idêntica estrutura. A primeira norma, do artigo 55.º, consagrando a liberdade sindical, afirma um direito subjectivo fundamental: o de os trabalhadores se organizarem e agruparem no sentido da defesa dos seus direitos. A segunda norma, do artigo 56.º, sobre as associações sindicais, tem uma dimensão institucional e orgânica, uma dimensão organizatório-representativa, afirmando a competência dos sindicatos". Assim, "à natureza de norma garantidora de posições subjectivas fundamentais, que é própria do artigo 55.º, contrapõe-se a natureza de norma atributiva de competências, que é própria do artigo 56.º: a primeira norma tem em si uma pretensão de máxima efectividade a que deve ater-se o método de interpretação e que não está presente na segunda. Ou seja, uma norma constitucional sobre a liberdade sindical tem uma dimensão de liberdade, ao passo que uma norma constitucional sobre os direitos das associações sindicais tem uma dimensão de competência, e isso tem implicações no método de interpretação".

Já JORGE MIRANDA, *op. cit.*, p. 70, afirma ser duvidosa a qualificação da contratação colectiva; contudo, segundo o Professor, "(...) não devem ser levadas demasiado longe as decorrências dos conceitos – transformando-os em preceitos. Se a Constituição não distingue expressamente e se trata no mesmo plano direitos fundamentais e garantias institucionais, o regime jurídico aplicável não pode ser, à partida, diverso, mormente quanto à preservação do conteúdo essencial perante o legislador ordinário, quanto aos destinatários das normas e quanto aos órgãos competentes para a sua regulamentação legislativa". Porém, para GOMES CANOTILHO, *op. cit.*, p. 363, "sob o ponto de vista da protecção jurídica constitucional, as garantias institucionais não garantem aos particulares posições subjectivas autónomas e daí a inaplicabilidade do regime dos direitos, liberdades e garantias".

Diferente parece ser a posição de JOÃO CAUPERS, "Direitos dos Trabalhadores em Geral ...", cit., p. 47, para quem o art. 56.º, n.º 3, confere a titularidade deste direito às associações sindicais. Algumas páginas mais à frente (pp. 50-51), o Professor especifica esta posição, defendendo que o direito de contratação colectiva inclui direitos de liberdade, direitos a prestações do Estado e das associações patronais, e, ainda, pretensões a um certo comportamento. Em escrito anterior, *Os Direitos Fundamentais ...*, cit., p. 149, o Autor considerou o direito de contratação colectiva como tendo a natureza de liberdade, estando o Estado adstrito a não o inutilizar.

Refira-se, ainda a posição de GOMES CANOTILHO e VITAL MOREIRA, *Constituição da República Portuguesa*, p. 307 (VIII), para quem "o **direito de contratação colectiva**

Sujeitos Colectivos 307

sindicais e patronais se fundamenta directamente na Constituição, e consequentemente na lei, competindo a esta a sua garantia[49].

III. Cabe, então, questionar: qual é o conteúdo do direito de contratação colectiva? Segundo JOÃO CAUPERS traduz-se em diversas situações[50]:

a) a primeira, consiste na apresentação, negociação e outorga de convenções colectivas;
b) a segunda, no reconhecimento da capacidade negocial das entidades e associações patronais;
c) a terceira, na faculdade de exigir uma resposta às suas propostas negociais, faculdade que envolve as entidades patronais;
d) a quarta, na existência de matérias para negociar;
e) finalmente, a quinta na faculdade de exigir que o Estado utilize os meios necessários e eficazes para evitar a malogro do direito de contratação colectiva[51].

(n.º 3 e 4) é um direito cujo titular são directamente os *trabalhadores*, competindo às associações apenas *exercê-lo* (...)", itálico e sublinhado no original.

O Tribunal Constitucional no acórdão n.º 996/96, publicado na *Revista de Direito e de Estudos Sociais*, ano XXXIX, (XII da 2.º série), 1997, n.ºs 1-2-3, p. 138, afirmou perante os n.ºs 3 e 4 do art. 56.º, da CRP, que, à qual aderimos, "uma vez que este artigo se encontra inserido no título II da parte I da Constituição, não subsistem hoje dúvidas quanto à qualificação do direito de contratação colectiva como um direito fundamental. Trata-se, na verdade, de um direito dos trabalhadores (capítulo III) a que é imediatamente aplicável o regime dos direitos, liberdades e garantias, *ex vi* do artigo 17.º da Constituição".

[49] Como escreve JORGE LEITE, *Direito do Trabalho*, volume I, cit., p. 91: "tal como a CRP a configura, a convenção colectiva não carece de qualquer acto de reconhecimento legal e muito menos administrativo. À lei não cabe reconhecer mas *garantir*, por injunção constitucional, um direito constitucionalmente reconhecido", itálico no original.

[50] GOMES CANOTILHO e VITAL MOREIRA, *Constituição da República Portuguesa Anotada*, cit., p. 307 (VIII), analisam materialmente o direito de contratação colectiva "(...) em três aspectos: (a) *direito à liberdade negocial colectiva*, não estando os acordos colectivos sujeitos a autorizações ou homologações administrativas; (b) *direito à negociação colectiva*, ou seja, direito a que as entidades patronais não se recusem à negociação, o que requer garantias específicas, nomeadamente esquemas públicos sancionatórios da recusa patronal em negociar e contratar; (c) *direito à autonomia contratual colectiva*, não podendo deixar de haver um espaço aberto à disciplina contratual colectiva, o qual não pode ser aniquilado por via normativa-estadual", itálico no original.

[51] JOÃO CAUPERS, "Direitos dos Trabalhadores em Geral ...", cit., p. 50. O Autor já tinha tomado idêntica posição, quanto ao conteúdo do direito de contratação colectiva,

III. Resulta que o *direito de contratação colectiva* abarca a faculdade de celebrar convenções; seguramente inclui também, pelo menos entre nós, a possibilidade de recusar a celebração[52]. Por outro lado, tem de exis-

---

na sua tese de mestrado, *Os Direitos Fundamentais* ..., cit., pp. 105-106. *Vd.* também RIBEIRO LOPES, "A Contratação Colectiva" p. 50. Para JOÃO CAUPERS, *op. cit.*, p. 51, o "(...) direito de contratação colectiva — que melhor justificaria o nome de direito de *nego-ciação* colectiva, já que é exercido mais pela *possibilidade real de negociar* do que pela efectiva obtenção de um acordo — engloba poderes ou faculdades consubstanciando situações jurídicas muito diversas:

— verdadeiros direitos de liberdade, como as que referimos em primeiro e em quarto lugar [alínea a) e d)];

— direitos a prestações do estado, como a quinta [alínea e)];

— direitos a prestações das entidades e associações patronais, como a terceira [alínea c)];

— pretensões a um certo comportamento normativo do Estado, como a segunda e, em certa medida, também a quinta [alíneas b) e e)]", itálico no original.

[52] Face a alguns preceitos da LRCT — nomeadamente, o art. 17.º, n.º 1, — *"as enti-dades destinatárias da proposta devem responder nos trinta dias seguintes à recepção daquela, salvo se prazo diverso tiver sido convencionado"*, — o art. 22.º, n.º 1, *"as asso-ciações sindicais, as associações patronais e as entidades patronais devem respeitar, no processo de negociação colectiva, os princípios de boa fé, nomeadamente respondendo com a máxima brevidade possível às respostas e contrapropostas, respeitando o proto-colo negocial e fazendo-se representar em reuniões e contactos destinados à prevenção ou resolução de conflitos"* — poder-se-á colocar a questão de saber se existe um dever jurídico de contratar. Segundo JOÃO CAUPERS, "Direitos dos Trabalhadores em Geral ...", cit., p. 52, que se refere aos arts. 17.º, n.º 1, 18.º, n.º 2 e 36.º, n.º 1, da LRCT, *"(...) tudo isto não é suficiente para se considerar instituído entre nós um verdadeiro dever jurídico de negociar colectivamente, susceptível de se contrapor a um direito subjectivo sindical à negociação colectiva (...)"*, itálico no original. Também MENEZES CORDEIRO, *Convenções Colectivas de Trabalho e Alterações de Circunstâncias*, Lex, Lisboa, 1995, p. 44, começa por reconhecer que os deveres de contratar têm vindo a surgir nas últimas décadas. Na ver-dade, o actual Código Civil (de 1966) deu, no nosso ordenamento, um contributo rele-vante, ao estipular a figura do contrato-promessa (art. 410.º e ss) e ainda assistida pelo mecanismo da execução específica (art. 830.º). Segundo o Autor, *ibidem*, "pode-se ques-tionar, tão só, a natureza contratual do «contrato devido». Mas o verdadeiro dever de con-tratar, que ponha em crise essa natureza contratual, implica uma perfeita determinação do conteúdo sobre que irão recair as «declarações de vontade» exigíveis. Quando a vontade livre das partes seja ainda necessária para encontrar esse conteúdo final, não há, ver-dadeiramente, um dever de contratar mas, tão só, deveres instrumentais no sentido de facili-tar um contrato. Pode falar-se em *contratação induzida* ou *provocada;* mas há, ainda, uma contratação no sentido do termo". Em virtude do exposto, conclui o Professor, *ibidem*, que o regime existente relativamente à contratação colectiva, tem, é certo, várias normas que incitam à celebração de convenções, mas não possui mecanismos que substituam a vontade das partes. Note-se que, como refere JOÃO CAUPERS (*op. cit.*) p. 52, existem paí-ses em que esta obrigação é uma realidade, de que são exemplo os Estados Unidos e a

Sujeitos Colectivos 309

tir um espaço de intervenção da contratação colectiva, ou seja, a lei não pode aniquilar o direito de contratação colectiva[53]. Mais: resulta igualmente claro, que o direito de contratação colectiva, não só inclui o direito de negociar — e consequentemente de alterar as cláusulas negociadas —, como a proibição de quaisquer autoridades modificarem o conteúdo negociado[54].

IV. Referimos que apenas têm capacidade para celebrar convenções colectivas, as associações sindicais e patronais (art. 3.º da LRCT)[55]; além da capacidade é também relevante analisar a legitimidade destes entes, tendo presente que, por determinação constitucional, compete à lei esta-

---

França. *Vd.* quanto a este último ordenamento, Yves Chalaron, *Pratique Sociale — Négociations et Accords Collectifs d´ Entreprise*, tome 5, direction de Bernard Teyssié, Litec, Paris, 1990, pp. 91 e ss.

[53] Como salientam Gomes Canotilho e Vital Moreira, *Constituição da República Portuguesa ...*, cit., pp. 307-308 (VIII); *vd.* também p. 502 (III); João Caupers, *Os Direitos Fundamentais ...*, cit., p. 149.

A existência de uma reserva de contratação colectiva é igualmente defendida por Lobo Xavier, "Articulacion de la Autonomia Individual, de la Autonomia Colectiva de la Norma Estatal en la Regulacion de las Condiciones de Trabajo (Portugal)", AAVV, *La Reforma del Mercado de Trabajo*, direcção de Efrén Borrajo Dacruz, Actualidad Editorial, Madrid, 1993, p. 1049, e também nota 42, onde o Autor preconiza a necessidade de ser garantida um espaço suficiente para a regulação convencional.

Se bem interpretamos a posição de João Caupers, "Direitos dos Trabalhadores em Geral ...", cit., p. 50, parece-nos ser esta mais intensa quando escreve, ao referir a necessidade de haver matéria para negociar, que considera uma faculdade integrante do direito de contratação colectiva: "apresenta-se também a estrutura de um direito de liberdade, que se satisfaz com uma conduta omissiva do Estado, sendo ofendido quando este invade a área da auto-regulamentação do trabalho, através da produção alargada de disposições legais inderrogáveis em sentido mais favorável aos trabalhadores".

A questão tem a ver com o grau de intervenção. Para nós, não há, sem mais, matérias reservadas à intervenção estadual ou convencional; contudo, defendemos que o Estado não pode intervir de forma a inutilizar o direito de contratação colectiva, o que é diferente.

[54] Neste sentido, Jorge Carvalho, "Extensão das Convenções Colectivas e Pluralismo Sindical", *Revista Técnica do Trabalho*, 1981, n.ºs 9/10, pp. 44-45. Nota com propriedade Ribeiro Lopes, "A Contratação Colectiva", cit., p. 49, que "a expressão contratação colectiva tem (...) um alcance mais vasto do que a negociação colectiva, abrangendo o processo negocial autónomo desenvolvido entre determinados sujeitos, bem como o resultado normal desse processo, ou seja, a convenção colectiva. Diversamente, a negociação colectiva corresponde ao processo negocial, aparecendo a convenção colectiva como o seu resultado normal para além da negociação".

[55] As entidades patronais também podem celebrar (art. 3.º, alínea b) da LRCT), mas não nos interessa neste momento, pois apenas estamos a tratar dos sujeitos representativos.

310   *Estudos do Instituto de Direito do Trabalho*

belecer as regras sobre a legitimidade para a celebração de convenções colectivas, bem como a eficácia das respectivas normas (art. 56.º, n.º 4)[56].

Com efeito, a LRCT atribui — concretizando o art 56.º, n.º 3 da CRP — capacidade a quaisquer associações sindicais e patronais para celebrar convenções, mas nada diz quanto à legitimidade.

As associações sindicais adquirem personalidade jurídica no momento em que são registados os seus estatutos no Ministério do Trabalho (art. 10.º, n.º 1 da LS), afirmando o art. 3.º, n.º 2 da LRCT, que *"só as associações sindicais (...) registadas nos termos do respectivo regime jurídico podem celebrar convenções colectivas de trabalho"*[57]. Nestes termos, é necessário o respectivo registo para que as associações sindicais adquiram capacidade jurídica; mas não basta, pois prescreve o art. 10.º, n.º 6 da LS que apenas podem iniciar a sua actividade após a publicação dos respectivos estatutos no *Boletim do Trabalho e Emprego* (art. 10.º, n.º 6 da LS)[58]. Ou seja, se é verdade que é necessário o registo dos respectivos estatutos, é igualmente verdade que o seu registo não é suficiente, pois as associações sindicais só podem iniciar o exercício das respectivas actividades após a publicação daqueles. Deste modo, com o registo dos estatutos as associações sindicais adquirem a personalidade jurídica e a

---

[56] Sobre a eficácia, em especial a normativa, das convenções colectivas, *vd.* o nosso texto, "Notas sobre a Eficácia Normativa das Convenções Colectivas", cit., pp. 597 e ss.

[57] Segundo o art. 7.º da Convenção n.º 87, da Organização Internacional do Trabalho, *"a aquisição de personalidade jurídica pelas organizações de trabalhadores e de entidades patronais, suas federações e confederações não pode estar subordinada a condições susceptíveis de pôr em causa a aplicação das disposições dos artigos 2.º, 3.º e 4.º da presente Convenção"*. Note-se que esta Convenção considera o termo organização, segundo o art. 10.º, como *"(...) toda e qualquer organização de trabalhadores ou de entidades patronais que tenha por fim promover e defender os interesses dos trabalhadores ou do patronato"*.

Os preceitos referidos no art. 7.º consagram:
a) o direito de *"os trabalhadores e entidades patronais, sem distinção de qualquer espécie, (...) sem autorização prévia, de constituírem organizações da sua escolha, assim como o de se filiarem nessas organizações, com a única condição de se conformarem com os estatutos destas últimas"* (art. 2.º);
b) o direito de *"as organizações de trabalhadores e de entidades patronais (...) de elaborar os seus estatutos e regulamentos administrativos, de eleger livremente os seus representantes, organizar a sua gestão e a sua actividade e formular o seu programa de acção"* (art. 3.º, n.º 1);
c) por fim, *"as organizações de trabalhadores e de entidades patronais não estão sujeitas à dissolução ou à suspensão por via administrativa"* (art. 4.º).

[58] Nos termos do art. único do Decreto-Lei n.º 224/77, de 30 de Maio, a publicação dos estatutos no *Boletim do Trabalho e Emprego* substitui a do *Diário da República*.

Sujeitos Colectivos 311

inerente capacidade de gozo; com a publicação dos estatutos no *Boletim do Trabalho e Emprego*, as associações sindicais passam a ter capacidade de exercício[59] [60].

Com as associações patronais ocorre idêntica situação. Estas adquirem personalidade jurídica com o registo dos estatutos no Ministério do Trabalho (art. 7.º, n.º 1 da LAP), prescrevendo o art. 3.º, n.º 2 da LRCT, que *"só as associações patronais (...) registadas nos termos do respectivo regime jurídico podem celebrar convenções colectivas de trabalho"*. Por sua vez, estabelece o art. 7.º, n.º 6 da LAP, que as associações sindicais *"(...) só poderão iniciar o exercício das respectivas actividades decorrido o prazo para o pedido da declaração judicial da sua extinção ou após o trânsito da declaração judicial confirmatória da legalidade (...)"*. Também aqui se trata de primeiro adquirir personalidade jurídica e a inerente capacidade de gozo, para posteriormente ser conferida a respectiva capacidade de exercício[61].

A legitimidade é um conceito diferente, pois enquanto a capacidade é uma categoria genérica e abstracta — aqui do que se trata é de saber se determinado ente pode realizar um acto de certo tipo — , a legitimidade é concreta e relacional[62], ou seja, não obstante determinado sujeito colectivo ter capacidade para celebrar uma convenção colectiva, não quer dizer

---

[59] Para JORGE LEITE e COUTINHO DE ALMEIDA, *Colectânea de Leis do Trabalho*, cit., p. 377 (V), a publicação dos estatutos "(...) é condição de eficácia para a entrada em exercício das suas funções, a exemplo do que sucede com as *associações em geral* (art. 168.º/2/3 do CC)". Discordamos dos Autores, pois para nós o que se passa com o art. 168.º, n.º 3 do CC é uma situação de inoponibilidade para com terceiros, enquanto no caso das associações sindicais é a capacidade de exercício que está em causa. Aqui, e desde logo com base na letra da lei (arts. 10.º, n.º 5 da LS e 7.º, 6 *in fine* da LAP), não se trata de um problema de eficácia, mas de poder ou não exercer a respectiva actividade, ou seja, exercer direitos e cumprir obrigações.

Em estudo posterior, JORGE LEITE, *Direito do Trabalho*, volume I, cit., p. 181 e nota 31, já preconiza uma posição idêntica à do presente texto.

[60] Quer as associações sindicais, quer as associações patronais são pessoas colectivas de direito privado, neste sentido, por exemplo, MENEZES CORDEIRO, *Manual de Direito do Trabalho*, pp. 119-121 e 121-122, respectivamente; ROMANO MARTINEZ, *Direito do Trabalho — Parte Geral*, cit., pp. 179-181 e 185; MÁRIO PINTO, *Direito do Trabalho*, cit., p. 197.

[61] Como resulta do exposto não é coincidente, sem que nada o justifique, o momento estabelecido pelo legislador em que as associações sindicais e as patronais adquirem capacidade de exercício.

[62] Temos presente o ensino de OLIVEIRA ASCENSÃO, *Teoria Geral do Direito Civil — Introdução, as Pessoas, os Bens,* 2.ª edição, Coimbra Editora, 2000, pp. 147 e ss. *Vd.* também JORGE LEITE, *Direito do Trabalho*, volume I, cit., pp. 236-237.

312   *Estudos do Instituto de Direito do Trabalho*

que tenha legitimidade; esta, em virtude de ser uma categoria relacional, só se afere apurando-se a relação existente entre a entidade que vai outorgar a convenção e as situações jurídicas que daí decorrerão. Explicando: o sindicato A do Centro e Sul, tem capacidade para celebrar convenções, mas não tem legitimidade para celebrar uma convenção atinente aos trabalhadores do norte, uma vez que não os representa. Por isso, é que o art. 23.º, n.º 1, alínea a) e b) da LRCT, impõe que o texto final das convenções colectivas refiram a designação das entidades celebrantes, a área e o âmbito de aplicação, sendo a ausência destas indicações causa de recusa do depósito (art. 24.º, n.º 3, alínea a) da LRCT).

4. Direitos de Participação

4.1. *No conselho económico e social*

I. De acordo com a Lei fundamental, constitui direito das associações sindicais "(...) *fazer-se representar nos organismos de concertação social*" (art. 56.º, n.º 2, alínea d))[63] [64]. Por sua vez, prescreve a mesma

---

[63] Como escreve JORGE MIRANDA, "Conselho Económico e Social e Comissão de Concertação Social", *Questões Laborais*, ano VI, n.º 14, 1999, p. 140, no século passado não houve órgãos com estrutura idêntica ao Conselho Económico e Social, uma vez que a perspectiva dominante na altura era a de uma separação entre o Estado e a sociedade. A primeira Lei fundamental a prever um órgão deste género foi a Constituição de Weimar (1919). Refira-se, no entanto, que a Constituição portuguesa de 1911, mediante a alteração do Decreto n.º 3997, de 30 de Março de 1918, previu a inclusão no Senado da República de Senadores eleitos pelas associações sindicais e empresariais. Para mais desenvolvimentos, JORGE MIRANDA, *op. cit.*, pp. 141 e ss.

[64] Esta alínea foi aditada pela Lei de revisão constitucional n.º 1/89, de 8 de Julho. MENEZES CORDEIRO, *Manual de Direito do Trabalho*, cit., p. 428, define concertação social, em sentido lato, "(...) como o conjunto das medidas — e os efeitos delas resultantes — que contribuam directa ou indirectamente para estabelecer contactos entre os Estados e os parceiros laborais colectivos, com vista à ulterior tomada de decisões com relevo económico-social"; por sua vez, para o Autor, *ibidem*, em sentido restrito, "(...) a concertação social faculta essas mesmas medidas, quando efectivamente negociadas entre o Estado e os parceirso laborais colectivos, com objectivos de prevenir lutas laborais colectivas". *Vd.* também FRAGA IRIBARNE, "La Concertacion en una Sociedad Democratica", AAVV, *La Reforma del Mercado de Trabajo: Libertad de Empresa y Relaciones Laborales*, Actualidad Editorial, Madrid, 1993, pp. 1097 e ss.

Sobre os diferentes níveis de concertação social, *vd.* DAMASCENO CORREIA, *O Paradigma da Concertação Social: uma Estratégia para Incremento do Diálogo Social*,

Lei que o *"Conselho Económico e Social é o órgão de consulta e concertação no domínio das políticas económica e social, participa na elaboração das propostas das grandes opções e dos planos de desenvolvimento económico e social e exerce as demais funções que lhe sejam atribuída por lei"* (art. 92.º, n.º 1)[65]. Daqui resulta que a natureza deste órgão complexo — que é um órgão independente, com a inerente auto-nomia administrativa (art. 14.º, n.º 1) — é de planeamento, consulta e concertação, não possuindo, deste modo, qualquer poder verdadei-

---

policopiado, Lisboa, 2001, pp. 7 e ss (4) (este texto será, em breve, publicado na *Revista de Direito e de Estudos Sociais*; em virtude de ainda não estar disponível, indica-se também a numeração dos pontos).

[65] Este preceito foi aditado aquando da revisão constitucional de 1989 (art. 95.º) tendo os n.ºs 1 e 2 sido revistos em 1997. No primeiro caso, advém da proposta do PS, tendo como objectivo consagrar a participação do Conselho Económico e Social (CES) na preparação das propostas de lei das grandes opções, realçando o seu carácter de órgão de consulta na determinação dos fins económicos estratégicos; no segundo, resulta do Projecto apresentado pelo Deputado (independente) Cláudio Monteiro e outros colegas, e pretendeu positivar algo que já estava previsto na lei orgânica (art. 3.º, n.º 1, alínea f)), ou seja, a participação das associações de famílias (cfr. M. REBELO DE SOUSA — MARQUES GUEDES — MARQUES MENDES, *Uma Constituição Moderna para Portugal*, Grupo Parlamentar do PSD, Lisboa, 1997, p. 130).

O Conselho Económico e Social encontra antecedentes no Conselho Nacional do Plano — previsto na versão inicial da Constituição (art. 94.º, n.º 2), cuja norma foi derrogada na revisão de 1989 e deu lugar ao Conselho Económico e Social, tendo tido a sua organização e funcionamento regulados pela Lei n.º 31/77, de 23 de Maio —, no Conselho de Rendimentos e Preços — Decreto-Lei n.º 646/76, de 31 de Julho, que nunca teve funcionamento efectivo -, no Conselho Permanente de Concertação Social — Decreto-Lei n.º 74/84, de 2 de Março, posteriormente alterado pelos Decretos-Leis n.ºs 8/86, de 16 de Janeiro e 336/87, de 21 de Outubro. O Conselho Nacional do Plano, o Conselho de Rendimentos e Preços e o Conselho Permanente de Concertação Social foram extintos trinta dias depois da entrada em vigor do Decreto-Lei n.º 90/92, de 21 de Maio, e da eleição e tomada de posse do presidente do Conselho Económico e Social (arts. 15.º e 16.º da Lei n.º 108/91, de 17 de Agosto. Sobre o assunto, cfr. DAMASCENO CORREIA, *O Paradigma da Concertação Social* ..., cit., pp. 16 e ss (6). *Vd.* também art. 21.º do Decreto-Lei n.º 90/92, de 21 de Maio). Sobre a questão de saber se o Conselho de Concertação Social poderia ou deveria ser integrado no Conselho Económico e Social, *vd.* JORGE MIRANDA, "Conselho Económico e Social ...", cit., pp. 142 e ss.

Sobre a Concertação Social noutros ordenamentos, *vd.*, por exemplo, em Espanha, ALONSO OLEA, "A Concertação Social em Espanha", *Revista de Direito e de Estudos Sociais*, ano XXVIII (I da 2.ª série), 1986, n.º 4, pp. 493 e ss; SALA FRANCO — ALBIOL MONTESINOS, *Derecho Sindical*, cit., pp. 282 e ss; e, noutras ordens jurídicas, nomeadamente em França e em Itália, AAVV, *Estudos sobre Conselhos Económicos e Sociais, Lisboa, 1996.*

314   *Estudos do Instituto de Direito do Trabalho*

ramente deliberativo, i.e., no sentido de vincular juridicamente terceiros[66].

Por outro lado, as demais funções e matérias atinentes à composição — não obstante a determinação constitucional, segundo a qual farão parte representantes do Governo, organizações representativas dos trabalhadores (que para as associações sindicais já resulta, como vimos, do art. 56.º, n.º 2, alínea d)), das actividades económicas e das famílias, das regiões autónomas e das autarquias (n.º 2) —, organização e funcionamento, bem como o estatutos dos seus membros serão definidas por lei (n.ºs 1 *in fine*, 2 e 3 do art. 92.º da CRP).

II. O diploma ordinário que veio cumprir a tarefa constitucional foi a Lei n.º 108/91, de 17 de Agosto. Estabeleceu este diploma — tendo mantido, como naturalmente se impunha, a natureza fixada na Lei fundamental (arts. 1.ºs da Lei n.º 108/91, do Decreto-Lei n.º 90/92, de 21 de Maio e do Regulamento de Funcionamento do Conselho Económico e Social[67]) — como competências do Conselho Económico e Social, que goza do direito de iniciativa (art. 2.º do Decreto-Lei n.º 90/92), entre outras, a de se pronunciar sobre as políticas económica e social, bem como sobre a execução das mesmas (alínea b) do art. 2.º), apreciar regularmente a evolução da situação económica e social do país (alínea e) do art. 2.º), além de promover o diálogo e a concertação entre os parceiros sociais (alínea g) do art. 2.º)[68].

Relativamente aos órgãos do Conselho Económico e Social, cabe referir que Lei determinou a existência[69]:

---

[66] Cfr. GOMES CANOTILHO e VITAL MOREIRA, *Constituição da República Portuguesa Anotada*, cit., p. 433 (II).

[67] O Regulamento foi aprovado em plenário no dia 21 de Maio de 1993 e publicado no *Diário da República*, de 13 de Julho de 1993, II série, n.º 162, podendo ser consultado em www.ces.pt/html/p_legislacao_reg_ces.htm. *Vd.* nota seguinte.

[68] Compete ainda ao Conselho Económico Social aprovar o seu Regulamento Interno (arts. 2.º, n.º 1, alínea h) da Lei n.º 108/91, de 17 de Agosto, e 5.º, n.º 1, do Decreto-Lei n.º 90/92). *Vd.* nota anterior.

[69] Note-se que as actas de todas as reuniões dos órgãos colegiais do Conselho Económico e Social são públicas (art. 6.º, n.º 2 do Decreto-Lei n.º 90/92). Por outro lado, também as reuniões do Conselho são públicas na fase da votação, salvo quando este órgão se pronunciar a pedido de algum órgão de soberania; já as reuniões dos restantes órgãos poderão ser públicas, na fase da votação, desde que a publicidade seja deliberada por três quartos dos seus membros (respectivamente art. 6.º, n.ºs 3 e 4 do Decreto-Lei n.º 90/92). *Vd.* também o art. 60.º do Regulamento de Funcionamento do Conselho Económico e Social.

Sujeitos Colectivos 315

a) de um *Presidente* — eleito pela Assembleia da República e a quem compete representar e dirigir o CES (arts. 3.º, n.º 1, alínea a), 6.º, alínea a) e 7.º)[70];

b) de um *Plenário* — composto por todos os membros do Conselho Económico e Social, em cumprimento do art. 92.º, n.º 2 da CRP, nomeadamente, por oito representantes do Governo, indicados pelo Conselho de Ministros, oito representantes das organizações representativas dos trabalhadores, a designar pelas respectivas confederações e também oito representantes das organizações empresariais[71], cabendo a sua designação às associações de âmbito nacional (respectivamente alíneas c), d) e e) do n.º 1 do art. 3.º, 6.º, alínea b) e 8.º)[72]; ao plenário compete exprimir as posições do Conselho (art. 8.º, n.º 1)[73];

c) de uma *Comissão Permanente de Concertação Social* — composta por seis membros do Governo (a designar pelo Primeiro- -Ministro), três representantes da *Confederação Geral dos*

---

[70] Cfr. também os arts. 13.º a 16.º do Regulamento de Funcionamento do Conselho Económico e Social.

[71] Os representantes das organizações representativas dos trabalhadores e das organizações empresariais incluem os representantes na Comissão de Concertação Social (art. 3.º, n.º 6 da Lei n.º 108/91).

[72] Os oitos representantes das organizações representativas dos trabalhadores serão, como dissemos, designados pelas confederações respectivas, cabendo ao presidente do Conselho Económico e Social solicitar, por carta, e no prazo de trinta dias, aos responsáveis dos entes representativos a indicação dos membros que integrarão o Conselho (art. 4.º, n.º 2).

Por sua vez, em relação aos oito representantes das organizações empresariais, que serão designados pelas associações de âmbito nacional, o presidente do Conselho deve dar publicidade, através de edital publicado em três jornais de grande circulação nacional, estipulando um prazo de 30 dias, para que sejam apresentadas as respectivas candidaturas de todas as entidades que se julguem representativas das categorias, que devem juntar elementos justificativos do seu grau de representatividade (art. 4.º, n.º 3). Neste caso, o presidente deve, no prazo de 15 dias após terem findados os 30 referidos anteriormente, convocar uma reunião com todas as entidades que se tenham candidatado, para conseguir um consenso em relação à designação dos membros (art. 4.º, n.º 4). Não sendo possível o consenso, competirá ao presidente do Conselho Económico e Social, ouvido o Conselho Coordenador, decidir, tendo presente a relevância dos interesses representados, sobre os membros que participarão (art. 4.º, n.º 5). Desta decisão cabe recurso, sem efeito suspensivo, para o plenário do Conselho Económico e Social (art. 4.º, n.º 7). *Vd.* também os arts. 8.º, n.ºs 2 e 3 do Decreto-Lei n.º 90/92, bem como o art. 7.º e a norma geral do art. 65.º do Regulamento de Funcionamento do Conselho Económico e Social.

[73] Cfr. também os arts. 17.º a 29.º do Regulamento de Funcionamento do Conselho Económico e Social.

316   *Estudos do Instituto de Direito do Trabalho*

Trabalhadores Portugueses — Intersindical Nacional, três representantes da *União Geral dos Trabalhadores*, dois representantes da *Confederação dos Agricultores Portugueses*, dois representantes da *Confederação do Comércio Português*, dois representantes da *Confederação da Indústria Portuguesa*, presidida pelo Primeiro-Ministro (ou por um Ministro, no caso de delegação) (arts. 6.º, alínea c) e 9.º, n.ºs 2 e 3); compete a este órgão, em particular, promover o diálogo e a concertação entre os parceiros sociais, além de contribuir para a definição das políticas de rendimentos e preços, de emprego e formação profissional (art. 9.º, n.º 1)[74];

d) de *Comissões Especializadas* (sejam permanentes ou temporárias) — cujos membros são designados pelo plenário, tendo a competência, nomeadamente, de elaborar estudos, pareceres relatórios quer a pedido de outros órgãos do Conselho quer por sua iniciativa (arts. 6.º, alínea d) e 10.º)[75];

e) de um *Conselho Coordenador* — formado pelo presidente e pelos quatro vice-presidentes do Conselho Económico e Social (estes eleitos pelo plenário do Conselho, art. 3.º, n.º 1, alínea b)), pelos presidentes das comissões especializadas permanentes, competindo, designadamente, a este órgão a coadjuvação do presidente e a aprovação do orçamento (arts. 6.º alínea e) e 11.º)[76];

f) de um *Conselho Administrativo* — integrado pelo presidente e pelos quatro vice-presidentes do Conselho Económico e Social, pelo secretário-geral[77] e por um chefe de repartição[78], tendo poderes, a título exemplificativo, para controlar a legalidade dos actos do Conselho, no que respeita a matérias administrativas e

---

[74] Compete igualmente à Comissão Permanente de Concertação Social aprovar o seu Regulamento interno (arts. 9.º, n.º 6 da Lei n.º 108/91 e 5.º, n.º 2 do Decreto-Lei n.º 90/92), que foi publicado no *Diário da República*, de 31 de Agosto de 1993, II série, pp. 9144 (183) e ss, que é parte integrante do Regulamento de Funcionamento do Conselho Económico e Social (art. 30.º).

[75] Cfr. ainda os arts. 31.º a 42.º do Regulamento de Funcionamento do Conselho Económico e Social.

[76] Cfr. também os arts. 43.º a 51.º do Regulamento de Funcionamento do Conselho Económico e Social.

[77] Sobre as competências do secretário-geral, cuja designação compete ao presidente do Conselho Económico e Social *vd.* art. 12.º do Decreto-Lei n.º 90/92.

[78] Sobre o chefe de repartição, *vd.* art. 13.º Decreto-Lei n.º 90/92, redacção do Decreto-Lei n.º 105/95, de 20 de Maio.

Sujeitos Colectivos 317

financeiras, bem como para preparar as propostas orçamentais (arts. 6.º, alínea f) e 12.º)[79].

III. Vejamos mais de perto, face à especial relevância que assume para a área laboral, a Comissão Permanente de Concertação Social, sendo de salientar de imediato, a sua autonomia, uma vez que as suas deliberações não carecem de aprovação por parte do plenário (art. 9.º, n.º 5 da Lei n.º 108/91, bem como art. 2.º, n.º 2 do Regulamento Interno da Comissão Permanente de Concertação Social).

JORGE MIRANDA chamou a atenção para alguns vícios graves na articulação estabelecida pelo legislador entre o Conselho Económico e Social e a Comissão Permanente de Concertação Social. Segundo o Professor, é incompreensível que um órgão interno (Comissão Permanente de Concertação Social) de um órgão complexo (Conselho Económico e Social) possa ter como membros pessoas que não sejam titulares deste, uma vez que enquanto os oito representantes do Governo no plenário são designados por Resolução de Conselho de Ministros (art. 3.º, n.º 1, alínea c) da Lei n.º 108/91), os seis membros do Governo na Comissão Permanente são designados por despacho do Primeiro-Ministro (art. 9.º, n.º 2 , alínea i) da Lei n.º 108/91), o que permite — pois representantes do Governo e Ministros não são necessariamente o mesmo — que não sejam as mesmas pessoas; por outro lado, se é certo que o Conselho Económico e Social é um órgão independente, já a Comissão de Concertação Social ao ser presidida pelo Primeiro-Ministro (ou por um Ministro, no caso de delegação, art. 9.º, n.º 3 da Lei n.º 108/91) e ter como membros diversos Ministros, não pode ser qualificado como um órgão independente[80]. Na verdade, não se vê como contra-argumentar, de forma procedente, perante as situações realçadas por JORGE MIRANDA e que poderemos apelidar de erros grosseiros.

No entanto, as críticas não se ficam por aqui, pois poderemos falar mesmo de violação de normas constitucionais. É o caso do conteúdo da prescrição do legislador, segundo a qual a Comissão Permanente de Concertação Social, entre outros, deve incluir três representantes, a nível de

---

[79] Cfr. arts. 52.º a 58.º do Regulamento de Funcionamento do Conselho Económico e Social. Refira-se que os regulamentos de funcionamento das Comissões Especializadas, do Conselho Coordenador e do Conselho Administrativo são definidos, sob proposta do presidente do Conselho Económico e Social, pelo Plenário (art. 5.º, n.º 1, 2.ª parte, do Decreto-Lei n.º 90/92).

[80] JORGE MIRANDA, "Conselho Económico e Social ...", cit., p. 144.

direcção, da Confederação Geral dos Trabalhadores — Intersindical Nacional (um dos quais o seu coordenador), da União Geral dos Trabalhadores (um dos quais o seu secretário-geral) e dois representantes, também a nível de direcção, das Confederações dos Agricultores Portugueses, do Comércio Português e da Indústria Portuguesa, incluindo sempre o respectivo presidente (art. 9.º, n.º 2, alíneas ii) a iv) da Lei n.º 108/91). Face a esta determinação legal, o legislador desrespeitou a liberdade sindical e a liberdade de associação e organização[81]. Com efeito, ao atribuir especiais poderes de representatividade, sem fundamento em qualquer elemento objectivo e identificável — o que impede que seja controlável por quaisquer outros entes interessados —, o legislador descrimina todas as outras organizações representativas das associações de trabalhadores e das associações empresariais, valores que têm assento, desde logo, no art. 13.º, n.º 2); por outro lado, ao estipular quem das respectivas organizações fará parte da Comissão, o legislador desrespeita a liberdade de organização interna das associações em causa, pois estas vêem a sua liberdade de escolha dos membros representativos coarctada, valor que também tem acolhimento na Lei fundamental (arts. 55.º, n.º 2, alínea c) e 46.º)[82].

---

[81] Como escreve JORGE MIRANDA, "Conselho Económico e Social ...", cit., p. 145. Também JORGE LEITE, "Algumas Notas ...", cit., p. 154, em especial nota 9, se refere à questão, pronunciando-se no sentido de existir violação da liberdade sindical. Igualmente referindo-se à questão que qualifica como "(...) uma prática de constitucionalidade mais do que duvidosa (...)", para mais à frente (p. 172), se bem o interpretamos, considerar inconstitucional, LUÍS SÁ, "Concertação Social e «Corporativismo Selectivo»", Questões Laborais, ano VI, n.º 14, 1999, p. 164. Em termos mais gerais, e falando em neocorporativismo e da sua compatibilidade com os princípios do Estado de Direito Democrático, vd. VITAL MOREIRA, "Neocorporativismo e Estado de Direito Democrático", Questões Laborais, ano VI, n.º 14, 1999, pp. 174 e ss, em especial pp. 183 e ss; e BAPTISTA MACHADO, "A Hipótese Neocorporativa", Revista de Direito e de Estudos Sociais, ano XXIX (II da 2.ª série), 1987, n.º 1, pp. 3 e ss, que apresenta uma perspectiva diferente daquele Autor; LUÍS SÁ, op. cit., pp. 162 e ss. Com uma posição crítica ao entendimento de corporativismo, DAMASCENO CORREIA, O Paradigma da Concertação Social ..., cit., pp. 46 e ss (14).

[82] Pode ainda acrescentar-se, às críticas feitas, o facto de a Comissão de Concertação Social não ser presidida pelo presidente do órgão complexo que é o Conselho Económico e Social, como deveria, sendo consequentemente "aberrante" — nas palavras de JORGE MIRANDA, "Conselho Económico e Social ...", cit., p. 145 — a situação em que se coloca a própria Assembleia da República, uma vez que é esta que elege o presidente do Conselho (art. 163.º, alínea i) da CRP), ficando assim subordinada e secundarizada face ao Governo.

IV. Em relação a natureza dos acordos ou pactos celebrados no quadro da Conselho Económico e Social[83], a doutrina tem dada respostas diversas[84].

GOMES CANOTILHO e VITAL MOREIRA defendem que as suas decisões terão mera natureza contratual (inter-partes), não possuindo qualquer eficácia jurídica face a terceiros, nomeadamente aos restantes órgãos de soberania[85]. Já JORGE LEITE, preconiza que tais acordos "(...) têm a natureza de compromissos sócio-políticos de que resultam pretensões, expectativas, direitos, obrigações de natureza *não jurídica* para os diferentes actores que, consequentemente, nenhum deles pode invocar judicialmente para fundamentar o reconhecimento de qualquer pretensão ou direito ou para obter a condenação de algum dos outros"[86].

MONTEIRO FERNANDES, referindo-se especificamente ao Acordo Económico e Social (1990) — subscrito pelo Governo, pela UGT, pela CCP e pela CIP — defende que o mesmo não é susceptível de ser objecto de uma qualificação única, face ao conteúdo diversificado que possui, sendo certo que preconiza que os Acordos de Concertação Social como o referido constituem manifestações de autonomia colectiva das organizações de trabalhadores e empregadores, em que os contraentes possuem poderes para intervir na regulação das matérias; por isso e porque o Governo é titular de iniciativa legislativa e do poder de decisão administra-

---

[83] Os acordos celebrados no âmbito da concertação social, à excepção dos que incidiram sobre a segurança, higiene e saúde no trabalho e sobre a formação profissional, nunca foram outorgados por todas as entidades representadas. De facto, no Acordo Económico e Social (1990) não foi subscrito pela Confederação dos Agricultores Portugueses (CAP) nem pela Confederação Geral dos Trabalhadores Portugueses (CGTP). Mais tarde, a CGTP recusou assinar o Acordo de Curto Prazo (Janeiro de 1996) e o Acordo de Concertação Estratégica (Dezembro de 1996). Cfr. JORGE LEITE, "Algumas Notas ...", cit., p. 151. Sobre a situação dos não subscritores e a Comissão de Acompanhamento, *vd.* JORGE LEITE, *op. cit.*, pp. 155 e ss; MENÉRES PIMENTEL, "O Sistema de Concertação Social ...", cit., pp. 130 e ss.

Sobre o procedimento de elaboração e aprovação dos acordos celebrados no âmbito da Comissão Permanente de Concertação Social, *vd.* JORGE LEITE, *op. cit.*, pp. 151 e ss. Para um confronto entre as duas figuras, a concertação e contratação colectiva, *vd.* JORGE LEITE, *op. cit.*, pp. 148 e ss.

[84] Como resulta do texto, apenas está em causa a concertação social institucionalizada. Sobre a questão da natureza, consulte-se também DAMASCENO CORREIA, *O Paradigma da Concertação Social* ..., cit., pp. 56 e ss (15), que recorre à sociologia para explicar a questão (pp. 65 e ss).

[85] GOMES CANOTILHO — VITAL MOREIRA, *Constituição da República Portuguesa Anotada*, cit., p. 433 (II).

[86] JORGE LEITE, "Algumas Notas ...", cit., p. 150, itálico no original.

320   *Estudos do Instituto de Direito do Trabalho*

tiva, a concertação é, segundo o Autor, mais do que um mero meio de pacificação social, assumindo mesmo "(...) foros de um *processo de regulação* dotado de certa idoneidade operatória"[87]. Depois de se referir aos diversos grupos do conteúdo do Acordo, conclui que o mesmo — variando conforme a parte em análise — tanto possui natureza política, como jurídica —, não obstante reconhecer que o nosso ordenamento não tem quaisquer mecanismos para executar tais vinculações, vinculações essas que são, segundo o Autor, restritas às matérias que cabem no seu poder de escolha; mais concretamente referindo-se à parte jurídica, afirma que estamos perante estipulações com carácter obrigacional[88].

V. Sem ignorarmos que a questão merece um aprofundamento que não se coaduna com um texto deste género, sempre diremos, e sem termos em atenção nenhum acordo em particiular, que a natureza dos "acordos tripartidos"[89] — Governo, representantes dos trabalhadores e dos empresários — tem de ser una, devendo ser recusada a ideia que estamos perante uma figura de natureza múltipla e variada[90]. E isto porque entendemos — salvo quando elementos objectivos o infirmarem — que a natureza deve ser geral, uma vez que, em regra, não estamos perante vários documentos, mas perante um só, pelo que a sua natureza tem de ser

---

[87] MONTEIRO FERNANDES, "Aspectos Jurídicos da Concertação Social", AAVV, *Os Acordos de Concertação Social em Portugal*, volume I — Estudos, Conselho Económico e Social, Lisboa, 1993, p. 107, itálico no original.

[88] MONTEIRO FERNANDES, "Aspectos Jurídicos ...", cit., pp. 108 — 116.

[89] Utilizamos as aspas, uma vez que a expressão «acordo» tem um significado técnico-jurídico preciso — cfr., entre outros, ANTUNES VARELA, *Das Obrigações em Geral*, volume I, 9.ª edição, Almedina, Coimbra, 1998, pp. 223 e ss; SÉRVULO CORREIA, *Legalidade e Autonomia Contratual nos Contratos Administrativos*, «colecção teses», Almedina, Coimbra, 1987, pp. 343 e ss, em especial nota 4 — que não corresponde ao que está a ser usado. Aqui "acordo" é apenas o documento subscrito pelos parceiros sociais.

[90] Esta posição também é referida por ALONSO OLEA, "A Concertação Social ...", cit., p. 509, citando outros Autores, embora se não possa ignorar as especificidades do regime espanhol. Logicamente que não podemos deixar de ter presente a possibilidade de haver textos acoplados ou com subscritores diferentes, como é o caso do Acordo Económico e Social Espanhol (Outubro de 1984), em que a o Título I é tripartido (Governo, representantes dos sindicatos e das associações de empresários) e o Título II bipartido (representantes dos sindicatos e das associações patronais) — cfr. ALONSO OLEA (*op. cit.*) pp. 512 e ss.

Dito de outra forma, para um tratamento mais seguro da natureza jurídica de um acordo será necessário uma apreciação concreta do instrumento. No entanto, pensamos que tal situação não impossibilita uma tomada de posição de princípio face ao quadro normativo em que são elaborados os documentos.

unitária. O "acordo" é um só e resulta de cedências de um lado e ganhos do outro; sem estes não haveria aquelas e sem aquelas não existiriam estes.

Para nós, existe, desde logo, uma impossibilidade técnica na qualificação da figura como um contrato. Tendo presente que a natureza é consequência — e não causa —, não poderemos perder de vista o próprio regime positivo. Ora, este diz-nos que o Conselho Económico e Social é um órgão consultivo — arts. 92.º da CRP, e 1.ºs da Lei n.º 108/91, do Decreto-Lei n.º 90/92, de 21 de Maio e do Regulamento de Funcionamento do Conselho Económico e Social -, pelo que sendo a Comissão Permanente de Concertação Social um órgão interno daquele, a sua natureza não poderá subverter aquela. Aliás, atente-se na própria redacção do art. 9.º, n.º 1 da Lei n.º 108/91 que, não obstante ser exemplificativo, estabelece que "*compete à Comissão Permanente de Concertação Social, em especial, promover o diálogo entre os parceiros sociais, contribuir para a definição das políticas de rendimentos e preços, de emprego e formação profissional*".

Mais: independentemente da questão de saber se seria um contrato público ou privado ou se o conceito de contrato deve ser unitário tornando irrelevante — em termos conceptuais — a sua natureza[91], na figura do contrato terá de existir, pelo menos, duas ou mais declarações de vontade contrapostas, uma vez que existem, no mínimo, duas partes[92]. Ora, nos "acordos" celebrados no quadro do Conselho Económico e Social, mais exactamente na Comissão Permanente de Concertação Social, isso não acontece.

Vejamos porquê:

a) primeiro, o Governo é um órgão (complexo) da pessoa colectiva Estado;

---

[91] É, por exemplo, a posição de SÉRVULO CORREIA, *Legalidade e Autonomia Contratual* ..., cit., p. 343 e ss.

[92] Sobre o conceito de contrato, *vd.*, entre muitos outros, MANUEL DE ANDRADE, *Teoria Geral da Relação Jurídica — Facto Jurídico, em Especial Negócio Jurídico —*, volume II, Almedina, Coimbra, reimpressão, 1998, pp. 37 e ss; MENEZES CORDEIRO, *Tratado de Direito Civil Português — Parte Geral*, Tomo I, 1999, pp. 253 e ss, e ainda *Direito das Obrigações*, 1.º volume, Associação Académica da Faculdade de Direito de Lisboa, reimpressão, 1994, pp. 407 e ss; SÉRVULO CORREIA, Legalidade e Autonomia Contratual ..., cit., pp. 343 e ss; MENEZES LEITÃO, *Direito das Obrigações — Introdução — Da Constituição das Obrigações*, Almedina, Coimbra, 2000, pp. 165 e ss; ENZO ROPPO, *O Contrato*, Almedina, Coimbra, 1988 (tradução de ANA COIMBRA e JANUÁRIO COSTA GOMES, *Il Contrato*, Bologna, 1977) pp. 73 e ss; GALVÃO TELLES, *Direito das Obrigações*, 7.ª edição (revista e actualizada), Coimbra Editora, 1997, pp. 58 e ss.

b) segundo, o Conselho Económico e Social também é um órgão (complexo) — que faz parte da administração central directa[93] — da pessoa colectiva Estado, que tem como órgão interno, entre outros, a Comissão Permanente de Concertação Social;

c) terceiro, as diversas entidades representativas dos trabalhadores e das entidades patronais, surgem como membros da Comissão de Concertação Social que é um órgão, repita-se, do Conselho Económico e Social;

d) ora, os órgãos manifestam a vontade imputável às pessoas colecti-vas[94], que neste caso é, em qualquer das situações, o Estado, pelo que não vemos como é que pode existir juridicamente um ver-dadeiro contrato entre o Governo — repita-se, órgão da pessoa colectiva Estado — e Conselho Económico e Social (ou a comissão Permanente de Concertação Social) que é também órgão da pessoa colectiva Estado, salvo se fosse celebrado fora dos quadros do Con-selho Económico e Social, o que não é o que está em apreciação;

e) falta, pois, a outra parte para que se possa falar de contrato.

Por outro lado, e ainda que este argumento fosse contornável, outros elementos existem que impossibilitam que a figura tenha natureza vin-culativa. Deve salientar-se que alguns "acordos" ultrapassam em muito a própria legitimidade representativa[95], o que impede a existência de quais-quer vinculações, pelo menos nessa parte. Também não vemos como é que poderá haver alguma vinculação jurídica, desde logo, de uma das partes — o Governo — quando em muitas situações há a necessidade de tomar medidas legislativas[96], sendo certo que em alguns casos essa competência é da Assembleia da República. O Governo não pode delegar, renunciar ou dispor de poderes que lhe são constitucionalmente atribuídos[97] — e muito

---

[93] Cfr. FREITAS DO AMARAL, *Curso de Direito Administrativo*, cit., p. 230.

[94] Cfr. FREITAS DO AMARAL, *Curso de Direito Administrativo*, cit., p. 589; *vd.* também pp. 220 e 221.

[95] A título de mero exemplo, veja-se o *Acordo de Concertação Estratégica* (1996/1999), «Estudos e Documentos», Conselho Económico e Social, Lisboa, 1996, p. 83, onde se escreve: "(...) o Governo e os Parceiros Sociais subscritores acordam nas seguintes medidas: (...) regulamentação da lei de bases da política florestal (em 1997)". Ora, fácil é compreender que, por exemplo, a Confederação do Comércio e Serviços de Portugal (CCP) não possui qualquer legitimidade para intervir nessa área.

[96] *Vd.* a citação da nota anterior.

[97] A não ser que a própria Lei fundamental o permitisse, o que não acontece, ou se fossem poderes atribuídos por lei, o que não é o caso, esta o autorizasse. Como afirma

Sujeitos Colectivos 323

menos, logicamente, dispor de poderes de outros órgãos, sob pena de violação do princípio da separação de poderes[98] —, pois tal comportamento colide com o princípio da indisponibilidade de competências.

VI. É certo que, como realça BAPTISTA MACHADO, o Estado que surge em diálogo igualitário com as entidades representativas, a resolver problemas de diferente natureza "(...) não é já, no exercício destas outras atribuições, o Estado-Soberano, mas o Estado-Interlocutor ou o Estado--Parceiro. Eis, pois, que o Estado *regressa à comunicação e à negociação com a Sociedade*, para, nesta área, exercer um *governo por discussão*, negociação e compromisso. Isto não significa, porém, que se possa estabelecer qualquer confusão entre o Estado-Soberano e o Estado-Parceiro: o Estado democraticamente legitimado não pode abdicar da sua soberania interna nem deixar de estar obrigado a garantir com a sua autoridade o desempenho de certas tarefas que só a ele competem, a exercer atribuições que *não são negociáveis*"[99]. Por isso, razão tem o Professor de Coimbra quando escreve que "(...) mesmo em *regime de concertação*, está sempre de reserva o poder e a autoridade de «governar», o poder de decidir"[100].

FREITAS DO AMARAL, *Curso de Direito Administrativo*, cit., p. 663, é devido ao facto de a competência ser irrenunciável e inalienável que só pode existir delegação de competência nos termos do art. 111.º, n.º 2 da CRP. Este preceito consagra o que GOMES CANOTILHO e VITAL MOREIRA, *Constituição da República Portuguesa Anotada*, cit., p. 498 (VI), chamam de princípio da indisponibilidade da competência que, sendo uma consequência do princípio do Estado de direito democrático, "(...) significa que nenhum órgão de soberania, de região autónoma ou do poder local pode «transferir» para outros órgãos «poderes» que só a eles foram constitucionalmente atribuídos".

[98] Sob o princípio da separação de poderes, vd., entre outros, MARCELLO CAETANO, *Manual de Ciência Política e Direito Constitucional*, tomo I, 6.ª Edição revista e ampliada, Almedina Coimbra, reimpressão, 1992, pp. 190 e ss ; GOMES CANOTILHO, *Direito Constitucional* ..., cit., pp. 244 e ss; GOMES CANOTILHO — VITAL MOREIRA, *Constituição da República Portuguesa Anotada*, cit., pp. 496 e ss; ALMEIDA LOPES, "Princípios Constitucionais da Separação de Poderes, da Reserva do Juiz e do Estado de Direito Democrático. Evolução do Contencioso Tributário Aduaneiro", *Revista de Direito Público*, ano III, n.º 5, 1989 e n.º 6, 1989; NUNO PIÇARRA, "A Separação dos Poderes Na Constituição de 76. Alguns Aspectos", *Nos Dez anos da Constituição* org. de Jorge Miranda, Imprensa Nacional da Casa da Moeda, Lisboa, 1986, pp. 143, e, do mesmo Autor, *A Separação dos Poderes como Doutrina e Princípio Constitucional (Um Contributo para o Estudo das suas Origens e Evolução)*, Coimbra Editora, 1989.

[99] BAPTISTA MACHADO, "A Hipótese Neocorporativa", cit., p. 11, itálico no original.

[100] BAPTISTA MACHADO, *Participação e Descentralização, Democratização e Neutralidade na Constituição de 76*, Almedina, Coimbra, 1982, p. 25. Para o Autor, *op. cit.*,

Logo, não pode ter natureza vinculativa, pois isso traduzir-se-ia na alienação de uma parte do seu poder. Este mantém o seu exercício unilateral, servindo as "negociações" existentes apenas para preparar o conteúdo dos actos a realizar[101], não afectando a tipologia do acto praticado, o que aconteceria se se tratasse de uma mera execução contratual. A fonte de validade e de eficácia não é qualquer acordo, mas sim a vontade (unilateral) do Governo[102].

Acresce que a própria democracia participativa (art. 2.º da CRP), da qual o Conselho Económico e Social é concretização[103], não pode aniquilar a democracia representativa, o que se verificaria se fosse, desde logo, atribuída força vinculativa a "acordos" celebrados com entidades com representação sectorial com vista a uma eficácia nacional[104].

---

pp. 45-46, "a concertação é um método flexível de governar ou de administrar em que os representantes do Governo ou da Administração participam em debates conjuntos com representantes doutros corpos sociais autónomos (autarquias, sindicatos, organizações patronais e outras associações económicas) com vista à formação de um consenso sobre medidas de política e económica e social a adoptar".

Discordamos, assim, de MONTEIRO FERNANDES, "Aspectos Jurídicos ...", cit., pp. 110-111, quando afirma que não são procedentes algumas objecções relativamente à inegociabilidade da actividade (legislativa e regulamentar) do Governo, pois, segundo o Autor, "este não está, em regra, adstrito à utilização de meios e processos definidos para a formação das suas decisões político-jurídicas. Ao escolher a via da negociação social ostensiva, o Governo não está a oferecer à contratação as suas atribuições nem os seus poderes, mas apenas a usar certos meios no quadro de um processo de formação de decisões que, em último termo, isto é, sob o ponto de vista da responsabilidade política e jurídica, *são suas e só suas*", itálico no original.

[101] Como realça, a propósito das tarefas administrativas, VASCO PEREIRA DA SILVA, *Em Busca do Acto Administrativo Perdido*, «colecção teses», Almedina, Coimbra, 1996, p. 466.

[102] Como refere, *mutatis mutandis*, VASCO PEREIRA DA SILVA, *Em Busca do Acto Administrativo* ..., cit., p. 474.

[103] Neste sentido, FREITAS DO AMARAL, *Curso de Direito Administrativo*, cit., p. 289.

[104] Invoque-se mais uma vez BAPTISTA MACHADO, *Participação e Descentralização* ..., cit., p. 51, para quem, "os organismos de «concertação» não devem sobrepor-se aos órgãos politicamente responsáveis e democraticamente legitimados.

Aliás, não estariam em posição de o fazer, porque, não obstante o seu grande peso no processo de formação da vontade do Governo ou das autarquias, os conselhos económicos e sociais têm essencialmente uma função consultiva. A participação das associações de interesses nas reuniões de «concertação» reporta-se essencialmente à fase preparatória das decisões a tomar pelas autoridades competentes, e não à decisão em si mesma".

Com interesse para o debate, *vd.* VIEIRA DE ANDRADE, "Grupos de Interesse, Pluralismo e Unidade Política", *Boletim da Faculdade de Direito da Universidade de*

Para nós, os "acordos" celebrados no âmbito do Conselho Económico e Social são meras deliberações com carácter político[105], visando-se com o mesmo, por um lado, uma pacificação de algumas forças sociais de modo a facilitar a tomada de medidas e a assegurar uma maior eficácia das mesmas[106], bem como a carrear para a governação informações de quem melhor conhece a realidade, de modo que inequivocamente influencia as acções governativas[107].

Coimbra, suplemento XX, 1973, pp. 1 e ss; BARBOSA DE MELO, "Introdução às Formas de Concertação Social", *Boletim da Faculdade de Direito da Universidade de Coimbra*, volume LIX, 1983, pp. 106 e ss; e, em geral, REINHOLD ZIPELIUS, *Teoria Geral do Estado*, 3.ª edição, Fundação Calouste Gulbenkian, Lisboa, 1994, pp. 230 e ss e 319 e ss.

[105] A propósito, sem se referir ao regime português, escreve BAPTISTA MACHADO, *Participação e Descentralização* ..., cit., p. 46, que "(...) uma vez alcançado o consenso, espera-se da lealdade dos parceiros que as medidas acordadas com vista a uma «actuação concertada» nos vários sectores económicos e sociais sejam efectivamente adoptadas por eles — e que designadamente os *parceiros sociais* da Administração pública actuem junto dos respectivos associados em defesa de tais medidas", itálico no original. Com especial interesse para o confronto do plano político com o jurídico, *vd.* FERNANDA PALMA, "Responsabilidade Política e Responsabilidade Penal", *Sub Judice — Justiça e Sociedade*, n.º 6, 1993, pp. 5 e ss.

[106] Escreve ALONSO OLEA, "A Concertação Social ...", cit., p. 513, que "é difícil dizer até que ponto o Governo se vincula realmente através do A. E. S. [Acordo Económico e Social]; provavelmente de nenhuma forma, salvo em virtude de um princípio, mais político do que jurídico, de correcção e boa fé, não assumindo outra responsabilidade a não ser a do seu próprio descrédito se não respeitar o convencionado". *Vd.* também referindo-se ao sistema espanhol, FRAGA IRIBARNE, "La Concertacion en una Sociedad Democratica", cit., pp. 1100 e ss, e 1107-1108, que defende que se trata de um acordo político.

[107] Invoque-se, uma vez mais, a propósito BAPTISTA MACHADO, *Participação e Descentralização* ..., cit., pp. 46-47: "em abono deste método de governar [actuação concertada] pode dizer-se que ele fomenta uma maior integração social das forças representadas pelas associações de interesses — e, portanto fomenta a estabilidade social e política — e, por outro lado, dá aos parceiros sociais uma mais esclarecida consciência dos problemas de política económico-social em jogo e das medidas a adoptar, ao mesmo tempo que elimina a má vontade e resistência que costumam acompanhar as intervenções «agressivas» da Administração, facilita a execução das tarefas e a realização dos objectivos de política económica global". *Vd.* sobre a questão, BARBOSA DE MELO, "Introdução às Formas de Concertação Social", cit., pp. 90 e ss.

A influência dos chamados "acordos" de concertação social na acção governativa não está em questão, como aliás, se dúvidas existissem, demonstra o texto de FURTADO MARTINS, "O Acordo Económico e Social e a Evolução do Direito do Trabalho em Portugal", AAVV, *Os Acordos de Concertação Social em Portugal*, I — Estudos, Conselho Económico e Social, Lisboa, 1993, pp. 121 e ss. Também com interesse, *vd.* "A Concertação Social e o Sistema Político", *Revista de Direito e de Estudos Sociais*, ano XXX (III da 2.ª série), 1988, n.º 1, pp. 95 e ss.

326   *Estudos do Instituto de Direito do Trabalho*

Em suma, e parafraseando, LAUBADÉRE, a concertação é muito mais um estilo novo do que um novo regime jurídico[108].

4.2. *No procedimento legislativo*

I. A Constituição portuguesa, com base no princípio da democracia participativa (art. 2.º)[109], estatui a participação de grupos e organizações aquando da elaboração da legislação de certas matérias, de que é exemplo a intervenção na legislação laboral das comissões de trabalhadores, e das associações sindicais (arts. 54.º, n.º 5, alínea d) e 56.º, n.º 2, alínea a) da CRP, Lei n.º 16/79, de 26 de Maio)[110].

Este direito de participação conferido às organizações de trabalhadores e patronais não significa, como é lógico, a atribuição de competência legislativa[111], pois o que está apenas em causa na democracia participativa é a participação dos interessados antes da tomada de decisão, uma vez que cabe aos órgãos representativos eleitos em sufrá-

---

[108] Citado por ESTEVES DE OLIVEIRA, *Direito Administrativo*, volume I, Almedina, Coimbra, 1984, p. 380.

[109] Como se lê no preâmbulo do Decreto-Lei n.º 185/94, de 5 de Julho — diploma que estabelece as regras de participação de sujeitos representativos no âmbito do processo legislativo do Governo — "a participação dos destinatários no processo de elaboração das leis constitui uma das características das sociedades abertas e deve, no quadro de valores constitucionais da comunidade portuguesa, considerar-se uma das vertentes de aprofundamento da democracia participativa".

[110] Como bem salienta JORGE MIRANDA, *Manual de Direito Constitucional — Actividade Constitucional do Estado*, tomo V, Coimbra Editora, 1997, p. 184. Em sentido algo idêntico, VIEIRA DE ANDRADE, *Os Direitos Fundamentais* ..., cit., p. 93, embora com dúvidas quanto a ser uma concretização da democracia participativa, apesar de se referir também a outros preceitos.

Atente-se que a democracia participativa, como escreve JORGE MIRANDA, *op. cit.*, p. 185, "(...) imbrica-se (...) com determinados dados das sociedades contemporâneas: a inelutabilidade dos grupos de interesses; a necessidade de lhes dar voz e de os conciliar; a irrupção de formas ditas corporativas ou neocorporativas; a consequente inserção no processo legislativo, formal ou informalmente, de elementos também de concertação, negociação e auxiliariedade, o diálogo dentro e fora do parlamento".

[111] Sobre o exercício da função legislativa, *vd*. BACELAR GOUVEIA, "Elaboração da Legislação Laboral ...", cit., pp. 110 e ss; JORGE MIRANDA, *Manual de Direito Constitucional — Actividade Constitucional do Estado*, cit., pp. 150 e ss; M. REBELO DE SOUSA, *Direito Constitucional — Introdução à Teoria da Constituição*, Livraria Cruz, Braga, 1979, pp. 254 e ss.

Sujeitos Colectivos 327

gio universal exprimir o interesse geral da sociedade[112]. Deste modo, resulta claro "(...) que a participação dessas organizações situa-se numa *zona prévia* e *diversa* da decisão legislativa formal, que cabe aos órgãos constitucionalmente competentes"[113], não tendo as opiniões emitidas qualquer carácter vinculativo[114], mas "(...) antes, de uma «influência» ou «pressão» sobre o desenvolvimento do processo de produção legislativa (...) [que] tanto pode traduzir-se num diálogo como na obtenção de pareceres, de críticas, de contribuições, etc., dos parceiros sociais"[115]. Como escreve MENEZES CORDEIRO, esta participação, não obstante não conferir, nos termos constitucionais, eficácia vinculativa às opiniões emitidas, revela, no entanto, "(...) um esquema de *concertação laboral* que se oferece, na actualidade, como uma promissora via de progresso futuro"[116].

---

[112] Neste sentido, JORGE MIRANDA, *Manual de Direito Constitucional — Actividade Constitucional do Estado*, cit., p. 185.

[113] Parecer da Comissão Constitucional n.º 18/78, cit., p. 30. Em sentido idêntico se pronunciou o aresto constitucional n.º 178/97, de 4 de Março, p. 7, onde se pode ler que "não é uma participação vinculante para os órgãos de decisão política, assim se compaginando com o princípio representativo, e a funcionalidade que desenvolve ordena-se à conformação das opções legislativas, visando acautelar os direitos dos trabalhadores".

[114] Como prescreve o art. 7.º, n.º 1 da Lei n.º 16/79, "*as posições das organizações dos trabalhadores constantes de pareceres ou expressas nas audições serão tidas em conta pelo legislador como elementos de trabalho*". *Vd.* também sobre a questão, no sentido de não ser vinculativa a participação, BACELAR GOUVEIA, "Elaboração da Legislação Laboral ...", cit., 136 e ss.

[115] Parecer da Comissão Constitucional n.º 18/78, cit., p. 30. Realce-se que, segundo o Tribunal Constitucional no Acórdão n.º 178/97, de 4 de Março, p. 7, "o direito constitucional de participação na elaboração da legislação do trabalho configura-se como um direito institucional e orgânico de que são titulares as comissões de trabalhadores e associações sindicais, não estando assim em causa posições subjectivas individuais". Também neste sentido, embora em termos mais gerais, escreve VIEIRA DE ANDRADE, *Os Direitos Fundamentais* ..., cit., pp. 91-92, que "decisivo é saber se estão em causa posições subjectivas individuais e permanentes ou, pelo menos, se os preceitos [arts. 55.º e 57, n.º 2, actuais arts. 54.º, n.º 5, alíneas a), b) e d), e 56.º, n.º 2, alíneas a), b) e c), respectivamente] se destinam directamente a garantir posições deste tipo, e se pode referir-se à intenção principal do preceito à ideia-princípio da dignidade da pessoa humana. E parece-nos que não, que estão em causa antes poderes concedidos a certas entidades com o objectivo imediato de concretizar opções de organização económico-social (da empresa: (...), administrativa (...) ou política (artigos 55.º, al. d) e 57.º, n.º 2, al. a) [actuais arts. 54.º, n.º 5, alínea d) e 56.º, n.º 2, alínea a)]".

[116] MENEZES CORDEIRO, *Manual de Direito do Trabalho*, cit., p. 162.

328 *Estudos do Instituto de Direito do Trabalho*

II. A matéria em referência foi, como vimos, objecto de regulamentação legal através das Leis n.º 16/79[117], no que respeita aos representantes dos trabalhadores e 36/99, de 25 de Maio, que em relação às associações patronais consagrou este direito[118] [119]. A participação na elaboração das

---

[117] Ensina JORGE MIRANDA, *Manual de Direito Constitucional — Actividade Constitucional do Estado*, cit., pp. 99-100, que as normas deste diploma "(...) são normas materialmente constitucionais (...) [e] só não são formalmente constitucionais, porque a Constituição não é, nem pode ser (por razões jurídicas e políticas bem conhecidas), um Código como o Civil ou o de Processo Civil".

[118] A actual Lei n.º 36/99, de 26 de Maio, corresponde à proposta de Lei n.º 231/VII, publicada na separata n.º 66/VII do *Diário da República*, de 5 de Fevereiro de 1999, p. 5, onde se poder ler no seu preâmbulo que na prática as associações patronais já emitem os seus pareceres através do impresso previsto no art. 6.º, da Lei n.º 16/79. Basta, aliás, consultar, por exemplo, o preâmbulo do Decreto-Lei n.º 64-A/89, de 27 de Fevereiro, para se poder constatar tal participação.

A concessão deste direito merece de BACELAR GOUVEIA algumas críticas. O Autor, "Elaboração da Legislação Laboral ...", cit., pp. 120 e ss, começa por questionar a possibilidade de o direito de participação concedido às associações patronais ser qualificado como um direito fundamental atípico, ao que responde negativamente com base em aspectos materiais, uma vez que:

  a) não considera que "(...) *o critério constitucional dos direitos fundamentais em geral, o qual se apresentam como o denominador comum desses direitos, possa aqui funcionar*: a consagração de vários direitos fundamentais no domínio laboral radica numa concepção de protecção do trabalhador contra o abuso da posição da entidade empregadora, em cuja lógica naturalmente se deve inserir também o direito de participação na elaboração da legislação laboral", itálico no original (p. 122);

  b) por outro lado, considera que "(...) o texto constitucional é também taxativo na atribuição aos sindicatos — e, até certo ponto, a entidades equiparadas, como são as comissões de trabalhadores — da possibilidade de participarem na elaboração da legislação laboral", pelo que "(...) não parece que um mesmo texto possa querer uma coisa e, ao mesmo tempo, o seu contrário: não poderia considerar que um direito dos trabalhadores, que tem uma lógica própria e sendo exercido por um sindicato, pudesse também ser igualmente exercido pela entidade patronal" (p. 122);

  c) assim conclui, que "(...) dificilmente se compreenderia que se colocasse no mesmo plano de igualdade, uma posição que não foi pura e simplesmente considerada pela Constituição e que vai mesmo ao ponto de contrariar o seu específico plano" (pp. 122-123).

Depois de defender que o direito de participação das associações patronais não pode ser reconduzido à categoria dos direitos fundamentais atípicos, o Autor considera que a Lei n.º 36/69 é inconstitucional, não sei antes reconhecer que tal impossibilidade não tem de ter esta consequência. Para tal argumenta que "(...) há vários motivos para considerar que a concessão desse direito automaticamente tolhe um espaço de intervenção dos trabalhadores que é constitucionalmente defendido e que, ao invés, não se antolha neutro: é

Sujeitos Colectivos

leis do trabalho está, deste modo, atribuída às organizações de trabalhadores e às associações patronais que, ao abrigo da Lei n.º 36/99, de 26

que a intervenção das entidades patronais na elaboração da legislação laboral, segundo um estatuto de direito subjectivo, não só oblitera uma intervenção que é constitucionalmente reservada às associações sindicais e dos trabalhadores como ainda através dela se perverte toda a lógica da atribuição desse direito aos sindicatos e às comissões de trabalhadores, supostamente para defender os interesses dos trabalhadores perante quem tem o poder de facto de modificar a legislação que os afecta, não para defender os interesses daqueles que com eles estão em conflito ou que, pelo menos, têm interesses bem diversos e sobretudo não carecem dessa protecção especial e não estão numa posição de inferioridade fáctica".

Se bem vemos a questão, julgamos que não assiste razão ao Professor. Tentemos demonstrar o porquê:

a) primeiro: aquela posição tem, no mínimo, subjacente que os interesses dos trabalhadores e das entidades patronais são antagónicos, em conflito, o que não podemos aceitar, sendo certo que essa visão de luta de classes do Direito do Trabalho não só está há muito ultrapassada, como é incorrecta, uma vez que os interesses não estão necessariamente em conflito, pois não será que quanto mais as empresas prosperarem mais empregos criarão; não será que quanto mais lucro houver melhores condições poderão proporcionar aos seus colaboradores; não será que, inversamente, quanto mais dificuldades tiverem as empresas mais dificuldades terão os trabalhadores; interesses diferentes mas não necessariamente conflituantes;

b) segundo: não vemos qualquer colisão com o plano constitucional, pois o facto de o legislador constitucional não ter concedidos tais direitos, não quer isso dizer que os proíba no plano infra-constitucional;

c) terceiro: é preciso não esquecer que a relevância da participação continua, no entanto, a ter dignidade diferente, pois a dos trabalhadores tem assento constitucional e a dos empregadores apenas legal, i.e., esta encontra-se numa situação hierarquicamente inferior.

d) quarto: esta participação resulta, aliás, de fontes internacionais; como se pode ler no preâmbulo do Decreto-Lei n.º 64-A/89, de 27 de Fevereiro, "foram recebidos contributos de organizações de trabalhadores e também de associações patronais. Se, em relação às primeiras, a sua participação na elaboração da legislação de trabalho está constitucionalmente garantida, em relação às segundas é igualmente assegurada pela ratificação de diversas Convenções da Organização Internacional do Trabalho, em que é garantido o tripartismo e a obrigação de consulta aos dois parceiros sociais, tendo estas garantias integrado a ordem jurídica interna, por força do n.º 2 do artigo 8.º da Constituição".

e) quinto: com a participação das associações patronais o que se consegue é aumentar a eficácia da participação, ou seja, alarga-se os sujeitos que podem contribuir para melhorar a qualidade de um diploma que a todos aproveita, sendo certo que nenhum dos entes colectivos tem "o poder de facto de modificar a legislação que os afecta".

[119] Tendo tido a participação na elaboração da legislação do trabalho durante vários anos apenas arrimo constitucional, uma vez que a lei que regulou esta matéria surgiu,

330 *Estudos do Instituto de Direito do Trabalho*

de Maio — uma vez que não existem normas constitucionais idênticas às das associações dos trabalhadores —, têm as mesmas faculdades conferidas às associações de trabalhadores, remetendo, aliás, este diploma para a Lei de 1979 (art. único)[120].

---

como sabemos, em 1979 (Lei n.º 16/79, de 26 de Maio), colocou-se a questão de saber se, por um lado, não estávamos perante uma inconstitucionalidade por omissão e, por outro, se os preceitos constitucionais que previam tal participação (arts. 56.º alínea d) e 58.º, n.º 2, alínea a) na redacção originária) eram, ou não, directamente aplicáveis.

A primeira questão foi objecto do Parecer n.º 4/77, de 8 de Fevereiro, *Pareceres da Comissão Constitucional*, 1.º volume, Imprensa Nacional da Casa da Moeda, Lisboa, 1977, pp. 77 e ss, que depois de analisar os pressupostos do instituto da omissão, decidiu que uma vez que tinha sido apresentado à Assembleia da República um projecto lei (n.º 8/I) que regulava a matéria e que se encontrava a seguir a tramitação regimental, apesar de ainda não haver norma legal, tais factos impediam a existência de uma inconstitucionalidade por omissão (*maxime*, pp. 83 e ss).

Relativamente ao segundo problema, a doutrina dividiu-se: do lado da exequibilidade da norma, entre outros, AMÂNCIO FERREIRA, Parecer da Comissão Constitucional n.º 18/78, cit., voto de vencido, p. 45; NUNES DE ALMEIDA, Parecer da Comissão Constitucional n.º 18/78, voto de vencido, p. 54; I. MAGALHÃES COLLAÇO, Parecer da Comissão Constitucional n.º 18/78, cit., voto de vencido, p. 55; e actualmente, GOMES CANOTILHO — VITAL MOREIRA, *Constituição da República Portuguesa Anotada*, cit., p. 293 (IX). Do lado da inexequibilidade, entre outros, JORGE MIRANDA, Parecer da Comissão Constitucional n.º 18/78, cit., voto de vencido, p. 34; LUCAS PIRES, "Art. 56.º, alínea d) (Direito das comissões de trabalhadores de participar na elaboração da legislação do trabalho e dos planos económico-sociais que contemplem o respectivo sector)", AAVV, *Estudos sobre a Constituição*, 1.º volume, Livraria Petrony, Lisboa, 1977, p. 378.

Segundo AMÂNCIO FERREIRA "os órgãos do poder legislativo têm atribuído carácter preceptivo às normas constitucionais em análise.

A Assembleia da República e as assembleias regionais dos Açores e da Madeira em obediência ao determinado nos seus regimentos (artigos 143.º, 109.º e 143.º, respectivamente), o Governo dando conta dos seus projectos e convidando a apresentar críticas e sugestões, por meio de separatas do *Boletim do Trabalho e Emprego*", Parecer da Comissão Constitucional n.º 18/78, voto de vencido, p. 46. De facto, por exemplo, quanto à Assembleia da República "(...) a questão veio a ser (...) resolvida pelo art. 143.º do Regimento, nos seguintes termos: «I. *Tratando-se de legislação do trabalho, a Comissão promoverá através do Presidente da Assembleia, a apreciação do projecto ou proposta pelas comissões de trabalhadores e associações sindicais, para efeito da alínea d) do artigo 56* [actual alínea d) do n.º 5 do art. 54.º] *e da alínea a) do n.º 2 do art. 58.º* [actual alínea a) do n.º 2 do art. 56.º] *da Constituição.*

II. *No prazo que a comissão fixar, as comissões de trabalhadores e as associações sindicais poderão enviar-lhe as sugestões que entenderem convenientes e solicitar a audição de representantes seus*", apud BRITO CORREIA, "A Lei Sobre as Comissões de Trabalhadores", cit., pp. 454-455

[120] O art. 4.º do Regulamento Interno da Comissão Permanente de Concertação Social, estipula que os projectos legislativos devem ser apresentados a esta Comis-

O art. 1.º da Lei acima citada prescreve que "*as comissões de trabalhadores e respectivas comissões coordenadoras, bem como as associações sindicais, têm o direito de participar na elaboração da legislação*". Face a esta redacção, podemos colocar, desde logo, cinco questões:

1. *este direito de participação na elaboração da legislação do trabalho atribuído às comissões de trabalhadores e às associações sindicais é cumulativo ou alternativo?*[121]
2. *em caso afirmativo, podem as comissões coordenadoras participar concomitantemente com as comissões de trabalhadores?*
3. *há limitações à legitimidade das entidades titulares do direito?*
4. *o que devemos entender em termos materiais por «legislação do trabalho», ou seja, qual conteúdo dos actos para que surja o direito de participação?*
5. *qual a noção formal de «legislação de trabalho», i.e., que tipo de fontes é que aqui estão em causa?*

III. No que diz respeito à primeira questão — *cumulação do direito de participação das comissões de trabalhadores e das associações sindicais*[122] —, parece-nos que, na esteira de GOMES CANOTILHO e VITAL MOREIRA, é cumulativo, pois as normas constitucionais citadas visam permitir a participação de todas as organizações de trabalhadores, e se é verdade que em cer-

---

são. Tendo presente o tipo de instrumento que o prescreve, entendemos que o seu desrespeito não gera consequências jurídicas. Para um confronto entre a participação no âmbito da Comissão Permanente da Concertação Social e a que se verifica nos termos constitucionais e das Leis n.º 16/79 e 36/99, *vd.* MONTEIRO FERNANDES, *Direito do Trabalho*, cit., pp. 102 e ss.

[121] Diferente desta questão é a de saber se, no caso de a legislação ter sido objecto de negociação, o direito de participação deve ser afastado. Invoque-se mais uma vez o ensino de GOMES CANOTILHO e VITAL MOREIRA, *Constituição da República Portuguesa Anotada*, cit., p. 306 (IV), para quem, posição que acompanhamos, "(...) não preclude o direito de participação o facto de a legislação ter sido objecto de negociação em sede de concertação social, pois esta nem é pública nem abrange todo o universo das organizações de trabalhadores com direito da participação".

[122] Note-se que a questão das acumulações também pode colocar-se entre os diferentes níveis de representação sindical, tendo o Tribunal Constitucional, no aresto n.º 430/93, de 7 de Julho, pp. 37-39, considerado que a participação efectuada através das centrais sindicais (CGTP-IN e UGT), que potencialmente abrangiam o universo de todos os trabalhadores potencialmente filiados no sector em causa, era de modo a satisfazer a exigência constitucional do art. 56.º, n.º 2, alínea a), da CRP. Contra, pronunciou-se RIBEIRO MENDES, em declaração de voto de vencido, pp. 4-6.

332   *Estudos do Instituto de Direito do Trabalho*

tas situações os trabalhadores podem ter a sua participação duplicada — quando existir participação das comissões de trabalhadores e das associações sindicais —, também haverá casos em que só têm possibilidade de participar através de uma dessas entidades (*v.g.*, trabalhadores não sindicalizados, trabalhadores sindicalizados em empresas sem comissão de trabalhadores formada) ou, caso não existam, nem sequer têm tal possibilidade[123]. Por outro lado, defender que a participação é alternativa seria ignorar as diferenças existentes entre as associações sindicais e as comissões de trabalhadores (*v.g.*, a sua representatividade e atribuições).

Temos, então, de acordo com as regras legais e os preceitos constitucionais uma dupla participação dos representantes dos trabalhadores na elaboração da legislação do trabalho: comissões de trabalhadores e associações sindicais.

IV. Relativamente à segunda interrogação — *podem as comissões coordenadoras participar concomitantemente com as comissões de trabalhadores* —, convém trazer à discussão outros elementos. As comissões coordenadoras são — como o próprio nome indica — entes constituídos por comissões de trabalhadores de diferentes empresas com o intuito de melhorar a intervenção nas áreas que lhes são destinadas (cfr. arts. 54.º, n.º 3 da CRP e 1.º, n.º 2 da LCOMT). Temos, então, em matéria de participação na legislação laboral a hipótese de haver uma sobreposição absoluta do exercício de um direito — e não apenas uma zona coincidente —, ou seja, caso participem em simultâneo as comissões de trabalhadores e as comissões coordenadoras existirá uma repetição do exercício de um direito, pois, repetimos, as comissões coordenadoras são formadas por representantes das comissões de trabalhadores. Teríamos uma duplicação de intervenções com a mesma finalidade, o que claramente torna irrelevante uma delas, sob pena de dar guarida a posições contraditórias tomadas pelos mesmos entes, só que sob "capas" diferentes; aliás, a própria Lei das Comissões de Trabalhadores afirma que "*as comissões de trabalhadores, directamente ou por intermédio das respectivas comissões coordenadoras, têm o direito de participar (...)*" (art. 34.º), o que é bem demonstrativo da alternatividade existente. E isto é particularmente relevante, pois caso participem, por exemplo, as comissões coordenadoras a impossibilidade de participação das comissões de trabalhadores imputável ao órgão emissor do futuro diploma não gerará qualquer desvalor.

---

[123] Gomes Canotilho — Vital Moreira, *Constituição da República Portuguesa Anotada*, cit., p. 306 (IV).

Sujeitos Colectivos

Assim sendo, pensamos que, caso participem as comissões coordenadoras, as comissões de trabalhadores não têm o direito de participar; o mesmo acontecendo na situação inversa, i.e., a participação das comissões de trabalhadores inviabiliza a participação das comissões coordenadoras, cabendo a escolha da participação às entidades titulares do direito[124].

V. No que concerne à *legitimidade participativa* — terceira questão — concordamos com MONTEIRO FERNANDES quando afirma que a Lei n.º 16/79 permite uma apreciação pública generalizada[125]. De facto, existe, devido aos meios utilizados para difundir os projectos e propostas legislativas, a possibilidade de surgir um debate alargado, mas convém ter presente que quer os preceitos constitucionais (arts. 54.º, n.º 5, alínea d) e 56.º, n.º 2), quer os legais (*v.g.*, arts. 1.º, 6.º, 7.º, n.º 1, bem como o impresso aprovado (nos termos do art. 8.º) têm subjacente que o direito é conferido às organizações representativas de trabalhadores e das associações patronais (por remissão da Lei n.º 36/99).

O que interessa aqui apurar não é se o órgão emissor permite a participação de quaisquer entidades, mas sim quais as entidades que têm um efectivo direito de participação atendendo ao conteúdo em discussão. Concretizando: terá o sindicato dos bancários o direito de participar na elaboração da legislação dos docentes universitários?

No preceito constitucional (art. 56.º, n.º 2, alínea a)) ou na Lei ordinária que refere a participação dos sindicatos na elaboração da legislação do trabalho, não existe qualquer indicação que limite a participação dessas entidades ou das entidades patronais (uma vez que o diploma — Lei n.º 36/99) é remissivo); já em relação às comissões de trabalhadores, o art. 54.º, n.º 5, alínea d) utiliza na parte final a expressão "(...) *que contemplem o respectivo sector*". Se é certo que pode ser discutível que tal frase se refira também à participação e não somente aos planos económico--sociais[126], parece-nos que devemos harmonizar o exercício do direito de

---

[124] Não queremos, evidentemente, negar, com a nossa posição, a faculdade de uma apreciação pública generalizada, como refere MONTEIRO FERNANDES, *Direito do Trabalho*, cit., p. 98. Agora o que é preciso distinguir é o que é um dever do órgão emissor e o que é uma faculdade do mesmo, pois quando existe um dever de permitir a participação de determinada entidade e tal não é cumprido, esta conduta dará origem a uma consequência jurídica, o que não se verifica se tivermos perante uma mera faculdade, cuja consequência poderá ser, quanto muito, política. *Vd. infra* texto.

[125] MONTEIRO FERNANDES, *Direito do Trabalho*, cit., p. 98.

[126] A opinião de GOMES CANOTILHO e de VITAL MOREIRA, *Constituição da República Portuguesa Anotada*, cit., p. 296 (XIV), parece ser que tal expressão se refere

participação com o âmbito de representação de cada um dos entes em causa, sob pena de estarmos a conceder um direito a uma entidade que não representa qualquer interesse no caso concreto[127].

No entanto, se é verdade que um diploma apenas pode afectar uma área especifica, circunscrita e delimitada como, por exemplo, o sector universitário, devemos também ter presente que a emissão de um diploma geral sobre a situação laboral não deixará de afectar todo o universo dos sujeitos laborais. Por outro lado, não podemos ignorar que a actividade económica e, consequentemente, a área laboral são um todo, que não se reconduz a compartimentos estanques. Por isso, um diploma pode ter, e em regra terá, efeitos, ainda que mediatos, em áreas conexas com aquela que foi directamente visada.

Face a isto advogamos que são titulares dos direitos de participação no procedimento para elaboração da legislação do trabalho[128] [129]:

a) no caso de estarmos perante um texto normativo capaz de afectar o estatuto geral dos sujeitos laborais, poderão participar quaisquer comissões de trabalhadores, associações sindicais ou patronais;

b) no caso de estarmos perante uma área afectada que esteja circunscrita e delimitada — como por exemplo, o horário dos trabalhadores da restauração —, poderão participar não só as entidades que representam sujeitos que actuam directamente nessa área, como entidades que representam sujeitos que laboram em áreas conexas, i.e., áreas em que as medidas em causa se projectarão, ainda que indirectamente — completando o exemplo, sindicatos

---

quer à participação quer aos planos económico-sociais. Também nesse sentido, Bacelar Gouveia, "Elaboração da Legislação Laboral ...", cit., p. 134.

[127] Como escreve Bacelar Gouveia, "Elaboração da Legislação laboral ...", cit., pp. 134-135, "(...) *a legislação laboral em causa não pode ser completamente alheia às atribuições e aos interesses que sejam postos a cargo das comissões de trabalhadores e das associações sindicais*", sendo necessário "*operar nestes dois direitos de participação*, sob o ponto de vista do seu objecto de protecção, *uma redução teleológica que se torne exigível por tais direitos jamais poderem apresentar-se completamente desligados da contextura estrutural e funcional das comissões de trabalhadores e dos sindicatos que, em concreto, apenas prosseguem certos e determinados interesses, de acordo com um sector peculiar de actividade*", itálico no original.

[128] Concordamos e seguimos de perto Bacelar Gouveia, "Elaboração da Legislação Laboral ...", cit., p. 135.

[129] Note-se que as organizações em causa tanto podem intervir como representantes do interesse colectivo, i.e., da categoria que representam, como para a defesa dos seus próprios direitos.

Sujeitos Colectivos 335

da distribuição alimentar; ou seja, não só as entidades que possuem representatividade no sector em causa, como em sectores conexos;

VI. No que respeita à quarta pergunta — o que se deve entender em termos materiais por «legislação do trabalho»[130] —, cabe salientar o art. 2.º do diploma em análise, segundo o qual se entende por *legislação de trabalho "(...) a que vise regular as relações individuais e colectivas de trabalho, bem como os direitos dos trabalhadores, enquanto tais, e suas organizações, designadamente:*

a) Contrato individual de trabalho;
b) Relações colectivas de trabalho".

A doutrina tem avançado algumas definições que devemos ter presente.

GOMES CANOTILHO e VITAL MOREIRA defendem que a noção material de «legislação do trabalho» se reconduz a qualquer matéria que verse "(...) o estatuto jurídico dos trabalhadores e das relações de trabalho em geral"[131]. Por sua vez, MONTEIRO FERNANDES diz que "há razões para se duvidar de que os contornos da «legislação do trabalho», para o efeito da aplicação das regras concretizadoras do direito de participação, coincidam com as fronteiras geralmente reconhecidas ao Direito do Trabalho"[132]. Segundo o mesmo Autor, "não se pode (...) excluir *a priori* que o conceito normativo de *legislação do trabalho* abranja domínios e matérias que, não

---

[130] A questão da participação das associações sindicais representativas dos trabalhadores da Administração Pública está resolvida, em termos afirmativos, de acordo com os arts. 1.º, 10.º, n.º 1, alíneas i) a m) e n.ºs 10 a 13, 12.º e 14.º da Lei n.º 23/98, de 26 de Maio. Este diploma revogou, nos termos do art. 18.º, o Decreto-Lei n.º 45-A/84, de 3 de Fevereiro. Foi, exactamente, no preâmbulo deste diploma que se escreveu que "visou o Governo seguir (...) um método de discussão pública paralelo ao consagrado na Lei n.º 16/79, de 26 de Maio, a qual, porque o direito da função pública é um ramo do direito administrativo, não é aplicável nem é, por natureza, susceptível de aplicar em sede de regime da função pública". Sobre o assunto, *vd.* também GOMES CANOTILHO e VITAL MOREIRA, *Constituição da República Portuguesa Anotada*, cit., p. 296 (XIV), que escrevem antes do citado diploma; BACELAR GOUVEIA, "Elaboração da Legislação Laboral ...", cit., pp. 128 e ss, onde o Autor também se refere aos trabalhadores militares e militarizados; MONTEIRO FERNANDES, *Direito do Trabalho*, cit. pp. 93 e ss.

[131] GOMES CANOTILHO e VITAL MOREIRA, *Constituição da República Portuguesa Anotada*, cit., p. 296 (XIV).

[132] MONTEIRO FERNANDES, *Direito do Trabalho*, cit., p. 93.

336   *Estudos do Instituto de Direito do Trabalho*

pertencendo ao território coberto pelo ordenamento juslaboral na sua estrita demarcação técnica, manifestam suficiente identidade de razão funcional para que quanto a eles actue o peculiar modo de produção normativa que se tem em vista"[133]; assim sendo, e em conclusão, é "(...) uma compreensão *ampla* do conceito de legislação do trabalho que parece ajustar-se ao seu alcance operatório — o qual consiste em proporcionar a expressão de certos interesses colectivos (identificados aos "trabalhadores enquanto tais") no âmbito dos processos legislativos em que a consistência e a viabilidade desses interesses sejam *especificamente* afectados"[134].

BARROS MOURA em relação à questão escreve que é legislação do trabalho "(...) toda aquela que contenha normas de direito individual ou colectivo de trabalho, bem como de direito penal, administrativo, processual ou de organização judiciária do trabalho"[135].

Recentemente BACELAR GOUVEIA teve ocasião de se pronunciar sobre a questão, tendo preconizado que o conceito constitucional de legislação de trabalho, deve ser encontrado "(...) *num ponto médio de equilíbrio*: toda a normação que se destine a regular a disciplina do trabalho subordinado — sob as três referidas ópticas (...)", i.e., relações colectivas, individuais e a intervenção do Estado[136]. No entanto, adverte o Autor, isto não pode ter o significado de incluir "(...) normas que são constitucionalmente pertinentes como outros ramos do Direito, e não como Direito do Trabalho, mesmo havendo áreas de sobreposição", como é o caso dos direitos fundamentais em geral[137].

Para nós, o conceito de «legislação do trabalho» deve ser entendido de forma ampla e abrangente, de modo a incluir toda a legislação que afecte ou possa afectar qualquer sujeito laboral — aqui se subsumindo, trabalhadores, sindicatos, comissões de trabalhadores, entidades patronais, associações patronais ou outro ente representativo — enquanto tal, o que faz com que excluamos a legislação que incida sobre uma pessoa, ainda que trabalhadora, se a esfera da previsão da norma apenas considerar como relevante a qualidade, por exemplo, de cidadão. Noutros termos, o que importa apurar é se a legislação em causa se aplica a um determinado sujeito em virtude de ele pertencer a um certo tipo com relevância laboral;

---

[133] MONTEIRO FERNANDES, *Direito do Trabalho*, cit., p. 94.

[134] MONTEIRO FERNANDES, *Direito do Trabalho*, cit., p. 95.

[135] BARROS MOURA, *A Convenção Colectiva...*, cit., p. 54.

[136] BACELAR GOUVEIA, "Elaboração da Legislação do Trabalho ...", cit., p. 132.

[137] BACELAR GOUVEIA, "Elaboração da Legislação do Trabalho ...", cit., p. 132.

e isto porque a finalidade do diploma é, desde logo, permitir a participação de uma determinada tipologia de sujeitos que se encontram na área laboral[138].

Assim sendo, e sem restringir de forma desnecessária um direito fundamental, devemos ter sempre presente no apuramento do conteúdo da noção de «legislação do trabalho» que estamos ante um conceito que deve ser interpretado de modo expansivo.

VII. Relativamente a última questão — noção formal da «legislação do trabalho», i.e., tipo de actos incluídos no conceito — a doutrina tem defendido uma posição bastante abrangente do conteúdo material da "legislação laboral", ainda que com algumas variações [139].

Com efeito, entende JORGE MIRANDA, em resposta a algumas posições do Tribunal Constitucional, que "os regulamentos, sendo normação derivada, não constituem material adequado à concretização do direito de participação dos trabalhadores; este direito tem uma dimensão organizatória-representativa que só faz sentido nos marcos da função legislativa como função de definição primária de situações"[140]. Ou seja, para o Autor o que está em causa é a função legislativa.

Mais abrangente é a posição de GOMES CANOTILHO e VITAL MOREIRA, para quem o vocábulo "legislação" deve ser interpretado de modo amplo, de forma a incluir não só as várias modalidades de leis — de bases, de autorização legislativa, demais leis da Assembleia da República, decretos-leis e decretos legislativos regionais — como as convenções internacionais sujeitas a aprovação e ainda os regulamentos que não sejam pura-

---

[138] Não recorremos aqui ao âmbito do Direito do Trabalho para delimitar a noção de legislação do trabalho, pois pensamos que utilizar um conceito que carece de densificação com uma noção, como é a o Direito do Trabalho, fluída, discutível e em mutação não é o melhor método. Sobre a delimitação e o âmbito do Direito do Trabalho, *vd.*, por todos, PALMA RAMALHO, Da *Autonomia Dogmática do Direito do Trabalho*, «colecção teses», Almedina, Coimbra, 2000, pp. 21 e ss e 131 e ss, respectivamente.

[139] Por exemplo, no Ac. do Tc. n.º 107/88, de 31 de Maio, *Diário da República*, de 21 de Junho de 1988, I série, número 141, p. 2520, pode ler-se, com indicação de diversa jurisprudência, que a "legislação do trabalho" "(...) há-de ser «a que visa regular as relações individuais e colectivas de trabalho, bem como os direitos dos trabalhadores enquanto tais, e suas organizações» (...) ou se assim melhor se entender, há-de abranger «a legislação regulamentar dos direitos fundamentais dos trabalhadores reconhecidos na Constituição»".

[140] JORGE MIRANDA, *Manual de Direito Constitucional — Direitos Fundamentais*, cit., p. 187, nota 4.

mente executivos, ou seja, e em suma, como significando direito ou regulamentação do trabalho[141].

Por sua vez, JORGE LEITE e COUTINHO DE ALMEIDA defendem que o conceito de "legislação do trabalho" inclui "(...) todo o acervo normativo (constitucional, internacional, legislativo e regulamentar) que diga respeito aos trabalhadores nessa qualidade, nomeadamente quanto à concretização dos direitos constitucionalmente garantidos (especialmente, mas não só, os dos arts. 53.º a 60.º da CRP)"[142]. Também BARROS MOURA se pronunciou sobre o problema. Este Autor faz corresponder a noção em análise com o art. 1.º, n.º 2 do CC, i.e., "disposição genérica provinda do órgão estadual competente", pelo que inclui tantos as leis, os decretos-leis, decretos legislativos regionais, como os regulamentos genéricos[143].

Recentemente, BACELAR GOUVEIA analisou a questão, tendo concluído que o entendimento correcto é do "tipo expansivo", devendo incluir-se além dos actos legislativos da Assembleia da República, do Governo, das Assembleias Legislativas Regionais, dos actos regulamentares, mesmo os executivos, e ainda as normas de Direito Internacional e de Direito Comunitário[144].

Pensamos que a posição da doutrina que revela um entendimento amplo e elástico é a que deve merecer a nossa concordância. Com efeito, a inclusão na noção de "legislação" dos diplomas que provêem da Assembleia da República deve merecer resposta positiva, incluindo as leis de autorização legislativa. Em relação a estas, como certeiramente se pode ler num aresto do Tribunal Constitucional, é preciso salientar que "(...) transportam, todavia, parâmetros normativos fundamentais (princípios e directivas) decisivamente condicionadores da legitimidade do decreto-lei autorizado, em termos de se poder afirmar que o essencial do diploma está predeterminado na lei delegante (...)"[145]. Aliás, acrescenta o acórdão citado, "o decreto-lei autorizado representará obrigatoriamente uma mera *tradução* material daquelas directivas, em termos de se poder afirmar que os seus enunciados essenciais (os que respeitam à competência reservada do Parlamento) se acham predefinidos no texto autorizador"[146].

---

[141] GOMES CANOTILHO — VITAL MOREIRA, *Constituição da República Portuguesa Anotada*, cit., p. 296 (XIV).

[142] JORGE LEITE — COUTINHO DE ALMEIDA, *Colectânea de Leis* ..., cit., p. 361 (II).

[143] BARROS MOURA, *A Convenção Colectiva* ..., cit., p. 53.

[144] BACELAR GOUVEIA, "Elaboração da Legislação Laboral...", cit., p. 133.

[145] Ac. do Tribunal Constitucional n.º 107/88, de 31 de Maio, cit., pp. 2520-2521.

[146] Ac. do Tribunal Constitucional n.º 107/88, de 31 de Maio, cit., p. 2521. *Vd.* também, em idêntico sentido, o acórdão do mesmo Tribunal n.º 64/91, de 4 de Abril, *Acórdãos*

Adite-se os diplomas provenientes do Governo e das Assembleias Regionais, bem como os gerados por órgãos administrativos, i.e., os actos regulamentares, quer se trate de regulamentos independentes quer se trate de regulamentos meramente executivos, devem também ser objecto de resposta positiva[147]. Note-se que estes diplomas, incluindo os meramente

---

do Tribunal Constitucional, 18.º volume, Imprensa Nacional da Casa da Moeda, Lisboa, pp. 72 e ss. Na doutrina acompanham esta posição BACELAR GOUVEIA, "Elaboração da Legislação Laboral ...", cit., pp. 133-134, nota 58. Contra: BARBOSA DE MELO, "Discussão Pública pelas Organizações de Trabalhadores de Leis de Autorização Legislativa", *Revista de Direito e de Estudos Sociais*, n.ºs 3/4, pp. 529 e ss, apresentando essencialmente os seguintes argumentos: a) as leis de autorização não têm efeitos materiais nos destinatários da lei autorizada (p. 533); b) comparando com matérias que se encontram na reserva absoluta — como a lei de bases do sistema de ensino (art. 164.º, alínea i)) — afirma que seria absurdo que uma matéria inserida num domínio legislativo constitucionalmente mais importante — pois é exclusiva — houvesse apenas uma participação (art. 77.º), enquanto numa reserva relativa haveria duas participações. (pp. 536 e ss); por sua vez, LOBO XAVIER, *Curso de Direito do Trabalho*, cit., p. 242, nota 3, argumenta que as leis de autorização legislativa não são materialmente leis laborais, pelo que apenas os diplomas autorizados devem ser participados, pois caso contrário haverá duplicação. Não nos parece que assista razão aos Autores, uma vez que: a) se é certo que a lei de autorização não regula materialmente a conduta dos destinatários da futura lei autorizada, é igualmente correcto que condiciona o conteúdo dessa mesma lei; b) por isso, não há qualquer duplicação de participação, visto que se trata de actos distintos e com fins diversos; no caso das leis de autorização o que está em causa é a concessão de um poder de emissão de um diploma, dentro de determinados parâmetros, o que quer dizer que são esses parâmetros que são objecto de participação; no segundo caso — leis autorizadas — o que está em análise é concretização do poder de regular, sendo certo que o grau de abstracção da regulação é diverso, *in casu*, mais pormenorizado, pelo que é igualmente devida a participação; c) se só a lei autorizada for objecto de participação, o direito de participação tem apenas um exercício formal, pois parte do conteúdo do diploma já está condicionado, o que quer dizer que a eficácia efectiva da participação está naturalmente diminuída, ou seja, o momento da participação está temporalmente deslocado; d) por outro lado, não há qualquer resultado absurdo, quando comparado com as situações de reserva absoluta, pois aí só há um acto legislativo, ao contrário do que se verifica no caso de existir leis de autorização e lei autorizada.

[147] O Tribunal Constitucional, no aresto n.º 232/90, de 3 de Julho, *Boletim do Ministério da Justiça* n.º 339 (Outubro), 1999, p. 38, defendeu que a actuação regulamentar "(...) deve considerar-se como integrada no conceito de «legislação de trabalho» (...). Com efeito, entende-se que aquele conceito não se deve restringir aos actos legislativos, podendo também abarcar outros actos normativos, isto é, nele se poderá abranger toda e qualquer produção normativa (...)". Tal posição já tinha sido sufragada no Ac. n.º 117/86, de 9 de Abril, pp. 13-14, que, citando GOMES CANOTILHO e VITAL MOREIRA, decidiu que "(...) a noção de legislação do trabalho «abrange toda e qualquer produção normativa (sobretudo legislativa)» (...)". Refira-se a afirmação do Senhor Conselheiro MESSIAS BENTO,

340 Estudos do Instituto de Direito do Trabalho

executivos, geram Direito, além de que é muitas vezes no pormenor (dos regulamentos) que está o cerne da legislação[148].

Igual inclusão deve ocorrer com as normas de Direito Internacional e de Direito Comunitário, pois estas têm implicações, em termos de regulamentação, tão profundas como as leis em geral, uma vez que não só afec-

---

que na declaração de voto de vencido, no aresto citado, defende que "o sentido natural da expressão "legislação do trabalho" abarca a legislação que contenha regras atinentes ao trabalho subordinado".

Em aresto posterior, n.º 430/93, de 7 de Julho, pp. 60-61, o Tribunal defendeu, após distinguir entre regulamentos meramente executivos e regulamentos autónomos ou integrativos, que nestes "(...) poderão surgir regras que, por dizerem respeito a relações de cariz laboral, estabelecem particularizações, pormenorizações e concretizações de minúcias que o legislador involuntariamente omitiu, desenvolvimentos e clarificações ou maiores clarificações de um regime jurídico-laboral geral e, concretamente no que respeita à segunda espécie regulamentar, pode ele conter, por devolução da lei, estatuição específica, ali onde a lei geral do contrato individual de trabalho rege supletivamente. Nestas condições, — conclui o Tribunal — tais «regulamentos», ao definirem aquela estatuição, então, ao fim e ao resto, a ter incidência em matéria jurídico-laboral numa área que especificamente não estava tratada na lei esgotante ou clarificadamente, ou que esta devolveu para o «regulamento», pelo que dificilmente se repudiará que, nesses casos, os aludidos «regulamentos» não possam ser vistos como legislação permissora de inclusão no conceito de legislação laboral", sublinhado no original. Vd. também o aresto do Tribunal n.º 61/91, de 13 de Março, Boletim do Ministério da Justiça, n.º 405 (Abril), 1991, pp. 91 e ss.

O Tribunal Constitucional, por exemplo, no acórdão n.º 1184/96, de 20 de Novembro, em especial, pp. 10-11, defendeu que nos regulamentos de execução a participação das organizações de trabalhadores é dispensável.

Nos regulamentos independentes, o tipo de normação em causa afasta-se da dos regulamentos de execução. Por isso, bem como pelos argumentos aduzidos pelos arestos citados, pensamos que as razões que estão presentes para a participação das organizações laborais nos actos legislativos estão igualmente presentes no caso dos regulamentos independentes, pois um regulamento independente pode ser entendido como, é a posição de FREITAS DO AMARAL, Direito Administrativo, volume III, s.e., Lisboa, 1989, pp. 33-34, uma lei em sentido material. Quanto à noção e classificação dos regulamentos, vd., entre outros, o nosso texto, Contributo para o Estudo da Portaria de Extensão, cit., pp. 395 e ss, bem como a diversa bibliografia aí indicada.

A jurisprudência do Tribunal Constitucional (e da precursora Comissão Constitucional) pode ser compulsada em JORGE MIRANDA Manual de Direito Constitucional — Actividade Constitucional do Estado, cit., pp. 186-188; e, mais desenvolvidamente, em J. MANUEL MEIRIM, "A Participação das Organizações dos Trabalhadores na Elaboração da Legislação — Aproximação à Jurisprudência Constitucional", Revista do Ministério Público, ano 13.º, n.º 52, 1992, pp. 9 e ss, maxime, pp. 24 e ss.

[148] Concordamos com BARROS MOURA, A Convenção Colectiva ..., cit., pp. 53-54, nota 77, quando afirma que a redacção do art. 3.º da Lei n.º 16/79, não se opõe a este entendimento, pois, até por maioria de razão, não seria aceitável que a participação fosse conferida no procedimento legislativo mas negada no procedimento administrativo.

tam as situações jurídicas laborais existentes, como se sobrepõem às fontes internas[149].

Assim e em conclusão, a noção de *legislação do trabalho* inclui, na linha da doutrina exposta, todo o conjunto normativo — constitucional, internacional, legislativo e regulamentar — que se refira aos trabalhadores enquanto tais, ou seja:

a) produção legislativa da Assembleia da República;
b) produção legislativa do Governo;
c) produção legislativa das Assembleias Legislativas Regionais;
d) produção regulamentar;
e) normas de Direito Internacional;
f) e, finalmente, normas de Direito Comunitário;
g) naturalmente, que tanto inclui os diplomas originários como as respectivas alterações.

VIII. De acordo com o art. 3.º da Lei n.º 16/79, *"nenhum projecto ou proposta de lei, projecto de decreto-lei ou projecto ou proposta de decreto regional, relativo à legislação de trabalho, pode ser discutido e votado pela Assembleia da República, pelo Governo da República, pelas assembleias regionais ou pelos governos regionais sem que as organizações de trabalhadores referidas no art. 1.º, se tenham podido pronunciar sobre ele"*. Duas questões sobressaem de imediato:

a) estamos perante um direito ou um direito-dever de participação por parte das associações laborais?
b) qual a consequência se não for observada esta prescrição, cabendo distinguir entre as associações que representam trabalhadores e as que representam entidades patronais?[150]

No que diz respeito à primeira situação, parece-nos que apenas existe um direito de participação, pois para haver um direito-dever tem de existir além de uma posição activa (direito) uma situação passiva

---

[149] Acompanhamos a posição de BACELAR GOUVEIA, "Elaboração da Legislação Laboral ...", cit., p. 133.

[150] O momento procedimental da participação, como salienta BACELAR GOUVEIA, "Elaboração da Legislação Laboral ...", cit., p. 138, é a fase da instrução. Sobre as diversas fases do procedimento legislativo, *vd.*, entre outros, JORGE MIRANDA, *Manual de Direito Constitucional — Actividade Constitucional do Estado*, cit., pp. 239 e ss.

342   *Estudos do Instituto de Direito do Trabalho*

(dever)[151]. Neste caso, inexiste, como aliás perpassa da própria letra do art. 6.º quando diz "(...) *as organizações de trablhadores poderão pronunciar-se* (...)". Dito de outro modo, a não participação por parte das associações não configura qualquer infracção ou desrespeito de qualquer regra jurídica.

IX. Relativamente à segunda questão — consequências da não permissão de participação dos entes que representam trabalhadores —, a doutrina tem preconizado três grandes posições[152 153].

De um lado, aqueles que entendem que a violação da prescrição de permitir a participação das entidades representativas dos trabalhadores não gera qualquer vício. É o caso de LUCAS PIRES, para quem este direito não tem "(...) qualquer tradução ou afloramento no conjunto de normas sobre o processo legislativo ou a organização e o funcionamento do poder político em geral"[154]; do que se trata é que "(...) a Constituição pôs (...) a crédito dos trabalhadores um direito de pressão legítima – que os órgãos legislativos não poderão deixar de reconhecer — sobre a conformação

---

[151] Sobre o conceito de direito-dever (ou poder funcional ou poder-dever), *vd.*, por todos, MENEZES CORDEIRO, *Tratado de Direito Civil Português, Parte Geral*, tomo I, cit., p. 137; MOTA PINTO, *Teoria Geral do Direito Civil*, cit., pp. 169 e ss. Não se pode também falar na existência de qualquer *ónus*, pois para que este exista tem de se adoptar certo comportamento para manter ou obter determinada vantagem (cfr. ALMEIDA COSTA, *Direito das Obrigações*, 8.ª edição, Almedina, Coimbra, 2000, pp. 56 e ss; MENEZES LEITÃO, *Direito das Obrigações*, cit., , p. 12; MOTA PINTO, *op. cit.,* p. 180. *Vd.* em sentido crítico quanto à figura do ónus, MENEZES CORDEIRO, *op. cit.*, pp. 144 e ss).

[152] Sobre a natureza do direito de participação, *vd.*, por todos, BACELAR GOUVEIA, "Elaboração da Legislação Laboral ..."cit., pp. 145 e ss.

[153] Note-se que "(...) se a lei pode — e deve — traçar os contornos e os limites da participação, a verdade é que o conteúdo essencial desta não resulta da lei mas sim da Constituição. Por esta razão, fixada legalmente a forma como se há-de processar a participação das associações sindicais na elaboração da legislação do trabalho, nem por isso deixarão de ser inconstitucionais os diploma elaborados de harmonia com essa lei, se ela própria não tiver respeitado o conteúdo essencial do preceito constitucional atinente à participação; e, pelo contrário, não se poderão considerar como inconstitucionais os diplomas que, embora desrespeitando o processo participativo estabelecido na lei, hajam sido elaborados com participação das associações sindicais, desde que essa participação se haja processado com respeito dos limites constitucionalmente impostos", NUNES DE ALMEIDA, voto de vencido do Parecer da Comissão Constitucional n.º 18/78, cit., p. 54.

[154] LUCAS PIRES, "Anotação ao art. 56.º, alínea d) ...", cit., p. 376. Deve, no entanto, dizer-se que o Autor apenas se debruça directamente sobre a inconstitucionalidade orgânica e material.

Sujeitos Colectivos 343

legislativa dos respectivos direitos e interesses", mas a omissão de participação não gera a inconstitucionalidade do diploma ou irregularidade[155].

Posição intermédia é a de MÁRIO PINTO que defende estarmos perante "(...) uma simples «condição objectiva que explicita princípios de conformação (...) política da comunidade estadual»", pelo que "nessa medida, poderá dizer-se «mais uma garantia política do que jurídica»"[156]. Assim sendo, estamos "(...) perante uma situação de ilegalidade, ou, se se preferir, de inconstitucionalidade em sentido impróprio, mas não uma verdadeira inconstitucionalidade, susceptível de inutilizar o diploma promulgado"[157].

Uma terceira linha doutrinária — que tem sido acompanhada pelo Tribunal Constitucional[158] — defende que o desrespeito do direito de participação dos entes que representam trabalhadores dá origem a uma inconstitucionalidade, posição que merece o nosso acolhimento. É o caso, por exemplo, de GOMES CANOTILHO — VITAL MOREIRA[159], MONTEIRO FERNANDES[160], BACELAR GOUVEIA[161], JORGE LEITE, COUTINHO DE

---

[155] LUCAS PIRES, "Anotação ao art. 56.º, alínea d) ...", cit., p. 378.

[156] MÁRIO PINTO, *Direito do Trabalho*, cit., p. 144, citando VIEIRA DE ANDRADE e LUCAS PIRES, respectivamente.

[157] MÁRIO PINTO, *Direito do Trabalho*, cit., p. 144, sem, no entanto, deixar de reconhecer que a questão carece de aprofundamento

[158] *Vd.*, a título de exemplo, os arestos n.ºs 31/84, de 27 de Março, pp. 30 e ss, 178/97, de 4 de Março, p. 15, onde se defende a inconstitucionalidade (formal). Escreve JORGE MIRANDA, *Manual de Direito Constitucional — Actividade Constitucional do Estado*, cit., p. 189, "o Tribunal Constitucional tem considerado, em directriz constante, que a ausência de participação das comissões de trabalhadores e das associações sindicais acarreta inconstitucionalidade com todas as consequências. Por isso, a não se adoptar outro entendimento [como era preconizado pelo Autor em *Funções, Órgãos e Actos do Estado*, Lisboa, 1990, p. 259, que defendia apenas a ilegalidade] pelo menos pode aqui falar-se na formação de um verdadeiro costume constitucional, de base jurisprudencial".

Há, no entanto, que referir algumas decisões dissonantes, como é o caso do Parecer da Comissão Constitucional n.º 18/78, de 27 de Julho, cit., pp. 27 e ss. não obstante alguns votos de vencido (pp. 47 e ss).

[159] GOMES CANOTILHO — VITAL MOREIRA, *Constituição da República Portuguesa Anotada*, cit., p. 295 (XIII), sem contudo a qualificar. Vd. também do primeiro Autor, *Direito Constitucional* ..., cit., p. 848.

[160] MONTEIRO FERNANDES, *Direito do Trabalho*, cit., p. 97, que qualifica como inconstitucionalidade formal.

[161] BACELAR GOUVEIA, "Elaboração da Legislação Laboral ...", cit., p. 143, que qualifica como um vício de procedimento, logo, inconstitucionalidade formal.

ALMEIDA[162], PEDRO MACHETE[163], ROMANO MARTINEZ[164], JORGE MIRANDA[165], BARROS MOURA[166] e LOBO XAVIER[167]. Com efeito, pensamos que não só se trata de um desrespeito directo e imediato de uma norma constitucionalmente consagrada — uma vez que esta prescreve uma determinada conduta aos órgãos emissores de legislação laboral — que confere um direito fundamental (arts. 54.º, 5.º, alínea d) e 56.º, n.º 2, alínea a)), como que está em causa um procedimento basilar da tramitação da legislação do trabalho, pelo que essa inconstitucionalidade só pode ser qualificada como formal[168]. Logicamente que, como escreve JORGE MIRANDA, "(...) a inconstitucionalidade com este desvalor apenas se verificará quando, pura e simplesmente, inexista participação de organizações de trabalhadores. Não quando, apesar de se dar participação, ela se fizer com desrespeito do preceituado na Lei n.º 16/79; neste caso, não haverá senão ilegalidade e irregularidade"[169].

X. No que respeita ao não acatamento do direito de participação na elaboração da legislação laboral por parte das associações patronais, pensamos que a sua consequência não pode ser a inconstitucionalidade do diploma. Temos de ter presente que o direito conferido às associações patronais tem como fonte uma lei e não a Constituição[170], pelo que se deve ser qualificada como ilegalidade.

---

[162] JORGE LEITE — COUTINHO DE ALMEIDA, *Colectânea de Leis*, cit., pp. 361 e ss, que a qualifica como formal.

[163] PEDRO MACHETE, *A Audiência dos Interessados no Procedimento Administrativo*, «Estudos e Monografias», Católica Editora, Lisboa, 1996, pp. 361 e ss, que defende estarmos perante uma inconstitucionalidade formal.

[164] ROMANO MARTINEZ, *Direito do Trabalho — Parte Geral*, cit., p. 224, sem a qualificar.

[165] JORGE MIRANDA, *Manual de Direito Constitucional — A Actividade Constitucional do Estado*, cit., pp. 188-189 e nota 3, que não desenvolve a questão.

[166] BARROS MOURA, *A Convenção Colectiva* ..., cit., p. 53, que defende tratar-se uma inconstitucionalidade formal.

[167] LOBO XAVIER, *Curso* ..., cit., p. 242, que se refere a um vício no procedimento.

[168] Quantos aos diferentes tipos de inconstitucionalidade, vd., por todos, sem ignorar alguma flutuação terminológica, GOMES CANOTILHO, *Direito Constitucional*, cit., pp. 844 e ss; JORGE MIRANDA, *Manual de Direito Constitucional — Constituição e Inconstitucionalidade*, tomo II, 3.ª edição, Coimbra Editora, 1991, pp. 337 e ss. Em relação ao desvalor em causa, vd. BACELAR GOUVEIA, "Elaboração da Legislação Laboral ...", cit., pp. 139 e ss.

[169] JORGE MIRANDA, *Manual de Direito Constitucional — Actividade Constitucional do Estado*, cit., p. 189.

[170] MONTEIRO FERNANDES, *Direito do Trabalho*, cit., p. 97, começa por defender que a consequência não poderá ser a inconstitucionalidade, para posteriormente escrever

Sujeitos Colectivos 345

XI. A participação prevista na Lei n.º 16/79 inclui diversos momentos procedimentais[171], a saber:

a) publicação dos projectos ou propostas;
b) anúncio da referida publicação;
c) apreciação pública;
d) referência dos resultados da apreciação pública.

Vejamos cada uma destas situações.

XII. No que respeita à *publicação dos projectos ou propostas*, prescreve o art. 4.º, n.º 1 da Lei n.º 16/79, que para permitir a apreciação pública, "(...) *e para a mais ampla divulgação, os projectos e propostas são publicados previamente em separata* (...)" das respectivas publicações oficiais.

O que aqui está em causa é o dever de informar — e não uma mera faculdade — as associações para que essas possam exercer efectivamente o seu direito de participação. O dever de informação assume-se indiscutivelmente neste caso como uma situação passiva que condiciona o direito de participação, ou seja, o dever de informar é instrumental para a existência de um material e real direito de participação[172]. E isto porque a

---

que "o incumprimento das obrigações em que se traduz a relevância da participação importa sempre a neutralização do direito de participação em geral, com consequências também comuns" (p. 99). Ora, se é verdade que dificilmente acontecerá o desrespeito das associações patronais sem afectar as associações sindicais, é igualmente verdade que tal pode acontecer, bastando por exemplo, permitir a participação dos sindicatos do sector e não dar tal possibilidade às associações sindicais, nomeadamente, porque depois de participarem os representantes dos trabalhadores o diploma em questão continuou de imediato a sua tramitação, impossibilitando, assim, qualquer outra participação. E nesses casos a consequência não poderá ser a mesma, pois as fontes violadas são diferentes.

[171] JORGE MIRANDA, *Manual de Direito Constitucional — Actividade Constitucional do Estado*, cit., pp. 111-112, considera mesmo o procedimento como essencial para uma maior adequação das medidas a tomar, à qual se associa a transparência e a publicidade da actuação do Estado. É ainda basilar, como salienta o Professor, para garantir a participação e a democracia participativa, além da legitimação dos actos do poder público. Noutra perspectiva, é mesmo um meio de "(...) conversão da Constituição (considerada, tradicionalmente, de uma forma estática como ordem jurídica fundamental do Estado) na ordem dinâmica da comunidade" (p. 112).

MONTEIRO FERNANDES, *Direito do Trabalho*, cit., pp. 97 e ss, refere-se apenas a três momentos (publicação dos projectos, anúncio e indicação dos resultados da apreciação pública).

[172] Sobre o direito de participação *vd. supra*.

346   *Estudos do Instituto de Direito do Trabalho*

participação pressupõe o conhecimento ou, mais exactamente, a possibilidade de conhecer, razão pela qual o preceito citado impõe aos órgãos emissores a obrigação de informar as associações, independentemente de estas o solicitarem[173].

Qual é então o grau de pormenor dessa informação? Bastarão as grandes linhas do diploma ou deve o articulado ser publicado?

O Tribunal Constitucional no aresto n.º 31/84, de 27 de Março, defendeu que a intervenção das organizações na elaboração da legislação laboral pressupõe "(...) pelo menos, o conhecimento prévio dos projectos de diplomas a publicar"[174]. Por sua vez, no acórdão n.º 430/93, o Tribunal Constitucional defendeu não ser necessária a apresentação de um texto articulado completo. Com efeito, afirmou naquele aresto que "desta legislação [Lei n.º 16/79] é de extrair, também, que o procedimento legislativo deve, ele mesmo, integrar a intervenção formal das organizações dos trabalhadores, além de ter de haver a publicitação adequada do processo participativo (note-se, todavia, que estes pontos não estão inseridos no ditame constitucional a que acima se fez referência [arts. 54.º, n.º 5, alínea d) e 56.º, n.º 2, alínea a), da Constituição]"[175]. Por conseguinte, o Tribunal questionando-se "(...) se seria bastante a apresentação e a discussão efectuada com base em documentos que incorporavam as linhas de acção que enformariam o projecto de diploma (...)"[176], decidiu afirmativamente. Segundo aquele órgão, "desde que, como na presente situação ocorreu, se patenteiem às organizações representativas dos trabalhadores documentos que, cabal e completamente, incorporem as linhas do regime intentado adoptar pelo legislador, e desde que, no projecto formal de diploma, atendendo à intenção legislativa, se não desvirtuem aquelas linhas e os seus aspectos relevantes, então dever-se-á considerar que foi legitimamente cumprido o dever de consulta dos trabalhadores"[177]. E isto, segundo o Tribunal, porque "(...) é até pensável que a apresentação de um projecto formal de diploma, totalmente articulado e com uma forma acabada de redacção, poderá <u>eventualmente</u>, cercear a liberdade negocial inerente à

---

[173] No sentido da instrumentalidade do direito à informação face ao direito de participação, *vd.* SÉRVULO CORREIA "O Direito à Informação e os Direitos de Participação dos Particulares no Procedimento e, em Especial, na Formação da Decisão Administrativa", *Legislação. Cadernos de Ciência de Legislação*, n.ºs 9/10, 1994, entre outras, p. 157; e PEDRO MACHETE, *A Audiência dos Interessados* ..., cit., por exemplo, p. 400.

[174] Ac. do Tc. n.º 31/84, de 27 de Março, p. 32.

[175] Acórdão n.º 430/93, de 7 de Junho, p. 30.

[176] Acórdão n.º 430/93, de 7 de Junho, p. 42.

[177] Acórdão n.º 430/93, de 7 de Junho, p. 43.

Sujeitos Colectivos 347

discussão com as organizações laborais, já que é possível a cristalização das posições do órgão legislativo", sublinhado no original (*idem*).

Na sequência deste aresto JORGE MIRANDA defende "(...) que, se à face dos arts. 54.º, n.º 5, alínea d), e 56.º, n.º 2, alínea a), da Constituição, nada obsta a este entendimento, ele contraria o citado art. 4.º da Lei n.º 16/79, de 26 de Maio"[178].

Discordamos, salvo o devido respeito, da doutrina expendida.

Para nós, a interpretação do Tribunal Constitucional no acórdão acima citado (n.º 430/93) não só colide com a Constituição, como com a própria Lei n.º 16/79. A informação é instrumental face ao exercício do direito de participação. De facto, como afirma RIBEIRO MENDES, em declaração de voto de um aresto do Tribunal Constitucional, "«a partici-pação das associações sindicais na elaboração de legislação de trabalho há-de traduzir-se no conhecimento, por parte delas, do texto dos respectivos projectos de diploma legal antes, naturalmente, de eles serem defini-tivamente aprovados, desse modo se lhes dando a possibilidade de se pro-nunciarem sobre os mesmos, seja formulando críticas, dando sugestões, emitindo pareceres ou até fazendo propostas alternativas, o que tudo deve ser tido em conta na elaboração definitiva da normação que se pretende produzir"[179]. Donde, dever dizer-se que a informação tem de ser de modo a possibilitar "(...) uma intervenção directa e efectiva no próprio processo legislativo, pressupondo o conhecimento dos projectos de diploma a pu-blicar pois só por essa via se garante, na prática, a actuação relevante das associações sindicais"[180]. Opinião diversa permitiria transformar o direito em causa numa fórmula aparente e simbólica de participação.

Deste modo, consideramos só há efectivamente respeito pelo direito de participação se for dado a conhecer um projecto ou uma proposta con-creta, uma vez que só assim as associações poderão exercer efectivamente o seu direito de participação, pelo que a violação atinge tantos os valores constitucionais como os inseridos na Lei n.º 16/79. Ou seja: o texto a

---

[178] JORGE MIRANDA, *Manual de Direito Constitucional — Actividade Constitu-cional do Estado*, cit., p. 187, nota 1

[179] Ac. Tc. n.º 430/93, de 7 de Junho, pp. 7-8, onde cita o acórdão n.º 22/86, sublinhado no original.

[180] RIBEIRO MENDES, Ac. do Tc. n.º 430/93,, de 7 de Junho, cit., p. 5, em declaração de voto de vencido,. No mesmo sentido se pronuncia, MONTEIRO DINIZ, no aresto n.º 430/93, cit., pp. 2-3, em declaração de voto de vencido. Saliente-se também a posição de I. MAGALHÃES COLLAÇO, Parecer da Comissão Constitucional n.º 18/78, cit., declara-ção de voto de vencida, p. 58, para quem a "(...) participação (...) há-de pressupor, no mínimo, o conhecimento pelos interessados dos concretos projectos legislativos em causa".

348 Estudos do Instituto de Direito do Trabalho

publicar deve fornecer todos os elementos disponíveis com o intuito de permitir que as associações emitam a sua opinião sobre a situação, tanto quanto possível, real e efectiva, pois caso contrário a participação está inviabilizada, uma vez que não é possível um exercício esclarecido e eficaz do direito de participação sem uma informação completa[181].

XIII. Relativamente ao segundo momento aludido — *anúncio da referida publicação -*, determina a Lei que "*a Assembleia da República, o Governo da República, as assembleias regionais e os governos regionais farão anunciar, através dos órgãos de comunicação social, a publicação da separata e designação das matérias que se encontram em fase de apreciação pública*" (art. 4.º, n.º 3).

A finalidade da norma é clara: permitir que os interessados tenham conhecimento que existe uma apreciação pública sobre certa matéria e que possam encontrar os projectos ou propostas de diplomas numa determinada publicação. Esta norma resulta, então, instrumental face à participação, pois permite conhecer a possibilidade de exercer o direito (de participação). O que equivale a dizer que ela tem o efeito de melhorar o mecanismo da participação ao avisar que existe um projecto ou proposta que carece de apreciação.

Será que a violação desta regra — i.e., o não anúncio — poderá gerar uma inconstitucionalidade? A resposta só pode ser negativa, pois não existe qualquer violação de valores constitucionais, pois se é verdade que estamos perante uma regra instrumental a um melhor exercício da participação, é igualmente verdade que não é essencial, pois não coloca em causa a efectividade do direito de participação. A não publicação não impossibilita a participação, pois os projectos e as propostas são na mesma publicadas nos jornais dos respectivos órgãos emissores, estando, assim, assegurada a sua publicidade. Deste modo, o que está em causa é apenas a violação de uma regra legal, pelo que tal desrespeito deve ser qualificada como ilegal. Nada mais.

XIV. A *apreciação pública* — terceiro momento — é elemento central da Lei n.º 16/79, determinando o art. 5.º, n.º 1, que o prazo não deve

---

[181] Do exposto se retira que se o projecto ou proposta de diploma for objecto de profundas alterações, não se reconduzindo ao articulado apresentado, aquele deverá ser novamente submetido a participação, pois caso contrário estaria encontrada a forma de contornar o direito de participação, ou seja, seria permitir a participação face a um projecto ou proposta de um diploma que deixou de existir.

Sujeitos Colectivos 349

ser inferior a trinta dias, salvo por motivos de urgência, situação em que pode ser de vinte (n.º 2 do art. 5.º). Com efeito, todas as situações anteriores — publicação dos projectos ou propostas e anúncio da publicação — são instrumentais para uma eficaz e real apreciação pública. Com esta apreciação garante-se que o direito de participação seja efectivamente cumprido, respeitando-se, deste modo, as prescrições constitucionais e legais.

Face aos meios utilizados, podemos falar numa verdadeira apreciação pública generalizada[182], uma vez que não só possibilita a participação dos entes a quem a Constituição e a lei prescreve, como permite que toda a sociedade possa, se o desejar, debater as soluções apresentadas.

XV. A referência dos *resultados da apreciação pública* — quarto momento — no preâmbulo dos respectivo diploma — quando se tratar de decreto-lei ou decreto regional — ou no relatório — que será anexado ao parecer da comissão especializada da Assembleia da República ou das comissões das assembleias regionais — (art. 7.º, n.º 2 da Lei n.º 16/79), tem, em nossa opinião, desde logo uma tripla utilidade: a) permitir o controlo, pelo menos, do conhecimento das sugestões apresentadas; b) por outro lado, permitir que a opinião pública conheça, se o pretender, as diferentes sensibilidades envolvidas[183]; c) auxiliar a interpretação dos diplomas.

Tendo presente que a omissão dos resultados não coloca em causa o exercício do direito de participação, tal como é imposto pela Lei fundamental, parece-nos que o desrespeito da divulgação daqueles apenas gerará uma ilegalidade.

4.3. *No procedimento administrativo*

I. Parafraseando ROGÉRIO SOARES, diríamos que "todos nós sabemos o que é isto de procedimento, todos temos essa ideia, ou seja, trata-se de uma sucessão de actos que estão coordenados para a obtenção de um certo resultado, isto é, trata-se fundamentalmente daquilo que nós conhe-

---

[182] Como refere, e já tínhamos assinalado, MONTEIRO FERNANDES, *Direito do Trabalho*, cit., p. 98.

[183] Este última situação fica melhor assegurada com a publicação nos preâmbulos do que no relatório.

cemos da nossa experiência de todos os dias: a fixação de uma determinada maneira de proceder"[184]. Noutros termos: "conceber a actividade da Administração Pública como um procedimento significa, em termos metafóricos, concebê-la como uma *cadeia de montagem, de produção industrial*, ou seja, como o movimento sucessivo e conjugado de diferentes máquinas e peças com vista à obtenção de um produto final, uno, para a qual a participação de todas elas contribui"[185]. Pode, então, afirmar-

---

[184] ROGÉRIO SOARES, "A Administração Pública e o Procedimento Administrativo", *Scientia Ivridica*, tomo XLI, n.ºs 238/240, 1992, p. 196. De facto, como sugestivamente escreve o Professor, *ibidem*, "todos nós temos procedimentos públicos, procedimentos privados, todos nós conhecemos procedimentos legislativos, procedimentos da nossa vida doméstica, que podem ser muito simples, mais complexos, muito formalizados ou pouco formalizados. Podemos resolver o problema de encontrar uma refeição com um procedimento simples: vamos a uma esquina compramos uma «pizza» e comemo-la a correr em cima do balcão da cozinha; podemos ter um procedimento mais requintado: encomendamos a uma dessas empresas de «catering» uma refeição opípara, com cristais, com criados de libré e outras coisas assim; são procedimentos diferentes que poderemos utilizar naturalmente, de acordo com as circunstâncias a que temos de fazer face".
O Código de Procedimento Administrativo define, no art. 1.º, n.º 1, *procedimento administrativo* como "(...) *a sucessão de actos e formalidades tendentes à formação e manifestação da vontade da Administração Pública ou à sua execução*"; e, por sua vez, no n.º 2, *processo* como "(...) o conjunto de documentos em que se traduzem os actos e formalidades que integram o procedimento administrativo". Como notam FREITAS DO AMARAL, JOÃO CAUPERS, MARTINS CLARO, JOÃO RAPOSO, DIAS GARCIA, SIZA VIEIRA e PEREIRA DA SILVA, *Código do Procedimento Administrativo Anotado*, 3.ª edição, Almedina, Coimbra, 1998, pp. 33-34, "o objectivo deste artigo não é teórico, mas antes prático. O que está em causa não é uma definição doutrinária de procedimento administrativo, ou de processo, mas tão só uma tentativa de esclarecimento do sentido com que essas expressões são utilizadas no presente Código, de modo a facilitar a tarefa do intérprete". Sobre a denominação, escreve ROGÉRIO SOARES, "A Propósito dum Projecto Legislativo: o Chamado Código do Processo Administrativo Gracioso", *Revista de Legislação e de Jurisprudência*, 115.º ano, 1982-1983, n.º 3702, p. 264, que prefere o termo *procedimento administrativo*, "(...) tal como acontece com as pessoas, o nome que se recebe constitui uma invocação ou um desejo oculto de atrair qualidade e poderes". E, *ibidem*, se "é evidente que com uma denominação ou outra [processo administrativo gracioso ou procedimento administrativo] o mundo continua a girar" é também igualmente correcto que "(...) manda a verdade que se diga que a maioria dos procedimentos da Administração não tem o mínimo de graciosidade ou encanto; nem se consegue — aí de nós — sem sacrifício da bolsa do particular". Sobre as diferentes concepções de *procedimento administrativo*, vd., entre outros, GOMES CANOTILHO "Procedimento Administrativo e Defesa do Ambiente", *Revista de Legislação e Jurisprudência*, ano 123.º, 1990-1991, n.º 3795, pp. 170-171 e n.º 3798, pp. 261-264.

[185] ESTEVES DE OLIVEIRA — COSTA GONÇALVES — PACHECO DE AMORIM, *Código do Procedimento Administrativo*, 2.ª edição, Almedina, Coimbra, 1997, p. 44, itálico no original.

Sujeitos Colectivos   351

-se que o procedimento, como escreve SÉRVULO CORREIA, é um meio de conversão de competências abstractas em factos concretos[186].

II. A participação assume relevantes consequências. Deve notar-se que a participação por entidades que representam sujeitos que irão ser atingidos na sua esfera jurídica pelos actos da Administração tem o efeito de atribuir às suas opções uma eficácia própria, um fundamento específico de validade, a que na esteira de NIKLAS LUHMAN, poderíamos chamar de «legitimação pelo procedimento»[187]. Com efeito, escreve MENEZES CORDEIRO — referindo-se aos estudos sobre a *legitimidade sociológica das decisões* — designadamente os de NIKLAS LUHMAN — que uma mesma decisão tem consequências diversas, consoante seja, ou não, considerada, legítima pelos seus destinatários, sendo certo que esta legitimidade assenta, desde logo, no procedimento[188]. Como reconhece o Autor da Escola de Lisboa, quer numa vertente sociológica, quer pela via hermenêutica, qualquer decisão vale não só pelo seu conteúdo, mas também pelo facto de ser tomada pela entidade competente através de um procedimento adequado[189].

Por outro lado, a participação permite aos sujeitos colectivos trazerem à colação os interesses dos representados — bem como dos próprios sujeitos colectivos —, pois sem esta os órgãos emissores não os poderiam conhecer. Dito de outro modo: esta *participação dialógica*[190] assume,

---

[186] SÉRVULO CORREIA "O Direito à Informação ...", cit., p. 145.

[187] VASCO PEREIRA DA SILVA, *Em Busca do Acto* ..., cit., p. 402. Também neste sentido escreve ROGÉRIO SOARES, — "A Administração Pública e o Procedimento Administrativo", cit., p. 204, que "(...) o fenómeno participativo característico da época do pós-modernismo, como agora se costuma dizer, não significa apenas a possibilidade de os cidadãos terem audiência ou influência nos organismos públicos constituídos; vai, para além de tudo isto, implicar novas fórmulas de legitimação e de afirmação por processos inorgânicos imediatos, que pretendem suprir ou até substituir os mecanismos tradicionais da Administração".

[188] MENEZES CORDEIRO, *Convenções Colectivas de Trabalho* ..., cit., p. 36, que utiliza o termo processo. Não obstante as diferenças entre processo e procedimento, o Autor, *ibidem*, p. 37, define processo como "(...) o conjunto de actos articulados e sequenciados para a obtenção de determinado fim", ou seja, em termos algo idênticos ao conceito de procedimento (*vd*. art. 1.º, n.º 1, do CPA).

[189] MENEZES CORDEIRO, "Ciência do Direito e Metodologia Jurídica nos Finais do Século XX", *Revista da Ordem dos Advogados*, ano 48, Dezembro, 1988, pp. 731-732.

[190] SÉRVULO CORREIA, "O Direito à Informação ...", cit., divide, em função da natureza dos efeitos de direito, a *participação em co-constitutiva* — a vontade do particular tem, a par da vontade da Administração, efeito constitutivo (p. 147) — e *dialógica*

352   Estudos do Instituto de Direito do Trabalho

desde logo, uma *perspectiva funcional*, que, como escreve SÉRVULO COR-
REIA, se traduz no contributo do particular para a melhor realização do
interesse público mediante uma posição de pura colaboração, que vai
enriquecer "(...) a perspectiva da Administração sobre a identidade,
natureza e peso relativo dos interesses que povoam a situação real da vida
que lhe cabe conformar", uma vez que o particular poderá conhecer melhor a situação do que a Administração[191]. Note-se que as entidades
patronais, bem como as organizações profissionais dos trabalhadores têm
uma informação privilegiada que pode ser, e em regra é, de grande utilidade para a Administração.

Acrescente-se ainda, a esta visão de *legitimação* e *funcional* da participação, uma *perspectiva garantística*. De facto, a participação dos
sujeitos colectivos jamais poderá ser visto sob uma vertente absolutamente
funcionalizante, sob pena, como diz SÉRVULO CORREIA "(...) de se poder
assistir a uma organização do procedimento pelo legislador que não de-
fenda suficientemente o indivíduo do arbítrio do poder. A dignidade da
pessoa humana, que o artigo 1.º da Constituição arvora em valor basilar da
República, não consente que a participação dos cidadãos na formação das
decisões e deliberações que lhes disserem respeito seja totalmente ou
maioritariamente funcionalizada ao serviço do interesse público"[192].

— existe quando "(...) sem uma co-autoria com a Administração na emissão do acto principal, relativamente ao qual o particular continua a figurar como destinatário, assegura a
este último a emissão e a recepção, ao longo do procedimento, de comunicações informativas, valorativas e programáticas graças às quais desempenha um papel efectivo na
aquisição, valoração, ponderação e qualificação jurídica de factos e interesses de onde
resultará em termos lógicos o sentido da decisão" (p. 149). A nossa atenção centra-se,
neste momento, essencialmente na participação dialógica.

[191] SÉRVULO CORREIA "O Direito à Informação ...", cit., pp. 149-150. Noutro plano,
escreve BAPTISTA MACHADO, *Participação e Descentralização* ..., cit., p. 37, que "(...) a
participação, dando expressão às necessidades e interesses concretos das populações é um
meio insubstituível de proporcionar aos Governantes uma informação de que estes carecem para bem governar. Se pretendem satisfazer as necessidades e aspirações do povo,
precisam de as conhecer".

[192] SÉRVULO CORREIA, "O Direito à Informação ...", cit., p. 150. Devido à intrín-
seca conexão entre uma concepção de Direito Administrativo e a função do procedimento, não obstante serem realidades diferentes, parece-nos que ROGÉRIO SOARES,
«A Administração Públlica e o Procedimento Administrativo», cit., p. 199, apresenta
uma concepção divergente, pois segundo este Professor "(...) é hoje perfeitamente desajus-
tada uma concepção garantística do direito administrativo. Em vez dela tomou desde
há alguns anos assento a ideia de que o Direito Administrativo tem [de] ser conduzido
ao papel de encaminhador da Administração Pública para o desempenho da sua tarefa,
que é nem mais nem menos senão servir por infinitas formas o interesse público. E

Sujeitos Colectivos

Temos, então, a *função garantística* que se traduz, desde logo, na faculdade de o particular — neste caso mediante um ente representativo — informar a Administração dos elementos e dos argumentos que, na sua perspectiva, devem levar a que a decisão final se adeque aos seus interesses[193] [194]. Por isso, bem se pode afirmar que as entidades patronais e as organizações profissionais representativas dos trabalhadores têm de ter a possibilidade de defender os seus direitos no momento do procedimento. Esta visão garantística do procedimento é a sua essência, onde assume, como resulta do exposto, singular relevância a participação. Ou seja: é a participação que permite que os interessados informem a Administração

---

há-de ter-se a consciência de que esse interesse público não é uma coisa de mundo diferente do mundo dos homens, mas inclui as necessidades deles. Sendo assim, pensar e sentir a normação do direito administrativo pelo diapasão da exclusiva defesa do particular é, parafraseando Eça de Queirós, lutar por um brigadeiro do tempo de D. Maria I".

Não acompanhamos, salvo o devido respeito, a posição deste Professor: por um lado, porque uma visão garantística do Direito Administrativo não tem um efeito excludente face, por exemplo, a uma concepção funcional; por outro lado, como escreve M. REBELO DE SOUSA, "Regime do acto Administrativo", *Direito e Justiça*, volume VI, 1992, p. 37: "(...) não perfilharia a posição tão optimista do Sr. Prof. Rogério Soares, quanto ao poder dispensar-se uma concepção garantística perante a Administração Pública portuguesa. A nossa evolução histórica demonstra que *essa concepção tem a sua razão de ser hoje*, mesmo depois de muitas décadas nas quais a Administração assumiu uma feição constitutiva", itálico no original. M. REBELO DE SOUSA refere-se à posição de ROGÉRIO SOARES — "Codificação do Procedimento Administrativo Hoje", *Direito e Justiça*, volume VI, 1992, p. 21 — em que o Professor de Coimbra afirma que "(...) as garantias procedimentais têm uma dimensão simplesmente propiciatória, isto é, destinam-se apenas a criar condições que eventualmente facilitem a descoberta da melhor solução material".

[193] Assim, SÉRVULO CORREIA, "O Direito à Informação ...", cit., p. 150.

[194] SÉRVULO CORREIA, "O Direito à Informação ...", cit., p. 150. Também JORGE MIRANDA, *Manual de Direito Constitucional — Actividade Constitucional do Estado*, cit., pp. 109-110, realça a vertente garantística ao escrever que "as decisões administrativas são precedidas de uma série de formalidades previstas na lei para garantia da prossecução do interesse público e dos direitos dos administrados". Por sua vez, BAPTISTA MACHADO, *Participação e Descentralização ...*, cit., p. 39, salienta "(...) que, por imperativos ditados pela lógica do intervencionismo económico, as decisões são mais e mais tomadas em função de situações e conjunturas particulares, e cada vez menos em função de regras gerais suficientemente precisas para que a sua aplicação possa ser verificada, torna-se difícil o exercício de um controlo, quer pelos órgãos representativos dotados de legitimidade democrática, quer pela via judicial. E assim se vão as clássicas garantias dos administrados. Deste modo, dir-se-ia que a «participação» nos surge como forma de assegurar a decisão democrática e a garantia dos administrados em domínios da acção administrativa que escapam aos controlos tradicionais (controlo político, através do Parlamento, e controlo judicial através dos tribunais".

354 Estudos do Instituto de Direito do Trabalho

de que a emissão dos diplomas, naqueles termos, viola, por exemplo, os seus direitos subjectivos, possibilitando que aquela modifique o seu conteúdo, caso considere procedentes as objecções. E, assim, não só se previnem graves problemas sociais (*v.g.* greves), bem como se aumenta a eficácia dos actos realizados.

Assim sendo, e em suma, face ao exposto pode dizer-se que a participação dos particulares no procedimento, não só possibilita o conhecimento pela Administração dos seus interesses, o que assegura um aumento da qualidade das decisões, como permite, por outro lado, que ela tenha, como escreve VASCO PEREIRA DA SILVA, "(...) uma mais correcta configuração dos problemas e das diferentes perspectivas possíveis da sua resolução, como também torna as decisões (...) mais facilmente aceites pelos seus destinatários. Pelo que a participação no procedimento constitui um importante factor de [garantia,] legitimação e de democraticidade (...)"[195].

IV. A intervenção efectiva dos particulares em qualquer procedimento administrativo depende da capacidade e da legitimidade (procedimental)[196].

---

[195] VASCO PEREIRA DA SILVA, *Em Busca do Acto* ..., cit., p. 402. Também neste sentido se pronuncia GOMES CANOTILHO, "Procedimento Administrativo ...", cit., n.º 3794, p. 135, ao escrever "(...) que a colaboração activa dos cidadãos no procedimento administrativo tende a transformar-se em *factor de democratização* das decisões administrativas, não só porque desta forma, se assegura um «pedaço de cumplicidade» dos administrados, mas também porque através da *adesão* e do *consenso* dos interessados, se evitam formas autoritárias de poder e oposições radicais das pessoas ou grupos a planos de transformação programados pelas administrações públicas". Como escreve BAPTISTA MACHADO, *Participação e Descentralização* ..., cit., p. 32, referindo-se a VILLAR PALASI, "levando as coisas ao exagero, não falta mesmo quem afirme que a evolução sofrida pelo Estado contemporâneo foi tal que este é hoje mais um Estado *administrador* que um estado *político*; o que por sua vez terá conduzido a uma modificação na estrutura da vida pública que levaria a conceber a participação efectiva do cidadão na vida administrativa como mais necessária e relevante que a participação do mesmo cidadão na vida política", itálico no original.

Por outro lado, JORGE MIRANDA, "O Direito de Informação dos Administrados", *O Direito*, ano 120.º, 1988, n.ºs III-IV, p. 458, salienta que "não poucos autores têm, de resto, notado a incongruência que seria um sistema jurídico-constitucional de base democrática só o ser no tocante à função legislativa, e não já no tocante à função administrativa do Estado; ou a incongruência de um regime político que, fazendo do cidadão eleitor o titular, por via representativa, do poder legislativo o reduzisse, entretanto, à condição de súbdito, frente a um poder administrativo na nossa época cada vez mais avassalador, pela sua extensão e pelos mecanismos técnicos ao seu dispor".

[196] Cfr. ESTEVES DE OLIVEIRA — COSTA GONÇALVES — PACHECO DE AMORIM, *Código do Procedimento Administrativo*, cit., p. 269 (I). Em sentido idêntico, PEDRO

Relativamente à capacidade, prescreve o art. 52.º, n.º 1 do CPA que *"todos os particulares têm o direito de intervir pessoalmente no procedimento administrativo ou de nele se fazer representar ou assistir, designadamente através de advogado ou solicitador"*; no entanto, o n.º 2 do mesmo preceito, delimita a capacidade, ao determinar que *"a capacidade de intervenção no procedimento, salvo disposição especial, tem por base e por medida a capaciadde de exercício de direitos segundo a lei civil, a qual é também aplicável ao suprimento da incapacidade"*. Como escrevem ESTEVES DE OLIVEIRA, COSTA GONÇALVES e PACHECO DE AMORIM, em anotação ao art. 52.º do CPA, "o direito de intervir num procedimento administrativo afere-se, em geral, em função da **capacidade jurídica**: todas as pessoas, singulares ou colectivas, públicas ou particulares, têm capacidade procedimental e podem, portanto (desde que nisso tenham interesse ou legitimidade), intervir em procedimentos administrativos"[197].

Em relação aos *sindicatos*, já refrimos que *"(...) adquirem personalidade jurídica pelo registo dos seus estatutos no Ministério do Trabalho"* (art. 10.º, n.º 1 da LAS); vimos também que têm capacidade de exercício após a publicação dos estatutos no Boletim do Trabalho e Emprego (arts. 10.º, n.º 5, da LS e único do Decreto-Lei n.º 224/77, de 30 de Abril).

MACHETE, *A Audiência dos Interessados* ..., cit., p. 415, nota 855, escreve que "a legitimidade procedimental pressupõe a capacidade de intervenção e consiste na susceptibilidade de um particular capaz se tornar interessado num determinado procedimento. A capacidade de intervenção respeita às qualidades de uma pessoa e refere-se a todo e qualquer procedimento; a legitimidade respeita à posição do particular perante o objecto de um concreto procedimento, a iniciar ou já em curso (...)".

[197] ESTEVES DE OLIVEIRA – COSTA GONÇALVES — PACHECO DE AMORIM, *Código do Procedimento Administrativo*, cit., p. 265 (I), sublinhado no original. Para PEDRO MACHETE, *A Audiência dos Interessados* ..., cit., pp. 419-420, nota 867, "(...) ainda que, na ausência de referência expressa, as associações em causa [i.e., associações sem carácter político ou sindical que tenham por fim a defesa desses interesses — art. 53.º, n.º 1, *in fine*, do CPA] não têm de ser personalizadas (não têm de ser constituídas por escritura pública; cfr. o art. 158.º, n.º 1, do Código Civil); basta constituirem-se ao abrigo da liberdade de associação (cfr. o art. 46.º da CRP)". Esta situação é diferente, como aliás refere PEDRO MACHETE, *ibidem*, não obstante o *lapsus calami* na indicação dos preceitos, da prevista no art. 59.º, n.º 1 do Projecto do Código de Processo Administrativo Gracioso de 1982, *Boletim do Ministério da Justiça*, n.º 362, 1982, que afirmava, como regra: as *"associações legalmente reconhecidas têm legitimidade para zelar pelos interesses da generalidade dos seus associados que estejam em directa relação com os fins sociais"*. Contudo, o n.º 2 do preceito citado, prescrevia que *"idêntica legitimidade poderá ser reconhecida pela Administração a associações de facto, quando o objecto ou a natureza do processo o justifiquem"*.

356 Estudos do Instituto de Direito do Trabalho

Tendo presente que "*a capacidade de intervenção no procedimento, salvo disposição especial, tem por base e por medida a capacidade de exercício de direitos segundo a lei civil (...)*" (art. 52.º, n.º 2 do CPA)[198], parece-nos inequívoco que as associações sindicais detêm capacidade para iniciar ou intervir no procedimento administrativo.

V. No que concerne às *comissões de trabalhadores*[199], a questão é mais complexa, pois é preciso apurar, face à ausência de norma expressa na LCOMT, se são pessoas jurídicas. Comecemos por recordar que a personalidade jurídica consiste na susceptibilidade de ser titular de situações jurídicas[200]. Como ensina OLIVEIRA ASCENSÃO, em casos duvidosos, é necessário utilizar a noção geral de susceptibilidade de direitos e obrigações e apurar se a lei atribui, ou não, a essas entidades a titularidade de situações jurídicas; caso a resposta seja positiva, então, estamos perante pessoas colectivas, sendo suficiente a titularidade de um único direito[201]. Compulsando a Constituição (art. 54.º, n.º 5), bem como a LCOMT (arts. 18.º e 23.º a 35.º) constata-se que as comissões de trabalhadores detêm diversos direitos[202]. Estes, como realça MENEZES CORDEIRO, apenas podem ter como titulares as comissões enquanto tais[203]. Tendo presente que o legislador confere às comissões de trabalhadores determinadas atribuições e que, consequentemente, é necessário para a sua realização a existência de personalidade jurídica, então, parece correcto afirmar que as comissões de trabalhadores a possuem[204].

---

[198] Como sabemos, a Lei Sindical é a lei geral das associações sindicais.

[199] *Vd.* o art. 7.º da Convenção n.º 87, da Organização Internacional do Trabalho, referido na nota 57.

[200] Cfr. OLIVEIRA ASCENSÃO, *Teoria Geral do Direito Civil...*, cit., p. 134.

[201] OLIVEIRA ASCENSÃO *Teoria Geral do Direito Civil...*, cit., p. 232. Sobre os conceitos de capacidade de gozo e capacidade de agir, *vd.*, por todos, OLIVEIRA ASCENSÃO, *op. cit.*, pp. 143 e ss.

[202] Com uma terminologia diferente, ROMANO MARTINEZ, *Direito do Trabalho*, volume II, 1994/95, cit., p. 67.

[203] MENEZES CORDEIRO, *Manual de Direito do Trabalho*, cit., p. 123.

[204] Neste sentido, ROMANO MARTINEZ, *Direito do Trabalho — Parte Geral*, cit., p. 188. V*d.* também do mesmo Autor, *Direito do Trabalho*, volume II, 1994/95, cit., p. 73. MENEZES CORDEIRO, *Manual de Direito do Trabalho*, cit., p. 123, conclui pela inclusão das comissões de trabalhadores nas pessoas laborais colectivas. Para este Autor, *op. cit.*, p. 105, "a *natureza artificial* (...) da personalidade deixa em aberto a possibilidade de se encontrarem *pessoas especiais*, isto é, entes dotados de «personalidade» jurídica apenas para efeito de certos ramos normativos", itálico no original. Com efeito, segundo MENEZES CORDEIRO, *op. cit.*, p. 123, "a noção de *pessoa juslaboral* tem, aqui, um máximo de

Sujeitos Colectivos 357

Mais: essas atribuições e exercício de direitos só são compatíveis com o entendimento de que as comissões de trabalhadores detêm, além da personalidade e capacidade de gozo, capacidade de exercício[205]. Parece, pois, resultar que detêm, naturalmente, capacidade de exercício específica. Ou seja, a Lei não só lhes concede alguns direitos (art. 54.º n.º 5, da CRP) como garante que as comissões os exerçam directamente.

Por estes motivos, e tendo uma vez mais presente o preceituado no art. 52.º, n.º 2 do CPA, deve entender-se que as comissões de trabalhadores possuem capacidade para iniciar ou intervir no procedimento administrativo.

VI. Relativamente às *associações patronais*, a argumentação acima exposta para as associações sindicais é igualmente procedente, uma vez que não só têm, como vimos, personalidade jurídica e capacidade de gozo (art. 7.º, n.º 1 da LAP), como capacidade de exercício (art. 7.º, n.º 6 da LAP), pelo que face ao art. 52.º, n.º 2 do CPA a mesma conclusão se impõe.

---

utilidade. Ela permite traduzir a onticidade autónoma das comissões de trabalhadores, aptas a suportar a imputação de normas tipicamente laborais, sem necessidade de um embrenhar na discussão, algo formalista, de personalidade jurídica comum".

Contra a personalidade jurídica das comissões de trabalhadores pronuncia-se BRITO CORREIA, "A Lei sobre as Comissões de Trabalhadores", cit., pp. 460-461. Também parece ser esta a posição de GOMES CANOTILHO e VITAL MOREIRA, *Constituição da República Portuguesa Anotada,* cit., p. 291 (I), para quem "as CTs [comissões de trabalhadores] são órgãos dos trabalhadores de uma empresa ou estabelecimento, independentemente da sua categoria profissional, e visam defender os seus interesses nessa qualidade, enquanto trabalhadores dessa empresa ou desse estabelecimento"; e de JORGE LEITE, *Direito do Trabalho,* volume I, cit., p. 227, que defende serem aquelas "(...) órgãos de representação e, nessa medida, canais de expressão e de intervenção do colectivo de trabalhadores na organização em que se ocupam". Contudo, este último Autor, *op. cit.,* p. 215, defende, em geral, que "a institucionalização da figura da representação dos trabalhadores na empresa significa ou implica:

a) O reconhecimento do colectivo de trabalhadores como uma entidade com *substantividade própria,* isto é, como um sujeito colectivo diferente da mera soma dos seus membros e diferente de cada um deles", itálico no original.

[205] Escreve MÁRIO PINTO, *Direito do Trabalho,* cit., pp. 231-232, que "não pode duvidar-se (...) de que as comissões de trabalhadores são «instituições» no interior de «instituições», de que representam, *ex vi legis,* em cada empresa, o conjunto de todos os trabalhadores (mesmo que apenas só alguns tenham deliberado a sua criação), de que possuem competências atribuídas por lei e de interesse público, em suma, de que são sujeitos de direitos, vários e importantes, constitucionalmente garantidos e de natureza indelegável. Assim, parece muito difícil deixar de lhes reconhecer uma *personalidade jurídica laboral* (...)".

VII. No que se refere à legitimidade, preceitua o art. 53.º do CPA que a possuem "(...) *para iniciar o procedimento administrativo e para intervir nele os titulares de direitos subjectivos ou interesses legalmente protegidos, no âmbito das decisões que nele forem ou possam ser tomadas, bem como as associações sem carácter político ou sindical que tenham por fim a defesa desses interesses"*. Assim, por um lado, têm legitimidade os particulares para agir na defesa dos seus direitos ou interesses legalmente protegidos, quer sejam pessoas singulares ou colectivas e, por outro, "(...) quando as situações jurídicas conformadas no procedimento sejam qualificáveis como direitos subjectivos ou interesses legalmente protegidos, terão também legitimidade as associações sem carácter político ou sindical que tenham por escopo a respectiva defesa"[206].

Daqui resultaria que as associações sindicais não detêm legitimidade, devendo, no entanto, salientar-se que a questão se refere à legitimidade dos sindicatos enquanto representantes dos trabalhadores. Dito de outra forma: "a legitimidade conferida pela 2.ª parte do preceito não respeita aos casos em que estão em causa interesses próprios das associações – porque nesse caso não há restrições, aplicando-se a regra da 1ª parte do preceito – mas sim aos casos em que elas aparecem a intervir na qualidade de representantes colectivos de interesses individuais"[207]. No entanto, o Tribunal Constitucional através do acórdão n.º 118/97, entendeu que o art. 56.º, n.º 1, da Constituição "(...) ao afirmar que «compete às associações sindicais defender e promover a defesa dos direitos e interesses dos trabalhadores que representem», não só assegura aos trabalhadores a defesa colectiva dos respectivos interesses colectivos, através das suas associações sindicais, como lhes garante — ao não excluí-la — a possibilidade de intervenção das mesmas associações sindicais na defesa colectiva dos seus interesses individuais"[208]. Deste modo, decidiu o Tribunal "(...)

---

[206] SÉRVULO CORREIA, "O Direito à Informação ...", cit., p. 137. Explica o Autor, *op. cit.*, p. 161, nota 10, que se trata "(...) aqui de uma interessante transposição para o procedimento administrativo de uma figura de legitimidade definida pela jurisprudência administrativa para o efeito do recurso contencioso de anulação a favor das pessoas colectivas de tipo associativo cujo escopo seja a defesa dos interesses de um certo grupo social, contando que o acto impugnado afecte interesses da generalidade dos membros. Trata-se aqui da defesa de um *interesse colectivo* não totalmente identificado com o *interesse difuso* porque os interesses representados têm, no caso, a qualificação de direitos subjectivos ou de interesses legalmente protegidos ("interesses legítimos")", itálico no original.

[207] ESTEVES DE OLIVEIRA — COSTA GONÇALVES — PACHECO DE AMORIM, *Código do Procedimento administrativo*, cit., p. 283 (XVIII).

[208] Ac. do Tc. n.º 118/97, de 19 de Fevereiro, cit., p. 1843. O Tribunal Constitucional, aresto citado, pp. 1843, distingue, deste modo, entre "(...) os direitos e interesses

Sujeitos Colectivos 359

declarar, com força obrigatória geral, a inconstitucionalidade — por violação do art. 56.º, n.º 1, da Constituição da República Portuguesa — da norma constante do n.º 1 do artigo 53.º do Código de Procedimento Administrativo (...) na parte em que nega às associações sindicais legitimidade para iniciar o procedimento administrativo e para nele intervir, seja em defesa de interesses colectivos, seja em defesa colectiva de interesses individuais dos trabalhadores que representam"[209].

Em suma, as associações sindicais podem possuir legitimidade, quer para iniciar quer para intervir no procedimento.

VIII. E, no que respeita às *comissões de trabalhadores*, terão estas, também nos termos do mesmo art. 53.º legitimidade[210]?

Segundo ESTEVES DE OLIVEIRA, COSTA GONÇALVES e PACHECO DE AMORIM, têm *legitimidade para iniciar* o procedimento aqueles que são (eventualmente) titulares da pretensão ou posição jurídica, ou em representação destes, cuja decisão procedimental pode afectar; por outro lado, têm *legitimidade para intervir*, aqueles que são titulares, ou representantes, de (certas) posições jurídico-substantivas directamente afectáveis pela decisão (ou execução) de um procedimento já em curso[211].

Tendo presente as diferenças existentes entre as *associações sindicais* e as *comissões de trabalhadores*[212], pode dizer-se que estas representam todos os trabalhadores que desenvolvem uma actividade subordinada numa empresa, estejam ou não inscritos em qualquer sindicato. Numa primeira aproximação, tendo as comissões de trabalhadores capacidade, e face, *mutatis mutandis*, à argumentação do Tribunal Constitucional a

---

das próprias associações sindicais — nomeadamente aqueles que pertencem a qualquer pessoa colectiva ou aqueles que lhes são especificamente reconhecidos pela Constituição ou a lei, como por exemplo nos n.ºs 2 e 3 do artigo 56.º da CRP [subsumíveis na primeira parte do art. 53.º, n.º 1 do CPA] — e os direitos e interesses colectivos dos trabalhadores, e não já das associações sindicais, que a estas apenas cabe defender em nome e representação daqueles [subsumíveis na parte final do n.º 1 do art. 53.º do CPA]".

[209] Ac. do Tc. n.º 118/97, de 19 de Fevereiro, cit., p. 1844, com alguns votos de vencido na parte em que o aresto se refere à defesa colectiva dos interesses individuais dos trabalhadores. *Vd.,* a exemplo, o art. 18.º do Decreto-Lei n.º 102/2000, de 2 de Junho (Inspecção-Geral do Trabalho).

[210] O que está em causa, recorde-se uma vez mais, tal como para as associações sindicais, é a legitimidade enquanto representantes dos trabalhadores.

[211] ESTEVES DE OLIVEIRA — COSTA GONÇALVES — PACHECO DE AMORIM, *Código do Procedimento* ..., cit., p. 274 (VII).

[212] *Vd.* nota 19 sobre estas diferenças.

360 *Estudos do Instituto de Direito do Trabalho*

propósito das associações sindicais, parece-nos que possuem legitimidade quer para iniciar, quer para intervir no procedimento. Atente-se, contudo, noutras situações que nos permitirão uma melhor abordagem do assunto.

De entre os direitos das comissões de trabalhadores, realce-se, com arrimo constitucional, o de *"participar na elaboração da legislação do trabalho (...)"* (arts. 54.º, n.º 5 alínea d) primeira parte, da CRP, 18.º, n.º 1, alínea d) primeira parte, e 34.º da LCOMT[213]). Ora, não nos parece defensável que as comissões de trabalhadores tenham legitimidade para participar na elaboração da legislação do trabalho, mas já não tenham para para iniciar ou para intervir no procedimento.

Por outro lado, podemos utilizar, com total propriedade, o argumento expendido pelo Tribunal Constitucional no aresto n.º 118/97, a propó-sito das associações sindicais. De acordo com o art. 3.º do Decreto-Lei n.º 102/2000, de 2 de Fevereiro, compete à Inspecção Geral do Trabalho:

a) *"promover e controlar o cumprimento das disposições legais, regulamentares e convencionais respeitantes às condições de tra-balho, designadamente as relativas a segurança, higiene e saúde no trabalho"* (alínea a) do n.º 1);

b) *"promover e controlar o cumprimento das normas relativas ao apoio ao emprego e à protecção no desemprego, bem como ao pagamento das contribuições para a segurança social, na me-dida em que não prejudique a sua acção relativamente às condi-ções de trabalho"* (alínea a) do n.º 2);

c) *"aprovar e controlar o cumprimento de regulamentos internos"* (alínea b) do n.º 2)[214].

Tendo presente o direito *"(...) de exercer o controlo de gestão nas empresas"* (art. 54.º, n.º 5, alínea b), da CRP), concretizado, entre outros, no art. 29.º, alíneas d) e f), da LCOMT[215] [216], devemos concluir que as

---

[213] Como se constata pela data do diploma, este é anterior à entrada em vigor do Código de Procedimento Administrativo que, como sabemos, ocorreu em 16 de Maio de 1992 (art. 2.º do preâmbulo do CPA).

[214] O aresto do Tribunal Constitucional, n.º 118/97, 19 de Fevereiro, cit., p. 1843, referia-se ao art. 13.º do Decreto-Lei n.º 219/93, de 16 de Junho, que entretanto foi revo-gado pelo art. 27.º do Decreto-Lei n.º 102/2000, de 2 de Fevereiro, regulando a matéria, neste momento, a norma indicada no texto, o que em nada prejudica a argumentação.

[215] Estabelecem as referidas alíneas, respectivamente, que no exercício daquele direito *"(...) compete às comissões de trabalhadores:*
d) *(...) zelar pelo cumprimento das normas legais e estatutárias (...)"*, e, por outro,

Sujeitos Colectivos · 361

comissões de trabalhadores podem desencadear (e intervir) o procedimento administrativo, como aliás refere a alínea f) citada, pois, caso contrário, parte desta função fiscalizadora ficaria irremediavelmente mutilada. Como diz o Tribunal Constitucional, apesar de se referir às associações sindicais, "em todos estes casos [do art. 3.º] se prevê uma actividade administrativa — embora de tipo fiscalizador ou inspectivo — que supõe a existência de um procedimento administrativo. Ora, excluir a possibilidade de [tais associações] (...) promoverem o início desse procedimento administrativo, ou de nele intervirem, em matérias como as referidas, significaria uma amputação inaceitável dos poderes que, necessariamente, decorrem das finalidades que a Constituição lhes reconhece, e, portanto, lhes são garantidos (...)"[217]. Aliás, posição diferente levaria, repita-se, à incongruência de a Lei fundamental admitir a intervenção no procedimento legislativo (art. 54.º, n.º 5, alínea d)) e a lei ordinária negar no administrativo.

Deste modo, pensamos que também as comissões de trabalhadores possuem legitimidade procedimental quer para iniciar quer para intervir. Sabendo que as comissões de trabalhadores são formadas por trabalhadores de uma empresa, cujo número é bastante variável, parece-nos que nenhum problema se levanta na subsunção no segmento da norma que se refere às "(...) *associações* (...) *que tenham por fim a defesa desses interesses* (...)" (art. 53.º, n.º 1, *in fine*, do CPA).

IX. Relativamente às *associações patronais*, a questão parece ser mais complexa. Poderíamos dizer que como o CPA se refere a "*associações sem carácter político ou sindical*" não se aplica às associações patronais, uma vez que estas não têm carácter sindical, mas sim patronal. Evidentemente que o argumento é meramente literal e improcedente, pois o que o legislador pretendeu foi naturalmente excluir ambas, ainda que no nosso ordenamento a expressão sindical — ao contrário doutros — quer legal quer doutrinariamente seja entendida como dizendo respeito aos tra-

---

f) "*participar, por escrito, aos órgãos de fiscalização da empresa ou às autoridades competentes, na falta de adequada actuação daqueles, a ocorrência de actos ou factos contrários à lei, aos estatutos da empresa (...)*".

[216] BARBOSA DE MELO, "As Fundações e as Comissões de trabalhadores (A Propósito da Lei n.º 46/79, de 12 de Setembro)", *Revista de Direito e de Estudos Sociais*, ano XXVI, n.ºs 1-2-3-4, 1979, p. 96, diz ser esta [alínea d)], entre outras, uma disposição "(...) de duvidosa correcção constitucional (...)" da Lei n.º 46/79, uma vez que "(...) se trata de restrições que *na ordem prática* eliminam *in concreto* rasgos essenciais da liberdade de iniciativa do empreendedor tutelada pela Constituição da República", itálico no original.

[217] Ac. do Tc. n.º 118/97, de 19 de Fevereiro, cit., p. 1843.

balhadores. Por outro lado, a argumentação expendida a propósito das associações sindicais e das comissões de trabalhadores não pode ser utilizada, uma vez que as associações patronais não são objecto de normas constitucionais (expressas). Mesmo as que se lhes aplicam, como, por exemplo a liberdade de associação (art. 46.º), não impõem (explicita ou implicitamente) a participação no procedimento administrativo.

Há, no entanto, em nossa opinião — ainda que não isenta de algumas reservas e sem prejuízo de o assunto carecer de uma análise mais pormenorizada, nomeadamente sobre os diferentes interesses que a norma pode abarcar, o que não impede que tomemos uma posição de princípio —, valores constitucionais que são postergados com a restrição da concessão da legitimidade às associações patronais. Com efeito, prescreve a Lei fundamental que *"a Administração Pública será estruturada de modo (...) a assegurar a participação dos interessados na sua gestão efectiva, designadamente por intermédio de associações públicas, organizações de moradores e outras formas de representação democrática"* (art. 267.º, n.º 1); por sua vez, o n.º 5 do mesmo preceito, norma que é considerada como consagrando um direito, liberdade e garantia[218], determina que *"o processamento da actividade administrativa será objecto de lei especial, que assegurará a racionalização dos meios a utilizar pelos serviços e a participação dos cidadãos na formação das decisões ou deliberações que lhes disserem respeito"*. Tenhamos então presente que, como escreve VASCO PEREIRA DA SILVA, o nosso ordenamento estabelece uma harmonização da participação dos particulares no procedimento com os interesses de uma Administração Pública democrática, *"(...) cujas decisões devem ser legitimadas também pela intervenção dos privados que são por ela afectados (...)"*[219]. Por outro lado, sabemos que *"as pessoas colectivas gozam dos direitos e estão sujeitas aos deveres compatíveis com a sua natureza"* (art. 12.º, n.º 2 da CRP).

Assim sendo, podemos dizer que as associações patronais devem usufruir do princípio da participação dos interessados na Administração, que é, como vimos, uma imposição da Lei fundamental. É certo que pode haver restrições aos direitos, liberdades e garantias, mas essas restrições têm de se *"(...) limitar ao necessário para salvaguardar outros direitos ou interesses constitucionalmente protegidos* (art. 18.º, n.º 2). E que valores

---

[218] Cfr. SÉRVULO CORREIA, "O Direito à Informação ...", cit., p. 154, VASCO PEREIRA DA SILVA, *Em Busca do Acto ...*, cit., p. 424. Contra, PEDRO MACHETE, *A Audiência dos Interessados ...*, cit., p. 388

[219] VASCO PEREIRA DA SILVA, *Em Busca do Acto ...*, cit., p. 424.

São esses que impõe a restrição à legitimidade das associações patronais? Não poderão ser seguramente os motivos que, segundo ESTEVES DE OLIVEIRA, COSTA GONÇALVES e PACHECO DE AMORIM, levaram à exclusão legal — escrevem os Autores que as associações com carácter político ou sindical foram afastadas "(...) em virtude, certamente, de disporem de meios de pressão que fazem recear pela imparcialidade do procedimento"[220] — pois esses não tem guarida constitucional.

Nem se diga que esta restrição é uma concretização da desigualdade com que a Constituição trata as associações patronais e as associações de trabalhadores, pois é necessário que haja motivos relevantes para se manter essa diferenciação, o que no caso concreto, e atendendo aos fins da participação no procedimento[221], não nos parecem existir.

Parece-nos, então, que razão tem o Tribunal Constitucional, quando, ao tratar da legitimidade das associações sindicais — no aresto que declarou o preceito inconstitucional — afirma, a propósito do princípio da participação dos interessados, que "este é, inequivocamente, um imperativo constitucional que há-de encontrar no Código do Procedimento Administrativo a sua forma de concretização por excelência e impede, portanto, qualquer interpretação restritiva como aquela a que acima se referiu"[222].

Entendemos, pois, que as associações patronais detêm legitimidade para iniciar ou intervir no procedimento.

§ 3.º — DA SITUAÇÃO JURÍDICA DOS REPRESENTANTES DOS SUJEITOS COLECTIVOS

5. Generalidades

I. Prescreve o n.º 6 do art. 55.º da CRP que *"os representantes eleitos dos trabalhadores gozam do direito (...) à protecção legal adequada contra quaisquer formas de condicionamento, constrangimento ou limitação do exercício legítimo das suas funções"*. Por sua vez, *"os membros das comissões (de trabalhadores) gozam da protecção legal reconhecida aos delegados sindicais"* (art. 54.º, n.º 4 da CRP)[223].

---

[220] ESTEVES DE OLIVEIRA — COSTA GONÇALVES — PACHECO DE AMORIM, *Código do Procedimento Administrativo*, cit., p. 282 (XVIII).

[221] Sobre o assunto, *vd. supra* texto.

[222] Ac. do Tc. n.º 118/97, de 19 de Fevereiro, cit., p. 1844.

[223] Tenha- se também presente, além da legislação nacional, desde logo a Con-

364   *Estudos do Instituto de Direito do Trabalho*

Esta protecção constitucionalmente conferida aos membros das associações sindicais e das comissões de trabalhadores revela-se em dois sentidos: (a) por um lado, confere aos seus titulares um direito de defesa no exercício das suas funções e, por outro (b), adstringe o legislador no sentido de elaborar formas adequadas de protecção[224]. Este especial estatuto de protecção encontra justificação no facto de para os trabalhadores eleitos poderem exercer capaz e eficazmente as suas competências e atribuições precisam de garantias de que as sua atitudes e reivindicações não serão objecto de quaisquer retaliações, situação que lhes permitirá assegurar as suas actividades com total independência e liberdade[225]. Deste modo, o vínculo laboral fica imune a quaisquer tentativas de alterações que se devam ao legítimo exercício das actividades de que estão incumbidos, mas não poderemos, sob pena de subverter a *ratio* da protecção, de ir ao ponto de defender a imunidade da relação laboral quanto a factos que não tenham qualquer conexão com a actividade representativa ou que nela não encontrem apoio.

II. O nosso legislador *infra-constitucional* sufragou no cumprimento da imposição constitucional, segundo a qual os representantes eleitos

---

venção n.º 135 da Organização Internacional do Trabalho, aprovada para ratificação pelo Decreto n.º 263/76, de 8 de Abril.

[224] Cfr. GOMES CANOTILHO — VITAL MOREIRA, *Constituição da República Portuguesa Anotada*, cit., p. 303 (XII).

[225] Também noutros ordenamentos encontramos medidas especiais para os representantes dos trabalhadores. Em relação ao ordenamento alemão, *vd.* WOLFGANG DÄUBLER, *Derecho del Trabajo*, Ministerio de Trabajo y Seguridad Social, Madrid, 1994 (tradução castelhana de M.ª Paz Acero Serna e Pío Acero Lópes, *Das Arbeitsrecht*, "rororo aktuell", 1 e 2, Rowohlt Taschenbuch Verlag GmbH, Hamburg, 1990), pp. 335 e ss, e 432 e ss, sendo certo que nesta últimas páginas, que tratam dos delegados sindicais, se levantam algumas questões quanto à sua amplitude; no ordenamento espanhol, ALONSO OLEA — CASAS BAAMONDE, *Derecho del Trabajo*, cit., pp. 625 e ss; ALBIOL MONTESINOS, "La Representación Sindical en la Empresa", AAVV, *Cuestiones Actuales de Derecho del Trabajo, Estudios Oferecidos por los Catedráticos Españoles de Derecho del Trabajo al Professor Alonso Olea*, Ministerio de Trabajo y Seguridad Social, Centro de publicaciones, Madrid, 1990, pp. 749 e ss; BARREIRO GONZALEZ, "Algunas Reflexiones sobre el Credito de horas de los Delegados Sindicales", AAVV, *Cuestiones Actuales de Derecho del Trabajo ...*, cit., pp. 767 e ss; no francês, BERNARD TEYSSIÉ, *Droit du Travail — Relations Collectives de Travail*, tome 2, deuxiéme editión, Litec, Paris, 1993, pp. 288 e ss; JEAN-MAURICE VERDIER, *Droit du Travail,* cit., pp. 321 e ss; no italiano, *vd.* RENATO SCOGNAMIGLIO, *Diritto del Lavoro*, quinta edizione, Jovene Editore, Napoli, 2000, pp. 422 e ss; GIUSEPPE PERA, *Compendio di Diritto del Lavoro*, quarta edizione, Giuffrè, Milano, 1997, pp. 63 e ss.

gozam de protecção legal adequada (art. 55.º, n.º 6, *in fine* da CRP), diferentes formas de protecção e de concessão da actividade na empresa. De facto, existem diversas modos de garantir um exercício da actividade sindical, tendo a lei previsto regras quanto aos membros da direcção (*v.g.* art. 22.º da LS), dos corpos gerentes — onde se incluem a direcção e o conselho fiscal — (art. 23.º da LS), além dos delegados sindicais (art. 32.º da LS) — o que abrange, naturalmente, os membros das comissões sindicais e das comissões intersindicais (*vd.* art. 2.º alíneas i) e j) da LS). No entanto, estabeleceu limites, uma vez que tais regimes especiais acarretam acrescidos custos para a entidade patronal, segundo os quais existe um número máximo de delegados sindicais que podem usufruir de certas prerrogativas (art. 33.º da LS)[226] [227].

---

[226] Para um melhor entendimento do que constitui a figura da secção sindical da empresa, comissão sindical e comissão intersindical da empresa e o delegado sindical *vd.*, respectivamente, art. 2.º, alínea h); arts. 2.º, alínea i) e 29.º, n.º 2; arts. 2.º, alínea j) e 29.º, n.º 3; e 29.º, n.º 1 da LS. *Vd.* também MÁRIO PINTO — FURTADO MARTINS — NUNES CARVALHO, *Glossário de Direito do Trabalho e Relações Industriais,* Universidade Católica Editora, Lisboa, 1996, pp. 66, 67 e 99; LOBO XAVIER, "As Recentes Intervenções ...", cit., p. 434.

Note-se que tanto os trabalhadores como os sindicatos têm o direito de desenvolver actividade sindical na empresa (art. 25.º), como demonstra o direito conferido — na segunda parte do art. 25.º da LS — ao sindicato; tendo presente que os delegados sindicais são representantes dos entes colectivos na empresa (neste sentido, MÁRIO PINTO, FURTADOS MARTINES e NUNES DE CARVALHO, *Glossário de Direito do Trabalho ...*, cit., p. 99, JORGE LEITE, *Direito do Trabalho*, volume I, cit., p. 188). Note-se que, por exemplo, alguns estatutos sindicais afirmam expressamente, como é o caso dos estatutos do Sindicato Nacional dos Quadros e Técnicos Bancários, que "*os delgados sindicais ou representantes sindicais são os sócios que, sob a orientação e coordenação do Sindicato, fazem a dinamização nos seus locais de trabalho*" (art 30.º). Diferentemente, tendo presente que os delegados sindicais são eleitos pelos trabalhadores sindicalizados no sindicato em causa (arts. 29.º, n.º 1 da LS), e que lhes cabe estabelecer a ligação entre os trabalhadores e o sindicato que representam, parece-nos que os direitos conferidos aos delegados sindicais são direitos, em última instância, conferidos aos sindicatos, uma vez que aqueles são representantes destes. Com interesse para a questão, LOBO XAVIER, "As Recentes Intervenções dos Trabalhadores nas Empresas", *Revista da Ordem dos Advogados*, ano 35, 1975, volume III, pp. 436 e ss, onde o Autor cita alguns exemplos de estatutos que afirmam que os delegados sindicais são representantes dos sindicatos.

[227] Pensamos que a lei estabelece, ainda que indirectamente, limites ao número de delegados sindicais que podem usufruir do regime especial de tutela das suas situações jurídicas. Na verdade, a LS, no art. 33.º, limita apenas o número de delegados sindicais que podem ser titulares do crédito de horas; no entanto, consideramos que o estatuto de um delegado sindical é uno, não pode ser divisível. A razão de ser da protecção em que se encontra seria gorada, se o legislador tivesse permitido que houvesse delegados sindicais com uma maior protecção do que outros. As funções que exercem e a sua relevância obrigam a que

Por outro lado, igual protecção consagrou a lei para os membros das comissões de trabalhadores, aliás, no estrito cumprimento do art. 55.º, n.º 4 da CRP e expressamente referido no art. 16.º da LCOMT, segundo a qual *"os membros das comissões de trabalhadores, das comissões coordenadoras e das subcomissões de trabalhadores gozam de protecção legal reconhecida aos delegados sindicais"*.

III. Vejamos, então, algumas[228] das diferentes formas que o legislador ordinário consagrou quanto à regulação da situação jurídica dos sujeitos individuais que têm como actividade a defesa dos trabalhadores, salientando-se, como já havíamos referido[229]:

a) os créditos de tempo (art. 32.º da LS e 20.º da LCOMT);

---

tenham um estatuto especial e tão completo quanto possível; por outro lado, uma vez que os custos desse estatuto é suportado pelo empregador, tem de haver necessariamente limites.

É certo que aparentemente se poderia dizer que o legislador somente estabeleceu limites para a situação que tem mais custos para a entidade patronal, só que tal afirmação não é sequer correcta, pois quaisquer das outras situações (*v.g.*, inamovibilidade, art. 34.º da LS) onera igualmente o empregador. Por outro lado, a própria Convenção n.º 135 da Organização Internacional do Trabalho parece apontar nesse sentido, ao determinar que *"a legislação nacional, as convenções colectivas, as sentenças arbitrais ou as decisões judiciais poderão determinar o tipo ou tipos de representantes dos trabalhadores que devem ter direito à protecção e às facilidades visadas pela presente convenção"* (art. 4.º), ou seja, se podem determinar o tipo, podem, por maioria de razão, limitar o número de representantes. Acresce que *"a concessão de tais faculdades não deve dificultar o funcionamento eficaz da empresa em causa"* (art. 2.º, n.º 3 da Convenção n.º 135 já referida). No sentido do texto, MONTEIRO FERNANDES, *Direito do Trabalho*, cit., pp. 675 e ss Contra: LOBO XAVIER, "O Papel dos Sindicatos ...", cit., p. 310, nota 40, que defende que a lei não estabelece qualquer limite de delegados sindicais que possam usufruir dos respectivos estatutos, salvo no que respeita ao crédito de horas; e ainda do Autor, "Recentes Intervenções ...", cit., p. 437, onde se refere à necessidade de evitar abusos; mais recentemente, sem desenvolver, do Autor, *O Despedimento Colectivo* ..., cit., p. 549, nota 450.

Poder-se-á colocar a questão — como faz LOBO XAVIER, "Recentes Intervenções ...", cit., p. 443, nota 1 — de saber se o número de trabalhadores sindicalizados a que se refere o art. 33.º, n.º 1 da LS, tem em conta a totalidade de trabalhadores sindicalizados existentes na empresa ou apenas os filiados no sindicato cujo delegado sindical pertence? Pensamos que a lei manda tomar em consideração o número de sindicalizados no sindicato de que o delegado sindical faz parte, pois o que está em causa é uma actividade de defesa e representação dos trabalhadores que ocupará o delegado, mais ou menos tempo, consoante o número de representados.

[228] Um estudo completo sobre todas as normas existentes que estabelecem uma especial tutela, ultrapassa a natureza do presente texto.

[229] A lei fixa, a protecção mínima, podendo outras fontes (*v.g.*, convenções colectivas) aumentar as situações de especial tutela. (art.52.º da LS).

b) as faltas (arts. 22.º da LS, 20.º, n.º 9 da LCOMT, 20.º, n.º 9 da LCOMT);
c) a inamovibilidade (arts. 23.º, 34.º da LS e 16.º da LCOMT);
d) a presunção de sanção abusiva (arts. 32.º, n.º 1, alínea c), n.ºs 2 e 3, e 34.º da LCT);
e) o despedimento (art. 24.º, 35.º da LS e 16.º da LCOMT, art. 23.º, n.ºs 4 e 5 da NLDESP).

6. Créditos de tempo e faltas

I. Os membros das comissões de trabalhadores (art. 20.º da LCOMT), os membros da direcções dos sindicatos (art. 22.º, n.º 2 da LS) e os delegados sindicais (art. 32.º da LS)[230] dispõem de créditos de tempo para exercerem as suas actividades. Relativamente à primeira situação, os membros das subcomissões de trabalhadores disporão de 8 horas mensais, 40 horas mensais no caso das comissões de trabalhadores e 50 horas mensais no caso das comissões coordenadores (art. 20.º, n.º 1 da LCOMT); no segundo caso — membros da direcção — têm um crédito de 4 dias por mês (art. 22.º, n.º 2 da LS); enquanto que os delegados sindicais, têm um crédito de horas que não pode ser inferior a cinco por mês ou a oito, caso se trate de delegado que faça parte da comissão intersindical (art. 32.º, n.º 1 da LS)[231].

Quando qualquer destes trabalhadores utiliza o crédito de horas mantém o direito à remuneração e à antiguidade, ou seja, não pode ter qualquer efeito prejudicial na sua esfera jurídica[232]. Diversamente, quando usufruem do regime das faltas justificadas (arts. 23.º, alínea c) e 26.º, n.º 2, alínea a) da LFFF) e 20.º n.º 9 da LCOMT e 22.º, n.º 1 da LS)) não

---

[230] Nos termos do art. 36.º da LS, as direcções dos sindicatos têm o dever de comunicar à entidade patronal a identificação dos delegados sindicais, bem como daqueles que fazem parte de comissões sindicais e intersindicais, e ainda a substituição ou cessação de funções. Idêntica informação deve ocorrer em relação aos membros dos corpos gerentes (art. 20.º da LS).

[231] Prescreve o n.º 2 do art. 32.º da LS, que o crédito de tempo concedido é relativo ao período normal de trabalho, contando como serviço efectivo.

[232] A jurisprudência tem entendido, de forma algo redutora, que o crédito de horas do delegado sindical apenas pode ser utilizado no interior da empresa, não incluindo deslocações ao exterior, cfr. Acórdão da Relação de Lisboa, de 9 de Maio de 1983, *Boletim do Ministério da Justiça*, n.º 334, pp. 523 e ss; Acórdão da Relação de Coimbra, de 24 de Maio de 1984, *Boletim do Ministério da Justiça*, n.º 337, pp. 417 e ss.

368 *Estudos do Instituto de Direito do Trabalho*

mantêm o direito à remuneração[233], mas tal ausência não pode afectar a antiguidade[234] ou outros direitos[235].

---

[233] Relativamente aos membros das comissões de trabalhadores, a LFFF (art. 23.º, n.º 2, alínea c) *in fine*) considera como faltas justificadas as dadas pelos membros das comissões de trabalhadores, desde que motivadas pela prática de actos necessários e inadiáveis no exercício da sua actividade de representantes dos trabalhadores; por sua vez, o art. 26.º, n.º 2, alínea a) da LFFF, afirma que determinam a perda de retribuição, as faltas "*dadas nos casos previstos na alínea c) do n.º 2 do art. 23.º da LFFF, salvo disposição legal em contrário, ou tratando-se de faltas dadas por membros de comissões de trabalhadores*". A dúvida que urge é a seguinte: a parte final deste preceito excepciona da perda de retribuição as faltas dadas pelos membros das comissões de trabalhadores ou, ao invés, o legislador apenas repetiu o que já estava na primeira parte da alínea, i.e., os membros das comissões de trabalhadores? Dito de outra forma: os membros das comissões de trabalhadores quando dão faltas justificadas, nos termos da alínea c) do n.º 2 do art. 23.º ficam sem retribuição?

Pensamos que o legislador quis excluir da perda de retribuição as faltas dadas pelos membros das comissões de trabalhadores (Neste sentido, JORGE LEITE, "As Faltas ao Trabalho no Direito do Trabalho Português", *Revista de Direito e Economia*, ano IV, 1978, n.º 2, p. 428). No entanto, o art. 20.º, n.º 9 da LCOMT — que é posterior, pois data de 1979 —, claramente afastou tal excepção: consideram-se justificadas as faltas dos membros das comissões de trabalhadores dadas no exercício da sua actividade, excepto para efeitos remuneratórios, ou seja, não têm direito à remuneração. Aliás, nenhuma razão há para excepcionar da perda de remuneração os membros das comissões de trabalhadores, além de tal posição colidir com a Convenção n.º 135 da Organização Internacional do Trabalho, segundo o qual "*quando uma empresa tem, ao mesmo tempo, representantes sindicais e representantes eleitos, deverão ser tomadas medidas apropriadas, sempre que tal se verifique, a fim de evitar que a presença dos representantes eleitos possa servir para enfraquecer a situação dos respectivos sindicatos ou dos seus representantes (...)*" (art. 5.º).

Sobre as faltas em geral, *vd.* MENEZES CORDEIRO, *Manual de Direito do Trabalho*, cit., pp. 710 e ss; JORGE LEITE, *op. cit.*, pp. 417 e ss; ROMANO MARTINEZ, *Direito do Trabalho — Contrato de Trabalho*, II volume, 1.º tomo, 3.ª edição, Lisboa, 1999, pp. 301 e ss.

[234] As faltas previstas na alínea c) do n.º 2 do art. 23.º da LFFF — que data de 1976 —, referem-se às praticadas por motivo de actos necessários e inadiáveis no exercício de funções em associações sindicais e na qualidade de delegado sindical ou de membro de comissão de trabalhadores.

Uma questão surge de imediato: como articular a actual LS (art. 22.º) — que data de 1975 e se refere aos membros da direcção das associações sindicais — e a LCOMT (art. 20, n.º 9) — que é de 1979 e que regula as situações atinentes aos membros das comissões de trabalhadores —, que se bastam com o facto de as faltas serem dadas no desempenho das suas funções ou no exercício da sua actividade, com a alínea c) do n.º 2 do art. 23.º da LFFF que impõe a necessidade de estarmos perante actos necessários e inadiáveis.

Relativamente à articulação entre a LS e a LFFF a jurisprudência tem dado respostas contraditórias: para uma corrente, o art. 22.º, n.º 1 da LS foi objecto de revogação e alteração pelo art. 23.º, n.º 2, alínea c) da LFFF, sendo actualmente consideradas justificadas, as faltas dos dirigentes sindicais apenas quando forem em virtude de actos necessários e inadiáveis (Acórdão da Relação do Porto, de 16 de Janeiro de 1984, *Colectânea de Jurisprudência*, ano IX, 1984, tomo I, p. 269); para outra orientação, a alínea c) do n.º 2 do art. 23.º da LFFF refere-se ao exercício de funções em associações sindicais, sem fazer qualquer qualificação, enquanto o art. 22.º da LS toma em consideração os membros da direcção, pelo que não há qualquer revogação (tácita ou expressa), mas sim compatibilidade e até complementaridade das duas normas (Acórdão da Relação de Lisboa, de 15 de Janeiro de 1986, *Colectânea de Jurisprudência, ano XI*, 1986, tomo I, p. 132; Acórdão da Relação de Lisboa, de 17 de Fevereiro de 1988, *Boletim do Ministério da Justiça*, 1988, n.º 374 (Março) p. 527.

A doutrina, sem desenvolver a questão, aponta para a não revogação, cfr. JORGE LEITE, "O Desempenho de Funções Sindicais ...", cit., p. 517, nota 9, que cita o Acórdão da Relação de Lisboa, de 15 de Janeiro de 1986; MÁRIO PINTO — FURTADO MARTINS – NUNES DE CARVALHO, Comentário *às Leis do Trabalho...*, cit., p. 230, embora se não refiram ao problema, falam numa derrogação parcial da alínea b) do art. 69.º da LCT — que regulava o regime das faltas no exercício de funções em organismos representativos — pelos arts. 22.º e 32.º da LS (este último, trata de uma situação diferente que é crédito de horas).

Vejamos a questão.

O regime das faltas estava na LCT (arts. 67.º e ss, em especial, no que nos interessa, alínea b) do n.º 1 do art. 69.º). Este diploma — que, como sabemos, data de 1969 — impunha que as faltas no exercício de funções em organismos corporativos, instituições de previdência ou comissões corporativas, ou outros a este inerentes, fossem em virtude da *"prática de actos necessários e inadiáveis"* (alínea b), do n.º 1 do art. 69.º). Em 1975, a Lei Sindical apenas se referiu às faltas dadas pelos membros da direcção dos sindicatos (art. 22.º), não impondo que os actos sejam *«necessários e inadiáveis»*. Para nós, o diploma de 1975 consagra um regime especial face à regulação geral das faltas que se encontrava na LCT; assim, a regulação especial reduziu o alcance da norma geral, mas, naturalmente, não a revogou. Mais tarde, o regime das faltas previsto na LCT foi expressamente revogado pelo art. 31.º da LFFF. Este diploma, no art. 23.º, n.º 2, alínea c) manteve a expressão "actos necessários e inadiáveis", não se tendo, no entanto, referido aos membros da direcção dos sindicatos; deste modo, e de acordo com o princípio de que a lei geral não revoga a lei especial, salvo se houver intenção inequívoca do legislador (art. 7.º, n.º 3 do CC), a regulação especial da Lei Sindical não foi afectada pela regulação geral da LFFF. Assim, o regime deve da LS, como diz a jurisprudência citada, ser entendido como complementar, consagrando a alínea c) do n.º 2 do art. 23.º da LFFF um regime geral e o art. 22.º da LS um regime especial, aplicando-se aquele quando não houver regulação específica. Aliás, esta particularidade do regime para os membros da direcção dos sindicatos pode compreender-se se atendermos às especiais exigências que impõem o exercício dessas funções.

No que respeita à relação entre a Lei das Comissões de Trabalhadores (Setembro de 1976) e LFFF (Dezembro de 1976) pensamos que a LCT — considerando que, apesar de não se referir expressamente aos membros da comissão de trabalhadores, pois não existiam no momento da sua feitura — se aplicava também a estes. Com a entrada em vigor da LCOMT deixou de se aplicar aos membros das comissões de trabalhadores. Posterior-

370 *Estudos do Instituto de Direito do Trabalho*

II. Temos, então, a par do crédito de horas um direito a faltas justificadas, com as diferentes consequências assinaladas[236].

Para alguma doutrina, os créditos de tempo dispensam ainda a alegação e a prova do motivo da não comparência[237]. Não nos parece a melhor solução, uma vez que:

a) a própria lei sindical exige que os delegados sindicais, quando pretenderem exercer o crédito de horas, avisem com a antecedência mínima de um dia (art. 32.º, n.º 3 da LS);

---

mente a LFFF, na alínea c) do n.º 2 do art. 23.º — que, recorde-se, qualifica os actos como *"necessários e inadiáveis"* — incluiu os membros das comissões de trabalhadores.

Houve ou não revogação do regime especial da LCOMT — que não impõe terem de ser os "actos necessários e inadiáveis" pela LFFF?

Para nós, a LFFF revogou tacitamente o regime previsto no art. 20.º, n.º 9 da LCOMT, pois, por um lado, há uma clara incompatibilidade de regimes — por exemplo, nos termos da LCOMT a retribuição é afectada, enquanto nos da LFFF (art. 26.º, n.º 2, alínea a) *in fine*) tal não acontece -, por outro, a especialidade da LCOMT tinha uma razão específica. Em nossa opinião, o legislador sentiu necessidade de, face à inexistência de qualquer referencia expressa na LCT aos membros da comissão de trabalhadores, regular a situação na LCOMT; no entanto, com a elaboração do novo regime (geral) das faltas entendeu que os membros da comissão de trabalhadores deveriam ter o mesmo regime — ainda que não totalmente igual — que os membros do sindicatos (que não da direcção). Dito de outro modo: as considerações feitas no preâmbulo da LFFF — *v.g.* uniformização do regime — também se aplicam aos membros das comissões de trabalhadores. Com isso, afastou tacitamente o regime da LCOMT no que respeita as faltas dos membros das comissões de trabalhadores.

Sobre a relação da lei geral com a lei especial, *vd.*, por todos, OLIVEIRA ASCENSÃO, *O Direito ..., cit.*, pp. 525 e ss.

[235] Os tribunais têm decidido que o tempo de trabalho em que se verificaram faltas justificadas de representantes dos trabalhadores, dadas em virtude dessa actividade, contam como serviço efectivo para efeitos de promoção, da qual dependa o tempo de permanência na categoria, cfr. Acórdão da Relação de Lisboa, de 11 de Março de 1987, *Colectânea de Jurisprudência*, 1987, tomo II, pp. 190 e ss; Acórdão da Relação de Lisboa, de 6 de Dezembro de 1987, *Colectânea de Jurisprudência*, 1989, tomo V, pp. 173 e ss; Acórdão do Supremo Tribunal de Justiça, de 8 de Novembro de 1995, *Boletim do Ministério da Justiça*, n.º 451, pp. 207 e ss.

[236] Tem sido discutida na doutrina e na jurisprudência, a questão de saber se o trabalhador faltar mais de um mês em virtude do exercício da actividade sindical se lhe deve aplicar o regime das faltas justificadas ou o regime da suspensão (art. 3.º/1 do DL n.º 398/83). Sobre o assunto, cfr. JORGE LEITE, "O Desempenho de Funções Sindicais ...", cit., pp. 533 e ss; e na jurisprudência, onde se pode ver a relevância da questão, Acórdão da Relação de Lisboa, de 10 de Maio de 1989, *Colectânea de Jurisprudência*, ano XIV, 1989, tomo III, pp. 177 e ss.

[237] MONTEIRO FERNANDES, *Direito do Trabalho*, cit., p. 374.

Sujeitos Colectivos 371

b) ora, não é plausível que o legislador imponha o mais — em termos de actividade do representante — que é o aviso e ignore o menos que é o motivo[238];

c) por outro lado, se o direito de crédito de horas se prende com o exercício de funções sindicais — como diz a lei *"cada delegado sindical dispõe, para o exercício das suas funções (...)"*[239] (art. 31.º, n.º 1 da LS) —, como é que poderá a entidade patronal aferir da licitude do exercício do direito?;

d) mais: segundo o art. 342.º do CC aquele que invoca um direito cabe a prova dos factos constitutivos do direito alegado[240].

Assim sendo, defendemos que o crédito de horas tem apenas e somente a consequência de não permitir o desconto da retribuição, mas não isenta o trabalhador de apresentar, quando solicitado pela entidade patronal, o respectivo comprovativo. Idêntico regime probatório se aplica quando o trabalhador pretenda usufruir do regime das faltas justificadas. Caso não o faça, a sua falta será considerada injustificada (art. 25.º, n.ºs 3 e 4 da LFFF).

7. Inamovibilidade

I. Estabelece a Lei Sindical que *"os membros dos corpos gerentes das associações sindicais não podem ser transferidos de local de traba-*

---

[238] Como sabemos, a comunicação da falta é diferente da comunicação do motivo da falta.

[239] Sobre o conteúdo do termo "funções", *vd.* JORGE LEITE, "Ausência do Trabalho no Desempenho de Funções Sindicais", *Revista do Ministério Público*, ano 8.º, n.º 32, 1987, pp. 85 e ss, e em igual sentido, do mesmo Autor, "O Desempenho de Funções Sindicais e o Expediente da Suspensão do Contrato", *Revista de Direito e Economia*, anos XVI — XIX, 1990-1993, pp. 521 e ss.

[240] No sentido da entidade patronal pode exigir o respectivo meio de prova para apurar da veracidade do motivo e consequente qualificação, *vd.*, por exemplo, Acórdão da Relação do Porto, de 16 de Janeiro de 1984, *Colectânea de Jurisprudência*, ano IX, 1984, tomo I, pp. 268 e ss, em especial, p. 269, onde se afirma não haver qualquer interferência na via do sindicato; Acórdão da Relação do Porto, de 25 de Janeiro de 1988, *Colectânea de Jurisprudência*, 1988, tomo I, p. 247; Acórdão da Relação de Coimbra, de 8 de Outubro de 1992, *Colectânea de Jurisprudência*, ano XVII, 1992, tomo IV, pp. 121 e ss, onde se demonstra que tal não afecta, pelo menos necessariamente, a liberdade de organização e regulamentação interna do sindicato (p. 123). Aliás, parece-nos indiscutível que o conteúdo da informação deve ser harmonizado com a liberdade de organização e regulamentação interna do sindicato.

lho sem o seu acordo" (art. 23.º); e que *"os delegados sindicais [e os membros das comissões de trabalhadores] não podem ser transferidos de local de trabalho sem o seu acordo e sem prévio conhecimento da direcção do sindicato respectivo"* (art. 34.º e 16.º da LCOMT).

O conteúdo desta norma tem de ser relacionado com a regra da inamovibilidade consagrada no art. 21.º, n.º 1, alínea e) da LCT, segundo a qual o trabalhador não pode ser transferido pela entidade patronal, salvo o regime previsto no art. 24.º do mesmo diploma[241]. Neste preceito, estabelecem-se os termos em que pode haver transferência de trabalhadores,

---

[241] Como sabemos, o que está em causa no conteúdo do art. 24.º da LCT é a transferência definitiva; por outro lado, as regras citadas da LS e da LCOMT apenas têm em vista este tipo de transferência, como, aliás, resulta da *ratio* da norma (cfr. *infra* texto). Por isso, bem decidiu a Relação de Lisboa — de 26 de Junho de 1991, *Colectânea de Jurisprudência*, 1991, III, pp. 222 e ss — que, no caso de *ius variandi* espacial, um trabalhador membro da comissão de trabalhadores não pode invocar tal qualidade para se opor à mudança. Não cabe na economia deste trabalho a análise do regime (geral) da inamovibilidade. Sobre o assunto, *vd.*, em geral, MENEZES CORDEIRO, *Manual de Direito do Trabalho*, cit., pp. 683 e ss; MONTEIRO FERNANDES, *Direito do Trabalho*, cit., pp. 403 e ss; ROMANO MARTINEZ, *Direito do Trabalho — Contrato de Trabalho*, II volume, 1.º Tomo, 3.ª edição, Lisboa, 1999, pp. 257 e ss; LOBO XAVIER, *Curso de Direito do Trabalho*, cit., pp. 346 e ss; e em especial, LEAL AMADO — *A Protecção do Salário*, Separata do Volume XXXIX do Suplemento do Boletim da Faculdade de Direito da Universidade de Coimbra, 1993, pp. 71 e ss, nota 30; do mesmo Autor, "Inamovibilidade: Uma Garantia Supletiva?", *Questões Laborais*, ano I, n.º 3, 1994, pp. 175 e ss; MENDES BAPTISTA, "Transferência do Trabalhador para Outro Local de Trabalho, Aviso Prévio e Esclarecimento Sobre as Condições de Mudança", *Questões Laborais*, ano VI, 1999, 14, pp. 196 e ss; do mesmo Autor, "Transferência do local de trabalho — Significado da Apresentação do Trabalhador no Novo Local", *Prontuário de Direito do Trabalho*, Centro de Estudos Judiciários, Actualização n.º 53, 1998, do mesmo Autor, "O Conceito de "Prejuízo Sério" e a Transferência de Local de Trabalho nas Grandes Aglomerações Urbanas", *Prontuário de Direito do Trabalho*, Centro de Estudos Judiciários, Actualização n.º 54, 1998, MADEIRA DE BRITO, *Do Local de Trabalho*, Tese de Mestrado, policopiado, Lisboa, s.d.; do mesmo Autor, "Local de Trabalho", AAVV, *Estudos do Instituto de Direito do Trabalho*, coordenador Romano Martinez, volume I, Almedina, Coimbra, 2000, pp. 355 e ss; LIBERAL FERNANDES, "Mudança do Local de Trabalho e Alteração do Horário de Trabalho", *Questões Laborais*, ano I, n.º 3, 1994, pp. 173 e ss; JÚLIO GOMES, com a colaboração de AGOSTINHO GUEDES, "Algumas Considerações Sobre a Transferência do Trabalhador, Nomeadamente no que Concerne à Repartição do Ónus da Prova", *Revista de Direito e Estudos Sociais*, ano XXXIII, 1991, n.º 1/2, pp. 77 e ss; VITOR RIBEIRO, "Alteração do Local de Trabalho – Prejuízo Sério – Rescisão do Contrato pelo Trabalhador — O Prazo de 15 Dias do art. 34.º, n.º 2, do DL n.º 64-A/89, de 27-2", *Prontuário de Direito do Trabalho*, Centro de Estudos Judiciários, Actualização n.º 51, 1997, VAZ SERRA, "Lugar da Prestação", *Boletim do Ministério da Justiça* n.º 50, 1955, pp. 5 e ss; LOBO XAVIER, "O Lugar da Prestação do Trabalho", *Estudos Sociais e Corporativos*, ano IX, n.º 33, 1970, pp. 11 e ss.

Sujeitos Colectivos

tendo o legislador consagrado um regime para a transferência individual e outro para a mudança total ou parcial do estabelecimento do local onde o trabalhador presta a sua actividade[242]. O legislador estabeleceu, como referimos, um diferente regime quando estão em causa membros de corpos gerentes (art. 23.º da LS), delegados sindicais ou membros das comissões de trabalhadores (art. 34.º da LS e 16.º da LCOMT); neste caso, exige acordo dos membros dos corpos gerentes e ainda, se estivermos perante delegados sindicais ou membros das comissões de trabalhadores, o conhecimento da direcção do respectivo ente colectivo. O que está em causa é impedir o afastamento dos representantes dos trabalhadores dos seus colegas, de modo a que os representados não sejam privados das suas acções e reivindicações.

Face ao propósito do legislador, deve questionar-se: o regime consagrado para os representantes dos trabalhadores contém uma excepção ao previsto para a generalidade dos trabalhadores (que inclui a transferência individual e a mudança total ou parcial do estabelecimento, art. 24.º da LCT) ou apenas excepciona alguma destas modalidades de transferência? A doutrina tem entendido[243] que o regime legal dos representantes dos trabalhadores apenas afasta a transferência individual, nos termos gerais, mas não impossibilita a mudança total ou parcial do estabelecimento. Na verdade, posição diferente seria dificilmente sustentável, uma vez que o que está em causa é impedir o isolamento dos trabalhadores representantes, mas não a mudança total ou parcial do estabelecimento. Aliás, se se verificar, por exemplo, uma mudança total do estabelecimento, o trabalhador que representa os seus colegas ficaria numa local onde já não existe nenhuma razão para estar, uma vez que os restantes trabalhadores foram mudados de local; por outro lado, qualquer impedimento, com esta amplitude, colidiria com a liberdade de iniciativa económica (art. 61.º da CRP), pois obstaculizaria o desenvolvimento da empresa[244].

---

[242] Parece-nos incorrecta a utilização da expressão "transferência colectiva" por oposição à "transferência individual", uma vez que na "mudança total ou parcial do estabelecimento" — expressão que é, por vezes, substituída por "transferência colectiva" — pode haver apenas a mudança de um trabalhador, bastando para o efeito que a parte do estabelecimento que muda de local tenha apenas um empregado. Assim sendo, parece-nos mais correcto manter as expressões legais.

[243] É o caso de ROMANO MARTINEZ, *Direito do Trabalho*, volume II, 1994/1995, cit., pp. 40 e ss; LOBO XAVIER, "As Recentes Intervenções ...", cit., pp. 444 e ss.

[244] É evidente que a entidade patronal poderá recorrer à "mudança parcial" para tentar afastar o trabalhador que representa os seus colegas, uma vez que uma ou várias partes da empresa se deslocam e uma ou outras ficam, tendo presente que a tutela apenas abrange o trabalhador representante e não os representados. Dito de outra forma: não se

374 Estudos do Instituto de Direito do Trabalho

II. No entanto, a inaplicação da primeira parte do n.º 1 do art. 24.º da LCT não pode levar a que se impeça a mudança, por exemplo, dentro do próprio perímetro geográfico da empresa[245], salvo se a indicação (contratual) do local tiver uma cláusula que o impeça[246]. Com efeito, atendendo à própria noção de local de trabalho —, i.e., o espaço geográfico onde o trabalhador está adstrito a realizar a sua prestação laboral —, e tendo presente que o que está em causa são alterações ao local, desde que esse se mantenha não existem quaisquer limitações[247].

Todavia, se o objectivo for isolar o trabalhador — colocando, por exemplo, numa área ligeiramente afastada, temos disponíveis institutos gerais — como por exemplo, o abuso de direito (art. 334.º do CC) —, não ignorando, no entanto, todos os poderes que o trabalhador tem para dialogar com os colegas, nomeadamente os crédito de horas e as faltas justificadas. Só quando estiver em causa uma alteração do local é que se deve trazer à colação os preceitos acima referidos, que protegem o local dos representantes do trabalhadores, pelo que é primeiro analiticamente necessário apurar a própria área do local de trabalho.

Em suma, o regime previsto para os membros da direcção das associações sindicais, delegados sindicais e membros das comissões de trabalhadores apenas se aplica quando estiverem em causa transferências individuais, não devendo ser aplicado às situações de mudança total ou parcial do estabelecimento. Naqueles casos, tem de haver — independentemente do prejuízo sério (art. 24.º, n.º 1, 1.ª parte da LCT) — consenti-

---

afasta o representante dos representados, mas os representados do representante, uma vez que quanto àqueles não há especiais limitações. Ora, esta situação não só teria elevados custos (financeiros) para a entidade patronal, como se poderia recorrer à figura do abuso de direito (art. 334.º do CC).

[245] Neste sentido, ROMANO MARTINEZ, *Direito do Trabalho — Contrato de Trabalho*, II volume, 1.º tomo, cit., p. 262.

[246] Como escrevem VASCO LOBO XAVIER — B. LOBO XAVIER, "Deslocação Delegado Sindical; Ónus da Prova da Justa Causa de Despedimento", *Revista de Direito e de Estudos Sociais*, ano XXIX (II da 2.ª série), 1987, n.º 1, p. 35, "o lugar da prestação é, em regra, coincidente com aquele em que se situa a empresa ou estabelecimento no qual o trabalhador presta serviço. Dentro dessa zona geográfica, que é a área da empresa, move-se desaforadamente o poder directivo da entidade patronal. Ela é livre de dizer ao seu trabalhador para ir trabalhar para o pavilhão A ou no pavilhão B, no primeiro ou no quinto piso, nesta ou naquela sala, junto a tal ou a tal máquina, sem embargo de os postos de trabalho terem evidentemente uma situação definida no espaço".

[247] Por exemplo, se o trabalhador for camionista e tiver como local de trabalho Portugal Continental, só haverá transferência do local se for incluída Espanha no seu itinerário profissional; ou ainda se o local for Lisboa, só haverá transferência se sair desta zona.

Sujeitos Colectivos 375

mento do trabalhador e, quando a lei o exige, conhecimento dos respectivos sujeitos colectivos[248].

8. Presunção de sanção abusiva

I. As sanções abusivas são uma das formas que pode assumir a concretização do abuso de direito no âmbito do Direito do Trabalho[249]. Tal figura está consagrada no art. 32.º da LCT e, naquilo que agora nos interessa, estipula que:

"consideram-se abusivas as sanções disciplinares motivadas pelo facto de um trabalhador:

c) exercer ou candidatar-se a funções em organismos corporativos ou de previdência ou em comissões corporativas"[250]. De acordo com a lei, presume-se abusivo o despedimento ou a aplicação de uma sanção sob a aparência de punição de qualquer outra falta até um ano após o términos do exercício de funções em organismos representativos ou, caso não as venha a exercer, a data da apresentação da candidatura a essas funções, desde que estivesse ao serviço da mesma entidade (art. 32.º n.º 2 da LCT).

Nesta norma prevêem-se, e consequentemente protegem-se, duas situações: a) o despedimento e a b) aplicação de outras sanções. Pensamos que relativamente ao despedimento a norma está revogada, uma vez que os arts. 24.º e 35.º da LS consagram esta matéria — mediante norma posterior e até de forma mais garantística —, mas mantêm-se em vigor na parte que respeita à aplicação das sanções em geral[251].

---

[248] Em sentido crítico no que respeita ao verdadeiro significado da protecção, LOBO XAVIER, "As Recentes Intervenções ...", cit., p. 445.

[249] Como salienta MÁRIO PINTO — FURTADOS MARTINS — NUNES CARVALHO, *Comentário às Leis do Trabalho*, cit., p. 161 (II-1). MENEZES CORDEIRO, *Manual de Direito do Trabalho*, cit., p. 755, destaca o princípio da boa fé.

[250] A norma carece de uma interpretação actualista, devendo entender-se que o que está em causa são entidades representativas dos trabalhadores, como as associações sindicais ou as comissões de trabalhadores. Note-se, por outro lado, que a alínea c), tal como a a) e a b) são meras especificações da cláusula geral consagrada na alínea d).

Recorde-se que, nos termos gerais, *«é proibido à entidade patronal: a) opor-se, a qualquer forma, a que o trabalhador exerça os seus direitos, bem como despedi-lo ou aplicar-lhe sanções a causa desse exercício»* (art. 21.º, n.º 1, al. a) da LCT), constituindo tal acto uma contra-ordenação grave (arts. 21.º, n.º 3 e 127.º, n.º 2 da LCT)

[251] Neste sentido, MÁRIO PINTO — FURTADO MARTINS — NUNES CARVALHO, *Comentários às Leis do Trabalho*, cit., p. 163 (II-3); SOUSA MACEDO, *Poder Disciplinar Patronal*, Almedina, Coimbra, 1990, pp. 52 e ss. Posição diferente tem BARROS MOURA,

II. O objectivo da norma é comum às regas analisadas: proteger os representantes dos trabalhadores — membros (ou candidatos) dos corpos gerentes dos entes representativos dos trabalhadores e delegados sindicais —, evitando, *rectius*, tentando evitar qualquer acto persecutório por parte da entidade patronal[252]. Na situação descrita, presume-se que há uma utilização do poder disciplinar para fins diferentes daqueles que a lei visa, ou seja, de que a entidade patronal pretende sancionar não qualquer infracção, mas uma actividade lícita como é a candidatura ou o exercício de funções em organismos representativos dos trabalhadores. Como escreve MENEZES CORDEIRO, o abuso contém um duplo elemento: a) objectivo — após o trabalhador reivindicar direitos existe um procedimento disciplinar; b) subjectivo — a entidade patronal visa responder aos anteriores actos reivindicativos do trabalhador[253].

A presunção legalmente prescrita inverte o ónus da prova (art. 344.º do CC), cabendo, deste modo, ao empregador ilidir a presunção (art. 350.º, n.º 2 do CC), pelo que deverá provar a infracção e, por outro lado, demonstrar que a sanção seria aplicada ainda que o trabalhador fosse qualquer outro[254]. No entanto, há que ter presente que esta presunção tem uma validade limitada, uma vez que o legislador estabeleceu que a mesma apenas perdura durante um ano (art. 32.º, n.º 2, *in fine* da LCT).

Todavia, o trabalhador para usufruir da presunção tem de demonstrar a verificação do facto previsto na alínea c), ou seja, que exerceu ou se candidatou a determinadas funções representativas dos trabalhadores.

III. Relativamente às consequências de aplicação de uma sanção a um trabalhador, que se encontre numa situação que se subsuma na alínea c), o empregador tem de comunicar à Inspecção Geral do Trabalho tal facto, que deverá ser fundamentado (n.º 3 do art. 32.º da LCT)[255]. O que

---

Compilação de Direito do Trabalho — Sistematizada e Anotada, Almedina, Coimbra, 1980, pp. 98 e ss, para quem na parte em que a norma se refere aos representantes dos trabalhadores em geral foi revogada, uma vez que os arts. 24.º e 35.º da LS se aplicam também quer ao despedimento quer a qualquer outra sanção.

[252] Refira-se que idêntica, mas não coincidente, protecção está consagrada na alínea b) do art. 37.º da LS.

[253] MENEZES CORDEIRO, *Manual de Direito do Trabalho*, cit., p. 756.

[254] Cfr. MENEZES CORDEIRO, *Manual de Direito do Trabalho*, cit., p. 756; MÁRIO PINTO — FURTADO MARTINS — NUNES CARVALHO, *Comentário às Leis do Trabalho*, cit., pp. 162 e ss.

[255] A referência do preceito ao Instituto Nacional do Trabalho e Previdência deve entender-se como feita à Inspecção Geral do Trabalho (*vd*. Decreto-Lei n.º 219/93,

Sujeitos Colectivos

aqui está em causa é ainda a protecção dos representantes, pois o legislador pretendeu possibilitar o controlo dos motivos da sanção por parte das autoridades públicas[256].

Caso a sanção aplicada seja abusiva — facto que causará consequentemente a sua nulidade em virtude da ilegalidade praticada —, a entidade patronal tem de indemnizar o trabalhador, nos termos gerais de direito, não podendo ser, no caso de ter sido aplicada a sanção de multa ou de suspensão da actividade laboral, a indemnização inferior a vinte vezes a importância daquela ou da retribuição perdida (art. 34.º, alínea a) e 33.º, n.º 3 da LCT)[257]. Por outro lado, a conduta do empregador pode ser objecto de uma coima, nos termos do art. 127.º, n.º 2 e 21.º, n.º 1, al. a) da LCT.

9. Despedimento

I. Também em matéria de cessação da relação laboral, o legislador protegeu os trabalhadores que exercem funções sindicais — ou que foram candidatos ou que as exerceram há menos de cinco anos — ou funções nas comissões de trabalhadores. Com efeito, prescreve o art. 24.º, n.º 1 da LS que *"o despedimento dos trabalhadores candidatos aos corpos gerentes das associações sindicais, bem como dos que exerçam ou hajam exercido funções dos mesmos corpos gerentes há menos de cinco anos, com início em data posterior a 25 de Abril de 1974, presume-se feito sem justa causa"*[258]; estabelece ainda o legislador que no caso de o despedimento ter

---

de 16 de Junho e Decreto-Lei n.º 102/2000, de 2 de Junho). Por outro lado, consideramos que a referência do art. 32.º, n.º 3 da LCT ao art. 35.º do mesmo diploma se mantém actual, ou seja, pensamos que o art. 35.º não se encontra revogado — cfr., em sentido diferente, mas noutro quadro normativo, MÁRIO PINTO — FURTADO MARTINS — NUNES CARVALHO, *Comentário às Leis do Trabalho*, cit., pp. 167 e ss e, face à actual legislação, ABÍLIO NETO, *Contrato de Trabalho — Notas Práticas*, 16.ª edição, Ediforum, Lisboa, 2000, p. 234.

[256] Cfr. sobre este preceito, MÁRIO PINTO — FURTADO MARTINS — NUNES CARVALHO, *Comentário às Leis do Trabalho*, cit., pp. 163 (II-4).

[257] Como dissemos, a matéria respeitante ao despedimento foi revogada. Cfr. supra.

[258] O legislador consagrou idêntica solução, por exemplo, no art. 24.º, n.º 2 da Lei n.º 4/84, de 5 de Abril, que se refere à maternidade.

O que está em causa é, como se percebe, o ónus da prova material (e não o formal). Sobre a distinção, vd., por todos, CASTRO MENDES, *Direito Processual Civil*, II volume, Associação Académica da Faculdade de Direito de Lisboa, 1987, pp. 678 e ss; ANTUNES VARELA — MIGUEL BEZERRA — SAMPAIO E NORA, *Manual de Processo Civil*, 2.ª edição, Coimbra Editora, 1985, pp. 443 e ss. Com interesse para a questão, MENEZES CORDEIRO, *Tratado de Direito Civil — Parte Geral*, volume I, tomo I, cit., pp. 144 e ss.

378   *Estudos do Instituto de Direito do Trabalho*

sido feito sem prova de justa causa, tal situação confere ao trabalhador despedido o direito de optar entre a reintegração na empresa e uma indemnização correspondente ao dobro que lhe caberia nos termos gerais, mas nunca inferior à retribuição correspondente a 12 meses de serviço (art. 24.º, n.º 2 da LS[259]). Por sua vez, e no que respeita aos delegados sindicais e aos membros das comissões de trabalhadores, a lei confere uma protecção idêntica quer aos que exercem funções no momento do despedimento quer aos que despenharam há menos de cinco anos, impondo as mesmas consequências acima referidas (arts. 35.º, n.º 1 e 2 da LS e 16.º da LCOMT).

Esta especial tutela dos trabalhadores que exercem funções representativas visa, e na linha do que temos vindo a referir, acautelar a afectação do vínculo laboral por motivos que se prendam com a actividade representativa dos trabalhadores e que nada têm a ver com a prestação laboral[260].

II. Vejamos agora o verdadeiro alcance (prático) dos preceitos que, como referimos, presumem a inexistência de justa causa[261]. Pouco tempo depois da entrada em vigor da Lei Sindical, LOBO XAVIER veio afirmar

---

[259] A LS refere-se a "(...) *uma indemnização correspondente ao dobro daquela que lhe caberia nos termos da lei, do contrato de trabalho ou da convenção colectiva aplicável e nunca inferior a doze meses de serviço*" (art. 24.º, n.º 2). No entanto, devemos ter presente que tal matéria não pode actualmente ser regulada pelos contratos individuais de trabalho, como resulta dos arts. 2.º e 59.º da LNDESP; *vd.* igualmente o art. 13.º, n.º 2 da LCT. Cfr. LOBO XAVIER, *O Despedimento Colectivo* ..., cit., p. 552, nota 460.

[260] O legislador estabeleceu ainda outras normas especiais para os representantes do trabalhadores, de que são exemplo: a) mesmo em caso de suspensão preventiva, o trabalhador pode ter acesso aos locais e actividades que tenham a ver com o exercício das suas funções de representação (art. 11.º, n.º 2 da NLDESP); b) as acções de impugnação do despedimento têm natureza urgente (art. 12.º, n.º 6 da NLDESP); c) a providência cautelar intentada para suspender o despedimento só não será decretada se o tribunal concluir pela existência de probabilidade séria de existência de justa causa (art. 14.º, n.º 3 da NLDESP); d) a simplificação prevista para o procedimento disciplinar em empresas com um número de trabalhador não superior a vinte, não se aplica se tiver em causa a conduta de um trabalhador que seja membro de uma comissão de trabalhadores ou representante sindical (art. 15.º, n.º 4 da NLDESP); e) a intervenção das associações sindicais se o trabalhador for representante sindical (art. 10.º, n.ºs 3 e 7 da NLDESP).

[261] A expressão «justa causa» é também utilizada, por exemplo, em diversos preceitos do Código Civil (arts. 170.º, n.º 3, 265.º, n.º 3, 461.º, n.º 1, 986.º, n.º 1, 1002.º, n.º 2, 1140.º, 1170.º, n.º 2, 1194.º, 1201.º), ainda que, naturalmente, com conteúdos diferentes. Cfr. DIAS MARQUES, *Índice dos Vocábulos do Código Civil Português*, Separata da Revista da Faculdade de Direito de Lisboa, Lisboa, 1987, p. 241 (justa).

que estes preceitos não possuem qualquer consequência prática, uma vez que o ónus da prova de justa causa de despedimento está sempre a cargo da entidade patronal, pois nunca se presume a existência de justa causa; ao empresário cabe provar as circunstâncias que constituem a justa causa[262]. Em escrito posterior — referindo-se à justa causa de despedimento —, o Autor manteve e desenvolveu esta posição, explicando (e demonstrando) que, em síntese, existe uma variedade de situações que são relevantes para efeitos de apreciação do conceito indeterminado que é a justa causa; por outro lado, que a justa causa não tem somente a ver com factos, mas também com valores, e que, nesta medida, não são susceptíveis de ser objecto de alegação e de prova; e, finalmente, a necessidade de um juízo de prognose que não sendo juízo de facto também não podem ser objecto de alegação e prova[263].

Igualmente em sentido crítico, ainda que algo diferente, ROMANO MARTINEZ começa por afirmar que, nos termos do art. 342.º do CC, cabe ao empregador a prova dos factos constitutivos da justa causa, pelo que inexiste qualquer presunção de justa causa; assim sendo, as presunções legalmente estabelecidas de ausência de justa causa, apenas terão algum sentido para apurar se o motivo invocado tem subjacente algum acto persecutório[264]. Acrescenta ainda o Professor, que em virtude da justa causa ser um conceito indeterminado, o que o empregador tem de provar é a conduta ilícita do trabalhador, i.e., o dever obrigacional violado, presumindo-se consequentemente que a sua actuação foi culposa com base no art. 799.º

---

[262] LOBO XAVIER, «As Recentes Intervenções ...», cit., p. 445. Em bom rigor o Autor apenas se refere ao art. 35.º da LS, embora atendendo ao conteúdo dos preceitos a nossa interpretação não seja prejudicada. Também MESSIAS DE CARVALHO e NUNES DE ALMEIDA, Direito do Trabalho e Nulidade do Despedimento, Almedina, Coimbra, 1984, p. 190, a propósito da introdução do n.º 3 do art. 9.º no Decreto-Lei n.º 372-A/75, de 16 de Julho — pela Lei n.º 48/77, de 11 de Julho, que ratificou com relevantes emendas, segundo o qual "nas acções judiciais de impugnação de despedimento compete à entidade patronal a prova da existência de justa causa invocada" — defendem que esta regra não revela qualquer inovação quer em termos doutrinais quer em termos jurisprudenciais, uma vez que há muito que era essa a orientação. Em igual sentido, LOBO XAVIER, "Justa Causa de Despedimento ...", cit., pp. 7-8, uma vez que tal já resultava do art. 342.º do CC quer se entendesse o despedimento como uma situação constitutiva quer como extintiva.

[263] LOBO XAVIER, "Justa Causa de Despedimento ...", cit., pp. 36-37; e, em texto mais recente, do mesmo Autor, O Despedimento Colectivo ..., cit., pp. 637 e ss.

[264] ROMANO MARTINEZ, Direito do Trabalho — Contrato de Trabalho, II volume, 2.º tomo, 3.ª edição, Lisboa, 1999, p. 336.

380   *Estudos do Instituto de Direito do Trabalho*

do CC; posteriormente a entidade patronal tem de provar a existência de um nexo causal entre a conduta do trabalhador e a impossibilidade de subsistência da relação laboral[265].

III. Não obstante o acerto das críticas referidas, pensamos que a questão carece de uma solução e consequentemente de uma resposta diferente, sob pena de ser desconsiderado o art. 9.º, n.º 3 do CC e de os preceitos da lei sindical não terem qualquer conteúdo útil. Por outro lado, não podemos ignorar o estado doutrinário em que se encontrava a questão[266].

Tentemos uma solução, ainda que uma maior definitividade ultrapasse a natureza deste texto.

A Lei Sindical data de 30 de Maio de 1975; na altura estava em vigor, no que respeita a cessação por justa causa, a LCT (de 1969) que admitia, naturalmente, a cessação com justa causa[267] (arts. 98.º, n.º 1, alínea c) e

---

[265] ROMANO MARTINEZ, *Direito do Trabalho — Contrato de Trabalho*, II volume, 2.º tomo, cit., pp. 336-337. Salienta ainda o Autor, *op. cit.*, p. 337, que a presunção legal de culpa apenas abrange a negligência.

[266] Esta situação é, aliás, reconhecida por LOBO XAVIER, "Justa Causa de Despedimento ..", cit., p. 48, que escreve: "teremos de render-nos à evidência: as cristalinas formulações de MANUEL DE ANDRADE e de ROSENBERG que já referenciámos, nos termos dos quais o juiz só pode aplicar uma norma quando estão provados os elementos de facto que integram a sua hipótese e condicionam a subsequente estatuição, estão profundamente ligadas ao método susuntivo e só são válidas quando a previsão ou hipótese legal assenta em conceitos determinados. Quando isso não acontece, como no caso de justa causa, o sistema falha"; e mais à frente (p. 53): "as formulações de ANDRADE padeceram aqui da natural insuficiência da doutrina da época sobre o preenchimento dos conceitos indeterminados (...)".

Sobre o conceito e a concretização de conceitos indeterminados, *vd.*, por todos, MENEZES CORDEIRO, *Da Boa Fé no Direito Civil*, «colecção teses», Almedina, Coimbra, reimpressão, 1997, pp. 1176 e ss. Como também escreve o Professor, em texto recente, "Justas Causas de Despedimento", AAVV, *Estudos do Instituto de Direito do Trabalho*, coordenação de Romano Martinez, volume II, Almedina, Coimbra, 2001, p. 12, "a uma primeira leitura, o conceito de justa causa apresenta-se como indeterminado: ele não faculta uma ideia precisa quanto ao seu conteúdo. Os conceitos indeterminados põem, de vez, em crise o método da subsunção: como acima foi dito, a sua aplicação nunca pode ser automática, antes requerendo decisões dinâmicas e criativas que facultem o seu preenchimento com valorações".

[267] Refere MESSIAS DE CARVALHO e NUNES DE ALMEIDA, *Direito do Trabalho* ..., cit., p. 181, que na altura do 25 de Abril de 1975, havia três formas de despedimento: a) com aviso prévio (arts. 98.º, n.º 1, alínea d) e 107.º da LCT); b) sem aviso prévio nem justa causa (arts. 98.º, n.º 2 e 109.º da LCT); c) com justa causa (arts. 98.º, n.º 2, 109.º e 110.º da LCT). Deve, no entanto, acrescentar-se o despedimento colectivo, na altura regulado pelo Decreto-Lei n.º 783/74, de 31 de Dezembro. Apenas estamos a considerar a cessação

101.º da LCT[268]). No entanto, a sua inexistência não afectava a eficácia da decisão da entidade patronal, ainda que impusesse a esta a obrigação de indemnizar no valor da retribuição correspondente ao período de aviso prévio em falta (arts. 98.º, n.º 2, 109.º e 107.º[269]). Dito de outra forma: a cessação com ausência de justa causa, apesar de irregular, não condicionava a sua eficácia extintiva, tendo apenas consequências indemnizatórias, o que impedia, naturalmente, o trabalhador de ter a possibilidade de ser reintegrado[270].

A Lei Sindical, ao estabelecer que se presume sem justa causa — logicamente que se trata de uma presunção *juris tantum* (art. 350.º, n.º 2 do CC)[271] — o despedimento dos trabalhadores que se tenham candidatado aos corpos gerentes, dos que tenham exercido ou exerçam funções nesses corpos gerentes, bem como dos delegados sindicais e dos membros das comissões de trabalhadores (arts. 24.º, n.º 1, 35.º, n.º 1 da LS e 16.º da LCOMT), pretendeu, na altura, consagrar um regime especial para a concessão de indemnização; a isto acrescentou o direito de escolha entre a

---

por iniciativa da entidade patronal, uma vez que só esta nos interessa para questão que estamos a analisar. Para mais desenvolvimentos sobre as diferentes formas de cessação no direito positivo anterior, *vd.* JORGE LEITE, *Direito do Trabalho — Da Cessação do Contrato de Trabalho*, policopiado, Coimbra, 1978, pp. 4 e ss.

[268] Determinava o art. 98.º, n.º 1, alínea c) da LCT que "*o contrato de trabalho cessa: por rescisão de qualquer das partes, ocorrendo justa causa*". Por sua vez, o art. 101.º, n.º 1 da LCT, prescrevia que "*ocorrendo justa causa, qualquer das partes pode pôr imediatamente termo ao contrato, quer este tenha prazo, quer não, comunicando à outra essa vontade por forma inequívoca*"; exemplificando com situações de justa causa, tais como: "*a) a manifesta inaptidão do trabalhador para as funções ajustadas; b) a desobediência ilegítima às ordens da entidade patronal ou dos superiores hierárquicos*". Resulta, nomeadamente, destas duas alíneas, a existência de justa causa objectiva e subjectiva na LCT. Aliás, ao longo da evolução da evolução posterior a existência de justa causa objectiva manteve-se a par da justa causa subjectiva. *Vd.* a bibliografia na nota 273.

[269] Afirma o art. 98.º, n.º 2 da LCT que "*o contrato de trabalho extingue-se ainda, quando uma das partes unilateralmente o fizer cessar sem justa causa, nem aviso prévio, mas tal cessação constitui o seu autor em responsabilidade para com a outra parte, nos termos fixados nos artigos 109.º* [contrato sem prazo] *e 110.º* [contrato com prazo]".

[270] Para um confronto entre o regime da LCT e o Decreto-Lei n.º 372-A/75, de 16 de Julho, diploma que o revogou (art. 1.º), *vd.* LOBO XAVIER, "A Recente Legislação dos Despedimentos (O Processo Disciplinar na Rescisão por Justa Causa)", *Revista de Direito e de Estudos Sociais,* ano XXIII, 1976, n.ºs 1/2/3/4, pp. 153 e ss.

[271] *Vd.*, sobre o assunto, o Acórdão do Supremo Tribunal de Justiça, de 6 de Fevereiro de 1987, *Boletim do Ministério da Justiça*, n.º 364, pp. 698.

382   *Estudos do Instituto de Direito do Trabalho*

reintegração na empresa e a indemnização — o dobro da que seria devida nos termos gerais, mas nunca inferior a doze meses de serviço — (art. 24.º, n.º 2 e 35.º, n.º 2 da LS)[272].

Esta era o alcance da norma na época da sua origem.

Depois deu-se a evolução das modalidades de despedimento (promovido pela entidade empregadora)[273] e actualmente temos quatro

---

[272] Foi o Decreto-Lei n.º 372-A/75, de 16 de Julho, que instituiu (expressamente) a nulidade do despedimento sem justa causa, nem motivo atendível (art. 4.º, n.º 2), possibilitando, deste modo, ao trabalhador a opção entre a reintegração e a uma indemnização (art. 12.º); no entanto, o despedimento sem justa causa foi suspenso pelo Decreto-Lei n.º 292/75, de 16 de Junho (arts. 21.º e 23.º).

[273] Sobre o assunto, *vd.* MENEZES CORDEIRO, *Manual de Direito do Trabalho*, cit., pp. 801 e ss; ROMANO MARTINEZ, *Direito do Trabalho — Contrato de Trabalho*, II volume, 2.º tomo, cit., pp. 272 e ss; FURTADO MARTINS, *Despedimento Ilícito ...*, cit., pp. 37 e ss; do mesmo Autor, *A Cessação do Contrato de Trabalho,* Princípio, Cascais, 1999, cit., pp. 68 e ss; JOANA VASCONCELOS, "O Conceito de Justa Causa de Despedimento", AAVV, *Estudos do Instituto de Direito do Trabalho — Justa Causa de Despedimento*, coordenação de Romano Martinez, Almedina, Coimbra, 2001, pp. 17 e ss; LOBO XAVIER, *O Despedimento Colectivo ...*, cit., pp. 43 e ss (em especial do despedimento colectivo) e 696 e ss, e ainda sobre o despedimento colectivo, MÁRIO PINTO — FURTADO MARTINS, "Despedimentos Colectivos", *Revista de Direito e de Estudos Sociais*, ano XXXV (VIII da 2.ª série), n.ºs 1/2/3/4, pp. 3 e ss.

Recorde-se que a Lei n.º 68/79, de 9 de Outubro, conferiu uma especial protecção relativamente aos despedimentos de representantes de trabalhadores, tendo sido (expressamente) revogada pelo art. 2.º da parte preambular da NLDESP. Relativamente àquele diploma, algumas questões foram discutidas nos tribunais, nomeadamente sobre a sua eventual inconstitucionalidade, a consequência do desrespeito da lei, e a competência para o decretamento do despedimento. Sobres estas questões, *vd.* Acórdão da Relação de Évora, de 14 de Março de 1985, *Colectânea de Jurisprudência*, 1985, tomo II, pp. 317 e ss; Acórdão do Supremo Tribunal de Justiça, de de 28 de Junho de 1985, *Acórdãos Doutrinais do Supremo Tribunal Administrativo*, n.º 287, pp. 1289 e ss; Acórdão da Relação de Lisboa, de 12 de Março de 1986, *Colectânea de Jurisprudência*, 1986, tomo II, pp. 161 e ss; Acórdão do Supremo Tribunal de Justiça, de 7 de Novembro de 1986, *Boletim do Ministério da Justiça*, n.º 361, pp. 380 e ss, Acórdão do Supremo Tribunal de Justiça, de 20 de Março de 1987, *Boletim do Ministério da Justiça*, n.º 365, pp. 519 e ss; Acórdão da Relação de Lisboa, de 13 de Maio de 1987, *Colectânea de Jurisprudência*, 1987, tomo III, pp. 146 e ss; Acórdão do Supremo Tribunal de Justiça, de 11 de Junho de 1987, *Boletim do Ministério da Justiça*, n.º 368, pp. 437 e ss; Acórdão da Relação de Lisboa, de 9 de Março de 1988, *Colectânea de Jurisprudência*, 1988, tomo II, pp. 164 e ss. Acórdão do Supremo Tribunal de Justiça de 15 de Maio de 1991, *Acórdãos Doutrinais do Supremo Tribunal Administrativo*. Sobre a revogação da Lei n.º 68/79, *vd.* Acórdão da Relação do Porto, de 5 de Novembro de 1990, *Colectânea de Jurisprudência*, 1990, tomo, V, pp. 223 e ss., n.º 365, pp. 684 e ss.

Sujeitos Colectivos 383

modalidades (individual, colectivo, extinção de postos de trabalho e inadaptação)[274].

Por outro lado, como referem os Autores já citados, *in casu* LOBO XAVIER, só por inadvertência é que se pode escrever que compete à entidade patronal a prova da insubsistência da relação laboral; "esta impossibilidade envolve a noção jurídica da justa causa e, não sendo naturalística, mas *jurídica*, implica tipicamente matéria de direito. Daí que a entidade patronal tenha apenas de provar os factos e circunstâncias aptas a convencer o Tribunal da verificação da situação de impossibilidade, que, como conclusão jurídica, — repetimo-lo — não é objecto de prova"[275]. Não se faz prova, escreve ROMANO MARTINEZ, da justa causa, pois esta é um conceito indeterminado[276]. Como ensina MENEZES CORDEIRO: "o apelo, feito pelo legislador, ao conceito de «justa causa» coloca-nos perante um instituto que não admite subsunção pura e simples. Antes haverá que preenchê-lo com recurso a coordenadas valorativas, facultadas pela Ciência do Direito"[277].

Tem sido considerado que a justa causa (subjectiva, art. 9.º da NLDESP) assenta em três elementos: a) elemento subjectivo — comportamento culposo do trabalhador; b) elemento objectivo — impossibilidade de subsistência da relação laboral; c) nexo de causalidade — entre o com-

---

[274] São elas, mais precisamente:
a) o despedimento por justa causa subjectiva (arts 9 .º a 15.º da NLDESP);
b) o despedimento colectivo — justa causa objectiva, (arts. 16.º a 25.º da NLDESP);
c) o despedimento por extinção de postos de trabalho — justa causa objectiva (arts. 26.º a 33.º da NLDESP);
d) o despedimento por inadaptação — justa causa objectiva (Decreto-Lei n.º 400/91, de 16 de Outubro).

[275] LOBO XAVIER, "Justa Causa de Despedimento ...", cit., p. 56. Em idêntico sentido, MESSIAS DE CARVALHO — NUNES DE CARVALHO, *Direito do Trabalho* ..., cit., p. 205, que apelida o sistema português de misto.

[276] ROMANO MARTINEZ, "A Justa Causa de Despedimento ...", cit., p. 179.

[277] MENEZES CORDEIRO, "Justas Causas ...", cit., pp. 11. Ainda nas palavras do mesmo Professor, "Despedimento, Justa Causa, Concorrência Desleal do Trabalhador", *Revista da Ordem dos Advogados*, n.º 46, pp. 518-519, "a existência operacional de conceitos indeterminados põe, de vez, em crise o método da subsunção. O conceito indeterminado é uma figuração vaga, polissémica, que não comporta uma informação clara e imediata quanto ao seu conteúdo. Perante ele, é totalmente inviável uma subsunção automática de factos em conceitos: apenas uma decisão do intérprete-aplicador permite resolver os problemas, sendo certo que tal decisão, ainda que não arbitrária, vai ser fatalmente criativa".

portamento culposo e a impossibilidade de subsistência[278]. Por outro lado, o ónus da prova cabe, como vimos, à entidade patronal (art. 342.º do CC e 12.º, n.º 4 da NLDESP).

Relativamente ao elemento subjectivo, sabemos que o trabalhador tem contra si uma presunção de culpa pelo incumprimento, cumprimento defeituoso ou mora da prestação[279] (art. 799.º do CC)[280]. Ou seja, cabe ao trabalhador provar, em face do não cumprimento de um dever contratual, de que o mesmo se não deve a culpa sua. Dito de forma mais correcta, na esteira do já referido: o trabalhador tem de provar os factos

---

[278] Cfr., por exemplo, ROMANO MARTINEZ, *Direito do Trabalho — Contrato de Trabalho*, II volume, 2.º tomo, cit., pp. 320 e ss, e 336 e ss. Na jurisprudência, a título meramente exemplificativo, Acórdão do Supremo Tribunal de Justiça, de 22 de Janeiro de 1997, *Acórdãos Doutrinais do Supremo Tribunal Administrativo*, n.ºs 428/429, pp. 1065 e ss.

[279] Quanto à classificação dos tipos de não cumprimento, *vd.* MENEZES CORDEIRO, *Direito das Obrigações*, 2.º volume, Associação Académica da Faculdade de Direito de Lisboa, reimpressão, 1994, pp. 438 e ss; GALVÃO TELLES, *Direito das Obrigações*, 7.ª edição, Coimbra Editora, 1997, pp. 299 e ss; e em especial, ROMANO MARTINEZ, *Cumprimento defeituoso — Em Especial na Compra e Venda e na Empreitada*, «colecção teses», Almedina, Coimbra, 2001, pp. 117 e ss. Referindo-se ao Direito do Trabalho, do mesmo Autor, "Incumprimento Contratual e Justa Causa de Despedimento", AAVV, *Estudos do Instituto de Direito do Trabalho — Justa Causa de Despedimento*, coordenação de Romano Martinez, volume II, Almedina, Coimbra, 2001, pp. 99 e ss.

[280] Temos algumas dúvidas sobre a posição de LOBO XAVIER relativamente à aplicabilidade do art. 799.º do CC à justa causa, cfr. LOBO XAVIER, "Justa Causa de Despedimento ...", cit., p. 30, nota 57. No sentido da aplicação da presunção à situação laboral, ROMANO MARTINEZ, "A Justa Causa de Despedimento — Contributo para a Interpretação do Conceito Indeterminado de Justa Causa de Despedimento do art. 9.º, n.º 1 LCCT", AAVV, *I Congresso Nacional de Direito do Trabalho — Memórias*, coordenação de António Moreira, Almedina, Coimbra, 1998, p. 179, salientando o Professor que não é concebível "(...) o estudo de problemas laborais, como seja a justa causa de despedimento, desacompanhado dos quadros de Direito Civil, em particular dos parâmetros estabelecidos no Direito das Obrigações" (p. 173); e, mais recente, do mesmo Autor, "Incumprimento Contratual ...", cit., , pp. 99 e ss.

Relativamente ao debate sobre o conteúdo da culpa consagrado no art. 799.º do CC, *vd.* MENEZES CORDEIRO, *Da Responsabilidade Civil dos Administradores das Sociedades Comerciais*, Lex, Lisboa, 1996, pp. 458 e ss, em especial, pp. 464 e ss; e em diálogo com o Autor anterior, OLIVEIRA ASCENSÃO, "Arguição do Currículo Apresentado pelo Doutor António Menezes Cordeiro nas Provas para Obtenção do Título de Professor Agregado", *Revista da Faculdade de Direito da Universidade de Lisboa*, Coimbra Editora, volume XXXIX, 1998, n.º 2, pp. 824 e ss; a propósito do Direito do Trabalho, ROMANO MARTINEZ, *Direito do trabalho — Contrato de Trabalho*, II volume, 2.º tomo, cit., pp. 324 e ss. Sobre a definição de culpa em geral, MENEZES LEITÃO, *Direito das Obrigações* ..., cit., pp. 277 e ss.

que afastam o juízo de censurabilidade. Assim sendo, podemos então atribuir conteúdo útil à norma em análise: a presunção de culpa que onera o trabalhador (art. 799.º do CC) é afastada pela regra da LS (arts. 24.º, n.º 1, 35.º, n.º e 16.º da LCOMT), que presume a sua inexistência, pelo que cabe ao empregador a prova dos factos constitutivos da mesma[281].

IV. Chegados a este momento, impõe-se a seguinte questão: qual o âmbito de previsão da norma, i.e., quais os tipos de despedimento que são susceptíveis de serem subsumidos nesta regra[282]? Como parece óbvio — por um lado, sabendo que só pode haver despedimento com justa causa (art. 53.º da CRP)[283], por outro, atendendo à própria letra das normas em

---

[281] Devemos salientar que se é correcta, ou não, tal protecção é um problema de política legislativa; o que não podemos é por não concordar com as decisões do legislador negar-lhes conteúdo útil, embora, reconheça-se não seja esta a posição da doutrina.

[282] É evidente que só está em causa o despedimento realizado por parte da entidade patronal; aliás, em bom rigor — e nos termos legais — o despedimento apenas abrange a cessação por parte da entidade patronal, ainda que por vezes seja indistintamente utili-zado. Cfr., para mais desenvolvimentos, ROMANO MARTINEZ, *Direito do Trabalho — Contrato de Trabalho*, II volume 2.º tomo, cit., p. 315 e ss; FURTADO MARTINS, *Despedimento Ilícito ...*, cit., pp. 37 e ss, e do mesmo Autor, *A Cessação...*, cit., p. 65 e ss.

[283] Com sabemos, a «justa causa subjectiva» diz respeito ao comportamento culposo do trabalhador, enquanto a «objectiva» se prende com motivos da empresa, inexistindo qualquer culpa do trabalhador. Sobre a conformidade destes diferentes tipos de justa causa com o art. 53.º da CRP, *vd.*, entre outros, os arestos do Tribunal Constitucional n.ºs 107/88, de 31 de Maio, cit., pp. 2516 e ss; 64/91, de 4 de Abril, *Diário da República*, de 11 de Abril de 1991, I série — A, número 84, pp. 1978(2) e ss; 581/95, de 31 de Setembro, *Boletim do Ministério da Justiça*, n.º 451 (suplemento Maio-Novembro de 1995), pp. 497 ess.

Na doutrina, sobre a compatibilização da justa causa com a Constituição, e no que respeita a obra gerais, GOMES CANOTILHO — VITAL MOREIRA, *Constituição da República Portuguesa Anotada*, cit., pp. 285 e ss; MONTEIRO FERNANDES, *Direito do Trabalho*, cit., pp. 532 e ss; MENEZES CORDEIRO, *Manual de Direito do Trabalho*, cit., pp. 811 e ss; ROMANO MARTINEZ, *Direito do Trabalho — Contrato de Trabalho*, II volume, 2.º tomo, cit., pp. 271 e ss; FURTADO MARTINS, *A Cessação ...*, cit., pp. 70 e ss. Em especial, GOMES CANOTILHO — JORGE LEITE, "A Inconstitucionalidade da Lei dos Despedimentos" *Estudos em Homenagem ao Prof. Doutor A. Ferrer Correia, Boletim da Faculdade de Direito da Universidade de Coimbra*, volume III, 1991, pp. 502 e ss, pp. 552 e ss; dos mesmos Autores, «Comentário ao Acórdão n.º 107/88», *op. cit.*, pp. 552 e ss; MENEZES CORDEIRO, "Da Cessação do Contrato de Trabalho por Inadaptação do Trabalhador Perante a Constituição da República", *Revista de Direito e de Estudos Sociais*, ano XXXIII (VI da 2.ª série), 1991, n.ºs 3/4, pp. 369 e ss, *maxime* 409 e ss; do mesmo Autor, "Da Constitucionalidade das Comissões de Serviços Laborais", *Revista de Direito e de Estudos Sociais*, ano XXXIII

386 Estudos do Instituto de Direito do Trabalho

análise — só pode respeitar à justa causa; mas será que se devem incluir os quatro tipos de despedimentos (individual, colectivo, extinção de postos de trabalho e inadaptação)? É certo que aparentemente a posição há pouco tomada pode condicionar a resposta à presente questão, uma vez que na justa causa objectiva inexiste culpa.

Vejamos o problema mais de perto.

Atendendo à *ratio* do preceito parece-nos que actualmente a tutela especialmente conferida inclui, naturalmente, *o despedimento individual por justa causa subjectiva*. Na verdade, para que a actividade sindical seja exercida com independência e liberdade carece de especial protecção a cessação por justa causa subjectiva, estando, assim, protegido o vínculo de quaisquer actos persecutórios; essa foi a intenção do legislador em presumir a inexistência de factos constitutivos da justa causa, *in casu*, constitutivos da culpa.

No *despedimento colectivo*[284], o que está em causa são postos de trabalho e não este ou aquele trabalhador; o fundamento existente para a cessação dos vários vínculos tem de ser comum (art. 16.º da NLDESP)[285], caso contrário não teremos um despedimento colectivo. Deste modo, esse fundamento comum não pode existir face a uns trabalhadores e inexistir

---

(VI da 2.ª série), n.ºs 1/2, pp. 129 e ss; BAPTISTA MACHADO, "Constitucionalidade da Justa Causa Objectiva", *Revista de Direito e de Estudos Sociais*, ano XXXI (IV da 2.ª série), 1989, n.ºs 3/4, pp. 541 e ss; FURTADO MARTINS, *Despedimento Ilícito,* cit., pp. 15 e ss; LOBO XAVIER, *O Despedimento Colectivo* ..., cit., pp. 268 e ss.

[284] Para um confronto entre o despedimento colectivo e a extinção de postos de trabalho, *vd.*, entre outros, ROMANO MARTINEZ, *Direito do Trabalho — Contrato de Trabalho*, II volume, 2.º tomo, cit., pp. 338 e ss; LOBO XAVIER, *O Despedimento Colectivo* ..., cit., pp. 732 e ss.

[285] Como escreve M. DA C. TAVARES DA SILVA, "Despedimento para Redução do Pessoal", *Estudos Sociais e Corporativos*, ano I, n.º 3, 1962, num dos primeiros estudos sobre a matéria, "o que confere ao despedimento para redução de pessoal um carácter específico — o que permite qualificá-lo de «colectivo» — é a unicidade de motivo determinante. Este diz respeito a uma pluralidade de trabalhadores, a um conjunto abstracto, não se refere a pessoas determinadas ou a comportamento individuais", pois, continua a Autora, "a «concreta intenção prática» do chefe de empresa é a de prescindir dos serviços de *um certo número* de trabalhadores, eventualmente discriminado por qualificações ou por secções da empresa, etc.", itálico no original. Para mais desenvolvimentos, LOBO XAVIER, *O Despedimento Colectivo* ..., cit., 401 e ss, 407 e ss, 520 e ss, onde se refere a uma variedade de factores.

Na jurisprudência, Acórdão do Supremo Tribunal de Justiça, de 13 de Janeiro de 1993, *Colectânea de Jurisprudência*, 1993, tomo I, pp. 222 e ss; Acórdão do Supremo Tribunal de Justiça, de 21 de Setembro de 2000, *Colectânea de Jurisprudência*, 2000, tomo III, pp. 259 e ss.

face a outros, inviabilizando, tal situação, especiais medidas de protecção — para além das já expressamente concedidas[286] — relativamente aos trabalhadores com funções de representação[287]. Por outro lado, o ónus da prova da verificação dos requisitos necessários já cabe entidade patronal[288], além de que, como sabemos, inexiste culpa.

---

[286] Como se sabe, nos termos do art. 23.º, n.º 4 da NLDESP, os representantes sindicais e membros das comissões de trabalhadores (*vd.* art. 58.º do mesmo diploma) têm preferência na manutenção do emprego dentro da mesma secção e categoria, desde que em efectividade de funções na data do despedimento; a sua inobservância gera os efeitos prescritos no n.º 5 do mesmo preceito. Para mais desenvolvimentos, *vd.*, por todos, LOBO XAVIER, *O Despedimento Colectivo* ..., cit., pp. 548 e ss, defendendo o Autor que a violação da preferência legalmente dada aos trabalhadores representantes não afecta a eficácia do despedimento, tendo apenas as consequências indemnizatórias referidas (pp. 551 e ss). Contra a solução legal pronunciam-se, ROMANO MARTINEZ, *Direito do Trabalho — Contrato de Trabalho*, II volume, 2.º tomo, cit., p. 341, para quem a preferência de manutenção de emprego é criticável, uma vez que "(...) o processo de despedimento colectivo, em princípio, inviabiliza atitudes persecutórias em relação a esses trabalhadores, não se justificando, portanto, o tratamento privilegiado"; no mesmo sentido, FURTADO MARTINS, *A Cessação*..., cit., p. 112. Ainda a propósito da discriminação a favor dos representantes dos trabalhadores, *vd.*, também em sentido bastante crítico, BARBOSA DE MELO, "Reflexão sobre o Projecto de Diploma Relativo à Cessação do Contrato Individual de Trabalho", *Revista de Direito e de Estudos Sociais*, ano XXXI (IV da 2.ª série), 1989, n.ºs 3/4, pp. 525 e ss. Sobre a questão na jurisprudência, *vd.* Acórdão do Supremo Tribunal de Justiça, de 15 de Novembro de 2000, *Colectânea de Jurisprudência*, 2000, tomo III, pp. 286 e ss.

Note-se, por outro lado, que quando existir qualquer discriminação ou afectação de direitos fundamentais — *v.g.* actos persecutórios em virtude de ser delegado sindical — a própria validade do despedimento não deixará de ser afectada com recurso à figura do abuso de direito (art. 334.º do CC). Cfr. LOBO XAVIER, *O Despedimento Colectivo* ..., cit. pp. 691 e ss.

Relativamente aos critérios de selecção dos trabalhadores a despedir, *vd.*, por todos, LOBO XAVIER, *op. cit.*, pp. 404 e ss, 431 e ss, 449 e ss e 513 e ss. Na jurisprudência, Acórdão da Relação do Porto, de 5 de Maio de 1997, *Colectânea de Jurisprudência*, 1997, tomo III, pp. 243 e ss; Acórdão da Relação de Lisboa, de 6 de Novembro de 1996, *Colectânea de Jurisprudência*, 1996, tomo V, pp. 164 e ss.

[287] No sentido das circunstâncias pessoais do trabalhador serem irrelevantes, Acórdão do Supremo Tribunal de Justiça, de 26 de Maio de 1999, *Colectânea de Jurisprudência*, 1999, tomo 2, pp. 289 e ss.

[288] Para mais desenvolvimentos, LOBO XAVIER, *O Despedimento Colectivo* ..., cit., pp. 634 e ss. Na jurisprudência, Acórdão do Supremo Tribunal de Justiça, de 17 de Fevereiro de 1999, *Colectânea de Jurisprudência*, 2000, tomo I, pp. 271 e ss. Sobre os requisitos, Acórdão da Relação de Évora, de 1 de Março de 1994, *Colectânea de Jurisprudência*, 1994, tomo II, p. 279 e ss

Resulta do exposto que há uma impossibilidade de aplicar, em termos úteis, os preceitos em causa (arts. 24.º e 35.º da LS) a este instituto.

No que respeita à *extinção de postos de trabalho*[289] e ao *despedimento por inadaptação*[290], pensamos que idêntica argumentação é procedente. Por um lado, o ónus da prova está a cargo da entidade patronal (arts. 342.º do CC e 8.º, n.º 3, do Decreto-Lei n.º 400/91, de 16 de Outubro, que trata do despedimento por inadaptação)[291]; por outro, estando perante justa causa objectiva (sem culpa) não poderemos invocar o art. 799.º do CC, e, consequentemente, a inversão da presunção.

Pelo exposto, também a presunção de inexistência de justa causa resulta inaplicável a estas duas figuras.

---

[289] Cfr. sobre o ónus da prova da verificação dos requisitos, Acórdão da Relação de Lisboa, de 14 de Janeiro de 1998, *Colectânea de Jurisprudência*, 1998, tomo I, p. 159 e ss. Sobre os requisitos da extinção de postos de trabalho, *vd.* na jurisprudência, Acórdão da Relação de Coimbra, de 28 de Abril de 1993, *Colectânea de Jurisprudência*, 1993, tomo II, pp. 89 e ss; Acórdão da Relação de Coimbra, de 13 de Novembro de 1996, *Colectânea de Jurisprudência*, 1996, tomo V, pp. 66 e ss.

[290] Para um confronto entre o despedimento por inadaptação e figuras afins (despedimento com justa causa, caducidade e extinção de postos de trabalho, *vd.*, por todos, MENEZES CORDEIRO, "Da Cessação do Contrato de Trabalho ...", cit., pp. 395 e ss.

[291] Neste sentido, por exemplo, FURTADO MARTINS, A *Cessação*..., cit., p. 141;

PRINCÍPIOS GERAIS DO PROCESSO DO TRABALHO

ISABEL ALEXANDRE[*]
Assistente da Faculdade de Direito de Lisboa

> **SUMÁRIO:** I — Introdução; II — Breve história do processo do traba-
> lho; III — Os três princípios do processo do trabalho, à luz do Código de
> Processo do Trabalho de 1963; IV — Os três princípios do processo do tra-
> balho, à luz da legislação subsequente: 1. O Código de Processo do Trabalho
> de 1999 e a legislação complementar; 2. Justiça célere; 3. Justiça pacifica-
> dora; 4. Justiça completa; V — Conclusões; VI — Referências bibliográficas
> e jurisprudenciais.

I — INTRODUÇÃO

Na medida em que no ordenamento jurídico português vigora um
Código de Processo do Trabalho[1] (adiante, CPT/99), distinto do Código de
Processo Civil e do Código de Processo Penal, não parece pertinente discutir a existência de princípios próprios do processo do trabalho, também
distintos dos do processo civil e do processo penal. O próprio CPT/99,
aliás, afirma categoricamente a existência de tais princípios, quando logo
no seu artigo 1º, n.º 2, alínea d), determina que aos casos omissos se aplicam (se bem que não prioritariamente) os princípios gerais do direito
processual do trabalho.

No entanto, tal discussão tem toda a actualidade.

---

[*] O presente texto destinou-se aos Estudos de Homenagem ao Professor Doutor
Raul Ventura. Ao Dr. Pedro Madeira de Brito, que amavelmente teceu úteis observações
críticas, é devida uma palavra de agradecimento da autora.

[1] O Código de Processo do Trabalho em vigor foi aprovado pelo Decreto-Lei
n.º 480/99, de 9 de Novembro, ao abrigo da autorização concedida pela Lei n.º 42/99, de
9 de Junho.

No campo do *processo penal do trabalho* — um dos *tipos de processo* regulados no CPT/99[2] —, dificilmente se conseguem vislumbrar, nos escassos preceitos que o Código lhe dedica (artigos 187º a 200º), diferenciações face ao Código de Processo Penal de tal modo marcantes que permitam assinalar princípios próprios do processo penal do trabalho. Isto, mesmo tendo em conta que, ao nível da tramitação, o regime subsidiário prioritário é o do processo de transgressão, só depois se recorrendo ao do Código de Processo Penal (artigo 200º do CPT/99).

Assim, o carácter exclusivamente público da acção penal — e consequente atribuição ao Ministério Público, e só ao Ministério Público, de legitimidade para a sua promoção (artigo 187º do CPT/99) —, não traduz verdadeiramente um desvio à regra que se acha consagrada no artigo 48º do Código de Processo Penal, antes decorrendo da inexistência de crimes semi-públicos ou públicos em matéria laboral, isto é, de uma especialidade no âmbito do direito penal laboral e não do direito processual penal laboral.

Do mesmo modo, o regime da intervenção do Ministério Público na sequência do auto de notícia, bem como o da notificação dos interessados para a audiência (artigos 188º e 189º, n.º 1, do CPT/99), mais não traduzem do que especialidades procedimentais, não espelhando autónomos princípios.

Quanto à regra que alarga o conceito de ofendido, para efeitos da legitimidade para a constituição como assistente (artigos 189º, n.º 2, do CPT/99), à que dispõe acerca da prescrição da acção penal laboral (artigo 190º) e à que consagra a responsabilidade solidária dos administradores, gerentes ou directores julgados responsáveis pela infracção, pelo pagamento da multa aplicada à pessoa colectiva (artigo 191º), não parece igual-

---

[2] J. de Castro Mendes ("Tipos...", págs. 139-142) sublinha a distinção, traçada no CPT/63, entre *tipos*, *espécies* e *formas* de processo: os tipos de processo seriam o processo civil e o processo penal do trabalho; as espécies de processo seriam o declarativo e o executivo e, dentro de cada um destes, o comum e o especial; as formas de processo seriam privativas do processo declarativo comum, e dividir-se-iam em ordinária, sumária e sumaríssima. Esta distinção entre tipos, espécies e formas de processo ainda parece transponível para o CPT/99, que dedica o seu Livro I ao processo civil e o seu Livro II ao processo penal (os dois *tipos* de processo), e que nos artigos 48º a 50º regula as espécies e as formas de processo (sendo *espécies* de processo o processo declarativo e o executivo e, dentro daquele, o comum e o especial, e *formas* de processo apenas a execução baseada em decisão judicial de condenação em quantia certa e a execução baseada noutro título, já que o processo declarativo não conhece distintas formas de processo).

mente que demonstrem quaisquer princípios específicos do processo penal laboral, pois que se situam, ou ao nível dos pressupostos processuais, ou no próprio plano substantivo da responsabilidade pela infracção.

Referência particular merece a circunstância de o CPT/99 — como aliás se reconhece no preâmbulo do diploma que o aprovou — ter reforçado o princípio da não obrigatoriedade da formulação do pedido cível na acção penal e eliminado o princípio da oficiosidade na fixação de indemnização por perdas e danos (veja-se o artigo 192º).

O primeiro princípio — o da não obrigatoriedade da formulação do pedido cível na acção penal — parece ser verdadeiramente próprio do processo penal do trabalho, dado que o Código de Processo Penal consagra princípio diverso — o princípio da adesão — no seu artigo 71º.

Quanto à eliminação do princípio da oficiosidade na fixação de indemnização por perdas e danos — e consequente consagração, sem aparentes excepções, do princípio do impulso processual inicial[3] na acção cível em processo penal laboral —, dela também parece decorrer uma especialidade face ao processo penal comum. Efectivamente, o Código de Processo Penal prevê hoje (veja-se o seu artigo 82º-A) a possibilidade de o tribunal, em caso de condenação e não tendo sido formulado pedido de indemnização civil, arbitrar à vítima uma quantia a título de reparação pelos prejuízos sofridos, desde que respeitados certos requisitos. Apesar de tal arbitramento não impedir a vítima de propor mais tarde uma acção de indemnização e a quantia arbitrada ser tida em conta nesta acção (veja-se o n.º 3 do artigo 82º-A do Código de Processo Penal), não é seguro, atenta aquela possibilidade de arbitramento oficioso de indemnização, que a reparação da vítima tenha natureza estritamente civil. Assim sendo, pode legitimamente aceitar-se que, no campo da acção civil em processo penal, o artigo 192º do CPT/99 consagre uma especialidade face ao Código de Processo Penal.

Resta, porém, saber se esta especialidade se justifica, atendendo, além do mais, a que o processo civil laboral consagra uma excepção a um dos corolários do princípio dispositivo: a que permite condenar além do pedido, ou em objecto diverso do pedido (artigo 74º do CPT/99). Por outras palavras, pode questionar-se se se justifica a consagração do princípio dispositivo, sem restrições, na acção cível em processo penal laboral, contrariamente ao que sucede na acção cível regulada no Código de Processo Penal, e a sua concomitante consagração, com restrições, no âmbito do processo civil laboral.

---

[3] Sobre o princípio do impulso processual, enquanto subprincípio do princípio dispositivo, consulte-se M. Teixeira de Sousa (*Introdução*..., págs. 48-49).

Se a identificação de princípios próprios do processo penal laboral se revela difícil — pelo menos fora da área da acção cível em processo penal laboral —, menos problemática aparenta ser tal tarefa no âmbito do processo civil laboral — o outro *tipo de processo* regulado no CPT/99[4] —, sobre o qual incidirá preferencialmente a exposição subsequente.

Com efeito, a maior atenção que o legislador dedicou ao processo civil no CPT/99, comparativamente à dispensada, no mesmo Código, ao processo penal, indicia a existência de notas suficientemente marcantes para, dentro do tronco comum do direito processual, configurar um verdadeiro processo do trabalho civil (que não um processo civil do trabalho, reduzido a mero processo especial ao nível da tramitação).

Porém, este aspecto carece de ser tratado. A regulação de um processo num Código autónomo não basta para lhe negar a qualificação de processo apenas especial ao nível da tramitação. É isso que cumpre apurar em relação ao processo do trabalho (civil): se será processo civil apenas especial ao nível da tramitação, isto é, se os seus princípios são os mesmos dos do processo civil em geral, possuindo apenas algumas especialidades procedimentais, ou se é um processo autónomo, apresentando o direito que o regula uma fisionomia própria ao nível dos princípios.

Refira-se, de qualquer modo, que mesmo que se concluísse que o processo do trabalho é regido por princípios próprios, tal não constituiria obstáculo à sua configuração como processo civil especial e, em última análise, à sua inclusão no Código de Processo Civil. Basta, na verdade, pensar nos processos de jurisdição voluntária regulados no Código de Processo Civil (cuja natureza jurisdicional, aliás, nem sequer é pacífica): estes processos apresentam princípios próprios, mas tal especificidade não é suficiente — ou pelo menos, não foi considerada suficiente pelo legislador, já que os incluiu no Código de Processo Civil — para justificar a sua exclusão do âmbito do processo civil.

Para responder à questão da autonomia de princípios do processo do trabalho actual, importa começar por referir alguns aspectos da história do processo do trabalho (**II**).

Depois disso, aludir-se-á aos três princípios que, em 1964 e a propósito do Código de Processo do Trabalho de 1963 (adiante, CPT/63), RAUL VENTURA apontou ao direito processual do trabalho: justamente, num estudo dedicado aos princípios gerais de direito processual do trabalho (**III**).

---

[4] Veja-se a nota 2.

Uma vez identificados esses três princípios, procurará analisar-se em que medida eles se mantiveram na legislação processual laboral subsequente, particularmente no CPT/99, que é o actual. Tal implicará uma referência aos preceitos do Código de Processo do Trabalho de 1981 (adiante, CPT/81) e ao de 1999 que se mostram mais representativos de cada um desses princípios (**IV**).

Seguir-se-ão as conclusões (**V**). Nestas se procurará verificar se os tradicionais princípios do processo do trabalho vieram a ser consagrados na própria legislação processual civil, isto é, se o direito processual laboral de algum modo influenciou o direito processual civil. E porque o Código de Processo Civil tem sofrido recentemente reformas assinaláveis, atender-se-á também ao movimento inverso: o da possível influência do direito processual civil na regulação do processo do trabalho.

Quanto a este último aspecto, é claro que, sendo o direito processual civil subsidiariamente aplicável ao processo laboral — veja-se, só no âmbito do CPT/99, o disposto no seu artigo 1º, n.º 2, alíneas a) e c) —, se afigura algo redundante tal influência. Dito de outro modo: sendo subsidiariamente aplicável, ao processo do trabalho, a legislação processual civil comum, parece não se justificar a alteração do CPT para acompanhar as modificações da legislação subsidiária. Mas como é o próprio legislador, no preâmbulo do CPT/99, a referir como causa da reforma do processo laboral a reforma do processo civil, não é de excluir que a manutenção do CPT se justifique apenas por razões históricas ou de facilidade de consulta dos textos legais, isto é, que a importação de soluções da recente reforma do direito processual civil para o processo do trabalho tenha definitivamente contribuído para a perda de autonomia do direito processual laboral.

Finalmente far-se-ão as referências bibliográficas e jurisprudenciais (**VI**).

II — BREVE HISTÓRIA DO PROCESSO DO TRABALHO

Uma breve panorâmica histórica do processo do trabalho em Portugal pode encontrar-se no acórdão do Tribunal Constitucional n.º 266/93, de 30 de Março, sendo aí assinalados os seguintes aspectos:

a) A Lei de 14 de Agosto de 1889 criou *tribunais de árbitros-avindores*, constituídos, em número igual, por elementos representativos dos patrões e dos trabalhadores. A sua competência abrangia, nomeadamente, as controvérsias sobre a execução de contratos ou convenções de serviço, em assuntos industriais ou comerciais entre patrões, de uma parte, e os seus operários ou empregados, da outra;

b) *A jurisdição especial de trabalho dispunha de normas processuais específicas*, tendo tal especialização da organização judiciária e do correspondente direito processual sido mantida durante a primeira República e durante o Estado Novo[5];

c) No último período de vigência da Constituição Política de 1933, os tribunais do trabalho constituíam uma ordem jurisdicional autónoma, que *tinha no seu topo o Supremo Tribunal Administrativo*, sendo os processos que corriam nesses tribunais regidos pelo *CPT/63*, aprovado pelo Decreto-Lei n.º 45497, de 30 de Dezembro de 1963;

d) Com a entrada em vigor da Constituição de 1976, tornou-se necessário alterar o estatuto dos tribunais do trabalho, já que a Constituição previu como ordens autónomas, diversas da dos tribunais judiciais, apenas a dos tribunais militares e a dos tribunais administrativos e fiscais e, por isso, os tribunais do trabalho só poderiam subsistir como *tribunais judiciais especializados*;

e) A Lei Orgânica dos Tribunais Judiciais de 1977 (Lei n.º 82/77, de 6 de Dezembro: cfr. art. 85º) reclassificou os tribunais do trabalho como tribunais comuns, integrando-os na ordem dos tribunais judiciais. Em suma, configurou-os como tribunais judiciais de competência especializada;

f) Sendo tribunais judiciais de competência especializada, das suas decisões passou a recorrer-se para a Relação e das decisões desta para o Supremo Tribunal de Justiça;

g) O Decreto-Lei n.º 272-A/81, de 30 de Setembro aprovou um novo CPT — o *CPT/81*, que entrou em vigor em 1982[6] —, não tendo

---

[5] M. Torres ("Algumas questões...", págs. 41-42) dá conta da seguinte legislação processual do trabalho deste período: Decreto-Lei n.º 23 053, de 23 de Setembro de 1933; Decreto-Lei n.º 24 194, de 20 de Julho de 1934; Decreto-Lei n.º 24 363, de 15 de Agosto de 1934; Decreto-Lei n.º 30 910, de 3 de Novembro de 1940 (que aprovou o *Código de Processo nos Tribunais do Trabalho*); Decreto-Lei n.º 31 464, de 21 de Agosto de 1941.

[6] Não chegou a entrar em vigor o *Código de Processo do Trabalho de 1979* (CPT/79), aprovado pelo Decreto-Lei n.º 537/79, de 31 de Dezembro. Este diploma, cuja aplicação foi suspensa pela Lei n.º 48/80, de 26 de Dezembro, acabou por ser revogado pelo artigo 3º do Decreto-Lei n.º 272-A/81, de 30 de Setembro, que aprovou o CPT/81.

Princípios gerais do Processo do Trabalho 395

portanto vingado a orientação de política legislativa que pre-conizava a integração da lei processual laboral na lei processual civil e consequente eliminação do CPT.

Em 1999 foi, como já se disse, aprovado um novo CPT — o *CPT/99* —, que entrou em vigor em 1 de Janeiro de 2000, sendo apenas aplicável aos processos instaurados a partir dessa data (artigo 3° do Decreto-Lei n.° 480/99, de 9 de Novembro).

III — OS TRÊS PRINCÍPIOS DO PROCESSO DO TRABALHO, À LUZ DO CÓDIGO DE PROCESSO DO TRABALHO DE 1963

1. Como já foi referenciado, em 1964 e a propósito do CPT/63, RAUL VENTURA atribuiu três princípios gerais ao direito processual do trabalho[7].

Depois de assinalar que a expressão "princípios gerais de direito processual do trabalho" não equivale a "princípios gerais de processo perante os tribunais de trabalho", na medida em que a competência material destes tribunais pode estender-se a causas de natureza diversa da das causas de trabalho[8], bem como que "a existência de um direito processual do trabalho com princípios gerais próprios tem sido apontada como um dos factores determinantes da existência de jurisdição especial do trabalho"[9], RAUL VENTURA elencou os seguintes princípios gerais normalmente indicados pela doutrina como caracterizando o direito processual do trabalho[10]:

a) *Hipervalorização do acto conciliatório*;
b) *Gratuitidade ou baixo custo*;
c) *Não obrigatoriedade de assistência de advogado ou procurador*;
d) *Possibilidade de representação das partes*;
e) *Celeridade*;
f) *Simplicidade da tramitação*;
g) *Imediação*;
h) *Oralidade*;
i) *Publicidade*;
j) *Concentração*;

---

[7] No estudo intitulado "Princípios gerais de direito processual do trabalho".
[8] *Idem*, pág. 31.
[9] *Idem*, pág. 32.
[10] *Idem*, págs. 34 e seguintes.

k) *Unidade de instância*;
l) *Intervenção eventual de acessores ou peritos*;
m) *Princípio da igualdade real das partes*;
n) *Princípio da equidade*;
o) *Possibilidade de julgamento "ultra petita".*

2. Relativamente à *hipervalorização do acto conciliatório*, RAUL VENTURA considerava que, embora no processo do trabalho se procure com maior insistência do que no processo comum conduzir as partes à conciliação, tal característica não implica uma diferença de natureza entre os dois processos, pois não basta para definir o processo do trabalho como um processo de conciliação[11]. O mesmo se pode dizer da *simplicidade da tramitação*, entendida como economia de actos e de formalidades e como decorrência do princípio da economia processual: também no processo comum se visaria essa simplicidade, pelo que a diferença a esse nível entre o processo do trabalho e o comum seria mera questão de medida[12].

A *imediação* e a *oralidade* apresentariam algumas especialidades no processo do trabalho, embora se manifestassem também no processo comum. Assim, e quanto à imediação, assumiria particular importância no processo do trabalho o contacto directo entre o juiz e as partes, consagrando-se a obrigatoriedade de comparência pessoal das partes a fim de facilitar a conciliação e possibilitar a simplificação do processo e o exercício dos poderes de esclarecimento do juiz. Quanto à oralidade, admitir-se-ia, em certos casos, a demanda oral, ou formulação oral da petição[13].

A *publicidade* (excepto na fase da conciliação), a *concentração* e a *intervenção eventual de acessores ou peritos*, seriam princípios vigentes quer no processo do trabalho quer no processo comum, pelo que quanto a eles nenhuma especialidade apresentaria o processo do trabalho[14].

Quanto à *gratuitidade ou baixo custo*, à *não obrigatoriedade de assistência de advogado ou procurador*, à *possibilidade de representação das partes* e à *equidade*, não constituiriam regras do processo do trabalho português[15]; também a *unidade de instância* não constituiria um princípio necessariamente característico do processo do trabalho[16].

---

[11] *Idem*, pág. 34.
[12] *Idem*, pág. 36.
[13] *Idem*, págs. 36-37.
[14] *Idem*, pág. 37.
[15] *Idem*, págs. 34-35 e 39-40.
[16] *Idem*, pág. 37.

A *celeridade* do processo do trabalho justificar-se-ia, segundo RAUL VENTURA, quer pelos interesses pessoais dos trabalhadores, quer pela necessidade de preservação da paz social: e essa celeridade — ou *maior celeridade*, atendendo a que também no âmbito do processo comum essa preocupação existia — exigiria, não apenas o encurtamento dos prazos, mas igualmente, e sobretudo, a simplificação do processo, desbravando-o de tudo o que fosse dispensável[17].

Em relação à *igualdade real das partes*, observava RAUL VENTURA que "salvo em limitadíssimos aspectos, o processo comum se contenta com a igualdade jurídica, que não pode satisfazer o processo do trabalho". A igualdade real das partes no processo do trabalho exigiria regras e espíritos específicos: patrocínio da parte trabalhadora e de outras pessoas que se presumem economicamente débeis pelo Ministério Público; modificação da competência internacional no sentido de dar, quanto possível, acesso dos trabalhadores portugueses a tribunais portugueses; electividade dos foros territorialmente competentes; especial regulamentação de desistências e transacções; possibilidade de julgar *ultra petita* em certos casos; consagração de certas regras nos processos de acidentes de trabalho; sem prejuízo da sua imparcialidade, dever do juiz de tratar desigualmente entidades desiguais para restabelecer a igualdade[18].

A *possibilidade de julgamento "ultra petita"* — como se viu, uma das exigências da igualdade real das partes, segundo RAUL VENTURA — parte da constatação de que é possível uma divergência entre a pretensão substantiva efectiva e a pretensão substantiva juridicamente possível (por razões que se não prendem com a improcedência da pretensão substantiva transformada em pedido processual por falta de correspondência com uma pretensão juridicamente possível mas, por exemplo, com o erro na formulação do pedido). Perante tal divergência, coloca-se o problema de saber se o juiz pode proferir uma sentença conforme à pretensão substantiva juridicamente possível, ou se deve ficar limitado à qualidade e à quantidade do pedido, atendendo a que não é possível levar ao extremo a indisponibilidade do direito subjectivo do trabalhador (assim, por exemplo, não é possível evitar que o trabalhador alegue apenas certos factos e com isso reduza o seu direito, ou mesmo que deixe de exercer o seu direito, fazendo-o caducar). De acordo com o referido Autor, o interesse geral na efectivação dos interesses gerais dos trabalhadores e, assim, o

---

[17] *Idem*, págs. 35-36.
[18] *Idem*, págs. 37-39.

398   *Estudos do Instituto de Direito do Trabalho*

carácter imperativo e indisponível das normas que os protegem e constróem a paz social, autorizam a sentença *ultra petita*[19].

3. As especialidades do direito processual do trabalho poderiam, segundo RAUL VENTURA, condensar-se em três princípios: *justiça célere, justiça pacificadora e justiça completa.*

A *justiça célere* prender-se-ia com o encurtamento de prazos processuais e com a simplificação processual, nos moldes já antes referidos, determinando também no Código de 1963 institutos novos, como a fixação de pensão provisória nos processos derivados de acidentes de trabalho e doenças profissionais.

A *justiça pacificadora* manifestar-se-ia na preferência da conclusão do litígio por composição voluntária (desde que não resultasse violada a justiça completa) e na cumulação obrigatória de acções, nos termos do artigo 39º do CPT/63.

A *justiça completa*, por fim, reflectir-se-ia na tentativa de obter uma sentença ou um termo voluntário do litígio de acordo com o direito substantivo, subtraindo-o à disponibilidade das partes, bem como na de correcção da desigualdade económica e social dos litigantes, sem prejuízo dos direitos fundamentais de defesa de qualquer deles[20]. Em suma, pois, reflectir-se-ia na possibilidade de condenação em objecto diverso ou em quantidade superior ao pedido (artigo 69º do CPT/63) e em outras manifestações da igualdade real e não meramente jurídica das partes.

4. A possibilidade de condenação em objecto diverso do pedido, ou em quantidade superior ao pedido — enquanto manifestação do *princípio da justiça completa* —, bem como a cumulação obrigatória de pedidos — enquanto manifestação do *princípio da justiça pacificadora* —, são provavelmente as características mais marcantes do CPT/63, na medida em que introduzem fortes desvios ao princípio dispositivo, um dos princípios basilares do processo civil.

Relativamente à possibilidade de condenação em objecto diverso do pedido, ou em quantidade superior ao pedido, assinalava CASTRO MENDES que, se quanto à indispensabilidade de pedido e causa de pedir não haveria que registar em processo laboral desvios face à teoria geral do processo, o mesmo não se poderia dizer da imutabilidade do pedido e da causa de pedir e — é este o aspecto que nos interessa — da sua qualidade

---

[19] *Idem*, págs. 40-48.
[20] *Idem*, págs. 49-50.

Princípios gerais do Processo do Trabalho 399

de causa adequadora da actuação judicial[21]. O artigo 69° do CPT/63, ao determinar que "o juiz deve condenar em quantidade superior ao pedido ou em objecto diverso dele quando isso resulte de aplicação, à matéria especificada ou quesitada ou aos factos de que possa servir-se nos termos do artigo 514° do Código de Processo Civil, de preceitos inderrogáveis de leis ou convenções colectivas", colocava todavia o problema de saber o que devia entender-se por "preceitos inderrogáveis de leis ou convenções colectivas"[22]. Segundo CASTRO MENDES, tratar-se-ia de preceitos cuja aplicação não pode ser afastada, nem no plano jurídico, nem no plano prático, porque atribuem direitos cuja existência e exercício são necessários: seria o caso, por exemplo, do direito a indemnização por acidente de trabalho ou doença profissional, mas não o caso do direito ao salário[23]. Assim, se o autor pede o seu salário, o juiz deve cingir-se ao pedido, mas se pede uma indemnização insuficiente, o juiz pode condenar *ultra vel extra petita*[24]. Parece que esta interpretação tem sido acolhida pela jurisprudência[25].

Quanto à cumulação obrigatória de pedidos, que valia tanto para os casos em que o autor era um trabalhador, como para os casos em que o não fosse, tinha como finalidade fazer cessar, com a intervenção do tribunal, "todas as causas de tensão social entre duas entidades, sejam quais forem, deixando a situação jurídica recíproca total e absolutamente esclarecida"[26]. Dessa cumulação obrigatória decorria que, "delimitado o objecto do processo instaurado, todos os restantes direitos invocáveis em proces-

---

[21] J. de Castro Mendes, "Pedido...", págs. 125-133.

[22] *Idem*, pág. 131.

[23] *Idem*, pág. 132.

[24] *Idem*, págs. 132-133.

[25] Veja-se a jurisprudência citada em Abílio Neto (*Código...*, págs. 125-133). J. M. Rodrigues da Silva (*A aplicação...*, pág. 42) considera a interpretação de Castro Mendes demasiado restritiva, impedindo a realização prática do princípio da retribuição suficiente, que é fundamental no direito substantivo do trabalho: "ora, o teor do art. 69° do Código de Processo do Trabalho não exige — parece — que a inderrogabilidade a ter em conta seja absoluta. (...) o que importa é que o trabalhador tenha exercido imperfeitamente um direito imperativo; não a natureza que assume a inderrogabilidade desse direito.".

[26] J. de Castro Mendes, "Pedido...", pág. 134. António José Moreira (*Código...*, pág. 39) assinala ainda, a propósito de idêntico preceito do CPT/81 (o artigo 30°), o seguinte: "Com tal solução visou-se: uma "mais integral satisfação aos apelos de boa ordem social"; o afrouxamento das tensões sociais entre trabalhadores e empregadores; favorecer uma melhor justiça, permitindo ao julgador uma leitura mais correcta do ambiente de trabalho e, consequentemente, uma decisão mais justa; por último, facilita-se a economia processual, pela concentração operada, bem como a uniformidade das decisões judiciais.".

400 Estudos do Instituto de Direito do Trabalho

sos do trabalho se devem considerar privados da tutela judicial que se traduz no direito de acção. Ainda que os pedidos a formular sejam incompatíveis com os formulados: nessa altura, devem ser deduzidos como subsidiários, sob pena de caducarem"[27].

A cumulação obrigatória só se não verificava quando se estivesse perante uma das seguintes situações: falta de compatibilidade processual entre os pedidos; resultar o pedido que se pretendia fazer valer separadamente de um delito definitivamente julgado; resultar o pedido que se pretendia fazer valer separadamente de acidente de trabalho ou doença profissional (ou de qualquer direito de existência necessária); decisão do juiz no sentido de ser justificada a não cumulação com pedidos antes formulados[28].

5. Os princípios orientadores do CPT/63 foram, em geral, muito criticados por PALMA CARLOS.

Assim, uma das derivações do princípio da *justiça pacificadora* — a cumulação obrigatória de acções — foi por esse Autor considerada uma inadmissível restrição do princípio fundamental da disponibilidade das partes em processo civil[29].

Também o princípio da *justiça completa*, em várias das suas manifestações — como seriam: a admissibilidade de oposição do Ministério Público à desistência, confissão ou transacção, sem necessidade de indicar os fundamentos de tal oposição; a possibilidade de condenação em mais do que se pediu ou em coisa diversa do pedido; a imposição da execução oficiosa das sentenças de condenação, por simples iniciativa da secretaria; a atribuição ao devedor do ónus de provar que não havia lugar à execução; a inadmissibilidade de modificação da instância por acto *inter-vivos* da parte trabalhadora; o patrocínio judiciário dos trabalhadores pelo Ministério Público e intervenção acessória deste, mesmo que houvesse sido constituído advogado -, foi por PALMA CARLOS censurado por, em nome do social, minimizar o individual e colocar as próprias partes numa situação de subalternidade e de inferioridade: a protecção do trabalhador competeria ao direito substantivo, não podendo o direito processual diminuí-lo a título de protegê-lo, nem ofender o princípio da igualdade das partes, esquecendo, além do mais, que além do trabalhador outras classes mereciam protecção igual[30].

---

[27] J. de Castro Mendes, "Pedido...", pág. 134.
[28] *Idem*, págs. 135-136.
[29] A. da Palma Carlos, "As partes...", pág. 103.
[30] *Idem*, págs. 100-104 e 121-123.

Princípios gerais do Processo do Trabalho 401

IV — OS TRÊS PRINCÍPIOS DO PROCESSO DO TRABALHO, À LUZ DA LEGISLAÇÃO SUBSEQUENTE

1. O CPT/99 e a legislação complementar

Como a análise da manutenção dos três tradicionais princípios do direito processual do trabalho no CPT/99 interessa aqui particularmente, começar-se-á por uma breve descrição da estrutura e principais inovações do próprio Código e uma sucinta referência à legislação complementar, de modo a tornar essa análise tão detalhada e compreensível quanto possível.

1.1. *É a seguinte a estrutura básica do actual CPT:*

Disposições fundamentais — artigo 1º
Livro I (Do Processo Civil) — artigos 2º a 186º
Livro II (Do Processo Penal) — artigos 187º a 200º

O Livro I do CPT/99, dedicado ao processo civil, contém:

Título I (Da acção) — artigos 2º a 9º, nos quais se regula a capacidade judiciária, a legitimidade, a representação e o patrocínio judiciário.

Título II (Competência) — artigos 10º a 20º, nos quais se regula a competência internacional, a competência interna em razão da hierarquia e do território e, ainda, a extensão da competência.

Título III (Processo) — artigos 21º a 50º, nos quais se regula a distribuição, as citações e notificações, a instância, os procedimentos cautelares (o comum e os especificados), e as espécies e formas de processo.

Título IV (Processo de declaração) — artigos 51º a 87º, nos quais se regula as várias fases do processo comum, incluindo a dos recursos.

Título V (Processo de execução) — artigos 88º a 98º, nos quais se regula a matéria do título executivo, a execução baseada em sentença de condenação em quantia certa e a fundada noutros títulos e, finalmente, a exclusão da reclamação de créditos.

Título VI (Processos especiais) — artigos 99º a 186º, nos quais se regulam os processos emergentes de acidentes de trabalho e de doença profissional, o processo de impugnação de despedimento colectivo e o processo do contencioso das instituições de previdência, abono de família e associações sindicais.

402   *Estudos do Instituto de Direito do Trabalho*

O Livro II do CPT, dedicado ao processo penal, e a que já se fizeram algumas referências na parte inicial da exposição, *contém:*

Título I (Da acção) — artigos 187º a 194º, dedicados à acção penal e à acção cível em processo penal.

Título II (Do processo) — artigos 195º a 200º, nos quais se regula aspectos da distribuição e da instrução e julgamento.

1.2. No preâmbulo do diploma que aprovou o CPT/99 refere-se que "a reforma do processo laboral, integrando-se nos planos de concertação estratégica, justifica-se quer porque, entretanto, foram substanciais as modificações introduzidas na legislação processual civil, quer porque há um novo contexto das relações jurídico-laborais".

Estes parecem ter sido os *dois motivos da reforma.*

A revogação do CPT/81 e sua substituição por um novo Código deveu-se sobretudo, como também se refere no mencionado preâmbulo, "às modificações na topografia do seu articulado e da respectiva orde-nação das matérias".

As *principais alterações introduzidas pelo CPT/99* foram, seguindo de perto o preâmbulo do Decreto-Lei n.º 480/99, de 9 de Novembro, as seguintes:

a) Eliminação dos preceitos do CPT anterior cujas previsões norma-tivas, não sendo específicas do foro laboral, foram expressamente contempladas na revisão do Código de Processo Civil: é o caso dos preceitos relativos às notificações em processos pendentes, à capacidade judiciária passiva dos cônjuges e à suspensão da instância para garantia da observância dos preceitos fiscais;

b) Aquisição de capacidade judiciária pelos menores aos 16 anos, de harmonia com a idade mínima de admissão ao trabalho (adiante se verá que o CPT/99 regula apenas a capacidade judiciária ac-tiva, o que permite questionar, do mesmo modo que em relação ao CPT/81, se quanto à capacidade judiciária passiva a regra será a mesma);

c) Condensação num único normativo processual da disciplina da legitimidade para as acções respeitantes à anulação e interpre-tação de cláusulas de convenções colectivas de trabalho;

d) Esclarecimento e ampliação dos termos do exercício do direito de acção das associações sindicais em representação e substituição dos trabalhadores;

Princípios gerais do Processo do Trabalho 403

e) Clarificação da intervenção como assistentes das associações patronais e sindicais nas acções em que estejam em causa interesses individuais dos seus associados, condicionando-a à prévia aceitação escrita dos interessados;

f) Clarificação das situações em que a intervenção do Ministério Público é feita a título de representação e daquelas em que tal intervenção tem a natureza de patrocínio;

g) Manutenção da intervenção acessória do Ministério Público, prevendo-se a possibilidade de emitir parecer em sede de recursos;

h) Adaptação das regras sobre competência internacional a normas de direito internacional ou europeu;

i) Integração de algumas lacunas existentes no direito anterior em matéria de competência interna;

j) Introdução de algumas especificidades, em relação ao processo civil, nas citações e notificações;

l) Clarificação de alguns aspectos das diligências deprecadas pelos tribunais do trabalho;

m) Concentração numa única disposição do elenco das acções com natureza urgente;

n) Supressão do princípio da obrigatoriedade de cumulação inicial de pedidos, isto é, da obrigatoriedade de o autor cumular na petição inicial todos os pedidos que até à data da propositura da acção possa deduzir contra o réu, para os quais o tribunal seja competente em razão da matéria e seja aplicável a mesma espécie do processo (princípio que, como se verá, ainda aparecia consagrado no artigo 30º do CPT/81);

o) Supressão das limitações à liberdade de desistência da instância e do pedido e à de efectivação de transacção, que apenas podiam ter lugar em audiência de conciliação (nos termos do artigo 34º do CPT/81);

p) Reformulação do regime dos procedimentos cautelares;

q) Instituição de uma única forma de processo declarativo comum, que constitui uma simbiose das antigas formas ordinária e sumária;

r) No processo declarativo comum, introdução de uma audiência de partes, logo após a apresentação da petição inicial e antes da contestação, tendente a facilitar a conciliação ou a simplificação da tramitação subsequente;

s) No processo declarativo comum, primazia do julgamento pelo tribunal singular e concomitante possibilidade de gravação da audiência;

404 Estudos do Instituto de Direito do Trabalho

t) No processo declarativo comum, eliminação dos casos de cominação plena;
u) Manutenção dos poderes inquisitórios do juiz;
v) Extensão ao foro laboral da regra da sucumbência em matéria de recursos;
x) Consagração da regra de que à alegação e interposição dos recursos em 2ª instância é aplicável o regime do Código de Processo Civil;
z) No processo executivo, seja qual for o título em que se baseie, reunião num único acto posterior à efectivação da penhora a notificação, ao executado, do requerimento executivo, do despacho determinativo da penhora e da realização desta;
aa) Ampliação do leque de títulos executivos e regulação de alguns aspectos dos autos de conciliação obtidos em audiência;
bb) Alteração de alguns aspectos do processo especial emergente de acidente de trabalho e de doença profissional e respectivos incidentes, nomeadamente adequação ao novo regime jurídico dos acidentes de trabalho e das doenças profissionais (aprovado pela Lei n.º 100/97, de 13 de Setembro) e à nova disciplina das perícias médico-legais (consagrada no Decreto-Lei n.º 11/98, de 24 de Janeiro);
cc) Revisão do processo especial de impugnação de despedimento colectivo, estabelecendo-se como necessária a realização de uma audiência preliminar, nos termos e para os efeitos do disposto no artigo 508º-A do Código de Processo Civil;
dd) No âmbito do processo especial de impugnação de decisão disciplinar, eliminação do poder conferido ao tribunal de fixar a medida disciplinar que considera adequada;
ee) No âmbito do processo penal, adequação da sua tramitação ao regime próprio do processo de transgressão, que passa a figurar como primeiro regime de aplicação subsidiária;
ff) Reforço do princípio da não obrigatoriedade da formulação do pedido cível na acção penal[31];
gg) Eliminação da obrigatoriedade de o Ministério Público formular o pedido cível na acusação ou despacho equivalente relativa pessoas cujo patrocínio ou representação lhe incumbisse[32];

---

[31] *Supra*, I.
[32] *Supra*, I.

Princípios gerais do Processo do Trabalho 405

hh) Eliminação do princípio da oficiosidade de fixação de indemnização por perdas e danos e estabelecimento da obrigatoriedade de notificação do ofendido, para dedução de pedido
cível[33].

1.3. Para além do CPT/99 e respectiva lei de autorização, interessa
especialmente ao estudo do processo do trabalho a *Lei n.º 3/99, de 13
de Janeiro* (Lei de Organização e Funcionamento dos Tribunais Judiciais), de que se destacam os preceitos mais importantes, para o que aqui
releva:

— artigo 27º, n.º 1: prevê secções em matéria social no Supremo
  Tribunal de Justiça (a fixação do número e da composição das
  secções é da competência do Conselho Superior da Magistratura:
  artigo 3º, n.º 2, do Regulamento da Lei de Organização e Funcionamento dos Tribunais Judiciais, aprovado pelo Decreto-Lei
  n.º 186-A/99, de 31 de Maio);
— artigo 34º: determina que as secções sociais do Supremo Tribunal
  de Justiça julgam as causas referidas no artigo 85º;
— artigo 51º: prevê secções em matéria social nos tribunais da
  Relação (n.º 1); dispõe que nos tribunais da Relação situados fora
  da sede do distrito judicial a existência de secção social depende
  do volume ou da complexidade do serviço (n.º 2); determina que,
  não havendo secção social na Relação, nos termos do n.º 2, cabe
  ao tribunal da Relação da sede do distrito judicial julgar os recursos das decisões da competência dos tribunais do trabalho
  (n.º 3);
— artigo 57º: aplica aos tribunais da Relação o disposto no artigo
  34º, sem prejuízo do disposto no artigo 51º, n.º 3.
— artigo 67º, n.ºs 2 e 3: prevê a possibilidade de, nos termos da lei,
  fazerem parte dos tribunais de 1ª instância juízes sociais, designados de entre pessoas de reconhecida idoneidade e, não sendo
  possível a designação ou intervenção desses juízes, o tribunal ser
  constituído pelo juiz singular ou pelo colectivo, conforme os
  casos;
— artigo 78º, al. d): prevê a possibilidade de serem criados tribunais
  do trabalho, como tribunais de competência especializada;

---

[33] *Supra*, I.

406 *Estudos do Instituto de Direito do Trabalho*

— artigo 85°: regula a competência cível dos tribunais do trabalho;

— artigo 86°: regula a competência contravencional dos tribunais do
trabalho (o regime processual das contravenções e transgressões
consta do Decreto-Lei n.° 17/91, de 10 de Janeiro);

— artigo 87°: regula a competência em matéria de contra-ordenações
dos tribunais do trabalho;

— artigo 88°: regula a constituição do tribunal colectivo, em certas
causas da competência dos tribunais do trabalho;

— artigo 103°: determina que os tribunais de competência especializada são competentes para executar as respectivas decisões.

Também convém referir o *Decreto-Lei n.° 156/78, de 30 de Junho*,
que regula o recrutamento e as funções dos juízes sociais.

1.4. As referências acabadas de fazer à legislação processual laboral
actual permitem concluir que várias das especificidades que o CPT/81
detinha face ao Código de Processo Civil foram suprimidas. Analisar-se-á
de seguida a manutenção ou a eliminação de tais especificidades, por
referência aos três princípios apontados por RAUL VENTURA.

2. Justiça célere

2.1. *Cartas precatórias*

O CPT/99 (artigo 21°) continua a prever, como espécies na distribuição, a das "cartas precatórias ou rogatórias para inquirição de testemunhas" (espécie 10ª) e a das "outras cartas precatórias ou rogatórias que
não sejam para simples notificação ou citação" (espécie 11ª).

Tendo em conta que o Código de Processo Civil, depois da nova
redacção dada aos artigos 621° e 623° pelo Decreto-Lei n.° 183/2000, de
10 de Agosto, não prevê a inquirição de testemunhas por carta precatória,
a referência às cartas precatórias para inquirição de testemunhas na enumeração das espécies na distribuição não pode considerar-se propriamente
uma homenagem à celeridade no CPT/99: a menos que se considere que o
artigo 21° deste Código foi tacitamente derrogado pela nova redacção dos
citados preceitos do Código de Processo Civil.

Princípios gerais do Processo do Trabalho

De qualquer forma, subsiste a regulação das cartas precatórias para inquirição de testemunhas no artigo 67º do CPT/99[34].

Desconhece-se se, com a alteração ao Código de Processo Civil operada pelo Decreto-Lei n.º 183/2000, de 10 de Agosto, o legislador propositadamente deixou de fora o processo civil laboral. Parece todavia mais plausível a hipótese do lapso, dado que não se descortinam razões para, quanto ao regime da prova testemunhal, torná-lo mais moroso que o do processo civil comum.

2.2. *Citações e notificações*

O artigo 23º do CPT/99 manda aplicar às citações e notificações as regras estabelecidas no Código de Processo Civil, com as especialidades constantes dos artigos 24º e 25º. Assim, e contrariamente ao que sucedia na vigência do CPT/81 (artigos 23º e seguintes), hoje o CPT nada dispõe acerca das modalidades de citação[35].

Ora, como se sabe, o Decreto-Lei n.º 183/2000, de 10 de Agosto, que introduziu várias alterações ao Código de Processo Civil, veio permitir a citação por via postal simples nas acções para cumprimento de obrigações pecuniárias emergentes de contrato reduzido a escrito, desde que o domicílio ou a sede do citando tenha sido inscrito no contrato (artigo 236.º-A, n.º 1, do Código de Processo Civil), bem como nos casos de frustração da citação por via postal registada (artigo 238º do mesmo Código).

Desconhece-se se terá sido propósito do legislador estender o novo regime da citação ao processo de trabalho, mas a verdade é que a letra dos referidos preceitos do Código de Processo Civil não o impede[36]: assim, uma acção proposta pelo trabalhador contra a entidade patronal para pagamento de um salário em atraso, cairá normalmente na previsão do artigo 236º-A, n.º 1, do Código de Processo Civil, pelo que a entidade patronal poderá ser citada por via postal simples; do mesmo modo, uma acção movida pela entidade patronal contra o trabalhador para restituição da soma das importâncias despendidas na preparação profissional do trabalhador (artigo 36º, n.º 3, da LCT) poderá redundar na citação por via

---

[34] Este preceito é também aplicável ao processo penal laboral (artigo 197º do CPT/99).

[35] Sobre a citação de pessoas colectivas e sociedades, à luz do CPT/81, veja-se, nomeadamente, A. Lopes-Cardoso (*Citações*..., págs. 36 e seguintes).

[36] Neste sentido, A. Lopes-Cardoso, *Manual*..., pág. 123.

postal simples do trabalhador, se se frustrar a citação por via postal registada.

Caso se não entenda aplicável o novo regime da citação ao processo do trabalho por, nomeadamente, estarem em jogo interesses demasiado importantes para justificarem tal leveza na citação — argumento pouco convincente, já que como o Código de Processo Civil prevê a utilização da citação por via postal simples nos casos de frustração da citação por carta registada, tal modalidade poderá operar, nomeadamente, numa acção relativa ao estado das pessoas, que não merece certamente menor protecção que uma acção laboral —, então ter-se-ia de concluir que, no plano da citação, o processo do trabalho seria menos célere que o processo civil comum.

2.3. Acções com natureza urgente e oficiosa

Nas acções com natureza urgente e oficiosa (antes reguladas nos artigos 27°, 27°-A e 28° do CPT/81) incluem-se agora aquelas em que esteja em causa o despedimento de representantes sindicais ou de membros de comissão de trabalhadores (artigo 26°, n.º 1, do CPT/99), o que, como se diz no preâmbulo que aprovou o novo Código, era já imposição da lei substantiva.

De referir também que o artigo 22° do CPT/99 (artigo 22° do CPT/81) determina que as participações e demais papéis que se destinam a servir de base a processos emergentes de acidentes de trabalho e de doenças profissionais (espécies 2ª e 3ª da distribuição) são apresentados obrigatoriamente ao Ministério Público, que, em caso de urgência, deve ordenar as diligências convenientes, com precedência da distribuição.

2.4. Apensação de acções

A apensação de acções, prevista no artigo 31° do CPT/99 (artigo 36° do CPT/81) e expressão da economia processual, é permitida em termos mais amplos do que no Código de Processo Civil (artigo 275°).

2.5. Procedimentos cautelares

O CPT/99 regula os procedimentos cautelares nos seus artigos 32° e seguintes, prevendo um procedimento cautelar comum e procedimentos

Princípios gerais do Processo do Trabalho 409

cautelares especificados, à semelhança do Código de Processo Civil (artigos 381º e seguintes). O CPT/81 tratava apenas da suspensão de despedimento (artigos 38º e seguintes), o que não significava que não pudessem ser decretadas outras providências cautelares em matéria laboral, por aplicação subsidiária do Código de Processo Civil[37]. Aliás, mesmo depois da entrada em vigor do CPT/99, nada impede que se requeira, em matéria laboral, a concessão de providência especificada prevista no Código de Processo Civil (veja-se o artigo 47º)[38].

ABRANTES GERALDES observa que, "ainda que o processo do trabalho seja estruturado com base em mecanismos processuais especialmente expeditos, não escapa aos perigos derivados da natural ou da anormal morosidade na resolução defnitiva dos litígios que lhe são submetidos" e que "a exigência de tutela antecipada emerge, além do mais, da especial natureza da relação jurídico-laboral"[39].

Não são muitas, porém, as especialidades dos procedimentos cautelares laborais, ao nível dos seus princípios orientadores. Assinale-se apenas que, além de haver aqui maior preocupação do que nos procedimentos cautelares cíveis com a conciliação das partes (veja-se o artigo 32º, n.º 2)[40], se procura também que o procedimento seja mais célere (veja-se os n.º s 1 e 3 deste preceito)[41].

2.6. *Formas de processo*

O princípio da justiça célere, na modalidade da *simplificação processual*, também encontrou acolhimento no CPT/99, já que neste Código não se prevê, no âmbito do processo comum de declaração, qualquer diferenciação entre formas de processo: só o processo executivo tem formas diferentes, conforme a execução se baseie em decisão judicial de condenação em quantia certa ou noutro título (artigo 50º).

---

[37] É este o entendimento de A. S. Abrantes Geraldes (*Temas...*, págs. 317-318 e 345), com o qual se concorda.

[38] *Idem*, págs. 346 e seguintes.

[39] *Idem*, págs. 316-317.

[40] A. S. Abrantes Geraldes (*idem*, pág. 322) assinala que "não é admissível que as partes se façam representar na audiência por procurador com poderes especiais. A diferente redacção face ao art. 54º, n.º 3, do CPT, só pode significar que o legislador considerou indispensável a presença das partes, como factor capaz de fomentar a conciliação, permitindo aliviar a tensão criada pela pendência do procedimento".

[41] *Ibidem*.

410   *Estudos do Instituto de Direito do Trabalho*

Assim, enquanto no Código de Processo Civil subsistem, mesmo depois da reforma de 1995-96, as formas ordinária, sumária e sumaríssima, no CPT/99 regula-se apenas, no título dedicado ao processo de declaração (artigos 51º e seguintes), o denominado *processo comum* (que é afinal uma *espécie* de processo, a par do processo especial, como resulta do preceituado no artigo 48º[42]), ao qual são subsidiariamente aplicáveis as disposições do Código de Processo Civil relativas ao processo sumário (artigo 49º, n.º 2). Mas este processo comum, ao que parece, pode sofrer desvios na sua tramitação normal, por força do disposto no artigo 56º, alínea b)[43]. O próprio princípio da adequação formal (artigo 265º-A, do Código de Processo Civil), subsidiariamente aplicável, também já apontaria nesse sentido.

Diga-se, aliás, que a terminologia usada pelo CPT/99 não é muito feliz, dado que a expressa consagração de um processo designado por processo de declaração comum indicia a existência, quer de um correspondente processo de execução comum, quer de processos de declaração especiais: ora o Código não alude expressamente, nem a um processo de execução comum, nem a qualquer processo de declaração especial (apenas prevendo um "processo de execução" e "processos especiais").

De qualquer modo — e este é um dado a reter — o CPT actual, contrariamente ao Código de Processo Civil (quer na versão originária, quer na versão actual), simplificou as formas do processo, procedendo à sua unificação no âmbito do processo comum.

Segundo MÁRIO TORRES[44], tal unificação seria possível e desejável, pelos seguintes motivos:

a) O estabelecimento de formas de processo comum declarativo diversas atende ao diverso valor da causa, assentando assim no pressuposto, nem sempre correcto, de que quanto maior é o valor maior é a complexidade da causa e, portanto, necessária é a consagração de maior número de articulados e prazos mais dilatados;

b) A diversidade de formas de processo assenta também no pressuposto de que se impõem maiores garantias quando estão em causa montantes elevados, sucedendo porém que a determinação do valor varia consoante a situação financeira do litigante;

c) Não existe diferença de complexidade entre uma acção sumária e uma acção ordinária laboral;

---

[42] Veja-se a nota 2.
[43] Criticando esta solução, A. Lopes-Cardoso, *Manual*..., págs. 160-161.
[44] M. Torres, "Algumas questões...", págs. 40-41.

Princípios gerais do Processo do Trabalho   411

d) A garantia acrescida que eventualmente merecem as acções em que estão em jogo elevados montantes pode ser dada pela intervenção do tribunal colectivo, sem dependência da forma de processo.

Acrescente-se que, já no âmbito do CPT/81, a simplificação processual — se se entender esta como abrangendo a tendencial unificação das formas de processo — se havia manifestado na supressão do processo sumaríssimo como forma do processo comum de declaração[45]. Assim, enquanto no Código de Processo Civil se mantinham, no âmbito do processo comum de declaração, as formas ordinária, sumária e sumaríssima, no CPT/81 (artigo 47º) rompeu-se com a tradição da tripartição de formas de processo comum declarativo laboral que, como assinala MÁRIO TORRES, remontava a 1934[46], prevendo-se apenas as formas ordinária e sumária[47]. Quanto ao processo executivo, previa-se diferença de formas de processo, consoante a execução se baseasse em sentença de condenação em quantia certa ou noutro título.

2.7. *Despacho liminar*

O CPT/99 prevê, no seu artigo 54º (equivalente ao artigo 53º do CPT/81), a existência de um despacho liminar no processo declarativo comum. Dado que o despacho liminar é hoje excepcional no Código de Processo Civil (artigo 234º-A, para o qual aquele artigo 54º algo equivocamente remete), sob este aspecto o processo civil laboral é menos célere que o comum[48].

2.8. *Consequências da revelia*

A revelia operante do réu no processo declarativo comum importa a confissão dos factos articulados pelo autor e, logo de seguida, o proferi-

---

[45] O campo de aplicação do processo sumaríssimo determinava-se, no CPT/63, em função de um critério de valor e de um critério de cumulação de duas circunstâncias (J. de Castro Mendes, "Tipos...", págs. 142-143).

[46] M. Torres, "Algumas questões...", págs. 41-42.

[47] O processo sumário previsto no CPT/81 teve por paradigma o processo sumaríssimo regulado no Código de Processo Civil (cfr. L.P. Moitinho de Almeida, *Código*..., pág. 143).

[48] Sobre o despacho liminar no CPT/99, veja-se A. Lopes-Cardoso, *Manual*..., págs. 147 e seguintes.

412   *Estudos do Instituto de Direito do Trabalho*

mento da sentença, cuja fundamentação pode ser sumária ou por adesão ao alegado pelo autor (artigo 57º do CPT/99, que só parcialmente reproduz o artigo 54º do CPT/81). Verifica-se que, quanto a este aspecto, é mais célere o processo laboral, dado que o artigo 484º, n.º 2, do Código de Processo Civil abre a possibilidade de alegações de direito, antes do proferimento da sentença, e o n.º 3 deste preceito não contempla a hipótese da fundamentação por adesão.

2.9. *Prazo para o oferecimento de articulados*

Nos termos do artigo 56º, alínea a), do CPT/99, é de 10 dias o prazo para contestar em processo declarativo comum (sem prejuízo da prorrogação regulada no artigo 58º). No Código de Processo Civil, o prazo é de 30 dias no processo ordinário (artigo 486º, n.º 1), de 20 dias no processo sumário (artigo 783º) e de 15 dias no processo sumaríssimo (artigo 794º), pelo que se verifica maior celeridade no processo laboral.

A resposta à contestação deve ser oferecida, no processo declarativo comum, no prazo de 10 ou de 15 dias, consoante não haja ou haja reconvenção (artigo 60º do CPT/99)[49]. O prazo é mais amplo no processo civil ordinário (artigo 502º do Código de Processo Civil) e praticamente idêntico no processo sumário (artigos 785º e 786º do Código de Processo Civil).

2.10. *Articulados admissíveis*

O CPT/99 (artigo 60º, n.º 2) não prevê a tréplica no processo declarativo comum, mas apenas articulados supervenientes nos termos do artigo 506º do Código de Processo Civil e para efeitos de cumulação sucessiva de pedidos ou de causas de pedir[50], o que implica maior celeridade que em processo civil ordinário (artigo 503º do Código de Processo Civil).

---

[49] Como o prazo para contestar é de 10 dias, parece duvidosa, no plano da igualdade das partes, a atribuição ao autor do prazo de 15 dias para responder à reconvenção. A justificação para tal desigualdade de tratamento pode eventualmente residir na circunstância de o réu receber o duplicado da petição e demais documentos antes da notificação para contestar (cfr. artigo 54º, n.º 4) e, portanto, carecer de prazo menos amplo para contestar.

[50] A redacção do artigo 60º, n.º 2, do CPT/99 é dúbia, na medida em que a expressão "*e para os efeitos do artigo 28º*" dá a entender que os articulados supervenientes só são admissíveis quando se pretenda cumular pedidos ou causas de pedir, não bastando a verificação dos requisitos a que alude o artigo 506º do Código de Processo Civil.

Logicamente, a inexistência de tréplica não pode obstar à aplicação do artigo 3°, n.º 4, do Código de Processo Civil[51].

2.11. *Audiência preliminar*

No processo declarativo comum, a audiência preliminar só é convocada quando a complexidade da causa o justifique (artigo 62°, n.º 1, do CPT/99). Com esta regra pretendeu-se exceptuar uma outra que resultaria da aplicação subsidiária das disposições do Código de Processo Civil sobre o processo sumário (determinada pelo n.º 2 do artigo 49° do CPT//99): precisamente, a de que a audiência preliminar só se realiza quando a complexidade da causa ou a necessidade de actuar o princípio do contraditório o determinem (artigo 787°, n.º 1, do Código de Processo Civil).

Trata-se de especialidade dificilmente perceptível, mas a verdade é que com ela se parece ter pretendido tornar mais célere o processo laboral.

2.12. *Especificação e questionário*

O CPT/99 aboliu também a especificação e o questionário. Com efeito, o artigo 62°, relativo ao processo declarativo comum, prevê agora uma audiência preliminar depois da fase dos articulados e do eventual proferimento de despacho pré-saneador, audiência essa que, nos termos do artigo 508°-A, n.º 1, alínea e), do Código de Processo Civil, tem como finalidade principal a selecção da matéria de facto, verificados certos requisitos. A abolição da especificação e do questionário contribuiu (ou, pelo menos, visou contribuir) para a simplificação processual, mas não pode aqui ver-se uma qualquer especificidade do processo civil laboral, uma vez que a reforma de 1995-96 do Código de Processo Civil já havia suprimido tais figuras (cfr. artigo 511° deste Código).

Para o processo declarativo comum ainda, o artigo 49°, n.º 3, do CPT/99 — inserido sistematicamente, aliás, nas disposições gerais do processo — determina que "o juiz pode abster-se de fixar a base instrutória, sempre que a selecção da matéria de facto controvertida se revestir de simplicidade". Afigura-se que esta regra é desnecessária, dado que já resultaria da aplicação subsidiária, ordenada pelo n.º 2 do mesmo preceito, do disposto no artigo 787°, n.º 1, parte final, do Código de Processo Civil.

---

[51] Neste sentido, Abílio Neto, *Código...*, pág. 103.

414   *Estudos do Instituto de Direito do Trabalho*

A especificação e o questionário, como se depreende do exposto, havia-se mantido no CPT/81[52]. Assim, o n.º 2 do artigo 59º deste Código (inserido sistematicamente nas disposições próprias do processo ordinário de declaração) remetia para o n.º 1 do artigo 511º do Código de Processo Civil (que regulava a organização da especificação e questionário)[53].

2.13. *Marcação da audiência final*

No processo declarativo comum, é logo marcada a audiência final na audiência de partes que tem lugar após o despacho liminar (artigo 56º, alínea c), do CPT/99): esta regra, porém, deve ser harmonizada (se o pode ser, é outra questão) com a do artigo 1º do Decreto-Lei n.º 184/2000, de 10 de Agosto, que proíbe a marcação das audiências de discussão e julgamento com uma antecedência superior a três meses. Mas a marcação fica sem efeito, havendo audiência preliminar (artigo 62º, n.º 3, do CPT/99).

2.14. *Oferecimento das provas*

No processo declarativo comum, as provas devem ser oferecidas e requeridas com os articulados (artigo 63º, n.º 1, do CPT/99). Obtém-se assim maior celeridade do que em processo civil ordinário ou sumário, já que só no processo sumaríssimo se formula tal exigência (artigos 793º e 794º, n.º 1, do Código de Processo Civil).

2.15. *Intervenção do tribunal colectivo*

A preocupação de celeridade reflecte-se também na possibilidade de intervenção do tribunal colectivo no julgamento da matéria de facto.

---

[52] Criticamente, M. Torres, "Algumas questões...", págs. 44-48. No preâmbulo do Decreto-Lei n.º 272-A/81, de 30 de Setembro (que aprovou o CPT/81) afirma-se que um dos princípios acolhidos por este Código é o da "responsabilização do juiz na elaboração da especificação e questionário, apesar de se reconhecer a indispensabilidade de se evoluir para outro sistema, o que, no entanto, exige um estudo mais aprofundado e que se encontra em curso no âmbito da revisão do processo civil".

[53] No processo sumário laboral não havia lugar à elaboração da especificação e do questionário (contrariamente ao que sucedia no processo sumário regulado no Código de Processo Civil: cfr. artigo 787º deste Código, na redacção anterior à reforma de 1995-96): efectivamente, resultava do artigo 88º do CPT/81 que, findos os articulados a antes do julgamento, apenas se marcava o dia para julgamento e se realizavam diligências relacionadas com a prova testemunhal.

Princípios gerais do Processo do Trabalho 415

No CPT/63, e como assinala MÁRIO TORRES, a intervenção do colectivo era a regra no processo ordinário (só dispensável se ambas as partes nisso acordassem), sendo inexistente no sumário; o Decreto-Lei 298/75, de 19-6, viria permitir a intervenção do tribunal colectivo no processo sumário, quando o valor da causa excedesse a alçada, e houvesse requerimento de qualquer das partes[54].

O CPT/81, no seu artigo 63°, n.° 1, estabeleceu como regra, no processo ordinário, a instrução, discussão e julgamento da causa pelo juiz singular, excepto quando as partes requeressem (ambas, ou qualquer uma delas[55]), no prazo estabelecido para oferecer a prova, a intervenção do tribunal colectivo. Para o processo sumário, determinava o artigo 90° do CPT/81 que o julgamento seria feito por juiz singular, salvo se o valor da causa excedesse a alçada do tribunal e ambas as partes requeressem a intervenção do colectivo nos cinco dias posteriores ao oferecimento do último articulado.

No CPT/99 estabelece-se, no artigo 68°, n.° 1, a regra de que a instrução, discussão e julgamento da causa em processo comum de declaração incumbem ao tribunal singular. No entanto, o n.° 3 do mesmo preceito atribui tal competência ao tribunal colectivo nas causas de valor superior à alçada da Relação desde que *qualquer das partes* o requeira e nenhuma tenha requerido a gravação da audiência.

Constata-se, assim, que o Código de Processo Civil (depois da alteração introduzida pelo Decreto-Lei n.° 183/2000, de 10 de Agosto ao n.° 1 do artigo 646° deste Código, que hoje configura o requerimento de *ambas as partes* nesse sentido como uma das condições de intervenção do tribunal colectivo) é hoje — injustificadamente — mais restritivo do que o CPT no que se refere à intervenção do tribunal colectivo, pelo que a tradicional maior celeridade do processo do trabalho face ao processo civil comum não pode actualmente ser fundamenta da no regime da intervenção do colectivo. A isto acresce que, na decisão da matéria de facto, ainda intervêm os juízes sociais (artigo 72°, n.° 5, do CPT/99)[56].

---

[54] M. Torres, "Algumas questões...", pág. 51.

[55] Neste sentido, veja-se nomeadamente M. Torres ("Algumas questões...", pág. 51) e L.P. Moitinho de Almeida (*Código*..., pág. 113).

[56] J. M. Rodrigues da Silva (*A aplicação*..., pág. 35) salienta que "há instrumentos processuais que são necessariamente não-céleres. É o que acontece *v.g.*, com a intervenção do tribunal colectivo e com a dos juízes sociais, dado que seria mais conforme à celeridade que todas as causas fossem julgadas pelo juiz singular e sem o concurso de acessores.".

2.16. Alegações em audiência final

O artigo 72º, n.º 3, do CPT/99 determina que, no processo declarativo comum, finda a produção da prova em audiência de discussão e julgamento e antes da decisão da matéria de facto, os advogados das partes fazem alegações tanto sobre a matéria de facto como sobre a matéria de direito: o regime das alegações é, pois, diverso e mais célere do que o do processo civil ordinário (cfr. artigos 652º, n.º s 3, alínea e), e 5, 653º, n.º 5, e 657º, do Código de Processo Civil) e sumário (artigo 790º), aproximando-se do regime do processo civil sumaríssimo (artigo 796º, n.º 6).

2.17. Sentença

A sentença, no processo declarativo comum, pode ser imediatamente lavrada por escrito ou ditada para a acta, sendo nestes casos sucintamente fundamentada (artigo 73º, n.º s 2 e 3, do CPT/99, parcialmente correspondente ao artigo 68º do CPT/81). O regime do proferimento da sentença é pois mais célere que o do processo civil ordinário e sumário (artigos 658º e 659º, n.º 4, do Código de Processo Civil), mas menos célere que o do sumaríssimo (artigo 796º, n.º 7, deste Código).

2.18. Recursos

Duas outras manifestações do princípio da celeridade no CPT/99 são a *necessidade de a arguição da nulidade da sentença ser feita expressa e separadamente no próprio requerimento de interposição do recurso*, naturalmente quando este possa e tenha sido interposto (artigo 77º, n.º 1), bem como a *necessidade de o requerimento de interposição do recurso de agravo em 1ª instância ou de apelação* — a interpor, em regra, no prazo de 10 ou de 20 dias (artigo 80º)[57] — *conter a alegação do recorrente* (artigo 81º, n.º 1).

Particularmente quanto a este último aspecto, o regime do CPT/81 era diverso, já que também ao agravo em 2ª instância era aplicável a exigência da produção das alegações juntamente com o requerimento de interposição do recurso: apenas à revista era aplicável o regime do Código de Processo Civil (veja-se a redacção do anterior artigo 76º,

---

[57] No Código de Processo Civil, o prazo para a interposição do recurso é de 10 dias (artigo 685º).

n.º 1)[58]. E a celeridade pretendida com o regime da produção das alegações juntamente com o requerimento do recurso só era de algum modo compensada com o estabelecimento de um prazo mais alargado, comparativamente ao previsto no Código de Processo Civil, para a interposição do recurso de apelação (veja-se o artigo 75º, n.º 2, do anterior CPT)[59].

O Tribunal Constitucional, no seu acórdão n.º 403/2000, de 27 de Setembro teve a oportunidade de se pronunciar sobre a conformidade constitucional da norma do artigo 72º, n.º 1, do CPT/81 — que estabelecia a *necessidade de a arguição da nulidade da sentença ser feita no próprio requerimento de interposição do recurso* e que corresponde, com pequenas alterações, à do artigo 77º, n.º 1, do CPT/99 -, nomeadamente à luz do direito de acesso ao direito e aos tribunais (artigo 20º da Constituição) e do princípio da proporcionalidade, tendo nesse aresto concluído no sentido da não inconstitucionalidade[60].

---

[58] Relativamente ao recurso de revista, não havendo disposições especiais no CPT/81 quanto à sua interposição, parece que lhe seriam aplicáveis as correspondentes disposições do Código de Processo Civil (artigos 699º, 705º e 725º) e, como tal, a alegação podia ser produzida em separado (cfr. L.P. Moitinho de Almeida, *Código...*, págs. 130--131). P. Romano Martinez (*Direito...*, pág. 239) entendia, face ao CPT/81, que não se vislumbrava qualquer justificação plausível para, em processo do trabalho, diversamente do disposto para o processo civil, se exigir a apresentação das alegações juntamente com o recurso.

[59] O artigo 685º do Código de Processo Civil estabelecia como prazo geral para a interposição dos recursos o de 8 dias.

[60] No acórdão do Tribunal Constitucional n.º 403/2000, de 27 de Setembro, considerou-se, entre o mais, que "se bem que, também no processo civil seja possível ao juiz que proferiu a decisão suprir as nulidades respectivas antes da subida do recurso (artigo 668º, n.º 4, do Código de Processo Civil), sem se exigir, todavia, que a arguição dessas nulidades se faça no próprio requerimento de interposição do recurso, compreende-se que a particular celeridade e economia processual exigida no processo do trabalho se reflicta num cuidado acrescido do recorrente na delimitação dos fundamentos do recurso, quando eles se traduzam em nulidades da sentença. Sem prejuízo de, nas suas alegações, invocar tais nulidades como fundamentos do recurso, a exigência dessa invocação no próprio requerimento possibilita ao tribunal recorrido a sua mais rápida e clara detecção e consequente suprimento. (...) além de não ser anómala face ao sistema processual civil e de se justificar por razões de economia e celeridade processual, a interpretação acolhida no acórdão recorrido não implica a constituição, para o recorrente, de um pesado ónus, que pudesse dificultar de modo especialmente oneroso o exercício do direito ao recurso. (...) Não se verificando qualquer justo impedimento para a não arguição atempada das nulidades da sentença, a possibilidade de convite à parte para sanar o vício, que o recorrente reivindica como corolário do princípio *pro actione*, enquadra-se ainda dentro da liberdade de conformação do legislador.".

418   *Estudos do Instituto de Direito do Trabalho*

Por seu lado, a conformidade constitucional da norma do artigo 76°, n.° 1, do CPT/81 — interpretada como estabelecendo, *no recurso de agravo em 2ª instância, a necessidade de o requerimento de interposição do recurso conter a alegação do recorrente* — foi apreciada por diversas vezes pelo Tribunal Constitucional, tendo-se julgado que tal norma, nessa interpretação, não violava o disposto no artigo 20°, n.° 1, da Constituição[61]. Seja como for, o agravo em 2ª instância já não coloca tal problema perante a redacção do artigo 81°, n.° 5, do CPT/99 — pois que lhe é expressamente aplicável o regime do Código de Processo Civil —, apenas em relação à apelação e ao agravo em 1ª instância em processo laboral se continuando a assinalar maior celeridade do que em processo civil.

---

[61] Assim, no já referido acórdão n.° 266/93, de 30 de Março, e na sequência da doutrina que havia sido estabelecida no acórdão do mesmo Tribunal n.° 51/88, de 2 de Março, concluiu-se, nomeadamente, que "a exigência de a alegação ter de constar do requerimento de interposição do recurso ou, quando muito, de ter de ser apresentada no prazo de interposição do recurso de oito dias, não diminui, por si mesma, as garantias processuais das partes, nem acarreta um cerceamento das possibilidades de defesa dos interesses das partes que se tenha de considerar <u>desproporcionado</u> ou <u>intolerável</u>. Na verdade, o legislador tem ampla liberdade de conformação no estabelecimento das regras sobre recursos em cada ramo processual, não se vendo que o sistema constante do art. 76°, n.° 1, do Código de Processo de Trabalho, na interpretação agora impugnada, seja em si mais gravoso do que o estabelecido no Código de Processo Civil, em que a alegação nos agravos tem de ser apresentada <u>também no prazo de oito dias</u>, embora este prazo se conte da notificação do despacho de admissão do recurso. Há uma preocupação de maior celeridade e economia processual no domínio das leis regulamentadoras do processo de trabalho, visando no fundamental evitar que as demoras do processo penalizem as partes mais fracas do ponto de vista económico, os trabalhadores, os sinistrados e os seus familiares. Só no caso de não vir a ser admitido o recurso interposto é que as partes se poderão queixar da inutilidade da apresentação de alegações (cfr. art. 77°, n.° 1, do Código de Processo de Trabalho), mas tal inconveniente não é susceptível de fundamentar, por si só, um juízo de inconstitucionalidade do art. 76°, n.° 1, do mesmo diploma. Acrescente-se que, em processo penal, o regime de exigência de motivação dos recursos no requerimento da sua interposição (Código de Processo Penal, art. 411°) não foi até agora posto em causa, em termos de constitucionalidade, sendo indiscutível que, no processo penal, a Constituição impõe ao legislador ordinário que assegure todas as garantias de defesa ao arguido (art. 32°, n.° 1). (...) Por último, e decisivamente, a concessão de um prazo de 8 dias para motivação do recurso de agravo interposto de decisão proferida em segunda instância não se revela passível de censura constitucional, pois tal prazo não pode considerar-se <u>intoleravelmente exíguo</u>, tanto mais que o objecto desta espécie de recurso tem a ver em regra com a impugnação de decisões respeitantes a matérias processuais, de menor complexidade (...)". Em idêntico sentido se pronunciou posteriormente o Tribunal Constitucional, nos seus acórdãos n.°s 659/98, de 18 de Novembro, 313/2000, de 20 de Junho, e 537/2000, de 12 de Dezembro.

2.19. Acção executiva

Na execução baseada em sentença de condenação em quantia certa, a notificação do executado do requerimento executivo, do despacho que ordenou a penhora e da realização desta só é feita depois da realização da própria penhora, e só depois dessa notificação se conta o prazo para deduzir oposição (artigo 91°, n.° 1, do CPT/99, que introduziu algumas alterações ao artigo 94° do CPT/81).

Em processo civil, a execução para pagamento de quantia que não careça de ser liquidada pelo tribunal e que se funde em decisão judicial segue a forma sumária (artigo 465°, n.° 2, do Código de Processo Civil), sendo a notificação do executado feita em moldes semelhantes aos descritos (cfr. artigo 926°, n.° 1, do Código de Processo Civil).

Assim, ao nível da celeridade, o regime da fase anterior à oposição do executado não parece apresentar especialidades no processo laboral.

Contudo, como o artigo 97°, n.° 2, do CPT/99 manda aplicar esse regime à execução que se funde em qualquer título[62], não dispondo o Código de Processo Civil de norma semelhante, pode afirmar-se que o legislador visou conferir à fase inicial da execução em processo laboral maior celeridade que em processo civil.

A exclusão da reclamação de créditos, prevista no artigo 98° do CPT/99, contribui certamente para uma maior celeridade processual. Mas esta figura já se encontra prevista, em termos praticamente idênticos, no Decreto-Lei n.° 274/97, de 8 de Outubro (que regula a acção executiva simplificada para pagamento de quantia certa), pelo que nenhuma especialidade há a apontar, quanto a este aspecto, no campo do processo laboral.

2.20. Pensão ou indemnização provisória

Os artigos 121° a 125° do CPT/99 regulam a fixação de pensão ou de indemnização provisória, no âmbito do processo especial para a efectivação de direitos resultantes de acidente de trabalho (matéria tratada nos artigos 124° e seguintes do CPT/81). De salientar, em reforço da celeridade processual, a irrecorribilidade e imediata exequibilidade da decisão que fixe a pensão ou indemnização provisória (artigo 124° CPT/99 e artigo 127° do CPT/81).

---

[62] Regime que também é aplicável, aliás, à execução da decisão sobre a suspensão do despedimento, relativamente aos salários em dívida (cfr. artigo 39°, n.° 3, do CPT/99).

3. Justiça pacificadora

3.1. *Composição voluntária da acção*

A *justiça pacificadora*, como assinala MÁRIO TORRES, era uma emanação dos próprios ideais do regime corporativo, não merecendo acolhimento na sua formulação tradicional[63].

Certo é, porém, que nem a preferência pela composição voluntária da acção, nem a obrigatoriedade de cumulação inicial dos pedidos, decorrentes daquele princípio, foram suprimidas com a revogação do CPT/63.

Assim, no CPT/81, os artigos 49º a 52º (inseridos no capítulo relativo ao processo ordinário de declaração) regularam, em termos diversos dos do Código de Processo Civil, a tentativa de conciliação[64], o artigo 65º previu a tentativa obrigatória de conciliação na audiência de julgamento em processo ordinário de declaração[65], e os artigos 102º a 119º dispuseram sobre a fase conciliatória do processo especial para a efectivação de direitos resultantes de acidentes de trabalho ou de doenças profissionais[66].

Merecem especial realce, ao nível das disposições do CPT/81 relativas à conciliação das partes, a circunstância de a desistência e a transacção só poderem realizar-se em audiência de conciliação (artigo 34º) — diversamente do previsto no artigo 293º do Código de Processo Civil —, a desnecessidade de homologação da desistência, confissão ou transacção efectuadas na audiência de conciliação (artigo 51º)[67] — contrariamente ao

---

[63] M. Torres, "Algumas questões...", pág. 40.

[64] O artigo 49º do CPT/81 (relativo à tentativa prejudicial de conciliação no processo ordinário de declaração) foi revogado por um diploma de 1985 (cfr. L. P. Moitinho de Almeida, *Código*..., pág. 102). A omissão da tentativa prévia de conciliação, nos casos em que a lei estabelecia a sua obrigatoriedade, redundava, segundo J. de Castro Mendes ("Tipos...", págs. 144-145) e à luz do CPT/63, na falta de um pressuposto processual objectivo.

[65] O artigo 652º, n.º 2, do Código de Processo Civil (redacção ainda vigente, embora desactualizada, atendendo a que a audiência pode ser realizada perante tribunal singular) determina unicamente que o presidente do tribunal colectivo procurará conciliar as partes, se a causa estiver no âmbito do seu poder de disposição.

[66] A referida fase conciliatória pode ser qualificada como um processo judicial *sui generis* (porque o acordo é feito extrajudicialmente, mas homologado pelo juiz), na terminologia de P. Romano Martinez (*Direito*..., págs. 240-241).

[67] Mas o acordo obtido na fase conciliatória do processo para efectivação de direitos resultantes de acidentes de trabalho ou de doenças profissionais (regulada nos artigos 102º e seguintes do CPT/81) carecia de homologação, nos termos do artigo 116º.

Princípios gerais do Processo do Trabalho 421

que se dispunha nos n.º s 3 e 4 do Código de Processo Civil — , bem como a configuração dos autos de conciliação como espécies de títulos executivos (artigo 91°, alínea c)).

No CPT/99, a tentativa de conciliação nos procedimentos cautelares aparece prevista no artigo 32°, n.º 2[68]; os artigos 51° a 53° — inseridos no âmbito do processo comum de declaração, já que o processo de declaração não conhece hoje distinções de formas de processo[69] — contêm disposições genéricas sobre a tentativa de conciliação; a tentativa obrigatória de conciliação na audiência final está regulada no artigo 70°; os autos de conciliação continuam a constituir título executivo (artigo 88°, alínea b)); e os artigos 99° a 116° regulam a fase conciliatória do processo especial para a efectivação de direitos resultantes de acidente de trabalho. Desapareceram, todavia, os limites constantes dos artigos 34° e 35° do CPT/81 à desistência e transacção (necessidade de estas se realizarem em audiência de conciliação e possibilidade de desistência ou transacção apenas quanto a algum ou alguns dos pedidos, nos casos de cumulação): limites esses, aliás, mais relacionados com o princípio da justiça completa do que com o da justiça pacificadora[70]. Especial referência merece a inovação consistente na introdução, no processo declarativo comum e logo após o despacho liminar, de uma audiência das partes, na qual terá também lugar uma tentativa de conciliação (artigos 54° e 55° do CPT/99: este último, aliás, já julgado insconstitucional, numa certa interpretação[71]): e, só na hipótese de frustração da tentativa, é ordenada a notificação do réu para contestar (artigo 56°).

---

[68] Veja-se a nota 40.

[69] Veja-se a nota 2 e o ponto IV, 2.6..

[70] Assim, e em relação à necessidade de a desistência do pedido se realizar em audiência de conciliação, observava A. Lopes-Cardoso (*A confissão...*, pág. 28) que "a justificação encontra-se no postulado do Direito Laboral da maior fraqueza do trabalhador que carece de ver os seus interesses tutelados ou vigiados pelo Juiz que preside à "audiência de conciliação" para que o trabalhador não seja levado a, irreflectidamente ou sob pressão, desistir ou aceitar a desistência quando isso possa redundar em seu prejuízo".

[71] A norma constante do artigo 55.º do CPT/99, «interpretada no sentido de que, na audiência de partes nele prevista, frustrada a conciliação das partes, o juiz, afigurando-se-lhe manifesta a simplicidade da análise jurídica, pode logo proferir sentença, sem necessidade de, previamente, ordenar a notificação da ré para contestar, nem de fixar data para a audiência final», foi julgada inconstitucional no acórdão do Tribunal Constitucional n.º 330/2001, de 10 de Julho, por violação do direito de acesso aos tribunais e, especificamente, do direito a um processo equitativo.

422   *Estudos do Instituto de Direito do Trabalho*

3.2. Cumulação obrigatória de pedidos

A obrigatoriedade de cumulação inicial dos pedidos — a outra das manifestações da justiça pacificadora — foi também consagrada no artigo 30º do CPT/81. Diversamente dispunha o Código de Processo Civil, que no seu artigo 470º facultava apenas, reunidos certos pressupostos processuais, tal cumulação de pedidos.

A grande inovação do CPT/99 ao nível do princípio da justiça pacificadora é dada pela supressão de uma das mais marcantes manifestações desse princípio: a obrigatória cumulação inicial de pedidos, constante do artigo 30º do CPT/81. Portanto, a matéria da cumulação inicial de pedidos em processo civil laboral passa a estar genericamente regulada pelo n.º 1 do artigo 470º do Código de Processo Civil. Relativamente à cumulação sucessiva de pedidos, o artigo 28º do CPT/99 continua a possibilitá-la nos casos de superveniência da causa de pedir e nos casos de justificação da impossibilidade de inclusão do novo pedido na petição inicial. Resta saber se esta última possibilidade não faria só sentido no anterior sistema — de cumulação inicial obrigatória, sob pena de perda do direito correspondente —, ou, dito de outro modo, se existem razões para subtrair o processo civil laboral, após a eliminação da figura da cumulação inicial obrigatória, ao regime geral dos artigos 272º e 273º do Código de Processo Civil.

Assim, o *princípio da justiça pacificadora*, mesmo que não entendido à luz dos ideais corporativos, só se encontra hoje reflectido nalguns preceitos reguladores da tentativa de conciliação.

4. Justiça completa

4.1. Igualdade real

Uma vertente do princípio da justiça completa é a da garantia da igualdade (real) das partes, que "parte do reconhecimento indesmentível da situação de dependência económica e jurídica do trabalhador em relação à entidade patronal, o que o coloca, enquanto persiste o contrato de trabalho, numa situação de quase não-exigibilidade, como o revela o facto de o prazo de prescrição dos créditos do trabalhador só começar a correr após a cessação do contrato de trabalho (...), e de a jurisprudência ter vindo a reconhecer que só depois da resolução do contrato de trabalho

Princípios gerais do Processo do Trabalho   423

se pode admitir a validade da renúncia pelo trabalhador do seu direito a salários vencidos, por apenas então ter cessado o estado de subordinação relativamente à entidade patronal"[72].

De todo o modo, o Código de Processo Civil, depois da reforma de 1995-96, atribuiu ao tribunal o dever de assegurar a igualdade substancial das partes (artigo 3º-A), pelo que a igualdade real em processo laboral apenas parece significar a concretização e reforço de tal princípio quando uma das partes seja um trabalhador[73].

4.2. *Litisconsórcio*

Pode ainda configurar-se como expressão da procura da igualdade real a regra relativa ao *litisconsórcio* constante do artigo 4º do CPT/81: nos termos do n.º 1 deste preceito, "se o trabalho for prestado por um grupo de pessoas, pode qualquer delas fazer valer a sua quota-parte do interesse, embora este tenha sido colectivamente fixado"[74]. Do mesmo modo, e em matéria de *legitimidade activa*, o artigo 6º, n.º 1 atribuía-a aos organismos sindicais e patronais nas acções respeitantes aos interesses colectivos cuja tutela lhes estivesse atribuída por lei, o n.º 2 previa a possibilidade de os organismos sindicais exercerem o direito de acção em representação e substituição do trabalhador, verificadas certas circunstâncias, e o n.º 3 regulava a intervenção dos organismos sindicais e patronais como assistentes dos seus associados.

Tanto o artigo 3º do CPT/99 (litisconsórcio) — correspondente ao artigo 4º do CPT/81 —, como o artigo 5º (legitimidade das associações sindicais e patronais) — que corresponde ao artigo 6º do CPT/81 — continuam a pretender facilitar a propositura da acção pelo trabalhador. E em ambos os casos se prevê um alargamento da eficácia subjectiva do caso julgado (cfr. artigo 78º do CPT/99 e artigo 73º do CPT/81).

---

[72] M. Torres, "Algumas questões...", pág. 49.

[73] J. M. Rodrigues da Silva (*A aplicação...*, pág. 38) observava, em 1991, que "não se vê que este processo civil, na sua evolução, possa afastar-se da natureza dispositiva que o informa por forma a vir a tornar-se apto à realização de um direito material dominado pelo princípio da tutela da igualdade substancial, como é o direito do trabalho.".

[74] "Esta regra visa facilitar o exercício dos direitos por parte dos trabalhadores, uma vez que o estabelecimento do litisconsórcio poderia constituir um entrave, sempre que algum dos trabalhadores não quisesse actuar judicialmente" (P. Romano Martinez, *Direito...*, págs. 245-246).

4.3. Patrocínio oficioso pelo Ministério Público

O *patrocínio oficioso do trabalhador e de certas outras pessoas pelo Ministério Público* estava previsto no artigo 8° do CPT/81[75] e a defesa do réu trabalhador pelo Ministério Público, no caso de falta de contestação daquele, estava prevista no artigo 54°, n.° 2, desse Código.

Mantém-se no CPT/99 o patrocínio oficioso do trabalhador e outras pessoas pelo Ministério Público. Tem-se porém agora o cuidado, no artigo 7°, de esclarecer que esse patrocínio não afasta o regime do apoio judiciário, quando a lei o determine ou as partes o solicitem[76].

Também o patrocínio oficioso de certas pessoas pelo Ministério Público — figura diversa da da representação pelo Ministério Público, regulada no artigo 6°, embora a diferença entre as duas não seja fácil de apontar, já que qualquer uma delas pressupõe a intervenção principal, e não acessória, do Ministério Público, como o atesta o confronto com o disposto no artigo 9°[77] — se destina naturalmente a promover a igualdade real (e, portanto, a justiça completa) e não meramente formal das partes.

---

[75] No acórdão do Tribunal Constitucional n.° 190/92, de 21 de Maio considerou-se ser inconstitucional, à luz do disposto nos artigos 13° e 20°, n.° 1, da Constituição, a norma do artigo 8° do CPT/81, interpretada no sentido de impedir os trabalhadores de se socorrerem do patrocínio oficioso por advogado, no âmbito do regime geral do apoio judiciário: efectivamente, tal interpretação implicaria que a certos trabalhadores fosse vedado o direito de serem patrocinados por advogado de sua livre escolha em processos laborais, exclusivamente em razão da sua situação económica. Um resumo deste acórdão pode encontrar-se em M. Torres, "Questões processuais...", pág. 17.

[76] Veja-se a nota anterior. Criticando a solução legal, A. Lopes-Cardoso (*Código...*, págs. 38-39) observa que "é óbvio que o cidadão pode, verificadas certas condições, recorrer a uma assistência gratuita (...). Mas, quando a lei, expressamente lhe atribui esse direito, proporcionando-lhe adequado patrocinador — o Ministério Público — não pode ele, por seu livre alvedrio, optar.".

[77] Relativamente à intervenção acessória do Ministério Público no âmbito do CPT/81, R.M.P. Ferreira Botelho ("Intervenção...", págs. 110-111) defendia que o artigo 10° desse Código — que dispunha que "constituído mandatário judicial, cessa o patrocínio judiciário que estiver a ser exercido, sem prejuízo da intervenção acessória do Ministério Público" — não determinava a intervenção do Ministério Público como parte acessória, antes se limitando a permiti-la, se tal intervenção estivesse prevista na lei: dito de outro modo, de tal preceito não podia retirar-se a obrigação de intervenção acessória do Ministério Público, nos casos em que um trabalhador ou um seu familiar litigasse nos tribunais do trabalho com advogado constituído. O artigo 9° do CPT/99 suscita, tal como o Código anterior, o problema de saber se o Ministério Público tem sempre intervenção acessória nos processos em que seja parte alguma das pessoas referidas no artigo 7° (e que são as pessoas a que o Ministério Público deve o patrocínio, sem prejuízo do regime do apoio

4.4. *Capacidade judiciária*

Finalizar-se-á esta breve referência ao regime dos pressupostos processuais relativos às partes com uma nota sobre a *capacidade judiciária dos menores*.

Ao que se julga, o correspondente regime não espelha qualquer dos princípios típicos (ou melhor, tradicionais) do direito processual laboral, pelo que a alusão a ele se afigura aqui deslocada. De qualquer modo, o seu enquadramento sistemático, bem como o traço distintivo que tem deixado nos sucessivos Códigos de Processo do Trabalho (o Código de Processo Civil, efectivamente, parece consagrar regime diverso), justificam que se abra aqui um parêntesis.

4.4.1. O artigo 2º, n.º 1, do CPT/81 estabelecia que "os menores com mais de 14 anos podem estar por si em juízo como autores" e o n.º 2 do mesmo preceito (que aparentemente regia também apenas a capacidade judiciária activa, atenta a epígrafe do preceito) determinava que "os menores de 14 anos são representados pelo Ministério Público quando se verificar que o representante legal do menor não acautela judicialmente os seus interesses". O n.º 3, por seu turno, fazia cessar a representação do Ministério Público, se o menor perfizesse os 14 anos na pendência da causa e requeresse a sua intervenção directa na acção.

O Decreto-Lei n.º 396/91, de 16 de Outubro, ao dar nova redacção ao artigo 122º da LCT — que passou a estabelecer que seria de 15 anos (até 1 de Janeiro de 1997) e de 16 anos (a partir dessa data) a idade legal mínima de admissão para prestar trabalho —, colocou o problema de saber se se devia ter como revogado o artigo 2º, n.º 1, do CPT/81 que, como se viu, atribuía capacidade judiciária activa aos menores com mais de 14 anos.

JOÃO CORREIA entendia que o próprio artigo 127º do Código Civil, na redacção de 1977, ao determinar na alínea a) do seu n.º 1 que são excep-

---

judiciário), naturalmente quando as não represente ou patrocine. Da leitura do preâmbulo do diploma que aprovou o CPT/99 depreende-se que essa foi a intenção do legislador: aí se diz, efectivamente, que "tendo em conta que os valores em causa no domínio juslaboral são de interesse e ordem pública, entende-se ser de manter a intervenção acessória do Ministério Público — agora a processar de harmonia com o regulado no Código de Processo Civil — nos casos de cessação da sua representação ou do seu patrocínio e ainda naqueles em que tal representação ou patrocínio não tenham sequer sido exercidos por, desde o início da lide, os interessados estarem representados por advogado". O artigo 87º, n.º 3, do CPT/99 também prevê a intervenção acessória do Ministério Público antes do julgamento de um recurso.

426   *Estudos do Instituto de Direito do Trabalho*

cionalmente válidos "os actos de administração ou disposição de bens que o maior de dezasseis anos haja adquirido por seu trabalho", "terá provocado, só por si, a revogação do limite de 14 anos para a atribuição de capacidade judiciária activa aos menores em processo de trabalho", pois que "a atribuição de capacidade aos maiores de 16 anos assume natureza excepcional, por um lado, e se a lei proibe o menos obviamente proibirá o mais, ou seja, se nem para dispor ou administrar os bens que adquiriu pelo seu trabalho o menor dos 14 aos 16 anos é titular de capacidade, naturalmente não poderá, por si, estar em juízo"[78].

Embora se não possa concordar com a tese de JOÃO CORREIA acerca da revogação, operada pela redacção de 1977 da alínea a) do n.º 1 do artigo 127º do Código Civil, do limite de 14 anos para a atribuição de capacidade judiciária activa aos menores em processo de trabalho — dado que tal seria frontalmente contrário ao texto do n.º 1 do artigo 2º do CPT/81 e, além disso, a correspondência entre a capacidade judiciária activa e a correspondente capacidade de exercício de direitos devia ser estabelecida entre o artigo 2º, n.º 1, do CPT/81 e o artigo 122º da LCT (e não o artigo 127º do Código Civil) —, já se entende que este autor tinha razão quando observava que a nova redacção do artigo 122º da LCT, operada por diploma posterior ao que aprovou o CPT/81 — o Decreto-Lei n.º 396/91, de 16 de Outubro -, ao fixar em 15 e em 16 anos a idade mínima para prestar trabalho, revogou implicitamente o n.º 1 do artigo 2º do CPT/81. Efectivamente, não faz sentido que a lei reconheça ao menor capacidade judiciária activa para uma acção laboral, não lhe reconhecendo, em princípio, a possibilidade de celebrar um contrato de trabalho.

Seja como for, o artigo 2º, n.º 1, do CPT/81 colocava, não só o problema da sua utilidade face ao disposto no artigo 9º, n.º 2, do Código de Processo Civil — dado que, estabelecendo este preceito que a capacidade judiciária tem por base e por medida a capacidade de exercício de direitos, parecia redundante determinar, como se fazia no n.º 1 do artigo 2º do CPT/81, que um menor com mais de 14 anos (que podia celebrar um contrato de trabalho) podia estar por si em juízo como autor —, como também o problema de saber se um menor com mais de 14 anos podia também estar em juízo como réu, por aplicação subsidiária do artigo 9º, n.º 2, do Código de Processo Civil[79].

---

[78] J. Correia, "O artigo 2º...", págs. 18-19.

[79] Neste sentido se pronunciava A. da Palma Carlos, "As partes...", pág. 107. Todavia, a atribuição ao menor de capacidade judiciária passiva para uma acção laboral suscitava o problema para que já J. de Castro Mendes (*Direito...*, 2º vol., pág. 66) aler-

A redacção daquele n.º 1 do artigo 2º do CPT/81 prestava-se efectivamente a muitas confusões, como aliás já havia salientado PALMA CARLOS a propósito de norma idêntica do CPT/63[80]. De qualquer modo, a ideia central do preceito parecia ser esta: atribuir aos menores com mais de 14 anos apenas capacidade judiciária activa, no pressuposto de que a esses menores o artigo 9º, n.º 2, do Código de Processo Civil nunca reconheceria capacidade judiciária[81]. Os menores com menos de 14 anos que fossem autores, bem como os menores que fossem réus, continuariam assim submetidos à regra geral do artigo 9º, n.º 2, daquele Código, entendida (porventura erradamente) como não conferindo a esses menores capacidade judiciária para uma acção laboral.

4.4.2. O artigo 2º do CPT/99 atribui, no seu n.º 1, capacidade judiciária activa aos menores com 16 anos. Contrariamente, pois, ao que se verificava na vigência do CPT/81, existe agora sintonia com o estatuído na lei substantiva acerca da idade mínima de admissão ao trabalho. No que se refere à capacidade judiciária passiva, da redacção do preceito deduz-se que não se pretendeu conferi-la aos menores (mesmo que a solução diversa pudesse conduzir a aplicação subsidiária da norma do artigo 9º, n.º 2, do Código de Processo Civil, numa certa interpretação[82]).

---

tava: o de que o artigo 9º, n.º 2, do Código de Processo Civil não reconhecia capacidade judiciária em todos os casos de atribuição de capacidade de exercício (mais precisamente, de capacidade para, voluntariamente, provocar efeitos jurídicos idênticos aos efeitos possíveis da acção). Seria o caso flagrante do menor de 10 anos que, podendo embora celebrar validamente um negócio jurídico próprio da sua vida corrente, que, estando ao alcance da sua capacidade natural, só implique uma despesa, ou uma disposição de um bem, de pequena importância (artigo 127º, n.º 1, alínea b), do Código Civil), não possui capacidade judiciária para a acção emergente desse negócio, por tal acção se situar fora do campo em atenção ao qual a capacidade foi concedida, que é o campo dos actos "próprios da vida corrente do menor, ... ao alcance da sua capacidade natural".

[80] *Idem*, pág. 106.

[81] Tratava-se de pressuposto um pouco simplista, dado que o artigo 9º, n.º 2, do Código de Processo Civil, apenas se limita a estabelecer uma correspondência entre a capacidade judiciária e a capacidade de exercício, capacidade de exercício essa que, por vezes, o menor possui.

[82] Para A. Lopes-Cardoso (*Manual...*, pág. 57), a aplicação subsidiária do disposto no artigo 9º do Código de Processo Civil implicaria a atribuição aos menores de capacidade judiciária passiva numa acção laboral, pelo que tal capacidade deve ser-lhes reconhecida. Mas não parece que seja esse o sentido do artigo 2º do CPT/99: se da aplicação subsidiária do Código de Processo Civil já resultasse a capacidade judiciária dos menores numa acção laboral, não se compreenderia a expressa atribuição, no CPT, de capacidade judiciária activa aos menores com mais de 16 anos.

428   *Estudos do Instituto de Direito do Trabalho*

E, em moldes idênticos aos do Código anterior, o artigo 2º, n.º 2, do CPT/99 estabelece a representação do menor que ainda não tenha completado 16 anos pelo Ministério Público, quando o seu representante legal não acautele judicialmente os seus interesses. Apesar de a letra do preceito abranger tanto a capacidade judiciária activa como a passiva, conclui-se, pela leitura da epígrafe do artigo 2º, que apenas está em causa a activa.

Tal representação pelo Ministério Público cessa — acrescenta o n.º 3 — se o menor perfizer os 16 anos na pendência da causa e requerer a sua intervenção directa na acção (como autor, presume-se, mais uma vez pela leitura da epígrafe do artigo).

É caso para perguntar se este regime de representação pelo Ministério Público se justifica. Não só pela anómala preterição do legal representante (os pais, em regra) que significa[83], como também pela inexistência de idêntica representação se o menor for réu (neste caso, parece apenas valer a regra geral do artigo 15º do Código de Processo Civil).

4.5. *Competência*

Uma das manifestações da procura da igualdade real das partes encontra-se no regime da competência dos tribunais do trabalho.

O artigo 11º do CPT/81 estabelecia, em matéria de competência internacional, que os tribunais do trabalho portugueses eram competentes para as acções que pudessem ser propostas em Portugal, segundo as regras de competência territorial estabelecidas no próprio Código, sem prejuízo do disposto no artigo 65º-A do Código de Processo Civil (preceito que previa a competência exclusiva dos tribunais portugueses para, nomeadamente, as acções referentes às relações de trabalho) *ou de ser português um trabalhador, se o contrato tiver sido celebrado em território português*[84]. Em matéria de competência territorial dos tribunais do trabalho, merece realce que, constituindo embora regra geral a do domicílio do réu

---

[83] Contra esta preterição do legal representante do menor se insurgia A. da Palma Carlos ("As partes...", pág. 108).

[84] Segundo P. Romano Martinez (*Direito*..., pág. 244), o artigo 11º do CTP de 1981 estabelecia uma excepção ao princípio de que os tribunais do trabalho portugueses são competentes em moldes idênticos aos dos restantes tribunais, "ao admitir a competência daqueles para conhecer das acções em que o trabalhador seja português tendo o contrato sido celebrado em Portugal, mesmo que a actividade seja exercida em país estrangeiro. Esta regra terá sido estabelecida para defesa dos trabalhadores portugueses. É de notar que o disposto na alínea c) do art. 65º-A CPC, por demasiado amplo, teria pouco sentido não fora a norma interpretativa e limitadora do art. 11º CPT.". De salientar ainda que as

Princípios gerais do Processo do Trabalho 429

(artigo 14º do CPT/81), o artigo 15º, n.º 1 permitia ao trabalhador propor, no tribunal do lugar da prestação de trabalho ou no do seu domicílio, uma acção emergente de contrato de trabalho contra a entidade patronal, e o artigo 16º, n.º 1 determinava que as acções emergentes de acidentes de trabalho e de doença profissional fossem propostas no tribunal do lugar onde o acidente ocorreu ou onde o doente trabalhou pela última vez em serviço susceptível de originar a doença[85]. O artigo 19º, por seu turno, dispunha que eram nulos os pactos ou cláusulas através dos quais se afastassem as regras legais de competência territorial dos tribunais do trabalho.

O artigo 10º do CPT/99, relativo à competência internacional dos tribunais do trabalho — e a articular com os artigos 5.º, n.º 1) e 17.º, § 5.º, das Convenções de Bruxelas e de Lugano, bem como com os artigos 18.º a 21.º do Regulamento (CE) n.º 44/2001, de 22 de Dezembro de 2000, em vigor desde 1 de Março de 2002 —, deixou de atribuir-lhes essa competência para as acções em que seja português um trabalhador, tendo o contrato sido celebrado em território nacional (veja-se o anterior artigo 11º). De qualquer modo, tendo embora deixado de relevar a circunstância da nacionalidade do trabalhador, a competência internacional é reconhecida quando tenham sido praticados em território português, no todo ou em parte, os factos que integram a causa de pedir na acção: isto significa que a celebração do contrato de trabalho em Portugal, seja qual for a nacionalidade do trabalhador, poderá muitas vezes relevar para a atribuição de competência internacional aos tribunais portugueses para uma acção laboral. Parece que com esta nova regra de atribuição de competência ainda se pretende proteger o trabalhador (nacional ou não), mas nada impede que ela também funcione numa acção proposta pela entidade patronal.

Com algumas alterações de pormenor, o artigo 14º do CPT/99 reproduz o anterior artigo 15º. Assim, continua a possibilitar-se ao trabalhador propor, no tribunal do lugar da prestação de trabalho ou no do seu domicílio, a acção emergente do contrato de trabalho contra a entidade patronal, sem prejuízo da regra do artigo 13º, que é a do domicílio do réu. É ainda a protecção do trabalhador que se visa. O mesmo se diga, aliás, do artigo 15º do CPT/99, que regula a competência territorial para as acções emergentes de acidentes de trabalho ou de doença profissional.

---

normas sobre competência internacional constantes do CPT/81 e do Código de Processo Civil deviam aer articuladas com as das convenções de Bruxelas e de Lugano (artigos 5.º, n.º 1) e 17.º, § 5.º), que entraram em vigor em Portugal em 1992.

[85] Estas regras, como assinala P. Romano Martinez (*Direito*..., pág. 243), foram estabelecidas para facilitar ao trabalhador a propositura da acção.

430   *Estudos do Instituto de Direito do Trabalho*

Continua, tal como no anterior Código, a proibir-se o afastamento, por pacto ou cláusula, das regras legais relativas à competência territorial (artigo 19º do CPT/99): em matéria de pactos privativos de jurisdição continua, aliás, a estabelecer-se proibição semelhante (artigo 11º), embora mais atenuada do que a que resultava do artigo 12º do CPT/81.

4.6. *Poderes do juiz*

Relativamente aos poderes do juiz (que espelham uma outra vertente do princípio da justiça completa), o artigo 27º do CPT/99 introduziu algumas alterações ao correspondente artigo 29º do CPT/81.

O artigo 29º do CPT/81 atribuía ao juiz mais poderes no sentido do *suprimento da falta de pressupostos processuais susceptível de sanação e de completamento e correcção dos articulados* do que aqueles que resultavam do artigo 266º do Código de Processo Civil (na redacção anterior à reforma de 1995-96), ou mesmo dos artigos 265º, n.º 2, e 508º deste Código (na redacção posterior à reforma de 1995-96). Assim, por exemplo, o juiz *devia* mandar intervir na acção qualquer pessoa cuja intervenção julgasse necessária para assegurar a legitimidade das partes, dever não contemplado nos artigos 269º e (depois da reforma de 1995-96) 265º, n.º 2, parte final, do Código de Processo Civil.

Com o CPT/99, passa-se a prever expressamente (veja-se o já referido artigo 27º) o genérico dever do juiz de providenciar pelo *suprimento da falta de pressupostos processuais susceptível de sanação* (o que é uma repetição inútil do que se dispõe no n.º 2 do artigo 265º do Código de Processo Civil), concretizado, nomeadamente, na possibilidade de proferimento de um despacho pré-saneador (artigo 61º do CPT/99). Mantém-se também o dever do juiz de "mandar intervir na acção qualquer pessoa", embora não se faça referência à circunstância de tal intervenção se destinar a assegurar a legitimidade das partes: de qualquer forma, parece ser de entender que tal é o sentido do preceito, que assim estabelece um regime especial relativamente ao estabelecido no artigo 265º, n.º 2, parte final, do Código de Processo Civil.

De igual modo, mantém-se o dever de *convite ao completamento e correcção dos articulados*, em moldes que parecem mais amplos do que os estabelecidos no artigo 508º do Código de Processo Civil, já que o dever do juiz subsiste até à audiência de discussão e julgamento e, além disso, pode ser exercido logo após o recebimento da petição inicial (artigo 54º, n.º 1, do CPT/99; cfr. também o artigo 61º).

Princípios gerais do Processo do Trabalho 431

Diversos destes deveres de suprimento da falta de pressupostos processuais e de convite ao aperfeiçoamento dos articulados são os *deveres de determinar a realização de diligências probatórias e de investigar factos*.

Quanto a este aspecto, cabe salientar que o artigo 35°, n.° 3, do CPT/63 atribuía ao juiz poderes inquisitórios mais amplos do que os consagrados no Código de Processo Civil, em prol da verdade material. Segundo esse artigo, o juiz tinha o poder e o dever de realizar ou ordenar oficiosamente as diligências que considerasse necessárias para o apuramento da verdade e para a realização da justiça quanto aos factos de que lhe era lícito conhecer. Como refere Mário Torres, tal preceito não era inútil face ao disposto no n.° 3 do artigo 264° do Código de Processo Civil, dado que aqui se previa um mero poder do juiz e não um poder-dever[86].

O CPT/81, porém, não reproduziu a norma do artigo 35°, n.° 3, do CPT/63. O CPT/99 também não a reproduziu. Por isso, e no que diz respeito aos poderes inquisitórios do juiz, o processo civil laboral actual orienta-se pelo disposto nos artigos 264° e 265°, n.° 3, do Código de Processo Civil (a isso não parecendo obstar a consagração de normas como as dos n.°s 1 e 2 do artigo 72° do CPT/99 que, ao permitirem ao tribunal, aquando da produção da prova na audiência de discussão e julgamento, inserir na base instrutória factos não articulados, ou, não a havendo, tomar tais factos em consideração na decisão da matéria de facto, tornam duvidosa a aplicabilidade do regime geral do Código de Processo Civil).

4.7. *Modificações subjectivas da instância*

O artigo 29° do CPT/99 continua a proibir (à semelhança do artigo 32° do anterior Código) a modificação da instância por sucessão entre vivos da parte trabalhadora.

4.8. *Reconvenção*

A reconvenção — figura tradicionalmente tributária do princípio da economia processual — é permitida, em processo laboral, em moldes mais apertados do que em processo civil (veja-se o artigo 30° do CPT/99, cor-

---

[86] M. Torres, "Algumas questões...", pág. 55, nota 15.

432   *Estudos do Instituto de Direito do Trabalho*

respondente ao artigo 33º do CPT/81, e o artigo 274º do Código de Processo Civil).

Verifica-se portanto, no domínio da reconvenção, uma menor preocupação do processo laboral com a justiça célere. Com efeito, ainda que o processo no qual a reconvenção podia ser deduzida nos termos gerais do artigo 274º do Código de Processo Civil seja, sob o ponto de vista dos interesses imediatos do autor, mais célere do que um correspondente processo civil comum (dado que a inadmissibilidade da reconvenção conduzirá a menores delongas), a verdade é que como o réu terá de instaurar um novo processo para formular o correspondente pedido, tal inadmissibilidade da reconvenção acabará por causar às partes um acréscimo de actividade processual.

Tal menor celeridade justifica-se, todavia, em homenagem ao princípio da justiça completa (na sua modalidade da igualdade real das partes), que é o que verdadeiramente aflora no regime da reconvenção. Quis-se com esse regime evitar que, proposta uma acção pelo trabalhador, a entidade patronal formule uma reconvenção para o pressionar[87].

Todavia, e tal como sucede em numerosas disposições do CPT, um regime inicialmente pensado para proteger o trabalhador pode servir também os interesses da entidade patronal. Efectivamente, nada na letra do artigo 30º do CPT/99 impede que as restrições à reconvenção funcionem numa acção proposta pela entidade patronal contra o trabalhador.

4.9. *Prova testemunhal*

O princípio da justiça completa, que postula a procura da verdade material, pressupõe igualmente, como assinala MÁRIO TORRES, um regime maleável de apresentação da prova, nomeadamente através da possibilidade de alteração do rol de testemunhas: mas embora o artigo 64º do CPT/79 o tenha previsto, o CPT/81 não o consagrou, como se verifica pela análise do seu artigo 60º[88]. Quanto a este aspecto, o CPT/99 inovou em relação aos citados Códigos (veja-se o actual artigo 63º, n.º 2), mas não em relação ao Código de Processo Civil (que também permite a alteração do rol de testemunhas, no seu artigo 512º-A).

A garantia da igualdade das partes, como observava o mesmo autor, impõe, em relação às testemunhas do autor, que estas sejam notificadas

---

[87] Sobre os requisitos de admissibilidade da reconvenção, veja-se A. Lopes-Cardoso, *Manual...*, págs. 166 e seguintes.

[88] *Idem*, pág. 49.

Princípios gerais do Processo do Trabalho 433

pelo tribunal e que lhes seja concedida eficaz segurança no emprego[89]. O artigo 67°, n.° 4, do CPT/99 assegura de algum modo este objectivo, ao prever a possibilidade de o juiz ordenar a notificação das testemunhas que se recusem a comparecer, bem como daquelas cuja apresentação se revele difícil, atento o seu estado de dependência económica em relação a qualquer das partes.

Restrição que parece injustificada em matéria de oferecimento da prova é a que consta do artigo 35° do CPT/99 (parcialmente correspondente ao artigo 39° do CPT/81): no procedimento cautelar de suspensão de despedimento individual (e colectivo: veja-se o artigo 43°), só é permitido às partes apresentar prova documental; o tribunal, ao invés, pode oficiosamente determinar a produção de outras provas que considere indispensáveis à decisão[90].

4.10. *Registo da prova*

O duplo grau de jurisdição em matéria de facto e o registo da prova, que podem ser considerados uma imposição da justiça completa, não se encontravam previstos no CPT/63 e no de 1981. O CPT/99 consagra agora o registo da prova no seu artigo 68°, n.° 2: mas não se trata de uma especialidade em relação ao Código de Processo Civil (cfr., nomeadamente, os seus artigos 522°-B e 522°-C).

4.11. *Comparência das partes em julgamento*

O artigo 71° do CPT/99 regula as consequências da não comparência das partes em julgamento, no processo declarativo comum[91]. Aí se determina que "se alguma das partes faltar injustificadamente e não se fizer representar por mandatário judicial, consideram-se provados os factos alegados pela outra parte que forem pessoais do faltoso" (n.° 2), bem como que "se ambas as partes faltarem injustificadamente e não se fizerem representar por mandatário judicial, consideram-se provados os factos alegados pelo autor que forem pessoais do réu" (n.° 3).

---

[89] *Idem*, pág. 50.

[90] Criticamente, Abílio Neto (*Código...*, pág. 61).

[91] A falta de comparência pessoal das partes na audiência final do procedimento cautelar de suspensão de despedimento individual (que constitui seu dever: cfr. artigo 36°, n.° 1, do CPT/99) importa as cominações previstas no artigo 37° do mesmo Código.

Portanto, e contrariamente ao que sucedia no CPT/81, no âmbito do processo sumário (artigo 89º), a parte que apenas se faça representar por mandatário judicial não vê dados como provados certos factos alegados pela parte contrária, somente sofrendo eventuais desvantagens ao nível da subsequente produção de prova (cfr. n.º 4 do artigo 71º do CPT/99).

Este abrandamento, comparativamente ao CPT/81, das cominações, é certamente importante sob o ponto de vista da verdade material em processo do trabalho. Todavia, como o Código de Processo Civil não conhece tais cominações para a falta de comparência das partes em julgamento, o regime do artigo 71º do CPT/99 não é aparentemente expressivo do princípio da justiça completa em processo laboral.

Só num aspecto o regime do artigo 71º do CPT/99 se prende com o princípio da justiça completa: o de permitir ao juiz mais facilmente obter esclarecimentos e informações das partes, já que estas são de algum modo compelidas a comparecer pessoalmente, atenta a eventual desvantagem decorrente do disposto no n.º 4 do preceito.

Este objectivo — permitir ao juiz obter esses esclarecimentos e informações — estava também presente no regime do artigo 89º do CPT/81. Como assinalava MARIA DOS PRAZERES BELEZA, a necessidade de comparência pessoal do autor e do réu em julgamento no processo sumário de declaração (artigo 89º, n.º 1, do CPT/81) não se destinava a viabilizar a conciliação das partes, "uma vez que da conjugação do n.º 5 com os n.ºs 2 e 3 do art. 89º do Código de Processo do Trabalho resulta claramente, por um lado, que é possível a conciliação através dos mandatários, desde que munidos dos necessários poderes, na ausência dos seus constituintes; e, por outro, que a presença destes mandatários, mesmo que especialmente autorizados a confessar, desistir ou transigir, não impede o funcionamento da cominação prevista na parte final dos n.ºs 2 e 3, desde que não haja conciliação, naturalmente. O verdadeiro fundamento desta exigência legal não pode deixar de ser, tal como é afirmado por *Alberto dos Reis* para o processo civil sumaríssimo, a vantagem de o juiz poder pedir às partes os esclarecimentos e a colaboração que entender necessários à boa decisão da causa, no uso dos seus poderes instrutórios (artigos 28º, n.º 1, do Cód. Proc. Trabalho, e 264º, n.º 3, 265º e 519º, do Cód. Proc. Civil), sendo um elemento probatório a tomar em conta não só uma atitude positiva mas também a sua recusa, nos termos do n.º 2 do art. 519º do Código de Processo Civil."[92-93-94].

---

[92] Maria dos Prazeres Beleza, "Processo sumário...", págs. 51-52.

[93] P. Romano Martinez (*Direito*..., págs. 251-252) criticava a exigência de com-

4.12. Condenação *extra vel ultra petitum*

A possibilidade de condenação *extra vel ultra petitum* que, como se viu, constituía uma peculiaridade do CPT/63[95], continua consagrada no artigo 74º do CPT/99, constando também do artigo 69º do CPT/81.

O Tribunal Constitucional teve a possibilidade de apreciar a eventual contrariedade da norma em causa ao princípio da igualdade, no seu acórdão n.º 644/94, de 13 de Dezembro, acabando por entender que tal contrariedade não se verificava. Lê-se, nomeadamente, no texto deste acórdão: "(...) a condenação *extra vel ultra petitum* pode afectar ou beneficiar qualquer das partes independentemente do seu posicionamento na escala social, da sua dimensão económico-financeira ou da sua natureza de ente individual ou colectivo. E a ser assim, não poderá sequer falar-se em diferenciação de tratamento legislativo na medida em que a estatuição em causa comporta uma aplicação bi-direccional. (...) independentemente da questão de saber se as razões históricas e sociais que terão estado na base da diferença dos regimes jurídicos instituídos no direito processual civil e no direito processual do trabalho em matéria de limites da condenação, constituiriam fundamento material bastante para a existência de uma disciplina que, no âmbito do direito laboral, em todas as circunstâncias, discriminasse positivamente os trabalhadores — questão que não importa

---

parência pessoal das partes, que implica nomeadamente a disponibilização de um administrador para cada ida a tribunal, quando a ré seja pessoa colectiva.

[94] A conformidade constitucional da norma do n.º 3 do artigo 89º do CPT/81 — nos termos da qual o réu que faltasse ao julgamento, não justificasse a falta e não se fizesse representar por mandatário judicial seria condenado no pedido, salvo se provasse por documento suficiente que a obrigação não existia — foi apreciada em diversos arestos do Tribunal Constitucional. No acórdão n.º 264/94, de 23 de Março, considerou-se que tal norma (em conjugação com a do n.º 2 do artigo 65º do mesmo Código) não violava o disposto no artigo 20º da Constituição. No acórdão n.º 223/95, de 26 de Abril, decidiu-se em idêntico sentido, sublinhando-se ainda, relativamente à eventual violação do princípio da igualdade de armas, que "se (...) é razoável presumir que o réu — que foi devidamente notificado para a audiência, falta e não justifica a falta, nem se faz representar por mandatário judicial — *confessa* o pedido formulado pelo autor, já não poderá dizer-se que seja razoável presumir que o autor — que falta em iguais condições — esteja a *confessar a sem razão* do pedido que formulou. (...) Seja como for, se uma tal desigualdade de tratamento for constitucionalmente ilegítima — o que só por comodidade de raciocínio se admite —, sempre ela será de assacar ao n.º 2 do artigo 89º do Código de Processo do Trabalho e não ao n.º 3 (...)". Semelhante doutrina foi também perfilhada no acórdão do Tribunal Constitucional n.º 1193/96, de 20 de Novembro, adiantando-se ainda que tal norma não afrontava o princípio do contraditório ou o da defesa.

[95] *Supra*, III, 4.

436   *Estudos do Instituto de Direito do Trabalho*

resolver — sempre terá de se concluir (...) que a estatuição contida na norma do artigo 69° do Código de Processo do Trabalho por não conter, em abstracto, uma diferenciação de tratamento entre trabalhadores e entidades patronais, não convoca directa e necessariamente um controlo constitucional centrado no princípio da igualdade.". E no acórdão n.° 605/95, de 8 de Novembro, considerou-se tal norma não inconstitucional, desde que interpretada no sentido de a condenação em referência estar condicionada à prévia audição dos interessados.

A partir do momento em que se reconhece que a norma que prevê a condenação *extra vel ultra petitum* funciona tanto em benefício de um trabalhador como de uma entidade patronal, não pode ver-se no artigo 74° do CPT/99 uma manifestação do princípio da igualdade real das partes, entendido como um princípio de correcção da fraqueza económica e social da parte trabalhadora, tal como o concebia RAUL VENTURA[96]. Tal preceito parece antes relacionar-se com a ideia da irrenunciabilidade de certos direitos[97] (do trabalhador ou da entidade patronal, embora neste último caso tais direitos pareçam ser mais difíceis de identificar), sendo portanto expressão — embora particularmente vigorosa, já que o Código de Processo Civil não atribui tal poder ao juiz — de um princípio geral do processo civil: o da submissão aos limites substantivos, de que falava CASTRO MENDES[98].

4.13. *Recursos*

No CPT/81, atribuía-se às acções em que estivesse em causa o despedimento do trabalhador, a sua reintegração na empresa ou a validade do contrato de trabalho um valor nunca inferior ao da alçada dos tribunais de 1ª instância e mais 1$00 (artigo 47°, n.° 3) — o que possibilitava sempre o recurso para a Relação das decisões proferidas em 1ª instância nos correspondentes processos[99] —, inexistindo ainda alçada nos processos emer-

---

[96] R. Ventura, "Princípios...", pág. 38.

[97] À existência de direitos irrenunciáveis se refere, por exemplo, o artigo 90°, n.° s 4 e 6, do CPT/99, que determina, quanto a eles, o carácter oficioso da execução.

[98] J. de Castro Mendes, *Direito*..., 1° vol., págs. 206 e seguintes.

[99] A conformidade constitucional da norma do n.° 3 do artigo 47° do CPT/81 — na medida em que dela não decorria sempre o direito de recurso para o Supremo Tribunal de Justiça — foi apreciada no acórdão do Tribunal Constitucional n.° 155/92, de 23 de Abril, tendo-se nele concluído, nomeadamente, no sentido da não violação do disposto nos artigos 13° e 20°, n.° 1, da Constituição. Um resumo deste acórdão pode encontrar-se em M. Torres ("Questões processuais...", pág. 18).

Princípios gerais do Processo do Trabalho 437

gentes de doenças profissionais e nos processos do contencioso das instituições de previdência, abono de família e organismos sindicais (artigo
74°, n.° 5), o que permitia sempre o recurso para o Supremo Tribunal de
Justiça[100].

O CPT/99, no artigo 79°, continua a prever várias acções em que se
admite sempre recurso para a Relação, independentemente do valor da
causa e da sucumbência[101]. Contudo, como tal regra funciona tanto a favor
do trabalhador como da entidade patronal, não pode nela ver-se uma
expressão clara do princípio da igualdade real.

4.14. *Acção executiva*

Particularidade da acção executiva laboral fundada em sentença de
condenação em quantia certa é a que consta do n.° 1 do artigo 89° do
CPT/99: a secretaria, verificados certos requisitos mas sem precedência de
despacho, notifica o credor para nomear à penhora bens do devedor
necessários para solver a dívida e as custas. Regra semelhante constava do
artigo 92°, n.° 1, do CPT/81[102]. Apesar de, com tal regime, se favorecer o
credor e este ser, normalmente, um trabalhador, nada impede que se
favoreça a entidade patronal, se esta for a credora. Como tal, trata-se de
mais uma regra que terá sido desenhada por imperativo do princípio da
igualdade real das partes, mas que objectivamente pode funcionar a favor
da entidade patronal.

De qualquer modo, a execução só se considera iniciada com a
nomeação de bens à penhora ou com o requerimento do credor previsto no

---

[100] A regra geral em matéria de admissibilidade de recursos era, porém, a de que "só
admitem recurso as decisões proferidas nas causas de valor superior à alçada do tribunal
de que se recorre e naquelas para as quais a lei determina expressamente não haver
alçada" (artigo 74°, n.° 4, do CPT/81). O Tribunal Constitucional já entendeu que este
preceito, ao condicionar o recurso das decisões judiciais, em matéria laboral, ao valor da
causa, não violava o direito de acesso aos tribunais consagrado no artigo 20°, n.° 1, da
Constituição (cfr. acórdãos do Tribunal Constitucional n.° s 211/93, de 16 de Março, e
475/94, de 28 de Junho).

[101] A aplicabilidade, no foro laboral, da regra da sucumbência, não era pacífica na
vigência do CPT/81. Cruz de Carvalho ("Nota"...) considerava tal aplicabilidade inaceitável "jure constituto"; "de jure condendo", considerava-a discutível, dada a vertente
publicística do direito laboral e a marcada relevância social do processo laboral.

[102] A propósito desta regra, P. Romano Martinez (*Direito*..., pág. 262) observava
que "por um motivo de defesa do trabalhador, admitiu-se que a iniciativa para desencadear
o processo executivo pode ser, não das próprias partes, mas da secretaria do tribunal".

n.º 2 do artigo 90º do CPT/99 (artigo 89º, n.º 2, deste Código, correspondente ao n.º 2 do artigo 92º do CPT/81).

V — CONCLUSÕES

O CPT/99 consagra, como se verificou, várias disposições que visam tornar mais célere o processo civil laboral relativamente ao processo civil comum.

Porém, e por vezes devido à falta de articulação entre as várias reformas da legislação processual que recentemente têm ocorrido, encontra-se no CPT/99 outras disposições que tornam o regime nele instituído paradoxalmente menos célere que o regime do Código de Processo Civil: é o caso das que se referem às cartas precatórias para inquirição de testemunhas ou à intervenção do tribunal colectivo no julgamento da matéria de facto em processo declarativo comum.

Portanto, e no que diz respeito ao princípio da justiça célere, pode dizer-se que a sua consagração no processo civil laboral é mais evidente do que no processo civil comum, não chegando porém a ser tão evidente como na vigência do CPT/63 ou do CPT/81 (antes da reforma do Código de Processo Civil de 1995-96).

Chegará esta observação para concluir que no processo do trabalho vigora o princípio da justiça célere? Pode aceitar-se que sim, se bem que tal vigência dificilmente individualizará o processo do trabalho relativamente ao processo civil comum. Assim, por exemplo, do princípio da justiça célere próprio do processo laboral poderá retirar-se alguma solução para um caso omisso que se não pudesse retirar do princípio da justiça célere próprio do processo comum (cfr. artigo 1º, n.º 2, alíneas d) e e) do CPT/99)? É muito duvidoso que se possa.

No que à justiça pacificadora se refere, permanece no CPT/99, como se viu, a preferência pela composição voluntária da acção. As disposições relacionadas com a tentativa de conciliação das partes são efectivamente mais impressivas do que no Código de Processo Civil, apesar de a este não ser indiferente tal preocupação.

Contudo, a supressão da exigência de cumulação inicial de pedidos — uma das duas notas distintivas do CPT/63 — atenuou fortemente o princípio da justiça pacificadora.

Assim sendo, pode dizer-se que no processo civil laboral da actualidade apenas se regista uma "hipervalorização do acto conciliatório", característica que, como já RAUL VENTURA reconhecia, não chega para atribuir

Princípios gerais do Processo do Trabalho 439

ao processo de trabalho uma diferença de natureza, dado que esse processo não é nem pode ser um processo de conciliação[103]. Em suma, não pode sustentar-se hoje a vigência do princípio da justiça pacificadora.

Quanto ao princípio da justiça completa, a dificuldade em aceitá-lo como princípio característico do processo civil laboral decorre logo da circunstância de o Código de Processo Civil, no seu artigo 3°-A, introduzido com a reforma de 1995-96, determinar que o tribunal deve assegurar, ao longo de todo o processo, um estatuto de igualdade substancial das partes. Assim sendo, os vários preceitos do CPT/99 que visam assegurar uma das vertentes do princípio da justiça completa — justamente, a igualdade real das partes —, como sejam o patrocínio oficioso do trabalhador pelo Ministério Público, ou a electividade do foro territorialmente competente em certas acções propostas contra a entidade patronal, redundam em concretizações do artigo 3°-A do Código de Processo Civil. Dir-se-ia que, no campo da igualdade real das partes, o processo civil laboral prestou ensinamentos ao processo civil comum, e que este, apropriando-se deles, destruiu uma das características daquele.

E repare-se que a possibilidade de condenação *extra vel ultra petitum* — a segunda das notas distintivas do CPT/63 — não pode ser hoje vista como uma particular emanação do princípio da igualdade real das partes, já que a jurisprudência tem sublinhado que ela funciona tanto em favor do trabalhador como da entidade patronal. Com muitas outras normas, aliás, sucede o mesmo. Pensadas para o trabalhador, podem servir a entidade patronal, dado que a previsão dos preceitos processuais laborais nem sempre contém uma referência a um concreto sujeito.

A outra vertente do princípio da justiça completa, que se prende com os poderes do juiz de investigação de factos, de determinação de diligências probatórias, de suprimento da falta de pressupostos processuais e de correcção de deficiências dos articulados, não é também característica do processo civil laboral. A reforma do Código de Processo Civil de 1995-96 acentuou muito tais poderes, a ponto de no processo laboral actual só subsistirem algumas especialidades ao nível do momento do exercício de tais poderes e em sede de sanação da ilegitimidade das partes.

Em suma, os três princípios do direito processual do trabalho identificados em 1964 por RAUL VENTURA não podem hoje considerar-se princípios específicos deste ramo do direito. Há demasiados desvios à celeridade processual, por referência ao regime do processo civil comum,

---

[103] R. Ventura, "Princípios...", pág. 34.

440 Estudos do Instituto de Direito do Trabalho

para reconhecer o princípio da justiça célere como princípio do direito processual do trabalho; há procura da conciliação no direito processual do trabalho, mas não há processo de conciliação, nem muito menos processo de pacificação de pessoas; finalmente, há igualdade real e atribuição de poderes ao juiz, mas o processo civil comum também os reivindica.

As especialidades do processo civil laboral situam-se, pois, essencialmente, ao nível procedimental e não de princípios. Esta conclusão talvez possa servir, não para no futuro imediato revogar o Código de Processo do Trabalho e criar mais alguns processos especiais no Código de Processo Civil — medidas que, até pela brevidade da presente investigação e pela recente proliferação legislativa seria insensato propugnar —, mas para reflectir nas vantagens das reformas sectoriais da legislação processual, que não raro criam diferenciações pouco justificáveis ou inúteis repetições de sector para sector.

VI — REFERÊNCIAS BIBLIOGRÁFICAS E JURISPRUDENCIAIS

1. Bibliografia citada

ALMEIDA, L.P. Moitinho de, *Código de processo do trabalho anotado*, 4ª ed., Coimbra Editora, Coimbra, 1997.

BELEZA, Maria dos Prazeres Pizarro, "Processo sumário laboral: falta do réu a julgamento; factos pessoais; poderes do Supremo", Parecer, in *CJ*, Ano XIII — 1988, Tomo 3, págs. 50-57.

BOTELHO, Rui Manuel Pires Ferreira, "Intervenção acessória do Ministério Público em processo laboral", in *Revista do Ministério Público*, Ano 8º, n.º 31, Julho-Setembro 1987, págs. 105-111.

CARLOS, Adelino da Palma, "As partes no processo do trabalho", in *Curso de direito processual do trabalho*, suplemento da *RFDUL*, Lisboa, 1964, págs. 89-123.

CARVALHO, Cruz de, "Nota" (ao acórdão da Relação de Coimbra, de 2-4-92), in *Prontuário da legislação do trabalho*, Actualização n.º 41 de 16.09.92 a 31.12.92, realização e coordenação de Vítor Ribeiro, CEJ.

CORREIA, João, "O artigo 2º do C.P.T. e a capacidade judiciária activa dos menores", in *Prontuário da legislação do trabalho*, Actualização n.º 41 de 16.09.92 a 31.12.92, realização e coordenação de Vítor Ribeiro, CEJ.

GERALDES, António Santos Abrantes, *Temas da reforma do processo civil*, IV volume, (6 — Procedimentos cautelares especificados), Almedina, Coimbra, 2001.

LOPES-CARDOSO, Álvaro, *A confissão, desistência e transacção em processo civil e do trabalho*, Almedina, Coimbra, 1990.

LOPES-CARDOSO, Álvaro, *Citações e notificações em processo civil e do trabalho*, Almedina, Coimbra, 1987.

LOPES-CARDOSO, Álvaro, *Manual de processo do trabalho*, 3ª ed., Livraria Petrony, Lisboa, 2000.

LOPES-CARDOSO, Álvaro, *Código de Processo do Trabalho anotado*, Livraria Petrony, Lisboa, 2000.

MARTINEZ, Pedro Romano, *Direito do trabalho*, Volume II, Pedro Ferreira Editor, Lisboa, 1994/95.

MENDES, João de Castro, "Pedido e causa de pedir no processo do trabalho", in *Curso de direito processual do trabalho*, suplemento da *RFDUL*, Lisboa, 1964, págs. 125--137.

MENDES, João de Castro, "Tipos, espécies e formas de processo do trabalho: marcha do processo declarativo ordinário e sumário do trabalho", in *Curso de direito processual do trabalho*, suplemento da *RFDUL*, Lisboa, 1964, págs. 139-151.

MENDES, João de Castro, *Direito processual civil*, I e II Volumes, AAFDL, Lisboa, 1986-87.

MOREIRA, António José, *Código de processo do trabalho anotado*, Editora Justiça e Paz, Porto, 1987.

NETO, Abílio, *Código de processo do trabalho anotado*, 2ª ed., Ediforum, Lisboa, Setembro de 2000.

SILVA, José Maria Rodrigues da, *A aplicação do direito na jurisdição do trabalho (Doutrina e jurisprudência)*, Coimbra Editora, Coimbra, 1991.

SOUSA, Miguel Teixeira de, *Introdução ao processo civil*, Lex, Lisboa, 1993.

TORRES, Mário, "Algumas questões relativas ao processo do trabalho", in *Progresso do Direito*, n.º 1, Ano I, Dez 83, págs. 39-55.

TORRES, Mário, "Questões processuais laborais na jurisprudência do Tribunal Constitucional", in *Prontuário da legislação do trabalho*, Actualização n.º 40 de 01.05.92 a 15.09.92, realização e coordenação de Vítor Ribeiro, CEJ.

VENTURA, Raul, "Princípios gerais de direito processual do trabalho", in *Curso de direito processual do trabalho*, suplemento da *RFDUL*, Lisboa,1964, págs. 31-50.

2. Acórdãos do Tribunal Constitucional citados

— acórdão n.º 51/88, de 2 de Março (*DR* II, n.º 193, de 22 de Agosto de 1988): sobre o artigo 76º, n.º 1, do CPT/81;

— acórdão n.º 155/92, de 23 de Abril (*DR* II, n.º 202, de 2/9/1992, pág. 8158): sobre o artigo 47º, n.º 3, do CPT/81;

— acórdão n.º 190/92, de 21 de Maio (*DR* II, n.º 189, de 18/8/1992, pág. 7679): sobre o artigo 8º do CPT/81;

— acórdão n.º 211/93, de 16 de Março (*DR* II, n.º 124, de 28/5/1993, pág. 5612): sobre o artigo 74º, n.º 4, do CPT/81;

— acórdão n.º 266/93, de 30 de Março (*DR* II, n.º 186, de 10/8/1993, pág. 8439): sobre a história do processo do trabalho e o artigo 76º, n.º 1, do CPT/81;

— acórdão n.º 264/94, de 23 de Março (*DR* II, n.º 165, de 19/7/1994, pág. 7237): sobre o artigo 89º, n.º 3, do CPT/81;

— acórdão n.º 475/94, de 28 de Junho (*DR* II, n.º 258, de 8/11/1994, pág. 11272): sobre o artigo 74º, n.º 4, do CPT/81;

— acórdão n.º 644/94, de 13 de Dezembro (*DR* II, n.º 27, de 1/2/1995, pág. 1285): sobre o artigo 69º do CPT/81;

— acórdão n.º 223/95, de 26 de Abril (*DR* II, n.º 146, de 27/6/1995, pág. 7090): sobre o artigo 89º, n.º 3, do CPT/81;

442 — Estudos do Instituto de Direito do Trabalho

— acórdão n.º 605/95, de 8 de Novembro (*DR* II, n.º 64, de 15/3/1996, pág. 3547): sobre o artigo 69º do CPT/81;

— acórdão n.º 1193/96, de 20 de Novembro (Proc. n.º 496/96): sobre o artigo 89º, n.º 3, do CPT/81;

— acórdão n.º 659/98, de 18 de Novembro (Proc. n.º 39/97): sobre o artigo 76º, n.º 1, do CPT/81;

— acórdão n.º 313/2000, de 20 de Junho (Proc. n.º 36/00): sobre o artigo 76º, n.º 1, do CPT/81.

— acórdão n.º 403/2000, de 27 de Setembro (*DR* II, n.º 286, de 13/12/2000, pág. 19953): sobre o artigo 72º, n.º 1, do CPT/81;

— acórdão n.º 537/2000, de 12 de Dezembro (Proc. n.º 433/00): sobre o artigo 76º, n.º 1, do CPT/81;

— acórdão n.º 330/2001, de 10 de Julho (DR II, n.º 237, de 12/10/2001, pág. 17038): sobre o artigo 55.º do CPT/99.

A TRAMITAÇÃO DO PROCESSO DECLARATIVO COMUM NO CÓDIGO DO PROCESSO DO TRABALHO[1]

PEDRO MADEIRA DE BRITO
Mestre em Direito
Assistente da Faculdade de Direito de Lisboa

1. As formas de processo no Código de processo de Trabalho: em especial o processo declarativo comum

I — As formas de processo no Código de Processo de Trabalho (CPT)[2] estão anunciadas no seu artigo 48.º O n.º 1 desse artigo determina que o processo é declarativo ou executivo[3]. Por sua vez, no que concerne às formas de processo, o n.º 2 do mesmo artigo afirma que o processo declarativo pode ser comum ou especial[4]. E o n.º 3 especifica que o processo especial se aplica aos casos expressamente previstos na lei,

---

[1] O presente texto constitui parte da aula dada a 6 de Junho de 2001 no II Curso de Pós-graduação em Direito do Trabalho, organizada pelo Instituto de Direito do Trabalho da Faculdade de Direito de Lisboa.

[2] Os artigos sem indicação do diploma reportam-se ao Código de Processo do Trabalho, aprovado pelo Decreto-lei nº 480/99, de 9 de Novembro. Este diploma foi precedido de uma autorização legislativa concedida pela Lei nº 42/99, de 9 de Junho.

[3] No dizer de Castro Mendes, trata-se das espécies de processo, ("Tipos, espécies e formas de processo do trabalho", in *Curso de Direito Processual do Trabalho,* suplemento da RFDUL, Lisboa 1964, p. 139-140.

[4] Esta arrumação não coincide com a realizada no Código Processo Civil, porquanto neste Código existe uma tipologia das acções no artigo 4º que tem subjacente como critério de distinção o pedido formulado pelo autor. A sequência processual que cada um dos pedidos deve seguir resulta do artigo 460º do CPC. Como nota Castro Mendes, *Tipos* ... cit., p. 140 as formas de processo são privativas do processo comum declarativo. Trata-se da arrumação em tipos, espécies e formas de processo do processo de trabalho que se afasta da sistemática do processo civil comum.

444   *Estudos do Instituto de Direito do Trabalho*

enquanto o processo comum é aplicável aos casos a que não corresponda processo especial[5].

No que diz respeito ao processo executivo laboral, apesar de se autonomizarem várias sequências de actos, quer em função do título executivo, quer em função do tipo da prestação emergente do título (cfr. artigos 89º e 97º), a tramitação processual não se classifica em processo comum e especial, como acontece no Código do Processo Civil (CPC). Portanto, a distinção entre processo comum e especial apenas se aplica ao processo declarativo[6].

O processo declarativo comum laboral, na opção do legislador do CPT de 1999, apenas reveste uma só forma de processo, contrariamente ao CPC, que mantém a tradicional dicotomia entre processo comum ordinário, sumário e sumaríssimo[7]. Esta opção explica-se pelo reforço dos poderes de adequação formal do juiz laboral, prefigurando-se uma transição no processo civil do regime rígido da legalidade das formas de processo para o da liberdade de forma, ou — para quem entenda como um exagero falar-se de liberdade de forma — uma flexibilização da sequência de actos.

O processo declarativo comum é subsidiário, i.e., só é aplicável quando não exista um processo especial. Prevê-se uma tramitação especial em três casos: para os processos emergentes de direitos resultantes de acidente de trabalho e de doença profissional, para o processo de impugnação de despedimento colectivo e para o contencioso das instituições de providência, abono de família e associações sindicais. No âmbito de cada um dos processos especiais existem ainda várias tramitações autónomas a que correspondem processos especialíssimos[8], pois tratam-se de sequências processuais aplicáveis a determinadas pretensões que se inserem no âmbito dos processos especiais.

---

[5] A definição do âmbito de aplicação do processo comum e especial é idêntica ao artigo 460º do Código de Processo Civil.

[6] Contrariamente, no Código de Processo Civil mantém-se na acção executiva a distinção entre processo comum e especial, embora sejam poucos os processos especiais. Vr. Sobre as formas de processo especial da acção executiva, Miguel Teixeira de Sousa, *A acção executiva singular*, Lex, Lisboa, p.18 e ss.

[7] No domínio do CPT de 1981, existiam duas formas de processo declarativo comum: o processo ordinário e o sumário. No âmbito do Código de Processo do Trabalho aprovado pelo Decreto-Lei n.º 45 497, de 30 de Dezembro de 1963, existiam três formas de processo declarativo comum, à semelhança do previsto no CPC.

[8] Sobre esta classificação, vr. Alberto dos Reis, *Processos Especiais*, Coimbra Editora, Coimbra, 1982, Vol I., Reimpressão, pp. 3 e ss.

A Tramitação do Processo Declarativo Comum no Código... 445

II — A tramitação aplicável à forma única de processo declarativo comum é determinada de acordo com o disposto no artigo 49° do CPT. Segundo o n.° 1 desta disposição, o processo declarativo comum segue a tramitação estabelecida nos artigos 54.° e seguintes. O n.° 2 acrescenta que, nos casos omissos e sem prejuízo do disposto no artigo 1.°, se aplica subsidiariamente as disposições do CPC sobre o processo sumário.

Todavia, o legislador não se limitou a delimitar formalmente a tramitação processual (remissão para as disposições que regulam a tramitação processual) e introduziu uma disposição de ordem material com o sentido de o juiz poder abster-se de fixar a base instrutória, sempre que a selecção da matéria de facto controvertida se revestir de simplicidade (n.° 3 do artigo 49°).

Existe assim uma tramitação específica para o processo declarativo comum (artigo 54° a 78°), devendo acrescer a disposição dos n.°s 2 e 3 do artigo 49° que institui uma tramitação alternativa e uma hierarquia de remissão para os casos omissos.

III — A forma de resolução dos casos omissos proposta no n.° 2 do artigo 49° necessita de esclarecimentos complementares. Os casos omissos são resolvidos com recurso ao disposto para o processo declarativo sumário do CPC. Todavia, o legislador através da expressão "sem prejuízo", ressalvou que se continua a aplicar o disposto no artigo 1° do CPT. Portanto, de acordo com o disposto no n.° 2 do artigo 49°, devem resolver-se os casos omissos segundo a seguinte ordem:

a) Regras aplicáveis ao processo civil declarativo comum sumário;

b) Legislação processual comum, civil ou penal, que directamente os previna;

c) Regulamentação dos casos análogos previstos no CPT;

d) Regulamentação dos casos análogos previstos na legislação processual comum, civil ou penal;

e) Princípios gerais do direito processual do trabalho;

f) Princípios gerais do direito processual comum.

IV — No domínio do anterior CPT, afirmava-se genericamente que o processo declarativo comum ordinário e o sumário se assemelhavam, na tramitação, respectivamente ao processo sumário e sumaríssimo do CPC. Optando o legislador por uma só forma de processo declarativo comum, esta tem uma tramitação elaborada a partir do processo sumário do CPC;

justifica-se assim, genericamente, a remissão. Todavia, o legislador foi pouco cuidadoso, pois não avaliou se a remissão é verdadeiramente útil. Na verdade, se cotejarmos o regime do processo civil aplicável ao processo declarativo sumário com o regime do processo declarativo comum no CPT actual, verificamos que todas as disposições daquela forma de processo têm um correspondente na jurisdição do trabalho[9]. Assim sendo, à primeira vista, não existem casos omissos no CPT que exijam o recurso às regras do processo declarativo sumário previsto no CPC. Na verdade, se o CPT prevê um determinado regime processual especial em relação ao regime subsidiário não podemos considerar que existam casos omissos que exijam regulamentação. Mas, se o legislador pretendia esclarecer que o processo comum laboral segue uma tramitação equivalente à do processo comum sumário do CPC então não precisava de recorrer à remissão operada: deveria antes procurar indagar se havia mesmo casos omissos que pudessem ser regulados pela remissão.

Em suma, não se vislumbra que a remissão tenha aplicação prática; apenas constitui uma consideração de ordem teórica que se expressa na ideia de que o processo declarativo comum do CPT se inspirou no regime do processo declarativo sumário do CPC.

---

[9] Para simplificação da apreciação veja-se a seguinte tabela de correspondência entre as disposições do CPT aplicáveis ao processo declarativo comum e as regras do CPC sobre o processo declarativo sumário:

Processo sumário do CPC	Processo declarativo comum do CPT
783°	56°a)
784°	57°
785°	60°
786°	60°
787°/1	49°/3
787°/2	49°/3 e 62°
787°/3	Não se aplica, porque as provas são apresentadas com os articulados
788°	67°
789°	64°
790°/1	72/3°
790°/2	70°/2
791°/1	68°/1
791°/2	68°/2
791°/3	68°/5
792°	83°

A Tramitação do Processo Declarativo Comum no Código...   447

V — Ainda assim, na ausência de qualquer norma específica do processo declarativo sumário do CPC que seja aplicável ao processo comum do CPT, é necessário realizar um esforço no sentido obter um sentido útil para a remissão.

O processo declarativo sumário do CPC não se rege apenas pelas regras especiais a que vimos aludindo. A esta forma processual é aplicável a regra do n.º 1 do artigo 463º do CPC, que nos diz que "o processo sumário e os processos especiais regulam-se pelas disposições que lhe são próprias e pelas disposições gerais e comuns; em tudo quanto não estiver prevenido numas e noutras, observar-se-á o que se acha estabelecido para o processo ordinário".

Aproveitando-se esta parte da regulamentação do Código do Processo de Civil aplicável ao processo declarativo sumário, podemos concluir que os casos omissos do processo declarativo comum do CPT devem ser resolvidos pelas regras gerais do CPC e, subsidiariamente, pelo previsto no CPC para o processo declarativo comum ordinário. Mas afigura-se que esta solução sempre se alcançaria sem necessidade de qualquer remissão legal.

VI — Ainda sobre as regras gerais aplicáveis à forma de processo, o n.º 3 do artigo 49º estabelece uma regra de ordem material. Preceitua-se que "o juiz pode abster-se de fixar a base instrutória, sempre que a selecção da matéria de facto controvertida se revestir de simplicidade." Trata-se de uma solução já consagrada no artigo 787º do CPC para o processo declarativo sumário.

Esta regra parece um tanto deslocada, pois vem determinar que o juiz pode não praticar um acto processual, estabelecendo assim uma opção do juiz por uma sequência de actos prevista na lei[10].

O legislador quis desde logo evidenciar a possibilidade de opção por uma tramitação alternativa fixada na lei mediante a omissão de um ou mais actos processuais[11].

---

[10] À semelhança da previsão, por exemplo, do artigo 508º-B do CPC, que permite ao juiz, verificados determinados pressupostos, dispensar a audiência preliminar.

[11] Trata-se da fixação de uma tramitação alternativa e não de um verdadeiro afloramento do princípio da adequação formal, como defendido por Albino Mendes Batista, *Código do Processo de Trabalho Anotado*, Quid Juris, Lisboa 2000, p. 102. Sobre a noção de tramitação alternativa por oposição à adequação formal , pode consultar-se o estudo do autor "O novo princípio da adequação formal" in *Aspectos do Novo Processo Civil*, Lex, Lisboa, 1998, p. 40.

448   *Estudos do Instituto de Direito do Trabalho*

Todavia, a opção sistemática merece algum reparo, porque deveria ser inserida no local da tramitação a que diz respeito que é a fase do saneamento, mais precisamente o artigo 61°.

Não obstante, compreendem-se as razões que levaram a antecipar, para a disposição relativa às regras que regem a tramitação do processo comum, a possibilidade de se dispensar um acto processual mediante decisão do juiz. É que, não sendo fixada a base instrutória, isto significa que a matéria de facto controvertida reveste simplicidade. Esta circunstância pode levar a que não seja realizada a audiência preliminar e, em consequência, que não haja fase de saneamento, seguindo-se, de imediato, para a discussão e julgamento[12].

Portanto, com a inserção sistemática desta disposição, o legislador quis esclarecer que, se o juiz não proceder à selecção da matéria de facto (e por isso não fixar a base instrutória) o processo pode não ter saneamento e condensação[13], passando-se da fase dos articulados para a fase de julgamento. Esta tramitação aproxima-se da do processo declarativo sumaríssimo do CPC.

Em suma, embora o n.° 3 do artigo 49° estabeleça uma tramitação material para o processo declarativo comum, esta alternativa dada ao juiz pode representar uma forma de processo equivalente ao antigo processo sumário, aparentado como dissemos ao processo declarativo sumaríssimo do CPC ou então à do processo declarativo sumário do referido CPC quando o processo não comporte saneamento. Portanto, o n.° 3 do artigo 49° representa a "forma simplificada" do processo declarativo comum do CPT, embora não tenha importância suficiente para se considerar uma tramitação autónoma.

VII — O novo regime processual do trabalho procede a um reforço significativo do princípio da adequação formal. De facto, a alínea b) do artigo 56° permite que a tramitação da acção seja fixada pelo juiz, numa concretização, no âmbito do processo laboral, do princípio da adequação formal previsto no artigo 265° A do CPC. Esta disposição embora inserida na audiência prévia das partes, permite que o juiz introduza alterações à tramitação prevista na lei, optando pela prática de determinados actos ou

---

[12] Apesar de não haver audiência preliminar é possível a existência de um despacho pré-saneador que se insere na fase de saneamento nos termos do artigo 61°.

[13] De facto, trata-se de uma mera faculdade do juiz, porque o n° 2 do artigo 62° prevê uma hipótese de audiência preliminar sem fixação da base instrutória, por aplicação do n° 3 do artigo 49°. Há saneamento, mas não há condensação, para usar uma forma de designar esta fase que agora se ajusta à situação prevista.

A Tramitação do Processo Declarativo Comum no Código... 449

adaptando a tramitação processual, tendo em conta o fim do processo, depois de ouvidas as partes presentes.

Já tivemos oportunidade de defender que o princípio da adequação formal tem por campo privilegiado de aplicação, no processo civil, as situações de cumulação de objectos. Não obstante, com igual dignidade, a alteração da tramitação, no caso de inadequação da forma de processo prevista na lei para uma acção com objecto simples, ou a adequação de uma fase do processo podem, ser objecto do princípio da adequação formal[14]. A alínea b) do artigo 56º inova no facto de o princípio da adequação ser pensado no processo de trabalho precisamente para dar resposta processual generalizada a todas as pretensões para as quais o processo declarativo único não esteja adaptado. Trata-se, portanto, de uma diferença de intensidade da aplicação da técnica da adequação formal, mas não de natureza.

VIII — A adequação formal levada a cabo pelo juiz constitui então uma forma de processo atípica no âmbito do processo declarativo. Tudo se passa afinal como se a sequência determinada pelo juiz constituísse um processo especial. Com efeito, o despacho do juiz que decide a realização da adequação pode revestir duas modalidades: opção por uma forma de processo já existente ou fixação de uma tramitação sucedânea.

Na opção por uma forma de processo existente, o juiz limita-se a escolher uma sequência já existente na lei, por exemplo, a opção por uma forma de processo declarativo especial constante do CPT. Nesta situação, o juiz pode mandar aplicar uma forma de processo especial a uma situação que deveria seguir a forma de processo comum ou, no caso de cumulação de objectos com formas de processo diferente, determinar a prevalência de uma das sequências aplicáveis.

Na fixação de uma sequência sucedânea, o juiz fixa uma nova ordenação de actos não prevista na lei e que pode consistir na mera conjugação de diferentes sequências de formas de processos ou na imposição da prática de determinados actos ou na sua omissão.

Quando o juiz fixar uma tramitação *ad hoc*, ou seja, não especificamente prevista, deve recorrer-se, em primeiro lugar às disposições gerais e comuns do CPT e, subsidiariamente, ao processo ordinário do CPC.

Esta situação de verdadeira adequação processual deve ser distinguida daquelas em que a lei permite ao juiz — verificadas determinadas condições — optar entre tramitações processuais alternativas[15]. Embora

---

[14] Vr. o estudo do autor, *O novo princípio da adequação formal*, cit., p. 41

[15] A este propósito, Miguel Teixeira de Sousa, *Estudo ..., cit.*, p. 34. O autor parece considerar que estas situações não são verdadeiramente casos de adequação.

450   *Estudos do Instituto de Direito do Trabalho*

estas situações sejam formas de tornar mais célere o processo, não se configuram como adequações da sequência de actos ao fim do processo. Mas mais importante, a verdade é que a sequência alternativa também se encontra fixada na lei.

Portanto, do ponto de vista da tramitação, é possível termos, no processo declarativo comum, processos especiais, determinados pelo poder de adequação formal do juiz e tramitações alternativas, dependendo da verificação de determinados pressupostos por parte do juiz.

Enunciados os princípios gerais que regem a determinação do processo declarativo comum, importa agora apreciar as especialidades mais importantes da sua tramitação.

2. As fases do processo declarativo comum

I — O processo declarativo comum do CPT comporta 4 fases, à semelhança do processo declarativo comum do CPC e, na generalidade dos casos, também do sumário do CPC[16]. Temos assim uma fase de articulados, outra de condensação, a que se segue a instrução e finalmente uma fase de discussão e julgamento. Os vários actos praticados na sequência processual são assim analisados e sistematizados em função da sua finalidade no âmbito do processo, a que, nem sempre, corresponde uma sequência cronológica[17].

Não podemos todavia esquecer que o processo declarativo comum é susceptível de seguir a forma simplificada, quando não haja fixação da base instrutória e audiência preliminar. Neste caso, apenas existirá uma fase de articulados e uma de discussão e julgamento.

II — Apesar da arrumação em 4 fases ser aplicável à tramitação do processo declarativo comum do CPT, a sistemática do Código regula a tentativa de conciliação como um acto processual que perpassa todo o

---

[16] Aplicamos ao processo declarativo comum do CPT a arrumação de Lebre de Freitas, que sistematiza o processo comum ordinário em 4 fases, (*A acção declarativa comum*, Coimbra Editora, 2000, p. 25 e ss). Parte significativa da doutrina pondera a existência de 5 fases, autonomizando a fase da sentença (cfr. Miguel Teixeira de Sousa, *Estudos sobre o novo processo civil*, Lex, Lisboa, 1997, pp. 263 e ss. em especial 351 e ss.)

[17] Por isso se afirma que as fases da tramitação processual são-no em sentido lógico e não necessariamente cronológico. Sobre esta questão, Miguel Teixeira de Sousa, *Estudos...*, cit., p. 262 e Lebre de Freitas, *A acção declarativa comum*, cit., p. 25, nota (6).

A Tramitação do Processo Declarativo Comum no Código... 451

processo. Trata-se da hipervalorização do acto conciliatório, que já foi considerada como um princípio do direito processual do trabalho[18].

A tramitação aplicável ao processo comum inicia-se com algumas referências genéricas à tentativa de conciliação à semelhança do que se passava com o CPT de 1981. Todavia, contrariamente ao artigo 50º do anterior CPT, apenas se preceitua que a tentativa de conciliação deve ser realizada sempre que a lei o determine, sem se especificar que existem tentativas de conciliação facultativas, tendo sido eliminada a menção do diploma de 1981 de que só é possível uma única convocação com o fim exclusivo de conciliar as partes.

Perante a nova redacção colocam-se sobre se podem existir tentativas de conciliação facultativas e se o juiz pode convocar as partes sempre que entenda. O CPC estabelece no seu artigo 509º que o juiz pode convocar uma tentativa de conciliação sempre que a considere oportuna, embora as partes não possam ser convocadas mais de uma vez para aquele fim. Parece que a limitação quanto ao número de tentativas de conciliação promovidas pelo juiz exclusivamente para aquele fim, pode ser ultrapassada pela aplicação de princípios gerais, como sejam o da cooperação intersubjectiva (artigo 266º do CPC) ou da adequação formal (265º A do CPC) e alínea b) do artigo 56º, que seja no processo civil ou laboral.

Não obstante, importa sublinhar que no processo laboral declarativo comum podem vir a existir ao longo da sua tramitação três tentativas de conciliação previstas na lei. Uma primeira tentativa de conciliação na fase dos articulados (artigo 55º, nº 2), outra na fase da audiência preliminar (artigo 62º e 508ºA CPC) e uma última na fase da discussão e julgamento (artigo 70º). Face a esta hipervalorização da opção pela conciliação, dificilmente encontramos justificação para que o juiz possa convocar as partes mais de uma vez com o objectivo exclusivo de se proceder à sua conciliação[19].

III — A tentativa de conciliação, em qualquer fase do processo, é presidida pelo juiz e destina-se a pôr termo ao litígio mediante um acordo equitativo (artigo 51º, n.º 2). Trata-se de uma redacção muito aproximada

---

[18] Raul Ventura, "Princípios gerais de direito processual do trabalho", in *Curso de direito processual do trabalho*, suplemento da RFDUL, Lisboa 1964, p. 34. Esta característica do processo de trabalho traduz-se na maior insistência neste ramo do direito processual no acto conciliatório. Como bem nota Raul Ventura, trata-se de uma diferença de grau e não de natureza, ob.cit., loc.cit..

[19] Sobre a função e regime da conciliação no processo de trabalho pode consultar-se M.ª Isabel Romero Prades, *La conciliación en el proceso Laboral,* Tirant, Valencia, 2000.

ao disposto no n.º 3 do artigo 509º do CPC. O CPT aponta claramente no sentido de a tentativa de conciliação ter por objectivo pôr termo ao litígio, mediante um acordo equitativo. Apesar da diferente redacção das disposições referidas, afigura-se que o sentido a apurar é o mesmo: pretende-se que o juiz intervenha activamente no processo, presidindo à diligência requerida pelas partes ou oficiosamente determinada, e procure uma solução que revele a justiça do caso concreto (acordo equitativo). Esta tendência para um papel do juiz que não seja de mero árbitro foi reforçada pela reforma do CPC, que agora se aproxima do regime do processo de trabalho.

Em qualquer caso, é difícil afastar a reflexão de que talvez fosse desnecessário o regime contido no artigo 51º do CPT, face às disposições do CPC.

A expressão "pôr termo ao litígio" contida no artigo 51º, nº 2, poderia levar a pensar que não é possível um acordo apenas relativamente a parte do litígio. Acontece, porém, que se recorrermos ao elemento sistemático da interpretação verificamos que no nº 3 do artigo 53º está prevista a possibilidade de a conciliação incidir apenas sobre parte das pretensões deduzidas em juízo.

IV — No que diz respeito às especialidades da tentativa de conciliação no CPT, dispõe o artigo 52º, nº 1, que a conciliação obtida em audiência, seja por desistência, confissão ou transacção não carece de homologação para produzir efeitos de caso julgado (n.º 1 do artigo 52º). Este regime desvia-se do estabelecido no CPC, porque os negócios de autocomposição da lide aí previstos, para que possam produzir efeitos, exigem uma sentença homologatória do juiz (nº 3 do artigo 300º).

A justificação desta disposição merece alguma reflexão. Parece que a desnecessidade de sentença homologatória se prende com o facto de o juiz presidir ao acto processual[20]. Todavia, no âmbito do CPC prevê-se que a conciliação se verifique perante o juiz e ainda assim é necessária a homologação da decisão, embora, nestes casos, esta se limite a ser ditada para acta, "condenando nos respectivos termos"(cfr. artigo 300º, n.º 4, do CPC). Em qualquer das situações, o juiz que preside à diligência deve certificar-se da capacidade das partes e da legalidade do resultado da conciliação, o que no caso concreto da conciliação laboral está expressamente

---

[20] Albino Mendes Batista, *Código de Processo do Trabalho Anotado*, Quid Juris, Lisboa, 2000, p. 106.

previsto no n.º 2 do artigo 52º[21]. Portanto, a especificidade de não ser necessária homologação para que os negócios de autocomposição da lide produzam efeitos de caso julgado, no âmbito do processo de trabalho, não revela qualquer vantagem do ponto de vista dos interesses que se visam acautelar neste ramo processual.

V – O novo CPT fez desaparecer as anteriores limitações aos negócios jurídicos de autocomposição da lide, designadamente as restrições quanto a serem realizados em audiência de conciliação[22]. Desta sorte, é hoje plenamente aplicável ao processo de trabalho o disposto no CPC quanto à transacção e à desistência (artigo 300º do CPC): estes actos processuais podem ser realizados mediante termo no processo ou por documento autêntico ou particular, em conformidade com as exigências de forma para as declarações negociais em que se consubstanciam os negócios que lhe subjazem. No caso das conciliações obtidas fora de audiência de conciliação, torna-se necessária a homologação do juiz, nos termos fixados no CPC.

VI – O auto de tentativa de conciliação deve obedecer a determinadas formalidades, às quais se reporta o artigo 53º do CPT. Há que distinguir se houve ou não acordo.

Se as partes se conciliaram, o auto deve conter com pormenor os termos do acordo com respeito a prestações, respectivos prazos e lugares de cumprimento. No caso de cumulação de pedido, devem indicar-se os pedidos abrangidos pelo acordo. Estas exigências quanto ao conteúdo do auto e, no fundo, quanto à forma do acordo visam garantir que ficam delimitados os contornos do litígio que vão obter o efeito de caso julgado.

Se não houver acordo, quer abrangendo todo o litígio ou apenas parte dele, devem ficar consignadas em acta os fundamentos da persistência do litígio. "Trata-se de estabelecer para o futuro a plataforma do desentendimento"[23].

---

[21] No âmbito do CPC, vr. Miguel Teixeira de Sousa, *Estudos...*, cit., p. 204

[22] Vr. Artigo 34º do CPT de 1981. Discutia-se no domínio deste Código se a confissão do pedido deveria ser feita também em audiência (Sobre esta questão, Carlos Alegre, *Código de Processo do Trabalho Anotado*, 4ª edição, Coimbra Editora, Coimbra 1996, p. 177).

[23] Albino Mendes Batista, *Código de Processo do Trabalho*, cit., p. 107.

3. Tramitação do processo declarativo comum

Vamos agora passar à análise da tramitação do Processo Declarativo Comum do CPT, procurando identificar apenas as suas especificidades processuais.

Como já tivemos oportunidade de referir, o processo declarativo comum foi sistematizado, tendo por modelo o processo declarativo comum sumário, mas, como também já salientamos, o regime do CPT prevê expressamente um regime próprio sobre todos os pontos regulados no CPC para o processo sumário, pelo que as especificidades se reportam genericamente à tramitação do processo declarativo do CPC.

3.1. *Articulados*

I — No que diz respeito aos articulados, as principais especificidades do CPT, do ponto de vista da tramitação, são a existência obrigatória de um despacho liminar e a audiência de partes. A sequência processual prevista é determinada pela inovação introduzida e que se consubstancia na referida audiência de partes.

O juiz toma contacto com o processo logo após a distribuição, para designar data para uma audiência de partes. Mas, o legislador entendeu que o juiz deve apreciar a petição inicial, realizando um juízo sobre o seu conteúdo. E por isso, em vez de ordenar o prosseguimento da acção com marcação da audiência de partes no prazo de 15 dias, o juiz pode convidar o autor a suprir as eventuais deficiências ou obscuridades contidas na petição inicial ou indeferi-la, se se verificar alguma das circunstâncias previstas no artigo 234°A do CPC.

Este regime diverge do previsto no CPC, porque neste o despacho liminar só existe nos casos em que a citação deva ser ordenada pelo juiz (artigos 234°, n° 4, e 234°A do CPC)[24].

---

[24] O despacho liminar no CPC pode ter um dos seguintes conteúdos:
a) Indeferimento liminar da petição inicial;
b) Aperfeiçoamento;
c) Remessa do processo para tribunal competente no caso de incompetência relativa;
d) Citação.
Sobre as possibilidades referidas em b) e c) vr. Miguel Teixeira de Sousa, *Estudos...*, cit., p. 275.

A Tramitação do Processo Declarativo Comum no Código...　　455

Em suma, o despacho liminar pode ter um dos seguintes conteúdos

a) Ordenar a citação do réu e a notificação do autor para audiência de partes;
b) Proferir despacho de indeferimento liminar, nos casos do artigo 234º A do CPC
c) Proferir despacho de aperfeiçoamento.

II – Uma das questões que podem ser colocadas é a de saber qual o conteúdo possível do despacho de aperfeiçoamento. A lei apenas refere que este tem por pressuposto a verificação pelo juiz de que existem deficiências e obscuridades. Mas que tipo de deficiências ou obscuridades podem fundamentar o despacho de aperfeiçoamento? A referência ao convite ao autor para completar ou esclarecer a petição parece impor ao despacho de aperfeiçoamento que apenas tenha por conteúdo as deficiências quanto à matéria de facto[25]. Devemos recusar a tentação de o fazer, porque se afigura que o despacho de aperfeiçoamento pode ter um conteúdo mais vasto, assemelhando-se ao regime previsto para o despacho pré-saneador do CPC[26]. Desta sorte, qualquer irregularidade do articulado, susceptível de sanação, pode ser objecto do despacho de aperfeiçoamento.

III — Mas achamos que se pode ir mais longe. O despacho liminar pode ter ainda por conteúdo a sanação da falta de pressupostos processuais, quanto se verifique pela petição que existem irregularidades que configuram a excepções dilatórias. Esta situação pode ocorrer, por exemplo, no caso de se verificar a incompetência relativa do tribunal, a falta de patrocínio judiciário quando ele seja obrigatório, e mesmo, nos casos em que se verifique a preterição de litisconsórcio necessário, o juiz pode ao abrigo dos poderes previstos no artigo 27º, sanar a falta do pressuposto processual de legitimidade, fazendo intervir na acção o litisconsorte necessário preterido. Nestes casos, o juiz em alternativa ao indeferimento liminar deve, desde logo, suprir oficiosamente a deficiência da petição inicial ou convidar o autor a fazê-lo. Só depois de estar regularizada a petição se procederá à citação do réu para a audiência de partes.

---

[25] À semelhança do previsto no nº 3 do artigo 508º do CPC como conteúdo do despacho pré-saneador aí previsto

[26] Sobre a função do despacho pré-saneador, vr. Lebre de Freitas, *A acção declarativa comum*, cit., p. 132 e ss.

456 *Estudos do Instituto de Direito do Trabalho*

IV — Se não existirem razões para aperfeiçoamento ou para indeferimento, o juiz deve marcar uma audiência de partes, a realizar no prazo de 15 dias (artigo 54º, n.º 2). A lei determina ainda que o autor deve ser notificado e o réu citado[27]: a citação do réu tem por objectivo chamá-lo a juízo, não para contestar, mas antes para comparecer pessoalmente à audiência; para o mesmo fim é notificado o autor.

A lei exige a comparência pessoal das partes excepto no caso de se verificar justificada impossibilidade de comparência (artigo 54º, nº 3). Neste último caso, as partes devem-se fazer representar por mandatário judicial com poderes especiais para confessar, desistir ou transigir. A falta injustificada à audiência é punida com sanções previstas no CPC para a litigância de má-fé[28].

Juntamente com a citação é remetido e entregue ao réu um duplicado da P.I. e cópia dos documentos que a acompanham (nº 4 do artigo 54º).

V – Após a citação do réu e a notificação do autor, procede-se à realização da audiência das partes na data fixada pelo juiz no despacho liminar.

A audiência de partes tem funções principais e eventuais. A função principal consiste na delimitação do litígio, tendo em vista a conciliação. Para tanto o autor expõe a sua pretensão, o réu responde à pretensão apresentada e de seguida o juiz avalia da possibilidade de conciliação das partes. A exposição das partes assume a maior importância para esta avaliação, pelo que a delimitação do litígio não se deve resumir a uma repetição dos argumentos apresentados na petição inicial, mas deve conter tanto quanto possível, uma referência aos termos em que seria possível um acordo para pôr fim ao litígio[29].

---

[27] Às citações e notificações é aplicável o artigo 23º do CPT que por seu turno manda aplicar às citações e notificações as regras estabelecidas no Código de Processo Civil, com as especialidades constantes dos artigos 24º e 25º. As novas regras do CPC introduzidas pelo Decreto-Lei n.º 183/2000, de 10 de Agosto, quanto aos actos processuais, designadamente a citação por via postal simples são aplicáveis ao CPT.

[28] Sobre a possibilidade de as parte se fazerem representar por procurador com poderes especiais vr. Infra 3.4, IV.

[29] Existe aqui uma similitude com a audiência preliminar do CPC, só que numa fase prévia anterior do processo e com um objectivo diverso. Na verdade, a exposição das razões de facto e de direito pelo autor e a resposta pelo réu, mais não é do que a delimitação dos termos do litígio a que se refere a alínea c) do n.º 1 do artigo 508º-A do CPC através da apresentação das respectivas pretensões.

A Tramitação do Processo Declarativo Comum no Código...   457

Se a audiência não terminar com a conciliação das partes, então a audiência preliminar serve para:

a) Ordenar a notificação imediata do réu para contestar no prazo de 10 dias[28];
b) Proceder à adequação formal, quando tal for necessário, depois de ouvidas as partes presentes;
c) Fixar a data da audiência final, com observância do disposto no artigo 155.º do Código de Processo Civil.

Trata-se de funções acessórias da audiência preliminar que visam preparar a resolução do litígio através de decisão judicial.

Não se afigura que na audiência se possa proceder a quaisquer actos de saneamento do processo[29], pois estes, a terem ocorrido, deveriam ser praticados aquando do despacho liminar.

VI — No âmbito da audiência de parte, o Tribunal Constitucional já foi chamado a pronunciar-se sobre "se é (ou não) inconstitucional o artigo 55º do Código de Processo do Trabalho, interpretado no sentido de que, na audiência de partes prevista nesse preceito legal, frustrando-se a conciliação das mesmas, o juiz pode logo proferir sentença, sem necessidade de, previamente, ordenar a notificação da ré para contestar, nem de fixar data para a audiência final, desde que se lhe afigure manifesta a simplicidade da análise jurídica"[30]. A situação que deu origem ao aresto teve subjacente a prolação de sentença pelo juiz, logo após a audiência de partes, sendo que a entidade empregadora demandada "confessou" que nada tinha a opor à pretensão do autor, a não ser a sua incapacidade para pagar as quantias peticionadas. Na audiência, a ré não havia sido patrocinada por advogado. O Tribunal Constitucional veio considerar que o artigo 55º, entendido como permitindo a prolação de uma sentença sem exercício do contraditório através da notificação do réu para contestar, é inconstitucional, pois viola o artigo 20º, nºs 1 e 4, da Constituição (ou seja,

---

[30] O prazo para contestar tem especialidades quando se trate de defesa do trabalhador assumida pelo Ministério Público (artigo 58º)

[31] Contrariamente, Carlos Alegre, *Código de Processo do Trabalho anotado*, cit., p. 170, o qual defende que é possível um saneamento para objectivos diferentes do artigo 61º. Fica-nos a dúvida sobre o tipo de saneamento em que estaria a pensar o autor.

[32] Acórdão n.º 330/01, de 10 de Julho de 2001, proferido no processo nº 102/2001, em que foi relator o Conselheiro Messias Bento.

458   *Estudos do Instituto de Direito do Trabalho*

o direito de acesso aos tribunais, e, especificamente, o direito a um processo equitativo). Por diversas vezes se referiu no Acordão que não estava em causa a disposição do artigo 56º. No entanto, afigura-se que o juiz só proferiu a sentença no momento processual em que o fez (após a audiência de partes), porque procedeu a uma adequação formal ao abrigo do artigo 56º. E, na medida em que assim seja, será também inconstitucional a interpretação do artigo 56º que permita que, mesmo em casos de extrema simplicidade e após a audiência das partes, se pode desde logo decidir o litígio, ou inclusive, que a sentença seja ditada para a acta da audiência de partes. Trata-se, no fundo, do limite imposto pelos princípios fundamentais do processo civil consagrados na Constituição[33].

VII — O prazo para contestar tem especialidades quando se trate de defesa do trabalhador assumida pelo Ministério Público (artigo 58º). Estamos perante uma situação em que a entidade empregadora demanda o trabalhador e este, obviamente, assume a posição de réu, tendo solicitado o patrocínio do Ministério Público. Neste caso, o prazo de 10 dias conta-se a partir da data da declaração de aceitação do patrocínio pelo Ministério Público.

A previsão do artigo 58º refere-se apenas ao trabalhador réu. Todavia, como dispõe o artigo 7º, o Ministério Público pode assumir o patrocínio de outros sujeitos processuais, como sejam os familiares dos trabalhadores. Como tem vindo a ser defendido na doutrina[34], a disposição do artigo 59º deve ser interpretada extensivamente para abranger todas as situações em que o Ministério Público tenha que contestar uma acção no âmbito dos seus deveres funcionais.

Por outro lado, o Ministério Público pode pedir a prorrogação do prazo para contestar pelo prazo máximo de 10 dias, desde que se verifiquem as circunstâncias a que se reporta o n.º 4 do artigo 486º do CPC (*ex vi* do artigo 58º do CPC).

VIII — O réu, após ter sido notificado, para o efeito na audiência de partes deve apresentar a sua contestação no prazo fixado de dez dias. Tal

---

[33] Neste sentido, defendemos que constituem limites ao poder do juiz de adequação formal o respeito pelos princípios fundamentais do processo, em particular o da igualdade e do contraditório (O nosso estudo, *O novo princípio da adequação formal*, cit., p. 65). E entre os exemplos de que então nos socorremos apontámos precisamente a impossibilidade de restringir um dos articulados das partes.

[34] Albino Mendes Batista, *Código de Processo do Trabalho Anotado*, cit. p. 122 e Carlos Alegre, *Código de Processo do Trabalho Anotado*, cit., p. 176

A Tramitação do Processo Declarativo Comum no Código...   459

como se verifica em relação ao Ministério Público, ao autor é admitido pedir uma prorrogação do prazo para contestar com os fundamentos previstos no n.º 5 do artigo 486º do CPC (cf. o n.º 2 do artigo 58º).

Se o réu não contestar fica em situação de revelia. No processo de trabalho, os efeitos da revelia vêm previstos no artigo 57º, com divergências em relação ao regime do CPC. Essas diferenças não se verificam quanto aos efeitos da revelia: quer no CPT, quer no CPC, a revelia do réu importa a confissão dos factos articulados pelo autor. Estamos perante uma situação de cominação semi-plena[35], em que o juiz vai aplicar o direito com aos factos provados por confissão. Porém, contrariamente ao CPC[36], não existem casos de revelia inoperante, pelo que, aqui, verifica-se uma situação que se afasta do regime geral da revelia.

Por outro lado, a distinção entre revelia absoluta e relativa, designadamente no caso de junção de procuração a favor de mandatário, não tem qualquer influência sobre a marcha do processo, pois a sentença é proferida sem que seja precedida de alegações de direito das partes, cuja fundamentação pode ser sumária ou por adesão ao alegado pelo autor (artigo 57º, n.º 2). Diversamente, na situação prevista no artigo 484º, n.º 2 do CPC, quando tenha sido constituído mandatário, existe a possibilidade de alegações de direito, previamente à sentença.

Também no que diz respeito à sentença proferida em caso de revelia se verifica uma divergência entre o regime do CPC e do CPT: o n.º 3 do referido artigo 484º CPC não prevê a hipótese de fundamentação por adesão aos fundamentos constantes da petição inicial.

A apresentação da contestação é notificada ao autor, pela secretaria, sendo que, havendo mais do que uma contestação, só é notificada depois de apresentada a última ou depois de transcorrido o prazo para a sua apresentação (artigo 59º).

IX — Para além da petição inicial e da contestação podem existir articulados eventuais[37]. Verificados determinados pressupostos, é possível haver resposta à contestação e articulados supervenientes.

---

[35] Sobre esta noção, Lebre de Freitas, *Introdução ao Processo Civil*, Coimbra Editora, Coimbra 1996, pp. 89-91.

[36] Artigo 485º do CPC

[37] Sobre a classificação dos articulados, Lebre de Freitas, *A acção declarativa comum*, cit. p. 31. Aderimos à classificação deste autor, pelo que todos os articulados contidos no artigo 60º do CPT são articulados eventuais. Contra esta classificação, consultar Montalvão Machado, *O novo processo civil*, Porto, 1997, pp. 153-154.

A resposta à contestação é admitida quando:

a) O réu se tenha defendido por excepção e o valor da causa exceder a alçada do Tribunal de 1ª Instância;
b) O réu tenha deduzido reconvenção nos termos do artigo 30º.

Por outro lado, são admitidos articulados supervenientes:

a) nos termos do artigo 506º do CPC ou;
b) para deduzir novos pedidos e causas de pedir, de acordo com o artigo 28º do CPT.

A possibilidade de haver articulados supervenientes face à redacção do nº 2 do artigo 60º[38] poderia ser questionada quanto à alternatividade proposta. Na verdade, a conjugação "e" poderia levar a pensar que os articulados supervenientes só são admissíveis para efeitos de cumulação sucessiva de objectos processuais[39], desde que verificados os pressupostos do artigo 506º do CPC. Afigura-se, porém, que podem dar origem a articulados supervenientes, quer as situações do artigo 506º do CPC que leva à ampliação do material fáctico, quer a alteração do objecto processo nos termos do artigo 28º.

A reconvenção é admitida em termos restritos no processo de trabalho (cfr. artigo 30º). Com efeito, o réu só pode deduzir um pedido contra o autor quando o pedido do réu emerge do facto jurídico que serve de fundamento à acção[40] ou quando o pedido do réu esteja relacionado com o pedido do autor por acessoriedade, complementaridade ou dependência (alínea o) do artigo 85º da Lei nº 3/99, de 13 de Janeiro); estamos em presença de uma situação de reconvenção fundada na existência de uma conexão objectiva específica. É ainda possível o pedido reconvencional, independentemente da verificação de uma conexão objectiva entre os objectos processuais, quando a entidade empregadora pretende obter com-

---

[38] Corresponde, com ligeiras alterações de redacção, ao disposto no artigo 58º do anterior CPT.

[39] Sobre as modalidades de cumulação sucessiva de objectos processuais, Miguel Teixeira de Sousa, *As partes, o objecto e a prova na acção declarativa*, Lisboa, 1993, pp. 139 e ss.

[40] Por exemplo, no caso de um pedido de pagamento de uma indemnização formulado pela entidade empregadora na contestação por falta de aviso prévio num processo em que o trabalhador pede uma indemnização por rescisão com justa causa.

A Tramitação do Processo Declarativo Comum no Código...   461

pensação (alínea p) do artigo 85° da Lei n° 3/99, de 13 de Janeiro). Em qualquer dos casos, o pedido reconvencional só admissível se o valor da acção exceder a alçada do tribunal[41].

A reconvenção mantém como requisito formal de admissibilidade a identidade da forma de processo. Afigura-se que esta exigência deve ser compaginada com o princípio da adequação formal e, deste modo, não deve ser considerada um requisito intransponível[42].

3.2. *Saneamento*

I — A Fase do Saneamento no CPT é composta pelos seguintes actos processuais: despacho pré-saneador (artigo 508° do CPC, aplicável ex-vi do artigo 61°); audiência preliminar (artigo 62°) e pelo despacho saneador (a proferir ou não na audiência preliminar 508°-A e 510° do CPC, aplicáveis ex-vi do artigo 62°, n° 2).

A prolação de um despacho pré-saneador ocorrerá sempre que seja necessário suprir excepções dilatórias de conhecimento oficioso ou aperfeiçoar os articulados. Este despacho pré-saneador deve ser compaginado com os poderes inquisitórios conferidos ao juiz no artigo 27°, bem como com a possibilidade de já ter sido proferido um despacho de aperfeiçoamento pelo juiz.

Em alternativa ao despacho pré-saneador, pode o juiz proferir um despacho saneador, para considerar procedente alguma excepção dilatória, nulidade que lhe cumpra decidir ou decidir do mérito da causa (n° 2 do artigo 61°). Este despacho saneador só é admissível desde que o processo contenha todos os elementos necessários à decisão e a questão revele simplicidade para se decidir desde logo. A opção por este despacho saneador não pode pôr em causa o princípio do contraditório, pelo que se, por exemplo, o juiz pretender conhecer de uma questão jurídica não discutida pelas partes, deve actuar o referido princípio, notificando as partes para se pronunciarem sobre a questão que pretende conhecer. Trata-se da expressa consagração no processo laboral da proibição de decisões-surpresa, pre-

---

[41] O requisito do valor da acção suscita a dúvida sobre se o valor a considerar é o da petição inicial ou valor que resultará da soma do pedido reconvencional, nos termos do n° 2 do artigo 308° do CPC. A jurisprudência já se pronunciou no sentido de que o valor a atender é o que resulta da acção, antes de deduzido o pedido reconvencional (Acórdão da Relação de Coimbra de 8 de Maio de 1997, CJ, 1997, III, 66).

[42] V. sobre este ponto a casuística que desenvolvemos no nosso estudo *O novo princípio da adequação formal*, cit., p. 57 e 62.

462   *Estudos do Instituto de Direito do Trabalho*

visto no artigo 3°, n° 3, do CPC. A procedência de qualquer excepção dilatória deve conduzir ao fim do processo.

II — No que diz respeito à audiência preliminar, esta só é convocada quando a complexidade da causa o justifique (artigo 62°, n.° 1). Esta previsão legal tem um lugar paralelo no n.° 1 do artigo 787° do CPC, que seria aplicável por força do n° 2 do artigo 49° não fosse a previsão especial. Por outro lado, se houver audiência preliminar, mas a causa revestir manifesta simplicidade não é necessário proceder à selecção da matéria de facto.

Existem assim dois tipos de "simplicidade":

a) A que dispensa a audiência preliminar;
b) A que dispensa a fixação da base instrutória.

Assim sendo, quando a causa não revele simplicidade para dispensar a audiência preliminar, mas for simples o suficiente para dispensar a fixação da base instrutória[43], pode haver assim audiência preliminar apenas para efeitos de tentativa de conciliação e para proferir despacho saneador com cumprimento do princípio do contraditório.

Sempre que exista audiência preliminar, deve fixar-se uma nova data para a audiência final (n.° 3 do artigo 62°), ficando sem efeito a marcação já efectuada na audiência de partes a que se refere a alínea c) do artigo 56°.

3.3. *Instrução*

I — No CPT a indicação do rol de testemunhas e dos restantes meios de prova deve ser efectuada com os articulados (n.° 1 do artigo 63°). Trata-se de uma manifestação do princípio da celeridade processual, embora a sua eficácia seja posta em causa, pois, no que diz respeito ao rol de testemunhas, este pode ser alterado ou aditado até 20 dias antes da data da realização da audiência final (n.° 2 do artigo 63°), o que corresponde à regra do artigo 512°-A do CPC. Deste modo, basta que as partes indiquem uma testemunha no respectivo articulado para seja possível alterá-lo até 20 dias antes da realização da audiência final.

A questão que se pode colocar a propósito dos actos instrutórios é a de saber se é possível apresentar requerimentos de prova na audiência pre-

---

[43] Por exemplo quando a matéria de facto é simples, mas existem complexas questões jurídicas em torno de excepções invocadas.

A Tramitação do Processo Declarativo Comum no Código... 463

liminar, quando a esta haja lugar, designadamente outro tipo de prova que não a documental ou testemunhal. Por exemplo, requerer uma perícia ou a requisição de documentos a terceiros.

Esta interrogação decorre do facto de a audiência preliminar, nos termos do artigo 508º-A, para onde remete o n.º 2 do artigo 62º, ter por função acessória a apresentação dos requerimentos de prova. Apesar de se poder argumentar que a norma do artigo 62º constitui uma norma especial relativamente à instrução, afigura-se possível que, caso haja audiência preliminar, se possa nesse âmbito realizar novo ou, alterar o requerimento de prova. A previsão do artigo 62º visa fundamentalmente prevenir que, caso não haja audiência preliminar, as partes já apresentaram o seu requerimento de prova, mas não veda a apresentação ou alteração das provas no âmbito da audiência preliminar. Na prática, as partes devem indicar as provas com os articulados sem contar que o possam fazer na audiência preliminar, pois arriscam-se a não poder requerer prova, por não haver audiência preliminar.

II — O único meio de prova que vem expressamente regulado no CPT é a prova testemunhal. O número máximo de testemunhas é de 10 para prova dos factos (nº 1 do artigo 64º). Porém, havendo reconvenção, podem ser apresentadas mais dez (nº 2 do artigo 64º).

Sobre cada facto podem depor até 3 testemunhas, não se contando aquelas que nada sabem (artigo 65º).

As testemunhas só são notificadas se residentes na área de jurisdição do tribunal ou, nos casos das áreas metropolitanas de Lisboa e Porto, se residirem na respectiva circunscrição (nº 3 do artigo 63º). E mesmo estas não serão notificadas nos casos de alteração ou aditamento do rol de testemunhas ou se a parte se comprometer a apresentá-las (artigo 66º, in fine). Nos restantes casos, as testemunhas são a apresentar pela parte ou a inquirir por carta precatória, com excepção dos casos previstos no nº 4 do artigo 67º em que as testemunhas, embora residentes fora da área de jurisdição do tribunal, são notificadas para comparecer.

III — A excepção da parte final do nº 4 do artigo 67º prevê que o juiz possa ordenar a notificação das testemunhas se estas se recusarem a comparecer ou se, pelo seu estado de dependência económica em relação a qualquer das partes, se revelar difícil a sua apresentação. Esta disposição encontra-se pensada para os casos em que não há lugar à expedição de carta precatória para inquirição de testemunhas fora da área de jurisdição do Tribunal. Apesar desta restrição, decorrente da relação desta disposição

464   *Estudos do Instituto de Direito do Trabalho*

com a não expedição de carta, parece que não fica excluída a possibilidade de o juiz se socorrer deste mecanismo quando a dificuldade de apresentar testemunhas possa comprometer a prova de uma das partes com recurso ao princípio da cooperação contido no artigo 266° do CPC e desde que haja requerimento de uma das partes nesse sentido.

IV — Pode haver inquirição de testemunhas mediante carta pre-catória nos casos em que as testemunhas residam fora da área de jurisdição do tribunal da causa ou, no caso das áreas metropolitanas de Lisboa e Porto, quando a testemunhas residam fora da respectiva circunscrição. A inquirição por carta deve ser requerida ao juiz, pois este acto processual só poderá ocorrer se aquele entender que o depoimento é necessário e a apresentação pela parte for economicamente incomportável para quem requer a sua inquirição (n° 1 do artigo 67°). Nestes casos, o prazo para o cumprimento da carta é de 30 dias.

Esta inquirição por carta precatória suscita muitas dúvidas em face da alteração do regime no CPC quanto ao modo de inquirição das testemunhas. Com efeito, o artigo 21° prevê, como espécies na distribuição, "a das cartas precatórias ou rogatórias para inquirição de testemunhas" (espécie 10ª) e a das "outras cartas precatórias ou rogatórias que não sejam para simples notificação ou citação" (espécie 11ª). Acresce que, o artigo 67° do CPT continua a prever a inquirição por carta precatória. Porém, o CPC, depois da nova redacção dada aos artigos 621° e 623° pelo Decreto-Lei n.° 183/2000, de 10 de Agosto, não prevê a inquirição de testemunhas por carta precatória, pelo que é legítimo interrogarmo-nos sobre se se mantêm em vigor aquelas disposições do CPT quando àquela modalidade de inquirição. Na verdade, é admissível considerar o artigo 21° e o artigo 67° tacitamente derrogados pela nova redacção dos citados preceitos do Código de Processo Civil. Porém, propendemos para considerar que o regime do artigo 67° se mantém em vigor aplicando a regra de que norma geral não revoga norma especial (artigo 7°, n° 3 do Código Civil)[44].

A manutenção da inquirição por carta precatória como excepção ao princípio da imediação da prova no processo laboral não significa que não seja admissível a inquirição das testemunhas residentes fora da área de jurisdição do tribunal, ou, no caso de julgamentos nas áreas

---

[44] Manifestando dúvida quanto ao regime aplicável após a alteração introduzida pelo Decreto-lei n° 183/2000, de 10 de Agosto, Carlos Alegre, *Código de Processo do Trabalho Anotado*, cit., pp. 189-190.

A Tramitação do Processo Declarativo Comum no Código...   465

metropolitanas de Lisboa e Porto, fora da circunscrição respectiva, nos termos do artigo 623º do CPC. Para tanto, basta que o juiz entenda como mais conveniente essa solução e proceda em conformidade com aquela disposição do CPC, de acordo com o princípio da celeridade processual e da adequação formal. Portanto, no processo laboral mantém-se o regime da inquirição por carta precatória, sem prejuízo do regime do artigo 623º do CPC.

3.4. *Discussão e Julgamento da Causa*

I — Em regra, a instrução, discussão e julgamento da causa decorrem perante Tribunal Singular (nº 1 do artigo 68º). Todavia, pode haver intervenção do Tribunal Colectivo. A intervenção do Tribunal Colectivo está dependente de um requisito positivo e outro negativo: é requisito positivo o requerimento de qualquer uma das partes e constitui requisito negativo a circunstância de nenhuma das partes ter requerido a gravação da prova. Todavia, o requerimento de gravação da prova só é admissível se a decisão admitir recurso (n.º 2 do artigo 68º), o que se compreende, atendendo à utilidade da gravação em matéria de recurso sobre a matéria de facto. Parece que também a determinação oficiosa da gravação da prova pelo Tribunal constitui um requisito negativo à intervenção do tribunal colectivo.

A comparação dos regimes do CPT e do CPC (depois da alteração introduzida pelo Decreto lei n.º 183/2000, de 10 de Agosto ao n.º 1 do artigo 646°) revela que o recurso ao Tribunal Colectivo é possível em maior número de situações que no Processo Civil. Na verdade, o artigo 646º do CPC prevê na redacção actual que só a requerimento de ambas as partes pode haver intervenção do Tribunal Colectivo, enquanto no CPT basta que uma das partes o requeira. Se a intervenção do tribunal colectivo é hoje reconhecidamente um entrave a uma Justiça célere, face à segurança contida na gravação da prova, a tradicional maior celeridade do processo do trabalho face ao processo civil comum não tem expressão a este nível. Note-se que basta que a outra parte requeira a gravação da prova para que o julgamento decorra perante juiz singular. Acresce que, na decisão da matéria de facto podem ainda intervir juízes sociais (artigo 72°, n.º 5 e o artigo 67º da Lei nº 3/99, de 13 de Janeiro).

II — O requerimento para a intervenção do tribunal colectivo ou para a gravação da prova é feito nos 5 dias posteriores ao prazo para oferecimento do último articulado ou na audiência preliminar, se a esta houver lugar (n° 4 do artigo 68°). Acontece, porém, que a realização ou não de audiência preliminar não é conhecida antes da sua marcação pelo juiz. Face a esta incerteza, se as partes pretendem a intervenção do tribunal colectivo ou a gravação da prova devem apresentar o requerimento nos 5 dias posteriores ao termo do prazo do último articulado. Parece que a lei ao utilizar a expressão "devem ser requeridas nos cincos dias posteriores ao termo do prazo para o oferecimento do último articulado" pretende que a prática do acto processual se processe no intervalo de tempo fixado[45].

No caso de não haver audiência preliminar, a questão que se coloca com alguma pertinência é a de saber qual o último articulado a que se refere o inciso legal. Se o último articulado for a contestação, o autor pode saber qual o último dia de prazo do último articulado, porque este deve ser oferecido nos 10 dias subsequentes à audiência de partes. O autor fica assim a saber que deve requerer a intervenção do Tribunal Colectivo ou a gravação das provas no prazo de 5 dias contados do último dia do prazo para o réu contestar; o réu também tem evidente conhecimento do seu último dia de prazo. Todavia, se houver resposta à contestação, o réu pode não saber qual é o último dia do prazo para apresentar o último articulado, a partir do qual tem 5 dias para deduzir o seu requerimento, apesar de notificado da entrega da resposta à contestação. Neste caso, deve encontrar-se uma solução que concilie o regime instituído na lei e a possibilidade de exercício de uma faculdade processual para que o regime instituído não dificulte a possibilidade da gravação da prova nos casos em que não há audiência preliminar e, portanto, nos casos de manifesta simplicidade[46]. E a solução parece que se deve encontrar no modo de contar os prazos: os 5 dias devem iniciar a sua contagem da notificação à parte do último articulado pela parte contrária, valendo igual prazo para o apresentante da última peça processual.

Efectuadas as diligências de prova que se devem realizar antes da audiência de discussão e julgamento, o processo vai com vista, por três dias, a cada um dos juízes-adjuntos, se a complexidade da causa o justificar (artigo 69°, n° 1). Ainda no caso de a audiência decorrer perante tribunal colectivo, os juízes no fundo tomam conhecimento do processo pelos juízes adjuntos imediatamente antes da audiência (art. 69°/2). Este

---

[45] Como afirma Carlos Alegre, ob. cit., p. 192 "nem antes, nem depois".

[46] Sobre esta questão vr. a crítica contundente de Abílio Neto, *Código de Processo do Trabalho*, Coimbra Editora 2ª edição, Coimbra, pp. 111-112.

A Tramitação do Processo Declarativo Comum no Código... 467

contacto com o processo tardio, só deve ocorrer nos casos em que as questões envolvidas no litígio revestem manifesta simplicidade.

III — Se estiverem presentes todas as pessoas e o tribunal constituído, é aberta a audiência (art. 70°, n° 1). A audiência só pode ser adiada por uma vez, se houver acordo das partes e fundamento legal (artigo 70°, n.° 2). O fundamento legal que permite o adiamento é constituído pelas situações previstas no artigo 651° do CPC. Todavia, deve ter-se em conta que os fundamentos de adiamento no n° 1 do artigo 651° do CPC estão previstos para situações que ocorrem após a chamada das pessoas que foram convocadas, mas antes da constituição do tribunal colectivo, enquanto o n° 2 do artigo 70° se situa num momento processual em que o tribunal colectivo já se encontra constituído. Deste modo, o adiamento por impossibilidade de constituição do tribunal colectivo deve ter um regime diverso no CPT.

Mas contrariamente ao disposto no artigo 653° do CPC, exige-se no CPT que, para além da existência de fundamento legal, haja acordo das partes[47] para o adiamento que apenas pode ocorrer uma vez. É evidente que o adiamento por impossibilidade de constituição de tribunal colectivo está dependente de a parte que o requereu prescindir dele, contrariamente ao regime do n° 2 do artigo 651° do CPT que se basta com a declaração de uma das partes nesse sentido. Esta diferença compreende-se à luz das regras da intervenção do tribunal colectivo; enquanto no artigo 646° do CPC a intervenção do colectivo depende de acordo entre as partes, no caso do CPT basta que uma das partes o requeira[48].

IV — A audiência começa com uma tentativa de conciliação – que no Código antigo tinha lugar fora da audiência – que constitui a terceira possível no âmbito do processo de trabalho (artigo 70°, n° 1). O legislador entende que as partes devem comparecer em julgamento com o objectivo de resolver, pela via conciliatória, o pleito e por isso determina cominações para a não comparência pessoal das partes na audiência de julgamento (artigo 71°). Uma das questões que se tem colocado é a de saber a presença de um mandatário judicial com poderes especiais para confessar, transigir e desistir pode considerar-se como comparência pessoal. Importa

---

[47] Albino Mendes Batista, *Código de Processo do Trabalho Anotado,* cit., p. 139, parece que considera o acordo das partes como um outro fundamento de adiamento para além dos previstos no artigo 653°, o que não se afigura correcto face partícula "e". Contra, Carlos Alegre, *Código de Processo do Trabalho Anotado,* cit., p. 196.

[48] Contra este entendimento, Carlos Alegre, Código do Processo, ibidem, p. 196.

notar que o legislador do CPT impôs em diferentes artigos a comparência pessoal das partes, também com diferentes consequências[49]. Num destes casos (artigo 54º), afirma-se a possibilidade de substituição da comparência pessoal por mandatário com poderes especiais, o que de acordo com uma interpretação sistemática, significa que, nos restantes casos, são necessários poderes especiais de representação das partes, sob pena de se assacarem as consequências da falta de comparência das partes. A cominação da não comparência e não representação por mandatário é a de se considerarem provados os factos pessoais do faltoso.

Se ambas as partes faltarem e não forem representadas por mandatários, consideram-se provados os factos pessoais do réu alegados pelo autor.

Se estiver presente um mandatário (seja do réu ou do autor) o processo segue a sua tramitação normal[50].

V – Uma das matérias reguladas especificamente para o processo comum declarativo é ampliação da matéria de facto. E, tal como no processo civil, esta é possível se surgirem factos que embora não alegados, sejam relevantes para a boa decisão da causa, através da ampliação da base instrutória, ou, não a havendo, tomando-os em consideração na decisão da matéria de facto, desde que sobre eles tenha incidido discussão (artigo 71º, n.º 1).

O poder do juiz de ampliar a matéria de facto deve ser visto à luz do reforço dos poderes do inquisitório e da oficialidade do juiz, consagrados no artigo 27º[51].

---

[49] Prevêem a comparência pessoal das partes o 32º relativo ao procedimento cautelar comum, o artigo 36º respeitante à suspensão do despedimento e o artigo 54º aquando da audiência de partes e o artigo em análise.

[50] O que significa que, o melhor para o advogado do autor se não comparecer o colega, é ausentar-se; só deve estar presente se estiver o mandatário do réu.

[51] Em primeiro lugar e contrariamente ao processo civil, o juiz de trabalho pode oficiosamente determinar a modificação subjectiva da instância com vista ao suprimento de qualquer falta de um pressuposto processual susceptível de sanação, designadamente a preterição de litisconsórcio necessário. Esta situação não pode ocorrer no processo civil, porquanto o juiz apenas pode convidar as partes a fazê-lo, mantendo-se na disponibilidade destas a configuração subjectiva da instância (cfr. n.º 2 do artigo 265º).

Por outro lado, o juiz de trabalho tem os poderes de inquisitório ampliados, em virtude dos menores constrangimentos ao convite às partes para alegarem factos que interessam à decisão da causa.

A Tramitação do Processo Declarativo Comum no Código...   469

Com efeito, no processo civil só é possível, nos termos do nº 3 do artigo 264º, considerar factos que integram a causa de pedir desde que:

a) Sejam complementares dos oportunamente alegados;
b) Resultem da instrução e discussão da causa;
c) As partes manifestem a intenção de deles se aproveitarem.

No processo de trabalho podem ser considerados quaisquer factos que deixaram de ser articulados, bastando que possam interessar à boa decisão da causa, desde que sobre eles tenha incidido discussão. Se for ampliada a matéria de facto podem as partes apresentar a novo requerimento de prova, imediatamente ou nos 5 dias subsequentes.

É ainda possível ampliar a matéria de facto após os debates, podendo o tribunal considerar factos articulados, ainda que não integrados na selecção da matéria de facto (nº 4 do artigo 72º). A dúvida que se coloca neste caso é se há ou não prazo para apresentação de prova. Afigura-se que a resposta deve ser negativa: apenas se pode admitir a produção de prova já requerida. Todavia, esta solução pode conduzir a soluções perversas, pois pode a parte ter prescindido da prova porque a respectiva matéria de facto não foi considerada relevante.

VI — Após a realização dos actos de instrução segue-se a discussão sobre a matéria de facto e de direito, que a lei designa por debates[52]. Estes têm lugar antes da decisão da matéria de facto, consistindo na realização de alegações pelos advogados das partes, tanto sobre a matéria de facto como sobre a matéria de direito (nº 3 artigo 72º). Os debates não podem exceder uma hora e não admitem réplica do mandatário da parte contrária, diferentemente do disposto na alínea e) do nº 3 do artigo 652º do CPC.

A decisão sobre a matéria de facto tem lugar na audiência e imediatamente, por despacho ou por acórdão, consoante o julgamento tiver corrido perante tribunal colectivo ou singular (artigo 68º, n.º 5º). No caso de julgamento perante tribunal colectivo, a votação sobre a matéria de facto começa pelos juízes sociais, segundo a ordem estabelecida pelo presidente do tribunal, seguindo-se os juízes do colectivo por ordem de antiguidade, votando em último lugar o juiz presidente (nº 5 do artigo 72º).

---

[52] Contrariamente ao processo declarativo comum ordinário e sumário, os debates sobre a matéria de facto e de direito são realizados antes da decisão sobre a matéria de facto.

470   *Estudos do Instituto de Direito do Trabalho*

Tal como no processo civil, o tribunal pode antes, durante ou depois de findos os debates ouvir o técnico designado nos termos do artigo 649º do CPC (nº 6 do artigo 72º). Trata-se de uma faculdade prevista igualmente no nº 6 do artigo 652º que tem por objectivo auxiliar o tribunal na decisão da matéria de facto, através da intervenção de um técnico que presta os esclarecimentos necessários sobre matéria que exija conhecimentos especiais.

VII — A sentença deve ser proferida no prazo de 20 dias (artigo 73º, nº 1) ou lavrada por escrito ou ditada para acta da audiência de discussão e julgamento quando a simplicidade das questões de direito o justificar (artigo 73º, nº 2). Neste último caso, a sentença pode limitar-se à parte decisória, precedida da identificação das partes e da sucinta fundamentação de facto e de direito do julgado (artigo 73, nº 3).

Deve o juiz na sentença, tanto quanto possível, orientar a sentença para que se condene em quantia certa, evitando a liquidação em execução de sentença (artigo 75º). Por outro lado, para evitar a discussão decorrente da execução oficiosa da sentença que condene em quantia certa a parte que seja condenada fica com o ónus de juntar ao processo documento comprovativo da extinção da dívida (artigo 76º).

O juiz pode condenar *extra vel ultra petita,* o que constitui uma das especificidades do processo de trabalho e reflecte o interesse público na satisfação efectiva de direitos irrenunciáveis. Porém, isto só pode acontecer quando esteja em causa a aplicação à matéria de facto de preceitos inderrogáveis de leis ou instrumentos de regulamentação colectiva (artigo 74º)[53]. A questão reside em saber quais são as pretensões apresentadas em tribunais que decorrem da aplicação de preceitos inderrogáveis.

Seguindo os ensinamentos de Castro Mendes[54] qualquer condenação tem premissas de facto e de direito. As premissas de facto são os factos de que o julgador pode servir-se (artigo 264º CPC), enquanto a premissa de direito deve traduzir-se, no caso da possibilidade em análise, em "preceitos inderrogáveis de leis ou instrumentos de regulamentação colectiva de trabalho".

Ainda de acordo com Castro Mendes, a disposição do CPT que estabelece a possibilidade de condenação para além do pedido "só se justifica realmente concebendo a *condenação ultra ou extra petita* como o suprimento, pelo juiz, de um direito de exercício necessário imperfeitamente

---

[53] Trata-se de uma excepção a uma das manifestações do princípio do dispositivo contido no artigo 3º e 668º, nº 1, alínea e) ,ambos do CPC. Sobre o princípio do dispositivo pode consultar-se, Lebre de Freitas, *Introdução do Processo Civil,* cit. pp. 121 e ss.

[54] "Pedido e causa de pedir no processo do trabalho", in *Curso de direito processual do trabalho*, suplemento da RFDUL, Lisboa 1964, p. 131.

A Tramitação do Processo Declarativo Comum no Código...   471

exercido pelo seu titular (ou o seu representante). Se o autor pede (como podia não ter pedido) nos termos que ficaram expostos, o juiz em meu entender deve cingir-se ao pedido, ainda que porventura o autor tivesse direito a mais. Mas se pede uma indemnização insuficiente, o juiz deve suprir esse exercício (e como a sua actividade é de suprimento dum pedido insuficiente, ainda parece que o pedido — nas suas consequências legais, — pode continuar a considerar-se objecto do processo) e condenar *ultra vel extra petitum* — então estamos na presença dum preceito que poderíamos chamar absolutamente inderrogável".

Os limites da condenação *ultra vel extra petitum* devem então encontrar-se nos direitos, que, do ponto de vista do trabalhador, são irrenunciáveis, quer quanto à sua existência, quer quanto ao seu exercício[55].

---

[55] Por ser paradigmático do entendimento jurisprudencial sobre a questão da condenação extra vel ultra petitum transcreve-se parte do Acórdão do Supremo Tribunal de Justiça, 13 de Maio de 1998 in Acórdãos Doutrinais do Supremo Tribunal Administrativo, nº 444, Dezembro de 1998. A propósito da questão dos preceitos inderrogáveis escreve-se no acórdão citado que u*m determinado preceito só será inderrogável quando atribua um direito a cujo exercício o seu titular não pode, na prática, renunciar, como é o caso do direito à indemnização por acidente de trabalho.*
Quando o exercício do direito depende da livre determinação da vontade das partes, como acontece no caso do pedido de pagamento de salários, a condenação deve manter-se nos limites qualitativos e quantitativos do pedido.
Castro Mendes, na conferência que proferiu no Curso de Direito Processual do Trabalho que foi publicada no Suplemento da Revista da Faculdade de Direito da Universidade de Lisboa, pág. 131-132, a propósito do que deve entender-se por «preceitos inderrogáveis», distinguiu entre direitos de «existência necessária» mas que não são de exercício necessário, como é o caso do direito ao salário, e «direitos cuja existência e exercício são necessários», como é o caso do direito a indemnização por acidente de trabalho.
A aplicação dos preceitos que conferem o direito a um determinado salário, assim considerado de existência necessária, não pode ser afastada pela vontade das partes no plano jurídico mas pode sê-lo no plano prático.
As partes não podem contratar um salário inferior ao legal mas nada obriga o trabalhador a receber ou a exigir esse salário legal.
O direito ao salário é, assim, um direito de existência necessária mas não de exercício necessário, diversamente do que acontece quanto ao direito de reparação por acidentes de trabalho que a lei não só quer que exista mas também que seja exercido.
Se a lei quer que o direito exista e também que seja exercido, a vontade das partes é irrelevante, tanto no plano jurídico como no plano prático, para afastar esse preceito legal que é assim, inderrogável.
Como ensinou o citado Mestre cuja autoridade na matéria é reforçada pelo facto de ter sido um dos autores do projecto do Código de Processo do Trabalho, o regime excepcional do artigo 69.º, do C.P.T. só se justifica realmente considerando que a condenação em quantidade superior ao pedido ou em objecto diverso dele tem em vista o suprimento pelo juiz dum direito de exercício necessário, não exercido ou imperfeitamente exercido pelo seu titular.

A REPERCUSSÃO DO TEMPO NO PROCEDIMENTO DISCIPLINAR – DA PRESCRIÇÃO, CADUCIDADE, DURAÇÃO DA INSTRUÇÃO E INOBSERVÂNCIA DO PRAZO DE DECISÃO[1]

INÊS ALBUQUERQUE E CASTRO
Advogada
Pós-Graduada em Direito do Trabalho
pela Faculdade de Direito da Universidade de Lisboa

SUMÁRIO: Preliminares, Delimitação do Tema e Indicações Metodológicas. §1º: Da Prescrição da Infracção Disciplinar. 1.1. Breve Resenha Histórica. 1.2. Da "Prescrição" por força da cessação do Contrato de Trabalho. 1.3. Da "Prescrição da Infracção". 1.4. Do Fundamento da Prescrição. 1.5. Do Início da contagem do prazo de prescrição. 1.5.1. Da Infracção detectada depois do decurso do prazo; Da aplicabilidade deste prazo ao regime dos despedimentos. 1.5.2. Posição de Bernardo Xavier. 1.5.3. Posição adoptada. 1.5.4. Das Infracções continuadas. A) Do recurso às regras de Direito Penal e Direito Processual Penal — suas similitudes e diferenças. 1.5.5. Da prescrição de condutas criminosas. §2º: Do Prazo de Caducidade do Procedimento Disciplinar. 2.1. Breve Resenha Histórica. 2.2. Caducidade ou Prescrição da acção disciplinar? 2.3. Da necessidade do

---

[1] O presente estudo foi realizado no âmbito do II Curso de Pós-Graduação em Direito do Trabalho, promovido pelo Instituto de Direito do Trabalho da Faculdade de Direito da Universidade de Lisboa e coordenado pelo Professor Doutor Pedro Romano Martinez. Aproveitamos o ensejo para publicamente lhe agradecer o gentil convite para participar neste Volume III dos Estudos do Instituto do Direito do Trabalho, e para dirigir uma palavra de agradecimento a esse Instituto que incutiu estímulo na redacção destas páginas cabe também dedicar uma palavra à Professora Doutora Maria do Rosário Palma Ramalho que, com a sua inteira disponibilidade, comentários e sugestões, nos permitiu o preenchimento de algumas lacunas. Uma palavra muito especial de gratidão e amizade pela orientação e apoio generosamente prestada pelo Mestre Luis Gonçalves da Silva.

conhecimento do infractor. 2.4. Do início do procedimento disciplinar. 2.5. Da conjugação do prazo do 31° n° 1 com o prazo do 27° n° 3. 2.6. Da suspensão do prazo de caducidade e de prescrição. 2.6.1. Suspensão da caducidade. 2.6.2. Da suspensão da prescrição. 2.6.3. Suspensão ou interrupção da caducidade? 2.6.4. Da suspensão ou interrupção da prescrição? §3°: Dos Prazos de duração da instrução. 3.1. Breve Resenha Histórica. 3.2. Regime Actual. §4°: Do prazo de decisão do procedimento disciplinar — sua inobservância. 4.1. Breve Resenha Histórica. 4.2. Regime Actual. Conclusões

INTRODUÇÃO
Delimitação do Tema e Indicações Metodológicas

A importância do tempo nas relações jurídicas, e o facto do mesmo poder influir sobre os mais variados domínios do direito, suscitou-nos interesse no estudo do tema no âmbito do Direito do Trabalho, mais especificamente no procedimento disciplinar. Neste ramo, tal como nos demais, o tempo tem uma enorme relevância, sobretudo em termos práticos, pois por vezes adivinham-se consequências drásticas caso não sejam observados os prazos exigidos para a prática de actos. Porém, a legislação laboral, no que concerne ao procedimento disciplinar, mostra-se muito exígua e pouco rigorosa em determinados aspectos, sobretudo nos prazos, o que nos levou a tratar este assunto. A importância do tempo e as questões que o mesmo suscita perante os nossos tribunais justificaram a escolha do tema.

É exigência de uma introdução, não só a justificação do tema, como também a sua delimitação e indicações metodológicas, bem como o seu enquadramento dogmático. É o que faremos.

O poder disciplinar corresponde à faculdade atribuída à entidade patronal de aplicar sanções como forma de reacção às infracções cometidas pelos trabalhadores, e ainda à definição dos deveres inerentes à inserção do trabalhador na organização empresarial, ou seja, das regras que consubstanciam a direcção dessa organização[2-3]. A relação entre o poder discipli-

---

[2] Para MARIA DO ROSÁRIO PALMA RAMALHO este poder é o chamado "poder organizativo" cuja valência laboral se exprime através do exercício do poder de direcção. "Do Fundamento do Poder Disciplinar Laboral", Almedina, Coimbra 1993, pág. 150.

[3] Em Espanha, a propósito do poder de direcção e do poder disciplinar *vide* MANUEL ALONSO OLEA e MARIA EMILIA CASAS BAAMONDE, "Derecho del Trabajo", 14ª Edição, Servicio publicaciones Faculdad Derecho Universidad Complutense de Madrid, Madrid 1995, págs. 337 e ss.

nar e o poder de direcção, não se tem revelado questão pacífica na nossa doutrina. Parte dela coloca estes dois poderes em pé de igualdade, outra defende que o poder de direcção tem uma importância suficiente para nele integrar todos os outros poderes laborais do empregador — incluindo o poder disciplinar[4]. Em quaisquer dos casos, o que se tem em vista é a tutela eficaz e oportuna dos valores atendidos na organização empresarial, dos valores inerentes à subordinação jurídica decorrente do contrato de trabalho[5]. O poder disciplinar é um poder excepcional[6] concedido à entidade patronal, reconhecendo-se como privilégio da mesma poder instaurar procedimento disciplinar sem recurso aos meios judiciais[7]-[8].

A necessidade de responder prontamente às infracções praticadas, de forma a permitir a continuidade da relação laboral, é motivo bastante para

---

[4] Sobre estas posições *vide* MARIA DO ROSÁRIO PALMA RAMALHO, "Do fundamento ...", pág. 188. Para MONTEIRO FERNANDES ("Sobre o Fundamento do Poder Disciplinar", *in* Estudos Sociais e Corporativos, Ano V, nº 18, pág. 68) "...o poder disciplinar pressupõe o poder directivo *mas não se esgota no núcleo de garantias que se relaciona com este último*. Detemo-nos neste ponto porque, geralmente, o poder disciplinar é configurado como a 'garantia interna do poder directivo'".

[5] "La fundamentación material de este poder disciplinario del empresario habrá que buscarla en la necesidad de eficiente funcionamiento de la organización productiva en la empresa consistente. De tal modo que un incumplimiento laboral del trabajador necesita una respuesta inmediata y no puede esperar los trámites, en ocasiones dilatados, del pronunciamiento jurisdiccional, previa demanda empresarial." IGNACIO ALBIOL MONTESINOS, LUIS CAMPS RUIZ, IGNACIO GARCIA NINET JUAN LOPEZ GANDIA, TOMAS SALA FRANCO, "Derecho Del Trabajo", 11ª Edición, Tirant lo Blanch, Valencia 1997, pág. 620.

[6] Excepcional no sentido da sua singularidade em relação aos contratos em geral.

[7] Assim funciona também no Direito Brasileiro onde a despedida sem justa causa e com justa causa, apesar de se sujeitarem a uma disciplina jurídica distinta, dispensam o recurso ao tribunal para que este declare dissolvido o vínculo laboral. A entidade patronal possui o direito de promover por iniciativa própria a rescisão unilateral do contrato sem recurso à autoridade judiciária. Na rescisão com justa causa do contrato de trabalho por parte do empregador, o Estado não conferiu ao trabalhador "uma tutela preventiva; confere-lhe uma tutela assistencial, posterior à rescisão, eventualmente permitindo a submissão do litígio individual, ao controle do judiciário trabalhista. Trata-se antes de protecção assistencial que previdencial, visto vir após o evento." ORLANDO GOMES e ELSON GOTTSCHALK "Curso de Direito do Trabalho", 14ª Edição, Editora Forense, Rio de Janeiro 1995, págs. 377 e 383.

[8] Em Espanha, o Tribunal Constitucional decidiu que "el empresario, en nuetro sistema legal, tiene atribuido un llamado poder disciplinario que le permite adoptar decisiones sancionadoras de eficacia inmediata sin necesidad de acudir a las instancias judiciales para su imposición y efectividad, con el correlativo derecho del trabajador, además de otras garantías, de instar y obtener la vía judicial laboral la revisión de la conformidad a derecho de tal decisión empresarial." — S.T.C.O. de 21 de Dezembro de 1987 *in* S.T.S.J. Catalunha de 5 e 30 de Setembro de 1994, Ar/3476 e 3533.

476   *Estudos do Instituto de Direito do Trabalho*

a atribuição de poderes sancionatórios à entidade patronal. As infracções disciplinares podem afectar gravemente os interesses da empresa, rompendo-se a relação de confiança, o que determina dificuldades no prolongamento da relação de trabalho, e leva a lei a condicionar o exercício do procedimento disciplinar a determinados prazos. O estabelecimento de prazos tem também por base a necessidade de proteger as garantias do trabalhador perante despedimentos levianos e caprichosos. Os objectivos do procedimento disciplinar, em conjugação com os prazos de caducidade e prescrição, visam assim igualmente a defesa dos direitos do trabalhador.

Assim, o procedimento disciplinar com vista ao despedimento surge como medida de equilíbrio entre interesses divergentes. A entidade empregadora, entendendo que o comportamento do trabalhador foi suficientemente lesivo dos seus interesses, pretende desvincular-se com a maior rapidez da relação laboral. O trabalhador, por seu turno, necessita que lhe seja concedida uma oportunidade de defesa bem como uma garantia de que as suas razões serão avaliadas de forma fria, sem o clima de pressão subsequente à prática da infracção[9].

Em consequência do procedimento levado a cabo a entidade patronal pode ou não despedir, pode ou não aplicar uma sanção disciplinar.

As sanções disciplinares não têm uma função reparatória ou ressarcitória, tendo antes uma função intimidativa e punitiva, com vista a reintegrar o trabalhador nas regras de disciplina e conduta da empresa. Daí que a responsabilidade disciplinar dos trabalhadores tenha uma base predominantemente penal (comparativamente com a civil). Com efeito, a aplicação de sanções disciplinares decorrente do apuramento da responsabilidade disciplinar pretende a prevenção e a repressão de factos ilícitos praticados no âmbito da relação laboral, não pretendendo o ressarcimento de danos (embora possa também acessoriamente visá-los)[10], o que a

---

[9] Uma vez que o despedimento é uma fonte de desemprego, torna-se necessário submetê-lo a rigorosos princípios. Como afirmam ORLANDO GOMES e ELSON GOTTSCHALK "Curso ...", pág. 357: "A despedida arbitrariamente decidida pelo empregador, (...), constitui, historicamente, resquício do soberano poder do chefe da empresa, incontrastável e arbitrário. Daí modernamente as legislações exigirem a motivação da despedida em razões de ordem técnica, econômica, financeira, etc. além de submeter o ato da despedida a certas formalidades processuais, como, por exemplo, a comunicação ao empregado dos motivos da despedida, por escrito, e outros procedimentos." (sublinhado nosso).

[10] O poder disciplinar é um *"poder de punir e não um poder com objectivos ressarcitórios ou compensatórios."* — MARIA ROSÁRIO PALMA RAMALHO, "Sobre os limites do Poder Disciplinar Laboral", in AAVV, I Congresso Nacional de Direito do Trabalho — Memórias, Coordenação António Moreira, Almedina, Coimbra 1998, pág. 187.

aproxima da disciplina penal e não da civil. "Aliás, as sanções disciplinares não são, em regra, pecuniárias (como é o caso da multa) e, mesmo quando são, o seu produto não reverte para o empregador (30° da LCT)"[11]. Acrescendo a tudo isto, a responsabilidade disciplinar é cumulável com a responsabilidade civil, nos termos do artigo 27° n° 4 da LCT.

Este conteúdo punitivo do poder disciplinar, bem como a tipologia das sanções a aplicar e os princípios que regem a sua aplicação conduzem necessariamente ao estabelecimento de um paralelo com outros ramos, também eles punitivos e com estas características, como sejam o Direito Disciplinar Administrativo, o Direito Penal e o Direito Processual Penal. Tanto na disciplina penal, como na disciplina laboral e disciplina administrativa, há uma reacção à prática da infracção[12], com fundamento no interesse de uma organização (Estado ou empresa). Em todas elas se pretende sancionar o infractor e não ressarcir os prejuízos causados que podem até não existir. É também comum a estas disciplinas a tentativa de reintegrar o trabalhador nas regras de conduta da empresa/Estado, obstando a uma nova infracção. Por fim, em qualquer delas se verifica a necessidade de precedência de um processo que apure a gravidade da infracção e a culpa do agente, fixando a pena adequada. No entanto, é preciso ter em conta que os valores em jogo são diferentes, baseando-se o Direito Penal, Processual Penal e Disciplinar Administrativo, em regras bastante mais exigentes.

Justificada a aproximação do direito disciplinar aos direitos punitivos e justificada a *ratio* do procedimento disciplinar, cabe referir quais os objectivos do presente trabalho. Ele visa a análise dos vários contributos já existentes sobre a matéria versada e uma expressão dialética do nosso pensamento. O objectivo a atingir através deste estudo levou-nos a optar por um determinado método de exposição. Assim, partindo da análise detalhada do prazo de prescrição da acção disciplinar, procedemos a um tratamento igualmente aprofundado do seu prazo de caducidade. Na verdade, apesar da sua aparente simplicidade, são prazos bastante controversos na nossa legislação, o que envolveu o estudo das questões problemáti-

---

[11] Idem, pág. 187.

[12] Uma reacção mas não uma reacção de sentido retributivo ou reparatório, mas uma reacção que actue sobre uma situação contrária ao propósito económico da entidade patronal. Trata-se de uma reacção que visa actuar sobre a pessoa do trabalhador, censurando a sua conduta e tentando reconduzi-lo à conduta visada de disciplina e cumprimento dos deveres decorrentes da relação laboral. Assim, a sanção disciplinar tem um conteúdo preventivo "conservatório e intimidativo" (MONTEIRO FERNANDES, "Direito do Trabalho", 10ª edição, Almedina, Lisboa 1998, pág. 245), tendo por objectivo adequar o comportamento do trabalhador ao interesse da empresa.

478   *Estudos do Instituto de Direito do Trabalho*

cas levantadas neste domínio. Em quaisquer destes casos, atenderemos ao procedimento disciplinar com vista ao despedimento apenas em relação a três dos tipos de infracções praticadas pelo trabalhador: infracções perpetradas por acção, por omissão, ou por acção com resultado posterior à prática da infracção. Todas as demais, por razões ligadas à limitação que nos é imposta, não foram objecto do nosso estudo. Além destes dois prazos "principais" do procedimento disciplinar, existem outros dois que não preocuparam o legislador: o prazo da instrução do procedimento disciplinar, o prazo de decisão do mesmo e as consequências da sua inobservância. Trata-se de prazos para os quais não há solução legislativa, que não se encontram plasmados na nossa legislação, carecendo de uma análise e, quiçá, de um contributo para o estudo da questão.

§1º. DA PRESCRIÇÃO DA INFRACÇÃO DISCIPLINAR

1.1. *Breve Resenha Histórica*

I) Do ponto de vista legislativo, e até ao surgimento do Decreto-Lei 49.408 de 24.11.69 (LCT) que institui o Regime Jurídico do Contrato Individual de Trabalho, apenas nos deparamos com dois diplomas: a Lei 1952 de 10 de Março de 1937 e o Decreto — Lei 47.032 de 27 de Maio de 1966.

II) A Lei 1952 reúne pela primeira vez num só texto legal uma regulamentação jurídica de direito do trabalho. A relação laboral deixa de ser encarada como uma mera espécie do contrato de prestação de serviços para passar a ser encarada numa perspectiva sócio-económica, descobrindo-se uma necessidade específica de garantir a segurança no emprego a todos os que colocam à disposição da entidade patronal a sua força de trabalho. Desta forma, este diploma rodeou de cautelas a denúncia do contrato de trabalho, por forma a evitar que o trabalhador fosse privado da sua fonte de rendimento. Porém e como se poderá adivinhar, a protecção dada ao trabalhador não era tão abrangente como hoje em dia. Assim, admitia-se a cessação do contrato de trabalho "independentemente de alegação de justa causa"[13] desde que se avisasse previamente o outro contraente "por

---

[13] Artigo 10º da citada Lei.

A Repercussão do Tempo no Procedimento Disciplinar... 479

declaração inequívoca"[14] dentro de determinados prazos, dependentes da duração do contrato. Além desta forma de cessação do contrato de trabalho, previa a mencionada lei a possibilidade da cessação do contrato por justa causa, a qual seria apreciada pelo juiz "segundo o seu prudente arbítrio, tendo sempre em atenção o carácter das relações entre dirigentes e subordinados, a condição social e o grau de educação de uns e outros, e as demais circunstâncias do caso"[15], enumerando-se alguns exemplos de justa causa. Fora destes casos, e sendo o trabalhador despedido sem aviso prévio nem justa causa, o mesmo teria direito à retribuição correspondente ao tempo de serviço prestado e, a título de indemnização, "ao ordenado correspondente ao prazo de aviso prévio"[16] que coubesse ao caso concreto.

Assim, e apesar de o legislador mostrar preocupação com o decurso do tempo noutros preceitos legais[17], parece que nestas matérias esse espírito não prevaleceu, certamente devido ao facto de também não se prever qualquer procedimento para o despedimento do trabalhador. A justa causa não estava dependente de procedimento disciplinar, mas apenas de apreciação judicial.

III) A evolução operada na doutrina quanto à regulamentação jurídica do contrato individual de trabalho; a necessidade de acautelar os legítimos interesses dos trabalhadores e da entidade patronal por forma a impedir abusos que pudessem afectar o equilíbrio das relações laborais; e a pretensão de promoção da justiça, levaram ao surgimento do Decreto-Lei 47.032 de 27 de Maio de 1966, que veio transformar radicalmente o regime do contrato individual de trabalho. Com ele surge uma sistematização do regime, ordenado segundo uma técnica de codificação, o que contribuiu em muito para o progresso do Direito do Trabalho e para uma maior facilidade de conhecimento e consulta das suas disposições.

---

[14] Idem

[15] Artigo 11º da citada Lei.

[16] Artigo 10º §2º.

[17] Artigos 23º e 24º, relativos à prescrição dos vencimentos do trabalhador, à prescrição da retribuição por trabalho extraordinário, e à prescrição da indemnização por falta de cumprimento da lei. Veja-se também a alteração promovida pelo Decreto — Lei 43.182, no qual se pode ler no seu preâmbulo: "Pretende-se, com este preceito, que os interessados se disponham a reclamar em tempo oportuno os seus direitos, de modo a afastar incertezas nas relações de trabalho e ainda a contrariar os abusos e represálias, neste domínio ainda frequentes, de patrões ou trabalhadores menos compenetrados nos seus deveres". No entanto, esta passagem refere-se ao pagamento de horas extraordinárias.

Mantém-se a possibilidade de denúncia unilateral do contrato sem termo mediante a observância de determinados prazos, mantendo-se também a rescisão com justa causa mediante comunicação inequívoca à outra parte, sendo que só os factos aí expressamente invocados poderiam fundamentar a rescisão — o que constitui inovação do diploma. Contrariamente ao que sucedia no domínio da anterior Lei, este novo diploma trata separadamente da justa causa para rescisão invocada pela entidade patronal e pelos trabalhadores, contendo uma enumeração muito mais explícita das situações de justa causa, a qual continua, tal como na Lei 1952, dependente da apreciação pelo tribunal segundo o seu prudente critério. No âmbito do tema que ora nos ocupa cabe salientar o tratamento de direitos, deveres e garantias genéricos das partes, tendo o poder disciplinar da entidade patronal recebido uma ampla revisão, orientada sobretudo no sentido de uma melhor precisão do seu conteúdo com enumeração das sanções, imposição de limites e respectivo modo de exercício. Deixou-se implícita a necessidade de observância de um procedimento disciplinar[18] para aplicação das sanções.

Pela primeira vez determina a lei que a infracção disciplinar "prescreve ao fim de um ano a contar do momento em que teve lugar, ou logo que cesse o contrato de trabalho"[19].

IV) Esta redacção manteve-se inalterada no Decreto-Lei 49.408 de 24.11.69, o qual manteve praticamente intacta a arquitectura e sistematização da anterior lei, embora com alguns ajustamentos na numeração do articulado e na disposição dos capítulos. Esta revisão foi liderada por uma preocupação de equilíbrio mais justo nas relações entre as partes. No que concerne à disciplina da empresa, visou-se definir melhor os princípios de aplicação das sanções disciplinares, criando um processo que obrigou à audiência do trabalhador, conferindo-lhe a possibilidade de reclamação hierárquica das sanções aplicadas. Procurou-se também um sistema que permitisse a aplicação de uma maior diversidade de sanções, de forma a impedir o recurso sistemático à sanção do despedimento.

---

[18] O artigo 31° n° 2 fala expressamente em "procedimento", sendo que todo o conjunto do diploma demonstra essa intenção de organização de um procedimento. Além disso, a rescisão com justa causa tinha que ser comunicada à outra parte por forma inequívoca (artigo 98° n° 2 daquele diploma) e só podia haver rescisão com base em factos expressamente invocados na comunicação (artigo 98° n° 3 do diploma).

[19] Artigo 27° n° 3 do citado Decreto-Lei.

A Repercussão do Tempo no Procedimento Disciplinar...

1.2. Da "prescrição" por força da cessação do contrato de trabalho

I) Determina o artigo 27º nº 3 da LCT que "a infracção disciplinar prescreve ao fim de um ano a contar do momento em que teve lugar, ou logo que cesse o contrato de trabalho."[20]. Esta norma consubstancia, do

---

[20] Na lei espanhola, o artigo 60.2 do Estatuto dos Trabalhadores prevê dois prazos especiais de prescrição como limitativos da faculdade da entidade empregadora sancionar as infracções cometidas pelo trabalhador. Assim, distingue entre prescrição curta (cujo prazo depende da gravidade da infracção cometida e que se conta desde o momento em que a entidade patronal, ou quem tenha na empresa competência disciplinar, teve conhecimento da sua prática. Corresponde assim ao nosso artigo 31º nº 1 da LCT) da prescrição larga. A prescrição larga corre independentemente do empregador ter ou não tido conhecimento da prática da infracção, prescrevendo esta nos seis meses seguintes ao momento em que o trabalhador praticou a infracção. Esta prescrição corresponde assim ao nosso artigo 27º nº 3 da LCT.

A propósito da lei espanhola, veja-se sumariamente qual o regime jurídico dos despedimentos neste ordenamento jurídico.

Em Espanha não se conhece o despedimento *ad nutum* ou sem causa. "La legislación laboral vigente desconoce la distinción entre el despido ordinario y el despido extraordinario. (...), el Derecho español no admite más que una única forma de despido legítimo: el despido justificado. (...)"BERNARDO MARIA CREMADES, *in* Boletim da Faculdade de Direito da Universidade de Coimbra nº 48, pág. 213. "La pregunta inmediata es la de qué causas justifican el despido; las que ofrece nuestro Derecho pueden ser subsumidas en estas dos: 1ª Un hecho, o conjunto de hechos, independiente de la voluntad de las partes que definitivamente impida la continuación en la ejecución del contrato; nos hallamos entonces ante los *despidos por fuerza mayor*. 2ª Un incumplimiento previo del contrato de trabajo por parte del trabajador; nos hallamos entonces ante los *despidos diciplinarios.*" MANUEL ALONSO OLEA, MARIA EMILIA CASAS BAAMONDE "Derecho del Trabajo", Servicio publicaciones Universidad Complutense de Madrid, Madrid 1995, pág. 387. Analisemos apenas o despedimento disciplinar previsto pelo artigo 54.1 do Estatuto dos Trabalhadores (através do qual se extingue o contrato de trabalho por força de um incumprimento culposo do trabalhador), pois foi este que nos preocupou no presente estudo. De acordo com o disposto no artigo 55.2 do Estatuto dos Trabalhadores, o despedimento disciplinar está submetido ao dever de notificação escrita ao trabalhador dos factos que o motivam e da data em que produzirá efeitos. Esta comunicação escrita tem por finalidade permitir a defesa do trabalhador, devendo incluir "los detalles de la conducta imputada que resulten indipensables para su cabal identificación, en cuanto a su naturaleza y acaecimiento" (S.T.S. de 17 de Setembro de 1990, Ar/9800) "La entrega de ésta no se sujeta por ley a ningún requisito o condicionante, que, de esse modo, sólo existen en la medida que el empresario se los imponga a sí mismo a efectos de prueba; puede hacerse así directamente en la propia empresa, o por envío al domicilio del despedido, reconociéndose a este respecto por la jurisprudencia la validez del procedimiento postal ordinario (correo, en especial, certificado, y com acuse de recibo), el requerimiento nota-

ponto de vista sistemático, o "primeiro prazo" previsto na lei e a que a entidade patronal tem de atender para impulsionar o procedimento disciplinar.

II) Antes de mais, cabe aferir sobre a bondade do termo "prescrição" para qualquer dos casos mencionados no preceito.

III) A lei determina que a prescrição se verifica ao fim de um ano desde o momento em que teve lugar ou logo que cesse o contrato de trabalho. Nesta última hipótese, cessa também o poder disciplinar que a lei confere à entidade patronal. Na verdade, dispõe o artigo 26º da LCT que "a entidade patronal tem poder disciplinar sobre os trabalhadores <u>que se encontrem ao seu serviço.</u>" (sublinhado nosso), o que significa claramente que, se os trabalhadores já não se encontram ao serviço da entidade patronal, não existe legitimidade para o exercício do poder disciplinar. Aliás, nem sequer faria sentido que o poder de punir, nomeadamente através da aplicação de sanções, se mantivesse para além da vida do vínculo laboral. Assim, a extinção do direito de exercer a acção disciplinar não deriva do seu não exercício por um determinado lapso de tempo, mas da verificação de um facto jurídico — a cessação do contrato de trabalho. Isto significa que, em termos rigorosos, se verifica a caducidade e não a prescrição da punibilidade da infracção disciplinar[21].

1.3. *Da "Prescrição da Infracção"*

I) A segunda questão que se coloca é a de saber se será correcta a utilização do termo "prescrição da infracção".

II) A infracção disciplinar envolve as violações dos deveres ligados à relação de trabalho subordinado, abrangendo os deveres inerentes à exe-

---

rial o un telegrama." GONZALO DIEGNEZ, "Lecciones de Derecho del Trabajo", 4ª Edição, Marcial Pons Ediciones Juridicas, Madrid 1995, pág. 368.

[21] Neste sentido PEDRO DE SOUSA MACEDO, "Poder Disciplinar Patronal", Almedina, Coimbra 1990, pág. 111; MÁRIO PINTO, FURTADO MARTINS E NUNES DE CARVALHO, "Comentário às Leis do Trabalho", Lex, Lisboa 1994, pág. 149 embora não refiram expressamente a incorrecção terminológica, salientam o facto de não ser correcto falar em prescrição decorrente da cessação do contrato, pois o fenómeno que ocorre é antes o da extinção do poder disciplinar como consequência da cessação do vínculo laboral.

A Repercussão do Tempo no Procedimento Disciplinar... 483

cução do débito laboral e todos os que respeitem à posição do trabalhador na estrutura onde presta trabalho, independentemente do seu comportamento integrar ou não a correcta execução dos deveres inerentes à realização do trabalho. Assim, "a adição de um facto novo — curso de um certo tempo — não vem descaracterizar a infracção, mas atingir o *ius puniendi* dele decorrente. A prescrição é um fenómeno extintivo de direitos e a infracção não é um direito, mas antes gera direitos."[22] A infracção disciplinar não se altera com o decurso do tempo, que não a afecta em nada, ainda que decorram os 365 dias. Aquele lapso de tempo vai antes afectar o direito de exercer o poder disciplinar. Assim, não tem sentido a menção à prescrição da infracção, mas sim à prescrição da punibilidade da infracção que esgota o poder disciplinar. Prescreve o direito de exercer o procedimento, e não a infracção disciplinar. Decorrido o prazo de um ano extingue-se a acção disciplinar.[23]

O exemplo dado *infra*[24] sobre a relevância das faltas para efeitos disciplinares, demonstra que o facto de "prescreverem" as primeiras faltas não significa que deixe de ser possível o procedimento disciplinar que, na verdade, só poderá ser iniciado após a prática da quinta ou da décima falta.

Face ao exposto, o que prescreve não é a infracção mas o poder disciplinar[25].

1.4. *Do Fundamento da Prescrição*

Os interesses que justificam a necessidade de impor um prazo para o exercício do *ius puniendi* são, nomeadamente, os seguintes:

— a dificuldade na obtenção de provas, que se tornam mais difíceis de colher por efeito erosivo do tempo, evitando-se assim um excessivo distanciamento entre a infracção e a sanção, com o objectivo de atingir o acerto de julgados;

---

[22] PEDRO DE SOUSA MACEDO, "Poder ...", pág. 115.

[23] Neste sentido Acórdão do STJ de 28.04.89, *in* Acórdãos Doutrinais, nº 331, pág. 1011, onde se pode ler: "O prazo prescricional de um ano previsto no artigo 27º nº 3 da LCT refere-se à punibilidade da infracção e o seu decurso traduz-se no esgotamento do poder disciplinar em relação aos factos que poderiam ser qualificados como infracção".

[24] 1.5.4. A)

[25] Adivinha-se que tal imprecisão terminológica tenha sido importada da lei espanhola que, conforme referimos já, utiliza a expressão "prescrição" ao referir-se às infracções disciplinares.

484   *Estudos do Instituto de Direito do Trabalho*

— a preservação da certeza ou segurança jurídica, que determina a manutenção das situações de facto que se constituíram e se prolongaram por algum tempo, e que levaram o trabalhador a criar expectativas e a organizar modos de vida face à não punibilidade da infracção;

— a necessidade de evitar que a eventual punição de uma infracção disciplinar se mantenha indefinidamente como ameaça sobre o trabalhador.

Citando Silva Ferrão, "O legislador teve em consideração os sobressaltos que sofre sem termo um culpável, a dificuldade em recolher provas após certo tempo, a insegurança que elas oferecem então ao espírito dos juízes"[26].

1.5. Do Início da Contagem do Prazo de Prescrição

1.5.1. Da Infracção detectada depois do decurso do Prazo; da Aplicabilidade deste prazo ao Regime dos Despedimentos

I) Uma questão bastante controversa, relaciona-se com o facto de a entidade patronal dispor apenas de um ano a contar da prática da infracção, para dela tomar conhecimento e consequentemente sancionar o trabalhador; e se, decorrido que foi esse prazo não poderá eventualmente vir a entidade patronal exercer acção disciplinar, ainda que só após esse prazo dela tenha tomado conhecimento.

A questão foi alvo de várias decisões jurisprudenciais[27], entre as quais se salientam as decisões do Acórdão da Relação do Porto de 19.10.87 e do Acórdão do Supremo Tribunal de Justiça de 19.12.88 (no âmbito do mesmo processo)[28], que se debruçavam sobre a questão de um

---

[26] "Theoria do Direito Penal", Volume III, Typografia Universal, Lisboa 1856, pág. 259.

[27] Acórdão da Relação de Lisboa de 26.02.79, *in* Acórdãos Doutrinais do STA nº 280, pág. 520; Acórdão da Relação de Évora de 21.2.80, *in* Boletim do Ministério da Justiça nº 296, pág. 349; Acórdão da Relação do Porto de 05.03.79, *in* Colectânea de Jurisprudência, 1979, Tomo II, pág. 501; Acórdão da Relação de Évora de 04.03.80, *in* Boletim do Ministério da Justiça nº 300, pág. 370; Acórdão da Relação de Évora de 08.04.80, *in* Colectânea de Jurisprudência, 1980, Tomo II, pág. 106; Acórdão da Relação de Évora de 05.02.87, *in* Colectânea de Jurisprudência, 1987, Tomo I, pág. 333.

[28] *In* "Revista de Direito e Estudos Sociais", 2ª série, 1990, nºs 1, 2, 3, 4, pág. 225 e 230, respectivamente.

A Repercussão do Tempo no Procedimento Disciplinar...

485

trabalhador — caixa bancário — que sacou abusivamente dinheiro de uma conta a prazo, tendo para o efeito preenchido a requisição de um cheque avulso e o respectivo cheque, falsificando as assinaturas do cliente, consumindo e fazendo sua a importância conseguida fraudulentamente, tendo a entidade patronal tomado conhecimento dessa conduta dois anos e oito meses depois. Ambas as decisões consideraram que a infracção disciplinar tinha prescrito ao fim de um ano a contar do saque abusivo, lamentando o facto de a entidade patronal só ter tomado conhecimento da mesma após o decurso deste prazo.

1.5.2. *Posição de Bernardo Lobo Xavier*

II)Criticando estas soluções, Bernardo Lobo Xavier[29] entendeu desde logo que o artigo 27° n° 3 da LCT não se aplicava à justa causa de despedimento, por esta não assentar necessariamente em infracção disciplinar e também porque a Lei dos Despedimentos tem normas próprias aplicáveis ao caso. "Não fazemos nosso o entendimento das sentenças *a quo*, pelo qual a justa causa se liga sempre à prática de uma infracção disciplinar"[30]. Defende o autor que a sua posição encontra fundamento na interpretação histórica, uma vez que, na versão do anterior Decreto-Lei 372-A/75, a justa causa era entendida como comportamento culposo do trabalhador que, pela sua gravidade e consequências, "constitua infracção disciplinar que não comporte a aplicação de outra sanção", noção esta que se manteve com o Decreto-Lei 84/76. Considerando que existem também situações não disciplinares, a alteração do Decreto-Lei 841-C/76 ao Decreto-Lei 372-A/75 retirou a expressão "que constitua infracção disciplinar grave", sendo justa causa de despedimento "o comportamento culposo do trabalhador que, pela sua gravidade e consequências, torne imediata e praticamente impossível a relação de trabalho". Para o autor esta alteração trouxe uma maior flexibilidade na cessação dos contratos de trabalho, permitindo o despedimento noutros casos que não constituam ilícito disciplinar. O conceito de justa causa é agora mais largo do que aquele que constava do texto anterior.

Na verdade, existem situações em que o facto não constitui ilícito disciplinar, mas que é fundamento bastante para justa causa de despedimento. Bernardo Lobo Xavier exemplifica: "(...), o piloto de aviação que se

---

[29] "Prescrição da Infracção Disciplinar (artigo 27° n° 3 da LCT)", in Revista de Direito e Estudos Sociais, 2ª série 1990, n°s 1, 2, 3, 4, pág. 235.
[30] BERNARDO LOBO XAVIER, "Prescrição ...", pág. 238.

486   *Estudos do Instituto de Direito do Trabalho*

embriaga fora das horas de serviço, (...), o tesoureiro que dá largas à paixão dos jogos de azar, etc."[31] Para o autor não é possível afirmar que tais comportamentos constituam ilícitos disciplinares, por não se verificar a violação dos deveres decorrentes da relação laboral existente entre as partes. Continua o autor a sua reflexão afirmando que tais factos constituem um comportamento culposo, susceptível de se repercutir na viabilidade das relações de trabalho, ainda que diga unicamente respeito à personalidade particular do trabalhador. Existem situações, como a discutida nos acórdãos supra referidos, em que podendo desaparecer a relevância disciplinar por decurso do prazo, se mantém a desconfiança no trabalhador, que obsta à continuação da relação laboral. Tendo sido ferida a imagem da entidade patronal, não lhe é exigível que mantenha o trabalhador ao seu serviço.

III) O autor vai um pouco mais longe ao afirmar que pode "ocorrer justa causa sem procedimento disciplinar"[32], atendendo ao que dispõe o actual artigo 10º da LCCT (que exige o procedimento disciplinar), o qual só pode ser interpretado por referência ao actual artigo 9º nº 2 da mesma lei. Logo, os prazos de prescrição estabelecidos, não serão aplicáveis nos casos que respeitem apenas ao preenchimento do nº 1 do artigo 9º.

IV) Levantando a hipótese do despedimento por justa causa ter sempre que ser precedido de procedimento disciplinar, entende o autor que nem assim se poderia aplicar o prazo de prescrição de um ano. Com efeito, este prazo prescricional está intimamente ligado ao sistema da LCT, que funciona só para infracções leves, não se admitindo a sua aplicação a graves infracções. A *ratio legis* não é a de atingir situações de gravidade, principalmente que impliquem a manutenção da relação laboral. "Não é pois lícito pretender que o prazo prescricional previsto em geral pela LCT a outro propósito se imponha no quadro totalmente novo da Lei dos Despedimentos, como no da actual lei sobre a cessação do contrato de trabalho"[33]. Sustenta ainda o autor, que tal prazo não é de ordem processual mas substantiva, pelo que não é aplicável ao procedimento disciplinar. Se tal tivesse sido a pretensão do legislador da LCT, tê-lo-ia incluído no artigo 29º, onde estão previstos os prazos processuais. Ora, não o tendo feito, e incluindo-o nas "sanções disciplinares", pretendeu que o mesmo não relevasse em termos processuais de despedimento. Conclui o autor que

---

[31] "Prescrição...", pág. 240.
[32] "Prescrição...", pág. 244.
[33] "Prescrição ...", pág. 248.

este prazo de prescrição de um ano apenas pode ser aplicado a condutas puníveis com sanções disciplinares menores, como a suspensão ou outras. Isto porque os fundamentos da prescrição (acima indicados) são susceptíveis de aplicação às sanções menos gravosas, pois só em relação a estas se verifica maior probabilidade de esquecimento. Acresce que, este prazo de um ano não é suficiente para a ressocialização do infractor, nem para diluir a prevenção geral de despedimento.

Não lhe sendo aplicável, verifica-se uma lacuna quanto ao prazo de prescrição, que deve ser preenchida pelo Estatuto Disciplinar dos Funcionários e Agentes da Administração Central, Regional e Local (Estatuto Disciplinar) — artigo 4º nº 3. Esta norma estabelece que, quando o facto seja considerado simultaneamente infracção disciplinar e penal, deverão ser observados, quanto ao procedimento disciplinar, os prazos da lei penal. Por força do artigo 498º nº 3 do Código Civil resulta a prevalência do prazo de prescrição criminal sobre a prescrição da lei civil. Repugna ao autor afirmar, tal como fizeram os Ilustres Desembargadores[34], que existe autonomia do Direito Disciplinar sobre outros ramos do direito, nomeadamente o Direito Criminal, visto existir uma fortíssima interligação entre o Direito Disciplinar e o Criminal.

V) Para o autor, mesmo que se entendesse aplicável o prazo prescricional do artigo 27º nº 3 da LCT ao caso dos autos, a prescrição não se verificaria, uma vez que o prazo só corre após a verificação dos resultados lesivos, por força do artigo 118º nº 4 do Código Penal (actual artigo 119º nº 4) que estabelece que, mesmo que a produção de certo resultado não faça parte do tipo de crime, o prazo de prescrição só corre a partir do dia em que o resultado se verifique. Na verdade, o cliente lesado manteve durante os dois anos e oito meses a impossibilidade de movimentar a sua conta através do levantamento desses fundos, além de ter sido prejudicado pela não percepção de juros até ao dia em que a entidade patronal conheceu a infracção. Apesar de não ser uma infracção continuada, entende o autor tratar-se de uma infracção com efeitos permanentes, uma vez que o prejuízo do cliente foi constante[35]. Durante todo esse tempo, o

---

[34] "É que é bem conhecida a autonomia do direito disciplinar em relação a outros ramos de direito, nomeadamente o criminal, sendo de notar que, não obstante o eventual contiguidade e até, por vezes, coincidência de natureza das infracções que um e outro contemplam, ela não é necessariamente a mesma.".

[35] Com efeito, a infracção permanente contrapõe-se à infracção continuada. A infracção permanente verifica-se quando estamos perante uma omissão do trabalhador que

488 Estudos do Instituto de Direito do Trabalho

trabalhador teve a possibilidade de regularizar a conta, de forma a evitar danos, quer para o cliente, quer para o banco. Não o fez, continuando a lesar valores jurídico-disciplinares ligados ao património do cliente, através de uma conduta omissiva. Quanto à instituição bancária, os resultados lesivos verificaram-se a partir da descoberta do facto, porque só nessa altura viu o seu bom nome e reputação atingidos.

VI) Caso esta tese não fosse consagrada, o autor sempre diria que o contrato de trabalho em discussão teria cessado por caducidade. Demonstrou-se claramente a falta de honestidade do trabalhador, a sua falta de probidade, pelo que o banco se encontrava numa situação de impossibilidade de receber o trabalho que o bancário pretendesse prestar.

VII) Esta solução, no que concerne à contagem do prazo desde a verificação do resultado, parece ser idêntica à defendida por Mário Pinto, Pedro Furtado Martins e António Nunes de Carvalho[36], e criticada por Albino Mendes Baptista[37].

Abílio Neto, aproximando-se da posição de Bernardo Lobo Xavier, entende que "Se a infracção disciplinar consistiu na apropriação, por parte do trabalhador, de um objecto ou quantia pertencente à entidade patronal, enquanto essa quantia ou objecto não for devolvida, mantém-se a infideli-

---

se prolonga no tempo, ou seja, o trabalhador mantém por cumprir um mesmo dever. Nas infracções continuadas, como veremos *infra*, verifica-se a existência de várias condutas infraccionais sobre o mesmo bem jurídico, sendo a infracção praticada de forma semelhante.

[36] "Comentário ...", pág. 150.

[37] *In* "Jurisprudência do Trabalho Anotada", 3ª Edição, Quid Juris, Lisboa 2000, pág. 249, onde o autor afirma que esta interpretação reduziria o campo de aplicação do artigo 27º nº 3 da LCT. Além disto, argumenta o autor, que esta interpretação levaria a que frequentemente se afirmasse que o resultado lesivo só se verificava no momento do conhecimento da infracção, o que poderia ter ocorrido muito tempo depois de ultrapassado o prazo de um ano após a prática da mesma. Esta posição levaria à contradição da *ratio* do preceito legal do 27º nº 3, que visou exactamente irrelevar o momento do conhecimento da infracção. Conclui o autor que "o resultado lesivo da infracção é indiferente para a contagem do prazo, uma vez que não constitui parte integrante da infracção, relevando tão somente para efeitos de graduação da sanção disciplinar.". Ora, há que dizer que a preocupação do intérprete deve ser não só a lei mas também a justiça. Na verdade, muitas vezes, face à letra da lei, pode afigurar-se difícil a tomada de uma posição diferente da que aparentemente a lei consagra. Porém, este não é sequer o caso que ora se discute. Na verdade, a interpretação de Bernardo Lobo Xavier tem suporte na letra da lei, mas da lei penal. Além disso, contrariando o autor, nem todas as infracções são infracções formais.

A *Repercussão do Tempo no Procedimento Disciplinar...* 489

dade e, portanto, não corre o prazo de prescrição fixado no nº 3 deste artigo 27º"[38].

Da pesquisa realizada no âmbito da nossa jurisprudência resulta que a mesma é unânime na defesa da tese de que a prescrição da infracção disciplinar se conta desde a data em que a infracção foi cometida, ainda que a entidade patronal não tome conhecimento dela nesse prazo[39]. Este é também o entendimento de Pedro de Sousa Macedo, que defende: "A determinação do termo *a quo* faz-se, para o prazo prescricional do nº 3 do artigo 27º, tomando por marco o momento em que se consumou a infracção, o que não assume geralmente dificuldade."[40] Também Monteiro Fernandes[41], é de opinião de que este prazo se conta a partir do momento em que os factos ocorreram, independentemente do seu conhecimento por parte da entidade patronal.

1.5.3. *Posição Adoptada*

VIII) Face a estas posições divergentes, e aqui chegados, importa tecer algumas considerações relativamente à construção feita por Bernardo Lobo Xavier. A importância e dificuldade da matéria justificam que se faça uma ponderada e atenta reflexão, justificando também a adopção de uma posição.

IX) A lei é clara ao estabelecer que a "infracção disciplinar prescreve ao fim de um ano a contar do momento em que teve lugar, (...)", parecendo assente que o prazo comece a contar a partir do momento da sua prática, quer a mesma tenha ou não chegado ao conhecimento do empregador. Esta posição alicerça-se no facto de se pretender evitar que a perspectiva de punição de uma eventual falta se mantenha indefinidamente como ameaça suspensa sobre o trabalhador, condicionando o seu comportamento. Conforme acima se referiu[42], o estabelecimento de prazos de prescrição do poder disciplinar tem por objectivo a garantia de uma certa esta-

---

[38] "Contrato de Trabalho — Notas Práticas", Ediforum, 15ª edição, Lisboa 1998, pág. 193.

[39] *Vide* Acórdão da Relação de Coimbra de 28.04.93 *in* Boletim do Ministério da Justiça nº 426, pág. 539; Acórdão da Relação de Coimbra de 22.01.97, *in* Colectânea de Jurisprudência, 1997, Tomo I, pág. 178; Acórdão da Relação de Coimbra de 10.01.89, *in* Boletim do Trabalho e Emprego, 2ª Série, nºs 7, 8, 9/90, pág. 730.

[40] "Poder Disciplinar....", pág. 116.

[41] "Direito...", pág. 250.

[42] 1.4.

bilidade psicológica do trabalhador, com vista a afastar a insegurança da sua punição. *"Uma vez cometida uma infracção, sobre o trabalhador não deve recair o fardo eterno da sua possível punição (...)"*[43] "O infractor, após sofrer a dúvida sobre a eventual punição, atinge com o decurso dos anos um estado de paz que abrange aqueles que consigo vivem, cuja perda, particularmente para terceiros, implica um dano superior à utilidade socialmente relevante da punição que eventualmente se possa alcançar"[44].

Não é ainda de descurar que o excessivo distanciamento entre a prática da infracção e a punibilidade não cumprirá os fins de aplicação da sanção, que são meramente preventivos e não retributivos. O efeito erosivo do tempo faz com que a finalidade de aplicação da sanção disciplinar (que se liga fundamentalmente à prevenção) não seja alcançada. A sanção disciplinar tem o objectivo de intimidar, visando manter o comportamento do trabalhador de acordo com o interesse da empresa. A sanção não tem conteúdo reparatório — que vise actuar sobre uma situação em desacordo com o escopo económico da entidade patronal —, antes pelo contrário, destina-se a atingir a pessoa do trabalhador e a sua conduta, de forma a reintegrá-lo nas regras de disciplina e de conduta exigíveis. Decorrido um lapso de tempo considerável, estes objectivos deixam de ter sentido, pois o trabalhador: ou já se reintegrou no padrão de conduta exigido, ou continua a violar regras de disciplina e, nesse caso, o fundamento da sanção disciplinar será outra conduta em relação à qual a prescrição ainda não se verificou. O que se pretende com este prazo é que a ameaça de punição cesse passado um ano, uma vez que decorrido esse tempo a finalidade da sanção diluiu-se, por se verificar um grande distanciamento entre o momento da prática da infracção e a sua punição. Aliada a todas estas razões, defende-se que a segurança jurídica — que a todos deve ser reconhecida — resulta afectada com o decurso do tempo, sendo nesses casos bastante maior a dificuldade de recolha de prova[45].

X) Aliás, como salienta Pedro de Sousa Macedo[46], tanto na função pública como no processo crime se verifica um tratamento paralelo a este,

---

[43] MARIA MANUELA MAIA DA SILVA, "O tempo no processo disciplinar", *in* AAVV, I Congresso Nacional de Direito do Trabalho — Memórias, Coordenação António Moreira, Almedina, Coimbra 1998, pág. 204.

[44] PEDRO SOUSA MACEDO, "Poder Disciplinar ....", pág. 112.

[45] Neste sentido: Acórdão do STJ de 09.12.88, *in* suporte informático da base de dados da dgsi: «hyperlink "http://www.dgsi.pt" ».

[46] "Poder Disciplinar ...", pág. 112.

o que permite que, em procedimento disciplinar, se distinga entre: procedimento prescrito por falta não conhecida pela entidade detentora do poder disciplinar, prescrição do procedimento por falta conhecida pela entidade detentora do poder disciplinar e ainda prescrição da pena. Esta distinção leva a que o autor *de iure constituendo* distinga dois prazos de caducidade. É relevante a distinção entre prazos que decorram antes e depois do conhecimento da falta. Assim, propõe o autor a necessidade de previsão de prazos diferentes que tenham em conta esta distinção. Menciona que seria útil que a lei previsse como ponto de referência o conhecimento do infractor, pois a valoração da falta e o punitivo que sobre si se irá exercer depende essencialmente das funções do trabalhador. Na verdade, não é igual a situação de um operário de fábrica que se embriaga, e a de outro trabalhador motorista que adopte o mesmo comportamento em horas de serviço.

XI) Em crítica da nossa posição não se diga, como Bernardo Lobo Xavier, que a justa causa não assenta necessariamente em infracção disciplinar e que existem situações em que o facto, não constituindo embora ilícito disciplinar, é fundamento bastante para justa causa de despedimento. Atendendo aos exemplos expressos de justa causa presentes no nº 2 do artigo 9º da LCCT, sempre se dirá que os bens ofendidos são: ou a economia nacional, ou o interesse da empresa, ou a confiança moral e técnica, ou ainda a correcta convivência — bens estes que a infracção disciplinar visa proteger. De acordo com Pedro de Sousa Macedo, "(...) o conceito de justa causa utilizado pela LCT, (...), pressupõe um comportamento do trabalhador pelo menos culposo, correspondendo grosso modo, à prática de uma infracção disciplinar."[47] Na verdade, os exemplos apresentados pelo autor[48] não demonstram a inexistência de infracção disciplinar, apesar de ocorridos fora do local e tempo de trabalho, e muito embora se trate de actos estranhos à actividade da empresa.

XII) Excepcionalmente, a actuação ilícita do trabalhador fora do domínio contratual, se tiver implicações directas na relação laboral, pode justificar o exercício do poder disciplinar. Referimo-nos àquelas situações

---

[47] "Poder ...", pág. 75. Neste sentido *vide* também Acórdão do STJ de 07.12.94, *in* Colectânea de Jurisprudência, Tomo III, pág. 303; Acórdão do STJ de 22.10.82; Acórdão do STJ de 09.03.94, *in* Boletim do Ministério da Justiça nº 435, pág. 697; Acórdão do STJ de 05.02.97, *in* Colectânea de Jurisprudência, Tomo I, pág. 273.

[48] *Vide infra* 1.5.2.

492   *Estudos do Instituto de Direito do Trabalho*

designadas como "causas externas ou condutas extralaborais"[49]. Os factos da vida privada do trabalhador, cometidos fora do local e tempo de trabalho, podem integrar justa causa de despedimento desde que se reflictam prejudicialmente na empresa, de forma a inviabilizar a relação de trabalho[50-51]. "O Poder Disciplinar da entidade patronal pode abarcar realidades extra-laborais, desde que, embora não inerentes ao objecto da própria relação laboral, interfiram directamente no próprio objecto negocial (plano objectivo) ou na confiança que, razoavelmente, deve existir."[52] Trata-se de uma conduta que causa na entidade patronal um dano irreparável ou um prejuízo manifesto, o qual não tem necessariamente que se manifestar materialmente, ou seja, pode tratar-se de um dano não patri-

---

[49] PEDRO ROMANO MARTINEZ, "A Justa Causa de despedimento", *in* AAVV, I Congresso Nacional de Direito do Trabalho — Memórias, Coordenação António Moreira, Almedina, Coimbra 1998, pág. 178.

[50] "A prática de actos estranhos à actividade da empresa que venham a provocar condenação penal só relevam do ponto de vista disciplinar se esta tiver repercussão no relacionamento entre o trabalhador e a entidade patronal em termos de por em causa a confiança exigida (condenação por furto ou abuso de confiança) ou venha a atingir o prestígio exigido ao trabalhador no trato com a clientela (atentado ao pudor ou violação). Em princípio, o comportamento do trabalhador fora do local e tempo de trabalho não pode ser disciplinarmente incriminado. (...) Os factos da vida privada só excepcionalmente relevam enquanto venham a atingir de maneira certa e prejudicial os interesses da empresa ou a confiança necessária da entidade patronal" PEDRO DE SOUSA MACEDO, "Poder ...", pág. 34. "A sua *conduta extra--laboral* assume uma relevância virtualmente permanente: com base nela, e embora haja cumprimento pontual do dever de trabalhar, pode o dador de trabalho ver-se autorizado a rescindir o contrato por justa causa." MONTEIRO FERNANDES, "Sobre o fundamento ...", pág. 63.

[51] Neste sentido, Acórdão da Relação do Porto de 09.03.81, *in* Colectânea de Jurisprudência, 1981, Tomo II, pág. 144.

[52] COSTA MARTINS, "Sobre o Poder Disciplinar da Entidade Patronal", *in* AAVV, I Congresso Nacional de Direito do Trabalho — Memórias, Coordenação de António Moreira, Almedina, Coimbra 1998, pág. 235.

[53] "A vida escandalosa do empregado, o desregramento da conduta, em face da colectividade em geral, podem reflectir nas relações de emprego, dado o grau de confiança e a qualificação profissional do empregado, caracterizando a conduta incontinente. (...) A *embriaguez habitual* ou em serviço constituem figuras separadas. A *embriaguez habitual* pode ocorrer fora do serviço. O etilismo crônico, a ingestão de qualquer bebida que leva à ebriedade, o uso de entorpecentes transfiguram o indivíduo na sua conduta social e, por ação reflexa, na funcional ou profissional. É uma forma de comportamento que mereceu especial configuração com justa causa rescisiva. Já a embriaguez no serviço não precisa ser habitual para caracterizar a justa causa. Uma só vez que o empregado se apresente ébrio ao serviço, justifica a rescisão pura e simples do contrato." ORLANDO GOMES e ELSON GOTTSCHALK "Curso ...", pág. 385 e 386. Por seu turno, em Espanha a embriaguez e a toxicodependência são fundamento bastante para despedimento disciplinar do trabalhador

monial[53]. Na verdade, o desenrolar da relação laboral acarreta um envolvimento bastante forte entre as partes. Isto leva a que o trabalhador que atente contra valores pessoais ou patrimoniais esteja, certamente, a atentar contra a disciplina do trabalho[54]. Imagine-se um vigilante de museu que é condenado por crime de furto qualificado de objectos com valor histórico (que se encontre em colecção ou exposições públicas ou acessíveis ao público — artigo 204° n° 2 al. d) do Código Penal). Não é certamente exigível que a entidade patronal mantenha a relação laboral, uma vez quebrado o necessário clima de confiança (e isto independentemente da existência de prejuízo material para a entidade patronal). Estes actos, apesar de ocorridos fora do âmbito da empresa, configuram verdadeiras infracções disciplinares, por se ter descurado o dever de confiança e o carácter fiduciário em que assenta a relação laboral (como o exemplo

---

desde que se preencham dois requisitos: habitualidade e repercussão no trabalho (artigo 54.2 al. f) Estatuto dos Trabalhadores). Sobre o despedimento de um transexual e a propósito da Sentença do Tribunal de Justiça das Comunidades Europeias de 30 de Abril de 1996, *vide* MANUEL ALONSO OLEA "El despido de un transexual", *in* Revista Española de Derecho del Trabajo, Enero / Febrero, Madrid 1998. Na Alemanha, o alcoolismo e a toxicomania são razões que justificam socialmente o despedimento ordinário devido à pessoa do trabalhador. Com efeito, a legislação alemã distingue a rescisão ordinária (a que permite a cada uma das partes por termo ao contrato de duração indeterminada desde que observados determinados prazos de aviso prévio) da extraordinária (aquela que permite a uma das partes por termo ao contrato, de forma imediata e unilateral, devido a uma razão grave e sem necessidade de observar qualquer prazo de aviso prévio). Embora o despedimento ordinário não necessite, à partida, de qualquer motivo especial, caso o trabalhador possa reivindicar para si a protecção da KSchG será necessária a existência de uma razão para o despedimento. Existem apenas três razões que justificam socialmente o despedimento ordinário: devido à própria pessoa do trabalhador; devido ao seu comportamento e devido à situação do estabelecimento.

[54] A este propósito MENEZES CORDEIRO "Manual de Direito do Trabalho", Almedina, Coimbra 1994, afirma: "questão delicada é a de saber se a infracção disciplinar laboral pressupõe a violação de deveres especificamente laborais ou se qualquer norma jurídica, civil, penal ou outra, sendo violada dá lugar à imputação disciplinar. A Ordem Jurídica é múltipla; tem uma unidade dada, apenas pela ciência do direito. Não obstante há indubitáveis tensões unitárias no ordenamento, designadamente quando estejam em causa situações dotadas de especial coesão, com as que se tecem em torno de uma única pessoa. O Direito do Trabalho, ao dispor sobre a prestação-trabalho é particularmente envolvente. Para mais quando a situação se desenvolva no quadro da empresa, o envolvimento é quase total: o trabalhador que atente contra valores pessoais ou patrimoniais está, com probabilidade a atentar também contra a disciplina do trabalho. A violação de normas civis, penais ou outras poderá assim ser uma violação laboral."

[55] A jurisprudência tem entendido que as condutas do trabalhador fora do local e tempo de trabalho, na sua vida privada, podem constituir justa causa de despedimento

494   *Estudos do Instituto de Direito do Trabalho*

acima).[55] "O contrato de trabalho é de carácter pessoal e pressupõe uma relação de confiança e de colaboração estreita, estando nele subjacente o acreditarem as partes em qualidades de honestidade, lealdade e confidencialidade fundamentais para a consecução da finalidade contratual"[56]. O comportamento do trabalhador, apesar de inserido fora das relações laborais, pode configurar uma violação de deveres acessórios[57], e como tal será sempre uma violação de deveres contratuais. Assim, há que realizar duas operações: verificar se o comportamento do trabalhador tem importância a nível das relações laborais, e se existe nexo de causalidade entre o comportamento do trabalhador e a impossibilidade prática de subsistência da relação laboral. Não obstante, a relevância das condutas extra-laborais pressupõe sempre uma ligação à relação laboral. Como escreve Albino Mendes Baptista, "a relação de trabalho abrange deveres acessórios de conduta privada, que têm que ser compreendidos à luz da natureza da actividade exercida, da dimensão da empresa, das exigências da confiança, da credibilidade e imagem da empresa, etc."[58], o que significa que os actos da vida privada do trabalhador, bem como outros ocorridos fora do local e tempo de trabalho, justificam o despedimento caso respeitem a valores empresariais que afectem a confiança que deve reger as relações laborais.

XIII) Não podemos tão pouco concordar com a posição do autor, ao defender a existência de comportamentos que preenchem a justa causa de despedimento sem necessidade de recurso ao procedimento disciplinar. Ora esta posição, salvo o devido respeito, não assegura os direitos nem as garantias do trabalhador que o procedimento disciplinar pretende tutelar. Não existe qualquer razão que nos possa levar a crer que um trabalhador

---

se se reflectirem negativamente na relação laboral, em especial se afectarem a relação especial de confiança. Neste sentido Acórdão da Relação de Évora de 12.06.91, *in* Colectânea de Jurisprudência 1991, Tomo II, pág. 315; Acórdão da Relação de Évora de 04.07.95, *in* Colectânea de Jurisprudência 1995, Tomo IV, pág. 293; Acórdão da Relação de Coimbra de 28.01.93, *in* Colectânea de Jurisprudência 1993, Tomo I, pág. 85.

[56] Costa Martins, "Sobre o Poder ...", pág. 229.

[57] Este o sentido das decisões jurisprudenciais dos Acórdãos da Relação de Évora de 12.06.91, *in* Colectânea de Jurisprudência 1991, Tomo III, pág. 315; Acórdão do STJ de 07.12.94, *in* Colectânea de Jurisprudência 1994, Tomo III, pág. 303; Acórdão do STJ de 24.04.96, *in* Boletim do Ministério da Justiça nº 456, pág. 276; Acórdão do STJ de 11.05.94, *in* Boletim do Ministério da Justiça nº 437, pág. 335; Acórdão da Relação de Coimbra de 28.01.93, *in* Colectânea de Jurisprudência 1993, Tomo I, pág. 85; Acórdão do STJ de 10.11.93, *in* Acórdãos Doutrinais nº 387, pág. 347; Acórdão do STJ de 10.19.97, *in* Acórdãos Doutrinais nº 436, pág. 524.

[58] "Jurisprudência do Trabalho ....", pág. 725.

que pratique um acto referido no nº 2 do artigo 9º da LCCT tenha uma maior protecção do que um trabalhador que assuma outro comportamento susceptível de se enquadrar no nº 1, sob pena de nos encontrarmos perante uma flagrante violação do princípio da igualdade. Além do mais, nada na lei nos faz crer que, não preenchendo o comportamento qualquer uma das alíneas do nº 2 do artigo 9º, não se exija procedimento disciplinar. Bem pelo contrário, a lei refere "Nos casos em que se verifique algum comportamento que integre o conceito de justa causa", sendo que constituem justa causa de despedimento tanto os comportamentos enunciados no nº 2 do artigo 9º (que é uma enunciação meramente exemplificativa), como os comportamentos omissos nesse mesmo número mas que preencham os requisitos referidos no nº 1. Por outro lado, segundo a teoria de Bernardo Lobo Xavier, se a entidade patronal entender que o comportamento do trabalhador não é subsumível a nenhuma das alíneas do nº 2 do artigo 9º, não necessita de levar a cabo procedimento disciplinar. No entanto, imagine- -se que, ao despedir, a entidade patronal conclui pela subsunção do comportamento a uma das alíneas do nº 2 do artigo 9º. Terá aqui que sanar a nulidade do procedimento, realizando o que já podia ter realizado...

Atente-se também que a enumeração dos deveres a que o trabalhador está obrigado nos termos do disposto no artigo 20º da LCT não coincide exactamente com as exemplificações dos comportamentos susceptíveis de integrar o conceito de justa causa previsto pelo nº 2 do artigo 9º da LCCT. Ora, as violações de deveres previstos pelo artigo 20º da LCT que não se encontrem enumeradas no nº 2 do artigo 9º da LCCT reconduzem-se, necessariamente, ao nº 1 do artigo 9º da LCCT. Segundo a tese de Bernardo Xavier, tais violações não exigiriam procedimento disciplinar enquanto que as restantes violações (com paralelo no artigo 9º nº 2) já obrigariam à observância de tal procedimento. Que sentido teria tal diferenciação?

Acresce ainda que a não exigência de procedimento disciplinar para o sancionamento de comportamentos que preencham justa causa de despedimento não se coaduna com a exigibilidade do mesmo para a aplicação das demais sanções disciplinares. Qual a razão de ser de uma maior exigência formal para aplicação de uma sanção como a advertência? Teria sentido a observância a um procedimento disciplinar com vista à aplicação de uma multa e a não observância do mesmo quando se pretendesse despedir o trabalhador? Assim, entendemos que o despedimento com justa causa terá sempre que ser precedido de procedimento disciplinar, com nota de culpa, audiência do trabalhador e decisão fundamentada, observando- se estritamente o princípio do contraditório.

XIV) Também não subscrevemos as afirmações do mesmo autor, ao referir que o prazo de prescrição de um ano não é aplicável ao "novo" regime dos despedimentos, justificando-se com base no facto deste prazo ter sido criado para aplicação a infracções mais leves com expressão pecuniária. Na verdade, não podemos esquecer que o legislador, ao criar a "nova" lei dos despedimentos já conhecia a LCT e os prazos aí estabelecidos, não tendo consagrado nenhuma excepção para os despedimentos. Acresce também que o artigo 27º alínea e) prevê expressamente que uma das sanções disciplinares aplicável aos trabalhadores seja o despedimento imediato sem qualquer indemnização ou compensação. Logo de seguida, ou seja, no nº 3 do mesmo artigo, prevê-se a prescrição dessa infracção disciplinar ao fim de um ano a contar do momento em que teve lugar ou logo que cesse o contrato de trabalho.

Além disto, esta construção sofre um terrível problema: fica por determinar quando é que prescreve o *ius puniendi* após a prática do facto.

XV) Resolvida a questão de saber quando tem início a contagem do prazo, e assente que é a partir do momento da prática da infracção independentemente do seu conhecimento pela entidade empregadora, cabe solucionar a questão seguinte, ou seja, qual o momento da realização da infracção: o momento em que se verificou o facto ou o momento em que ele se consumou e produziu os seus efeitos?

Aqui a solução adoptada por Bernardo Lobo Xavier parece ter total cabimento, pois há que atender à possibilidade de se produzir um resultado num momento posterior à prática do facto. Na verdade, e apesar de a maioria das infracções disciplinares serem uma espécie de "crimes formais"[59] (por serem susceptíveis de punibilidade independentemente do resultado, atendendo à mera violação dos deveres jus-laborais), verifica-se no artigo 119º nº 3 do Código Penal, uma clara tendência para o funcionamento do prazo de prescrição a partir do dia em que o resultado se verifique, quer ele esteja ou não compreendido no tipo de crime, leia-se infracção. Não podemos de forma alguma admitir, sob a veste de infracção formal, a ocorrência de resultados gravemente lesivos a longo prazo, com garantias de impunibilidade. Facilmente se deixariam impunes inúmeras infracções praticadas por trabalhadores que gerem, com determinada autonomia,

---

[59] Nos delitos formais ou de simples actividade basta o comportamento do agente, não sendo necessário um resultado no sentido de efeito exterior separável espacio-temporalmente. Neste sentido H. JESCHECK, "Tratado de Direito Penal" — Parte Geral, Vol. I, Bosh, Barcelona 1981, pág. 357.

A *Repercussão do Tempo no Procedimento Disciplinar...* 497

processos em nome de outrem que só ao fim de um largo tempo adquire contacto com os mesmos (ex. ausentes).

Saliente-se porém que, embora tivéssemos dito que a maioria das infracções são infracções formais, nem sempre assim sucede. Com efeito, da simples análise das alíneas do artigo 9º da LCCT concluímos que há casos de integração do resultado na previsão disciplinar. Veja-se por exemplo, as alíneas e), f) e g) 1ª parte. Nestes casos, o evento faz parte da previsão disciplinar integrada, não se prevendo apenas a actividade prevaricadora. Além do mais, o artigo 27º nº 3 da LCT não se refere em passo algum ao "facto", referindo-se sempre à infracção, que envolve também um resultado.

A aplicabilidade do Código Penal justifica-se pelo facto do Direito Disciplinar ser um direito de natureza essencialmente punitiva, análogo ao penal[60]. "A este problema, é dada resposta pelo artigo 118º nº 4 do Código Penal, expressamente invocado, e analógica senão subsidiariamente aplicável (...)" (sublinhado nosso). Defende o mesmo autor que "se deve ter em conta a particular índole das infracções disciplinares, que são muitas das vezes integradas por omissão aos deveres respectivos e que, portanto, só cessam quando o comportamento omissivo é substituído pela execução dos deveres em falta."[61]

1.5.4. *Das Infracções Continuadas*

Outra questão conexa será a do prazo de prescrição para uma infracção continuada. Antes de mais, cabe definir a infracção continuada. A lei laboral não o faz, não definindo sequer a infracção disciplinar, pelo que se torna necessário recorrer aos princípios do Direito Penal[62].

A) Do recurso às regras de Direito Penal e Direito Processual Penal — suas similitudes e diferenças

I) Admitimos a aplicabilidade do artigo 119º nº 3 do Código Penal ao regime dos despedimentos. Bernardo Lobo Xavier fala também na "ressocialização do infractor", e mencionámos a necessidade de recurso aos

---

[60] *Vide infra* Introdução.

[61] BERNARDO LOBO XAVIER, "Prescrição ...", pág. 256.

[62] A justificação do recurso às regras de processo penal e processual penal encontra-se já plasmada na Introdução ao presente estudo.

princípios da lei penal para definição da infracção continuada. Tivemos a preocupação de justificar antecipadamente o recurso a estas regras, pelo que nos absteremos de o fazer novamente.

II) Saliente-se porém, que a aproximação entre estes ramos não é despicienda de diferenças. Desde logo, a titularidade do poder não cabe às mesmas entidades: o poder punitivo do Estado, manifestado através do Direito Penal, é um poder exercido por uma autoridade judicial independente, o que decorre do princípio da separação dos poderes. Por seu turno, o poder disciplinar laboral é um poder que cabe à entidade empregadora — única entidade que concentra em si todo o processo punitivo —, vigorando o princípio da iniciativa patronal na sua vertente inquisitória. Acresce ainda que os interesses que cada uma destas disciplinas prossegue são diferentes: o Direito Penal é exercido em prol do interesse público ou comunitário, sendo o poder disciplinar laboral exercido no interesse do seu titular[63], de forma egoísta. Contrariamente à lei penal, na legislação laboral não existe correspondência entre cada infracção e a respectiva sanção, apenas se postula um princípio genérico de adequação, cabendo à entidade empregadora determinar a gravidade da infracção e o grau de culpa, de forma a concluir pela aplicação de uma sanção. Além disso, as sanções disciplinares não têm que estar obrigatoriamente tipificadas na lei, permitindo o artigo 27º da LCT a aplicação de uma diversidade de sanções. Daqui se conclui que, contrariamente ao Direito Penal, no Direito Disciplinar não vigora o princípio do *nullum crimen sine lege*.

Os princípios gerais do procedimento disciplinar laboral assumem inspiração nos direitos processuais com natureza punitiva. Assim, no Di-reito Disciplinar vigoram princípios como o princípio do acusatório (embora em termos mitigados), o princípio do contraditório, o princípio da suficiência, o princípio da economia processual, o princípio do *in dubio pro reo,* o princípio da vinculação temática, princípio da descoberta da verdade material... Também em Direito Disciplinar o facto ilícito pode consistir numa acção ou numa omissão, verificando-se neste caso, a violação de um dever laboral de agir.

---

[63] Como salienta MARIA DO ROSÁRIO PALMA RAMALHO, "Do Fundamento ...", pág. 203, a distinção entre o empregador e a empresa não obsta a esta qualificação do poder disciplinar do empregador, uma vez que, mesmo que se coloque na titularidade da empresa o interesse tutelado pelo poder disciplinar, o facto é que é sempre o empregador a corporizar esse interesse. Também não superará esta qualificação, a afirmação de que, com o exercício do poder disciplinar se protegem interesses económicos e sociais, pois a utilidade social e económica decorrente do exercício da actividade empresarial é meramente reflexa.

A Repercussão do Tempo no Procedimento Disciplinar...			499

III) Depois desta breve comparação, prossigamos com as infracções continuadas. Atento o artigo 30° n° 2 do Código Penal, para que exista infracção continuada é necessário o preenchimento de determinados pressupostos: as várias condutas infraccionais visem o mesmo bem jurídico, sejam efectuadas de forma homogénea e se enquadrem na mesma situação exógena que diminua a culpa do agente. A não verificação cumulativa de um dos pressupostos do crime continuado (no nosso caso infracção), impõe o seu afastamento, devendo reconduzir-se à cumulação real de crimes (infracções).

IV) Sendo a infracção continuada, qual o prazo de prescrição do procedimento disciplinar? Toda a jurisprudência e doutrina se pronunciam no sentido de o prazo de prescrição do procedimento por estas infracções se contar a partir do momento em que se consume a infracção, ou seja, com a prática do último acto integrado na globalidade das condutas ilícitas[64-65].

V) De referir que Pedro Sousa Macedo[66] chama a atenção para a necessidade da entidade patronal se pronunciar perante o desenrolar de um ilícito disciplinar continuado, sob pena de se atender à omissão de repreensão na ponderação da gravidade do comportamento faltoso.

---

[64] Acórdão da Relação de Lisboa de 17.05.82, *in* Boletim do Trabalho e Emprego, 2ª Série, n° 1-2/87, pág. 196; Acórdão do STJ de 14.11.86, *in* Acórdãos Doutrinais n° 303, pág. 444; Acórdão do STJ de 25.05.91, *in* AJ, 19°, pág. 24; Acórdão do STJ de 14.05.97, *in* Colectânea de Jurisprudência, 1997, Tomo II, pág. 280.; Acórdão do STJ de 16.02.90, *in* Boletim do Ministério da Justiça n° 394, 1990, pág. 363; Acórdão do STJ de 22.01.92, *in* Boletim do Ministério da Justiça n° 413, 1992, pág. 382.

[65] Assim também para a jurisprudência espanhola onde se decidiu que no caso das infracções continuadas, a data a partir da qual se conta a prescrição da infracção "es la fecha del conocimiento final de los hechos en su verdadera naturaleza y significación, sin que pueda retrotraer al primer momento de la trangresión." (S.T.S. de 25 de Janeiro de 1991, Ar/182) Neste sentido vejam-se também S.T.S. de 26 de Março de 1991, Ar/1901; S.T.S. 15 de Junho de 1990, Ar/5465; S.T.S. 29 de Junho de 1990, Ar/7938; S.T.S.J. Cantabria, de 30 de Março de 1992, Ar/1329; S.T.S.J. Madrid de 2 de Fevereiro de 1994, CISS/35/94; S.T.S.J. Galiza de 12 de Dezembro de 1994, Ar/4754). "En la falta laboral disciplinaria continuada, consistente en la realidad de una conducta reiterada demostrativa de un mismo propósito principal que se manifiesta a través de una pluralidad de hechos, normalmente de carácter fraudulento que tratan de ocultarse ... el dies a quo que deber servir como punto de partida para determinar el inicio del plazo prescriptivo es la fecha del conocimiento final de los hechos en su verdadera naturaleza y dimensión." (S.T.S.J. Andaluzia / Málaga de 11 de Janeiro de 1994, Ar/293).

[66] "Poder ...", pág. 117.

VI) Exemplo típico das infracções continuadas, com relevo para a problemática da prescrição, são as faltas ao trabalho. A entidade patronal pode tomar uma atitude omissiva perante as primeiras faltas dadas pelo trabalhador. O procedimento disciplinar pela primeira falta prescreve decorridos sessenta dias sobre o conhecimento da infracção. Caso este comportamento persista, o prazo só começará a correr após conhecimento do comportamento susceptível de integrar infracção disciplinar — cinco faltas seguidas ou dez interpoladas (artigo 9º nº 2 alínea g) da LCCT). A este propósito, Pedro Sousa Macedo[67] levanta uma questão curiosa: constitui justa causa de despedimento a prática de dez faltas interpoladas em cada ano civil (artigo 9º nº 2 alínea g) da LCCT), constituindo infracção disciplinar grave a prática de seis faltas interpoladas no período de um ano (artigo 27º nº 3 alínea a) do Decreto-Lei 874/76 de 28/12). Ora, se entre a sexta e a sétima falta mediar um período superior a sessenta dias, caducaram as seis primeiras consideradas infracção grave? Então teremos que aguardar que o infractor cometa mais faltas? Não parece fazer sentido, uma vez que só constitui ilícito disciplinar punível com despedimento por justa causa o conjunto das dez faltas, independentemente da prescrição das anteriores. Encontrando-nos perante uma infracção continuada, a prescrição do direito de punir disciplinarmente só começará a contar a partir do momento em que o infractor pratique a décima falta. No entanto, e como salienta o Ilustre Conselheiro, a não punição das seis primeiras faltas constitutivas de ilícito disciplinar grave, terá que relevar na apreciação da existência de justa causa de despedimento, sendo de questionar a impossibilidade de manutenção da relação laboral.

1.5.5. *Da Prescrição de Condutas Criminosas*

I) Uma última nota para um problema aqui suscitado sobre o qual não tomámos posição. Falamos dos casos em que o ilícito disciplinar constitui simultaneamente crime. Será legítimo fazer uso do prazo de prescrição previsto no Código Penal, ou aplicar o prazo de prescrição disciplinar que a lei laboral nos indica?

II) Bernardo Lobo Xavier[68], para defender a aplicabilidade do prazo de prescrição penal, socorre-se do artigo 498º nº 3 do Código Civil, que

---

[67] Idem

[68] "Prescrição ...", pág. 250.

A Repercussão do Tempo no Procedimento Disciplinar...

refere que se o facto ilícito constituir crime para o qual a lei estabeleça prescrição sujeita a prazo mais longo, será este o prazo aplicável. Henrique Salinas[69], citando Bernardo Lobo Xavier, parece adoptar a sua posição.

Abílio Neto[70] sustenta uma posição próxima à de Bernardo Lobo Xavier, defendendo que, se a infracção disciplinar constituir simultaneamente crime, a prescrição relevante será a do crime, pois caso contrário estar-se-ia perante o absurdo de existir uma infracção disciplinar prescrita e uma condenação penal efectiva.

III) Ora, salvo o devido respeito, não concordamos com esta opinião, apesar de parecer surpreendente que nos possamos deparar com a prescrição de uma conduta disciplinar que constitua simultaneamente ilícito penal, não tendo prescrito o crime praticado. Porém, há que atender à letra da lei. O nº 4 do artigo 27º da LCT vem referir que a responsabilidade disciplinar não prejudica a responsabilidade civil ou penal. Esta opção demonstra claramente a intenção de separação de regimes. Cada uma destas formas de responsabilidade tem um enquadramento legal próprio, sendo certo que o legislador ao elaborar esta norma, teve em consideração a existência de outro tipo de responsabilidades, não se tendo preocupado, tal como o legislador do Código Civil, em prever uma regra que estabelecesse a prevalência do prazo de prescrição de condutas violadoras de bens jurídico — criminais. O recurso ao artigo 498º do Código Civil não se afigura correcto, por este regime não se aproximar do Direito Disciplinar — com regras próprias —, e no qual não se estabeleceu uma previsão semelhante à do Código Civil. Também não parece legítimo que o intérprete recorra aos artigos 4º nº 3[71] e 9º[72] do Estatuto Disciplinar, por inexistência de lacuna. Neste caso concreto, a lei laboral prevê o afastamento das responsabilidades no artigo 27º nº 4 da LCT, conforme já referido. Acresce ainda que existe uma diferença fundamental entre os interesses teleologicamente subjacentes à infracção criminal e disciplinar,

---

[69] "Algumas questões...", pág. 56 em nota de rodapé.

[70] "Contrato de Trabalho...", pág. 193.

[71] O qual dispõe: "Se o facto qualificado de infracção disciplinar for também considerado infracção penal e os prazos de prescrição do procedimento criminal forem superiores a 3 anos, aplicar-se-ão ao procedimento disciplinar os prazos estabelecidos na lei penal."

[72] Que, por sua vez, prescreve: "Em tudo o que não estiver regulado no presente Estatuto quanto à suspensão ou demissão por efeito da pena imposta nos tribunais competentes são aplicáveis as disposições do Código Penal."

502 *Estudos do Instituto de Direito do Trabalho*

diferença essa que justifica a estatuição de prazos diversos para as respectivas prescrições. A infracção criminal visa a protecção de valores jurídico-criminais que se prendem com a vida comunitária do homem, valores fundamentais para a comunidade juridicamente organizada, enquanto a infracção disciplinar se destina a proteger o interesse da empresa, através da punição de comportamentos do trabalhador comprometedores da continuidade da relação laboral.

IV) Face ao exposto, concluímos que o prazo de prescrição da infracção disciplinar é sempre de um ano, ainda que os factos revistam natureza criminal. Neste sentido se tem pronunciado a nossa jurisprudência[73].

§2º. DO PRAZO DE CADUCIDADE DO PROCESSO DISCIPLINAR

2.1. *Breve Resenha Histórica*

I) De acordo com o *supra* exposto[74], os antecedentes do Decreto-Lei 49.408 de 24.11.69 (LCT) reportam à Lei 1952 de 10 de Março de 1937 e ao Decreto-Lei 47.032 de 27 de Maio de 1966.

II) Tendo em conta a sucinta exposição sobre a Lei 1952, abster-nos-emos de referir novamente o tratamento legislativo sobre as formas de cessação do contrato de trabalho, a qual demonstrou a inexistência de uma previsão acerca do procedimento disciplinar, sendo a justa causa livremente apreciada pelo juiz.

---

[73] Acórdão da Relação do Porto de 09.12.97, *in* Colectânea de Jurisprudência, 1997, Tomo V, pág. 249; Acórdão da Relação de Lisboa de 18.12.97, base de dados da datajuris, *in* hyperlink.http//www.datajuris.pt; Acórdão da Relação de Lisboa de 22.01.97, *in* Colectânea de Jurisprudência, 1997, Tomo I, pág. 178; Acórdão do Supremo Tribunal de Justiça de 30.10.87, *in* Boletim do Ministério da Justiça nº 370, pág. 472; Acórdão do Supremo Tribunal de Justiça de 16.02.90, *in* Boletim do Ministério da Justiça nº 394, pág. 363, no qual se pode ler "O prazo prescricional da infracção criminal não prefere ao da infracção disciplinar que aquela consubstancie".

[74] *Vide infra* 1.1..

III) Mais tarde, o Decreto — Lei 47.032 de 27 de Maio de 1966[75], demonstrou já uma intenção de protecção do trabalhador, o que se manifestou, entre outros, no estabelecimento de um prazo de caducidade da acção disciplinar. Nos mesmos termos em que hoje se dispõe, o legislador prescreveu: "O procedimento disciplinar deve exercer-se nos sessenta dias subsequentes àquele em que a entidade patronal, ou o superior hierárquico com competência disciplinar, teve conhecimento da infracção."

IV) Face ao exposto, e no que a esta norma concerne, nenhuma alteração se introduziu.

V) Dispõe o artigo 31º nº 1 da LCT que "O procedimento disciplinar deve exercer-se nos sessenta dias subsequentes àquele em que a entidade patronal, ou o superior hierárquico com competência disciplinar, teve conhecimento da infracção."[76] Este preceito consubstancia, do ponto

---

[75] Cujas principais alterações à anterior Lei ficaram também já enunciadas em 1.1..

[76] Na Alemanha, apesar de o empregador não ser obrigado a respeitar um procedimento para despedir o trabalhador, o despedimento deve realizar-se no prazo de duas semanas a contar da data em que seja conhecido o motivo que o permite. "La situación de hecho de que se puede *perder su carácter de causa de despido,* por el transcurso de un tiempo relativamente largo, pues el despido extraordinario sólo es admisible cuando, al tiempo del despido, no se puede seguir exigiendo, al despide, la continuación de la relación de trabajo. Aquí no tiene importancia el conocimiento de su derecho por parte del legitimado al despido. (...) El derecho al despido puede perderse por *preclusividad.* Según las reglas generales tiene lugar la preclusión de un derecho cuando el legitimado para su ejercicio tarda tanto tiempo en hacerlo que, la outra parte, según la buena fe, deja de contar com tal posibilidad y actúa de tal modo que un ejercicio del derecho en esse momento significaría una rigidez que no puede ser impuesta." ALFRED HUECK e H. C. NIPPERDEY, "Compendio de Derecho del Trabajo", Editorial Revista De Derecho Privado, Madrid, 1963, págs. 193 e 194, (Tradução castelhana de MIGUEL RODRIGUEZ PIÑERO e LUIS ENRIQUE DE LA VILLA, Grundriss des Arbeitsrecht, s.e., 1962). *Vide* também WOLFGANG DÄUBLER, "Derecho del Trabajo", Ministerio de Trabajo y Seguridad Social, Madrid 1994, pág. 694 (Tradução castelhana de MARIA PAZ ACERO SERNA Y PÍO e ACARO LOPEZ, *Das Arbeitsrecht,* "rororo aktuell", 1 e 2, Rowohlt Tachenbuch Verlag GmbH, Hamburg 1990). No que respeita à desnecessidade de observância de um procedimento disciplinar, *vide* ROLF BIRK "Bases e Princípios do direito do despedimento em geral e do direito da protecção contra os despedimentos na República Federal da Alemanha", (Tradução castelhana pelo Ministério do Emprego), RDES ano XXXI, Julho — Dezembro de 1989, pág. 327. A única formalidade exigida pela legislação germânica é a da necessidade de audição da comissão de trabalhadores (a expressão alemã é a de "conselho de estabelecimento" mas estabelece-se uma similitude com a comissão de trabalhadores) antes da realização

de vista sistemático, o "segundo prazo" a que a lei se refere, e que entidade patronal tem que atender para impulsionar o procedimento disciplinar.

---

de qualquer despedimento ordinário ou extraordinário. Saliente-se porém que o parecer desta comissão não é vinculativo, uma vez que a entidade patronal pode despedir o trabalhador contra a vontade da mesma que tem uma mera função consultiva. Em Espanha, o artigo 60.2 do Estatuto dos Trabalhadores prevê que as infracções leves "prescrevam" (a terminologia usada não se nos afigura correcta) no prazo de dez dias, as graves no prazo de vinte dias e as muito graves no prazo de sessenta dias — todos estes prazos se contam desde a data em que a entidade patronal ou o superior hierárquico com competência disciplinar teve conhecimento da infracção. A legitimidade da utilização do termo "prescrição" para estes casos originou o seguinte comentário de ALONSO OLEA, "Derecho ...", pág. 475: "La brevedad de los plazos de la prescripción *corta* (...) podría ocasionar la duda de si no nos hallaríamos más bien ante una caducidad, esto es, ante un derecho — el potestativo o facultad de sancionar — nacido, si conocida la falta, 'com un plazo de vida' fijo (Albaladejo), cuyo transcurso estéril sería 'presunción *iuris et iure* de la irrelevancia' disciplinaria de la falta (M. Fernandes). La jurisprudencia, sin embargo, confirma que los plazos de una y outra son de prescripción y que por ello mismo pueden ser interrumpidos ambos, com alguna duda fácilmente solventable en cuanto a los efectos interruptivos del expediente que el empresario instruya para la averiguación de los hechos.".

Em França, o procedimento disciplinar para despedimento do trabalhador "por motivo pessoal" inicia-se com a convocação do mesmo para uma audição, a qual consubstancia o primeiro momento desse procedimento e na qual o empregador indica os motivos do seu projecto de despedimento, ao que o trabalhador responde, apresentando a sua defesa. "La convocation à l'entretien doit être par lettre recommandée, soit par lettre remise en mains propres contre décharge. L'article R.122-2 du Code du Travail précise que cette lettre doit indiquer l'objet , la date, l'heure et le lieu de l'entretien. Cette lettre de convocation doit rappeler au salarié qu'il peut se faire assister par une personne de son choix appartenant au personnel dans l'entreprise ou s'il n'existe pas d'institutions représentatives du personnel dans l'entreprise, un conseiller de son choix extérieur à l'entreprise. Curieusement, il n'est pas nécessaire que la lettre de convocation mentionne les motifs qui font evisager le licenciement." GÉRARD LYON — CAEN, JEAN PÉLISSIER, e ALAIN SUPIOT, "Droit du Travail", 17ª Edição, Dalloz, Paris 1994, pág. 280. "Cependant depuis la loi du 18 Janvier 1991, dans les entreprises dépourvues d'institution représentative du personel, l'entretien ne pourra pas avoir lieu moins de cinq jours ouvrables aprés la présentation par les services postaux de la lettre de convocation ou de as remise en main propre. Lorsqu'il y a des représentants du personnel l'entreprise, un délai de trois ou quatre jours est en général suffisant. Il pourra néanmoins être allongé si le lieu de travail du salarié est éloigné de son domicile." ANDRÉ GUILLEMOT, "Rupture du contrat de travail", Dalloz, Paris 1991, pág. 37. Sublinhe-se que entre o conhecimento da infracção que motiva o despedimento e a convocação para a audição do trabalhador, não podem mediar mais de dois meses, o que consubstancia um prazo de caducidade.

2.2. Caducidade ou Prescrição da Acção Disciplinar?

I) A doutrina e a jurisprudência têm vindo a qualificar este prazo como um prazo de caducidade. O *ius puniendi* da entidade patronal configuraria um direito potestativo e o prazo para o seu exercício configuraria um prazo de caducidade.

Tendo em consideração o disposto no artigo 298º nº 2 do Código Civil, poderá afirmar-se com segurança que o prazo previsto no artigo 31º nº 1 da LCT é um prazo de caducidade. Para que possamos fortalecer esta afirmação, torna-se *mister* relembrar os conceitos de prescrição e caducidade.

A prescrição é o instituto por via do qual os direitos subjectivos se extinguem quando não exercidos durante certo tempo fixado na lei[77]. Através da prescrição, o beneficiário da mesma pode opor-se ao exercício do direito prescrito (artigo 304º nº 1 do Código Civil).

Por seu turno, a caducidade é o instituto por via do qual os direitos potestativos se extinguem pelo seu não exercício prolongado por certo tempo.

Assim, parece que ambos os institutos extinguem os direitos, sendo que o objecto sobre que cada um deles versa é totalmente diferente: um refere-se a direitos potestativos, o outro aos direitos subjectivos[78]. Assim, cabe definir direitos potestativos e subjectivos. O direito subjectivo define-se por "permissão normativa específica de aproveitamento de um bem"[79], sendo que o direito potestativo "implica um poder de alterar, unilateralmente, através de uma manifestação de vontade, a ordem jurídica."[80]. O direito subjectivo deriva da incidência de uma norma permissiva, de uma norma de conduta, enquanto o direito potestativo deriva de uma norma que confere um poder — e não regula a forma pela qual as pessoas devem actuar —, atribuindo-lhe a possibilidade de alterar a esfera jurídica.

Face a estas definições, parece claro que o poder disciplinar é um poder potestativo, pois traduz-se na faculdade da entidade empregadora

---

[77] MANUEL DE ANDRADE, "Teoria Geral da Relação Jurídica", Volume II, Almedina, Coimbra 1992; JOÃO DIAS MARQUES, "Noções Elementares de Direito Civil", Coimbra Editora, Coimbra 1973, pág. 108.

[78] MANUEL DE ANDRADE, "Teoria da ...", págs. 445 e 463.

[79] ANTÓNIO MENEZES CORDEIRO, "Teoria Geral do Direito Civil", I Volume, AAFDL, Lisboa 1994, pág. 223.

[80] Idem, pág. 236.

506   *Estudos do Instituto de Direito do Trabalho*

promover um procedimento disciplinar com vista ao despedimento, que levará à cessação do contrato de trabalho, alterando unilateralmente a ordem jurídica. Este raciocínio leva-nos a qualificar o prazo do artigo 31° como um prazo de caducidade. Mas não ficamos por aqui.

II) Verifica-se em qualquer dos casos, a extinção de um direito por efeito do decurso do tempo. No entanto, na prescrição o direito extingue--se pelo seu não exercício[81], não estando sujeito a qualquer prazo, se o titular o exercer o direito não se extingue. Na caducidade, o direito está *ab initio* condicionado a um prazo para que possa ser exercido e, não o sendo, extingue-se por decurso do tempo; o direito existe a prazo, tem morte à vista, estando dependente de um período durante o qual poderá e deverá ser exercido, sob pena de se extinguir.

III) Ora, se a acção disciplinar tem de ser iniciada no prazo de sessenta dias sob pena de se extinguir, estamos perante um direito a prazo, com morte à vista, ou seja sujeito a um prazo de caducidade[82].

2.3. *Da necessidade do conhecimento do infractor*

I) A lei refere que o prazo de caducidade se inicia a partir do momento em que a entidade patronal tem conhecimento da infracção. No

---

[81] "(...) na negligência do titular do direito em exercitá-lo durante o período de tempo indicado na lei", MANUEL DE ANDRADE, "Teoria da ...", pág. 445.

[82] Em sentido contrário, PEDRO SOUSA MACEDO, "Poder ...", pág. 116. Afirma o autor, que a qualificação deste prazo como prazo de caducidade se afigura correcta face a uma visão civilística do problema. No entanto, e tendo em conta o ingresso deste processo na categoria dos processos punitivos, afastam-se as regras civilísticas, avocando-se a aplicação das regras de processo penal. Saliente-se porém, que apesar de o Direito do Trabalho se ter autonomizado do Direito Civil sendo um Direito Privado Especial, o Contrato de Trabalho continua a ser qualificado como um contrato especial regulado no Código Civil — Capítulo VIII do Título II do Livro II. Assim, sendo este um ramo de Direito Privado, o Direito do Trabalho pressupõe sempre a aplicação de princípios e regras de Direito Civil, desde que não existam especificidades. Argumenta ainda o autor, que a acção não sendo exercida por uma petição dirigida a uma entidade supra-partes, mas sob o impulso do titular do *ius puniendi*, não se verifica o exercício de um direito de acção decorrente de um poder potestativo, que justificaria a qualificação do prazo como de caducidade. Ora, salvo o devido respeito, não podemos concordar com o argumento do autor, uma vez que existem direitos potestativos de exercício judicial ou extra-judicial, sendo o poder disciplinar um direito potestativo de exercício extra-judicial.

A Repercussão do Tempo no Procedimento Disciplinar... 507

entanto, é óbvio que a entidade patronal não pode dar início ao procedimento disciplinar enquanto não dispuser de informações suficientes sobre a autoria da infracção disciplinar, ou pelo menos, enquanto não tiver qualquer suspeita sobre a pessoa do infractor. O conhecimento do infractor é elemento essencial para o início de um procedimento disciplinar, pois "o processo disciplinar supõe que seja alguém indiciado pela prática de uma infracção"[83]. Na verdade, a lei ao estabelecer um determinado espaço de tempo para o exercício do procedimento disciplinar, supõe que nesse momento a entidade patronal conheça já, não apenas a infracção e as circunstâncias essenciais de enquadramento da mesma, como também o seu autor. Este será também o sentido que o legislador pretendeu dar à suspensão do prazo prevista no artigo 10º nº 12 da LCCT. Esta suspensão só ocorrerá havendo séria suspeita sobre o trabalhador responsável.

II) Este prazo de caducidade da acção disciplinar tem por base a ideia de que, decorrido certo tempo sobre o conhecimento da infracção por parte da entidade patronal, e na omissão do desencadeamento do procedimento disciplinar, a relevância que o empregador atribui à conduta é diminuta ou nula[84]. Logo, a lentidão do empregador no desencadeamento do procedimento leva a presumir a irrelevância disciplinar. Presume-se que essa infracção é insuficiente para operar a cessação do contrato de trabalho ou para levar à aplicação de uma sanção disciplinar — tal presunção é ilidível mediante prova em contrário. Ao estabelecer este prazo, a lei quis relacionar o dano que a conduta causou ao empregador e a reacção por parte do mesmo. Se a reacção é tardia, isso significa que a conduta não foi suficientemente lesiva dos interesses da entidade patronal, de forma a merecer a aplicação de uma sanção. "Este prazo revela-se como um prazo conciliador dos diferentes interesses em causa: por um lado, o interesse da entidade patronal em aplicar uma sanção de acordo com a gravidade da infracção; por outro lado, o interesse do trabalhador, que não pode ficar na

---

[83] BERNARDO LOBO XAVIER, "Curso de Direito do Trabalho", 2ª Edição, Verbo, Lisboa 1996, pág. 504. Neste sentido PEDRO FURTADO MARTINS, "A Cessação do Contrato de Trabalho", Principia, Cascais 1999, pág. 83; MÁRIO PINTO, FURTADO MARTINS E NUNES DE CARVALHO, "Comentário ...", pág. 156; CARLOS NUNES / AMADEU GUERRA, "Despedimentos e outras formas de cessação do Contrato de Trabalho", Almedina, Coimbra 1984, pág. 75.

[84] "Si la persona, pese a conocerlo, guarda silencio durante cierto tiempo, puede verse en su conducta, interpretada de acuerdo con la buena fe, la declaración de que no quiere utilizar, para despedir, la situación de hecho de que se trate." ALFRED HUECK e H. C. NIPPERDEY, "Compendio ...", pág. 194.

508   Estudos do Instituto de Direito do Trabalho

eterna incerteza; e por fim, o interesse colectivo ou geral, que reconhece na sanção um instrumento de subsistência da própria comunidade laboral."[85]

III) O início da caducidade só pode ter lugar quando o titular do direito estiver em condições de o exercer. É este o sentido do disposto no artigo 329º do Código Civil, ao prever que o prazo de caducidade só começa a correr no momento em que o direito puder legalmente ser exercido. Não pode dizer-se que há negligência do titular do direito enquanto ele o não puder fazer valer por causas objectivas, inerentes à condição do mesmo direito[86].

IV) Neste sentido apontam também algumas decisões jusriprudenciais.[87]

Em sentido divergente, mas consciente das desvantagens da sua posição, refere Pedro Sousa Macedo[88] que, embora seja o conhecimento da infracção e não do infractor que inicia a contagem do prazo, seria mais correcto ter-se como ponto de referência o conhecimento do infractor, "pois que a valoração da falta e a oportunidade no exercício do poder punitivo depende aqui, de forma essencial, da pessoa do respectivo agente."

2.4. *Do Início do Procedimento Disciplinar*

I) Para que possamos considerar caducado o direito de exercer a acção disciplinar, torna-se necessário definir o momento em que se considera que o procedimento disciplinar teve início, de forma a que possamos com segurança determinar até quando se deve contar o prazo de sessenta dias.

No fundo, a questão prende-se com a importância a dar à fase prévia à nota de culpa — a fase das averiguações. Conforme acima se disse, pode

---

[85] MARIA MANUELA MAIA DA SILVA, "O Tempo ...", pág. 208.

[86] Neste sentido, MARIA MANUELA MAIA DA SILVA, "O Tempo ..."; BERNARDO LOBO XAVIER, "Curso de Direito..."; MÁRIO PINTO, FURTADO MARTINS E A. NUNES DE CARVALHO, "Comentário ..."; MONTEIRO FERNANDES, "Direito ...".

[87] Acórdão da Relação de Lisboa de 22.03.82, *in* Boletim do Ministério da Justiça nº 321, 1982, pág. 426; Acórdão do Supremo Tribunal de Justiça de 29.11.89, *in* Acórdãos Doutrinais, nº 340, 1990, pág. 547; Acórdão da Relação de Lisboa de 04.07.90, *in* Colectânea de Jurisprudência, 1990, Tomo IV, pág. 186.

[88] "Poder ...", pág. 114 e 116.

A Repercussão do Tempo no Procedimento Disciplinar...   509

acontecer que a entidade patronal conheça a infracção e não o infractor, ou as circunstâncias essenciais do facto. Neste caso, a entidade patronal deve dar início a um *processo prévio de averiguações,* de forma a conseguir determinar as circunstâncias essenciais para a instauração de procedimento disciplinar, ou para a identificação do infractor, decidindo quanto à necessidade e à oportunidade de instauração de processo para despedimento. "Função essencial desta fase é também a de permitir a realização de uma instrução inicial que possibilite ao empregador a conveniente realização da nota de culpa. Na verdade, na elaboração da nota de culpa exi-ge-se uma descrição circunstanciada dos factos o que, sobretudo nas infracções de maior complexidade, pressupõe que o empregador leve a cabo uma investigação preliminar que lhe permita apurar os factos e as circunstâncias em que os mesmos ocorreram para dar integral satisfação àquela exigência"[89]. Ora, durante este processo prévio de averiguações, não tendo a entidade patronal conhecimento do infractor ou da infracção, não pode correr o prazo de caducidade. No entanto, a partir do momento em que a entidade patronal conhece a infracção e o seu autor, inicia-se a contagem do prazo de caducidade[90], pois só nessa altura é que o empregador se encontra em condições de concluir se há razões para iniciar o procedimento.

II) Porém, pode acontecer que a entidade patronal conheça já o infractor e a infracção, mas não consiga ainda dimensionar a sua importância, ou não tenha ainda a necessária segurança e os elementos fácticos para a elaboração da nota de culpa, tendo por isso necessidade de utilizar esta fase de averiguações ou *processo prévio de inquérito.* Nestes casos, e como acima se disse, a entidade patronal já conhece os elementos essenciais da infracção, logo, o prazo de caducidade iniciar-se-ia. No entanto, a lei refere-se expressamente a estas situações no artigo 10° n° 12 da LCCT como determinantes de suspensão[91] do decurso do prazo de caducidade.

---

[89] PEDRO FURTADO MARTINS, "Cessação ....", pág. 86.

[90] Neste sentido Acórdão da Relação de Lisboa de 24.10.85, *in* Colectânea de Jurisprudência, 1986, Tomo IV, pág. 263; Acórdão da Relação de Lisboa de 22.03.82, *in* Boletim do Ministério da Justiça n° 321, pág. 426; Acórdão da Relação de Lisboa de 04.07.90, *in* Colectânea de Jurisprudência 1990, Tomo IV, pág. 186; Acórdão da Relação de Lisboa de 28.11.84, *in* Colectânea de Jurisprudência 1984, Tomo V, pág. 208; Acórdão da Relação do Porto de 17.07.86, *in* Colectânea de Jurisprudência 1986, Tomo IV, pág. 263; Acórdão da Relação de Lisboa de 16.11.88, *in* Acórdãos Doutrinais n° 327, pág. 419.

[91] Sobre a legitimidade da utilização deste conceito *vide infra* 2.6.3..

510   *Estudos do Instituto de Direito do Trabalho*

Assim, o prazo de caducidade suspender-se-á com o início do processo prévio de inquérito necessário para fundamentar a nota de culpa.

Em suma, e citando-se Maria Manuela Maia da Silva "O prazo de 60 dias conta-se, assim, até à comunicação da nota de culpa ao trabalhador, se antes a entidade patronal não tiver tido necessidade de averiguar as circunstâncias da infracção, através de uma fase de averiguações (...), caso em que interromperá[92], nesse momento, o decurso do prazo de caducidade. Se a entidade patronal desconhece o autor ou os contornos essenciais da infracção, só depois de terminado o processo de averiguações é que poderá iniciar-se a contagem do prazo de caducidade do procedimento disciplinar (31º nº 1 LCT)"[93-94].

III) Assim nem sempre a nota de culpa é o momento da instauração do procedimento disciplinar: apurando-se matéria relevante, o processo prévio de inquérito pode transformar-se em procedimento disciplinar fazendo suspender o prazo de caducidade. Aliás a lei é clara, prevendo a caducidade do procedimento a partir do momento em que a entidade patronal "teve conhecimento da infracção", o que significa que nem sempre a nota de culpa é a peça de abertura do processo, pois pode a entidade patronal ter tido conhecimento da infracção não tendo elaborado logo nota de culpa e iniciando um processo prévio de inquérito.

IV) Monteiro Fernandes entende que o procedimento disciplinar se inicia com a declaração da entidade patronal no sentido de realizar o despedimento, acompanhada da correspondente nota de culpa[95].

Segundo este entendimento, se a entidade patronal encetar diligências no sentido de apurar a responsabilidade do trabalhador com vista à acusação através da nota de culpa, essas diligências além de não terem qualquer utilidade, nada terão que ver com o procedimento disciplinar. Com a devida vénia, não podemos concordar. O facto de a lei referir que, nos casos em que se verifique algum comportamento que integre o conceito de justa causa, a entidade patronal deve comunicar por escrito ao trabalhador a intenção de proceder ao despedimento acompanhada da respec-

---

[92] Sobre a legitimidade da utilização deste termo, *vide infra* 2.6.3..

[93] "O Tempo ...", pág. 208.

[94] Neste sentido MÁRIO PINTO, FURTADO MARTINS, A. NUNES DE CARVALHO, "Comentário ...", pág. 157; PEDRO FURTADO MARTINS, "Cessação ...", pág. 85.

[95] "Noções Fundamentais de Direito do Trabalho", Volume I, 2ª Edição, Almedina, Coimbra 1983, pág. 323.

A Repercussão do Tempo no Procedimento Disciplinar... 511

tiva nota de culpa, não significa que o processo se inicie com a mesma. Temos que conjugar esta norma com as restantes, nomeadamente com o nº 12 do artigo 10º da LCCT, que prevê expressamente a existência de um processo prévio de inquérito. Da análise do preceito podemos concluir que a nota de culpa só será enviada ao trabalhador depois de <u>verificado</u> algum comportamento que integre o conceito de justa causa. Ora, o verbo "verificar" significa uma confirmação, exame, averiguação[96]. Assim, ao utilizar este termo, a lei sempre terá pretendido referir-se aos casos em que se torna necessária a realização de um processo prévio de inquérito ou de averiguações, a fim de confirmar se algum dos comportamentos constitui justa causa de despedimento[97]. Ou seja, só quando a entidade patronal sabe da existência desses comportamentos é que deverá acusar o trabalhador, ainda que não se tenha por provada a culpa do mesmo.

Face ao exposto, demonstra-se que o procedimento disciplinar tem o seu início no momento em que a entidade patronal toma a decisão de iniciar o processo contra o infractor, através da prática de um acto conducente à averiguação dos factos que, por qualquer forma, teve conhecimento.

2.5. *Da Conjugação do Prazo do 31º nº 1 com o Prazo do 27º nº 3*

I) Analisados os dois preceitos em epígrafe, cumpre conjugá-los.

II) A este propósito, veja-se uma posição curiosa sustentada por Abílio Lopes Cardoso, quando juiz de 1ª instância, numa sentença datada de 04.01.88[98]. Defende o citado desembargador que entre os preceitos se verifica uma situação de conflito que resulta da existência de prazos diferentes e do seu início em momentos diversos. Assim, é possível verificar-se a prescrição do poder disciplinar numa situação em que ainda não se verificou o início da contagem do prazo de caducidade do procedimento disciplinar, porque a entidade patronal ainda não teve conhecimento da infracção. No limite, pode acontecer que, quando a entidade patronal tenha conhecimento da infracção, o processo já esteja prescrito. Face a esta contradição, propõe o autor que se proceda a uma eliminação, a um repúdio da norma que contrarie o sistema e com ele não se harmonize. Ou seja,

---

[96] Dicionário Prático Ilustrado, Lello & Irmão — Editores, Porto 1972.

[97] Neste sentido se pronunciou também ABÍLIO LOPES CARDOSO numa sentença datada de 04.01.88 (Referência retirada de ABÍLIO NETO, "Contrato ...", pág. 203).

[98] Referência retirada de ABÍLIO NETO, "Contrato de Trabalho ...", pág. 202.

verificando-se uma contradição absoluta e não existindo forma de conciliar as normas, o intérprete deve aceitar a disposição que se mostre mais harmónica com o sistema jurídico e com o fim em vista, repudiando a outra. Assim, o intérprete deve aceitar o artigo 31º da LCT e repudiar o 27º da mesma lei. Isto porque é necessário atender aos casos em que os factos só chegam ao conhecimento da entidade patronal muito tempo depois de ocorridos, em contraposição com as situações em que ela os conhece imediatamente (no mesmo dia e na mesma hora). Eis a diferença entre as pequenas e médias empresas. Para o Ilustre Desembargador, só é legítima a punição da entidade patronal que não inicie o procedimento disciplinar, quando ela conhece minimamente os factos, mas não actua. Para o autor, não existe forma de prescrever um direito (à acção disciplinar) que não existia — 27º nº 3 da LCT. O direito de punir em abstracto não prescreve, o que prescreve é o de punir no caso concreto. Não se pode exigir que a entidade patronal actue no prazo de um ano a contar da data em que ocorreram os factos se a entidade patronal nem sequer os conheceu.

III) Parece-nos porém, que não se verifica qualquer contradição entre as normas em apreço: uma refere-se ao prazo para exercício do *ius puniendi* e a outra refere-se ao prazo para iniciar o procedimento disciplinar. São prazos totalmente distintos, que não se confundem, e que podem com certeza, levar à situação limite de o poder disciplinar já se encontrar prescrito sem sequer se ter iniciado o prazo de caducidade do procedimento. No entanto, tal questão poderá em parte ser ultrapassada pela teoria adoptada relativamente à verificação do resultado — momento a partir do qual se pode considerar iniciado o prazo de prescrição[99]. Assim, o primeiro e fundamental argumento do autor cai desde logo por terra por não se verificar qualquer conflito. Ora, os fundamentos que justificam a prescrição não podem, de forma alguma, permitir que se prolongue indefinidamente a possibilidade de exercício do poder disciplinar. Na hipótese levantada, poderíamos admitir o absurdo de, passados 10 ou 20 anos da prática da infracção, a entidade patronal vir a conhecer o facto e ainda poder exercer poder disciplinar! E a prova? E a certeza e segurança jurídicas? E a estabilidade psíquica do trabalhador? Não é possível admitir que tais valores sejam atingidos, sob pena de se abrir a porta a situações indesejáveis que podem afectar a defesa do trabalhador.

---

[99] Note-se porém, conforme tivemos já oportunidade de deixar expresso *infra* 1.5.3, que nem sempre se exige dano ou prejuízo material para a configuração da infracção disciplinar.

A Repercussão do Tempo no Procedimento Disciplinar... 513

IV) Há que salientar que a conjugação destes prazos pode representar um encurtamento do prazo de caducidade do procedimento disciplinar. Vejamos o seguinte exemplo: o trabalhador pratica determinada infracção disciplinar no dia 1 de Janeiro de 2001. A entidade patronal apenas adquire conhecimento da infracção praticada no dia 1 de Dezembro do mesmo ano. Neste caso concreto, a entidade patronal, para não ver prejudicado o seu direito de exercício da acção disciplinar, deverá iniciá-la até ao dia 31 de Dezembro e não até ao dia 1 de Fevereiro de 2002, sob pena prescrever a punibilidade da infracção. Assim, neste caso concreto, a caducidade do procedimento disciplinar foi encurtada para trinta dias, razão pela qual afirmamos que a conjugação dos prazos previstos no artigo 27º e no artigo 31º da LCT pode implicar uma diminuição do prazo de caducidade.

V) Pode então concluir-se que a entidade patronal tem sessenta dias contados do conhecimento da infracção para iniciar procedimento disciplinar, se entretanto não tiver decorrido um ano sobre a prática da infracção[100].

2.6. *Da Suspensão do Prazo de Caducidade e de Prescrição*[101]

2.6.1. Da Suspensão da Caducidade

I) O artigo 10º nº 11 da LCCT, dispõe que a comunicação da nota de culpa ao trabalhador suspende o decurso do prazo de caducidade para início do procedimento disciplinar. Logo no número seguinte, dispõe o legislador que essa suspensão também se verifica se houver necessidade de instaurar processo prévio de inquérito, desde que tal seja necessário para fundamentar a nota de culpa; desde que o mesmo seja conduzido de forma diligente; tenha início no prazo de 30 dias depois da suspeita de existência

---

[100] Neste sentido *vide* Acórdão da Relação do Porto de 05.03.79, *in* Colectânea de Jurisprudência 1979, Tomo IV, pág. 501; Acórdão da Relação de Lisboa de 22.01.97, *in* Colectânea de Jurisprudência 1997, Tomo I, pág. 178; Acórdão da Relação do Porto de 09.12.97, *in* Colectânea de Jurisprudência 1997, Tomo V, pág. 249; Acórdão do STJ de 28.01.98, *in* Colectânea de Jurisprudência 1998, Tomo I, pág. 258.

[101] Apesar de se ter tratado anteriormente do prazo de prescrição, as razões que justificam a possibilidade de "suspensão" da caducidade são as mesmas que legitimam a "suspensão" da prescrição, pelo que se optou por um tratamento aproximado e paralelo das duas figuras ("suspensão" da caducidade e da prescrição).

514   *Estudos do Instituto de Direito do Trabalho*

de matéria infractora; e finalmente, desde que no prazo de 30 dias depois da conclusão do inquérito se proceda à notificação da nota de culpa[102].

2.6.2. *Da Suspensão da Prescrição*

Levanta-se a questão da eventual suspensão do prazo de prescrição.

I) A legislação do trabalho não contém uma disposição reguladora dessa suspensão. Não existindo tal previsão, e havendo razões justificativas de regulamentação do caso devido à sua relevância jurídica, verifica-se uma lacuna[103] que terá que ser preenchida, uma vez que a legislação laboral privada não dá resposta. Assim, torna-se necessário o recurso à aplicação analógica do Estatuto Disciplinar[104] (correntemente utilizado

---

[102] Na Alemanha, por via do BAG AO nº 2 referente ao artigo 626 do Código Civil, entende-se que, caso a entidade patronal não esteja segura sobre a prática de uma determinada infracção, deve realizar *indagações* com vista à sua confirmação. Estas *indagações*, caso sejam realizadas com a devida celeridade, implicam a suspensão do prazo de "prescrição" dentro do qual o despedimento deve ser efectuado. Neste sentido *vide* WOLFGANG DÄUBLER, "Derecho ...", pág. 694.

[103] Para OLIVEIRA ASCENSÃO ("O Direito — Introdução e Teoria Geral", 7ª Edição, Almedina, Lisboa 1993, pág. 422), trata-se de uma "incompleição do sistema normativo que contraria o plano deste". Uma vez que a falta de lei não pode justificar a abstenção de resolução dos casos (pois a sua recusa traduzir-se-ia no crime de denegação de justiça, sendo também vedada pelo artigo 8º do Código Civil), torna-se necessário suprir o vazio da norma jurídica, colmatar a falta ou inexistência da mesma. Como forma de preenchimento dessa lacuna, o legislador prevê o recurso à analogia ou à criação de um preceito pelo intérprete que o próprio legislador criaria.

[104] Tivemos já oportunidade de demonstrar a aproximação do poder disciplinar laboral com o poder disciplinar administrativo. Assim, tal como o poder disciplinar laboral, também o poder disciplinar administrativo tem por destinatário a pessoa do infractor (funcionário) e não o ressarcimento de prejuízos causados. Ambos os poderes visam obstar à prática de uma nova infracção, de forma a recolocar o trabalhador em posição de cumprimento. Nos dois sistemas se revela o princípio da processualidade, que obriga que a aplicação de qualquer sanção seja precedida de um prévio processo punitivo. Verifica-se também uma enorme similitude a nível das sanções previstas. Na verdade, e abstendo-nos de reproduzir as sanções previstas pelo artigo 27º da LCT, o artigo 11º do Estatuto Disciplinar, prevê como sanções a repreensão escrita, a multa, a suspensão e a inactividade, a aposentação compulsiva, a demissão e a cessação da comissão de serviço. Facilmente se depreende a enorme afinidade com a legislação laboral.

Esta similitude jurídica essencial, não sendo uma mera semelhança acessória, formal ou acidental, permite o recurso à analogia. Com efeito, e sendo a analogia "a aplicação dum preceito jurídico que a lei estabelece para certo facto, a outro facto não regulado, mas semelhante juridicamente ao primeiro" (INOCÊNCIO GALVÃO TELES, "Introdução ao

como regime subsidiário para a acção disciplinar nas relações privadas de trabalho), o qual dispõe no seu artigo 4º nº 4 "se antes do decurso do prazo referido no nº 1 alguns actos instrutórios, com efectiva incidência na marcha do processo, tiverem lugar a respeito da infracção, a prescrição conta-se desde o dia em que tiver sido praticado o último acto"[105], e logo a seguir "Suspendem nomeadamente o prazo prescricional a instauração do processo de sindicância aos serviços e do mero processo de averiguações e ainda a instauração dos processos de inquérito e disciplinar, mesmo que não tenham sido dirigidos contra o funcionário ou agente a quem a prescrição aproveite, mas nos quais venham a apurar-se faltas de que seja responsável.".

II) Em crítica deste pensamento que propõe o recurso à analogia não se diga que esta norma do Estatuto Disciplinar configuraria uma norma

---

Estudo do Direito", Volume I, Lisboa 1988, pág. 190), procuram-se na lei casos análogos, toma-se a sua regulamentação, e amplia-se o respectivo campo de incidência por forma a nele compreender também casos não previstos. A analogia justifica-se por razões de coerência normativa ou de justiça relativa, pelo princípio da igualdade, segundo o qual os casos semelhantes devem ter um tratamento idêntico. Aliás, a uniformidade de julgados apenas pode ser alcançada através da aplicação das normas de certos casos a outros casos análogos. Assim, e não se discutindo que exista uma proximidade muito forte entre o direito disciplinar laboral e o direito disciplinar administrativo, é necessário verificar se a razão de decidir relativamente ao direito disciplinar laboral é a mesma que prevaleceu no direito disciplinar da administração pública. Também aqui parece não haver dúvidas: o que se pretendeu com o estabelecimento da suspensão da prescrição no procedimento disciplinar administrativo, foi proteger os interesses da administração pública que ainda tenha razões para despedir o trabalhador, organizando novo processo em virtude da nulidade do anterior, ou em virtude da sua anulação judicial. Esta *ratio* pode ser aplicada ao procedimento disciplinar laboral. É inegável que a razão de decidir no caso omisso (procedimento disciplinar laboral) e no caso previsto (procedimento disciplinar na administração pública) seja a mesma. É o que nos parece mais curial. *Ubi eadem est ratio legis, eadem est ejus dispositio.* Podemos então dizer que a razão que levou a que o legislador do Estatuto estabelecesse uma suspensão da prescrição, motiva também essa suspensão no procedimento disciplinar laboral. No seguimento da ideia de que os casos iguais devem ser tratados de forma idêntica, não vislumbramos — como BERNARDO LOBO XAVIER (Prescrição...", pág. 251) — porque é que um escriturário de uma freguesia, pouco cuidadoso na ordenação de documentos, poderia contar com a suspensão da prescrição da infracção por si cometida, não sendo confrontado com essa mesma suspensão um caixa bancário que falsificara assinaturas e defraudara clientes. Seria uma verdadeira afronta à unidade do sistema jurídico que o recurso à analogia visa proteger.

[105] Para PEDRO DE SOUSA MACEDO, "Poder ..." (em nota de rodapé da pág. 114) esta norma é uma norma geral de aplicação analógica ao procedimento disciplinar, de regulamentação muito escassa.

excepcional que impede a analogia. Ora, para ser excepcional, deveria existir uma norma geral. As normas do Código Civil que regulam esta matéria não são gerais nem constantes de normativos genéricos, aplicam-se aos casos especificamente tratados nos Livros do Código Civil. Com efeito, o disposto no artigo 318° apenas aponta para os casos especificamente tratados ao longo do Código Civil. Esta norma não é genérica, apenas pode aplicar-se aqueles casos que ali se encontram especialmente previstos, e não a qualquer outro tipo de casos. O regime do Código Civil não constitui um regime regra das relações laborais. Assim, o disposto no Estatuto Disciplinar não contraria de forma alguma o regime do Código Civil, pois cada um deles se aplica a casos distintos. O Estatuto Disciplinar não regula as relações disciplinares administrativas de forma oposta a nenhum regime regra aplicável à generalidade das relações do mesmo tipo. Ainda que se considerasse que o Código Civil estabelecia normas genéricas, não vislumbramos como poderia o Estatuto Disciplinar contrariar o disposto no Código Civil. A excepção, de âmbito mais restrito que a regra, tem de contrariar a valoração ínsita nesta para prosseguir finalidades particulares, o que não se admite como possível na situação em análise. Aquele seria apenas um regime com certas particularidades em relação ao Código Civil conformes ao sector específico de relações a que se aplica, ou seja, uma norma especial.

Ainda que esta solução não fosse admitida, sempre se diria, de acordo com a posição defendida por Baptista Machado, que esta analogia não é proibida pelo artigo 11° do Código Civil. "(...) as normas excepcionais seriam inaplicáveis analogicamente. Esta formulação concebida assim em termos tão genéricos deve considerar-se hoje ultrapassada."[106] Só razões de segurança jurídica podem justificar a inaplicabilidade analógica de uma norma. Segundo o disposto no artigo 11° do Código Civil, estas normas "não comportam aplicação analógica, mas admitem interpretação extensiva". Ora, sendo a interpretação extensiva a aplicação de uma norma a casos não cobertos pela letra da lei mas abrangidos pelo seu espírito, e sendo a analogia o aproveitamento, de acordo com o espírito do legislador, de uma norma análoga de um caso para outro, pode dizer-se que o mencionado normativo "permite afinal a *analogia legis,* e só não permite *analogia iuris.* Com efeito, como distinguir a 'interpretação extensiva' naquele sentido da *analogia legis* ou 'extensão analógica' ('extensão

---

[106] BAPTISTA MACHADO, "Introdução ao Direito e ao discurso legitimador", Almedina, Coimbra 1996, pág. 326.

A Repercussão do Tempo no Procedimento Disciplinar... 517

teleológica') das normas? Dentro desta ordem de ideias, do referido artigo 11º deduzir-se-ia apenas (...) que o que é proibido é transformar a *excepção* em *regra*, isto é, partir dos casos taxativamente enumerados na lei para induzir deles um princípio geral que, através da *analogia iuris*, permitiria depois regular outros casos não previstos, (...). Mas não já que seja proibido estender analogicamente a hipótese normativa que prevê um tipo particular de casos a outros casos particulares do mesmo tipo e perfeitamente paralelos ou análogos aos casos previstos na sua própria particularidade."[107] Apenas se deve considerar excluída a transposição analógica de uma regulamentação se se puder afirmar inequivocamente que o legislador teve intenção de a formular em termos rigorosos, restritivos e de uma forma fechada, o que não aconteceu com o Estatuto Disciplinar.

III) O preceito consagrado no nº 4 e no nº 5 do artigo 4º do Estatuto Disciplinar deve então acolher-se como extensível ao âmbito do procedimento disciplinar privado, pelo que a prática de actos instrutórios com efectiva incidência na marcha do processo é susceptível de suspender a prescrição. "Por acto instrutório com efectiva incidência na marcha do processo deve entender-se aquele que se mostre necessário para a prova da infracção e para a determinação do respectivo agente, assim como das circunstâncias determinativas da sua gravidade."[108]

Assim se conclui que o prazo prescricional de um ano, previsto no artigo 27º nº 3 da LCT, se suspende com a instauração do procedimento disciplinar que, como vimos, se considera iniciado com o inquérito preliminar[109]. Assim, se a entidade patronal tem conhecimento da infracção

---

[107] BAPTISTA MACHADO, "Introdução ... ", Almedina, 1986, pág. 326.

[108] PEDRO DE SOUSA MACEDO, "Poder...", pág. 118.

[109] Neste sentido Acórdão do STJ de 29.11.89, *in* Acórdãos Doutrinais nº 340, 1990, pág. 547; Acórdão do STJ de 27.11.87, *in* Boletim do Ministério da Justiça nº 371, 1987, pág. 366; Acórdão da Relação de Lisboa de 17.01.83, *in* Colectânea de Jurisprudência 1983, Tomo I, pág. 170; Acórdão do STJ de 19.12.90, *in* AJ nº 13/14, pág. 34; Acórdão do STJ de 16.12.90, *in* AJ nºs 10-11-12, pág. 1768; Acórdão da Relação de Lisboa de 29.11.89, *in* Colectânea de Jurisprudência 1989, Tomo V, pág. 170 e Boletim do Trabalho e Emprego, 2ª Série, nºs 7-8-9 de 1991, pág. 790, Acórdão da Relação de Lisboa de 22.01.97, publicado em suporte informático da base de dados da DGSI, *in* «hyperlink "http://www.dgsi.pt"»; Acórdão do STJ de 24.01.83, *in* Acórdãos Doutrinais nº 255, pág. 425; Acórdão da Relação de Coimbra de 06.03.90, *in* Colectânea de Jurisprudência 1990, Tomo II, pág. 88.

Neste sentido também ALBINO MENDES BAPTISTA, "Jurisprudência ...", pág. 257; MONTEIRO FERNANDES, "Direito....", pág. 252; MÁRIO PINTO, FURTADO MARTINS E NUNES DE CARVALHO, "Comentário...", pág. 151; PEDRO SOUSA MACEDO, "Poder....", pág. 118.

518   *Estudos do Instituto de Direito do Trabalho*

no último dia do prazo prescricional e procede à abertura do competente inquérito, notificando logo o trabalhador da respectiva nota de culpa, o prazo prescricional suspender-se-á[110]. Entre a data em que o trabalhador é notificado da nota de culpa, e o proferimento da sanção pode decorrer mais de um ano[111].

2.6.3. *Suspensão ou Interrupção da Caducidade?*

I) Interrogam-se muitos autores sobre a legitimidade da utilização do termo "suspensão" do prazo de caducidade, que se verifica com a comunicação da nota de culpa ou com o início do processo prévio de inquérito. De acordo com essas reflexões não existe qualquer possibilidade de se retomar a contagem do prazo, pois não entendem até quando o mesmo se suspende e quando é que ele volta a correr — concluindo ser mais correcta a sua designação como "interrupção"[112].

II) Antes de mais, e de acordo com o disposto no n° 3 do artigo 9° do Código Civil, temos que presumir que o legislador soube exprimir o seu pensamento em termos adequados e, por conseguinte, deve-se considerar que, ao usar a expressão "suspensão do decurso do prazo" a usou em sentido próprio, técnico-jurídico.

III) Poderiam os autores argumentar que, sendo este um prazo de caducidade, não estaria sujeito a suspensão e interrupção de acordo com o disposto no artigo 328° do Código Civil. No entanto, e de acordo com este

---

[110] Também a jurisprudência espanhola entende que a prescrição não corre quando seja necessário proceder a uma investigação com vista a verificar se determinados factos aconteceram. Nas palavras dos juízes — a abertura do processo de investigação "interromperá" o prazo de prescrição larga da infracção. Sobre a prescrição larga *vide* nota de rodapé n° 20 (Neste sentido *vide* S.T.S.J Canarias de 21 de Janeiro de 1992, Ar/67; S.T.S.J. Baleares de 23 de Março de 1992, Ar/1222; S.T.S.J. Cantabria de 24 de Fevereiro de 1992, Ar/658; S.T.S.J. Castilha — León de 5 de Maio de 1992, Ar/2601; S.T.S.J. Madrid de 4 de Maio de 1993, CISS/168/93.). No entender da mesma jurisprudência, a comunicação ao trabalhador da intenção de despedimento também "interrompe" o prazo de prescrição larga (Neste sentido *vide* S.T.S. de 7 de Junho de 1984, Ar/3426; S.T.S. de 4 de Julho de 1991, Ar/5868).

[111] Acórdão do STJ de 25.02.93, *in* Colectânea de Jurisprudência, 1993, Tomo I, pág. 260.

[112] MONTEIRO FERNANDES, "Direito ...", pág. 251 em nota de rodapé; BERNARDO LOBO XAVIER, "Curso...", pág. 505 em nota de rodapé; PEDRO SOUSA MACEDO, "Poder...", pág. 120.

A Repercussão do Tempo no Procedimento Disciplinar...   519

mesmo preceito, o prazo de caducidade, <u>em princípio</u> não se suspenderá nem interromperá, podendo interromper-se e suspender-se nos casos em que a lei o determine, como acontece com a caducidade do procedimento disciplinar.

IV) Não existe nenhuma impossibilidade de suspensão do prazo de caducidade no procedimento disciplinar. Existe na verdade, a hipótese do prazo voltar a correr após a notificação da nota de culpa, ou após a instauração do processo prévio de inquérito.

V) Comecemos no segundo caso, ou seja, pela retomada do prazo de caducidade após o início do processo prévio de inquérito. A lei reveste de requisitos a suspensão do prazo de caducidade com o processo prévio de inquérito, que só poderá ocorrer nos casos acima transcritos[113]. Iniciado o processo prévio de inquérito, e caso este esteja parado por falta de diligências necessárias para a conclusão do procedimento disciplinar, volta a correr o prazo de caducidade. O prazo a que se refere o n° 1 do artigo 31° da LCT volta a contar caso não se respeitem os condicionalismos do n° 12 do artigo 10° da LCCT. Assim, facilmente nos podemos deparar com a retoma do prazo de caducidade. Tendo em conta a noção de suspensão, que consiste em não se contar para efeito da caducidade o tempo decorrido enquanto durarem os factos ou situações, esta é coadunável com o processo prévio de inquérito[114].

VI) Relativamente à hipótese do prazo voltar a correr após a comunicação da nota de culpa, tal não se afigura impossível. Imagine-se que o despedimento foi declarado ilícito pelo tribunal, com fundamento em falta ou nulidade do procedimento disciplinar. Nestes casos, a declaração de ilicitude do despedimento não altera em nada o comportamento culposo do trabalhador nem a impossibilidade de subsistência da relação laboral, per-

---

[113] *Vide* 2.6.1..

[114] O mesmo se diga relativamente à suspensão da prescrição. Tendo em conta que a lei não estabelece qualquer prazo de duração do inquérito preliminar, no limite, tal inquérito poderia protelar-se indefinidamente. Assim, e de forma a evitar que sobre o trabalhador recaia o fardo eterno da sua eventual punição, entendemos que a suspensão da prescrição deixará de operar, retomando-se a contagem do prazo de prescrição, nos casos em que a entidade patronal não proceda às diligências necessárias à conclusão do inquérito preliminar. Os argumentos a utilizar para a defesa de tal pensamento serão os critérios genéricos da boa fé e da celeridade processual que devem reger as diligências probatórias de instrução (*Vide infra* 3.2.).

520   *Estudos do Instituto de Direito do Trabalho*

manecendo o direito de resolução do empregador. Esta declaração não pode implicar a manutenção da relação laboral, pois a entidade patronal poderá organizar um novo processo de despedimento[115]. Com efeito, há que atender ao facto de a resolução do contrato pressupor a perda de interesse apreciada objectivamente (artigo 808º do Código Civil). Note-se mesmo que, nos casos em que a justa causa de despedimento é mais flagrante e mais grave, ocorrem situações de imediato despedimento sem observância das formalidades prévias, que muitas das vezes se devem a uma certa ignorância do empregador.

Assim, não podemos permitir que se mantenham relações laborais totalmente insubsistentes, o que implicará a elaboração de um novo processo após a declaração de ilicitude do despedimento[116], não obstante ter a entidade patronal de observar os prazos de caducidade e de prescrição. Se a entidade patronal se encontra dentro desses prazos, tem o direito de exercer o procedimento disciplinar: retirar-lhe essa possibilidade seria retirar-lhe um direito.

A entrega da nota de culpa suspende o prazo de caducidade, a qual durará até ao fim do procedimento disciplinar. Despedido o trabalhador no termo do procedimento disciplinar ficará extinta a relação laboral, não correndo o prazo de caducidade, pois o direito já foi exercido. Não pode caducar um direito que não existe, porque a relação laboral se extinguiu. "Se a

---

[115] Esta solução defende tanto os interesses da entidade patronal como o dos trabalhadores, uma vez que estes vêem observados os seus direitos e garantias através da organização de um novo processo que observe todas as formalidades legais, ficando a entidade patronal livre para resolver um contrato de trabalho que ostenta uma impossibilidade prática e imediata de subsistência. Seria uma violência jurídica e uma sanção demasiado pesada impor ao empregador uma relação laboral que está totalmente doente.

[116] Argumentam alguns arestos (Acórdão da Relação do Porto de 07.05.84, *in* Colectânea de Jurisprudência (1984), Tomo III, pág. 307; Acórdão da Relação do Porto de 12.12.83 *in* Colectânea de Jurisprudência (1983), Tomo V, pág. 262) que a nulidade do procedimento disciplinar não pode ser sanada pela organização de um novo procedimento disciplinar por se tratar de uma nulidade insuprível, e por o despedimento ser uma resolução unilateral do contrato de trabalho que se manifesta através de uma declaração receptícia que não pode ser revogada, e que se torna eficaz logo que chega ao conhecimento do trabalhador. Note-se porém, que não é possível aceitar que um acto nulo possa ser atendido como uma declaração receptícia, a qual, normalmente, gera direitos. Ora, se o despedimento é nulo, ele não produz quaisquer efeitos, devendo reconstituir-se a situação que existia antes do despedimento. Além disso, em processo laboral, administrativo e penal, as nulidades insupríveis são sanáveis pela prática do acto omitido. Refira-se também que caso essa nulidade não seja invocada, o despedimento manter-se-á produzindo efeitos *ad eternum* caso não seja impugnado judicialmente.

A *Repercussão do Tempo no Procedimento Disciplinar...* 521

entidade patronal despede o trabalhador, já exerceu o direito que lhe assiste e deixa de fazer sentido pretender sujeitar esse direito a um prazo de caducidade"[117].

Anulado o despedimento subsiste a relação laboral, caindo por terra a eficácia extintiva do mesmo. A entidade empregadora poderá então, dentro dos prazos legais, exercer o seu direito de acção disciplinar, prazos esses que se contarão a partir do trânsito em julgado da sentença que declare a nulidade do despedimento[118]. Só no momento em que o contrato recupera eficácia é que podemos falar no exercício do direito de resolução da relação contratual. No entanto, para efeitos de contagem do prazo de caducidade, teremos que descontar aos sessenta dias o lapso de tempo que eventualmente já tenha decorrido entre o conhecimento do facto e a notificação da nota de culpa (no âmbito do procedimento disciplinar que levou ao despedimento ilícito). É aqui que se retoma a contagem do prazo.

Mais: se a entidade patronal não inicia logo o procedimento disciplinar após o trânsito em julgado da sentença, continuará a contagem do prazo de caducidade.

Caso não tenha sido sequer elaborada nota de culpa, o momento do despedimento suspenderá a caducidade, uma vez que despedido o trabalhador não faz sentido falar em prazos de caducidade.

VII) Igual situação ocorrerá no caso da entidade patronal reconhecer a falta por si cometida, visando corrigi-la mediante a organização de um novo processo que cumpra agora todos os requisitos, formalidades e exigências legais. A nulidade do processo não está em condições de impedir o despedimento do trabalhador, tendo em conta que nos encontramos perante uma impossibilidade prática de subsistência da relação laboral, que não pode exigir a manutenção indefinida de uma relação na qual não se acredita[119], sendo que os direitos do trabalhador serão agora devidamente acautelados. Aqui, verificar-se-á a manutenção da suspensão da caducidade até ao fim do processo (ou melhor, dos dois processos, pois a primeira nota de culpa já suspendeu a caducidade, e entretanto foi ela-

---

[117] HENRIQUE SALINAS, "Algumas questões sobre as nulidades do procedimento de despedimento", *in* Revista de Direito e Estudos Sociais, nºs 1-2-3, 1992, pág. 63.

[118] Neste sentido HENRIQUE SALINAS, "Algumas questões ...", pág. 63 e 64.

[119] Neste sentido Acórdão da Relação do Porto de 09.02.87, *in* Colectânea de Jurisprudência 1987, Tomo I, pág. 279; Acórdão da Relação de Lisboa de 30.11.83, *in* Colectânea de Jurisprudência 1983, Tomo V, pág. 187; Acórdão do STA de 26.04.78, *in* Boletim do Trabalho e Emprego, 2ª Série, nº 6.

borada nova nota de culpa, ou corrigiu-se a falta que levaria à a nulidade do processo).

Se a entidade patronal se aperceber das faltas cometidas no próprio processo disciplinar e já tiver procedido ao despedimento do trabalhador, poderá tomar a iniciativa de organizar novo processo, devendo revogar o anterior despedimento[120], uma vez que não faz sentido a existência de um procedimento disciplinar no âmbito de uma relação laboral que já não existe. Revogado o despedimento, volta a existir relação laboral, tendo que voltar a aplicar-se o prazo de caducidade, ao qual se terá que descontar o período de tempo decorrido entre o conhecimento do facto e a comunicação da nota de culpa, ou entre o conhecimento do facto e o início do processo prévio de inquérito, ou ainda, caso não se tenha verificado qualquer destas situações, o tempo decorrido entre o conhecimento do facto e o primeiro despedimento[121]. Assim, voltará a correr o prazo de caducidade até à ocorrência de algum dos factos previstos no nº 11 ou 12 do artigo 10º da LCCT, que suspenderão novamente o prazo. É aqui que se retoma a contagem do prazo.

Face ao exposto, não repugna aceitar a bondade da utilização terminológica "suspensão do prazo de caducidade".

2.6.4. *Da Suspensão ou Interrupção da Prescrição*

I) As hipóteses já levantadas de recurso a um novo procedimento disciplinar quando não exista processo anterior, ou quando se conclua pela nulidade do mesmo, não se mostram prejudicadas pela prescrição. Com efeito, e apesar de o disposto no final do nº 3 do artigo 27º da LCT levar a crer que o empregador não poderia despedir o trabalhador depois de realizado um despedimento que levou à cessação do contrato de trabalho com a consequente prescrição do poder punitivo, é possível a realização de um novo procedimento disciplinar. Na verdade, há que atender ao facto de, tratando-se de um processo nulo em que a relação laboral não se extinguiu, a entidade patronal manter, consequentemente, o seu poder punitivo. Além

---

[120] Neste sentido HENRIQUE SALINAS, "Algumas questões ...", pág. 57.

[121] Pois se não foi organizado processo de despedimento ou não tendo sido comunicada a nota de culpa, não se verificam as circunstâncias previstas no artigo 10º nº 11 ou 12 da LCCT, não se suspendendo o prazo de caducidade até ao despedimento. Neste sentido HENRIQUE SALINAS, "Algumas questões...", pág. 61: "Uma vez que o prazo de caducidade do direito do empregador de por termo ao contrato de trabalho visa reagir contra o não exercício desse direito, é certo que esse exercício só tem lugar com o despedimento".

A Repercussão do Tempo no Procedimento Disciplinar...   523

disso, tendo sido exercido o poder disciplinar, não se poderá falar em prescrição de infracção já punida.

Saliente-se também que as considerações atrás tecidas acerca da suspensão da caducidade são inteiramente aplicáveis à prescrição[122]. Após o trânsito em julgado da sentença que declare ilícito o despedimento ou quando a entidade patronal se aperceba da eventual nulidade do processo e pretenda organizar um novo, vê novamente correr o prazo de prescrição, pelo que se verifica uma verdadeira suspensão da mesma.

§3º: DOS PRAZOS DE DURAÇÃO DA INSTRUÇÃO

3.1. Breve Resenha Histórica

I) A evolução legislativa da questão que ora nos propomos estudar apenas pode ser tratada a partir do momento em que se sentiu a necessidade de impor ao empregador a observância de um procedimento disciplinar para despedimento. Ora, isso veio apenas a ser superficialmente imposto no Decreto-Lei 47.032 de 27 de Março de 1966[123]. Posteriormente, o Decreto-Lei 49.408 de 24 de Novembro de 1969, manteve essa superficialidade, estabelecendo, de acordo com um princípio elementar de justiça, a prévia audiência do trabalhador, pelo menos nos casos mais graves.

II) Com o surgimento do Decreto-Lei 372-A/75 de 16 de Julho, que veio regular a matéria da cessação do contrato individual de trabalho,

---

[122] Razão esta que, como dissemos já, justificou o tratamento desta questão no capítulo da prescrição da caducidade.

[123] Este diploma impunha um procedimento com vista à defesa do trabalhador contra decisões irreflectidas e sem fundamento, de forma a permitir-lhe o conhecimento da situação com a qual poderia contar. A decisão de rescisão do contrato de trabalho "devia ser levada ao conhecimento do trabalhador juntamente com a alegação dos factos que determinaram a situação de justa causa (princípio da alegação). Depois, os motivos invocados deveriam ser actuais, isto é, a rescisão deveria seguir-se imediatamente à verificação da situação de impossibilidade (princípio da actualidade). Finalmente, entendia-se que os factos alegados não podiam ser invocados quando tivesse havido perdão ou outro acto pelo qual se revelasse que o empresário não os considerava perturbadores da relação do trabalho." BERNARDO LOBO XAVIER, " A recente legislação dos despedimentos (O processo disciplinar na rescisão por justa causa)", in Revista de Direito e Estudos Sociais, Ano XXIII, pág. 165.

524   *Estudos do Instituto de Direito do Trabalho*

revogou-se o Capítulo VI do regime jurídico do contrato individual de trabalho, aprovado pelo Decreto-Lei 49.408 de 24 de Novembro de 1969. Tendo em conta o direito ao trabalho e ao emprego, o despedimento passou a estar rodeado de cautelas, de forma a permiti-lo apenas em condições muito especiais. Estabeleceu-se aqui a necessidade absoluta de um procedimento disciplinar para efeitos de verificação de justa causa[124], o qual deveria ser escrito e conter uma nota de culpa com a descrição dos comportamentos imputados ao trabalhador, devendo este ser ouvido e podendo requerer a realização de diligências probatórias necessárias ao esclarecimento da verdade. O processo deveria ser apresentado, consoante os casos, à comissão sindical, intersindical, de controle da produção ou ao delegado sindical — nas empresas em que existissem — ou ao sindicato respectivo, nas empresas onde não existisse qualquer das mencionadas entidades. Ouvidas as entidades competentes, a entidade patronal proferia decisão que devia ser comunicada por escrito ao trabalhador, com indicação dos factos provados e respectivos fundamentos.

III) As alterações introduzidas pelos Decretos-Lei 84/76 de 28 de Janeiro, 841-C/76 de 7 de Dezembro e 48/77 de 11 de Julho vieram precisar determinados aspectos deste procedimento disciplinar. Assim, suprimiu-se a matéria respeitante ao despedimento por motivo atendível, compreendida no Capítulo V do Decreto-Lei 372-A/75, uma vez que a prática revelou que esse tipo de despedimentos se mostrava inadequado à defesa da estabilidade do emprego[125]; determinou-se que os processos disciplinares fossem apreciados prioritariamente pelas comissões de trabalhadores em face das organizações sindicais[126]; rectificou-se o conceito de justa causa de despedimento, bem como o procedimento de averiguação dos seus motivos[127]; alteraram-se alguns prazos. Preocupação comum a estes diplomas foi a solidificação das relações de trabalho e o combate ao desemprego.

---

[124] Artigo 11° do citado Decreto-Lei.

[125] Alteração introduzida pelo Decreto-Lei 84/76 de 28 de Janeiro.

[126] Idem.

[127] O Decreto-Lei 841-C/76 de 7 de Dezembro alterou bastante o procedimento disciplinar. "A novidade mais saliente foi a de se instituírem duas formas de processo disciplinar, consoante os comportamentos do trabalhador que constituem justa causa. Para os comportamentos de maior gravidade, mais facilmente objectiváveis, e em que se exige uma reacção patronal mais rápida, previa-se um processo disciplinar de carácter sumário, em que apenas seria obrigatória a audição por escrito do trabalhador e a audição de duas testemunhas. O processo seria presente depois, conforme os casos, à comissão de tra-

A Repercussão do Tempo no Procedimento Disciplinar...

IV) Não se vislumbra em qualquer destes diplomas o estabelecimento de um prazo de duração da instrução do procedimento disciplinar,
não se verificando que tal tenha sido matéria alarmante para o legislador.
No entanto, é possível depreender que o legislador pretendeu, com o estabelecimento de prazos (de pronúncia por parte das comissões, de defesa
por parte do trabalhador, etc.), o desenvolvimento da acção disciplinar da
forma mais expedita possível. Isto auxiliar-nos-á no raciocínio do ponto
seguinte.

3.2. Regime Actual

I) Instaurado o procedimento disciplinar a lei não estabelece qualquer limite para a realização das diligências probatórias[128]. Assim, facilmente se poderia eternizar a acção disciplinar. Parece que a preocupação
do legislador foi, apenas e só, a de limitar a duração do inquérito, estabelecendo também que, concluídas as diligências probatórias, a entidade
patronal se pronuncie no prazo de trinta dias.

II) Mediante as averiguações realizadas durante a fase prévia de
inquérito, o empregador recolhe as provas ou indícios de prova necessários
à acusação do trabalhador pela prática de uma infracção disciplinar, através da elaboração de nota de culpa escrita que contenha a descrição
circunstanciada dos factos que lhe são imputados. Recebida esta acusação,
o trabalhador terá que apresentar a sua defesa no prazo de 5 dias[129]. Após
recebida a defesa do trabalhador, e tendo em conta a acusação proferida
pela entidade patronal, esta procederá às diligências probatórias necessárias à confirmação dos factos alegados nessas duas peças.

---

balhadores ou ao órgão sindical, que se deveriam pronunciar no prazo de 48 horas. Finalmente, a decisão seria comunicada por escrito ao trabalhador. Nos outros casos, o processo assumiria a forma de processo disciplinar ordinário, o qual seguia, em linhas gerais,
o sistema estabelecido nos diplomas anteriores, com especificações mais no que se refere
às diligências probatórias." BERNARDO LOBO XAVIER, "A recente legislação ...", pág. 168.
Note-se porém, que a Lei 48/77 de 11 de Julho regressou novamente ao sistema de uma
única forma de processo.

[128] Acórdão da Relação de Lisboa de 17.01.83, in Colectânea de Jurisprudência
1983, Tomo I, pág. 170; Acórdão do STJ de 28.02.96, in Colectânea de Jurisprudência
1996, Tomo I, pág. 258.

[129] Embora este prazo de defesa do trabalhador levante alguns problemas e algumas
dúvidas, não é o objecto da nossa análise. Para mais desenvolvimentos vide MARIA
MANUELA MAIA DA SILVA , "O Tempo...".

III) A questão que se coloca prende-se com o prazo a observar pela entidade empregadora no cumprimento dessas diligências. Será que, instaurado o procedimento disciplinar, se poderá ainda dar a prescrição da infracção, motivada por uma excessiva demora no seu procedimento? Segundo a nossa jurisprudência e doutrina, que defendem a "interrupção" do prazo prescricional com a instauração do procedimento disciplinar, facilmente se eternizaria a acção disciplinar por não extinção do poder disciplinar.

IV) Para definir a duração das diligências probatórias de instrução, é *mister* recorrer a critérios genéricos de boa fé e celeridade processual, podendo o processo prolongar-se apenas durante um período justificável.

V) O <u>princípio da boa fé</u> implica a proibição de abusos de uma das partes ou a violação de crenças da contraparte (por exemplo sancionar um comportamento anteriormente permitido), proibindo a utilização do procedimento disciplinar para fins estranhos aos visados pelo mesmo (a averiguação de uma infracção e a sua punição). Estas duas implicações traduzem-se naquilo que Menezes Cordeiro distingue por tutela da confiança e primazia da materialidade subjacente[130].

VI) Por seu turno, o <u>princípio da celeridade</u> implica ou estabelece que as medidas que sejam necessárias adoptar o sejam com a máxima rapidez, de forma a impedir e evitar o adoecimento das relações laborais no seio da empresa. O princípio da celeridade visa também reforçar a ideia de que a infracção disciplinar não pode encontrar-se excessivamente distanciada da sua punição, sob pena de ficar sem efeito a aplicação da sanção. É esta também a razão de ser da atribuição à entidade patronal da possibilidade de se recusar a proceder às diligências probatórias requeridas pelo trabalhador que tenham carácter manifestamente dilatório, sendo também a *ratio* da existência de prazos de defesa do trabalhador. Há que atender também aos princípios processuais penais, que determinam que o julgamento do arguido deve ser feito no mais curto prazo compatível com as garantias da sua defesa. A demora no processo penal, além de significar restrições ilegítimas dos direitos do arguido, acaba por esvaziar o sentido e retirar conteúdo útil ao princípio da presunção de inocência. O direito à celeridade processual é pois um corolário da presunção de inocência. O

---

[130] "Manual ...", pág. 755.

A *Repercussão do Tempo no Procedimento Disciplinar...* 527

direito ao processo célere engloba no seu âmbito normativo o "princípio da aceleração do processo", princípios estes inteiramente aplicáveis ao procedimento disciplinar.

Assim, estes princípios deverão reger e determinar o prazo para a conclusão do procedimento disciplinar.

§4º: DO PRAZO DE DECISÃO DO PROCEDIMENTO DISCIPLINAR — SUA INOBSERVÂNCIA

4.1. *Breve Resenha Histórica*

I) Estabelecida que ficou anteriormente[131] a evolução legislativa do regime dos despedimentos, pouparemos o leitor à sua repetição.

II) Assim, apenas há que referir o tratamento desta matéria naqueles diplomas. No Decreto — Lei 372-A/75 de 16 de Julho demostrou-se logo uma preocupação de regular o prazo de decisão do procedimento disciplinar, nomeadamente no artigo 11º nº 4 que estabelecia que a mesma só podia ser proferida decorridos quinze dias após o termo do prazo de pronúncia por parte das entidades competentes (comissão sindical, intersindical, etc.). De soberba importância é o disposto no nº 6 do artigo 12º do citado Decreto-Lei, o qual não podemos deixar de transcrever: "Entre as circunstâncias referidas no número anterior" — referente à apreciação de existência de justa causa — "deve ser incluído o facto de a entidade patronal ou gestor público praticar actos, posteriormente à verificação do comportamento do trabalhador ou ao seu comportamento, que revelem não o considerar perturbador das relações de trabalho, <u>nomeadamente deixando correr desde essa verificação ou conhecimento até ao início do processo disciplinar um lapso de tempo superior a trinta dias</u>" (Sublinhado nosso)[132].

III) As alterações introduzidas pelo Decreto-Lei 84/76 de 28 de Janeiro, pelo Decreto-Lei 841-C/76 de 7 de Dezembro e pelo Decreto-Lei 48/77 de 11 de Julho vêm, relativamente a esta matéria, proceder à alteração de prazos.

---

[131] *Vide infra* 3.1..

[132] Era também este o sentido da redacção do artigo 102º nº 2 do Decreto-Lei 47.032 e do artigo 105º da LCT, os quais tinham a seguinte redacção: "Presume-se que

528   *Estudos do Instituto de Direito do Trabalho*

IV) Não é possível, em qualquer dos diplomas citados, encontrar a imposição de um prazo para decisão do procedimento disciplinar, o que só surge com o Decreto-Lei 64-A/89 de 27 de Fevereiro. Porém, é notória a constante preocupação do estabelecimento de prazos (de pronúncia, de defesa, etc.). Do citado artigo 12º nº 6 do Decreto-Lei 372-A/75 pode, sem dúvida, extrair-se a conclusão de que sempre se pretendeu atribuir à falta de iniciativa disciplinar a ideia de irrelevância do comportamento para efeitos de justa causa, o que contribui para a defesa da posição que adiante se sustentará.

4.2. Regime Actual

I) Finda a conclusão das diligências probatórias e efectuada a consulta às entidades representantes dos trabalhadores, a entidade patronal dispõe de trinta dias para proferir uma decisão absolutória ou condenatória (*vide* artigo 10º nº 7 e 8 da LCCT) que conste de documento escrito[133]. A entidade patronal terá que ponderar as circunstâncias em que o facto foi praticado, a gravidade da infracção, a culpa do trabalhador, a adequação da sanção à gravidade dos factos, e a lesão dos interesses da empresa. Ou seja, "a decisão de despedimento deve ser tomada ponderando os factos provados que conduzem à ilicitude da conduta do trabalhador, o seu grau

---

não constituem factos de justa causa quando entre o momento em que a parte ofendida teve conhecimento deles e a sua invocação mediou um intervalo superior ao necessário para evitar os prejuízos de uma interrupção súbita do trabalho.". Para que se possa considerar que existe justa causa exige-se actualidade, uma vez que o conflito existente entre as partes de uma relação jurídica não admite delongas na sua resolução. Assim se decidiu no Supremo Tribunal Administrativo em 21.06.1966 (*in* Estudos Sociais e Corporativos nº 20) "O requisito *actualidade* integrador da justa causa de despedimento, não se verifica quando o mesmo despedimento ocorre dias ou semanas depois de o facto invocado como causa.".

[133] Em França, após ouvido o trabalhador convocado para audiência com a entidade patronal (*vide* nota nº 76), esta deverá proferir decisão sobre o despedimento depois de decorrido, no mínimo, um dia útil. Assim, a lei apenas fixa um prazo mínimo para o período de reflexão concedido à entidade patronal. "(...), aucun délai maximum entre l'entretien et la lettre de licenciement n'est fixé. Cependant, la crédibilité de la cause du licenciement serait atteinte, de fait, par un trop long délai." ANDRÉ GUILLEMT, "Rupture ...", pág. 40. No que concerne à carta de despedimento, esta deve ser enviada ao trabalhador sob registo com aviso de recepção, tendo que enunciar os motivos do despedimento. "Lorsque la lettre de licenciement n'énonce pas le motif ou mentionne un motif imprécis, le défaut d'énonciation de motif ou l'imprécision des motifs invoqués équivaut à une absence de cause réelle et sérieuse de licenciement" GÉRARD LYON — CAEN, "Droit ...", pág. 283.

A Repercussão do Tempo no Procedimento Disciplinar... 529

de culpa e a causalidade entre esses factos e a impossibilidade de subsistência da relação laboral"[134]

II) O artigo 12º nº 3 al. c) da LCCT, considera nulo o processo se a decisão de despedimento e os seus fundamentos não constarem de documento escrito, nos termos dos nºs 8 a 10 do artigo 10º. Cumpre pois, averiguar se a inobservância deste prazo de trinta dias para decisão é fundamento para a nulidade do procedimento disciplinar ou se a menção do artigo 12º nº 3 al. c) aos nºs 8 a 10 do artigo 10º, apenas quer referir-se à necessidade da comunicação escrita da decisão de despedimento, bem como à necessidade de fundamentação da mesma.

É nosso entendimento que a inobservância do prazo de trinta dias para decidir não pode deixar de acarretar consequências na apreciação de justa causa de despedimento[135].

Vejamos então porquê.

III) No domínio da legislação anterior, face à inexistência de uma enumeração taxativa das nulidades que afectavam o procedimento disciplinar, apenas se consideravam causas de nulidade aquelas que afectassem

---

[134] PEDRO ROMANO MARTINEZ, "Direito do Trabalho", II Volume, 2º Tomo, 3ª Edição, Lisboa 1999, pág. 335.

[135] Em sentido contrário JOSÉ JOÃO ABRANTES *in* "Estudos de Direito do Trabalho", AAFDL, Lisboa 1992; Prontuário de Direito do Trabalho, CEJ, Actualização nº 33; "Direito do Trabalho — Ensaios", Lisboa 1995, pág. 105; o qual tem uma posição bastante peculiar quanto a esta questão. Defende o autor que o prazo do 10º nº 8 da LCCT obedece a uma lógica em tudo semelhante à do artigo 31º nº 1 da LCT, "apenas com a diferença de que agora o empregador, concluída a fase instrutória, conhece melhor os factos, daí derivando que a lei encurta o prazo que ele tem para decidir". O prazo estabelecido no nº 8 do artigo 10º é um prazo de caducidade, o qual, uma vez ultrapassado, faz caducar a possibilidade de punir. Para o autor, esta tese justifica-se por uma necessidade de certeza jurídica e pela necessidade de equilíbrio emocional do trabalhador. PEDRO ROMANO MARTINEZ, embora não se pronuncie directamente sobre a questão, refere na nota de rodapé da pág. 335 do "Direito ...", que a solução que defende que este prazo releva apenas para aferir da justa causa é dificilmente ajustável ao princípio da celeridade e certeza processual. No entanto, não vemos como é que a celeridade e certeza processual possam resultar afectadas pela qualificação deste prazo como aceleratório. Com efeito, a entidade patronal tem que decidir nesse prazo, de forma a evitar que o processo se arraste indefinidamente, com a consequência da incerteza e insegurança para o trabalhador; e caso não decida nesse prazo, poderá ver afectada a possibilidade de despedir por inexistência de justa causa, ou seja, de impossibilidade prática de manutenção da relação laboral. Visa-se a celeridade processual, acelerando a decisão final. Acresce que, não pode o intérprete aplicar extensivamente o regime da nulidade constante do artigo 12º nº 3 al. c) da LCCT, por natureza, excepcional.

directa ou indirectamente as garantias de defesa do trabalhador, ou seja, o princípio do contraditório e o princípio da audiência do arguido. Tínhamos então como motivos determinantes da verificação de nulidade do despedimento: a falta de audição do arguido, a falta de indicação da intenção de proceder ao despedimento, a falta de entrega da nota de culpa, a omissão da enumeração precisa e concreta dos factos que integram o comportamento culposo do trabalhador, o desrespeito do prazo legal para a defesa do trabalhador, a não audição das testemunhas por si apresentadas e indispensáveis à descoberta da verdade, e a falta de comunicação fundamentada da decisão de despedimento.

Nas causas de nulidade existentes no quadro da anterior legislação não se incluíam a omissão de decisão no prazo de trinta dias desde o termo das diligências probatórias nem desde a comunicação às entidades competentes. Também no domínio da legislação anterior, caso a entidade patronal arrastasse a decisão disciplinar, correria grave risco de ver considerada improcedente a sua decisão de despedimento. Na verdade, e tendo em conta que a decisão de despedimento se relaciona com uma impossibilidade prática da manutenção da relação laboral, não faria sentido, ou pelo menos seria incoerente, a aplicação de uma sanção de despedimento a um trabalhador que entretanto se mantivera na empresa após o decurso de um largo espaço de tempo.

O mesmo se diga nos casos em que o trabalhador tenha sido suspenso, pois se a suspensão da relação laboral é bastante para a punição do trabalhador, a sanção a aplicar não deverá ser o despedimento. Assim, e conhecendo o legislador da LCCT toda a polémica em torno deste assunto, certamente que, se pretendesse uma interpretação contrária à que até então vinha sendo seguida, teria tido a preocupação de a enumerar como causa de nulidade do procedimento disciplinar.

IV) Acresce ainda que o artigo 12° n° 3 da LCCT, que refere às causas de nulidade, indica na sua alínea c) que o processo é nulo se "a decisão de despedimento e os seus fundamentos não constarem de documento escrito, nos termos dos n°s 8 a 10 do artigo 10° ou do n° 3 do artigo 15°". Assim, esta alínea reporta-se apenas à forma e conteúdo da comunicação da decisão de despedimento, a qual deve ser escrita e fundamentada, devendo ser comunicada às entidades indicadas no n° 10 do artigo 10° da LCCT. A referência que o artigo 12° n° 3 al. c) faz ao artigo 10° n° 8 deve ser interpretada de acordo com a primeira parte do preceito, que se refere à decisão do despedimento e ao facto de os seus fundamentos não constarem de documento escrito. Trata-se de uma interpretação

A Repercussão do Tempo no Procedimento Disciplinar... 531

nos termos do artigo 9° n° 3 do Código Civil. A referência que o artigo 12° n° 3 al. c) faz "aos termos dos n°s 8 a 10 do artigo 10°, não abrange, por exemplo o prazo de 30 dias para a decisão, nem a comunicação por transcrição à comissão de trabalhadores, mas apenas a falta de comunicação ao trabalhador despedido é que constituirá nulidade, pela lógica, do próprio sistema"[136]

A ser de outra forma, permitir-se-ia a verificação de uma série de nulidades por violação de toda e qualquer formalidade dos n.°s 8 a 10 do artigo 10°, formalidades essas que nem sequer colocariam em causa o direito ao contraditório nem o princípio de audiência do arguido.

V) Aliás, relembre-se que o legislador da LCCT, antes de elaborar o Decreto-Lei 64-A/89, já conhecia toda esta polémica no domínio da anterior legislação, tendo-se abstido de enumerar no artigo, ou pelo menos clarificar, que a decisão do despedimento no prazo de 30 dias fosse causa de nulidade.

VI) Como é sabido, o procedimento disciplinar com vista ao despedimento deve ser rápido, razão pela qual o legislador surpreendeu o intérprete com prazos muito curtos. Este raciocínio leva a concluir que o incumprimento do prazo de decisão por parte da entidade patronal não impossibilita a subsistência da relação laboral. Assim, não se verifica uma impossibilidade imediata pois, caso contrário, a entidade patronal teria urgência em proferir a decisão. No entanto, há que admitir a possibilidade da decisão do procedimento disciplinar não se verificar dentro prazo de trinta dias devido a uma situação de complexidade no processo de tomada de decisão de despedimento, por a entidade patronal não ter tido tempo suficiente para ponderação da mesma. Assim, este prazo é claramente um prazo que tem a finalidade de evitar o arrastamento do procedimento disciplinar, visando-se o seu acelaramento. Este prazo de trinta dias tem o intuito de evitar o prolongamento excessivo e injustificado da decisão, de forma a evitar delongas processuais.

VII) Considerando este prazo um prazo de caducidade impedir-se-ia o empregador de cessar a relação laboral, relação essa que será, em princípio, imediata e praticamente impossível de subsistir.

---

[136] BERNARDO LOBO XAVIER, "A Extinção do Contrato de Trabalho", *in* Revista de Direito e Estudos Sociais, Julho — Dezembro 1989, pág. 454.

532 Estudos do Instituto de Direito do Trabalho

VIII) Consideramos assim que este prazo é um prazo aceleratório, consignado com vista à prontidão da decisão, do qual não resulta a extinção do *ius puniendi*. Assim, a inobservância daquele prazo releva apenas para a apreciação de justa causa de despedimento, presumindo-se que a impossibilidade das relações laborais não era imediata, ou mesmo que inexistia justa causa de despedimento[137].

CONCLUSÕES

1) A cessação do contrato de trabalho não determina a prescrição do poder disciplinar, mas a sua caducidade.

2) Não se afigura correcto falar-se em prescrição da infracção, mas em prescrição da punibilidade da infracção, que esgota o poder disciplinar.

3) A prescrição tem por fundamento a necessidade de certeza jurídica, a dificuldade de obtenção de provas e a tranquilidade do trabalhador.

4) O prazo de prescrição da infracção disciplinar inicia a sua contagem a partir do momento da prática da infracção, independentemente do seu conhecimento por parte da entidade empregadora.

5) A justa causa de despedimento assenta sempre numa infracção disciplinar.

---

[137] Neste sentido, PEDRO DE SOUSA MACEDO, "Poder...", pág. 153; ABÍLIO NETO, "Despedimentos e Contratação a Termo", Petrony, Lisboa 1989, págs. 108 e 117; ARMANDO BRAGA "Lei dos Despedimentos e Contratação a Termo", 4ª Edição, Porto Editora, Porto 1993, págs. 77 e ss., SOARES RIBEIRO, "Cessação do Contrato de Trabalho", 1989, pág. 24; ALBINO MENDES BAPTISTA, "Jurisprudência...", pág.775; BERNARDO LOBO XAVIER, "A Extinção...", pág. 454; HENRIQUE SALINAS, "Algumas questões ....", pág. 52; MOTTA VEIGA, "Lições de Direito do Trabalho", 7ª Edição, Lisboa 1997, pág. 551 e ss. ; MARIA MANUELA MAIA DA SILVA, "O Tempo ...", pág. 218.

Vide também neste sentido Acórdãos da Relação de Coimbra de 26.05.92, *in* Colectânea de Jurisprudência 1992, Tomo III, pág. 160; Acórdão da Relação de Coimbra de 07.07.93, *in* Colectânea de Jurisprudência 1993, Tomo IV, pág. 91; Acórdão da Relação do Porto de 23.09.96, *in* Colectânea de Jurisprudência 1996, Tomo IV, pág. 264; Acórdão da Relação do Porto de 27.01.97, *in* Colectânea de Jurisprudência 1997, Tomo I, pág. 273; Acórdão da Relação de Lisboa de 18.02.98, *in* Colectânea de Jurisprudência 1998, Tomo I, pág. 175; Acórdão do STJ de 28.10.98, *in* Prontuário de Direito do Trabalho, Actualização nº 56, pág. 23

A Repercussão do Tempo no Procedimento Disciplinar...   533

6) A actuação do trabalhador fora do local e tempo de trabalho, se provocar reflexos nefastos na relação laboral, pode constituir infracção disciplinar e justificar o exercício do poder disciplinar.

7) Sempre que se verifique a existência de justa causa é *mister* a realização do competente procedimento disciplinar, ainda que se trate de comportamento susceptível de ser reconduzido apenas ao n° 1 do artigo 9° da LCCT. Saliente-se porém que tal não significa que, nos casos em que o comportamento integre uma das alíneas do n° 2 do artigo 9° da LCCT, não seja necessário o preenchimento do n° 1 do mesmo artigo.

8) O prazo de prescrição previsto no n° 3 do artigo 27° da LCT é aplicável ao regime dos despedimentos.

9) Quando o resultado do comportamento do infractor se verifique num momento posterior à prática do facto o prazo de prescrição iniciar--se-á a partir do dia em que o resultado se verifique, quer ele esteja ou não compreendido na infracção.

10) Nas infracções continuadas a prescrição da punibilidade da infracção só começará a correr após a prática do último acto integrado na globalidade das condutas ilícitas.

11) O comportamento do trabalhador que constitua simultanea-mente ilícito criminal não altera em nada o prazo de prescrição do poder punitivo, não sendo aplicável o prazo prescricional estabelecido pela lei penal.

12) O prazo previsto no n° 1 do artigo 31° da LCT é um prazo de caducidade da acção disciplinar.

13) O prazo de caducidade da acção disciplinar só pode iniciar-se quando a entidade patronal conhece o infractor. Isto não sucede, repita-se, com o prazo de prescrição da punibilidade da infracção disciplinar o qual se verifica independentemente do conhecimento do infractor.

14) O procedimento disciplinar inicia-se quando a entidade patronal toma a decisão de iniciar o processo contra o infractor, praticando o primeiro acto no sentido de averiguar os factos de que teve conhecimento. Quando se revele necessária a realização de processo prévio de inquérito, só com a sua conclusão é que se poderá iniciar a contagem do prazo de caducidade do procedimento disciplinar.

15) A entidade patronal dispõe de sessenta dias contados do conhe-cimento da infracção para iniciar o procedimento disciplinar, desde que não tenha decorrido um ano sobre a prática da infracção.

16) O prazo de caducidade do procedimento disciplinar suspende-se com a comunicação da nota de culpa, bem como com a instauração de processo prévio de inquérito, nos termos dos n°s 11 e 12 do artigo 10° da

LCCT. Caso o processo esteja parado por falta de diligências necessárias para a conclusão do mesmo ou não sejam respeitados os condicionalismos do nº 12 do artigo 10º, o prazo volta a correr. Se o despedimento vier a ser declarado ilícito pelo tribunal com fundamento na falta ou nulidade do procedimento disciplinar, a entidade patronal pode voltar a instaurá-lo, desde que não tenham decorrido os prazos de prescrição e caducidade, voltando os mesmos a correr por se encontrarem suspensos. O mesmo sucederá se a entidade patronal reconhecer a falta por si cometida, visando corrigi-la mediante a organização de um novo processo que cumpra agora todos os requisitos e exigências legais. A entidade patronal revoga o despedimento ilícito e inicia novo procedimento, voltando a correr o prazo de caducidade que se suspendera anteriormente.

17) Igual suspensão, em semelhantes casos, pode verificar-se na prescrição. Porém, neste caso, como a legislação laboral é omissa, torna-se necessário o preenchimento da lacuna através do Estatuto Disciplinar.

18) Para determinação do prazo de conclusão do procedimento disciplinar, uma vez que a lei não estabelece qualquer solução, torna-se necessário o recurso a critérios genéricos de boa fé e celeridade processual.

19) A inobservância do prazo de 30 dias para a decisão relativa ao procedimento disciplinar apenas releva para apreciação de justa causa de despedimento, presumindo-se que não havia impossibilidade prática de manutenção da relação laboral. Assim, trata-se de um prazo aceleratório de cuja inobservância não resulta extinção do *ius puniendi*.

ÍNDICE

Apresentação 5

Programa do II Curso de Pós-Graduação em Direito do Trabalho 7

Textos das Intervenções

Alguns Princípios de Direito Internacional Privado e de Direito Internacional Público do Trabalho
(ANTÓNIO MARQUES DOS SANTOS) 13

Polivalência Funcional na Regulamentação Colectiva do Trabalho [1996 a 2000]
(LUÍS MIGUEL MONTEIRO) 49

O Direito a Férias
(JOSÉ ANDRADE MESQUITA) 65

Contrato de Trabalho a Termo
(JOSÉ JOÃO ABRANTES) 155

Cessação do Contrato de Trabalho; Aspectos Gerais
(PEDRO ROMANO MARTINEZ) 179

Concretização do Conceito de Justa Causa
(JOANA VASCONCELOS) 207

Regime de Despedimento Colectivo e as Alterações da L nº 32/99
(BERNARDO LOBO XAVIER) 225

Teletrabalho, Sociedade de Informação e Direito
(GUILHERME MACHADO DRAY) 261

536   *Estudos do Instituto de Direito do Trabalho*

Sujeitos Colectivos
(LUÍS GONÇALVES DA SILVA) 287

Princípios Gerais do Processo do Trabalho
(ISABEL ALEXANDRE) 389

A Tramitação do Processo Declarativo Comum no Código do Processo do Trabalho
(PEDRO MADEIRA DE BRITO) 443

Trabalhos de alunos

A Repercussão do Tempo no Procedimento Disciplinar. Da Prescrição, Caducidade, Duração da Instrução e Inobservância do Prazo de Decisão
(INÊS ALBUQUERQUE E CASTRO). 473